보험학원론

이 재 복 저

도서출판 두남

머리말

저자가 처음 보험업계(대한재보험공사)에 발을 들여놓은 지 만 32년, 보험감독원에서 보험정책관련 업무와 감독업무를 수행하면서 1984년 한양대 경영학과에서 「보험론」 강의를 시작으로 여러 대학에서 강의를 병행하다가 국립목포대학교 금융보험학과 교수로서 재직한 지 18년 6개월이 지난 오늘에야 이 책을 출간하게 되어 만감이 교차합니다.

이 책은 저자의 보험실무 경험과 삼십년 가까이 배우고 가르치는 과정에서 지득한 보험지식과 경험을 바탕으로 외국의 저서들을 기초로 준비해 온 강의노트를 재정리한 것입니다. 이 책에서 저자는 외국의 서적들을 참고하면서 실무경험을 토대로 올바르게 번역하여 정확한 의미를 전달하려고 노력하였고, 과거의 일부 저서에서 잘못 사용한 보험용어들을 재검토하여 그릇된 개념들을 새롭게 재정립하려고 노력하였습니다. 그것은 오랜 기간 실제 상황에서 보험을 다루며 보험정책과 보험이론을 충분히 숙고할 수 있었기 때문에 가능하였을 것입니다. 보험이 실용학문이며 응용학문임을 감안하면 보험감독원에서 저자의 경험은 참으로 값진 것이었습니다.

이 책은 모두 네 개의 Part 내의 제10장으로 구성되었습니다. Part Ⅰ 위험과 위험관리에서는 위험의 기초이론과 위험관리에 대해 설명하였습니다. Part Ⅱ 보험의 본질과 보험회사의 경영에서는 보험의 본질, 기능, 분류 등에 대해 살펴보고 정부의 규제・감독과 보험정책 및 언더라이팅과 재보험 등 보험회사의 경영 전반에 대하여 설명하였습니다. Part Ⅲ 보험계약론에서는 손해보상원리 등 보험계약의 기본 법리 및 보험증권의 구조와 내용에 대해 자세히 분석하였습니다. 마지막으로 Part Ⅳ에서는 각론으로서 생명보험과 손해보험 및 사회보험에 대해 설명하였습니다.

일반 경영학부나 경영학과에서는 「보험론」이나 「보험경영론」으로 통합되어 있으나 금융보험학과에서는 보험관련 과목이 「위험관리론」, 「보험학원론」, 「보험정책론」, 「보험경영론」, 「생명보험론」, 「손해보험론」, 「사회보험론」 등으로 세분되어 있는 현실을 감안하여 교수님들이 개설과목에 따라 이 책의 각 장(章)들을 효과적으로 조합하여 신축적으로 이용할 수 있도록 집필하였습니다.

예를 들면 경영학부의 「보험론」과 「보험경영론」에는 이 책의 모든 부분을 다루면서 각 장에서 기초이론만을 설명하면 충분하고, 「위험관리론」에서는 제1장과 제2장을 심도 있게 강의하면 될 것이며, 「보험학원론」에는 제1장에서 7장까지 다루면서 3장과 6장, 7장을 심도 있게 강의하고, 「보험정책론」과 「보험경영론」에는 제1장과 2장, 3장 등을 가볍게 설명한 다음, 각각 제4장 또는 제5장을 중점적으로 강의하면 될 것입니다.

저자의 청춘과 인생의 많은 시간을 보험에 쏟아 부은 결과가 이 책인 것 같아 만감이 교차함을 첫머리에서 고백한 바 있고 이 책을 집필하면서 저자로서는 열정과 정성을 다해 철저를 기하려고 노력하였으나, 이 책을 출간함에 아쉬움과 부족함을 많이 느끼고 있습니다. 앞으로 계속 충실히 보완해 나갈 수 있도록 학계 · 업계 여러분의 아낌없는 충고와 지도편달을 부탁드리며, 아무쪼록 이 책이 보험에 대한 독자들의 정확한 이해와 우리나라 보험발전에 도움이 되기를 기대합니다.

이 책이 출간되기까지 많은 분들의 도움과 사랑이 없었다면 불가능하였을 것입니다. 저자를 보험학문에의 길로 이끌어주신 고(故) 한동호 교수님, 따뜻한 보살핌과 참스승의 도를 깨우쳐주신 양영환 교수님, 많은 가르침을 주신 박은회 교수님과 고(故) 구하서 교수님께 깊은 감사와 존경을 올립니다.

집필과정에서 정성을 다해 도와준 국립목포대학교 금융보험학과 강사이며 한백손해사정(주)의 대표인 양해일 박사, 같은 대학의 금융보험학과 김재중 강사, 같은 대학 박사과정의 K&C화재특종손해사정(주)에 재직 중인 임동섭 과장, 그리고 이 책의 발간을 위해 협조를 아끼지 않으신 (주)도서출판 두남의 전두표 사장님과 이승구 상무님, 최나영님과 임직원 여러분께 깊은 감사를 드립니다.

끝으로 은혜와 사랑으로 여기까지 이끌어주신 하나님께 감사와 영광을 올려드리며, 위로와 사랑으로 함께하는 우리 학과 교수님들과 사랑과 헌신으로 가정을 이끌어준 아내와 항상 기쁨의 원천이며 자랑스러운 두 아들 상영과 상우에게 이 책과 함께 사랑한다는 말을 전하고 싶습니다.

2008년 9월

저자 씀

차 례

Part Ⅰ. 위험과 위험관리

Part Ⅱ. 보험의 본질과 보험회사의 경영

Part Ⅲ. 보험계약론

Part Ⅳ. 생명보험과 손해보험

Part Ⅰ

위험과 위험관리

part Ⅰ. 위험과 위험관리

제1장 위험의 기초이론

학습 목표

제1장을 학습한 후 다음 질문에 명확히 대답할 수 있어야 한다.

1. 위험의 개념을 설명하라.
2. 위험에 대한 여러 가지 정의를 설명하라.
3. 위험과 관련 있는 손해와 손인 및 위험상태를 정의하라.
4. 우리 사회의 여러 가지 종류의 위험을 분류하라.
5. 경제적 불안정과 관련한 순수위험의 예를 열거하라.
6. 위험의 사회적 책임을 설명하라.
7. 위험의 처리방법에 대해 설명하라.

"이 세상에서 죽음과 세금을 제외하고 확실하다고 말할 수 있는 것은 아무 것도 없다"는 벤자민 프랭클린(Benjamin Franklin)의 말과 같이 우리는 불확실성의 세계에 살고 있다. 그러한 불확실성 속에서 우리 인간과 모든 기업들은 경제적 안정을 추구하고 있다. 그러나 우리는 경제적 안정을 위협하는 갖가지 위험에 노출되어 있으며, 우리 인간이 제어할 수 없는 수많은 위험에 의해 경제적 안정은 끊임없이 위협받고 있다.

우리들은 사랑하는 가족들의 예기치 않은 죽음을 경험하거나, 우리들 자신이 심장병이나 각종 암 또는 기타 질병으로 건강을 잃기도 하며 교통사고나 중병으로 인하여 불구가 되어 고통 받을 수도 있다. 또한 화재나 도난사고, 지진, 태풍이나 허리케인, 홍수, 또는 자연재해로 인해 재산을 잃거나 경제적 손실을 입기도 하고, 우리의 조그만 과실이나 부주의로 인하여 타인이 제기한 손해배상책임에 대한 소송의 결과로 막대한 재정적·정신적 피해를 입기도 한다.

이 장에서는 ① 위험의 개념과 정의 ② 위험과 밀접한 유사용어의 개념 ③ 위험의 분류 ④ 위험관리의 기본대상인 순수위험의 형태 ⑤ 위험의 사회적 비용 등에 대하여 살펴보고자 한다.

제1절

위험의 개념과 정의

모든 학문분야는 각각 특유의 전문용어를 가지고 있으며, 일상생활에서 단순한 의미로 사용되는 용어도 전문분야에 적용될 때는 일상의 용어와는 다른 의미를 갖게 된다. 위험관리와 보험의 분야에서 취급하는 기본문제인 위험(risk)의 개념도 마찬가지이다.

1. 위험의 개념

위험이란 말은 피상적으로는 매우 단순한 개념으로 사용된다. 누군가가 "어떤 상황에서 위험이 있다"고 말하면, 그 말을 듣는 사람은 그 말이 무엇을 의미하는지 쉽게 이해한다. 즉 그 상황에서 「결과에 대한 불확실성이 있다는 것」과 「그 결과가 좋지 않을 가능성이 존재한다는 것」을 의미한다. 일상 회화에서는 「장래에 대하여 알지 못한다는 것」과 「어떤 불행한 결과의 가능성」을 의미하는 직관적인 위험의 개념만으로 충분하다.

그러나 경제학자, 통계학자, 위험이론가, 보험학자 등은 자기의 학문분야에 따라 위험에 대한 서로 다른 개념을 가지고 있다. 경제학자나 통계학자에게 적합한 위험의 정의는 위험이론가나 보험학자를 위한 분석도구로서는 어쩌면 쓸모없을 수도 있다.

많은 학자들이 위험에 대한 통일된 개념을 정립하기 위하여 오랫동안 노력하여 왔다. 그러나 아직까지 위험에 대한 보편적이고 일치된 정의는 없다. 위험에 대한 어떠한 정의도 정확하지 않다고 하는 학자도 있다.

2. 위험의 정의

위험(risk)이란 말은 위험관리와 보험의 분야에서도 여러 가지 의미로 사용되어 왔으며, 그 말이 사용되는 목적이나 용도에 따라 각각 다른 의미를 가질 수밖에 없다. 그러므로 위험의 복합적이고 다양한 의미 중에서 하나의 정의를 선택한다는 자체가 비현실적이며 소모적일 수도 있다. 여기에서는 위험관리 및 보험과 관련하여 제시되고 있는 위험의 여러 가지 정의를 살펴보고자 한다.

1) 손해의 가능성

어떤 개인이나 가정, 기업, 또는 사회가 손해의 가능성에 직면한 경우, 그러한 「손해의 가능성」(possibility of loss)을 흔히 「위험」이라고 부른다. 이 정의에 의하면 우리들은 화재손해, 폭풍우손해, 또는 배상책임손해의 가능성 또는 「위험」에 직면하고 있다. 이 정의를 사용하는 사람들은 일반적으로 위험은 측정될 수 없다고 주장한다.

여기에서 가능성(possibility)이란 말은 손해가 발생할 수도 있고 발생하지 않을 수도 있다는 것을 의미하기 때문이다. 즉 손해의 확률이 0과 1 사이에 있다는 것을 의미하며, 손해의 확률이 0 또는 1인 경우 위험은 존재하지 않는다.

이 정의에서 위험의 실제적인 의미는 결과가 의문 상태에 있어야 한다는 것을 내포하고 있다. 손해의 가능성이라는 위험의 정의는 우리가 일상생활의 대화에서 사용하는 위험의 개념에 가장 가까운 의미이다. 즉 위험의 직관적인 개념에 적합한 정의이다.

그러나 위험관리 또는 보험을 전제로 하는 경우, 위험이란 측정될 수 있어야 하는데 손해의 가능성이란 정의는 양적 분석의 대상이 되지 못한다는 결점이 있다. 이를 보완하여 「손해의 가능성이 존재하는 상태」라는 위험의 정의가 제시되고 있다.

2) 손해의 확률

손해의 가능성과 유사한 개념으로 위험을 「손해의 확률」(probability of loss)로 정의하고 있다. 손해의 확률은 「어느 특정한 기간 동안 손해가 발생할 상대적 가능성」(relative likelihood)이며, 이 정의에 따르면 「위험」은 측정될 수 있다.

손해의 확률은 0과 1 사이의 범위에서 측정될 수 있다. 만약 손해의 확률이 0인 경우 손해는 발생할 수 없는 것인 반면, 손해의 확률이 1인 경우 손해의 발생이 확실하다는 것을 의미한다. 따라서 손해의 확률이 그 범위의 양끝, 즉 0 또는 1에 접근함에 따라 손해의 발생여부에 관한 불확실성의 정도는 감소한다.

손해의 확률은 백분율(%) 또는 $\frac{1}{4}$, $\frac{1}{2}$, $\frac{3}{4}$과 같은 분수로 표현되는데, 손해의 확률이 1에 근접하면 할수록 손해가 발생할 가능성은 더욱 많아진다. 이러한 손해의 확률은 손해가 발생할 가능성이 얼마인가를 나타낸다. 위험이 손해의 확률로 정의되고 1년 동안 폭발의 「위험」이 1/3로 평가된다면, 이것은 평균적으로 3년에 한번 폭발손해가 발생할 것으로 예상된다는 것을 의미한다.

3) 손해의 기회 또는 발생 가능성

많은 학자들이 위험을 「손해의 기회 또는 발생가능성」(chance of loss)으로 정의하고 있다. "chance of loss"는 흔히 「손해의 확률」(probability of loss)과 동의어로 사용되고 있다. 그러나 보다 엄격한 의미로는 손해의 발생가능성과 확률의 의미를 모두 포함하는 개념이라고 할 수 있다.[1)]

「손해의 기회」라는 정의의 단점은 이들 두 가지 의미 중에서 어느 것을 나타내는지 명확하지 않다는 것이다. Webster사전의 두 번째 의미로만 해석하는 경우 손해의 확률(probability of loss)과 같게 되고, 첫 번째 의미로 해석하는 경우 손해의 가능성(possibility of loss)의 개념과 동일한 개념이 되기 때문이다.

이 정의를 부정하는 학자들은 "chance of loss"가 두 번째의 의미인 일정한 상황에서 손해의 확률을 나타내는 것으로 해석하고 있다. 이들 학자들은 위험(risk)과 손해의 확률(probability)이 동일한 의미를 갖는다면, 위험의 정도(degree of risk)와 확률의 정도(degree of probability)가 항상 동일하여야 하는데 결과가 그렇지 않다는 것이다.

손해의 확률이 0%인 경우 위험도 0%로서 위험이 존재하지 않는 것을 의미하지만, 손해의 확률이 100%인 경우 손해는 확정적이며 위험이 존재하지 않게 되어 위험은 0%가 되어 불합리하다는 것이다. 「위험」이란 결과가 어느 경우에도 의문인 상태에 있다는 것을 의미하는데, 「확률의 정도」가 100% 또는 0인 경우 「위험의 정도」는 모두 0이라는 것이다.

4) 손해에 관한 불확실성

대다수의 보험학자들은 전통적으로 위험을 「불확실성」이란 말로 정의하여 왔다. 여기에 속하는 위험의 정의로는 손해의 불확실성(uncertainty of loss), 손해에 관한 불확

1) Webster사전에 의하면 "chance"는 ① 어떤 일이 발생할 가능성 또는 가능성이 있는 상태(a possibility or likelihood of something happening)와 ② 확률(개연성)의 정도(a degree of probability)라는 두 가지 의미로 정의되고 있다.

실성(uncertainty concerning or as to loss), 금전적 손해에 관한 불확실성(uncertainty as to financial loss) 등이 있다.

예를 들면 흡연자에게는 폐암의 위험이 존재한다. 불확실성이 존재하기 때문이다. 현대인에게 자동차사고로 사망할 위험이 존재하는 것은 그에 대한 불확실성이 존재하기 때문이다. 간단히 말하면 위험은 불확실성과 동일한 것으로 간주된다. 위험은 미래의 손해에 대한 불확실성, 즉 손해의 발생여부, 손해발생의 시기(때) 또는 손해의 크기에 대하여 예측할 능력이 없는 상태를 의미한다.

우리가 교통사고와 같은 어떤 사고를 당할 것인가 당하지 않을 것인가? 또는 질병으로 병원에서 입원치료를 받을 것인가 질병 없이 편안한 삶을 마칠 것인가? 사고를 당하거나 질병에 걸린다면 그 사고나 질병은 언제 발생할 것인가? 그러한 사고의 발생에 대비하여 저축할 필요는 있는가, 또는 필요가 있다면 얼마의 금전이 필요할 것인가? 물론 아무도 이러한 질문에 대한 정답을 알지 못한다. 왜냐하면 어느 누구도 확실성을 가지고 미래를 예측할 수 없기 때문이다. 불확실성의 정의에 의하면 위험의 본질이 여기에 있다.

이러한 개념을 기초로 하는 경우 손해의 확률이 0이거나 1이면 불확실성이 없기 때문에 위험이 없다. 예를 들어 화재손해가 발생할 수 없다는 것(P=0)을 절대 확신하고 있다면 불확실성이 없기 때문에 위험이 없다. 또한 가옥이 화재로 전소되었다면 손해가 이미 발생한 경우(P=1)에도 불확실성이 없기 때문에 위험은 없다.

여기에서 손해발생의 확률이 0이나 1에 근접할수록 불확실성은 낮아지고 손해발생의 확률이 0.5(50%)인 경우 불확실성이 가장 높아지는데, 위험은 손해발생의 확률이 1에 가까워질수록 높아지는 결과를 가져온다. 이러한 이유 때문에 위험의 정의로서 불확실성을 부정하는 학자들도 있다.

주관적 위험과 객관적 위험

불확실성(uncertainty)으로 위험을 정의하는 경우 손해의 가능성(possibility of loss)이라는 위험의 정의와 별로 차이가 없다. 그에 따라 불확실성으로 정의하는 일부 학자들은 그 개념을 확실히 하기 위해 주관적 위험과 객관적 위험으로 분류하고 있다. 주관적 위험(subjective risk)은 한 개인의 정신적 또는 심리적 상태를 기초로 한 불확실성이라고 정의된다.

객관적 위험(objective risk)이란 예상손해에 대한 실제손해의 상대적 가변성 또는 편차(relative variation of actual loss from expected loss)라고 정의된다. 예를 들면 장기간 동안 10만 가옥이 화재보험에 가입되어 있고 이들 중 평균 0.1% 또는 100가옥에 매년 화재가 발생한다고 가정한 경우, 매년 100가옥이 정확히 화재를 입는 경우는 드물 것이다. 어느 해는 90가옥이 화재를 입고, 다른 해에는 110가옥이 화재를 입을 수 있다. 따라서 이 경우 100가옥이라는 예상손해에 대하여 10가옥 또는 10%의 편차가 있다. 예상손해에 대한 실제손해의 이와 같은 상대적 편차가 객관적 위험이다.

5) 손해의 가능성이 존재하는 상태

손해의 가능성과 손해의 불확실성의 정의는 위험이란 결과(손해)가 의문 상태에 있다는 것을 내포하고 있다는 점에서 유사한 정의라고 할 수 있다. 이들 정의는 위험의 직관적인 개념으로서 개인 또는 기업 등의 입장에서 위험관리와 보험의 개념을 설명하는데 유용하다.

그러나 위험을 취급하고 관리하는 보험이나 위험관리 분야에서 사용하는 위험의 정의로는 불충분하다. 왜냐하면 보험이나 위험관리에서 실제 처리하거나 관리하여야 할 대상으로서 위험은 분석과 측정이 가능하여야 하기 때문이다.

이러한 의미에서 위험을 「손해가 가능한 상태」(a condition in which loss or losses are possible) 또는 「손해의 가능성이 존재하는 상태」(a condition in which a possibility of loss exists)라고 정의하고 있다. 이 정의에서 「상태」란 개인이나 조직의 위험에 대한 인식의 여부에 관계없이 존재하는 현실세계의 상태를 의미한다.

6) 손해노출상태

보험실무에서는 위험을 이와 동일한 의미를 가진 「손해에 대한 노출상태」(exposure to loss)로 인식하고 있다. 손해노출상태(a loss exposure)는 「손해의 실제 발생여부에 관계없이 손해의 가능성을 나타내는 일련의 상황」을 의미한다.

손해노출상태는 ① 손해를 입게 되는 물건이나 대상(item) ② 손해를 야기할 수 있는 원인이나 세력(peril or forces) ③ 손해의 잠재적 금전상 효과(potential financial impact) 등 세 가지 요소를 내포하고 있다.

보험실무에서는 손해에 노출된 재산 또는 사람(property or person exposed to loss)이

나 보험에 가입된 재산 또는 사람(property or people insured)을 「위험」으로 부른다.

이에 따라 "good risks", "bad risks" 등으로 부르기도 하고, 정상적인 경로를 통해 자동차보험에 가입할 수 없는 운전자들을 "assigned risks", 신체조건 때문에 추가보험료를 지급해야 하는 생명보험의 청약자를 "substandard risk"라고 부른다.

「위험을 담보한다」는 국적불명의 용어는 이제 그만!

이 책에서는 "cover the risk"를 국적불명의 "위험을 담보한다", "coverage"를 "담보내용"으로 번역하지 않고, "위험을 보장한다", "보장내용"으로 번역하였다.

해상보험에서 사용되는 담보(warranty)의 의미가 잘못 전달된 것은 일본의 저서에서 "단독해손부담보조건"(warranted free from particular average unless etc.)이라고 번역한 것을 국내에서 잘못 사용한 것에서 유래되었다. 즉 침몰, 좌초, 화재, 충돌(etc.)이 아닌 한 단독해손을 보상하지 않을(면책할) 것을 담보(warranted)로 하는 조건이었는데, 결과는 담보(warranty)가 간과되고 「단독해손부담보」가 단독해손은 보상하지 않는다는 내용만을 염두에 두고 담보가 보상(또는 부담이나 보장)과 비슷한 의미로 받아들인 결과이다. 특히 그 당시 일본의 동일 저서에서는 「부담한다」, 「부담위험」으로 옳게 사용하고 있었으나, 보험연수원에서 발간된 일부 저서에서 그 용어의 옳고 그름에 대한 검토 없이 "담보한다", "담보위험" 등 신조어를 사용함으로써 국내에 폭넓게 파급되었다. 만약에 "free from"를 "부(不)"로 번역하지 않고 "단독해손 면책(free from) 담보조건"으로 번역하였다면 「담보위험」, 「담보내용」, 「보험담보」, 「---담보특별약관」등의 국적불명의 잘못된 용어는 사용되지 않았을 것이다.

다행스럽게도 그동안 일부 식자들의 전유물처럼 사용되던 그릇된 용어들이 아직까지 상법이나 보험업법에서는 사용되지 않았고, 보험업법 제95조(보험안내자료) 제1항 제3호에서는「보험약관에서 정하는 보장에 관한 사항」으로 규정하였으며 보험업법시행령 및 금융위원회의 보험업감독규정에서는「보장위험」, 「보장하는」, 「보장내용」, 「위험보장」, 「보장금액」, 「보장의 대상」등으로 바른 용어들이 사용되고 있으며, 생명보험회사의 광고에서도 보장자산 등의 용어를 사용하고 있어 저자 혼자서 오랜 기간 외롭게 주장해온 그릇된 보험용어가 이제야 제자리를 찾아가고 있는 것 같다.

제2절

위험의 유사개념 및 관련용어

위험(risk)에 대하여 학자들마다 서로 다른 정의를 내리고 있는데 반하여, “peril"과 "hazard"는 각각 명확한 의미를 가지고 있다. 그러나 이들 용어는 "risk"와 동의어로서 사용되고 있으며, 우리나라와 일본에서도 이러한 용어를 모두 「위험」으로 통용하고 있어 이들 용어를 정확히 구별하여야 할 필요가 있다.

1. 손해원인(peril)

“Peril”은 「손해의 원인」(cause of loss)으로 정의되며, 「손인」(損因)이라고 번역되기도 한다. 어떤 가옥이 화재로 타버린 경우 손해의 원인(peril)은 화재이며, 어떤 자동차가 다른 자동차와 충돌하여 손상을 입었다면 충돌이 손해의 원인이다.

그러한 peril의 예로서는 화재, 낙뢰, 폭발, 홍수, 폭풍우, 태풍, 지진, 도난, 강도, 심장마비, 질병, 사망, 또는 각종 사고 등이 있으며, 이들이 모두 손해의 원인이 된다. 우리들의 주변 환경이 화재나 낙뢰 등 이와 같은 손인으로 가득 차 있기 때문에 우리들은 위험(risk)에 둘러싸여 있는 것이다.

대부분의 보험증권은 화재나 도난 등과 같은 특정한 손해원인으로 인한 손해에 대하여만 보상책임을 부담한다. 이 경우의 손해원인을 피보험위험 또는 보장위험(perils insured against)이라고 한다.

위험을 “peril”로 해석하는 경우는 「보험자의 부담위험 또는 면책위험」, 「보험자는 해상위험에 근인(近因)한 손해에 대하여 보상책임이 있다.」고 하는 경우의 위험을 말한다. 특정 위험(면책위험)을 제외한 모든 손해원인으로 발생하는 실체적인 손해 또는 손상을 보상하는 재산보험계약을 의미하는 “all risks”계약이라는 말은 실제로 “all perils”를 의미한다고 할 수 있다.

2. 위험상태(hazard)

"Hazard"는 「일정한 손인으로 인하여 발생되는 손해발생의 기회를 창출하거나 증가시킬 수 있는 상태」(a condition that may create or increase the chance of a loss arising from a given peril)를 말한다. 엄밀히 말하자면 특정한 손인으로 인한 손해발생의 배후에 있는 상태로서 손해의 빈도(손해발생의 확률) 또는 심도(크기 또는 규모)를 증가시킬 수 있는 상태라고 할 수 있다.

"Hazard"를 우리말로 번역하자면 보험자의 입장에서 손해율을 측정하는데 기초가 되는 「위험상태」, 「위험상황」 또는 「위험사정」을 의미한다. 「위험의 변경」이라고 하는 경우의 위험이 정확히 말하면 위험상태에 해당된다.

위험상태는 일반적으로 ① 실체적 위험상태 ② 도덕적 위험상태 ③ 정신적 위험상태 ④ 법률적 위험상태 등 네 가지 형태의 위험상태로 구분된다.

"Hazard"와 "Moral Hazard" 관한 번역문제

일부 저서에서는 오래 전에 "Peril"을 「손해원인」의 준말인 「손인」(損因)으로 번역하면서 "Hazard"에 대하여 「위험상태」(危險狀態)의 준말인 「위태」(危態)라는 조어(造語)로 번역하였으나, 그러한 용어를 우리 한글사전에서 찾아볼 수 없을 뿐만 아니라 일부 저서에서 사용하고 있는 바와 같이 "Danger"의 의미인 위태(危殆)로 오해할 소지가 있어 원래의 의미대로 「위험상태」 또는 「위험상황」으로 번역하였다.

한편, "Moral Hazard"에 관하여는 일부 서서와 언론사에서 「노덕석 위험」, 「모럴 해저드」, 「도덕적 하자드」, 「도덕적 위태」, 「도덕적 해이」 등으로 번역하고 있으나, 살인이나 방화 등 고의적으로 손해를 일으키는 위험상태를 의미하는 "Moral Hazard"를 사람이 마땅히 기울여야 할 주의를 태만하게 하는 경우에 존재하는 상태를 의미하는 정신적 위험상태(morale hazard)에 가까운 「도덕적 해이」로 번역하는 것은 문제가 있으며, 따라서 「도덕적 위험상태」 또는 「모럴 헤저드」로 사용하거나, "Peril"과 "Hazard"가 서양에서도 "Risk"와 동의어로서 사용되고 있는 점을 감안하여 「도덕적 위험」으로 번역하는 것도 가능할 것이다.

1) 실체적 위험상태

실체적 위험상태(physical hazard)는 손해발생의 기회에 영향을 미치는 재산이나 사람 등의 실체적 측면이다. 다시 말하면 화재, 홍수, 지진 및 기타 손인(peril)에 의한 손해발생의 확률이나 심도(深度)에 영향을 미치는 건물의 위치나 구조 등과 같은 재산의 실체적 측면을 포함한 재산, 인간, 또는 사업의 유형적 특성(tangible characteristic)을 의미한다.

예를 들어 오래된 건물 내의 결함 있는 전선은 누전으로 인한 화재에 의하여 손해가 발생할 기회를 증가시키며, 불합리한 교통신호나 불량한 도로상태 또는 빙판길 등은 자동차사고에 의한 손해발생의 확률에 영향을 미친다. 또한 시력이 약하거나 신체적 결함이 있는 사람은 건강한 사람보다도 자동차사고나 상해사고로 인한 손해발생의 가능성이 높다고 할 수 있다. 그 외에도 공장 안의 기름걸레, 도로상의 뚜껑 없는 맨홀 등은 손해발생의 확률에 영향을 미치는 실체적 위험상태이다.

위험(risk)에 영향을 미치는 실체적 위험상태로서 대표적인 것은 ① 건물이나 재산의 위치(location) ② 구조나 건축양식(construction) ③ 용도나 점유(use or occupancy)의 목적 또는 사업이나 업무(occupation)의 성격 등이다.

2) 도덕적 위험상태

도덕적 위험상태(moral hazard)는 개인의 정신적인 성향에서 유래한 것으로 어떤 개인이 고의로 손해를 유발하거나 발생한 손해를 확대하려고 하는 경우에 존재하는 상태를 의미한다. 손해발생의 기회를 증대시키는 개인의 부정직 또는 성격상의 결함 등이 전형적인 도덕적 위험상태이다.

또한 보험의 존재가 때때로 도덕적 위험상태를 유발하는 경우도 있다. 예를 들어 경기침체로 팔리지 않아 창고에 쌓여 있는 재고품에 대하여 화재보험에 가입한 기업주는 보험금의 수취를 목적으로 건물에 고의적으로 방화(arson)할 수도 있다. 이 경우는 팔리지 않은 재고품을 고의적인 손해에 의해 보험자에게 매각한 결과를 가져올 것이다. 낡은 기계설비들로 계속 적자를 보고 있는 공장을 화재보험에 가입한 기업주도 화재발생으로 「공장을 보험회사에 매각해보려는」 충동을 느낄 수 있다. 해운업의 불황기에는 선박보험에 가입한 선주들이 선저에 은밀히 구멍을 뚫어서 선박을 침몰시키는 행위(scuttling)가 적발되기도 한다. 이와 같은 개인의 범죄적 성향이 도덕적 위험상태의 대표적인 예이다.

부정직한 피보험자는 「보험회사가 풍부한 재력을 가지고 있다」는 이유로 그들의 행동을 정당화하지만, 그것은 잘못된 생각이다. 왜냐하면 보험회사는 다른 보험계약자들로부터 수금한 보험료를 가지고 보험금을 지급하기 때문이다. 도덕적 위험상태로 인하여 모든 보험계약자의 보험료 부담은 더욱 더 많아진다. 이웃의 재물을 훔치는 것은 도덕적으로 잘못인줄 알면서도, 손해를 고의로 유발하거나 보험금을 부당하게 과다 수취함으로써 결과적으로 보험자와 다른 보험계약자들의 자산을 훔치는 것에 대한 양심의 가책을 갖지 않는 것이 문제이다.

개인의 부정직과 성실성의 결핍 등은 손해발생의 확률을 100%까지 증대시킨다. 보험금을 받기 위하여 자기 가옥이나 자동차에 방화하거나 자기 상점에서 강도질하는 부정직한 사람들이 보험에 가입한 경우, 손해는 불확실한 것이 아니고 확실한 것이 된다. 그 결과 도덕적 위험상태로 인하여 일부 위험은 보험으로 처리되지 못하는 경우도 있다. 왜냐하면 보험제도의 운용은 대수의 법칙에 의한 확률이론을 기초로 하고 있기 때문이다.

도덕적 위험상태는 보험과 관계없이 존재할 수 있다. 기업의 위험관리 측면에서 고려하여야 할 도덕적 위험상태도 있다. 예를 들면 조직체나 기업의 임직원들이 자체 특수기술이나 기밀을 경쟁상대에게 돈을 받고 팔아넘기는 경우도 있다. 또한 무노동기간 중에도 기업주가 충분한 임금지급을 보장하는 경우, 실제로 발생한 사고나 질병으로부터 회복기간을 환자가 고의적으로 연장하려고 할 것이다. 그러한 행동은 직장에 복귀시키는 충분한 금전상의 인센티브가 결여되어 있거나 또는 가족과 친구들로부터 받는 애정과 관심에 대하여 환자들이 느끼는 심리적 만족감 때문에 나타날 수 있다.

보험자들은 보험청약에 대한 신중한 언더라이팅(underwriting)과 소손해공제(deductibles), 대기기간(waiting periods), 면책사유(exclusions) 및 특약 등과 같은 여러 가지 보험증권의 규정을 통하여 도덕적 위험상태를 제어하려고 노력한다.

3) 정신적 위험상태

정신적 위험상태(morale hazard)는 사람이 마땅히 기울여야 할 주의를 태만하게 하는 경우에 존재하는 상태를 의미한다. 즉 정신적 위험상태는 손해발생의 확률을 증가시키는 개인의 부주의한 태도나 무관심 또는 관심부족을 의미한다. 화재에 의한 손해발생의 확률을 증가시키는 정신적 위험상태의 예로는 침대에서 흡연하는 습관과 같이 부주의한 흡연태도를 들 수 있다.

많은 사람들은 대부분 무의식적으로 쓸데없이 그들의 건강과 평균여명에 영향을 미치는 정신적 위험상태를 유발하고 있다. 이들 위험상태로는 과다흡연, 약물의 과다복용, 방사물질과 기타 유해물질의 과다이용, 편식 등 나쁜 식사습관, 운동부족, 약물중독, 대기오염 및 기타 우리 신체에 위해한 것 등이 있다.

보험에 가입되어 있다는 사실이 정신적 위험상태를 유발할 수도 있다. 왜냐하면 손해가 발생하면 보험회사가 그 손해를 부담한다는 인식하에서 피보험자는 손해를 자신이 스스로 부담할 때보다도 주의를 기울이지 않기 때문이다. 다시 말하면 그들의 재산에 대하여 합리적인 주의를 기울이기 보다는「보험에 가입되어 있는데 왜 내가 걱정을 하는가?」라는 생각을 할 수 있기 때문이다. 자동차 문을 잠그지 않은 상태에서 자동차에 키를 남겨두거나 도적이 들어올 수 있도록 대문을 잠그지 않은 경우 등이다.

정신적 위험상태와 도덕적 위험상태를 혼동하지 않아야 한다. 정신적 위험상태가 도덕적 위험상태와 개인의 정신적인 성향에서 유래되는 것은 같지만, 다른 점은 부정직을 포함하지 않는다는 것이다. 정신적 위험상태는 자기의 재산이 보험에 가입되어 있다는 사실 때문에 그들 재산을 보호하는데 부주의한 피보험자에게 적용되는데 반하여, 도덕적 위험상태는 보험자와 다른 보험계약자의 비용으로 자기 자신의 금전적 이득을 얻으려는 피보험자의 비윤리적이고 비도덕적인 행동을 포함하고 있다는 점에서 보다 중대한 위험상태이다.

4) 법률적 위험상태

법률적 위험상태(legal hazard)는 손해의 빈도나 심도를 증가시키는 법률제도 또는 법률의 규제환경의 특성들을 의미한다. 예를 들면 보험약관의 교부명시의무의 위반에 대한 약관규제법상의 엄격한 적용이나 법원의 판결, 특정 보험종목에 대하여 방카슈랑스를 허용하는 법령의 개정, 배상책임보험에 대해 영향을 미치는 제조물책임법의 제정·시행, 보험회사의 경영에 영향을 미치는 자본시장통합법의 제정·시행 및 여러 문제에 대한 입법부와 사법부의 태도 변화 등이다.

3. 손해(loss)

일반적으로 사용되는 손해(loss)란 말은「어떤 자가 이전에 소유하고 있던 것이 없는 상태」를 의미한다. 우리말로는 상실, 손실 또는 소실 등으로 표현되고 「기억의 상실」이나 「시간의 상실」이라고 말하기도 한다.

그러나 경제적 용어 특히 보험에서 사용되는 위험과 관련한 손해는 매우 제한적인 의미를 갖는다. 위험관리와 보험의 용어로서 손해는 「비의도적인 경제적 가치의 소멸 또는 감소」(an unintentional reduction or disappearance of economic value)라고 정의된다.

위험관리와 보험에서 손해의 기본적 요소는 ① 비의도적인(unintentional) 또는 예기치 않은(unexpected) 것이어야 하고 ② 화폐금액과 같은 경제적 단위를 측정될 수 있거나 최소한 표시될 수 있는 것이어야 한다.

첫 번째 손해의 요소에 대한 예를 들면, 어떤 학생이 여자 친구에게 어떤 소중한 물건을 선물한 경우 그는 가치 있는 것이 없어졌지만 손해를 입었다고 생각하지 않는다. 선물이나 증여와 같은 손해는 의도적인 행동의 결과이기 때문이다. 또한 어느 정도 정확히 예측 할 수 있는 재산의 통상적인 자연마모(normal wearing out) 또는 감가상각(depreciation) 등은 예상될 수 있기 때문에 손해의 개념에 포함되지 않는다. 그러나 실제에 있어서 화재나 도난 등 기타 우연한 사고로 인하여 발생하는 예상치 못한 손해들은 수없이 많으며, 그러한 손해는 위험의 결과이다.

둘째, 화폐금액과 같은 경제적 단위로 측정되거나 표시될 수 있는 경제적 손해이어야 한다. 앞에서 언급한 기억의 상실손해는 경제적 가치의 손해를 나타내지 않으므로 위험관리와 보험에서 사용되는 손해에 해당되지 않는다. 애완용 강아지의 죽음도 가족들에게 큰 손실로 느껴질 수 있으나, 그러한 손실은 경제적 단위로서 표시될 수 없다. 또 다른 예로서 가족사진 또는 기념품이나 유품의 손상과 같은 순수한 감정적 가치의 손해는 화폐금액으로 측정될 수 없으며 표시(설명)될 수도 없다. 따라서 위험과 관련한 손해라고 할 수 없다.

제3절

위험의 분류

위험은 구분하는 관점에 따라 여러 가지로 분류된다. 위험관리 및 보험과 관련한 중요한 위험의 분류는 다음과 같다.

① 금전적 위험과 비금전적 위험
② 동태적 위험과 정태적 위험
③ 근본위험과 특정위험
④ 순수위험과 투기적 위험

1. 금전적 위험과 비금전적 위험

사람들은 일상생활이나 기업 활동 또는 사회활동을 통하여 예기치 않은 사건으로 인하여 경제적 이익을 얻기도 하고 경제적 손해를 입기도 하며, 금전으로 환산할 수 없는 비경제적인 이익이나 손해를 보기도 한다. 위험을 손해의 가능성, 손해의 불확실성, 손해의 가능성이 존재하는 상태 등으로 정의한 바 있다. 이러한 정의에서 위험의 결과로서 나타나는 손해가 금전적 손해인가 아닌가에 따라 금전적 위험(financial risk)과 비금전적 위험(nonfinancial risk)으로 분류된다.

보험의 대상이 되는 위험은 금전적 위험에 한정된다. 화폐금액으로 측정되거나 표시될 수 있는 예상치 못한 경제적 손해의 가능성이 존재하는 상태인 금전적 위험이 위험관리와 보험의 취급대상이다.

우리들은 우리의 삶에서 우정이나 사랑과 애정 및 기타 인생의 비경제적인 측면의 잠재적 손해와 관련한 여러 가지 상황에도 대처할 필요가 있다. 금전적 위험과 비금전적 위험은 어느 측면에서 상호간에 밀접한 관계가 있으며, 서로 독립적이거나 배타적인 것이 아님을 알 수 있다. 대체적으로 경제적 손해의 발생가능성을 감소시킴에 따라 일상생활에서 우정이나 사랑, 타인에 대한 관심 등을 계속 유지시킬 수 있다.

2. 동태적 위험과 정태적 위험

손해의 원인을 기준으로 동태적 위험과 정태적 위험으로 구분된다. 동태적 위험(dynamic risk)은 사회・경제의 변화로 인하여 결과적으로 발생되는 위험이다. 물가수준, 국민소득과 국민총생산 및 기술의 변화, 기업경영환경의 변화, 소비자의 기호(嗜好)와 생활양식의 변화, 인구의 도시집중화, 여러 문제에 대한 입법부와 사법부의 태도 변화 등은 경제의 구성원에게 금전적 손실을 야기할 수 있다. 한편, 이러한 동태적위험은 결과적으로 사회에 유익하게 작용하기도 한다.

정태적 위험(static risk)은 사회・경제변화와 관계없이 발생하는 위험이다. 다시 말하면 사회・경제변화가 없는 경우, 즉 국민소득이나 소비자의 기호 및 기술 수준 등이 일정한 경우에도 발생할 수 있는 금전적 손해와 관련되는 위험을 말한다. 이들 손해는 화재, 도난, 지진, 홍수, 충돌, 각종 사고 및 자연적인 위험과 타인의 부정직(dishonesty) 등과 같이 사회・경제변화가 아닌 원인으로 발생된다.

정태적 위험은 동태적 위험과는 달리 사회에 손해로서 작용하고 이득의 원천으로는 기여하지 않는다. 정태적 위험은 일정 기간 동안 어느 정도의 규칙성(規則性)을 가지고 나타나는 경향이 있으므로 일반적으로 예측될 수 있으며, 그 결과 동태적 위험보다 정태적 위험이 보험으로 취급하기에 적절하다.

3. 근본위험과 특정위험

손해의 원천(origin)과 결과의 차이를 기준으로 근본위험과 특정위험으로 분류된다. 손해발생의 원천과 손해의 결과에 있어서 그 영향이 미치는 범위와 손해발생이나 위험의 처리에 대한 책임이 특정 개인이나 기업에 국한되는가(특정위험), 아니면 사회 또는 사회의 전체 구성원에 있는가(근본위험)에 따른 분류이다.

근본위험(fundamental risk)은 그 원천과 결과가 비개인적인 손해와 관련된 위험이다. 근본위험은 대부분 경제・사회적 및 정치적 현상으로 인하여 발생하는 단체위험이며, 자연계의 사건 결과로서 발생하는 경우도 있다. 근본위험은 개별적인 특정 개인이나 기업에만 영향을 미치는 것이 아니고, 대다수의 국민이나 기업, 심지어는 어떤 사회의 인구 전체, 또는 사회・경제의 전반에 영향을 미치는 단체적 위험을 말한다. 근본위험의 예로는 심각한 경기 후퇴와 고실업, 두 자리 숫자의 인플레이션, 전쟁이나 내란, 혁명, 또는 지진, 홍수, 태풍, 토네이도, 화산의 폭발과 같은 천재지변 등이 있다.

특정위험(particular risk)은 개인적이고 개별적인 사건에 의해 발생되고, 그 결과가 사회 또는 사회구성원 전체가 아닌 각각의 개별적인 개인이나 특정 기업에 영향을 미치는 위험이다. 따라서 개별위험이라고 할 수 있다. 예를 들면 주택의 화재나 건물의 폭발, 귀중품의 도난이나 은행의 강도, 자동차사고, 질병이나 상해 등이 특정위험이다.

근본위험과 특정위험에 대한 처리책임

근본위험은 대체로 손해를 당하는 개인들이 통제・관리할 수 없는 상황에 의해 야기되고, 어떤 특정인의 과실의 결과로서 발생하는 것이 아니다. 따라서 근본위험을 처리하여야 할 책임이 특정 개인이나 기업보다는 사회에 있는 것으로 간주된다. 지진이나 홍수 등 일부 근본위험이 사보험(private insurance)에 의해 취급되고 있으나[2], 민영보험은 대부분의 근본위험을 처리하는데 부적절한 수단이다. 근본위험은 사보험보다는 사회보험에 의해 처리되는 것이 적절하다. 실업과 산업재해는 사회보험에 의하여 처리되는 근본위험이며, 태풍이나 홍수 또는 지진으로 인한 자연재해지역으로 인정되는 경우 정부의 기금을 통하여 재난보조금을 받기도 한다.

특정위험은 각 개인들의 책임으로 간주되고 있으며, 사회 전체로서 대응하기에는 부적절한 대상이다. 따라서 특정위험은 보험이나 손해의 예방 또는 기타 위험처리기법 등을 이용함으로써 개인에 의해 처리되고 있다.

한편, 근본위험과 특정위험을 구별하는 기준은 항상 고정되어 있는 것이 아니고, 사회・경제여건의 변화에 따라 달라질 수 있다. 과거에는 특정위험으로 생각하던 많은 위험들이 현재는 근본위험으로 간주되고 있다. 예를 들어 실업의 위험은 1930년대까지 개인적인 사정에 기인한 것으로 간주되어 특정위험에 해당되었으나, 세계 대공황 이후 비자발적 실업은 경제제도의 모순이나 경기변동에 의해 불가피하게 발생하는 것으로 그 책임이 사회 전체에 있는 근본위험으로 간주하게 되었다.

산업재해도 산업혁명이후 공업화과정이 고도화되면서 20세기 초에 특정위험에서 근본위험으로 변화되었다. 또한 자동차사고로 인한 인명피해에 대하여도 자동차의 대중화와 자동차사고의 다발성에 따라 사회적 관심이 집중되고 있으며, 불특정 다수의 피해자 보호를 위하여 자동차보험에 무과실책임주의의 도입과 사회적 책임의 강조 등 최근 자동차사고의 위험도 특정위험에서 근본위험의 성격이 더욱 강조되는 추세에 있다.

---

2) 예를 들어 대부분의 국가에서 민영보험회사를 통하여 지진보험을 이용할 수 있고, 홍수보험은 흔히 개인의 동산의 손해를 보상하는 보험계약에 포함되고 있으며, 부동산에 관한 홍수보험은 제한적으로 민영보험을 통하여 이용할 수 있다.

4. 순수위험과 투기적 위험

1) 순수위험과 투기적 위험의 정의

위험관리 및 보험과 관련하여 가장 유용한 위험의 분류로서, 발생할 수 있는 결과가 손해에만 국한되느냐 또는 이득도 포함되느냐에 따라 순수위험과 투기적 위험으로 구분된다.

순수위험(pure risk)은 손해의 발생 가능성만이 존재하는 상황을 의미하는데 반하여, 투기적 위험(speculative risk)은 손해발생의 가능성뿐만 아니라 이득(gain)의 가능성도 동시에 존재하는 상황으로 정의할 수 있다.

순수위험에 직면한 개인이나 기업에서 발생 가능한 결과는 불리한 결과(손해)나 중립적인 결과(손해의 불발생)이며, 어느 경우에도 이득의 기회는 없다. 손해가 발생하지 않는 것은 현상유지를 의미하고, 따라서 현재 상태의 유지가 순수위험 상황에서 최선의 방법이다. 예를 들면 화재나 폭발로 인한 건물의 손상 또는 파괴에 노출되어 있는 건물 소유주는 화재나 폭발이 발생하지 않으면 재정 상태에 어떤 변동을 초래하지 않는다. 따라서 건물의 화재나 폭발손상에 관한 한 건물주로서는 현재의 재정상태의 유지가 가장 바람직한 재정적 결과이다.

순수위험의 대표적인 예로서는 가족 중의 갑작스런 사망이나 질병 또는 상해 등에 의해 야기되는 인적위험, 화재나 폭발, 낙뢰 또는 홍수 등에 의한 재산위험, 우리들의 과실로 인한 손해배상책임 소송의 결과로 발생하는 배상책임위험 등이 있다.

투기적 위험의 특징은 불리한 결과와 중립적인 결과의 잠재적 가능성에 추가하여 가계나 기업의 재정 상태를 더욱 개선할 수 있는 가능성을 내포하고 있다는 것이다. 예를 들면 어느 기업에서 새로운 제품의 개발과 마케팅에 의하여 초래되는 위험이다. 신제품이 시장에서 소비자들의 수요에 부응하지 못한 결과로 그 기업은 신제품에 대한 투자액만큼 손해를 볼 수 있으며, 다른 한편으로는 그 제품이 소비자들에게 폭발적인 인기를 얻어 많은 이익을 창출할 수도 있다.

투기적 위험의 다른 예로는 어떤 새로운 사업을 시작하는 경우와 개인이나 기업이 주식이나 회사채 또는 부동산 등에 투자하는 경우 초래되는 손해노출상황, 경마장이나 도박장에서 직면하는 위험 등을 들 수 있다

2) 순수위험과 투기적 위험의 차이점

순수위험과 투기적 위험의 주요 차이점을 정리하면 다음과 같다.

첫째, 순수위험은 손해에 노출되어 있는 개인이나 가계 또는 기업에 항상 불리한 것이며 최선의 결과는 변화가 없는 것이다. 따라서 가능하면 순수위험을 회피하고자 노력한다. 이러한 점에서 위험관리는 주로 순수위험에 의한 손해노출상황을 취급하는데 국한되고 있다. 반면, 손해의 잠재가능성 때문에 투기적 위험을 피하는 경우도 있지만, 투기적 위험은 이득의 기회를 제공하기 때문에 대부분은 고의적으로 투기적 위험을 창출하고 있다.

둘째, 순수위험은 인위적으로 만들어지는 위험이 아니고 이미 존재하고 있는 위험이며 어떤 규칙성을 가지고 발생하는 것이다. 반면에 투기적 위험은 본래 존재하지 않는 것을 이익의 획득을 목적으로 고의적으로 초래하고 인위적으로 조성하는 위험이다. 따라서 투기적 위험을 인위적 위험이라고도 부른다.

셋째, 순수위험은 어떤 규칙성을 가지고 발생하는 것이므로 일부 예외를 제외하고 순수위험에 의한 손해발생을 예측할 수 있으며, 그 측정과 관리가 가능하다. 반면에 투기적 위험은 순수위험에 비하여 그 원인과 결과가 보다 다양하고 손해발생의 규칙성이 희소할 뿐 아니라 고의적이며 인위적으로 초래되는 것이므로 그 예측과 관리가 매우 어렵다. 이러한 관점에서도 위험관리의 주요 대상이 그 측정과 관리 및 통제가 용이한 순수위험에 국한되고 있음을 알 수 있다.

넷째, 보험자의 입장에서 투기적 위험보다 순수위험에 대하여 대수의 법칙이 보다 쉽게 적용될 수 있다. 대수의 법칙을 통하여 보험자는 과거의 확률을 기초로 사전에 손해를 예측 할 수 있다. 그러나 미래의 손해를 예측하기 위하여 투기적 위험에 대수의 법칙을 적용하기는 일반적으로 어렵다[3]. 따라서 순수위험이 민영보험자에 의하여 보험으로 처리될 수 있다.

---

3) 하나의 예외로서 도박의 투기위험을 들 수 있는데, 이 경우 카지노(casino)는 가장 효과적인 방법으로 대수의 법칙을 적용할 수 있다.

제4절 순수위험의 형태

개인이나 가계 또는 기업이 직면하고 있는 순수위험은 모두 열거할 수 없을 만큼 많으며, 그 형태도 매우 다양하다. 대부분의 순수위험은 정태적위험이다. 그러나 기술 및 사회적 환경의 동태적 변화는 끊임없이 새로운 형태의 순수위험을 만들어내고 있다. 여객기의 공중납치(hijacking), 경영간부 등 주요 인사의 납치((kidnapping), 공해에 대한 손해배상책임으로 인한 손해는 1950년 이전에는 존재하지 않았거나 발생가능성이 거의 없었던 잠재적 손해들이다. 개인이나 기업의 경제적 안정에 심각한 영향을 미치고 있는 주요한 순수위험을 분류하면 다음과 같다.

① 개인과 관련 있는 인적위험(personal risks)
② 재산의 멸실, 손상(또는 이러한 손해 결과로서 발생한 소득의 간접 손해 포함)과 관련된 재산위험(property risks)
③ 타인의 신체상해 또는 재산손상에 대한 배상책임과 관련된 배상책임위험(liability risks)

1. 인적위험

모든 손해들은 궁극적으로 사람이 부담하는 것이므로 모든 위험이 인적위험이라고 할 수 있다. 그러나 소득이나 유동자산의 손해, 정신적 또는 신체적 고통과 같은 손해 노출상황은 사람에게 보다 직접적인 영향을 미치고 있다. 이와 같이 개인에게 직접적으로 영향을 미치는 위험이 인적위험(personal risks)이다. 즉 노동력 상실의 결과로서 근로소득의 완전한 상실이나 감소, 예상 밖의 비용 지출 및 금전적 유동자산의 소모 등의 손해발생 가능성과 관련 있는 위험이다.

여기에는 다음과 같은 네 가지의 주요한 인적위험이 있다.

① 조기(早期) 사망의 위험(risk of premature death)
② 노령(老齡)의 위험(risk of old age)

③ 질병이나 상해 등 병약(病弱)한 건강의 위험(risk of poor health)

④ 실업의 위험(risk of unemployment)

1) 조기(早期) 사망의 위험

불의의 조기 사망, 즉 요절의 위험(risk of premature death)은 사람이 특정한 나이까지 살지 못하고 죽을 가능성이 있음을 의미한다. 여기에서 특정한 나이는 해당 국가의 평균수명으로 인식되기도 하고, 소득이 있는 동안의 나이로 인식되기도 한다. 많은 사람들이 그러한 나이를 먹기 전에 죽는다. 대부분의 가장들은 가족의 부양과 자녀들의 교육 및 주택담보융자금의 상환 등 많은 재정적인 책임을 지고 있다. 따라서 한 가정의 가장이 조기 사망한 경우 심각한 경제적 불안정을 초래하게 된다.

가장의 조기 사망의 결과로서 발생하는 희생과 비용은 최소한 다음과 같다.

첫째, 가장으로서 인명의 가치가 영원히 상실된다. 인명의 가치(human life value)는 사망한 가장의 미래 소득에 대한 가족들의 부담액의 현가로서 정의된다.[4)]

둘째, 장례 및 매장 비용과 유언검인비용, 토지재산세와 상속세 등의 추가비용이 지출된다.

셋째, 가장의 재정적인 책임과는 달리 모든 소득원을 통한 가족들의 소득은 기본적인 니즈(needs)를 충족시키는데 부적절하게 된다.

넷째, 배우자의 감정적인 슬픔과 아이들을 위한 길잡이와 본보기의 상실과 같은 경제 외적인 희생도 뒤따르게 된다.

예전에는 오직 가장이 사망한 후에만 가족들이 재정적인 불안정을 겪는다고 생각되었으나, 실제는 그렇지 않다. 가장이 질병으로 오랫동안 투병한 경우 가족들은 가장이 병사(病死)하기 오래 전부터 매우 어려운 생활고를 겪기도 한다. 미국의 생명보험언더라이터 연수협의회 및 생명보험대리점경영협회의 과부와 고아에 관한 연구보고서에 의하면, 모든 과부의 25%가 그들의 남편이 사망하기 전에 빈곤한 생활을 하였으며 투병기간이 늘어남에 따라 빈곤하게 생활하는 가족들의 비율이 증가하는 경향을 나타내고 있다. 또한 2년 이상 투병하거나 장애를 입고 남편이 사망한 과부들 중 40%가 빈곤하게 생활하였다. 이와 같이 가장이 실제 사망하기 전에도 그 가족들은 재정상의 불안정을 겪게 된다.

---

4) 미국에서 대학졸업자의 인명의 가치는 대부분 $400,000을 초과할 것이라고 한다.

2) 노령의 위험

노령(old age)과 관련한 주요한 위험은 은퇴기간 중의 불충분한 소득의 가능성이다. 정년퇴직한 경우 근로자는 그들의 정상적인 근로소득을 상실한다. 충분한 금융자산을 저축하고 있거나 개인연금이나 사회보장급부금과 같은 다른 소득원을 이용할 수 없는 한, 퇴직 후 근로자는 재정적·경제적 불안정이라는 심각한 문제에 직면하게 될 것이다. 일반적으로 노인들의 재정상의 상대적 지위가 최근 향상되고 있지만, 여전히 퇴직 후 불충분한 소득이 노인들에게는 중요한 문제가 되고 있다.

퇴직한 사람들이 소유하고 있는 금융자산의 금액은 일반적으로 만족스럽지 못한 수준이다. 투자소득은 어느 정도 퇴직소득을 보충해주기 때문에 금융자산이 중요하며, 그러한 자산은 돌발사건에 대한 완충장치로서 비축자금을 제공해준다. 그러나 많은 퇴직자들이 은퇴기간 중의 경제적인 안정을 실질적으로 보장해주는 충분한 투자소득금액을 받지 못하고 있다. 이러한 노령기의 소득금액은 높은 의료비청구액(무보험)과 높은 재산세와 같은 상당한 추가 경비를 부담해야 하는 노인에게는 노후생활을 보장하기에는 불충분한 것이다.

은퇴기간 중의 불충분한 소득의 문제는 조기 퇴직의 증가 추세에 의하여 더욱 심화되고 있다. 조기 퇴직의 이유는 주로 건강상의 문제, 일자리를 줄게 하는 과학기술의 진보나 변화, 공장폐쇄, 보다 젊은 근로자에게 고용기회를 확대하려는 노동조합의 압력, 노무비용의 절감을 위한 구조개선 및 그로 인한 근로자의 해고, 작업으로부터 해방과 여가에 대한 욕구 등이 있다. 그 결과 생산적인 근로기간은 감소하는 반면, 은퇴기간은 연장된다. 이에 따라 일부 근로자는 상대적으로 긴 은퇴기간 중 합리적인 생활수준을 유지할 수 있는 충분한 소득금액을 근로기간 중에 저축할 수 없는 경우도 있다.

3) 질병 또는 상해 등 병약한 건강의 위험

인적위험 중 중요한 것으로는 병약한 건강의 위험(risk of poor health)이 있다. 병약한 건강의 위험과 관련하여 막대한 의료비와 근로소득의 상실손해가 고려되어야 한다. 불의의 질병이나 상해는 결과적으로 막대한 의료비의 지출을 초래하게 된다.

미국의 경우를 예로 들면, 심장이나 신장의 이식비용은 $50,000를 초과하고, 연간 신장투석비용이 대부분의 병원에서 $25,000로 10년 동안 처리비용은 $250,000를 초과하고 있다. 또한 여러 가지 중요한 외과적 수술과 성형수술 및 원상회복을 필요로 하는 자동차사고의 비용은 아마도 $100,000를 초과하고, 특수기능을 갖춘 사설요양원에서의 장기치료에는 연간 $40,000 이상이 소요되고 있다.

따라서 각 개인이 건강보험에 가입하고 있거나 이들 비용에 충당할 다른 소득원이 없으면 재정적인 불안정에 직면하게 된다. 특히 미국에서 의료비의 지불불능사태는 개인적인 파산의 주요한 원인이 되고 있다.

대부분의 근로자들은 장기적인 신체장애에 따른 재정적인 문제에 대하여 거의 생각하지 않고 있다. 그러나 65세 이전에 신체장애를 입을 확률은 일반적으로 생각하는 것보다 훨씬 높다. 미국의 또 다른 조사보고서에 의하면, 현재 25세의 나이에서 65세의 나이에 달할 때까지 최소한 6개월 동안 신체장애가 될 확률은 34%로서 3명중 1명을 약간 상회하고 있으며, 최소한 5년 동안 신체장애가 될 확률도 15%로서 약 7명중 1명에 이르고 있다.

4) 실업의 위험

실업의 위험도 인간의 경제적 안정에 대한 또 하나의 주요한 위협이다. 실업은 총수요의 결핍, 기술적이고 구조적인 경제적 변화, 계절적 요인 및 노동시장에서의 마찰이나 알력 등의 결과로서 발생한다. 그 원인이 무엇이든 실업의 결과로서 재정적인 불안정은 최소한 다음 세 가지 형태로 나타난다.

첫째, 근로자는 그의 근로소득을 상실한다. 적절한 대체소득이나 과거의 저축이 없는 한, 해직 근로자는 재정적으로 불안정하게 될 것이다.

둘째, 경제적 조건 때문에 근로자는 시간급(part-time)으로 일할 수밖에 없다. 근로수입이 감소되기 때문에 근로자의 욕구를 충족시키는데 근로소득은 불충분하다.

셋째, 실업기간이 장기화되면 해직 근로자는 저축한 금융자산을 소진하게 된다.

2. 재산위험

재산을 소유하고 있는 사람들은 수많은 위험으로 인해 그들의 재산이 손상을 입거나 멸실되는 위험에 노출되어 있다. 재산손해에는 재산의 파괴나 도난과 관련하여 두 가지 형태의 손해, 즉 직접손해와 간접손해(또는 결과손해)가 있다.

1) 직접손해

직접손해(direct loss)는 재산의 물질적 손상, 파괴 또는 도난으로 인하여 발생하는 재정적인 손해라고 정의된다. 건물이 화재에 의하여 손상되거나 파괴된 경우 그 건물의 물질적 손상이 직접손해이다. 즉 재산가치의 상실이 직접손해이다.

2) 간접손해 또는 결과손해

간접손해(indirect loss)는 결과손해(consequential loss)라고도 하며, 재산의 물질적 손상, 파괴 또는 도난의 간접적 결과로 인하여 발생하는 재정적인 손해이다. 만약 화재에 의해 손상되거나 파괴된 건물이 어느 개인의 식당 또는 기업의 생산 공장인 경우, 물질적인 손해에 추가하여 그 개인이나 기업은 그 건물이 재건축되는 수개월 동안의 이익을 상실하게 될 것이다. 이익의 상실(loss of profits)은 대표적인 결과손해이다.

간접(결과)손해에는 ① 이익의 상실 ② 건물의 불가동손해(loss of use) ③ 임대료의 손해(loss of rents) ④ 시장의 상실손해(loss of a market) ⑤ 추가비용(extra expenses) 등이 있다. 간접손해는 크게 ① 재산의 불가동손해 또는 재산소득의 손해 ② 재산의 손해로 인해 발생하는 추가비용으로 구분될 수도 있다.

특히 신문사, 은행, 유제품의 제조나 판매회사 등의 건물에 물질적인 손해가 발생한 경우에는 비용에 관계없이 사업을 계속하여야만 한다. 그렇지 않으면 경쟁회사에 그들의 고객을 빼앗기기 때문이다. 이에 따라 어떤 대체장소에서 임시적인 사업장을 설치할 필요가 있으며, 그 결과 상당한 추가비용이 지출될 것이다.

또한 전기, 가스, 수도, 전화 등 생활필수품을 일반 대중에게 제공하는 회사나 기관들도 이와 마찬가지의 추가비용이 필요하게 된다. 이 추가비용에는 이사비용, 임시설치비용, 토지 또는 건물의 임차료(또는 이전의 임차료와 사고발생 후의 임차료와의 차액) 등이 포함된다.

3) 자연재해

자연재해(natural disasters)로 인한 재산의 멸실 또는 손상의 위험은 특별히 취급되어야 할 중요한 재산위험이다. 홍수, 폭풍이나 태풍, 허리케인, 토네이도, 지진, 산림화재 등의 자연재해는 결과적으로 수많은 인명피해는 물론 재산손상으로 엄청난 금액의 손해를 초래하고 있다[5]. 자연재해는 그로 인한 상당한 인명의 손실과 그 결과 타격을 입은 가족들에게 소득의 상실 때문에 재정적인 불안정을 야기한다.

또한 많은 재산손상의 손해가 무보험상태에 있거나 일부보험으로 보험에 가입되어 있으므로 상당한 추가비용을 지출하여야만 한다. 홍수 등의 자연재해로 손해를 입은 경우 정부의 재해보상금이 지급되기도 하지만, 제한된 정부재정으로 보조금의 성격을 벗어나지 못하기 때문에 완전한 손해보상은 기대할 수 없으며 일부 경우는 그 수혜대상에서 제외되기도 한다.[6]

3. 배상책임위험

1) 배상책임위험의 개념

배상책임위험은 대부분의 사람들이 직면하고 있는 중요한 형태의 순수위험이다. 현행 법률제도 하에서 어느 개인이나 기업이 과실이나 부주의 또는 고의적인 불법행위로 인하여 타인에게 신체상해 또는 재산손상을 입힌 경우 그 피해에 대한 법률상 배상책임을 부담하게 되고, 법원은 그 개인 또는 기업으로 하여금 피해를 입은 자에게 상당한 손해배상금(damages)을 지불하도록 명령한다.

따라서 배상책임위험은 과실이나 부주의, 고의적이거나 비고의적인 불법행위 또는 타인의 권리침해로 인하여 발생하는 배상책임(또는 판결된 손해배상금)의 결과로서 현

5) 독일 Munich Re의 보도자료(2007년 12월 27일자)에 의하면 2007년도 전 세계의 자연재해는 950건(2006년도 850건, 1992년도 509건)으로 아시아지역에서 폭풍, 홍수와 산사태 등으로 11,000명 이상이 사망하였고 특히 11월 Bangladesh를 강타한 Cyclone Sidr로 인해 약 3,300명이 사망하였다. 1992년 8월 23일부터 27까지 미국의 Florida를 강타한 풍속 280km/h의 Hurricane Andrew는 44명의 사망자와 70,000명 이상의 부상자 및 250,000명 이상의 이재민, 20,000채 이상의 가옥과 철도의 파괴 및 200개 이상의 원유시추대(oil platform) 파손 등으로 경제적 손해가 미화 약 300억 달러, 보험금이 미화 약 160억 달러라는 최악의 손해를 가져왔다. 2005년 8월29일 새벽 최대 시속 240킬로미터의 속도로 미국 남부 멕시코만 연안에 상륙한 허리케인 카트리나로 인해 루이지애나 주에서 약 1,600명, 미시시피 주에서 약 200명 등 무려 1,800명이 넘는 사망자가 발생했고, 수많은 건물과 주택이 파괴되면서 수십만 명의 이재민이 발생했다. 가장 큰 피해를 입은 뉴올리언스 시는 8월 30일에 폰차트레인 호수의 제방이 붕괴되면서 도시 대부분 지역이 물에 잠겼다. 허리케인 카트리나로 인한 최종 피해규모는 4년 동안 아프가니스탄과 이라크에서 치른 전쟁 비용인 3천억 원을 상회할 것으로 예상하고 있다.

6) 미국의 경우 1968년 전국홍수보험법(National Flood Insurance Act)에 의한 연방홍수보험과 같이 특정한 자연재해의 위험(손인)에 대하여 연방정부가 보조하는 보험을 이용할 수 있지만, 일부 재산소유자는 이러한 보험보호의 혜택을 받지 못하는 경우도 있다.

재 또는 미래의 자산의 손해의 가능성을 의미한다.

최근 우리 사회도 민주화의 진전으로 법원의 문턱이 낮아짐에 따라 서구의 국가들과 같이 모든 분쟁을 소송으로 해결하려는 추세가 확산되고 있으며, 여러 가지 형태의 소송들이 꾸준히 증가하고 있다. 개인들은 부주의한 자동차 운전으로 인한 사고에 대하여 법률상 손해배상책임을 지게 되고, 기업들은 생산제품의 결함으로 소비자에게 피해를 입힌 경우 소송이 제기되고 있다.

또한 의사, 변호사, 공인회계사, 세무사 및 기타 전문직업인들도 그들의 전문직업상의 배임행위(背任行爲: malpractice) 때문에 소송이 제기되고 있다. 심지어 미국에서는 불합리한 설교로 인해서 목사도 교인으로부터 고소를 당하기도 하고, 부적절한 코치 때문에 운동선수가 상해를 입은 데 대하여 어린이운동팀의 감독이 고소를 당하기도 한다.

2) 배상책임위험의 중요성

배상책임위험이 중요한 이유는 다음과 같다.

첫째, 손해의 금액에 관한 일정한 최고한도가 없다. 재산손상의 경우 그 손해에 관한 최고한도가 있다. 예를 들어 1천만원의 실제현금가치를 가지고 있는 자동차가 손상을 입은 경우 그 자동차의 물질적 손상의 최대한도는 1천만원이다. 그러나 개인의 과실로 인한 자동차사고 등으로 타인에게 심각한 신체상해를 입힌 경우, 피해를 입은 타인에 의하여 제기된 손해배상청구소송의 금액은 5천만원, 1억원 또는 2억원을 초과한 금액 등 일정한 한도를 정할 수 없다.

둘째, 재산의 손해는 현재의 물질적 손해에 국한되는데 비하여, 배상책임위험의 손해는 미래의 소득과 자산의 손해까지도 포함된다. 손해배상청구소송에 의하여 법원이 손해배상금을 판결한 경우, 배상책임보험에 가입되어 있지 않거나 유한책임(일부보험)의 배상책임보험에 가입되어 있으면 현재의 자산은 물론 미래의 소득과 자산까지도 판결의 이행을 위해 귀속될 수 있다.

셋째, 법적방어비용으로 많은 금액이 소요된다. 피해자 측에 의하여 손해배상청구소송이 제기되고 배상책임보험에 가입되지 않은 경우, 가해자 측이 법원에서 자기를 변호하고 대리하기 위해 변호사를 고용하는데 막대한 비용이 필요하다.

제5절
위험의 사회적 부담

위험의 존재는 결과적으로 바람직하지 않는 사회적 및 경제적 영향을 미치게 된다. 위험이 사회에 대하여 미치는 주요한 악영향은 다음과 같다.

① 재화와 서비스의 상실
② 고액의 비상준비기금 적립
③ 걱정과 불안의 존재

1. 재화와 서비스의 상실

사회에 대한 위험의 기본적인 부담은 위험의 결과가 사회로부터 일부 재화와 서비스를 빼앗아간다는 것이다. 위험의 정의가 무엇이든 관계없이 위험과 관련한 가장 큰 부담은 손해가 실제 발생한다는 것이다. 가옥이 화재로 파괴되거나, 금전을 도난당하거나, 또는 근로소득자가 사망한 경우 재정적 손해가 존재한다. 누군가의 과실로 타인의 신체상해 또는 재산손상을 초래한 경우 재정적 손해가 또한 존재한다. 이러한 손해가 위험의 가장 근본적인 부담이며, 개인이나 기업이 위험을 피하거나 그 영향을 완화하려고 노력하는 근본적인 이유이다.

또한 위험의 존재 때문에 사회는 필요로 하는 재화와 서비스를 위하여 더 많은 금액을 지불하여야 한다. 예를 들어 미국에서는 막대한 손해배상청구소송의 위험 때문에 내과와 외과의사에 대한 직업배상책임보험의 보험료가 급등하였다. 외과의사와 전문마취의사는 보통 의료과오보험(medical malpractice insurance)에 매년 미화 50,000달러 이상을 지불하고 있다. 이들 비용은 궁극적으로 의료행위에 관련한 높은 위험에 대한 대가를 지불하여야 하는 환자에게 전가된다.

2. 고액의 비상준비기금의 적립

손해 자체에 추가하여 손해의 비용과는 별도로 위험의 또 다른 측면의 손실이 있다. 손해의 발생여부에 대한 불확실성 때문에 개인이나 기업은 발생할 수 있는 손해에 대비할 필요가 있다. 그 손해에 대비하는 수단으로 적절한 보험에 가입하지 않는 경우, 할 수 있는 유일한 방법은 예기치 않은 손해에 충당하기 위하여 준비기금을 적립하는 일이다.7)

그러나 준비기금의 적립 초기에 손해가 발생한 경우 손해를 원상 복구하는데 불충분할 뿐만 아니라 현실적으로도 그와 같은 막대한 기금을 저축하기는 곤란할 것이다. 어느 경우에도 적립해야 할 금액이 많으면 많을수록 소비지출은 보다 더 감소할 것이며, 그 결과 생활수준은 보다 더 낮아질 것이다.

또한 그러한 준비기금의 적립은 기회비용을 수반한다. 왜냐하면 준비기금은 언제든 손해발생시 이용될 수 있어야 하고, 따라서 환금성이 강한 유동자산의 형태로 보유되어야 하기 때문이다. 그 결과 그러한 기금에 관련한 수익은 그 기금이 다른 용도에 투입된 경우보다 적을 것이다.

더 나아가 위험의 존재는 경제성장과 자본의 축적을 저해하는 효과를 가지고 있다. 경제의 발전은 상당 부분이 자본의 축적비율에 의하여 결정되는데, 비상준비기금의 적립으로 투자효율이 저하되고 자본의 투자에는 항상 위험이 수반되기 때문이다.

3. 걱정과 불안의 존재

위험의 셋째 사회적 악영향은 걱정과 불안이 존재한다는 것이다. 이러한 정신적 불안과 걱정은 사회에 대한 위험의 실제적인 비용으로 인식되어야 한다. 이것은 투기적 위험보다는 순수위험의 경우에 특히 현저하다. 개인이나 기업은 많은 종류의 위험에 노출되어 있다. 현실적으로는 많은 위험 중에서 그 일부가 인식되고 있을 뿐 나머지는

---

7) 그러나 이러한 접근방법의 위험은 충분한 기금이 적립되기 전에 손해가 발생할 수 있는 가능성이다. 예를 들어 1억원 가치의 가옥을 구입한 경우 그 가옥이 화재나 폭풍우 또는 기타 위험으로 발생할 손상에 대비하여 필요한 기금을 적립하려고 한다면, 보험이 없이 비교적 짧은 기간 내에 적절한 기금을 적립하기 위하여 1년에 최소한 2천만원을 저축하여야만 한다. 그러나 사실상 1년에 그러한 금액을 저축하기가 불가능할 뿐만 아니라, 저축할 수 있는 경우에도 초 년도에 손해가 발생하면 적립된 비상준비기금으로는 손해에 대처하기에 불충분할 것이다.

인식되고 있지 않다.[8] 위험이 인식될 때 걱정과 불안이라는 특수한 형태의 사회적 비효용으로서 불확실성이 존재한다.

비행기의 승객은 비행기가 비행 중 이상 기류로 인해 요동할 때 몹시 초조해지고 두려움을 갖게 된다. 우리나라의 경우 뉴스시간마다 빠지지 않고 계속되는 자동차사고의 보도를 접한 주부들은 매일 매일 남편의 자동차 운행에 대하여 걱정하고 불안해한다.

대부분의 사람들은 불행이 그들에게 발생하지 않고 현재의 안정상태가 지속되기를 희망한다. 그러나 그들은 불행이 일어나지 않기를 바라면서도 발생할 수 있는 재난에 대하여 걱정하기 쉽다. 불안정감을 초래하는 이러한 걱정이 위험의 추가적인 비용이다.

제6절 위험의 처리방법

앞에서 살펴본 바와 같이, 위험은 일반 개인은 물론 사회에도 큰 부담이 되고 있다. 따라서 위험의 문제를 처리하기 위한 여러 가지 방법을 검토할 필요가 있다. 위험의 처리방법에는 일반적으로 다음과 같은 네 가지 수단이 있다.

① 위험의 회피(risk avoidance)
② 위험의 보유(risk retention)
③ 위험의 전가(risk transfer)
④ 손해의 통제(loss control)[9]

1. 위험의 회피

위험의 회피(risk avoidance)는 위험을 처리하는 하나의 방법이다. 예를 들면 결혼하

8) 「위험이 없으면 보험도 없다」(No Risk, No Insurance)라는 말이 있으나, 실제에 있어서는 위험이 있어도 「위험에 대한 인식이 없으면 보험이 없다」라는 말이 정확하다고 할 수 있다.
9) 회피와 보유 및 전가와는 달리 통제의 경우 위험의 통제(control of risk)가 아니고 손해의 통제(control of loss)라고 부르는 이유는 위험은 통제할 수 있는 성질이 아니기 때문이다.

지 아니함으로써 이혼의 위험을 회피할 수 있으며, 지방으로 자주 전근 다니는 근로자는 주택을 소유하지 않고 임대함으로서 침체된 부동산시장에서 주택을 매각하는 위험을 회피할 수 있다. 또한 기업은 제품을 생산하지 않음으로써 결함 있는 제품으로 인한 손해배상청구소송을 받는 위험을 회피할 수 있다.

그러나 실제로는 회피할 수 없는 위험도 있고, 회피해서는 아니 되는 위험도 있다. 예를 들면 비행기 탑승을 거절함으로써 비행기 추락사고로 인한 사망이나 신체장애의 위험을 회피할 수는 있다. 그러나 그러한 방법은 실질적으로 바람직하지도 않을 뿐 아니라 다른 대안이 없는 경우도 있다. 자가운전을 할 수도 있고 버스를 타거나 기차를 탈 수도 있지만, 많은 시간이 소요되고 피로가 쌓이는 것은 피할 수 없다.

또한 비행기의 추락위험은 상존하고 있지만, 민영항공사의 안전기록은 양호하므로 항공기의 이용은 보유할 만한 합리적인 위험이라고 할 수 있다. 한편 성공에 필요한 여러 가지 기술과 자본이 확보되어 있는데도 기업도산의 위험을 회피하기 위하여 사업을 시작하지 않는다면 그러한 위험의 회피는 최선의 대책이라고 할 수 없을 것이다.

2. 위험의 보유

개인이나 기업은 주어진 위험의 전체 또는 일부를 보유할 수도 있다. 위험의 보유(risk retention)는 적극적인 위험보유와 소극적 위험보유로 구분할 수 있다.

1) 적극적 위험보유

적극적 위험보유(active risk retention)는 개인이나 기업이 스스로 위험을 인식하고 심사숙고하여 위험을 보유하는 것을 의미한다. 예를 들면 운전자는 20만원의 소손해공제액(deductible)으로 자동차종합보험(차량손해)에 가입함으로써 충돌이나 접촉 등으로 인한 차량의 소손해의 위험을 보유할 수 있다. 기업은 근로자들에 의한 사소한 도난, 들치기(shoplifting), 또는 썩기 쉬운 물품의 부패위험을 의식적으로 보유할 수 있고, 위험보유의 특수한 형태인 자가보험프로그램(self-insurance program)을 이용할 수도 있다. 이와 같이 개인이나 기업이 주어진 위험의 전체 또는 그 일부를 의식적으로 보유하기로 결정한 것을 적극적 위험보유라고 할 수 있다.

적극적 위험보유는 다음 두 가지 이유 때문에 이용된다. 첫째 위험보유는 비용을 절약할 수 있다. 보험에 가입하지 않거나 소손해공제액으로 보험에 가입함으로써 상당한 보험비용을 절약할 수 있다.

둘째, 이용할 수 있는 민영보험이 없거나 보험료가 너무 비싸기 때문에 의도적으로 위험이 보유될 수 있다. 예를 들면 일부 의사들은 보험료가 너무 비싸다는 것을 알고 있기 때문에 의도적으로 직업인배상책임보험에 가입하지 않고 의료업을 영위하고 있다.

위험보유는 특히 현대의 기업위험관리 프로그램에서 매우 유용한 위험처리기법일 수 있다. 또한 위험보유는 기본적으로 잠재적 손해가 비교적 적은 고빈도(high-frequency), 저심도(low-severity)의 위험에 적절하다. 그러나 특별한 경우를 제외하고 개인은 재해 사고에 의한 의료비, 장기적인 신체장애 또는 배상책임소송의 위험과 같은 저빈도(low-frequency), 고심도(high-severity)의 위험을 보유하기 위해 위험보유기법을 이용하여서는 아니 된다.

2) 소극적 위험보유

위험은 소극적으로 보유될 수 있다. 어떤 위험들은 무지, 무관심 또는 태만 때문에 무의식적으로 보유되기도 한다. 이 경우 보유된 위험이 개인이나 기업의 재정적인 파멸을 가져올 수 있는 잠재력을 가지고 있는 경우 매우 위험하다.

예를 들어 많은 근로소득자들은 장기적인 신체장애의 위험에 대하여 보험에 가입하지 않고 있다. 그러나 전술한 바와 같이 장기적인 장애로 인한 재정적 결과는 일반적으로 조기 사망보다 훨씬 심각하다. 따라서 장기적인 장애의 위험에 대하여 보험에 가입하지 않는 사람들은 가장 위험하고 부적절한 방법으로 위험보유방법을 이용하는 결과가 된다.

3. 위험의 전가

위험의 전가(risk transfer)는 또 다른 위험처리기법의 하나이다. 위험은 다음과 같은 여러 가지 방법으로 전가될 수 있다.

① 계약에 의한 위험의 전가(transfer of risk by contracts)

② 헤징가격위험(hedging price risks)

③ 법인 회사의 설립(incorporation of business firm)

④ 보험(insurance)

일부 학자들은 위험의 전가방법을 크게 보험외전가(保險外轉嫁)와 보험전가로 구분하기도 한다.

1) 계약에 의한 위험의 전가

원하지 않는 위험은 계약에 의해 전가될 수 있다. 예를 들면 보증기간이 종료한 후의 수리에 대하여 소매상인이 책임을 부담하는 서비스계약을 체결함으로써 결함 있는 텔레비전이나 스테레오세트의 위험은 소매상인에게 전가될 수 있다. 임대료의 상승위험은 장기임대차계약에 의해 주인에게 전가될 수 있다. 건축비의 가격상승 위험은 협정이윤포함(cost-plus) 건축계약이 아닌 고정가격 건축계약에 의해서 건축업자에게 전가될 수 있다.

또한 위험은 피해보상책임면제약관(hold-harmless clause)에 의해 남에게 전가될 수 있다. 피해보상책임면제약관은 주로 재화나 용역의 매매계약 또는 임대차계약에 있어서 구매자가 재화나 용역 또는 토지나 건물의 이용과정에서 피해를 입은 경우 매도인(생산자 또는 임대인 등)에 대하여 피해보상을 청구하지 않기로 합의하는 계약규정이다.

예를 들어 야외무대설비의 제조업자는 소매업자와의 계약에 피해보상책임면제약관을 삽입한 경우 야외무대시설이 붕괴되어 누군가가 상해를 입은 때에 제조업자는 피해를 입지(책임을 지지) 않기로 소매업자가 약정하는 것이다.

피해보상책임면제약관은 매도인이나 임대인에게만 적용하는 것이 아니고 그 반대의 경우에도 적용된다. 오늘날 선진국에서는 대부분의 상거래에서 피해보상책임면제약관이 포함된 계약을 매매당사자간에 체결하는 것이 통례이다.

어떤 위험을 수반하는 사업거래와 관련한 물품이나 부동산매매계약, 운송계약, 고용계약, 용역계약, 창고보관계약 또는 임대차계약을 체결하는 경우 계약당사자의 일방이 상대방에게 특정한 위험의 발생으로 인한 제3자에 대한 모든 법적배상책임을 전가하도록 하는 계약규정이 피해보상책임면제약관이다.

2) 가격위험헤징 또는 선물계약

가격위험헤징(hedging price risks)은 위험전가의 또 다른 예이다. 헤징(hedging)이란 상품거래소나 증권거래소 등 공인된 거래소에서 선물(先物)계약(futures contracts)을 구입하거나 매도함으로써 가격변동의 위험을 투기자(speculator)에게 전가하는 기법을 말한다.

미국 증권시장에서는 가격하락의 위험을 방어(hedge)하기 위하여 주가지수 선물계약(stock index futures contracts)이 이용되고 있으며, 이러한 기법은 최근 우리나라 증권시장에도 도입되고 있다. 이러한 기법을 흔히 포트폴리오보험(portfolio insurance)이라고 부른다. 그러나 이것은 일반적인 보험이 아니고, 주가(株價)의 하락에 대한 상당한 보호기능을 제공하는 위험전가기법이다.

노량진수산시장이나 가락동농수산물센터 등 현물 거래소에서 매도자와 매입자 간의 계약 성립과 함께 대금지불과 상품인도가 동시에 이루어지는 것은 현물(現物)거래(cash trading)이다.

선물거래는 매매당사자간에 대금의 지급과 상품의 인도를 현재가 아닌 장래의 일정시점에 이행하기로 하여 경매를 통한 어떤 물품(거래소에서 정한 표준물품)의 가격과 수량만을 결정하고, 그 정해진 장래의 시점에 틀림없이 대금지급과 상품의 인도가 이행되도록 거래소당국에 의해 보장된 조건으로 이루어지는 거래를 말한다.

이와 같은 선물거래를 통하여 매매당사자들은 가격하락의 위험과 가격상승의 위험을 전가할 수 있다. 예를 들면 풍년으로 곡가(穀價)가 폭락한 경우 농부가 직면하는 가격하락의 위험과 흉년으로 곡가가 폭등한 경우 실수요자가 겪는 가격상승의 위험을 들 수 있다. 또한 국제 원자재시세의 하락으로 인한 수입업자의 위험과 수출업자(생산업자)의 해외 원자재시세의 앙등으로 인한 위험 등이 있다. 이와 같이 예측할 수 없는 가격의 상승이나 하락으로 초래되는 위험을 전가하기 위하여 생산자, 소비자 또는 중간상인들이 이용하는 곳이 선물이 거래되는 선물시장(futures market)이다.

한편, 위험전가방법으로 장래의 일정시점을 상품의 인수・인도일로 정하고 상품의 가격과 수량을 정하여 매매하는 선도(先渡)거래(forward trading)가 있다. 우리말로 소위 「밭떼기」거래가 여기에 해당된다. 수확기의 가격변동을 우려하여 농부는 밭떼기 투자자에게 가격하락의 위험을 전가하기 위하여 「밭떼기」거래가 이루어진다. 밭떼기거래가 장래의 일정시점을 상품의 인수・인도일로 정하고 가격과 수량을 미리 확정지었다는 점에서 선물거래와 같다. 그러나 농부와 투자자의 사적(私的) 거래이고 그 계약자체가 공인된 상품거래소에서 이루어진 것이 아니므로 계약의 확실한 이행에 대한 공적인 보증기관이 없다는 점에서 선물거래와는 구별된다.

또한 위험전가의 예로서 선도거래의 일종으로 요즈음 활발히 이루어지고 있는 계약재배를 들 수 있다. 농부들은 미래의 가격변동(하락)의 위험을 전가할 수 있으며, 소비자들은 계약재배의 결과로 얻어진 무공해식품으로부터 농약이나 수은 등이 함유된 공해식품으로 인한 건강상의 위험을 예방할 수 있다.

3) 법인회사의 설립

회사의 설립(incorporation)은 위험전가의 또 다른 예이다. 만약 어느 회사가 개인의 단독 소유인 경우 그 회사의 자산은 물론 회사 소유자의 모든 자산은 채무이행을 위해 채권자에게 귀속될 수 있다.

그러나 회사가 주식회사 등과 같이 법인화될 경우 주주의 개인 자산은 회사의 채무이행을 위해 채권자에게 귀속될 수 없다. 본질적으로 주주의 책임은 유한책임이므로 기업의 부채를 지급하는데 불충분한 자산을 보유하고 있는 회사의 위험은 채권자에게 이전된다.

4) 보험

위험의 전가방법으로 가장 효과적이고 일반적인 수단이 보험이다. 대부분의 개인이나 기업에게는 주요한 위험을 처리하는 가장 실용적인 방법이기도 하다. 여기에서 이용되는 민영보험은 여러 가지 특성을 가지고 있지만, 다음과 같은 세 가지 특성이 강조된다.

첫째, 순수위험이 보험자에게 이전되기 때문에 위험의 전가가 이용된다.

둘째, 소수의 손해가 위험단체의 전체 구성원에게 분산되기 위하여 결합기법(pooling technique)이 이용되고, 그 결과 평균손해가 실제 손해로 대체된다.

셋째, 대수의 법칙(law of large numbers)의 적용에 의하여 위험이 감소될 수 있으며, 보험자는 대수의 법칙에 의해 어느 정도 정확성을 가지고 미래의 손해결과를 예측할 수 있다.

4. 손해의 통제

손해의 통제(loss control)는 위험을 처리하는 중요한 방법이다. 손해의 통제는 손해의 빈도와 심도(frequency and severity)를 감소시키기 위하여 수행되는 활동으로 구성된다. 따라서 손해의 통제는 ① 손해의 예방(loss prevention)과 ② 손해의 경감(loss reduction)이라는 두 가지 중요한 목적을 가지고 있다.

1) 손해의 예방

손해의 예방(loss prevention)은 손해발생 확률의 감소를 목표로 하고, 그 결과 손해의 빈도가 감소된다. 개인의 손해예방에 관한 예를 들면, 운전자가 안전한 드라이브코스를 선택하고 방어적으로 운전한다면 자동차사고는 감소될 수 있으며, 체중변화에 관심을 갖고 금연하면서 알맞은 운동 등 규칙적인 건강생활을 한다면 심장마비를 예방할 수 있을 것이다.

손해의 예방은 기업에도 중요하다. 예를 들어 보일러의 폭발이나 누전으로 인한 화재는 정기적인 검사를 통하여 예방할 수 있고, 산업재해사고는 불안전한 근로조건을 개선하고 안전수칙의 엄격한 이행을 통하여 예방될 수 있다. 또한 화재사고는 근로자들로 하여금 고도의 가연성 물질을 사용하는 지역 내에서 흡연을 금지시킴으로써 예방될 수 있다. 요약하면 손해예방의 목적은 손해의 발생을 예방하는 것이다.

2) 손해의 감소

철저한 손해예방을 위한 노력으로 손해의 빈도를 감소할 수 있지만, 어떤 손해는 불가피하게 발생할 수 있다. 따라서 손해통제의 두 번째 목표는 손해가 발생한 경우 손해의 심도를 감소시키는 것이다. 예를 들어 어떤 빌딩에 자동소화장치(sprinkler system)를 설치한 경우 화재는 발생 즉시 소화되고 그 결과 손해는 감소될 것이다. 또한 화재가 한 지역에만 국한되도록 가연성 자재를 격리된 지역에 저장하고, 손해를 최소화하기 위하여 공장을 불연성 자재로서 건축하며, 화재의 확산을 막기 위하여 방화문(防火門)과 방화벽(防火壁)을 설치하기도 한다.

3) 위험을 처리하는 이상적인 방법

사회적 측면에서는 손해의 통제가 위험을 처리하는 가장 이상적인 방법이다. 그 이유는 다음과 같다.

첫째, 손해의 간접비용이 너무 크고, 그 간접비용이 손해의 직접비용을 초과할 수도 있기 때문이다. 예를 들어 근로자 한사람이 직장에서 상해(산업재해)를 입은 경우 회사는 근로자의 의료비와 일정비율의 소득에 대한 보상책임(직접비용) 이외에도 상당한 간접비용을 지출한다. 손상된 기계를 수리하여야 하고, 화물이 지정된 날짜에 선적되지 못함으로써 무역계약이 취소될 수도 있다. 따라서 손해의 발생을 예방함으로써 간접비용과 직접비용이 모두 감소된다.

둘째, 손해의 사회적 비용이 고려되기 때문이다. 예를 들어 앞의 예에서 근로자가 사망하였다고 가정하면, 그 사망 때문에 상당한 사회적 비용이 지출된다. 사회는 사망한 근로자가 생산할 수 있었던 재화와 서비스를 영원히 상실하게 되고, 근로자의 가족은 근로자의 소득액을 상실함은 물론 엄청난 슬픔과 재정적 불안정을 겪게 된다. 그리고 근로자 자신도 죽기 전에 큰 고통을 겪게 될 것이다. 이와 같은 사회적 비용은 효과적인 손해통제프로그램을 통하여 감소될 수 있다.

요약정리

1. 위험을 처리하는 위험관리와 보험 분야에서는 위험의 측정과 양적 분석이 가능하여야 하므로 위험을 「손해의 가능성이 존재하는 상태」라고 정의할 수 있다.

2. 손인(peril)은 「손해의 원인」(cause of loss)으로 정의된다. 위험상태(hazard)는 「일정한 손인으로 인하여 발생되는 손해발생의 기회를 창출하거나 증가시킬 수 있는 상태」를 말한다.

3. 실체적 위험상태(physical hazard)는 손해발생의 기회에 영향을 미치는 건물의 위치나 구조 등과 같은 재산의 실체적 측면을 포함한 재산, 인간, 또는 사업의 유형적 특성을 의미한다. 도덕적 위험상태(moral hazard)는 손해를 유발하거나 손해의 심도를 증대시키는 개인의 부정직 또는 성격상의 결함이다. 정신적 위험상태(morale hazard)는 사람이 마땅히 기울여야 할 주의를 태만하게 하는 경우에 존재하는 상태로서 손해발생의 확률을 증가시키는 개인의 부주의한 태도나 무관심 또는 관심부족을 의미한다. 법률적 위험상태(legal hazard)는 손해의 빈도나 심도를 증가시키는 법률제도 또는 법률의 규제환경의 특성들을 의미한다.

4. 위험관리 및 보험에서 손해(loss)는 「우연한 사고로 인하여 발생하는 비의도적인 경제적 가치의 소멸 또는 감소」이다. 손해의 기본적 요소는 ① 비의도적인 또는 예기치 않은 것이어야 하고 ② 화폐금액과 같은 경제적 단위를 측정될 수 있거나 최소한 표시될 수 있는 것이어야 한다.

5. 손해의 원인을 기준으로 동태적 위험(dynamic risk)과 정태적 위험(static risk)으로 구분된다. 동태적 위험은 물가수준, 기술의 변화와 혁신 등 사회・경제의 변화로 인해 결과적으로 발생되는 위험이며, 사회에 유익하게 작용하기도 한다. 정태적 위험은 사회・경제변화가 없는 경우에도 화재, 도난, 지진, 홍수, 충돌 및 각종 사고와 같은 자연적인 손해원인과 타인의 부정직 등의 원인으로 발생할 수 있는 금전적 손해와 관련되는 위험을 말하고, 사회에 손해로서 작용하고 이득의 원천으로는 기여하지 않는다. 정태적 손해는 일정 기간 동안 어느 정도의 규칙성을 가지고 나타나는 경향이 있으므로 예측될 수 있고, 그 결과 동태적 위험보다 정태적 위험이 보험으로 취급하기에 보다 더 적절하다.

6. 손해의 원천과 결과의 차이를 기준으로 근본위험(fundamental risk)과 특정위험(particular risk)으로 분류된다. 근본위험은 경기 후퇴와 실업, 인플레이션, 전쟁이나 혁명, 또는 지진, 태풍과 같은 천재지변 등 경제・사회적 및 정치적 현상에 기인하여 발생하는 단체위험이며, 대다수의 국민이나 기업, 사회 전체, 또는 사회・경제의 전반에 영향을 미치는 위험이다. 특정위험은 주택의 화재나 건물의 폭발, 도난이나 강도, 자동차사고, 질병이나 상해 등과 같이 개인적이고 개별적인 사건에 의해 발생되고, 그 결과가 사회 또는 사회구성원 전체가 아닌 개별적인 개인이나 특정 기업에 영향을 미치는 위험이며, 개별위험이라고도 한다.

7. 위험관리 및 보험과 관련하여 가장 유용한 위험의 분류로서, 발생가능성이 있는 결과가 손해에만

국한되느냐 또는 이득도 포함되느냐에 따라 순수위험(pure risk)과 투기적 위험(speculative risk)으로 구분된다. 순수위험은 손해의 발생 가능성만이 존재하는 위험이다. 투기적 위험은 손해 발생의 가능성뿐만 아니라 이득(利得)의 가능성도 동시에 존재하는 위험이다.

8. 개인이나 기업 등의 경제적 · 재정적 안정을 위협할 수 있는 주요한 순수위험은 다음과 같다.
① 개인과 관련 있는 인적위험(personal risks)
② 재산의 멸실 또는 손상(간접 손해 포함)과 관련된 재산위험(property risks)
③ 타인에게 입힌 손해로 인한 배상책임과 관련된 배상책임위험(liability risks)

9. 인적위험(personal risks)은 개인에게 직접적으로 영향을 미치는 위험이다. 주요한 인적위험에는 다음과 같은 네 가지가 있다.
① 조기사망(早期死亡)의 위험(risk of premature death)
② 노령(老齡)의 위험(risk of old age)
③ 질병이나 상해 등 병약(病弱)한 건강의 위험(risk of poor health)
④ 실업의 위험(risk of unemployment)

10. 재산위험은 재산의 소유자들에게 영향을 미치는 위험으로, 그들의 재산이 손상을 입거나 멸실되는 경우 두 가지 형태의 손해, 즉 직접손해와 간접손해 또는 결과손해가 초래된다. 직접손해(direct loss)는 재산의 물질적 손상, 파괴, 또는 도난으로 인하여 발생하는 재정적인 손해이다. 간접손해(indirect loss) 또는 결과손해(consequential loss)는 재산의 물질적 손상, 파괴, 또는 도난의 간접적 결과로 인하여 발생하는 재정적인 손해이다. 결과손해에는 ① 이익의 상실 ② 건물의 불가동손해 ③ 임대료의 상실손해 ④ 시장의 상실손해 ⑤ 추가비용 등이 있다.

11. 배상책임위험은 개인이나 기업이 과실 또는 고의적인 불법행위로 인해 타인에게 신체상해 또는 재산손상을 입힌 경우 그 피해에 대한 법률상 배상책임을 부담하게 되는 결과로서 현재 또는 미래의 자산 손해와 관련된 위험이다. 배상책임위험이 중요한 이유는 ① 손해의 금액에 관한 일정한 최고한도가 없고, ② 미래의 소득 및 자산의 손해까지 확대될 수 있으며, ③ 법적방어비용으로 많은 금액이 소요된다.

12. 위험은 사회에 대하여 다음과 같은 사회적 · 경제적 악영향을 끼치게 된다.
① 사회는 필요로 하는 재화와 서비스를 상실할 수 있다.
② 거액의 비상준비기금을 적립하여야 한다.
③ 걱정과 불안이 존재한다.

13. 위험의 처리방법에는 일반적으로 다음과 같은 네 가지 방법이 있다.
① 위험의 회피(risk avoidance)
② 위험의 보유(risk retention): 적극적 위험보유와 소극적 위험보유
③ 위험의 전가(risk transfer): 보험외전가와 보험전가
④ 손해의 통제(loss control): 손해예방과 손해감소

주요 개념과 용어

1. 위험(risk)
2. 손해의 가능성(possibility of loss)
3. 손해의 확률(probability of loss)
4. 손해의 기회(chance of loss)
5. 손해에 관한 불확실성(uncertainty concerning loss)
6. 주관적 위험(subjective risk)
7. 객관적 위험(objective risk)
8. 손해가 가능한 상태(a condition in which losses are possible)
9. 손해노출상태(exposure to loss, or a loss exposure)
10. 손해원인(peril)
11. 위험상태(hazard)
12. 실체적 위험상태(physical hazard)
13. 도덕적 위험상태(moral hazard)
14. 정신적 위험상태(morale hazard)
15. 법률적 위험상태(legal hazard)
16. 손해(loss)
17. 금전적 위험(financial risk)
18. 비금전적 위험(nonfinancial risk)
19. 동태적 위험(dynamic risk)
20. 정태적 위험(static risk)
21. 근본위험(fundamental risk)
22. 특정위험(particular risk)
23. 순수위험(pure risk)
24. 투기적 위험(speculative risk)
25. 인적위험(personal risks)
26. 인명의 가치(human life value)
27. 재산위험(property risks)
28. 배상책임위험(liability risks)
29. 직접손해(direct loss)
30. 간접손해(indirect loss) 또는 결과손해(consequential loss)
31. 위험의 회피(risk avoidance)
32. 위험의 보유(risk retention)
33. 위험의 전가(risk transfer)
34. 적극적 위험보유(active risk retention)
35. 소극적 위험보유(passive risk retention)
36. 피해보상책임면제약관(hold-harmless clause)
37. 헤징(hedging)
38. 선물계약(futures contracts)
39. 현물거래(cash trading)
40. 선물거래(futures trading)
41. 선물시장(futures market)
42. 포트폴리오보험(portfolio insurance)
43. 법인회사의 설립(incorporation)
44. 손해의 통제(loss control)
45. 손해의 예방(loss prevention)
46. 손해의 경감(loss reduction)

복습문제

1. 위험관리와 보험 분야에서 사용되는 위험의 정의와 손해의 불확실성 및 확률과의 관계를 설명하시오.

2. 손해원인과 위험상태를 비교하여 설명하고, 네 가지 위험상태에 대한 각각의 예를 제시하시오.

3. 금전적 위험과 비금전적 위험, 동태적 위험과 정태적 위험, 근본위험과 특정위험, 순수위험과 투기적 위험의 각각의 차이를 설명하고, 각각의 예를 열거하시오.

4. 근본위험과 특정위험의 구별은 근본위험은 사회 전체에 영향을 미치므로 민영보험보다는 사회보험에 의해 처리되고 민영보험에 의해 처리되는 경우에도 정부보조금의 지원이 필요하다는 점에서 중요합니다. 순수위험과 투기적 위험의 구별이 중요한 이유는 무엇인가요?

5. 경제적 불안정과 관련되는 순수위험의 주요한 세 가지 형태를 설명하고, 그 예를 제시하시오.

6. 순수위험 중 인적위험의 네 가지 형태를 설명하시오.

7. 직접손해와 간접손해의 차이점은 무엇입니까?

8. 순수위험이 사회에 대하여 악영향을 미치는 이유는 무엇입니까?

9. 위험을 처리하는 네 가지 방법을 간단히 설명하고, 각각의 예를 제시하시오.

10. 위험처리방법 중에서 보험을 제외한 보험외 위험전가수단으로 사용되는 피해보상책임면제조항(hold-harmless clause)과 선물계약(futures contracts)에 대하여 설명하시오.

11. 위험을 처리하는데 손해통제가 왜 이상적인 방법인지를 설명하시오.

제2장 위험관리

학습목표

제2장을 학습한 후 다음 질문에 명확히 대답할 수 있어야 한다.

1. 위험관리를 정의하고 보험관리와의 차이점을 설명하라.
2. 위험관리과정과 위험관리자의 기능을 열거하고 설명하라.
3. 위험관리의 목적을 설명하라.
4. 위험관리프로그램에서 잠재적 손해를 처리하기 위해 사용되는 여러 가지 위험처리방법(그 의의, 장·단점 등 포함)을 설명하라.
5. 손해통제와 회피의 차이점을 비교하고, 손해통제의 예를 열거하라.
6. 손해의 빈도와 심도에 따른 최적의 위험대처방법을 설명하라.
7. 사고의 원인과 결과에 관한 두 가지 손해통제이론을 비교 설명하라.
8. 가정의 위험관리자가 수행하여야 할 업무를 설명하라.
9. 개인과 가정이 직면하고 있는 위험과 식별방법을 설명하고, 평가모형도에 따라 빈도와 심도를 평가하라.
10. 가정위험의 네 가지 분류방법을 설명하고, 가정위험의 적절한 처리방법의 선택에 대해 설명하라.

최근 많은 기업과 정부단체 및 기타 기관들은 순수위험을 처리하는 하나의 장치로서 작업조건의 개선과 안전대책 등을 포함한 위험관리에 관심을 기울이고 있다. 제1장에서 위험의 정의와 분류, 형태 및 위험의 처리방법에 관하여 살펴보았다. 보험은 순수위험을 처리하는 여러 가지 방법 중에서 위험의 전가에 해당되고, 보험이 위험의 전가방법 중 하나의 수단에 불과하다는 것을 고찰하였다.

이 장에서는 위험관리의 이론에 대하여 검토하고자 한다. 먼저 위험관리의 개념과 위험관리프로그램의 기본 목적에 관하여 살펴보고, 그 다음 잠재적 손해를 식별하고 평가하며 손해에 충당하기 위한 가장 적절한 방법을 선택하고 전반적인 프로그램을 운영하는 체계적인 절차인 위험관리과정을 고찰하고자 한다.

제1절

위험관리의 의의

1. 위험관리의 생성배경과 발전과정

위험관리(risk management)는 미국에서 1929년 뉴욕증권시장의 주식 대폭락사태를 초래한 1920-30년대의 대공황을 계기로 기업 측면에서 보험의 효과적인 이용을 강조하는 보험관리(insurance management)로서 대두되었다. 즉 기업들이 경영합리화를 위한 비용의 통제과정에서 어떻게 보험료를 절약하면서 직면한 위험을 효과적으로 보험 처리할 것인가에 대한 논의와 연구로부터 위험관리의 개념이 생성되었다.

기업의 경영자들에 의해 보험관리에 관한 연구가 활발히 진행되는 과정에서, 제2차 대전 후 기업규모의 확대, 자산가치의 증대, 기술혁신, 경영환경의 복잡화, 기업의 사회적 책임의 강조 등 경영환경의 변화 때문에 보험관리만으로는 기업의 보호와 목표달성에 불충분하게 되어 위험처리의 기능 확대 필요성에 따라 보험외 관리를 포함한 위험관리의 개념이 기업경영에 도입되었다.

위험관리라는 용어가 일반적으로 사용되기 시작한 것은 1950년대 초였으며, 위험관리의 개념이 최초로 소개된 문헌 중의 하나는 1956년 "Harvard Business Review"지에 게재된 Russel B. Gallagher의 「위험관리: 비용통제의 신국면」(Risk Management: A New Phase of Cost Control)이란 논문이다.[1] 이 논문에서 위험관리라는 용어가 사용될 무렵인 1950년대 중엽에 미국의 대학교에서 보험강의와 보험연구를 비난하는 보고서가 발표되었다. "Gordon & Howells Report"와 "Pierson Report"가 그것이다. 이 보고서들은 경영대학의 교과과정(curriculum)을 비판하고 있다. 즉 대학에서의 교과과정, 특히 학부의 교과과정에서는 특수한 산업, 예를 들어 보험산업 등에 관련한 교과과정을 채택하거나 교육해서는 아니 되며, 기업(business)의 연구는 경영상의 광범위한 문제들에 초점을 맞추어야 하고 모든 기업에 공통되는 경영의 여러 기능에 관하여 연구하여야

1) 그후 1963년에 Robert I. Mehr와 Bob A. Hedges의 「기업경영의 위험관리」(Risk Management in the Business Enterprise)라는 저서가 발간됨으로써 기업경영에 있어서 위험관리의 개념이 각광을 받기 시작하였다.

한다는 것이다.

보험관리자들의 활발한 연구노력과 이들 보고서를 계기로 1960년대에 이르러 주로 보험자 측의 입장에서 보험거래와 보험경영을 연구하던 보험학의 연구방향이 기업(보험소비자)의 입장에서 보험의 구입이나 기타 수단을 통해 기업이 직면한 위험을 처리하는 위험관리에 관한 체계적인 연구로 전환하였다.[2)]

2. 위험관리의 정의

위험관리(risk management)는 개인, 가계, 기업 또는 기타 조직이나 단체에 노출되어 있는 순수위험을 처리하기 위한 조직적인 방법 또는 개인이나 기업 등이 직면하고 있는 순수위험의 처리문제에 대한 과학적인 접근방법이라고 정의된다. 위험관리는 마케팅관리, 재무관리 또는 인사관리와 마찬가지로 하나의 경영관리기능이다.

위험관리는 그 용어 자체가 의미하는 것보다 실제는 좁은 개념이다. 왜냐하면 개인이나 기업 등은 여기에서 사용되고 있는 위험관리기능에 속하지 않는 일부 위험을 포함하여 광범위한 여러 가지 위험에 직면하고 있기 때문이다. 한 조직의 경영자는 순수위험과 투기적 위험을 포함하여 그 조직이 직면한 모든 위험을 처리하여야 할 궁극적인 책임을 가지고 있다. 위험관리는 그러한 전체 위험의 일부인 순수위험에만 초점을 맞추고 있다.

전체적인 순수위험관리프로그램(그 중에서 보험구매는 일부에 불과함)에 책임을 맡고 있는 사람이 위험관리사(risk manager)이다.

3. 위험관리와 보험관리

위험관리와 보험관리(insurance management)를 혼동하여서는 아니 되고, 위험관리가 보험관리와 밀접하게 관련되어 있으므로 이들 두 가지 기능을 구별할 수 있어야 한다. 경영관리의 하나의 기능에 속하는 위험관리는 다음과 같은 관점에서 보험관리보다 넓

2) 전국보험구매인협회(NIBA)도 위험관리자(risk manager)의 양성을 위한 체계적인 교육의 필요성을 인식하고 대학에서의 위험관리론의 설강을 위해 노력하였으며, 그 결과 1955년 봄학기에 Columbia대학에서 위험관리론이 최초로 개설되었다. 오늘날 대부분의 미국대학에서는 보험학과라는 명칭보다는 위험관리보험학과(risk management & insurance department)를 설치하고 있다.

은 개념이며 보험관리와는 다르다.

첫째, 보험관리는 순수위험 중에서 보험가능위험만을 취급하는 반면, 위험관리는 보험가능위험과 보험불가능위험을 포함한 모든 순수위험을 처리하기 위하여 적절한 수단과 기법을 선택한다는 점에서 보험관리보다 넓은 개념이다.

둘째, 위험관리는 순수위험의 확인, 식별과 분석에 보다 중점을 두고 손해를 처리하기 위해 매우 다양한 방법이 사용되는 반면, 보험은 위험관리의 여러 가지 처리방법(회피, 보유, 손해의 통제 및 전가) 중에서 위험전가의 한 수단에 불과하다.

셋째, 위험관리는 그 사고방식에서 보험관리와 차이가 있다. 기업의 보험구매인은 지불되는 금액으로 최상의 보험을 확보하는데 전통적으로 초점을 맞추고 있는 반면, 위험관리는 어떠한 것이든 가장 적절한 수단에 의하여 위험의 처리비용을 감소시키는데 관심이 집중되고 있다. 보험관리자에게는 보험이 위험을 처리하는 표준적인 접근방법이고, 손해방지조치나 보유(소손해공제액)를 검토하면서 보험료의 감액이나 절약을 염두에 두고 있는 반면, 위험관리자에게 보험은 기업이 직면하고 있는 순수위험을 최소화하는 여러 가지 접근방법 중에서 단지 하나의 방법에 불과하다.

넷째, 위험관리는 보험뿐만 아니라 손해를 처리하는 모든 방법에 대한 정기적인 평가와 재검토를 필요로 한다.

다섯째, 위험관리는 보험관리보다도 기업 내의 다른 부서 및 개인들의 협조를 필요로 한다. 성공적인 위험관리프로그램의 운영을 위해서는 보험관리보다 많은 개인들과 기업 내의 전체 부서와의 긴밀한 협조를 필요로 하고, 위험관리의 의사결정은 보험관리의 의사결정보다 해당 기업에 막대한 영향을 미친다.

4. 위험관리와 경영관리

보험관리는 대체로 순수위험 중에서도 보험가능위험만을 대상으로 하는 반면, 위험관리는 보험가능위험 뿐만 아니라 보험불가능위험을 포함한 모든 순수위험을 대상으로 한다는 점에서 위험관리가 보험관리보다 더 넓은 개념이다.

위험관리는 순수위험만을 대상으로 하는 반면, 경영관리는 순수위험은 물론 투기적 위험(사업위험)을 포함한 기업의 모든 위험을 대상으로 한다는 점에서 위험관리는 경영관리의 하위개념이다. 기업은 위험관리기능에 속하는 순수위험을 포함하여 광범위한 위험에 직면하고 있다. 한 조직의 경영자는 순수위험과 투기적 위험을 포함하여 그 조직이 직면한 모든 위험을 처리하여야 할 궁극적인 책임을 가지고 있는 반면, 위험관리는 그러한 전체 위험의 일부인 순수위험에만 초점을 맞추고 있다.[3)]

위험관리는 경영관리의 한 분야이며, 마케팅관리, 재무관리, 생산관리, 인사관리 등과 마찬가지로 부문관리에 해당된다. 마케팅이나 생산관리 등의 부문관리가 일반적으로 라인(line)의 관리활동을 통하여 기업의 이윤 확보와 직접적으로 연관되어 있으며 이윤의 극대화 도모를 그 목적으로 하고 있는데 반하여, 위험관리는 자체의 스텝(staff) 기능을 효과적으로 활용함으로써 기업 손실의 극소화 도모를 목적으로 하는 관리활동을 의미한다.

이와 같은 의미에서 라인의 관리활동을 통해 기업의 이윤 극대화에 직접 관련되는 관리활동을 대상으로 하는 일반적인 경영이론을 정(正)의 경영학이라고 한다면, 스텝활동을 통해 기업이 직면한 위험의 과학적·합리적 관리를 목적으로 결과적으로 기업의 손실 극소화를 도모하려는 위험관리이론은 부(負)의 경영학이라고 할 수 있다. 따라서 위험관리이론은 경영이론의 한 분과에 포함될 수 있다.

요약하면, 위험관리는 모든 순수위험이 그 관리대상이며, 보험관리는 그 대상이 순수위험 중에서 특정 요건을 구비한 보험가능위험에만 국한되는 반면, 경영관리는 그 대상이 순수위험 뿐만 아니라 투기적 위험까지 확대되고 있다.

5. 위험관리의 과정

1) 위험관리절차와 위험관리자의 기능

위험관리자가 위험관리 목적을 달성하는 위험관리의 과정은 다음과 같은 여섯 단계로 구성되어 있다. 기업에 따라서는 이와 같은 위험관리과정에서 위험관리목적의 결정과 위험관리프로그램의 평가 및 재검토는 경영관리 차원에서 수행될 수 있으며, 따라서 나머지 네 가지 기능, 즉 위험의 식별·확인, 측정·평가, 처리방법의 선택 및 프로그램의 집행이 위험관리자의 기본적인 기능이라고 할 수 있다.

---

3) 그러나 위험관리의 대상은 순수위험에 한정되어서는 아니 되고, 투기적 위험이나 동태적 위험까지 확대되어야 한다는 문제가 현재 세계적으로 활발하게 논의되고 있으며, 위험관리에 대한 접근방법도 처음에는 보험관리에서 시작하며 관리기능지향적 위험관리로, 다시 경영목적 지향적(경영관리형) 위험관리로 그 영역이 확대되고 있다.(송일, "學問으로서의 危險管理의 位相", 「危險管理學會誌」 創刊號, 韓國危險管理學會, 1990, 12, pp.1-22 참조.)

① 위험관리 목적의 결정(determination of objectives)
② 위험의 식별 · 확인(identification of risks)
③ 위험의 평가 · 측정(evaluation of risks)
④ 최선의 위험처리방법의 선택(selection of the best methods)
⑤ 위험관리프로그램의 수행(implementation
⑥ 위험관리프로그램의 평가 및 재검토(evaluation and review)

2) 위험관리목적의 결정

(1) 위험관리의 기본목적

위험관리과정에서 첫째 단계는 위험관리프로그램의 목적의 결정이다. 즉 위험관리프로그램이 수행해야 할 것으로 기업이나 조직체가 기대하는 것이 무엇인가를 정확하게 결정하는 것이다. 이 단계가 간과되는 경우 일관된 목적의 부재로 위험관리프로그램의 효율성이 저하되고, 기업이나 조직체가 직면하고 있는 위험들을 처리하는데 논리적 일관성을 제공해줄 지침이 없게 된다. 위험관리목적은 위험관리프로그램의 책임을 맡고 있는 자에게 주요한 안내역할을 하고, 프로그램집행 성과에 대한 평가수단으로서 역할도 한다.

위험관리의 첫째의 가장 중요한 목적은 기업의 목표들을 달성하는데 순수위험으로 인해 지장을 받지 않도록 함으로써 기업이나 조직체의 경영의 효율성을 보존하는 것이다. 이것은 기업의 파산을 초래하거나 기업이나 조직체의 기능을 수행하지 못하도록 할 수 있는 재정적인 대재난손해를 피하는 것을 의미한다.

둘째 목적은 어느 의미에선 첫째 목적만큼 중요하다고 할 수 있는데, 사망이나 신체상해를 가져올 수 있는 각종 사고로부터 종업원을 보호하는 인도주의적인 목표이다.

이밖에도 위험관리목표들은 비용, 자원의 효율적 이용, 사회적 책임, 일반대중에 대한 기업이미지의 보존 등에 초점을 맞출 수도 있다.

미국의 교과서들은 Mehr와 Hedges가 「손해 전」(pre-loss)과 「손해 후」(post-loss)로 위험관리목적을 분류하여 제시한 다음과 같은 목적을 대부분 인용하고 있다.[4)]

---

4) Robert I. Mehr and Bob A. Hedges, Risk Management: Concepts and Applications (Homewood, Illinois: Richard D. Irwin, 1974), p.4.

〈표 2-1〉 위험관리의 목적

손해발생 전 목적	손해발생 후 목적
① 경제성 ② 불안의 감소 ③ 외적으로 부과된 의무이행 ④ 사회적 책임	① 기업의 생존 ② 사업의 계속 ③ 수입의 안정 ④ 지속적인 성장 ⑤ 사회적 책임

(2) 손해발생 전 목적

이와 같은 목적들 중에서 위험관리기능의 특정 목적들은 기업이나 조직체의 사정에 따라 다를 수 있고, 이외에도 많은 목표들이 있을 수 있다. 또한 일부 목표들은 다른 목표들과 상충될 수 있는데, 이러한 상충문제를 해결하기 위해서는 기업의 생존이 무엇보다도 우선한다는 전제조건에 대한 인식이 필수적이다.

먼저 손해발생 전 목적(pre-loss objectives)을 살펴보면, 첫째의 경제성(economy) 목적은 기업이 가장 경제적 방법으로 잠재적 손해에 대비하여야 한다는 것을 의미한다. 이를 위해서는 안전프로그램비용, 보험료, 손해에 대비하는 다른 위험처리방법들에 관련된 비용에 대한 재무 분석이 필요하며 그 분석결과를 토대로 가장 경제적인 방법을 선택하여야 한다.

둘째 목적은 불안의 감소(reduction in anxiety)이다. 위험의 종류에 따라 위험관리자가 느끼는 걱정과 불안의 정도는 다르겠지만, 위험관리는 모든 위험과 관련된 걱정과 불안을 최소화시키는데 목적을 두어야 한다.

셋째의 손해발생 전 목적은 외부적으로 부과된 의무의 이행(meeting externally imposed obligations)이다. 이것은 기업은 기업 외적으로 기업에 부과된 일부 의무와 책임을 이행하여야 한다는 것을 의미한다. 예를 들면, 정부규정에 의해 기업에게 산업재해로부터 근로자를 보호하기 위해 안전장치의 설치를 요구할 수도 있고, 기업의 채권자들이 대출담보물로 설정된 재산에 대한 보험가입을 요구할 수도 있다. 이 목적은 손해발생 후 목적에도 공통적으로 적용될 수 있다.

넷째 목적은 사회적 책임(social responsibility)의 이행이다. 이 목적도 손해발생 전·후에 공통적으로 적용될 수 있는 것으로, 기업의 손해가 해당 기업의 근로자는 물론 소비자, 공급자, 채권자 및 사회 전반에 나쁜 영향을 미칠 수 있으므로 위험관리목적을 그 영향을 최소화하여 사회적 책임을 이행하는데 두는 것이다.

(3) 손해발생 후 목적

다음으로 손해발생 후 목적(post-loss objectives)을 살펴보면, 첫째 목적은 기업의 생존(survival of the firm)으로 위험관리 목적 중에서 가장 중요한 목적이다. 생존이란 손해발생 후 상당한 기간 내에 최소한 기업의 일부 사업을 재개할 수 있음을 의미한다.

둘째 목적은 사업의 계속(continuity of operations)이다. 심각한 손해발생 후에 사업을 계속할 수 있는 능력은 일반대중에게 계속적인 서비스를 제공할 책임이 있는 철도, 전기, 전화, 수도, 가스와 같은 공익기업에게는 특히 중요한 목적이다. 또한 손해발생 후 사업을 계속할 수 없을 경우 고객을 경쟁회사에 빼앗길 우려가 있는 은행, 제과점, 유제품 제조(또는 판매)업자 등에게도 이 목적이 특히 중요하다.

셋째의 목적은 수입의 안정(stability of earnings)이다. 손해발생 후의 이 목표는 기업이 사업을 계속하는 경우 달성될 수 있으므로, 사업의 계속이라는 둘째 목적과 밀접한 관계를 가지고 있다. 그러나 다른 장소에서 사업의 계속과 같이 이 목표를 달성하는데 상당한 비용이 소요될 수 있으며, 손해발생 후 완전한 수입의 안정은 달성될 수 없다.

넷째의 손해발생 후 목적은 기업의 지속적인 성장(continued growth)이다. 기업은 신제품의 개발과 신시장의 개척 또는 기업합병과 흡수를 통해서 성장할 수 있다. 위험관리자는 발생된 손해가 기업의 성장능력에 미치게 될 영향을 고려하여야 한다.

다섯째의 사회적 책임(social responsibility)의 목표는 손해발생 전 목표와 마찬가지로 발생된 손해가 이해관계자와 사회 전반에 미치는 영향을 최소화하는 것이다. 예를 들어 어느 소도시에서 공장을 폐쇄하게 되는 심각한 손해는 결과적으로 그 지역사회의 실업률을 증가시키고 불경기를 초래할 수도 있다. 따라서 위험관리자는 손해발생 후 지역사회에 대한 자기 기업의 사회적 책임에 관심을 가져야 한다.

제2절

위험의 식별 · 확인 및 측정 · 평가

1. 식별확인의 중요성과 그 대상위험

위험관리목적이 주로 이사회를 통해 결정되는데 비하여, 실제 위험관리업무에 해당되는 것으로서 위험관리자가 수행해야 할 첫째 기능이 위험의 식별 · 확인(identification of risks)이다. 손해노출상태 또는 잠재적 손해에 대한 식별확인은 위험관리과정에서 가장 중요하고 어려운 단계이다. 위험의 존재가 확인되지 않는 한 어떠한 위험관리수단도 강구할 수 없기 때문이다.

위험관리자가 통상적으로 식별 · 확인하여야 하는 잠재적 손해(potential losses)와 순수위험의 형태는 다음과 같다.

① 재산손해의 위험
② 사업소득손해의 위험
③ 배상책임손해의 위험
④ 주요 인사의 사망 또는 신체장애의 위험
⑤ 산업재해 또는 산업질병의 결과로 인한 손해의 위험
⑥ 사기, 범죄행위 및 근로자의 부정직으로 인한 손해의 위험

2. 위험의 식별 · 확인방법

기업이 직면하고 있는 위험들을 인식하지 못하면 그 위험들에 대해서는 적절하고 효율적인 위험처리수단을 선택할 수 없다. 또한 사업의 성격과 기업의 경영여건의 차이로 인해 회사에 따라 직면하고 있는 위험도 서로 다르기 때문에, 특정한 기업이 직면할 수 있는 위험들을 보편화하여 열거한다는 것은 불가능하다.

따라서 위험관리자는 해당 기업의 경영환경을 철저히 조사하고 파악하여 기업에 노출되어 있는 위험들을 발견하여야 한다. 그러나 어떤 위험들은 상대적으로 명확히 들

어나지만 많은 위험들이 간과될 수 있다. 중요한 위험들이 간과될 가능성을 줄이기 위해서 위험관리자는 어떻게 위험을 식별하고 확인할 것인가의 문제에 대하여 체계적인 접근방법을 이용하여야 한다.

위험을 식별하고 확인하는 중요한 방법에는 위험분석질문표, 위험점검표, 보험증권점검표, 계통도(flow charts), 재무제표분석, 기타 내부 기록문서, 실체적 조사, 인터뷰, 제수단의 결합방법 등이 있다.

1) 예비지식 습득(orientation)

위험을 확인하기 위한 첫째 요건은 가능한 한 기업과 해당 사업에 대한 철저한 지식을 습득하는 것이다. 위험관리자는 해당 조직체의 목표와 기능, 특정 산업의 관행 및 조직 자체의 특수 활동에 대한 일반적인 지식을 필요로 한다. 조직체의 연혁과 현재의 사업범위는 다양한 보고서를 통해 알 수 있으며, 이들 보고서들은 위험분석과 잠재적 손해의 식별에 필요한 기본적인 정보원(情報源)을 제공한다. 위험의 확인과정에 관련 있는 정보를 얻어내는데 도움이 되는 다음과 같은 다양한 수단들이 이용될 수 있다.

2) 위험분석 질문표

위험확인과정에서 이용되는 주요한 수단은 「사실 탐지기」(fact finder)라고도 부르는 「위험분석질문표」(risk analysis questionnaire)이다. 이 질문표는 위험관리자가 조직체에 대한 일련의 상세한 질문조사를 통하여 위험을 발견할 수 있도록 작성된 것이다. 이들 질문표 중에는 보험가능위험과 보험불가능위험을 모두 포함하여 작성되기도 한다.

일반적으로 이들 질문표는 광범위한 분야의 기업들이 공통으로 사용할 수 있도록 마련되어 있기 때문에, 특정 기업에 독특한 위험이나 잠재적 손해를 식별할 수 있는 질문을 포함하고 있지 않다는 단점이 있다[5].

---

5) 미국의 경우 특정 산업별로 이용할 수 있도록 작성된 가장 포괄적인 질문 일람표(checklists)가 달라스의 「국제위험관리협회」(International Risk Management Institute, Inc., of Dallas, Texas)에 의해 발간되고 있으며, 광범위하고 다양한 산업별로 별개의 자세한 일람표가 매년 개정되고 있다. 우리나라의 경우에도 위험관리업무가 보다 활성화되기 위해서는 「위험관리학회」 또는 「손해보험협회」 등에서 이와 같은 연구용역이 이루어져야 할 것이다.

3) 위험점검표

개인이나 기업 및 기타 조직체가 쉽게 이용할 수 있는 위험의 확인수단이 위험점검표(loss exposure checklists)이다. 이 점검표는 보험회사, 보험대리점, 전문적인 위험관리 관련협회 및 위험관리자문기관 등에 의해 작성된 것을 이용할 수 있다. 이들 점검표는 유형자산과 무형자산의 파괴 및 법률상 배상책임 등으로 인한 수많은 잠재적 손해의 위험을 열거하고 있다. 사용자는 점검표상 각각의 항목에 대하여 개인이나 자기 기업에 해당되는 잠재적 손해의 위험 여부를 확인할 수 있다.

그러나 위험점검표도 위험분석질문표와 마찬가지로 일반적인 위험만을 열거하고 있기 때문에 서로 상이한 성격과 다양한 사업을 영위하는 특정 조직체에서 발생할 수 있는 모든 위험을 포함할 수 없다는 단점이 있다. 따라서 다른 위험의 확인수단과 효과적으로 결합하여 사용하는 경우 심각한 잠재적 손해의 위험을 간과할 가능성은 감소될 것이다.

4) 보험증권점검표

보험증권점검표(insurance policy checklists)는 보험회사 및 보험관련 간행물[6]로부터 이용될 수 있다. 이 점검표는 전형적으로 특정 기업이 필요로 하는 다양한 보험증권의 카탈로그(목록)를 포함하고 있으며, 위험관리자는 해당 기업에 적용 가능한 보험증권들을 찾아내기 위해서 단순히 그러한 점검표를 참고로 한다. 이 접근방법의 단점은 보험불가능 순수위험들이 무시되고, 보험가능위험에만 초점을 맞추고 있다는 점이다.

5) 계통도

생산 공정과 인도과정이 그려 있는 계통도(flow charts)는 기업에 심각한 재정적 영향을 끼칠 수 있는 손해의 발생가능한 문제의 구역을 나타내준다. 기업의 사업운영에 관한 계통도분석은 위험관리자로 하여금 특정 기업과 사업에만 노출되어 있는 특별한 위험이 초래될 수 있는 자기 기업의 사업에 관한 독특한 측면을 환기시켜줄 수 있다.

---

6) 미국에서 보험증권대조목록표로서 가장 폭넓게 이용되는 출판물은 Rough Notes Co. of Indianapolis에서 매년 개성하여 발산되는 Coverage Applicable이다. 특정 종류의 기업들이 가장 필요로 하는 보험보상범위(insurance coverages)를 열거하고 있는데, 여기에 수록된 보험증권들은 약 800개의 상이한 형태의 조직체에 적용가능하다고 한다.(Vaughan, op.cit., p.34.)

이 계통도를 이용하는 가장 큰 장점은 위험관리자가 자기회사의 사업에 관한 기술적인 측면에 정통하게 되어 해당 기업의 특별한 위험을 인식할 수 있는 가능성을 증대시킨다는 점이다. 미국의 경우 대기업의 위험관리자에 의해 위험분석에서 계통도의 이용이 보편화되고 있다. 이 계통도는 특히 생산 공정에 있어서 위험의 원천을 식별하고 확인하는데 매우 유용하게 사용된다.

6) 재무제표분석

재무제표분석(analysis of financial statements)도 위험 식별과정에서 도움을 준다. 존재할 수 있는 위험들에 관하여 기업의 대차대조표와 손익계산서상 각 항목들이 분석된다. 대차대조표상에 열거된 자산은 간과될 수 있는 자산의 존재를 위험관리자에게 환기시켜 주고 보호되어야 할 주요한 자산을 식별하는데 도움을 준다. 손익계산서상 소득과 비용은 위험관리자가 알 수 없었던 사업영역을 나타내주기도 한다. 일부 저자들은 손익계산서의 분석을 위험확인의 가장 중요한 수단으로 간주하기도 하고 재무제표의 위험분석방법은 위험확인문제에 대한 표준적인 접근방법이 되고 있다.

7) 기타 내부기록문서

재무제표에 추가하여 위험 식별과정에서 이용될 수 있는 여러 가지 기타 내부 기록문서(internal records and documents)가 있다. 이들 기록문서에는 기업 내규(內規), 연차보고서, 이사회의사록, 조직기구표, 경영정책편람, 임대 및 임차계약서, 건축계약서 등이 있다. 특히 기업이 실제 경험한 바 있는 과거 손해에 관한 보고서는 주요한 손해노출상황을 식별하는데 매우 유용한 자료로 이용된다.

8) 실체적 조사

회사의 공장과 사업장에 대한 실체적 조사(physical inspections)는 주요한 위험을 식별할 수 있다. 수천의 말보다 한 장의 사진이 더욱 가치 있는 것과 마찬가지로 한 번의 현장조사가 수천의 점검표보다 가치 있을 수 있다. 현장의 관리자 및 근로자와의 토의와 더불어 회사의 여러 곳의 사업장에 대한 실제검사를 통하여 발견하지 못하고 지나칠 수 있는 위험들을 찾아낼 수 있다.

9) 인터뷰

회사 내의 서류나 기록문서에 기록되지 않는 정보도 있으며, 그러한 정보는 경영진과 근로자들의 기억 속에만 남아 있는 경우도 있다. 따라서 조직 내 폭넓은 관계자들과의 인터뷰(interviews)는 때때로 이러한 정보를 찾아내는데 필요하고, 위험을 식별하는데 이용되는 일반적인 정보에 추가하는데 필요하다.

이와 같은 인터뷰의 대상과 범위는 상황에 따라 좌우되지만, 경영최고책임자로부터 공장장, 재무관리자, 법률자문, 공장기사, 구매대리점, 인사관리자, 안전관리자 및 기타 근로자 등이 포함될 수 있다. 기업의 자문변호사와 공인회계사 등과 같은 외부 관계자들도 위험 식별에 유용한 정보를 제공할 수 있다.

10) 제수단의 결합방법

위험 식별에 대한 바람직한 접근방법은 앞에서 열거된 모든 수단들을 이용하는 제수단의 결합방법(combination approach)이다. 각각의 개별적인 수단들은 위험확인문제의 부분적인 해결책을 제공하지만, 그러한 수단들이 함께 결합되어 사용될 경우 위험관리자는 철저한 위험 식별 · 확인 작업을 완수할 수 있을 것이다.

그러나 어떠한 개별적인 위험 식별방법이나 결합방법보다도 기업에 노출되어 있는 위험을 발견하려는 위험관리자의 끊임없는 노력과 창의력이 더욱 중요하다. 기업의 많은 분야에서 위험이 발생할 수 있기 때문에 위험관리자는 사업의 변동, 새로운 자산의 취득, 기업 외적인 것과의 변화하는 관계 등에 관한 계속적인 정보를 제공해줄 수 있는 다방면에 걸친 정보체계를 갖추어야 할 필요가 있다.

3. 위험의 측정 · 평가

1) 손해의 빈도와 심도 평가

위험이 식별 · 확인된 후의 다음 단계는 기업에 노출되어 있는 위험을 측정하고 평가하는 일이다. 이것은 손해의 잠재적 빈도와 심도의 평가를 의미한다. 여기에서 「손해빈도」(loss frequency)는 일정한 기간 동안 발생할 수 있는 손해발생이 가능한 횟수(回數) 또는 손해가 발생할 수 있는 확률을 말하고, 손해 심도(loss severity)는 그 기간 중에 발생할 수 있는 손해의 가능한 규모 또는 크기를 말한다.

각 위험의 상대적 빈도와 심도는 위험관리자가 가장 적절한 위험처리방법들을 선택할 수 있도록 평가되어야 한다. 예를 들어 어떤 손해가 정기적으로 발생하고 예측 가능한 경우, 그러한 손해의 위험들은 기업의 수입 중에서 예산에 반영하여 통상적인 사업비로 처리될 수 있다. 그러나 어떤 형태의 위험에 의한 연간 손해가 매우 불규칙적이며 예측 불가능한 경우에는 전적으로 상이한 대비방법이 강구될 수 있을 것이다.

위험관리자는 손해 빈도와 손해 심도를 모두 고려하여야 하지만, 손해심도가 보다 더 중요하다. 왜냐하면 단 한 번의 대재난손해가 기업의 파산을 초래할 수도 있기 때문이다.

2) 평가에 따른 위험의 분류

위험관리자는 각 위험형태별로 손해의 빈도와 심도를 평가하여야 한다. 그 다음에 다양한 위험들은 그와 같은 평가를 기초로 각각 위험의 상대적 중요도에 따라 순위가 결정되어야 한다. 예를 들면 기업의 자산액을 초과하는 손해배상 판결금액과 같은 기업 파산의 잠재력을 가진 위험은 소규모의 손해잠재력을 가진 위험보다도 위험관리프로그램에서 훨씬 더 중요성을 갖게 된다.

홍수나 폭발화재와 같은 위험들은 배상책임손해와 마찬가지로 파산손해를 가져오는 위험으로 그 순위를 정하기 곤란한 위험들도 있다. 따라서 잠재적 손해가 기업에 미칠 재정적 영향에 초점을 맞추어 다음과 같이 중대한 위험, 중요한 위험, 사소한 위험 등으로 분류하는 것이 보다 적합하다.

① 중대한 위험(critical risks)은 가능한 손해가 기업의 파산을 초래할 정도의 규모와 중요도를 가지고 있는 모든 위험을 포함한다.

② 중요한 위험(important risks)은 가능한 손해가 기업의 파산을 초래할 정도는 아니지만 기업이 사업을 계속하기 위해서는 외부로부터 자금을 借入해야 할 필요가 있는 위험들을 포함한다.

③ 사소한 위험(unimportant risks)은 가능한 손해가 기업에 과도한 재정적인 부담을 끼치지 않고 기업의 기존 자산이나 현행 소득으로 대처할 수 있는 위험들을 포함한다.

개별적인 위험들을 위와 같은 세 가지로 분류하기 위해서 위험관리자는 해당 위험의 결과로서 발생할 수 있는 재정적 손해금액과 그러한 손해를 흡수할 수 있는 기업의 재정능력을 결정하여야 한다. 그리고 손해를 감당할 수 있는 재정능력의 결정을 위해서는 외부차입에 의존하지 않고 감당할 수 있는 무보험손해(uninsured loss)의 수준에 대한 측정 및 기업의 최대 신용도와 지불능력에 관한 결정이 필요하다.

제3절 최선의 위험처리방법의 선택

손해의 빈도와 심도가 평가된 후, 위험관리자는 가장 최선의 위험처리방법을 선택하여야 한다. 제1장에서 살펴본 ① 위험의 회피(risk avoidance) ② 위험의 보유(risk retention) ③ 위험의 전가(risk transfer): 보험외전가(保險外轉嫁)와 보험 ④ 손해의 통제(loss control) 등 네 가지 위험처리방법들이 위험관리프로그램에서 광범위하게 사용되는데, 여기에서는 이들 방법들의 의의와 장단점에 대하여도 살펴보고자 한다.

1. 위험의 회피

1) 위험회피의 의의

위험의 회피(avoidance)는 어떤 위험을 새로 받아들이지 않거나 기존의 위험(손해노출상황)을 제거하는 것을 의미한다. 예를 들어 결혼하지 아니함으로써 이혼의 위험을 회피할 수 있으며, 기업은 강 하류의 홍수다발지역에 공장을 건설하지 않음으로써 홍수손해를 회피할 수 있다. 유독성 제품을 생산하는 기업은 그 제품의 생산을 중지함으로써 기존 위험이 제거될 수 있다.

2) 위험회피의 장점과 단점

위험회피의 주요한 장점은 손해의 확률을 0으로 감소시키거나, 손해의 기회 또는 발생확률을 초래한 활동이 포기되기 때문에 이전에 존재한 손해의 기회나 발생가능성이 제거된다는 것이다. 따라서 처리해야 할 잔존위험이 없기 때문에 회피된 위험에 대하여 다른 위험관리기법을 사용할 필요가 없게 된다.

그러나 위험회피는 두 가지 단점을 가지고 있다. 첫째, 모든 손해의 회피가 불가능하다. 예를 들어 주요 임원의 불의의 조기 사망은 회피할 수 없다.

둘째, 손해노출상황의 회피가 실용성이 없거나 실행가능성이 없는 경우가 있다. 예를 들어 페인트공장은 페인트의 생산으로 인한 손해를 회피할 수는 있지만, 페인트의 생산 없이는 그 기업은 사업을 계속할 수 없을 것이다.

2. 위험의 보유

1) 위험보유의 의의와 이용 조건

위험의 보유(retetion)는 일정한 위험으로 야기되는 손해의 일부 또는 전부를 기업이 보유하는 것을 의미한다. 여기에서 논의 대상이 되는 위험보유는 무의식적인 소극적 위험보유(passive risk retention)가 아닌 적극적 위험보유(active risk retention)를 전제로 한다. 위험보유는 다음과 같은 세 가지 조건이 충족되는 경우에 위험관리프로그램에서 이용될 수 있다.

첫째, 다른 위험처리방법이 이용될 수 없을 때 위험보유가 사용된다. 보험자가 위험인수를 거절하는 경우 특정위험에 대하여 보험증권상 면책으로 규정한 경우, 소손해공제액 또는 책임한도 등으로 보험자의 보상범위에서 제외되는 경우, 또는 보험외전가가 이용될 수 없는 경우가 있다. 또한 손해통제조치를 통해 일부 손해의 빈도를 감소시킬 수는 있지만, 모든 손해를 제거할 수는 없다. 이와 같이 위험이 보험에 가입될 수 없거나 전가될 수 없는 경우 위험보유기법이 이용될 수밖에 없다.

둘째, 발생 가능한 최대손해가 심각하지 않을 때 위험보유가 이용될 수 있다. 예를 들어 대기업의 보유차량이 많고 차량들이 여러 곳에 분산되어 운영되는 경우 자동차 자체에 대한 차량손해는 동시에 손상을 입을 가능성이 없으며, 손해의 심도가 기업의 파산을 초래할 만큼 심각하지 않으므로 보유될 수 있다. 그러나 차량손해가 아닌 자동차 운행에 기인한 배상책임손해는 기업이 자체 보유하기에는 그 규모나 기업에 미치는 영향력이 너무 심각하다.

셋째, 발생가능한 손해가 고도로 예측 가능한 경우 위험보유가 적합하다. 근로자재해보상클레임, 자동차차량손해 및 들치기손해(shoplifting losses) 등이 이 범주에 속하고, 위험관리는 과거의 경험이나 통계자료를 통해 실제손해의 빈도와 심도에 대한 범위를 결정할 수 있어야 한다. 대부분의 손해들이 이 범주에 해당되는 경우 예산편성시 반영하여 기업의 소득에 의해 처리가능하다.

2) 위험보유수준의 결정

위험관리자는 기업이 보유할 손해금액을 결정하여야 한다. 손해금액을 어느 정도 보유할 것인가를 결정하는데 있어서 기업의 전반적인 재무상태가 중요한 고려사항이다. 재무상태가 양호할수록 보다 높은 수준의 위험보유가 가능할 것이다. 따라서 위험보유수준은 기업의 현재 재무상태, 최근의 손해경험 및 보험에 가입할 경우의 보험료 등을 비교분석하고 그 결과를 기초로 1년 단위로 매년 검토되어야 한다.

위험보유수준은 단일 사건발생으로 인한 손해금액과 연간 총 손해발생금액에 대하여 확정되어야 한다. 연간 보유할 최대 손해금액은 다음과 같은 여러 가지 방법으로 결정될 수 있다.

첫 번째, 증권시장에 상장(기업공개)된 주식회사는 주주에게 불리한 영향을 미치지 않고 그 회사가 흡수할 수 있는 최대 무보험손해에 의해서 연간 최대보유금액을 결정할 수 있다. 이러한 관점에서 회사의 배당정책과 회사의 수입이 손해에 의해 어느 정도 불리한 영향을 받게 될 것인가를 검토하여야 한다. 과거 경험에 의한 일반적인 기준에 의하면 당해 사업연도의 세금 지급전 회사의 연간소득의 5%를 위험의 최대보유금액으로 설정할 수 있다.

두 번째 방법은 연간 최대보유금액을 기업의 순 운전자본금(net working capital)의 일정 비율(전형적인 비율은 1% - 5% 정도)로서 결정하는 것이다. 이 방법은 손해를 흡수할 수 있는 기업의 전반적인 재무 상태를 반영하지는 못하지만, 그 비율은 손해에 대하여 적립할 수 있는 기업능력의 한도이다.

세 번째 방법은 보유된 손해들이 전형적으로 보유하고 있는 소득금액 또는 세전(稅前) 소득금액으로부터 지급된다는 인식에 기초를 두고 있다. 이 공식에 의하면, 연간 최대보유금액은 현재 유보되어 있는 잉여금의 일정 비율(전형적인 비율은 1%-3%)에 과거 몇 년 동안의 평균 세전 소득의 동일한 비율 또는 그보다 낮은 비율을 더한 비율에 해당하는 금액이다. 여기에서 후자의 비율은 발생 가능한 모든 위험에 대처할 수 있는 효과를 가지고 있다.

3) 보유손해의 대처방법

위험보유기법이 이용되는 경우 위험관리자는 손해의 지불을 위한 몇 가지 확정된 대처방법을 확보하고 있어야 한다. 손해에 대한 자금 확보를 위해 이용될 수 있는 방법에는 당해 사업연도의 순소득, 단기 유가증권과 같은 별도의 유동자산, 은행 등 금융기관으로부터 차입금, 캡티브보험회사(captive insurer)의 설립・이용 등이 있다.

① 당해 사업연도의 순소득(current net income): 기업은 당해 사업연도의 순소득으로부터 손해액을 지불할 수 있으며, 손해들은 당해 연도의 비용으로 처리된다. 그러나 예상보다 많은 손해가 발생함으로써 그 지급액이 현재의 순소득을 초과할 수도 있고 손해액을 지급하기 위해 기업의 다른 자산들을 처분하여야 할 경우도 있다. 더욱이 폭발이나 손해배상소송 또는 작업 관련 사고와 같은 예기치 않은 손해 때문에 흑자(黑字) 사업연도가 적자(赤字) 사업연도로 쉽게 전환될 수도 있다.

② 별도로 비축한 자산(earmarked assets): 둘째 방법은 손해액을 지급하기 위해 단기 유가증권과 같은 유동자산을 별도로 비축시키는 것이다. 그러나 그 자산들이 예외적인 대형손해에 충당되기에 항상 충분할 것이라는 보장이 없으며 더욱이 유동성 형태의 자산 보유는 사업자금으로 이용함으로써 얻을 수 있는 수익을 감소시키는 결과를 가져올 수 있다.

③ 차입금(borrowing): 셋째 방법은 은행이나 기타 금융기관으로부터 필요한 자금을 차입하는 것이다. 그러나 이 방법은 은행에 예금구좌를 갖추고 대출금융기관을 확보해야 할 필요가 있으며, 대형손해가 발생한 경우 대부분 대출이 불가능하기 때문에 손해발생 전에 대출신청이 이루어져야 하는 난점이 있다. 또한 대출금에 대한 이자가 지급되어야 하고, 대출금에 대한 정기적인 상환금은 기업이 안고 있는 현금유동성의 문제(cash flow problems)를 더욱 악화시킬 수 있다. 그리고 보충하는 현금잔고가 요구될 수 있다.

④ 캡티브보험회사(captive insurer): 끝으로 기업이 보유된 손해를 지급하기 위해 캡티브보험회사를 설립할 수 있다. 캡티브보험회사는 당해 기업의 현저한 위험을 보험으로 처리하기 위하여 모기업(母企業)에 의해 설립되고 소유되는 보험회사,

즉 자(子)보험회사(insurance subsidiary)를 말한다. 캡티브보험회사들은 위험인수 범위를 그들의 소유주(또는 모기업이나 모조직체)에 속하는 위험에 국한하거나 주로 제한한다는 점에서 일반 보험회사와 구별된다. 미국의 경우 많은 기업들이 캡티브보험회사를 설립하고 있는데, 유리한 규제조건과 규제환경, 낮은 자본금요건 및 낮은 세금 때문에 많은 캡티브보험회사가 Bermuda, Bahamas, Cayman Islands에 소재하고 있다.7)

4) 자가보험(self-insurance)

자가보험(self-insurance)이라는 말이 위험관리자들에 의해 위험관리프로그램에서 폭넓게 사용되고 있으나, 순수한 의미에서 「자가보험」(自家保險)이란 용어는 정의하기가 불가능하며 잘못된 호칭이다. 왜냐하면 보험은 위험의 전가 또는 위험의 결합으로 구성되는데 자가보험은 스스로 결합될 수도 없고 전가될 수도 없기 때문이다.

「자가보험」이란 엄밀한 의미에서 순수위험이 보험자에게 전가되지도 않고 보험도 아니다. 자가보험은 기업이나 개인이 특정 위험의 일부 또는 전부를 자체 보유하는 계획된 위험보유의 특별한 형태에 불과하다.

위험보유 프로그램이 자가보험으로 간주되기 위해서는 다음과 같은 요건을 갖추어야 한다.

첫째, 대수의 법칙을 기초로 손해들이 어느 정도 정확하게 예측될 수 있도록 다수의 동질위험의 결합이 가능할 만큼 기업 또는 조직체의 규모가 거대하여야 한다.

둘째, 그 프로그램이 재정적으로 뒷받침되어야 한다. 기업이나 조직체는 손해에 충당

---

7) 캡티브보험회사는 고용주 또는 일부 단체들이 필요로 하는 보험보장(coverage)을 확보할 수 없거나, 민영보험에 가입하는 보험료가 너무 비싸기 때문에 대부분 설립되고 있다. 예를 들어 100%의 보험료 증가와 보험보장범위의 축소조치에 대응하여 California, Nevada 및 Arizona의 12개 로마가톨릭 교구들은 약 1,000개의 교회와 615개 학교 및 기타 다양한 교회운영에 대한 배상책임보험을 인수하기 위하여 캡티브보험회사를 설립하였다. 캡티브보험회사는 민영보험시장에서 확보하기 곤란한 배상책임 보험보장과 보장범위를 제공하고, 이용할 수 있는 적절한 배상책임한도를 책정하며, 보험료의 안정을 도모하고, 회원(또는 회원사)의 필요에 특별히 적용되는 손해통제프로그램을 개발하기 위하여 설립되었다. 연구보고서들이 그들 교회가 보험금으로 받은 것보다 9배나 더 많은 배상책임보험료를 지불한 사실을 확인한 때에 교회들은 캡티브보험회사의 설립이 필요하게 되었다고 주장하였다. 또한 교회들은 그들이 운송산업의 대재난, 환경오염손해, 생산물배상책임클레임 및 교회에 의해 일반적으로 초래되는 발에 걸려 넘어지는 형태의 클레임의 특성을 갖지 않는 기타 수백억달라의 손해에 대하여 지급해오고 있다고 주장하고 있다.

할 수 있는 유동성 자금을 적립하고 있거나, 손해에 충당하기 위해 처분할 수 있도록 별도로 비축된 유동자산을 가지고 있거나, 또는 클레임을 지급하기 위해 캡티브보험회사가 이용되어야 한다.

셋째, 개별적인 손해노출체(위험)들이 대재난손해를 방지할 수 있도록 지리적으로 분산되어 있어야 한다.

자가보험이란 말은 의미상 잘못된 호칭임에 틀림없다. 앞에서 열거된 요건들을 모두 갖춘 기업이나 조직체가 거의 없을 뿐만 아니라 대부분의 경우 장래의 손해를 예측하지 않고 단순히 위험이 보유되고 있다.

그러므로 기업이나 조직체에 의해 조달된 자금으로 발생손해에 충당한다는 개념을 명확히 표현하는 「자체자금조달」(self-funding)이라는 말이 자가보험이란 말보다는 더 적절한 표현이다.

5) 위험보유의 장점과 단점

위험보유기법은 위험관리프로그램에서 장점과 단점을 모두 가지고 있는데, 주요한 장점은 다음과 같다.

① 자금의 절약: 기업의 실제 손해가 보험회사의 보험료 상당액보다 적은 경우 기업은 결과적으로 상당한 자금을 절약할 수 있다.

② 비용의 절약: 보험회사에 의해 제공되는 서비스들이 보다 낮은 비용으로 기업에 의해 제공될 수 있기 때문에 상당한 액수의 비용이 절약될 수 있다. 손해사정비용, 일반운영비, 보험대리점수수료와 보험중개료, 손해통제비용, 세금과 공과금 및 보험자의 이익 등을 포함한 비용들이 절감될 수 있다.

③ 손해방지의 촉진: 위험이 자체 보유되기 때문에 위험을 전가하는 경우보다 기업 내에서 손해방지활동을 촉진하는 결과를 가져온다.

④ 현금유동성(cash flow)의 증가: 보험에 가입한 경우 보험회사에 보험료로서 유출되었을 자금을 기업이 이용할 수 있기 때문에, 보유에 의해 현금유동성이 증가될 수 있다.

위험보유기법의 단점은 다음과 같다.

① 보다 많은 손해의 가능성 : 기업에 의해 보유된 손해가 보험에 가입하지 않음으로써 절약된 보험료 상당액보다 큰 경우가 발생할 수 있다. 또한 대수의 법칙을 기

초로 미래 손해를 어느 정도 정확하게 예측할 수 있다고는 하지만, 실제에 있어서 예기치 못한 손해들이 흔히 발생할 수 있다.

② 보다 많은 비용의 가능성: 실제에 있어서 보험에 가입한 경우보다 보유한 경우에 더 많은 비용이 지출될 수 있다. 안전기사와 손해방지전문가 등과 같은 외부의 전문가를 고용해야 할 경우도 있다. 반면, 보험회사들은 손해통제서비스를 보다 값싼 비용으로 제공할 수 있다.

③ 보다 많은 세금의 가능성: 소득세가 증가될 수 있다. 보험회사에 지불된 보험료에 대하여 소득세공제혜택이 있으나, 위험보유기법이 이용되는 경우 실제 지불된 금액에 대해서만 세금공제가 된다.

3. 보험외 전가

1) 보험외 전가의 의의

보험외 전가(noninsurance transfer)는 보험을 제외하고 순수위험과 그 잠재적 재정상의 효과가 타인이나 다른 당사자에게 전가될 수 있는 여러 가지 방법을 말한다. 위험관리프로그램에서 일반적으로 이용되는 보험외(保險外) 전가의 기법에는 계약(contract)과 리스(lease) 및 피해보상면제약정(hold-harmless agreement)이 포함된다.

예를 들면 어느 기업이 새로운 공장을 건축하기 위한 건설회사와의 계약에 의해 공장이 건축되는 동안 그 공장에 대한 여하한 손해에 대하여 건설회사가 책임을 부담한다고 약정할 수 있다. 어떤 기업의 컴퓨터 리스는 컴퓨터의 유지・보전과 수선 및 여하한 실체적 손상손해가 컴퓨터기업의 책임이라고 특정할 수 있다. 어느 기업은 계약당사자의 일방이 타당사자를 대신하여 법률상 배상책임을 부담한다는 피해보상면제약관(hold-harmless clause)을 계약서에 삽입할 수도 있다. 출판회사는 출판업자가 저서의 표절에 대하여 고소를 당한 경우 출판업자가 아닌 저자가 법률상 배상책임을 부담한다는 피해보상면제조항을 계약서에 삽입할 수 있다.

2) 보험외 전가의 장점과 단점

위험관리프로그램에서 보험외 전가는 위험관리자의 입장에서 다음과 같은 장점을 가지고 있다.

① 위험관리자는 상업적으로 보험 불가능한 일부 위험을 전가할 수 있으며, 보험외 전가는 위험관리자로 하여금 보험을 통해 전가할 수 없는 잠재적 손해들을 전가할 수 있도록 한다.
② 보험보다 적은 비용으로 전가할 수 있다.
③ 보험외 전가는 특별한 상황에 따라 적절하게 시행될 수 있다.
④ 기업자체에서 손해통제를 하는 것보다 효과적으로 손해를 통제할 수 있는 자에게 잠재적 손해가 전가될 수 있다.

그러나 보험외 전가는 다음과 같은 단점도 가지고 있다.

① 위험관리자가 의도한 만큼 위험전가가 완전하게 이루어지지 못할 수도 있다. 계약서의 표현이 불완전하여 잠재적 손해의 전가가 실패할 수 있다. 계약서의 표현이 애매할 경우 법원은 위험을 전가 받은 자에게 유리하게 관련규정을 해석하는 경향이 있다. 계약서의 표현이 명확한 경우에도 법원은 광범위한 위험전가를 금지하는 특별법 또는 공서양속에 위배된다는 이유로 그러한 전가가 무효라고 판결하기도 한다. 또한 특별한 상황의 필요에 맞추어 작성된 계약서의 해석에 관한 법원의 판례가 없는 경우에도 잠재적 손해의 전가가 실패할 수 있다.
② 잠재적 손해를 전가 받은 당사자가 손해에 대해 지급불능이 된 경우 기업이 여전히 손해에 대하여 책임을 부담할 경우도 있다. 보험과는 달리 대부분의 보험외 전가에서는 위험의 결합(pooling)을 중요하게 생각하지 않기 때문에 위험을 전가 받은 당사자는 예상손해보다도 훨씬 심각한 손해를 당하기 쉽다.
③ 보험 가능한 손해에 대한 일부 책임을 보험외전가한 경우에도 보험외전가로 인해 보험료가 절감되지 않는 경우도 있다. 보험회사는 보험외전가계약의 효력 또는 위험전가 받은 당사자의 재정 상태에 대해 의문을 갖기 때문에, 보험회사가 그러한 보험외 전가를 때때로 인정하지 않을 수도 있다.
④ 잠재적 손해에 대한 책임이 손해통제가 불가능한 자에게 이전될 수도 있다.

3) 보험외 전가의 이용조건

Mehr와 Hedges는 보험외 전가의 이용을 위한 이상적인 조건을 다음과 같이 제시하고 있다.

① 위험전가 당사자(위험을 전가하는 자와 전가 받는 자) 간에 손해의 할당이 명확하고 애매하지 않아야 한다.
② 잠재적 손해를 전가받은 자들은 그들의 재정상의 의무를 신속히 처리할 수 있는 능력이 있어야 하고, 그렇게 처리할 의사가 있어야 한다.
③ 위험을 전가받은 자들은 각자가 그가 부담하는 손해의 감소와 통제에 대한 상당한 권한을 가지고 있어야 한다.
④ 다른 안전한 위험부담방법과 최소한 동일한 효율적인(즉, 경제적이거나 유익한) 방법을 기초로 잠재적 손해들이 전가되어야 한다.
⑤ 위험전가 당사자의 모두에게 합당한 가격으로 잠재적 손해들이 전가되어야 한다.

4. 보험

위험관리프로그램에서 민영보험이 이용될 수 있다. 보험은 손해의 발생확률(빈도)은 낮지만 잠재적손해의 심도가 높은 위험의 처리를 위해 매우 유익하게 이용될 수 있다. 위험관리자가 어떤 위험에 대처하기 위하여 보험을 이용하기로 결정한 경우, 다음과 같은 다섯 가지의 중요사항이 고려되어야 한다.

① 보험보장범위의 선택
② 보험자의 선택
③ 계약조건의 협상
④ 보험프로그램에 관한 정보의 전파
⑤ 보험프로그램의 정기적인 재검토

1) 보험보장범위의 선택

위험관리자는 필요로 하는 보험보장범위(insurance coverage)를 선택하여야 한다. 발생가능한 모든 손해들을 보험으로 처리하기에는 예산상의 제약이 있기 때문에, 보험에 대한 필요성은 그 중요도에 따라 여러 가지 범주로 구분될 수 있다. 위험관리과정에서 보험으로 처리하기 위해 보장범위를 선택하는데 다음과 같은 두 가지 단계를 필요로 한다.

첫째, 위험관리자는 회사가 이용 가능한 경우에는 언제나 보험을 구매한다는 가정하에서 어떠한 보장범위들의 결합이 기업에 노출되어 있는 손해에 대한 최선의 보험보호를 제공할 것인가를 결정하여야 한다. 이러한 결정을 하기 위해서는 보험계약과 보험가격을 이해하여야 하고, 의사결정의 목적은 최소의 비용으로 가장 완전한 보호를 제공하는데 있다. 최선으로 결합된 보장범위들을 결정한 후 주로 잠재적 손해의 심도를 기초로 그러한 보장범위들을 ① 필수적인 보장범위(essential coverages) ② 바람직한 보장범위(desirable coverages) ③ 이용 가능한 보장범위(available coverage)로 구분한다.[8]

여기에서 「필수적 보장범위」(essential coverages)는 자동차배상책임보험 등과 같이 법률에 의한 강제보험, 노사협약에 의한 근로자재해보상보험이나 단체생명보험, 대출조건에 따른 화재보험계약, 또는 무역계약에 따른 적하보험계약[9] 등과 같이 계약에 의해 강제되는 필수불가결한 보험계약을 포함한다. 또한 회사의 생존을 위협하는 손해, 또는 대재난손해(catastrophic loss)를 야기할 수 있는 고심도(高深度)의 손해로부터 회사를 보호하게 되는 보장범위를 포함한다.

「중요한 보장범위」라고도 하는 「바람직한 보장범위」(desirable coverages)는 회사의 파산까지는 위협하지 않으나 회사의 경영에 심각한 재정적 피해를 제공하는 보험계약을 의미하며, 외부로부터 손해보전을 위해 자금을 차입해야 할 정도의 손해에 대한 보장범위를 말한다.

「선택적 보장범위」라고도 하는 「이용 가능한 보장범위」(available coverage)는 단지 회사에 피해가 되기는 하지만 회사의 경영에 심각한 피해를 입히지 않는 경미한 손해에 대한 보장범위를 의미하며, 현재의 소득이나 현존하는 자산에 의해 처리될 수 있는 손해에 대한 보장범위를 말한다.

한편, 잠재적 손해의 금액에 따라서 손해를 구분할 수 있는데, 예를 들면 특정한 형태의 최대가능손해(maximum possible loss)가 10억원으로 이 손해에 대한 보장범위가 「필수적 보장범위」인 경우에도, 50만원 이하의 손해는 쉽게 예상할 수 있거나 중요하

8) Vaughan은 이를 ① 필수적 보험보장범위(essential insurance coverages) ② 중요한 보험보장범위(important insurance coverages) ③ 선택적 보험보장범위 (optional insurance coverages)로 표현하고 있다.

9) Incorterms(1990)에 의한 CIF나 CIP무역조건 하에서의 ICC 최저보장범위의 적하보험계약을 의미한다.

지 않을 경우 위험관리자는 처음 50만원까지의 손해에 대한 보험을 「이용 가능한 보장범위」로 간주하고 그 초과액만을 필수적 보장범위로 고려하여야 한다. 그러나 이들 보장범위는 보험종목에 따라 보험자에게서 이용할 수 있는 소손해공제액(deductible)과 초과액보험(excess insurance)의 형태에 따라 제한받게 된다.

둘째 단계로서 위험관리자는 이들 손해 중 어느 것이 다른 위험처리수단에 의해 보다 만족스럽게 처리될 수 있는가를 결정하기 위하여 세 가지 범주에 속하는 보험계약을 재검토하여야 한다. 예를 들면 ① 보험료보다 적은 비용으로 보험자가 아닌 타인에게 전가시킬 수 있는 손해 ② 더 이상 심각하지 않을 정도로 예방하거나 감소시킬 수 있는 손해 ③ 너무 자주 발생하여 쉽게 예상될 수 있는 손해 등을 보장하는 보험계약들은 「필수적 보장범위」에서 제외시킨다.[10] 또한 보험 불가능한 일부 손해도 제외시켜야 한다. 그러나 강제보험은 구입되어야 하고, 잠재적 대재난손해를 보장하는 보험계약도 상기 세 가지 조건에 해당되지 않거나 보험료가 손해의 빈도와 심도에 비해 불합리하게 높지 않으면 구입하여야 한다.

2) 보험자의 선택

위험관리자는 보험회사(insurer or insurance company)를 선택하여야 한다. 보험자를 선택할 때 보험자의 재무상태(특히 지불능력), 보험자가 제공하는 위험관리서비스 및 보험료 등 여러 가지 중요한 요소들을 고려하여야 한다. 보험자의 재무 상태는 보험계약자 잉여금(policyowners' surplus)의 규모, 언더라이팅 실적과 투자(자산운용)실적, 미지급 책임준비금 적립의 적절성, 인수한 보험종목, 경영효율 등에 의해 결정된다.

특정 보험자의 재무 상태를 판단하기 위해서 위험관리자는 보험통계연보 등 여러 가지 보험관련 간행물을 이용할 수 있다. 미국의 경우 위험관리자가 이용하는 가장 중요한 간행물로서 보험회사들의 상대적 재무 상태를 기초로 매년 순위를 정하여 발간되는 Best's Insurance Reports가 있다.

위험관리자는 또한 특정 보험자를 선택할 때에 보험자가 제공하는 위험관리서비스의 이용가능성을 고려하여야 한다. 그러한 서비스에는 위험의 식별확인, 손해통제 및 손해사정에 있어서의 협조와 지원이 포함된다. 위험관리자는 특정 보험자가 기업이 필요로 하는 보험상품을 제공할 의사가 있는지의 여부도 판단하여야 한다.

10) 따라서 비용의 절감 때문에 보유수단으로서 자가보험(self-insurance)이 대체방안이 된다.

보험보호의 비용이 고려되어야 한다. 모든 다른 요소들이 동일한 경우에 위험관리자는 가장 낮은 가격(보험료)으로 보험을 구매하여야 한다. 우리나라와 같이 협정요율이나 인가요율제도가 아닌 자유경쟁요율제도가 실시되고 있는 미국의 경우 많은 위험관리자들은 여러 보험자들로부터 경쟁적인 보험료입찰을 통하여 가장 낮은 가격으로 필요한 보험보호와 서비스를 얻어내고 있다.

3) 계약조건의 협상

보험자가 선택된 후에는 위험관리자는 보험자와 보험계약조건(the terms of insurance contract)을 협상하여야 한다. 이 협상에 의해 위험관리자와 보험자는 보험증권의 내용과 표현문구에 대해 합의하여야 한다. 인쇄된 보험증권과 특약 및 증권양식이 사용되는 경우에 위험관리자와 보험자는 계약서의 기초를 구성하는 문서와 그 내용에 합의하여야 한다. 당해 기업을 위하여 특별한 맞춤식 수기(手記)보험증권(manuscript policy)이 작성되는 경우에는 보험계약상 규정들의 문구와 의미가 계약당사자 모두에게 분명하여야 한다.

어느 경우에도 보험자가 제공하기로 약정한 여러 가지 위험관리서비스들이 보험계약서(보험증권)에 명확하게 명시되어야 한다. 그리고 대기업의 경우 피보험기업과 보험회사 간에 보험료가 협상될 수 있으며, 보험료가 협상될 수 없는 경우에도 위험관리자는 과거의 양호한 손해율 등을 기초로 기업(보험의 목적)이 보다 낮은 보험요율을 적용받는 언더라이팅 등급에 해당되도록 보험자를 설득할 수 있어야 한다.

4) 보험프로그램에 관한 정보의 전파

보험보장내용 등 보험프로그램에 관한 정보(information concerning insurance program)가 기업 내의 다른 관계자에게 전파(dissemination)되어야 한다. 기업의 종업원들과 관리자들은 보험보장내용, 보존되어야 할 여러 가지 기록문서들, 보험자가 제공할 위험관리서비스 및 보험의 취소 또는 해지를 초래할 수 있는 위험상태(hazards)의 변경 등에 관하여 알고 있어야 한다. 물론 손해를 보고해야 할 책임이 있는 자들도 이와 같은 정보들을 알고 있어야 한다. 기업은 클레임의 통지방법과 손해에 대해 필요한 증거를 수집하고 제출하는 방법에 관한 보험증권 규정에 따라야 한다.

5) 보험프로그램의 정기적인 재검토

보험프로그램은 정기적으로 재검토(periodic review of the insurance program)되어야 한다. 위험관리자는 클레임의 신속한 지급여부와 보험자에 의해 제공된 손해통제서비스의 질에 대해 평가하여야 한다. 그리고 보험상품의 구매여부에 관한 기본적인 의사결정자체가 정기적으로 재검토되어야 한다.

6) 보험의 장점과 단점

위험관리프로그램에서 민영보험을 이용하는데 장점과 단점을 가지고 있다. 그 주요한 장점은 다음과 같다.

① 기업은 손해가 발생한 후 손해보상을 받는다. 따라서 기업은 사업을 계속할 수 있으며, 수익에도 영향을 받지 않고 변동이 없게 된다.
② 불확실성이 감소되어 기업은 그 사업범위를 확장할 수 있다. 관리자와 근로자 측면에서도 걱정과 불안이 감소되어 그들의 경영성과와 생산성이 향상된다.
③ 보험자로부터 손해통제서비스, 위험의 식별・확인을 위한 위험분석 및 클레임사정과 같은 유익한 위험관리서비스를 제공받을 수 있다.
④ 지급보험료는 사업경비로서 소득세 공제혜택을 받는다.

반면, 보험의 이용은 다음과 같은 단점과 비용을 수반하기도 한다.

① 보험료는 손해에 충당되는 부분 뿐 아니라 보험자의 사업비를 위한 금액과 보험자의 이익 및 비상위험을 위한 상당액으로 구성되어 있기 때문에, 보험료의 지급액은 많은 대가를 지불한 결과가 된다. 또한 기회비용(opportunity cost)이 존재한다. 보유기법 하에서는 보험료 상당액이 클레임의 지불이 필요할 때까지 사업에 투자되거나 이용될 수 있다. 그러나 보험이 이용되면 보험료가 사전에 미리 지불된다. 최근 미국에서는 기업의 현금유동성이 향상될 수 있도록 피보험자에게 보험료의 지급을 연기 또는 유예시켜주는 특별한 현금유동성보험제도(cash flow insurance plans)가 이용되고 있다.
② 상당한 시간과 노력이 보험에 대한 협상과정에서 소비된다. 보험회사가 선택되어야 하고, 보험계약조건과 보험료가 협의되어야 하며, 기업은 보험자의 손해통제활동에 협조하여야 하고, 손해발생 후에는 보험자에게 손해의 입증서류를 제출하

여야 한다.

③ 손해가 발생한 경우 보험자가 보험금을 지급하기 때문에, 위험관리자는 손해통제 프로그램에 소홀해지기 쉽고, 결과적으로 무보험 손해가 증가할 수 있다.

5. 손해의 통제

여기에서는 손해통제의 의의와 목적을 살펴보고, 손해통제의 개념을 보다 분명히 인식하기 위하여 위험회피와 비교하고자 한다. 그리고 사고원인과 결과에 관한 이론으로서 도미노이론과 에너지방출이론, 손해통제전문가의 역할과 안전정책의 필요성 및 손해통제의 체계에 대하여는 다음 절에서 보다 자세히 살펴보기로 한다.

1) 손해통제의 의의

손해통제활동은 손해의 빈도와 심도를 모두 감소시키기 위하여 실시된다. 위험의 회피방법과는 달리, 손해통제는 기업이 포기 또는 전가를 원하지 않는 손해노출상태(위험)를 처리하는 것이다. 손해통제활동의 목적은 기업이 보다 용이하게 수용하고 대응할 수 있도록 손해노출상태의 성질을 변경시키는 것이다. 손해의 빈도를 감소시키는 조치(손해예방)의 예로는 품질통제검사, 운전면허시험, 안전수칙의 엄격한 준수 및 제품디자인의 개선 등이 있다. 손해의 심도를 감소시키는 조치(손해감소)의 예로는 자동소화장치(automatic sprinkler) 또는 도난경보장치(burglar alarm systems)의 설치, 종업원 신체상해의 조기 치료, 도난당할 수 있는 현금의 구내(構內) 보관금액의 제한 등이다.

2) 손해통제와 회피의 비교

손해통제는 회피와 혼동되기도 한다. 손해통제는 위험으로 인한 잠재적 손해를 재무적으로 처리하는 것이 아니고, 손해노출상황(위험) 자체를 처리한다는 점에서 위험회피와 같다. 그러나 손해통제는 기업이나 조직체가 직면하고 있으면서도 포기하지 않으려는 손해노출상황(위험)을 처리한다는 점에서 위험회피와 다르다. 손해통제의 목적은 위험자체를 회피하는 것이 아니고, 현존하는 손해노출상황을 조직체가 수용하는데 보다 용이하도록 손해노출상황의 성질을 변경시키는 것이다.

위험을 회피하는 기업이나 가정 등은 그러한 위험을 결코 인수하거나 부담하려고 하지 않으며, 그러한 손해노출상황을 현재 보유하고 있는 경우에는 그 상황을 포기할 것이다. 그러나 손해통제기법을 손해노출상황에 적용하는 조직체는 그러한 손해노출상황을 인수하여 부담하거나 또는 포기하지 않으면서도, 사고발생회수 또는 사고발생의 경우 사고 당 손해금액(또는 손해규모)을 경감하기 위한 조치를 강구한다.

따라서 위험회피와는 달리, 손해통제기법을 이용하는 경우에도 손해의 빈도와 심도는 감소되지만 어느 정도 손해의 가능성은 존재한다. 손해통제와 회피는 이와 같이 전적으로 다른 위험대처방법이다. 어떤 손해노출상황이 회피되는 경우에는 통제할 잠재적 손해 자체가 존재하지 않는다.

6. 위험도에 따른 최적의 위험처리방법

가계나 기업의 위험관리자는 손해의 빈도와 심도가 측정되고 평가된 후 최적의 위험처리방법을 선택하여야 한다. 이 경우 위험의 회피, 보유, 전가(보험외 전가와 보험)와 손해의 통제 등 네 가지 방법 중에서 하나 또는 둘 이상의 수단을 결합한 최적의 처리방법이 이용될 수 있다. 위험도에 따른 적절한 위험처리방법은 다음과 같다.

첫째, 저빈도와 저심도의 잠재적 손해(위험)는 보유에 의해 처리될 수 있다. 왜냐하면 손해가 자주 발생하지도 않고, 발생한 경우에도 거의 재정적인 피해를 초래하지 않기 때문이다. 여기에 해당되는 위험의 예로는 회사의 도시권내 시작의 도난위험을 들 수 있다. 여기에서도 손해통제비용이 그 효용에 비해 적게 소요되는 경우 장기적인 관점에서 손해방지와 손해감소조치를 취할 수 있다.

둘째, 고빈도와 저심도의 잠재적 손해(위험)는 자동차의 차량손해, 근로자재해보상클레임, 들치기 및 음식물의 부패손해 등으로, 여기에서는 손해의 빈도를 감소시키기 위한 손해통제방법이 이용되어야 한다. 손해통제방법에 추가하여, 손해들이 규칙적으로 발생하고 예측가능하기 때문에 보유기법이 이용될 수 있다. 그러나 개별적으로는 상대적으로 소액의 손해들이지만 연간 손해로 합산하는 경우 상당한 규모에 달하게 되는 경우에는 초과액보험이 이용될 수도 있다.

셋째, 저빈도와 고심도의 잠재적 손해(위험)는 보험이 가장 적합한 처리방법이다. 고심도는 대재난손해의 잠재력이 존재하고 있음을 의미하고, 손해의 저빈도(저확률)는 경제적으로 실행 가능한 보험료로서 보험을 이용할 수 있음을 의미한다. 이와 같은 형태의 위험으로는 화재, 폭발, 태풍, 배상책임위험 등이 있다. 위험관리자는 보유와 결합된 보험을 이용할 수 있으며, 이외에도 보험외 전가, 손해방지와 손해감소 등 손해의 통제 등이 이용될 수도 있다.

넷째, 가장 심각한 형태의 위험으로 고빈도와 고심도의 잠재적 손해(위험)에 대하여는 위험회피방법이 최선의 방법이다. 대재난손해의 잠재력 때문에 보유는 바람직하지 않고, 경제성이 없어서 보험이 이용될 수 없으며, 이용할 경우 엄청나게 높은 보험료를 부담하여야 한다. 이러한 형태의 위험의 예로는 알코올중독자를 운전자로 채용하는 운수회사의 위험을 들 수 있다. 운전자의 음주운전으로 다수의 사상자가 발생한 경우 운수회사는 막대한 배상책임손해를 부담하여야 할 것이다. 따라서 이와 같은 위험은 알코올중독자를 운전자로 고용하지 않음으로써 회피될 수 있다.

위험도에 따라 이용될 수 있는 적절한 위험처리방법을 요약하면 다음 <표 2-2>와 같다.

〈표 2-2〉 위험도에 따른 최적의 위험대처방법

구 분	저빈도(low frequency)	고빈도(high freguency)
저심도 (low severity)	위험의 보유 (비용이 효용을 정당화한 경우 손해방지와 손해감소)	손해의 통제 (비용이 정당화될 수 있는 경우 손해방지 또는 손해감소, 비용이 정당화될 수 없는 경우는 위험보유)
고심도 (high severity)	보험 (위험의 보험외 전가, 손해방지와 손해감소, 보험과 위험보유와의 결합)	위험의 회피 (잠재적 심도와 빈도를 관리 가능한 수준으로 낮출 수 있는 경우 손해방지와 감소)

* (　　)은 최선책에 대한 차선방안임.

일반적으로 손해의 심도가 높은 경우 보유는 현실적인 수단이 되지 못하고, 손해의 빈도가 높은 경우 전가의 비용이 높게 되어 보험 등의 전가방법은 바람직한 수단이 되지 못한다. 그리고 고심도와 저빈도를 가진 위험에 대하여 보험이 가장 적절한 처리기법이 된다. 그리고 실제에 있어서는 위험의 보유기법(특히 소손해공제기법)과 결합된 보험대처기법이 일반적으로 적절하게 이용되고 있다. 그러나 심도나 빈도가 확실히 높거나 낮지 않은 경우에는 특정한 상황에 따라 상기 원칙은 적절히 조정되어야 한다.

제4절
위험관리프로그램의 수행

위험의 식별・확인, 위험의 평가・측정, 최선의 위험대처방법의 선택이 이루어진 후의 다음 단계는 위험관리프로그램의 수행과 프로그램의 평가 및 재검토가 필요하다.

1. 위험관리자의 업무수행범위

위험관리자[11]는 이용할 위험대처방법을 선택한 후 선택된 최적의 기법을 효율적으로 수행하여야 한다. 아무리 현명하고 최선의 의사결정을 한 경우에도, 의사결정사항들을 효율적으로 수행하지 못하면 쓸모가 없게 될 것이다. 선택된 위험처리방법을 수행하는데 실제적인 활동과 추가적인 의사결정을 필요로 한다.

특정 위험에 대하여 선택된 기법이 손해통제인 경우, 과거 손해들의 원인과 그 원인들을 제거하기 위한 최선의 방법을 결정하기 위하여 손해의 대소(大小)에 관계없이 과거의 손해발생 사건들이 분석되어야 한다. 그러한 분석내용을 기초로 손해통제프로그램이 설계되고 수행되어야 한다. 위험관리자는 기업이나 가정 또는 조직체가 어떠한 손해통제장치를 설치하고 유지하여야 할 것인지 또는 이러한 서비스를 수행하기 위하여 외부의 전문가를 고용해야 할 것인지의 여부 등을 결정하여야 한다. 내부에서 수행하기로 결정한 경우 위험관리부서에서 수행할 것인지, 타부서에서 수행할 것인지를 결정하여야 한다.

위험보유를 선택하기로 결정한 경우 준비금과 자금의 적립여부를 결정해야 하고, 자

11) 미국의 대기업에 있어서 위험관리자의 직위는 조직체계상 고위 관리자에 해당되고, 대부분의 경우 최소한 중간관리자의 지위를 차지하고 있다. 미국의 RIMS회원인 위험관리자들에 관한 조사에 의하면, 응답자의 약 절반이 부장급(manager) 직위를 가지고 있고, 그 다음의 일반적인 직위가 이사(director), 4%가 부사장(vice-president), 4%가 경리부장(treasurer)의 직위를 가지고 있는 것으로 나타나고 있다. 그리고 위험관리자의 약 46%가 이사를 거치지 않고 부사장에게 직접 보고하는 부사장 직속기관으로 조직되어 있는 것으로 나타났다. 위험관리자의 일반적인 활동은 위험의 식별확인과 평가, 클레임을 처리하는 보험계약의 체결, 근로자복지제도의 설계, 손해통제조치와 안전 및 단체보험에의 관여, 자가보험의 운영 등으로 나타났다.

금의 적립에 의해 처리하기로 계획된 경우 의사결정의 효율적인 집행을 위해서는 적절한 운영절차가 수립되어야 한다.

보험에 의해 대처하기로 결정한 경우 위험관리자는 보험대리점과 보험회사를 선택하고, 보험자와 협상하기 위해서 보험증권의 초안을 작성하거나 보험자가 제시하는 여러 가지 보험증권 양식 중에서 적합한 보험증권을 선택하여 가장 합리적인 보험요율의 산정방법을 결정하여야 한다. 또한 보험자와 손해사정에 관한 협상을 진행해야 하고, 보험계약이 체결된 후 필요여부를 검토하여 보험증권이나 보험가입증명서 등을 정부의 근로감독관, 저당권자 또는 채권자, 그러한 증서를 필요로 하는 기타 관계자에게 송부하여야 한다.

이상과 같은 위험처리업무 이외에도 위험관리자는 다른 모든 부서의 관리자와 마찬가지로 다음과 같은 업무를 수행하여야한다.

① 위험관리부서가 수행할 활동들을 계획하여야 한다.
② 위험관리부서의 인력・자재를 적재적소에 조직하고 설치해야 한다.
③ 위험관리부서의 활동을 지시하고 조정하여야 한다.
④ 위험관리부서의 직무수행을 감시・감독하여야 한다.

또한 모든 관리자와 같이 위험관리자는 지급보험료, 자산의 가액결정, 위험관리직원들의 급료 등 여러 가지 대차계정을 관리하며, 그중에서도 중요한 재정업무는 위험관리부서의 예산편성이다. 위험관리자는 신제품, 품질통제절차 또는 제조공정에서 사용되는 기계설비의 설계에 참여하기도 하고, 이용되는 마케팅방법과 마케팅메시지에 따라 중요한 위험들이 초래되기 때문에 기업의 제품과 서비스의 마케팅방법에 대하여 자문에 응하기도 한다. 위험관리자는 또한 보험과 기타 위험관리서비스 및 자재들을 구입한다.

2. 위험관리정책지침서의 작성

위험관리프로그램의 효율적인 운영을 위해서는 위험관리정책지침서(risk management policy statement)의 작성이 필요하다. 이 지침서는 기업의 위험관리목적은 물론 위험의 처리에 관한 회사의 정책을 포괄적으로 규정하고 있다. 또한 이 지침서는 위험관리과정에 관하여 최고경영진을 안내・교육시키며 위험관리자에게 보다 많은 권한을 부여하고, 위험관리자의 업무수행결과에 대한 판단기준을 제공하는 역할을 수행한다.

또한 위험관리편람(risk management manual)이 작성되고 위험관리프로그램에서 이용될 수 있다. 이 편람은 기업의 위험관리프로그램을 상세히 설명하고 있으며, 프로그램에 새로 참여하게 될 근로자를 교육·훈련시키기 위한 매우 유용한 도구로 이용될 수 있다. 그러한 편람의 작성 시 위험관리자는 자기의 책임과 목표 및 활용되는 위험대처방법에 대하여 명확하게 명시하여야 한다.

3. 타부서와의 협조

위험관리자는 독자적으로 위험관리기능을 수행할 수 없으며, 위험관리업무를 효율적으로 수행하기 위해서는 기업 내 타부서의 협조가 매우 중요하다. 이들 타부서는 위험관리과정에서 다음과 같이 위험관리활동을 수행하고 있으며, 또한 타부서의 업무처리과정에서 여러 가지 위험이 초래될 수 있다. 따라서 위험관리는 타부서의 위험관리활동을 파악하고, 그들 부서들과 항상 유기적인 협조체제를 갖추어야 한다.

1) 회계(accounting)부서

내부적인 회계 상의 내부통제를 통하여 근로자의 사기, 자금의 유용과 횡령 및 현금도난 등을 감소시킬 수 있다. 이와 같은 손해통제기법의 예로는 상업송장을 구매주문표와 일치시키는 일, 적절한 위임전결권자의 경비지출에 대한 결재의 확인점검, 현금수령 시 고객의 외상계정에 전기(轉記)된 것과의 비교 등이 있다.

그리고 자산계정을 통하여 회계부서는 재산의 위험을 식별하고 평가하며, 기업이 안전하게 보유할 수 있는 손해금액에 대한 의사결정은 부분적으로 회계부서가 작성한 재무제표의 분석을 기초로 하여야 한다. 또한 기업은 회계부서에 의해 제공되는 잘못된 정보로 인하여 투자자들이나 채권자들로부터 손해배상소송을 제기 받을 수 있다.

2) 재무(finance)부서

재무부서는 위험관리에 영향을 미치는 많은 의사결정을 한다.

첫째, 위험관리자는 대부분 재무담당 임원에게 보고하는 직속기관으로 조직되어 있으므로, 위험관리는 재무관리의 한 영역으로 간주되기도 한다.

둘째, 손해가 기업의 수익과 현금유동성에 지장을 초래하는 영향을 분석하는데 필요한 기초자료(대차대조표와 손익계산서 등)를 생산하는 곳이 재무부서이다. 재무제표상 기업의 목표에 지장을 초래할 수준이 위험관리자와 위험관리프로그램의 중요한 기준이 된다.

셋째, 기업이 일부 값비싼 장비나 새로운 건물의 구입 여부를 결정할 때에 재무관리인은 그로 인해 초래될 순수위험을 고려해야 한다.

넷째, 기업이 재산을 담보로 자금을 차용할 경우 대출자는 통상적으로 그 재산에 대한 담보권자의 이익이 보험에 의해 보호될 것을 요구한다. 따라서 재무부서는 이에 따른 보험계약을 체결하여야 한다.

3) 마케팅(marketing)부서

마케팅부서가 위험관리업무에 영향을 미치는 활동으로는 위험의 창출, 그러한 위험의 식별 및 그러한 위험으로 인한 손해를 최소화하기 위한 손해통제노력 등이 있다. 제품 또는 서비스를 마케팅 하는 과정에서 마케팅부서는 포장의 결함 때문에 손해배상클레임을 초래할 수 있으며, 제품의 장점이나 용도에 대하여 과대선전하거나 제품의 사용과 관련한 위험에 대하여 소비자의 주의를 환기시켜야 할 경고 문구를 누락하는 경우도 있다.

많이 팔려는 의욕 때문에 마케팅부서는 다른 사업체(제조업자, 도매상인, 또는 소매상인)와의 피해보상책임면제약정(hold-harmless agreement)을 통하여 기업이 부담해서는 안될 일부 법률상 배상책임을 부담하는 경우도 있다. 제품을 고객에게 운송하는 과정에서 마케팅부서는 화물의 적재와 하역사고의 위험과 같은 중요한 잠재적 손해의 위험에 기업이 노출되도록 하기도 한다.

마케팅부서는 그들이 초래하는 위험을 잘 알고 있어야 하고, 위험관리부서와 정보전달체계를 유지하고 있어야 한다. 그리고 제품이나 서비스의 판매 시 각별한 주의를 통하여 마케팅의 효율성을 감소시키지 않고 마케팅부서는 손해를 방지하거나 경감할 수 있다. 마지막으로 제품이나 서비스의 가격결정에 있어서 마케팅부서는 위험관리비용을 인식하고 반영해야 한다. 그러한 비용의 인식과 반영을 통하여 기업은 각각의 제품들이 기업의 수익에 미치는 기여도 및 손해통제노력이 가장 필요한 영역을 보다 정확하게 예상할 수 있다.

4) 생산(production)부서

제품이나 서비스를 설계하고 제조하는 과정에서 생산부서는 다른 부서와는 달리 종업원들이 심각한 신체상해의 위험에 노출되고, 그들이 제조하는 제품 또는 제공하는 서비스는 타인들의 재산손상이나 신체상해를 야기하기도 한다. 결함 있는 제품들이 타인에게 직접적인 피해를 입히지 않는 경우에도, 기업은 상당한 손해를 부담하게 된다. 왜냐하면 그 제품에 대한 마케팅활동이 위축될 것이고, 결함 있는 제품을 다른 제품으로 교환해 주어야 하기 때문이다.

따라서 생산부서는 제품이나 서비스 자체는 물론 제품이 제조되는 공정이나 서비스가 제공되는 과정과 관련된 위험을 식별하고 평가하여야 한다. 보다 안전한 생산라인, 주의 깊은 제품설계, 철저한 품질통제 등은 생산부서와 관련한 손해통제노력의 예라고 할 수 있다.

5) 인사관리(personnel)부서

인사관리부서는 연금을 포함한 종업원복지와 안전프로그램 등을 포함하여 많은 위험관리책임을 맡고 있다. 미국의 일부 기업에서는 종업원복지프로그램에 대한 전적인 책임을 위험관리자가 맡고 있지만, 대부분의 기업들은 복지제도에 대한 전체 또는 부분적인 책임을 인사관리부서에 부여하고 있다. 위험관리자와 인사관리부서가 그러한 복지제도에 대한 책임을 담당하는 경우, 인사부서는 보통 노동조합 측과 종업원복지에 대해 협상하고, 적격요건과 세부적인 복지수단들을 수립하며, 그에 따른 일상적인 업무를 추진하고 수행한다.

위험관리자는 그에 따라 보험자를 선택하고, 보험보장내용을 협상한다. 인사부서는 안전프로그램에 대한 책임을 엔지니어링부서 또는 위험관리부서와 공유하고, 근로자의 장기결근 또는 노동쟁의로 인한 계획적 결근과 실업을 최소화하기 위한 방법을 강구하며, 상해를 입은 근로자의 신속한 직장복귀를 촉진하는 업무를 수행한다. 이와 같은 업무활동 중에서도 위험이 초래되기도 한다. 예를 들면 연금제도의 설계와 운영에 있어서 부적합하게 처리되는 경우 불이익을 당한 근로자들이 기업을 상대로 소송을 제기하기도 한다.

이상에서 살펴본 바와 같이 위험관리자와 타부서 관리자와의 수많은 밀접한 관계는 위험관리부서와 타부서 간에 유기적이고 상호적인 정보교환체계를 지속적으로 유지되어야 할 필요성에 대하여 잘 입증해주고 있다. 넓은 의미에서 위험관리는 기업의 전반적인 경영관리와 실제 동일한 범주라고 해도 과언이 아니다.

4. 위험관리프로그램의 평가 및 재검토

1) 평가 및 재검토의 목적과 그 이유

효과적인 위험관리프로그램의 수립과 위험관리프로그램의 수정 여부를 결정하기 위해서는 위험관리프로그램의 수행결과가 정기적으로 평가되고 재검토되어야 한다. 또한 프로그램에 대한 평가와 재검토를 통하여 최선의 위험처리방법이 선택되지 못했다거나 선택된 위험대처방법이 적절히 수행되지 못했다는 것을 파악할 수 있다.

위험관리프로그램의 평가 및 재검토(evaluation and review)가 필요한 이유는 다음과 같다. 첫째, 위험관리가 필요한 기업의 손해노출상황은 고정되어 있지 않고 끊임없이 변화하고 있기 때문이다. 새로운 위험들이 발생하고, 과거의 위험들은 사라지기도 한다. 지난해에 적합했던 위험처리기법들이 금년에는 적절하지 못한 경우도 있으며, 원래의 의사결정이 정당하고 적절하게 수행된 경우에도 현재에는 상이한 해결책이 필요한 경우도 있다. 따라서 지속적인 관심과 주의가 요망된다.

둘째, 위험관리프로그램에 때때로 오판(誤判)과 착오가 발생할 수 있다. 위험관리자는 위험관리프로그램의 평가와 재검토를 통하여 의사결정사항을 재검토할 기회를 갖게 되고 값비싼 대가를 치르기 전에 오판과 착오를 발견할 수 있다.

2) 평가 및 재검토의 대상과 방법

검토되어야 할 대상과 범위는 첫째, 위험관리프로그램 중에서 특히 위험관리비용, 안전프로그램 및 손해예방과 관련한 위험관리활동들이 주의 깊게 검토되어야 한다.

둘째, 손해의 빈도와 심도의 어떠한 변화를 발견하기 위해서 손해기록들이 검토되어야 한다.

셋째, 위험처리에 관한 원래의 의사결정에 영향을 미치는 모든 새로운 주변상황들이 검토되어야 한다.

넷째, 위험관리자는 기업의 전반적인 위험관리정책의 적절한 수행여부 및 위험관리 기능의 수행 시 타부서들과의 철저한 협조관계의 유지여부를 판단하여야 한다.

위험관리프로그램의 재검토하기 위해서 위험관리자는 위험관리업무의 처리기준을 설정하고 이들 기준에 따른 이행여부를 점검하여야 하며, 어느 정도의 불이행이 수정될 필요가 있는지를 결정하여야 한다. 위험관리활동에 대한 평가와 재검토는 위험관리자의 계속적인 업무이긴 하지만, 일부 기업에서는 그들의 전체 위험관리프로그램 또는 위험관리프로그램의 특정 부분에 대한 재검토를 위해 정기적으로 외부의 전문 위험관리 컨설턴트를 고용하기도 한다.

제5절 손해의 통제

위험관리기법은 전술한 바와 같이 위험의 회피, 보유, 전가(보험외 전가와 보험), 손해의 통제로 구분할 수도 있으며, 다른 한편으로는 두 가지 중요한 범주, 즉 ① 통제기법(control techniques)과 ② 재무기법(financing techniques)으로 구분될 수 있다.

위험(손해노출상황)의 통제기법은 조직체의 위험(손해노출상황)을 변경함으로써 손해 빈도, 손해 심도, 또는 잠재적 손해의 연간 편차를 감소시키는 위험관리기법이다. 이 통제기법에는 위험회피, 손해통제, 결합기법 및 통제형태의 보험외전가 등이 있다.

위험의 재무기법은 실제 발생하는 손해로부터 회복을 위해 재정적으로 처리할 자금을 제공하는 위험관리기법이다. 앞의 절에서 살펴본 재무형태의 보험외 전가, 보험 및 보유가 재무기법에 해당된다.

이 절에서는 위험의 통제기법 중에서 손해통제를 중심으로 ① 사고원인과 결과에 관한 이론으로서 도미노이론과 에너지방출이론 ② 손해통제의 분류방법 ③ 손해통제전문가의 역할과 안전정책의 필요성 ④ 손해통제의 체계(네 가지 단계)에 대하여 살펴보기로 한다.

1. 사고의 인과관계에 관한 이론

손해통제는 여러 가지 형태의 활동으로 구성된다. 구체적인 손해통제활동들을 검토하기 전에, 사고의 원인과 결과에 관한 두 가지 이론에 대하여 살펴보고자 한다. 왜냐하면 두 가지 손해통제이론을 이해함으로써 손해통제조치의 분석이 중요함을 알 수 있고, 어떠한 조치가 보다 효과적이며, 그 조치들이 어떻게 수행되어야 하고 평가될 수 있는지를 설명할 수 있다. 여기에 제시되는 두 가지 손해통제이론은 ① 「도미노이론」(domino theory)과 ② 「에너지방출이론」(energy release theory)이다.

1) 도미노이론[12)]

(1) 하인리히의 도미노이론

안전엔지니어이며 산업체 안전 분야의 선구자인 H. W. Heinrich(하인리히)의 「도미노이론」(domino theory)에 따르면, 「사고」(accident)는 「신체상해」(injury)를 초래할 수 있는 연속적인 사건 중에서 하나의 요인이다. 결과적으로 신체상해를 야기하는 요인들은 <표 2-3>에서와 같이 그 앞의 요인에 따라 좌우된다. 하인리히의 도미노이론에 의하면 이와 같은 요인들의 관계는 다음과 같다.

① 인적 상해(최종 도미노)는 오직 사고의 결과로서 발생한다.
② 사고는 오직 인적 또는 기계적 위험상황(hazard)의 결과로서 발생한다.
③ 인적 및 기계적 위험상황은 오직 인간들의 결점 때문에 존재한다.
④ 인간들의 과실이나 결점은 그들 환경의 결과로서 물려받거나 형성된다.

〈표 2-3〉 하인리히의 도미노이론

사회적 환경 ➡ 인간의 결점 ➡ 인간의 불안전 행위, 기계적 또는 실체적 위험상황 ➡ 사고 ➡ 신체상해

12) 일반적인 의미에서 도미노(domino)는 하나가 쓰러지면 연달아 쓰러지는 것 또는 도미노 놀이를 의미하고, 도미노 효과(domino effect)는 한 가지 일이 연쇄적 반응을 일으키는 효과를 말하며, 도미노 이론(domino theory)은 한 나라가 공산화되면 인접한 여러 나라도 공산화된다는 이론, 또는 한 가지 사건을 방치해 두면 똑같은 일이 연속해서 일어난다는 이론이다.

그러나 이상과 같은 설명의 역관계가 항상 성립하는 것은 아니다. 예를 들면 결점이 있는 인간들이 항상 불안전한 행위(인적 위험상황)를 유발하거나 기계적 위험상황이 존재하도록 유도하는 것은 아니다. 또한 인적 위험상황(불안전한 행위) 또는 기계적 위험상황이 항상 사고를 초래하는 것은 아니며, 사고가 언제나 신체상해 또는 재산손상을 초래하는 것은 아니다.

(2) 도미노이론상 도미노의 예

도미노이론에 의하면 신체상해 또는 재산손상이 발생하는 경우 다섯 가지의 모든 요인들이 관련되어 있다. 만약 다섯 번째의 도미노가 넘어진 경우 그것은 첫째의 도미노가 넘어지면서 다른 도미노들을 차례로 넘어뜨렸기 때문이다. 따라서 어떤 사고를 유발하는 연속적인 일련의 요인들 중의 하나를 제거할 수 있으면, 손해가 방지될 수 있다. 예를 들면 인간의 불안전한 행위가 제거되면 그 앞의 요인들, 즉 인간의 결점이나 사회적 환경은 아무런 효과가 없게 된다.

Heinrich의 도미노이론에 따른 다섯 가지 요인(도미노)의 예는 다음과 같다.

① 혈통 및 사회적 환경 : 무모함, 완고함, 탐욕, 불량한 성격 등은 혈통을 통하여 이전되는 경우도 있고, 환경은 불량한 성격을 형성시키거나 정상적인 교육혜택을 받지 못하게 할 수도 있다. 혈통과 환경은 모두 인간의 결점을 초래한다.

② 인간의 결점 : 부주의함, 폭력성, 경솔함, 성급함, 신경과민, 흥분성, 안전수칙에 대한 무지 등과 같이 혈통을 물려받거나 형성된 인간의 결점은 불안전 행위(인적 위험상태), 기계적 또는 실체적 위험상태의 존재를 유발하는 원인이 된다.

③ 인적 위험상태(불안전한 행위)이나 기계적 또는 실체적 위험상태 : 공중에 매달린 무거운 짐 아래에서의 작업, 경고 없는 기계의 작동, 안전장치의 제거 등과 같은 인간의 불안전한 행위, 그리고 안전장치가 없는 기계장치, 무인(無人) 작업장, 철도건널목 간수의 부재, 불충분한 조명 등과 같은 기계적 또는 실체적 위험상황은 직접적으로 사고를 초래한다.

④ 사고 : 신체상해를 야기하는 전형적인 사고에는 높은 작업장에서 공원(工員)의 추락사고, 공중에 매달린 물체와의 충돌사고, 선반(旋盤)에 의한 신체 일부의 절단사고 등이 있다.

⑤ 신체상해 : 사고의 결과로서 발생하는 상해는 골절, 열상(裂傷) 등이 있다.

(3) 하인리히의 주장

하인리히는 손해통제에 책임을 맡고 있는 자는 이상과 같은 다섯 가지의 요인에 관심을 가져야 하지만, 가장 관심을 가져야 하는 요인은 사고와 사고의 근인이라고 주장하였다. 특히 사고의 선행요인, 즉 인간의 불안전한 행위와 기계적 또는 실체적 위험상태에 가장 주의를 기울여야 한다.[13] 만약 셋째의 도미노가 제거될 수 있으면, 넷째의 사고는 첫째와 둘째의 도미노가 넘어진 경우에도 차단된다.

하인리히는 손해통제에 있어서 제일 먼저 관심의 대상이 되는 것은 신체 상해나 재산손상이 아니고 사고여야 한다고 강조하였다. 그는 「사고(accident)는 물체, 물질, 인간, 또는 방사선의 작용이나 반작용의 결과로서 신체상해 또는 재산손상을 초래하는 계획되지 않고 통제되지 않은 사건(unplanned and uncontrolled event)이다」고 하였다.

그러나 사고가 발생한 경우 언제나 신체상해를 초래하는 것은 아니다. 사람이 미끄러져 넘어지거나 높은 곳에서 떨어진 경우, 주변상황에 따라서 신체상해가 발생할 수도 있고 발생하지 않을 수도 있다. 하인리히는 「신체상해(injury)는 오직 사고의 결과이다. 사고 자체는 통제가능하다. 사고가 발생한 경우 초래되는 신체상해의 심도 또는 비용은 통제하기 어렵다」고 하였다.

또한 하인리히는 위험관리자가 과거에 신체상해를 야기한 사고들과 유사한 사고들을 방지하는 것에만 전적으로 관심을 집중하는 것은 잘못이라고 지적하였다. 과거에 발생한 사고 중에서 신체상해를 초래하지 않은 사고들이 장래에 발생할 경우 심각한 신체상해를 초래할 수 있기 때문이다. 따라서 위험관리자가 신체상해를 동반하지 않은 사고를 초래한 불안전한 행위를 찾아내어 교정할 수 있으면, 심각한 신체상해는 방지될 수 있다는 것이다.

하인리히의 조사연구는 산업재해사고에 초점을 맞추고 있지만, 그의 도미노이론은 여러 가지 다른 상황에도 적절히 활용될 수 있다. 특히 피해자의 행위가 사고의 중요한 원인이 되고 있는 많은 상황에 적용될 수 있는데, 산업재해, 생산물배상책임손해 및 화재손해 등이 이 범주에 속한다. 그러나 도미노이론은 도난사고, 제3자의 고의적인 악행, 불가항력(acts of God)에 기인한 손해에는 적용되기 어렵다.

---

13) 하인리히가 75,000건의 산업재해사고에 대하여 조사 연구한 결과는 이들 사고의 98%가 사전에 방지될 수 있었으며, 손해통제활동을 통하여 산업재해로 인한 손해를 감소할 수 있는 것으로 나타났다. 그리고 75,000건의 사고 중에서 99%가 인간의 불안전한 행위에 기인된 것이었고, 10%는 위험스런 실체적 또는 기계적 조건에 기인된 것이었으며, 나머지 2%는 원인불명이었다.

2) 에너지방출이론

도미노이론이 인간의 행동에 초점을 맞추고 있는데 비하여, 고속도로안전보험협회(Insurance Institute for Highway Safety)의 회장이며 저명한 안전전문가인 Dr. William Haddon에 의해 개발된 「에너지방출이론」(energy release theory)은 사고를 실체적인 엔지니어링문제로 취급하고 있다. 사고는 통제되지 않은 에너지가 구조물(재산 또는 사람)에 보다 심한 압력을 가한 경우에 발생한다. 따라서 관련된 에너지를 통제하거나 에너지가 손상을 입힐 수 있는 구조물을 변경함으로써 사고는 방지될 수 있다.

Haddon은 사고를 유발하는 조건들을 약화시키거나 사고를 저지하는 조건들을 강화시킬 수 있는 다음과 같은 10가지 전략을 제시하고 있다.

① 먼저 위험상태(hazard)의 형성을 방지한다. 예를 들면 플루토늄(plutonium), 탈리도마이드(진정제 또는 수면제: thalidomide), 환각제(LSD)의 생성을 방지하는 것이다.

② 출현하는 위험상태의 양(amount)을 감소시킨다. 예를 들면 차량의 속도를 감속하거나, 페인트의 납 함유량이나 석면의 부설(敷設)을 감소시키는 것, 알코올성 음료수를 소량 섭취하는 것이다.

③ 기존의 위험상태의 방출을 방지한다. 예를 들면 우유의 저온살균, 광산의 갱내(坑內)천정을 통나무나 목재로 빗장을 걸거나 받치는 것이다.

④ 브레이크나 정지밸브와 같은 위험상태 원천으로부터 위험상태 방출의 비율 또는 공간적인 배분을 조절한다.

⑤ 위험상태로부터 보호대상을 시간적 또는 공간적으로 분리시킨다. 예를 들면 전염병에 걸린 사람들의 격리, 위험상태의 위에 걸친 통로 또는 위험상태 주변의 통로, 소개(疏開), 작업구역이나 시내거리에서 차도와 인도의 구분, 폭발물이 필요없는 구역에 폭발물을 운송하는 차량의 진입금지 등이다.

⑥ 위험상태로부터 물질적인 장벽의 개입에 의해 보호되어야 할 대상을 분리시킨다. 여기에서 물질적인 장벽이란 외과의사의 장갑, 자동차의 에어백(air bag), 어린아이가 열 수 없는 독극물용기, 운송화물의 적절한 포장 등을 말한다.

⑦ 위험상태의 문제가 되는 기본적인 성질을 조절한다. 예를 들면 부작용을 줄이기 위하여 약제를 변경하는 것, 도로변의 난간을 설치하는 것, 어린아이의 목이 걸리지 않도록 유아용침대의 나무창살을 아주 좁게 제작하는 것 등이다.

⑧ 위험상태로 손상을 입을 수 있는 대상을 견고하고 저항력이 있도록 만든다. 예을 들면 예방주사, 건축물에 내화벽의 설치, 자동차에 충돌완충장치의 설치 등이다.
⑨ 주변의 위험상태에 의해 이미 발생된 손상에 신속히 대처한다. 예를 들면 조난선박의 구조, 절단된 신체부위의 봉합, 매몰된 갱도에서 광부의 구출, 화재경보기 및 스프링클러의 설치 등이다.
⑩ 손상을 입은 대상에 대하여 수리하고 복구한다. 예를 들면 외과적 치료, 수술 및 성형수술, 화재나 지진 후의 복구 및 재건축 등이다.

Haddon은 첫째의 전략이 반드시 두 번째 전략보다 중요한 것은 아니고, 송화인(送貨人)은 우편배달과정에서 우편물이 함부로 다루어진 경우에도 여섯 번째의 전략인 적절한 포장에 의해서 찻잔이 깨지는 것을 방지할 수 있다는 점을 지적하고 있다. 그러나 일반적으로는 에너지에 노출된 재산이나 인간의 저항력의 수준에 비하여 생성되는 에너지의 양이 상대적으로 많으면 많을수록, 에너지를 통제하기 위하여 적용해야 하는 전략은 보다 빠른 번호의 전략이 바람직할 것이다. 그리고 기본적으로 효과적인 유일한 방법은 첫째 전략인 위험상태의 생성을 방지하는 것이다.

Mehr와 Hedges는 Haddon의 10가지 전략을 위험관리에 활용하도록 다음과 같이 요약하고 있다.

① 에너지 생성을 통제한다(Haddon의 ①②)
② 생성된 에너지의 유해한 방출을 통제한다(Haddon의 ③④)
③ 방출된 에너지를 상해나 손상을 입기 쉬운 대상(인간 또는 재산)으로부터 분리시킨다(Haddon의 ⑤⑥)
④ 유해한 결과를 최소화하는 환경을 조성한다(Haddon의 ⑦⑧)
⑤ 유해한 결과를 상쇄시키거나 그 결과에 대처한다(Haddon의 ⑨⑩)

3) 도미노이론과 에너지방출이론의 비교

Heinrich와 Haddon의 이론상의 차이점은 강조하는 부분이 다르다는 점이다. 두 이론은 모두 신체상해 또는 재산손상을 초래하는 일련의 사건들을 설명하고 있다. Heinrich의 일련의 사건들은 혈통과 사회적 환경에서 시작하여 상해 또는 재산손상으로 끝을 맺고 있지만, Haddon은 에너지의 생성에서 시작하여 상해 또는 재산손상에서 끝나고 있다. Haddon의 이론은 본질적으로 Heinrich의 일련의 사건에서 셋째 도미노 부분(즉 사고를 야기하는 기계적 또는 물리적 위험상태)에 대한 확대분석과 위험상태들에 대한 대처방법(처음 8가지 전략)으로 이해될 수 있다.

Heinrich는 사고원인의 대부분을 기계적 또는 실체적 위험상태를 초래하는 인간의 행동에 두고 있는데 비하여, Haddon은 사고를 야기하는 조건들의 물리적인 엔지니어링 측면에 초점을 맞추고 있다. 이를 불안전한 행동의 제거가 강조되는 인간적 접근방법(human approach)과 사고를 초래할 수 있는 위험상태의 제거가 강조되는 엔지니어링 접근방법(engineering approach)으로 구분하기도 한다.

예를 들어 시속 140킬로로 달리는 자동차가 견고한 철제 도로표시판에 충돌하여 탑승자들의 신체상해와 차량손상이 발생한 경우, Heinrich의 이론은 운전자의 개인적인 성격결함으로서 과속의 불안전한 행위와 견고한 철제 도로표시판을 설치한 도로공사의 결점을 강조할 것이다. 반면에 Haddon의 이론은 과속에 의해 생성되는 에너지의 양과 충돌로부터 야기되는 신체상해 또는 재산손상을 증가시키는 접촉면을 강조할 것이다.

Haddon의 이론은 사고를 발생시킨 상황에 대하여 누구에게 책임이 있었느냐 보다도 사고를 둘러싼 물리적인 상황에 보다 관심을 집중하고 있다. Haddon은 기계적 또는 물리적인 사고원인을 교정함으로써 사고를 통제하는 일에 대하여 보다 낙관적이며, 운전습관과 태도가 변경되지 않는 경우에도 보다 견고하게 제작된 자동차가 자동차사고로부터 발생하는 신체상해를 줄일 수 있다는 믿음을 갖고 있다. Haddon의 전략에는 인간의 불안전한 행위에 어떻게 적용될 수 있는지에 대하여 직접적인 언급은 없지만, 그 전략들은 응용될 수 있다.[14)]

2. 손해통제조치의 분류

손해통제조치는 여러 가지 기준에 따라서 다음과 같이 분류될 수 있다.

① 목적 : 손해예방 또는 손해감소

② 접근방법 : 엔지니어링 접근방법 또는 인간행동 접근방법

14) 예를 들면 전술한 자동차충돌사고의 예에서 음주운전자가 사고발생 전에 교통경찰에 의해 적발구금되어 자동차가 움직이는 것을 방지할 수 있으며(전략①), 운전교습과정에서 과속의 위험에 대하여 경고함으로써 운전자의 기술과 태도를 향상시킬 수 있고(전략②), 빙판길에서의 운전방법을 교습시킴으로써 운전자의 기술과 태도를 향상시킬 수 있다(전략③).

③ 적용시기 : 사고발생 전, 사고발생 중, 사고발생 후.

모든 손해통제조치들은 이상과 같은 분류기준에 따라 분류될 수 있다. 예를 들어 어떤 조치는 사고발생 전에 적용되는 인간행동접근방법을 사용하는 손해예방방법일 수 있고, 사고발생 전에 적용되는 엔지니어링접근방법을 사용하는 손해감소방법일 수 있다. 이와 같이 분류하는 경우 손해통제조치는 모두 12가지의 손해통제조치로 분류된다.

1) 손해통제의 목적에 따른 분류

손해통제는 그 목적이 무엇이냐에 따라 손해예방 또는 손해감소로 분류될 수 있다. 손해가 발생할 확률을 감소시키기 위한 손해통제조치는 손해예방조치(loss prevention measure)이고, 손해심도의 감소를 목표로 하는 손해통제조치는 손해감소조치(loss reduction measure)라고 부른다. 대부분의 손해통제조치들은 손해예방과 손해감소의 두 가지 목적을 동시에 달성시키기 위해 계획되고 시행된다.

손해예방을 목적으로 하는 손해통제조치의 예로는 건축법규, 보일러검사, 엘리베이터검사, 운전면허시험, 제품에 대한 품질통제시험 또는 검사, 출입문에 대한 안전자물쇠, 결함 있는 계단의 수리, 고속도로 상 중앙분리대의 설치, 공중납치를 방지하기 위한 항공기수화물의 검사 등이 있다. 이러한 조치들이 손해를 예방하는데 완전한 효과가 없다고 할지라도, 손해의 심도를 감소시키는데 상당한 효과를 가지고 있다.

특별히 손해의 감소를 목적으로 하는 손해통제조치의 예로는 자동 스프링클러, 소화장비, 신체상해에 대한 조기치료, 종업원이 사용할 수 있는 현금 또는 사무실에 보관하는 현금의 제한, 사설경비회사의 경비원이 현장에 출동할 수 있는 도난경보기 등이 있다.

손해감소조치 중에서 특별한 성격을 가진 하나의 조치가 분리(separation)이다. 「분리」는 손해가 발생할 수 있는 하나의 대상을 몇 개의 독립된 단위로 떼어내는 것이다. 예를 들면 한 창고에 회사의 모든 재물을 보관하지 않고 여러 지역의 창고에 분산시켜 보관하거나, 하나의 트럭에 다량의 화물을 운송하지 않고 소량의 화물로 나누어 여러 트럭에 분산시켜 운송하는 방법이다.

2) 손해통제의 접근방법에 따른 분류

손해통제조치가 처리하려는 원인에 따라 분류하는 경우 다음과 같은 두 가지 접근방법을 사용한다.

① 엔지니어링 접근방법(an engineering approach): 기계안전장치, 내화구조물, 도난방지금고, 보일러검사, 철도건널목 대신에 지하교차로의 설치, 에어백 등을 장치한 보다 안전한 자동차의 제작 등과 같은 조치들에 의한 불안전한 물리적 조건의 제거가 강조된다.

② 인간행동 접근방법(a human behavior approach): 불안전한 행동으로 손해를 초래할 수 있는 사람들에 대한 안전교육과 동기부여가 강조된다. 예를 들면 기계사용에 관련된 위험을 설명하는 안내서, 안전강습 및 안전콘테스트(safety contest), 휴식시간 등에 의해서 노동자들은 산업재해를 방지할 수 있도록 동기를 부여받고 훈련을 받을 수 있다.

엔지니어링 접근방법은 전술한 바와 같이 손해의 기계적 또는 물리적 원인을 강조하고 있는 Haddon의 10가지 전략을 채용할 수 있다. 인간행동 접근방법은 인간의 불안전한 행위가 대부분의 사고에 대해 책임이 있다는 Heinrich의 주장을 받아들이고 있다. 이들 두 가지 접근방법에 대한 상대적 평판이나 실제 적응력은 시대에 따라 다르고 위험(손해노출상황)의 형태에 따라 계속 달라진다.

예를 들면 인간행동 접근방법은 화재손해의 통제보다는 산업재해를 통제하는데 더욱 효과적이다. 그러나 사고들이 인간의 불안전한 행위와 기계적 또는 실체적 위험상태의 양자(兩者)의 결과로 발생하고, 양자는 대부분 상호작용하며 상호간에 효과를 촉진하기 때문에, 인간행동과 엔지니어링 접근방법이 모두 손해통제에 유용하다.

3) 손해통제조치의 적용시기에 따른 분류

(1) 사고발생 전 · 중 · 후의 통제조치

손해통제조치가 언제 적용되느냐에 따라 ① 사고발생 전, ② 사고발생 중, ③ 사고발생 후로 분류할 수 있다. 손해예방조치는 사고가 발생할 가능성을 감소하기 위한 것이므로 사고발생 전에 적용되어야 한다. 손해감소조치는 사고발생 전 또는 사고발생 중에 적용되는 경우 최소화(minimization)노력과 사고발생 후 사용되는 경우 구조(salvage)노력으로 분류된다

Haddon의 10가지 전략은 시기적인 적용기준으로 구분되는데, 처음 8가지 전략은 사

고발생 전에 사용되어야 하고, 아홉 번째 전략은 사고발생과 동시에, 그리고 열 번째 전략은 사고발생 후에 사용되어야 한다.

(2) 계획 · 안전유지 · 위기단계의 통제조치

손해통제조치의 시기에 따른 또 다른 분류로서 ① 계획단계, ② 안전유지단계, ③ 위기단계로 구분되기도 한다. 계획단계(planning phase)의 조치들은 조직체의 경영활동에 있어서 중요한 변동, 즉 새로운 건물의 신축, 신제품의 제조, 다른 기업과의 합병, 중요한 장비의 구입 또는 리스 등을 예상하고 취해지는 조치를 말한다.

계획단계조치는 최소한 다음과 같은 두 가지 이유 때문에 특별히 주의하여야 한다. 첫째, 중요한 변동사항의 이행여부를 결정하는데 있어서, 기업과 가정은 그러한 변동에 관련된 손해통제조치가 순수위험과 관련하여 무엇을 달성할 수 있는가를 고려하여야 한다.

둘째, 중요사항들이 변동된 후에는 손해통제조치를 적용하기가 불가능하거나 그 비용이 훨씬 비싸게 소요되는 경우 계획단계에서 손해통제조치가 적용될 수 있다.

예를 들어 기업이 건물의 신축을 고려하는 경우 원래 계획했던 것보다 벽을 더욱 두껍게 하거나 내화벽을 설치하거나 다른 건축자재를 사용함으로써 대화재의 가능성이 감소될 수 있다. 그러나 건물이 완성된 후에는 다른 건축자재를 사용하는 등의 그러한 변화가 불가능할 수도 있고, 벽을 두껍게 하거나 내화벽의 설치가 가능한 경우에도 엄청난 추가비용이 소요될 것이다.

안전유지단계(safety maintenance phase)의 조치는 사전 계획단계 이후부터 사고발생 이전까지 취해진 모든 조치를 말한다. 계획단계 중에 도입된 손해통제조치의 정상적인 유지관리에 추가하여, 여기에 해당되는 손해통제조치에는 계획단계 중에 수행되지 않았던 기법들이 포함된다. 예를 들면 소방훈련이나 화재대피훈련, 응급치료훈련, 산업배기가스의 측정 및 조사(monitoring) 등이다.

위기단계(emergency phase)의 조치는 사고발생 중 또는 후에 적용되는 최소화 및 구조노력이다. 예를 들면 화재발생시 자체 소방대의 투입 및 소화기의 사용 등이다.

제6절

개인과 가정의 위험관리

앞에서는 주로 기업의 위험관리를 중심으로 살펴보았으나, 실제에 있어서는 기업뿐만 아니라 가정 또는 교육기관이나 교회 등 기타 조직체에도 응용될 수 있다.[15] 여기에서는 개인과 가정의 위험관리에 대하여 살펴보고자 한다.

가정의 위험관리자 또는 개인이 수행해야 할 업무는 ① 목적의 설정 ② 가정의 소득과 자산 및 전반적인 생활보호에 영향을 미칠 수 있는 모든 위험의 식별확인 ③ 그러한 위험의 평가 ④ 그러한 위험을 처리하기 위한 적절한 방법의 선택 ⑤ 프로그램의 수행 ⑥ 일정한 기간을 정하여 정기적인 프로그램의 재검토 및 가정의 주변상황에 변동이 있는 경우 수시(隨時) 프로그램의 재검토 등이다.

가정의 위험관리자는 이와 같은 기능을 혼자서 수행할 필요는 없으며, 우수한 보험대리점과 보험중개인들이 가정의 위험관리에 대하여 자문과 조언을 제공하고 있다. 생명보험대리점과 보험모집인은 인적위험(personal risks)에 대하여, 손해보험대리점은 재산위험과 배상책임위험에 대하여 가정의 위험관리를 도와주고 있다.

1. 위험관리 목적의 설정

가정위험관리에서 첫 단계는 목적의 설정이다. 가정 위험관리의 목적은 기업 위험관리에 비하여 상대적으로 단순하다. 예를 들어「사건 당 50만원 및 일년 동안 합계액 200만원을 초과하는 재정적 손해에 대하여 가정의 소득과 자산의 보호」가 위험관리 목적이 될 수 있다. 이러한 목적은 중고자동차에 대한 차량보험의 가입여부 및 소손해공

15) 보험기업의 입장에서도 위험관리를 필요로 하며 일반 기업과 같은 여섯 단계의 위험관리과정과 언더라이팅에 해당되는 네 가지 위험대처방법을 사용하고 있다. 다시 말하면 보험자는 위험의 회피를 위해 개인이나 기업이 전가하려고 하는 위험의 인수를 거부하고, 손해예방과 감소를 위해 보험조건을 제한하거나 보험요율구조상 할인·할증제도를 포함시키며 피보험자에게 적극적인 위험관리서비스를 제공하기도 하고, 인수한 위험 중에서 일정 비율의 위험을 보유하고 나머지 비율은 재보험을 통해 다른 보험자(재보험자)에게 전가하기도 한다. 따라서 개인이나 일반기업(피보험자)과 보험기업(보험자) 간의 이해관계가 일치되는 경우에 한하여, 즉 청약과 승낙에 의해 보험계약이 성립되는 경우에 한하여 개인이나 기업의 보험에 의한 위험전가가 달성되는 것이다.

제액의 금액, 가계활동과 관련한 배상책임위험의 보유여부, 인적위험과 재산위험 및 배상책임위험에 관한 여러 가지 기타 가정문제들을 결정하는데 도움이 되는 일반적인 지침이 된다. 위험관리 목적은 가정의 예산편성과 함께 서면으로 작성되는 것이 이상적이며 최소한 ① 무보험손해를 감당할 수 있는 가정의 재정능력과 ② 걱정하는 가족의 성향을 고려하여 위험보유에 대해 주의 깊게 결정되어야 한다.

2. 위험의 식별 · 확인

1) 가정의 노출위험

개인과 가족들은 수많은 위험에 노출되어 있다. 개인은 그의 소득이나 재산을 상실하거나 예상치 못한 경비를 지출할 경우가 발생할 수 있다. 여러분이 효과적인 위험관리자라면 가정이 직면하고 있는 모든 잠재적 위험을 식별확인하려고 노력하여야 한다. 이 점이 아마도 위험관리에서 가장 어려운 문제이다. 예를 들어 대부분의 가옥 소유자들은 화재로 인한 재산파괴의 위험에 직면하고 있음을 알고 있다. 그러나 그들의 재산을 파괴할 수 있는 다른 사고의 위험도 인식하여야 한다. 낙뢰와 지진, 태풍과 홍수가 고려되어야 하고, 도난과 자동차충돌이나 접촉사고의 가능성이 간과되어서는 안 된다.

가옥과 가구에 대해서만 위험관리노력을 국한해서는 아니 되고, 모든 보유재산이 망라되어야 한다. 별장이나 콘도회원권과 같은 재산이 있을 수 있고 아들이나 딸이 대학 기숙사에서 노트북컴퓨터 등 값비싼 재산을 가지고 있을 수 있다. 모든 재산의 항목에 따라 각각의 위험이 식별 · 확인되어야 한다.

재산의 손해가능성만이 가옥 소유자가 직면하고 있는 유일한 위험이 아니다. 보다 심각한 다른 위험도 존재한다. 집에 찾아온 손님이 미끄러져 넘어질 수 있으며, 그 결과 무릎을 다치거나 뇌손상을 입을 수도 있다. 그에 따른 손해배상소송으로 상당한 금액이 지출될 수 있다. 또한 가족들의 부주의로 타인에게 입힌 신체상해 또는 재산손상에 대한 배상책임으로부터 야기되는 클레임의 가능성도 중요한 위험이다.

가장(家長)이 봉급생활자인 경우 조기사망이나 신체장애, 실업이나 강제퇴직 등의 결과로서 소득이 상실될 수 있다. 젊은 임금소득자가 사망한 경우 배우자와 어린 아이들은 소득 없는 생활의 위험에 직면하게 될 것이다. 주 소득자인 가장의 신체장애는 소득의 감소뿐만 아니라 의료비의 지출로 비용의 증가를 가져온다. 가족들의 질병이나 상해도 예상하지 않은 의료비의 지출을 초래한다.

우리가 직면하고 있는 수많은 상이한 위험들을 효과적으로 관리하기 위해서는 각 위험들이 식별되어야 한다. 이러한 식별작업이 어떻게 완수되고 각 위험들이 인식되고 검토되었다는 것을 어떻게 확인할 수 있는가?

2) 위험 식별방법

앞장에서 살펴본 위험 식별방법 중 가정위험의 식별방법으로 주로 이용되는 것은 대리점 식별방법과 보험증권점검표방법 및 위험분류방법이다.

(1) 대리점 식별방법

가장 일반적으로 이용되는 위험 식별방법은 대리점식별(agent identification)이다. 우리가 보험대리점을 접촉할 수도 있지만, 대부분은 보험대리점이 우리에게 찾아올 것이다. 그 대리점이 위험들을 식별해주고, 잠재적 손해들을 부담하는 보험을 제안한다. 이 방법은 쉬울 뿐 아니라 위험관리자 입장에서 시간과 지식에 대한 투자가 거의 필요 없다. 위험관리에 대한 모든 문제가 상황의 통제를 맡고 있는 전문가에게 전가된다.

그러나 대리점의 상황통제가 항상 소비자에게 유익한 것만은 아니다. 첫째, 대리점의 능력과 경험 및 지식에 문제가 있을 수 있다. 보험산업은 인지(人紙)산업이라고 할 만큼 고도의 능력과 기술을 필요로 하는 전문가를 확보하고 있다. 그러나 그중에는 초보자나 자기개발에 미흡한 자도 있을 수 있다. 우량대리점과 불량대리점을 구별하기 위해서는 무엇보다도 여러분 스스로가 위험관리 자체에 대한 지식을 갖고 있어야 한다.

대리점식별과 관련하여 또 다른 문제는 보험대리점과 소비자 사이의 기본목적상 차이인 이해관계의 상충이다. 대리점은 보험의 판매를 원하고 있으며, 소비자는 효과적인 위험관리에 관심을 갖고 있다. 이것은 중요한 차이이다. 일부 위험은 보험가능위험이 아닐 수 있고, 일부 위험에 대하여는 최선의 위험관리방법이 보험이 아닐 수 있기 때문이다. 따라서 위험관리는 개인과 전문 조언자 간의 공동의 협력에 의해 이루어져야 한다.

(2) 보험증권점검표

두 번째 위험 식별방법이 보험증권점검표(policy checklists)라고 부르는 것이다. 여러 가지 형태의 이용 가능한 보험을 열거하고 있는 참고도서들이 이용된다. 그와 같은 목록은 보험에 정통한 사람에게는 위험 식별에 도움을 줄 수 있다. 교육보험이나 전문인 배상책임보험 또는 자동차종합보험 등 여러 가지 보험증권상 보상내용을 모르고 있는 여러분이 직면한 특정 위험들을 식별하는데 도움이 되지 못할 것이다.

(3) 위험분류

위험 식별의 세 번째 방법이 위험분류(risk classification)이다. 이 방법은 순수위험을 세 가지 영역으로 분류하여 각 영역별로 위험들을 세밀히 검토하는 것이다. 위험의 세 가지 영역은 ① 인적위험(personal risks) ② 재산위험(risks to property) ③ 배상책임위험(risks arising from liability)이다. 순수위험이 분류되는 과정이 <표 2-4>에서 나타나고 있다. 세 가지 영역 아래 가족이 금전적인 손해에 노출되고 있는 항목과 활동들이 분류된다.

〈표 2-4〉 K씨 가족의 위험분류

인적위험	재산위험	배상책임위험
K씨 부부와 두 아이의 생명 4인 가족의 의료비 K씨의 소득 상실	광주시 소재 가옥 1채 가옥 내 가구, 의류 및 동산 완도군 소재 별장 및 가구 자동차: 2008년식 소나타 우표와 동양화 수집 골프클럽과 기타 스포츠장비 전축과 테이프 및 음악CD	가옥과 구내 별장과 구내 자동차 스포츠 활동 독일산 셰퍼드 개 기타 활동

3. 위험의 평가

1) 위험의 빈도와 심도

(1) 위험의 빈도

가정과 우리 주변에 존재하는 위험을 확인한 다음에는, 그러한 위험을 평가해야 한다. 위험이 평가되려면 위험의 빈도와 심도가 고려되어야 한다. 위험의 두 가지 측면 중 먼저 위험의 빈도(frequency)가 평가되어야 한다. 즉 "손해가 얼마나 자주(how often) 발생할 것이며 손해의 발생 확률은 얼마인가?"라는 질문에 대답할 수 있어야 한다.

일부 위험 중에는 그 확률을 쉽게 확보할 수 있는 것도 있다. 생명보험에서는 사망률표(mortality table)라고 부르는 통계상의 보고서를 생명보험회사로부터 쉽게 얻을 수 있다. 사망률표는 각 연령별로 사망확률을 나타내는 표를 말한다. 확률을 쉽게 얻을 수 없는 위험에 대하여 손해 확률을 평가하는데 확률예측방법이 사용된다. 가정위험관리에서 예측방법은 복잡하지 않다. 손해가 자주(frequently) 발생하는 것인지 희귀하게(infrequently) 발생하는 것인지 만을 예측할 필요가 있을 뿐이다. 우리나라에서 1시간에 1명이상이 사망하고 있는 자동차사고의 빈도는 매우 높은 편이라고 할 수 있지만, 지진의 위험은 일부 지역을 제외하고 그 빈도는 매우 낮다고 할 수 있다.

(2) 위험의 심도

고려되어야 할 위험의 또 다른 측면은 잠재적 심도(potential severity)이다. 손해가 발생한 경우 손해가 얼마나 심각할(how serious) 것인가? 일부 위험은 심각한 손해를 초래할 수도 있고, 일부 위험의 잠재적 심도는 낮은 경우도 있다.

자동차사고나 지진의 위험은 그 빈도의 고저(高低)는 서로 다르지만, 모두 심각한 손해를 초래할 수 있다. 도난이나 건망증으로 발생하는 볼펜의 분실손해는 대부분의 학생들이 흔히 경험하는 고빈도의 손해지만, 500원짜리 볼펜의 손해는 재정적 재앙이라고 할 수 없고 그 심도는 매우 낮다. 구두의 도난과 같은 일부 위험은 낮은 빈도 및 낮은 심도를 갖는 경우도 있다.

빈도와 심도를 고려하기 위해서 <표 2-5>에서와 같은 간단한 모형도(matrix)를 사용할 수 있다.

〈표 2-5〉 위험평가 모형도

구분		빈도(frequency)	
		고(high)	저(low)
심 도	고	자동차사고	지진
	저	볼펜 분실손해	구두 도난

확인된 위험들이 모형도의 적합한 자리에 모두 열거되어야 한다. <표 2-4>에서는 참고로 앞에서 언급한 4가지 위험만을 열거하고 있다.

위험관리에서 중요한 것은 고심도와 저심도의 차이이다. 고심도는 심각한 재정적 손해의 잠재력을 의미하며, 특정 손해를 극복할 수 있는 능력은 개인의 재정 상태에 따라 다르게 나타난다. 7백만원 상당의 자동차의 도난손해는 대부분의 대학생에게 매우 심각한 손해지만, 중산층 가정에게는 재정적으로 처리할 수 있는 위험이기도 하다.

위험관리는 모든 순수위험의 관리와 관련되어 있지만 잠재적인 손해가 가정의 재정 상태를 기초로 재정적 재난으로 간주되느냐 또는 사소한 손해로 간주되느냐에 따라 실제 사용되는 관리방법은 매우 다르다. 따라서 가정위험관리에서는 보편적인 기준을 설정하기가 불가능하며, 얼마의 금액손해가 특정한 상황에서 심각한 재정적 손해가 될 것인가의 여부는 개인이 보유하고 있는 자산에 의해 결정될 것이다.

2) 위험의 평가분류

(1) 위험의 네 가지 분류방법

가정위험관리자는 가정의 손해노출상황과 관련한 위험을 평가할 때에, 가정을 둘러싼 위험들을 다음과 같이 네 가지로 평가 분류하여야 한다.

① 감당할 수 없는 위험(unbearable risk) : 가정의 경제적인 파탄을 입힐 만큼 큰 위험

② 감당하기 곤란한 위험(difficult to bear risk) : 가정의 파산까지는 영향을 미치지 않지만 가정의 생활수준에 심각한 영향을 미치는 위험

③ 상대적으로 중요하지 않는 위험(relatively unimportant risk) : 가정의 생활수준에 중요한 영향을 미치지 않는 위험

④ 감당할 수 있는 위험(bearable risk) : 가정의 경제력으로 충분히 감당할 수 있는 위험

가정위험관리는 어떠한 위험의 중요성을 결정하기 위해 위험관련 자료의 수집에 노력하여야 하고, 결과적으로 잠재적 손해의 두 가지 측면, 즉 ① 손해의 잠재적 크기에 의해 측정되는 잠재적 손해의 심도와 ② 특정기간 중에 예상 가능한 손해 빈도 또는 손해의 발생횟수에 의존하게 된다. 특정 위험에 대하여 손해의 심도와 빈도의 결합에 따른 위험의 평가모형은 <표 2-6>와 같다.

〈표 2-6〉 위험평가 모형

심 도	빈 도	평 가
고	고	부담 불가능
고	저	부담 불가능
저	고	부담 가능
저	저	중요하지 않음

(2) 위험분류의 예

모든 가정에 공통적으로 가장 큰 재정적 손해는 주 소득자의 전신장애이며, 이 경우 소득은 없어지고 의료비 때문에 가정의 비용은 증가한다. 따라서 그러한 위험은 대부분의 가정에서는 부담 불가능한 위험이다. 주 소득자의 사망도 소득이 없어지므로 부담 불가능한 위험이다. 그러나 사망위험의 경우 가정의 비용은 증가하지 않기 때문에 신체장애보다는 경제적 중요성이 크지 않다. 최대가능손해가 매우 높기 때문에 배상책임위험이 그 다음으로 중요하다. 감당할 수 없는 의료비를 필요로 하는 가족들의 악성질병도 가정에 큰 재정적 손해가 될 수 있다.

가정의 소득에 기여하는 배우자의 사망은 직장생활에서 받는 소득보다는 가정에서의 서비스 상실 측면에서 재정적으로 감당할 수 없는 위험이지만, 가정의 파산까지는 초래하지 않고 가정의 생활수준을 감소시키기 때문에 감당하기 곤란한 위험으로 분류될 수 있다.

한편, 어린아이의 사망은 가정에 대한 경제적 중요성은 거의 없지만, 그러한 위험이 중요하지 않은 위험은 아니다. 왜냐하면 심리적 손해가 어떠한 재정적 손해보다도 훨씬 더 클 수 있기 때문이다.

가정에 노출되어 있는 일부 재산위험은 전술한 인적 위험만큼 중요하지는 않지만 감당할 수 없는 위험으로 분류될 수 있다. 화재나 폭발에 의한 가옥의 전파(全破)는 가정의 재정상황을 악화시키며, 더욱이 은행융자금으로 건축된 가옥의 전파는 담보물(가옥)에 대해 화재보험에 가입되어 있지 않고 가정의 소득과 자산으로 융자금을 상환해야 할 경우 가정의 재정상황의 파탄을 가져올 것이다.

일반적인 가정에서 소유하는 다른 재산들에 대한 위험은 감당할 수 있는 위험이거나 또는 상대적으로 중요하지 않은 위험이다. 많은 사람들은 서화나 골동품 등과 같은 값비싼 재산을 가지고 있으며, 그러한 재산의 손실은 금액 면에서는 크지만, 가정의 재정적인 측면만을 고려하면 감당할 수 없는 위험은 아니다. 가정의 대부분의 다른 재산들은 상대적으로 중요하지 않은 위험으로 분류될 수 있다.

4. 적절한 위험처리방법의 선택

가정위험관리자가 가정이 직면하고 있는 모든 위험들을 식별확인하고 평가한 후에는 위험관리프로그램의 다음 단계, 즉 평가된 위험들을 처리할 적절한 방법을 결정해야 한다. 일부 위험은 회피되어야 하고, 일부 위험은 손해예방과 감소조치가 효과적일 수 있다. 또 일부 위험은 보유될 수 있거나 보유되어야만 하고, 일부 위험들은 전가되어야 한다. 대부분의 경우 최선의 방법은 여러 가지 방법들을 결합해 처리하는 것이다.

1) 위험회피

발생할 수 있는 손해의 심각성이 인식된 때에, 그러한 위험들이 회피되어야 하는 경우가 있다. 예를 들면 자녀에 대한 부양책임이 있는 가장은 미혼시절에 즐겼던 위험스러운 취미를 포기한다. 행글라이딩(hang gliding)은 부양가족이 없는 독신에게는 매력적인 스포츠이지만 그 위험은 가정을 갖게 되면 매우 심각한 위험이 된다. 생명보험에 가입할 수는 있지만 그것은 오직 가장의 사망에 대한 재정적인 측면만을 고려한 것이다. 일부 부부들은 여행 시 서로 다른 항공기를 이용함으로써 동시에 사망할 가능성을 회피하고 있다.

일부 위험은 완전히 회피할 수 있다. 여러분이 자기 가옥을 구입하지 않고 임대아파트에 산다면 가옥이 파손되는 가능성을 피할 수 있다. 다이아반지나 목걸이를 구입하지 않으면 도난의 위험은 결코 발생하지 않는다. 비행기여행을 포기한 경우에는 비행기사고로 사망할 위험은 피할 수 있다.

그러나 일부 위험회피는 합리적인 방법이 될 수 있지만 일부 위험회피는 불합리하거나 위험을 회피하는 일 자체가 현실적으로 실행 불가능한 경우도 있다. 다이아반지나 목걸이를 구입하지 않고 살아갈 수는 있지만 사업상 장거리 해외출장을 가야 하는 경우 비행기여행을 포기하는 것은 비합리적이다. 또한 직장에 근무하는 사람들은 어떠한 교통수단을 이용하는 경우에도 출퇴근길에서 교통사고로 사망할 수 있지만, 직장을 포기하고 가정에만 머물러 있지 않는 한 그 위험은 회피할 수 없다. 일부 위험은 회피할 수 있지만 많은 위험들은 회피할 수 없거나 회피의 대가가 너무 큰 경우도 있다. 이 경우 위험을 관리하거나 통제할 수 있는 다른 방법들을 이용해야 한다.

2) 손해예방과 손해감소

우리 인간은 손해를 예방하거나 그 영향을 감소하기 위하여 많은 노력을 하여왔다. 선사시대에는 야생동물로부터 보호받기 위해 동굴에서 거주하였고, 적으로부터 보호받기 위해 성벽을 높이 쌓기도 하였다. 최근 과학의 발전으로 인간의 안전을 위한 많은 장치들이 고안되었다. 예를 들어 개량된 타이어, 안전유리, 충격흡수 범퍼, 좌석벨트 및 에어백 등은 자동차사고로 인한 손해를 예방하거나 그 영향을 감소하기 위해 개발된 안전장치들이다. 새로운 안전장치를 개발하는데 필요한 엔지니어링기술이나 발명기술을 소유한 사람은 극소수이지만, 우리들 모두는 이용 가능한 안전에 관한 지식과 기법을 사용할 수 있는 능력을 가지고 있다. 우리에게 손해방지와 감소는 실제에 있어서 안전장치의 사용과 안전지식의 적용을 의미한다.

가정의 위험관리자는 가족들의 활동과 주변상황을 주의 깊게 살펴서 개인의 안전을 보장하는데 도움을 줄 수 있어야 한다. 그렇게 함으로써 위험관리자는 일부 손해를 방지할 수 있고, 일부 손해의 영향을 감소시킬 수 있다.

가족들이 취한 행동에 의해 손해의 발생확률이 감소될 수 있다. 안전하고 건전한 생활습관의 유지, 적절한 치료, 적절한 운동 및 주의 깊은 운전 등을 통하여 우연한 상해나 질병을 방지하고 삶을 연장하기 위해 최선의 노력을 하고 있다. 그러한 노력의 결과는 보험요율에 반영되기도 한다.

예를 들면 사고경험이 없는 주의 깊은 운전자는 자동차보험요율에서 할인혜택을 받는다. 그 대신 흡연가들과 같이 그들의 행위나 습관으로 인해 생명보험과 건강보험에서 불량위험으로 취급되는 사람들은 평균보험료보다 높은 보험료를 지급한다. 또한 과도한 약물복용이나 음주와 같은 불건전한 행위에 중독되어 있는 사람들은 보험에 가입할 수도 없다.

많은 사람들은 조심스러운 생활태도를 견지하여 타인에 대한 손해배상책임을 피하기 위해 노력하며, 그들의 재산에 대한 손해를 방지할 수도 있다. 그러나 개인이나 가족들의 그와 같은 행동이 손해의 확률이나 심도를 어느 정도 감소시키고 일부 손해를 방지할 수는 있지만, 위험을 완전히 제거시키지는 못한다. 감당하기 곤란한 위험 또는 감당할 수 없는 위험으로 판명될 수 있는 손해들을 예상하지 못하는 경우도 있다.

손해방지가 불확실하고 위험회피가 불가능하거나 부적합한 경우, 위험을 처리하는 유일한 대안은 위험보유 또는 위험전가이다.

3) 위험보유

개인이나 가정이 직면하고 있는 위험을 회피하거나 또는 발생 가능한 손해를 방지하기 위한 모든 조치들이 취해진 후에도, 여전히 회피 또는 전가될 수 없는 위험과 확실히 방지될 수 없는 손해들이 존재할 수 있다. 그러한 위험들은 개인이나 가정에 의해 보유되고 부담되어야 한다.

질병의 재정적인 측면은 보험에 의해 전가될 수 있지만 정신적·신체적 고통은 전가되거나 회피될 수 없고 보유된다. 우리는 값싼 가격의 물품, 즉 볼펜이나 연필, 우산 등의 손해 가능성에 끊임없이 직면하고 있다. 우산이 분실되면, 곧바로 다른 우산을 구입한다. 우리는 손해를 스스로 부담한다. 즉 우리는 위험을 보유한다.

위험보유는 적극적인 경우도 있고 소극적인 경우도 있다. 일부 위험은 비교적 중요하지 않기 때문에 의사결정에 따라 의도적으로 보유된다. 그와 같은 의도적인 보유는 적극적 보유(active risk retention)이다. 비싸지 않은 휴대용 전자계산기나 교과서 등의 잠재적 손해는 이러한 종류의 위험에 해당된다. 이들 위험은 그 존재는 확인되었으나 심각한 재정적 부담이 아니므로 의도적으로 보유되고, 이들 위험을 보험에 가입함으로써 전가하는 것은 보험료의 낭비가 될 수 있다.

한편, 일부 위험은 무지(ignorance) 때문에 보유되기도 한다. "무지로 인한 보유"라고도 부르는 소극적 보유(passive risk retention)는 위험이 식별·확인되지 않은 상태에서 무의식적인 보유를 의미한다. 즉 위험에 노출되어 있는 개인이나 가정이 그들 위험의 존재 자체 또는 발생가능한 손해의 잠재적 크기를 인식하지 못하는 경우를 의미한다. 예를 들어 폐암의 위험을 인식하지 못하고 과도한 흡연을 즐기는 사람도 있고 보험기간이 만료된 사실을 알지 못하고 자동차종합보험의 계약갱신 없이 자동차를 운전하는 사람도 있다.

심도가 낮은 위험인 경우 소극적 보유는 문제가 되지 않지만, 고심도인 위험의 소극적 보유는 개인과 가정에 재정적 큰 재난을 초래할 수 있다. 따라서 무의식적인 위험의 소극적 보유가 위험관리에서는 결코 일어나서는 안되지만, 위험관리프로그램의 재검토에 의해 시정될 수도 있다.

4) 위험전가

개인과 가정의 위험이 식별되면, 위험전가가 위험처리방법의 하나로서 이용될 수 있다. 가정의 위험관리에서 위험전가는 다음의 두 가지 방법이 주로 사용된다. 첫째, 위험관리자는 재산을 소유하지 않고 임차함으로써 재산위험을 타인에게 전가할 수 있다.

예를 들어 자동차를 렌틀 회사로부터 임차한 경우 자동차의 손상위험이 전가될 수 있다. 자동차가 손상을 입으면 렌틀 회사가 손해를 입게 되고 자동차를 대체하거나 수리를 해야 한다. 물론 자동차임차료 속에 수리비 해당분이 포함된다.

둘째, 가장 많이 사용되는 위험전가방법으로서 위험의 전문가인 회사와의 계약에 의한 전가이다. 이것을 보험(insurance)이라고 부른다. 보험료(premium)라고 부르는 수수료로서 보험회사는 보험증권(policy)이라고 부르는 계약서를 발급한다. 보험증권에 의해 보험회사는 특정한 위험을 부담하기로 약정한다. 화재나 자동차사고, 조기 사망 등의 위험이 흔히 보험회사에 전가된다.

중요한 위험들이 회피될 수 없고 손해가 확실히 방지될 수 없으며 보유가 부적합한 경우, 위험관리자는 보험가능위험들을 보험회사에 전가함으로써 가정이 심각한 재정적 손해에 노출되는 것을 피할 수 있다. 가정의 위험과 관련한 보험과 그 보험을 구입하는 방법에 대하여는 다음에 살펴보기로 한다. 보험은 가정이 직면하고 있는 위험들에 대한 가장 중요한 자금관리수단이다.

5. 위험관리프로그램의 수행

위험관리프로그램의 수행은 지금까지 논의한 모든 위험관리결정사항을 활동에 옮기고 빈틈없이 추진하는 것을 의미한다. 위험의 식별확인, 확인된 위험에 대한 평가, 평가된 위험들을 처리하는데 사용될 방법의 결정 등은 계획단계에 그치는 것이며, 그 계획을 활용하기 위해서는 행동이 필요하다. 예를 들어 어떤 위험이 회피되어야 한다고 결정된 경우에는 반드시 그 위험들은 회피되어야 한다.

그러나 회피하는 일은 말하기는 쉬어도 실제 행동하기는 어렵다. 평소 좋아하던 취미를 위험스럽다고 포기하는 일은 체중을 줄이려고 다이어트를 계속하는 만큼이나 어렵다. 만약 규칙적인 생활습관과 주말의 등산이나 테니스 등의 체력단련과 같은 손해방지노력이 우연한 신체상해 또는 질병을 방지하거나 상해의 심도를 줄일 수 있다는 것을 위험관리프로그램이 지적하고 있으면 손해방지프로그램에 따라야 한다.

건강보험 또는 자동차종합(차량손해)보험의 소손해공제액에 해당되는 위험이나 기타 위험이 보유되는 경우, 그러한 우연한 사고에 대처할 수 있는 현금준비금의 저축을 결정할 수 있다. 그 경우 준비금이 모두 적립될 때까지는 그 부분에 대한 프로그램은 완수되지 않는다. 보험회사에 전가되어야 하는 위험들에 대한 프로그램의 수행은 그러한 위험들을 보장하는 적절한 보험상품의 구입을 의미한다.

위험관리목적의 설정, 위험의 식별확인, 위험의 평가 및 위험처리방법의 선택 등은 위험관리자가 의사결정을 하고 행동을 취해야 할 조치들이다. 행동이 취해지기 전까지는 프로그램이 수행되었다고 할 수 없다.

6. 위험관리프로그램의 재검토

가정의 위험관리자가 해야 할 일은 결코 완결되지 않는다. 즉 위험관리프로그램이 현재에도 잘 추진되고 있는지를 계속적으로 검토하여야 한다. 가정에서 소유하고 있는 재산은 그 성질, 금액 및 가액 등이 대부분 계속해서 변동하고, 가족들의 활동도 변동한다. 즉 어떤 위험은 없어지고, 새로운 위험들이 생겨나기도 한다. 예를 들면 프로그램의 수행과정에서 신형 자동차를 구입하는 경우도 있고, 건축비의 상승으로 가옥의 대체가액이 증가하는 경우도 있다. 또한 가족들이 해외여행을 떠나기로 결정할 수도 있다.

위험관리프로그램의 재검토에서는 이와 같이 변동된 위험 중에서 어떤 위험이 기존의 보험에 의해 보장되는가, 어느 위험이 추가보험을 필요로 하는가, 어느 위험이 보유될 수 있고, 회피되어야 하는가, 어떤 손해방지조치들이 취해져야 하는가 등의 질문들이 제기되고, 그 해결책이 제시되어야 한다.

7. 가정의 손해통제

개인 위험관리자가 이용할 수 있는 값싸고 최선의 위험처리방법은 가정손해통제이다. 가정손해통제(household loss control)는 개별적인 상황에서 적절한 손해방지와 감소기법의 사용을 의미한다. 대부분 그것은 가정에서 사람들을 보호하기 위해 어떠한 안전조치가 사용되어야 하는가를 결정하는 문제이다.

이 절에서는 손해를 통제하기 위해 위험관리자가 할 수 있는 30가지 이상의 일들을 제안하고 있다. 그것이 완전한 것은 아니지만, 지면의 제약으로 이용 가능한 손해통제방법을 모두 열거하는 것은 불가능하다. 따라서 여기에서는 위험관리자가 고려해야 할 일의 종류를 열거하고 있다. 여기에 포함된 제안을 고려하여 우리 자신의 상황에 맞는 적절한 조치들을 수행하고, 여기에 언급되지 않은 새로운 아이디어를 추가하여야 한다.

손해통제방법은 세 가지 분야, 즉 ① 인적손해통제 ② 재산손해통제 ③ 배상책임손해통제로 구분된다. 다음에 살펴볼 제안 중 일부는 개별적인 사정이 다르다는 이유만으로 중요도의 순서에서 열거되지 않을 수 있다. 어떤 사람에게 아주 중요한 것이 다른 사람에게는 덜 중요한 것일 수도 있다.

1) 인적손해 통제

인적손해 통제(personal loss control)는 여러분과 가족의 안전 및 신체적 안녕을 제고하기 위한 방법을 사용하는 것을 의미한다. 효과적인 인적손해 통제를 실시하기 위한 제안들은 다음과 같다.

① 신체검사(physical examination) : 심각한 질병을 피하는 최선의 방법은 예방의학의 시행이다. 의사와 치과의사 및 안과의사를 정기적으로 방문함으로써 생명을 구할 수 있고, 값비싼 장기치료를 방지할 수 있다. 많은 사람들이 사고예방을 위해 자동차를 정기적으로 보수 관리하면서도, 심각한 질병이 발병하기 전에는 의사를 방문하려고 생각조차 하지 않는다는 것은 놀라운 일이다.

② 의료팀의 선택(selection of a medical team) : 고향에서 멀리 떨어진 곳으로 옮겨간 젊은이들은 대부분 응급사태가 발생하기 전에는 내과의사와 치과의사와는 접촉하지 않는다. 의사와 알고 지내는 사이로 발전된 방문은 도움이 필요한 때 확실히 도움을 받을 수 있는 비교적 값이 싼 방법이다. 급성 질병이 발병한 때 도움을 받을 수 있는 의사를 철저히 찾아보는 것도 그 대안이 될 수 있다.

③ 화재 피난훈련(fire drills) : 전체 가족의 생명이 가옥의 화재발생에 철저히 준비한 결과에 좌우될 수 있다. 2층집이나 고층아파트인 경우 화재발생시 탈출방법이 마련되고 그 사용법에 대한 훈련이 있어야 한다. 응급전화번호가 각 전화기에 부착되어야 하고, 어린아이들은 그 번호를 돌려야 할 때와 돌리는 방법을 알고 있어야 하며, 그들의 정확한 주소를 소방서에 알려줄 수 있어야 한다.

④ 탈출 시 재진입금지(once out, stay out) : 인간은 화재발생시 이상한 행동을 한다. 첫 반응은 불타는 건물에서 탈출하는 것이다. 두 번째 반응은 재산을 찾거나 구조하기 위해 건물 속으로 다시 들어가는 것이다. 물론 인명을 구출하기 위해 다시 들어가는 것은 용기 있는 행동이지만 얼마간의 재산을 구조하기 위해 불타고 있는 건물 속으로 들어가는 것은 그것이 아무리 값진 물건이라 할지라도 무분별한 경솔한 행동임에 틀림없다. 심지어 인명구출까지도 가능하면 어느 경우이든 전문

소방수에게 맡기는 것이 최선의 방법이다.

⑤ 침실 흡연(smoking in bed) : 수많은 사람들이 침대에서 담배를 피운 결과로 불필요하게 죽어가고 있다. 다음 두 가지의 간단한 원칙으로 많은 생명을 구할 수 있을 것이다. ① 침실에 재떨이를 놓지 않고 침실에서는 절대 금연한다. ② 항상 마루에 서서 흡연한다. 안락한 의자에 기대거나 침대에 누워서 담배를 피우는 사람은 불이 붙은 담배를 들고서 잠들기가 쉽다.

⑥ 연기경보기(smoke alarms) : 최근에는 효과적이고 값싼 연기경보장치가 이용되고 있다. 모든 가정에서도 화재발생시 잠든 식구들을 깨울 수 있는 곳에 최소한 하나의 연기경보기를 설치할 필요가 있다. 연기경보기는 작동여부를 자주 확인하여야 하고, 건전지도 정기적으로 대체하여야 한다. 건전지가 닳아지면 금방 알 수 있는 장치가 마련된 경보기를 구입하여야 한다.

⑦ 좌석벨트(seat belts) : 자동차 안전에서 가장 중요한 요소가 운전자의 태도(driver attitude)인 반면, 좌석벨트의 정상적인 사용이 개인 손해통제에 극히 중요하다. 미국의 전국안전위원회(National Safety Council)에 의하면 미국인의 약 30%만이 좌석벨트를 사용하고 있으나, 모든 미국인이 사용하면 매년 약 10,000명의 생명을 구할 수 있을 것으로 추정하고 있다.

⑧ 장비 및 기구(tools and appliances) : 현대인은 동력장치와 전기기구를 사용하는 경우가 점점 더 많아지고 있다. 예를 들어 전기톱은 나무를 베기 위해 고안되고 전기제초기는 잔디를 깍기 위한 것이지만, 사람의 살과 뼈도 벨 수 있다. 전기 토스터(toaster)는 아침식탁에 필수적인 것이지만, 잘못 사용하면 화재의 원인이 될 수도 있다. 여러 가지 장비와 기구는 지시사항에 따라 사용되어야 하고, 오직 관련 위험을 잘 알 수 있는 연령을 초과한 사람에 의해서만 사용되지 않으면 안된다. 적절한 장비를 적절히 사용하는 것이 가사를 안전하게 수행하는 방법이다. 물론 모든 가정의 장비나 기구들은 정기적으로 조사하여 필요한 경우 수리하거나 대체하여야 한다.

⑨ 소화기(小火器, firearm) : 많은 경찰당국이나 보험당국은 화기(火器)의 안전을 위한 최선의 방법이 총이나 탄약을 소지하지 않는 것이라고 믿고 있다. 화기를 가정에 가지고 있을 경우에는 무기와 탄약을 별도로 분리하여 보관하여야 하고, 열쇠를 채워서 안전하게 보관하여야 한다. 또한 화기를 소유하는 사람은 적절한 사용법과 보관법에 대해 교육훈련을 받아야 한다.

⑩ 독약(poisons) : 의약품이나 세척액 및 정원 살충제는 어린이에게 매우 위험하다. 따라서 높은 선반에 올려놓거나 어린이 손에 닿지 않는 곳에 보관하여야 한다. 부모는 항상 그러한 위험을 잘 알고 있어야 한다. 그러나 할아버지나 할머니는 그러한 위험에 소홀히 하기 쉽다. 가정에 어린아이들이 살고 있거나 방문한 경우에는 아이들의 호기심에 대해 잊어서는 아니 되고, 가까운 독약통제센타의 전화번호를 쉽게 이용할 수 있어야 한다.

⑪ 아이 봐주는 사람(babysitters) : 아이 봐주는 사람은 아이가 위급한 최후 순간에 접근하는 대부분 경험이 없는 사람이다. 특별히 어린 생명을 보호하기 위해 베이비시터가 고용되어야 한다. 어린 아이의 부모는 책임감이 강하고 신중하면서도 판단력이 좋은 베이비시터를 선발해야 한다. 베이비시터에게 분명한 지시에 따라 아이를 돌보도록 하고, 항상 부모와 연락이 가능하도록 전화번호를 알고 있어야 한다.

⑫ 회중전등(flashlights) : 저렴한 비용으로 구입할 수 있는 회중전등은 정전 등에 대비하여 개인의 안전을 위한 최소한의 투자라고 할 수 있다. 화재로 인한 정전 시에 침대 맡에 보관중인 회중전등을 사용함으로써 중상을 방지할 수 있다. 특히 여행 중에 소지한 회중전등은 화재로 인해 모든 전기가 꺼진 후에 호텔의 비상출구를 찾는데 도움을 줄 것이다. 또한 어두운 거리를 걸을 때 사용하는 회중전등은 달려오는 자동차운전자에게 보행자의 존재를 확인시켜주는 역할을 한다.

2) 재산 손해통제

재산손해통제(property loss control)는 재산손해를 방지하거나 감소시키기 위한 방법을 이용하는 것이다. 손해통제방법에는 다음과 같은 안전장치와 방어수단 등이 있다.

① 대여 금고(safe-deposit box) : 보석, 화폐나 우표수집물 및 주식예탁증서와 같은 소량의 값비싼 물건을 보호하기 위해 사용되는 방법의 하나가 은행의 대여금고이다. 이 금고에 맡겨둔 물건은 도난이나 손상의 위험으로부터 안전하다.

② 안전자물쇠(secure locks) : 대부분의 가정에는 전문 도적이나 아마추어도적이 별 저항 없이 문을 열 수 있는 자물쇠가 설치되어 있다. 모든 문에 안전 이중자물쇠의 설치는 도적질을 못하게 하는 효과를 가지고 있다. 만약 어떤 집에 초 고가품이 있다는 것을 전문 도적이 알고 있다면, 그 도적이 그 집에 침입하는 것을 막을 수 있는 시스템은 아마도 없을 것이다. 그러나 대부분의 도적들은 안전장치가 잘

되어 있는 집에 침입하는데 필요한 시간을 소비하는데 위험을 걸려고 하지 않을 것이다. 그 도적은 손쉽게 침입할 수 있는 다른 집을 선택하게 될 것이며, 자물쇠가 없는 집이나 안전장치가 없는 자물쇠가 채워진 집을 찾게 될 것이다.

③ 구내전등(yard lights) : 도적들은 대부분 어두운 곳에서 활동하기를 좋아한다. 어두움 속에서 자기가 잘 보이지 않을 것으로 생각하고, 보인다 하더라도 누군지 알아보지 못할 것이라고 생각한다. 가정의 모든 주변을 훤히 비추는 옥외전등이나 구내전등은 도적질을 위축시키는 효과를 가진다.

④ 전등타이밍장치(light-timing devices) : 도적들은 빈집에 들어가는 것을 좋아한다. 전등이 켜진 집은 사람이 있는 것처럼 보인다. 대부분의 전자제품가게에서 쉽게 구할 수 있는 자동시간조절장치(timing devices)는 내부 전등을 켰다가 끄게 되고, 그 결과 범죄의 상당한 억지력이 될 수 있다. 내부 전등이 일정시간 정기적으로 켜지고 꺼진다는 사실을 도적이 알 수도 있으며, 이 경우 가족들이 모두 부재중이고 자동조절장치가 사용 중이라는 사실을 알게 된다. 그러나 오늘날은 가족들이 부재 중임을 숨기기 위해 그 간격이 일정하지 않게 전등이 켜지고 꺼지는 자동조절장치를 사용할 수 있다.

⑤ 개(dog) : 대부분 개들은 선천적으로 그들의 집을 지키고 낯 설은 사람이 접근하면 경고를 준다. 집안에서 개가 크게 짖음으로써 집주인에게 경고할 뿐 아니라 잠재적 도적에게도 도적질을 포기하게 한다. 개는 덩치가 클 필요는 없다. 애완견과 같은 적은 개라도 충분한 경고를 주기 때문이다.

미국의 대부분의 보험자나 경찰당국은 특별히 훈련된 큰 개를 사용하는데 대해 문제를 제기하고 있다. 특별훈련을 받은 독일셰퍼드나 도버맨(doberman)은 아주 위험한 동물이며, 연소자나 노인을 물어죽일 수도 있고 심지어 성인까지도 죽이거나 심한 상해를 입힐 수 있다. 만약 그러한 개가 잘못을 저질러 불상사가 발생한다면, 집주인은 손해배상소송으로 인해 도둑을 맞은 손해보다도 훨씬 큰 손해를 입게 될 것이다. 따라서 재산을 보호하기 위해서는 짖을 수 있으면서도 공격적인 훈련을 받지 않은 개를 이용하는 것이 현명할 것이다.

⑥ 전화번호(telephone numbers) : 지극히 단순하면서도 간과하기 쉬운 재산 손해통제방법이 집에 있는 모든 전화기에 소방서와 경찰서의 전화번호를 부착하는 것이다. 또한 어린이들에게는 이들 응급번호를 이용하는 법을 숙지시켜야 한다.

⑦ 정기 점검(periodic inspection) : 우리들 가정에는 전기난로나 온수기, 요리용 스토

브 등 각종 난방 기구를 가지고 있으며, 벽난로가 설치된 가정도 있다. 이들 기구의 고장으로 인해 심각한 화재가 초래될 수 있다. 자격 있는 사람에게 이들 기구들을 정기적으로 점검함으로써 가정의 화재 발생확률을 상당히 줄일 수 있다.

⑧ 자동차 차고와 지하실(garage and basement) : 자동차차고나 지하실은 여러 가지 쓰레기들을 방치해 놓기 쉽다. 나무 조각, 종이 또는 인화성 물질이 있는 차고나 지하실은 깨끗이 잘 정돈된 경우보다 화재 발생장소가 될 가능성이 높다.

⑨ 소화기(fire extinguishers) : 오늘날은 저렴한 비용으로 효능이 좋은 소화기를 구입할 수 있다. 집안에서 부엌이나 화재 가능성이 있는 곳에 비치하는 것이 좋다. 보다 중요한 것은 비치하는 것에 그치지 않고 그 사용법을 숙지하고 있어야 필요시 신속하게 사용할 수 있을 것이다.

⑩ 귀중품의 노출(display of valuables) : 귀중품은 그 존재가 노출될 때 도난당하기 쉽다. 귀중품을 일반에게 노출함으로써 범죄를 불러들이게 된다. 물론 보석을 몸에 치장하기 위해 소유하는 것이며, 값비싼 다이아반지도 그것을 깊숙이 보관하고 있다면 별 기쁨을 주지 못할 것이다. 그러나 그 반지를 교향악단연주회나 친구들과의 파티에 끼고 가는 것은 별 문제 없겠지만, 그것을 끼고 식료품가게에 가거나 대중교통시설을 이용하는 여행길에 끼는 것을 삼가야 할 것이다. 귀중품은 조금만 주의를 기울이면 도난당항 가능성을 줄일 수 있다.

3) 배상책임손해통제

배상책임손해통제(liability loss control)는 타인의 신체상해 또는 재산손해에 대해 여러분이 책임을 지게 될 가능성을 감소시키는데 도움이 되는 기법을 시용하는 것을 말한다. 배상책임손해를 제한하기 위해서 다음과 같은 제안들이 고려될 수 있다.

① 구내 점검(inspection) : 집안이나 주변의 결함이 타인에게 심한 상해를 야기할 수 있다. 부서진 계단이나 마당에 튀어나온 돌 뿌리에 걸려 넘어질 수도 있다. 어린이 놀이기구의 볼트가 느슨한 경우에도 위험스럽다. 주의 깊은 위험관리자라면 집안 내부의 정기적인 점검을 통해 그러한 위험의 존재 여부를 확인하고, 위험을 제거하기 위한 신속한 조치를 취해야 한다.

② 눈과 얼음(snow and ice) : 눈이 내리거나 얼음이 어는 겨울철에는 집안의 눈과 얼음을 치우는 것이 배상책임손해통제에 있어서 필수적이다. 눈과 얼음을 치우는

것이 불가능할 경우에는 모래나 소금을 뿌려야 한다. 얼음이 얼어있는 곳이나 계단이나 미끄러져 넘어진 경우 심한 상처를 입을 수 있다.

③ 제초기(lawn mowers) : 정원에 잔디를 깔려진 집에서 위험한 기계중의 하나가 회전식 잔디를 깎는 기계이다. 특히 우리나라의 경우 추석명절에 즈음하여 산소에 벌초하는 과정에서 제초기를 많이 사용하는 중 돌이나 유리조각 등이 튀어서 상당히 먼 거리에 있는 사람에게도 상처를 입힐 수 있다. 따라서 제초기 사용하기 전에 애완동물이나 어린이들을 격리시킨 후 작업을 시작하여야 한다. 또한 작업과정에서 다리를 절단하는 사고가 흔히 발생하기도 한다. 13세 이하의 어린이는 제초기를 사용하지 못하게 하여야 한다.

④ 자동차 보수 관리(car maintenance) : 나쁜 운전태도는 자동차사고의 주요원인이 되고, 자동차의 보수관리을 게을리 한 경우 자동차의 결함으로 인해 큰 사고를 초래하기도 한다. 운전자가 사고를 피하거나 사고가 발생한 경우라도 생명을 보전하기 위해서는 브레이크와 라이트, 타이어 및 좌석벨트 등이 모두 최선의 상태로 유지되어야 한다. 예를 들어 자동차 앞 유리의 와이퍼(wiper blades)가 닳아져 있는 경우 비나 눈이 올 때 운전자의 시야가 가리게 될 것이다.

⑤ 운전습관(driving habits) : 자동차사고의 세 가지 중요한 원인은 음주운전, 졸음운전, 과속운전이다. 음주운전이나 과속운전이 매우 위험하다는 것을 많은 사람이 알고 있다. 그러나 실제에 있어서 상황에 따라서는 그러한 유혹을 이겨내지 못한다. 특히 운전자가 피로한 상태에서 운전하는 것이 얼마나 위험한 결과를 초래하는지는 잘 모르고 있다.

⑥ 어린아이(children) : 사려 깊은 운전자라면 운전 중 거리에서 자전거나 굴러오는 공을 보았다면 어느 경우보다 조심스럽게 운전하여야 한다. 자전거나 공은 주변에 어린이가 있다는 것을 의미하기 때문이다. 그러한 상황에서 속도를 줄이면서 재빨리 브레이크를 밟을 준비를 하고 운전하여야 한다. 특히 아파트나 집주변에서 자동차를 후진하는 경우에는 자동차 뒷 편에 어린이가 있는지를 육안으로 확인한 후 서서히 운전해야 한다.

요약정리

1. 위험관리는 개인, 기업 또는 기타 조직체에 노출되어 있는 순수위험을 처리하기 위한 조직적인 방법, 또는 개인이나 기업 등이 직면하고 있는 순수위험의 처리문제에 대한 과학적인 접근방법이라고 정의된다. 위험관리에는 보험불가능위험을 포함하여 모든 순수위험이 고려된다.

2. 경영관리기능의 하나에 속하는 위험관리는 보험관리와 다음과 같은 차이가 있다.
   ① 보험관리는 순수위험 중에서 보험가능위험만을 취급하는 반면, 위험관리는 보험가능위험과 보험불가능위험을 포함한 모든 순수위험을 처리하기 위해 적절한 수단과 기법을 선택한다.
   ② 위험관리는 순수위험의 확인, 식별과 분석에 중점을 두고 손해를 처리하기 위해 매우 다양한 방법이 사용되는 반면, 보험은 위험관리의 여러 가지 처리방법(회피, 보유, 손해의 통제 및 전가) 중에서 위험전가의 한 수단에 불과하다.
   ③ 위험관리는 그 사고방식에서 보험관리와 차이가 있다. 즉 보험관리는 지불되는 금액으로 최상의 보험을 확보하는데 초점을 맞추고 있는 반면, 위험관리는 가장 적절한 방법에 의하여 위험의 처리비용을 감소시키는데 관심이 집중되고 있다.
   ④ 위험관리는 보험뿐만 아니라 손해를 처리하는 모든 방법에 대한 정기적인 평가와 재검토를 필요로 한다.
   ⑤ 위험관리는 보험관리보다도 기업 내의 전체 부서 및 임직원들의 협조를 필요로 한다.

3. 위험관리는 순수위험만을 대상으로 하는 반면, 경영관리는 순수위험은 물론 투기적 위험(사업위험)을 포함하여 기업이 직면한 모든 위험을 대상으로 한다는 점에서 위험관리는 경영관리의 하위개념이다. 기업의 이윤극대화에 직접 관련되는 관리활동을 대상으로 하는 일반적인 경영이론을 정(正)의 경영학이라고 한다면, 기업이 직면한 위험의 과학적・합리적 관리를 목적으로 결과적으로 기업의 손실 극소화를 도모하려는 위험관리이론은 부(負)의 경영학이라고 할 수 있다.

4. 위험관리의 과정은 다음과 같은 여섯 단계로 구성되어 있다. 기업에 따라서는 이와 같은 위험관리 과정에서 위험관리목적의 결정과 위험관리프로그램의 평가 및 재검토는 경영관리 차원에서 수행될 수 있으며, 나머지 네 가지가 위험관리자의 기본적인 기능이라고 할 수 있다.
   ① 위험관리 목적의 결정
   ② 위험의 식별・확인
   ③ 위험의 평가・측정
   ④ 최선의 위험처리방법의 선택
   ⑤ 위험관리프로그램의 수행
   ⑥ 위험관리프로그램의 평가 및 재검토

5. 위험관리의 가장 중요한 첫째 목적은 순수위험으로 발생하는 손해로부터 기업이나 조직체의 경영의 효율성을 보존하는 것이다. 둘째 목적은 사망이나 신체상해를 가져올 수 있는 각종 사고로부터

종업원을 보호하는 인도주의적인 목표이다. 「손해 전」(pre-loss)과 「손해 후」(post-loss)로 분류하면, 손해발생 전 목적은 경제성, 불안의 감소, 외부적으로 부과된 의무의 이행, 사회적 책임의 이행을 포함하고, 손해발생 후 목적은 기업의 생존, 사업의 계속, 수입의 안정, 기업의 지속적인 성장, 사회적 책임을 포함한다.

6. 위험을 식별하고 확인하는 중요한 방법에는 예비지식 습득, 위험분석질문표, 위험점검표, 보험증권점검표, 계통도(flow charts), 재무제표분석, 기타 내부기록문서, 실체적 조사, 인터뷰, 제수단의 결합방법 등이 있다.

7. 위험이 식별된 후 기업에 노출되어 있는 위험을 평가하여야 한다. 손해의 잠재적 빈도와 심도의 평가를 의미한다. 「손해빈도」(loss frequency)는 일정한 기간 동안 발생할 수 있는 손해의 가능한 발생 횟수(回數), 또는 손해가 발생할 수 있는 확률을 말하고, 손해심도(loss severity)는 그 기간 중에 발생할 수 있는 손해의 가능한 규모, 또는 크기를 말한다.

8. 위험관리자는 각 위험형태별로 손해의 빈도와 심도를 평가한 다음, 각각의 위험의 상대적 중요도에 따라 다음과 같이 분류할 필요가 있다.
   ① 중대한 위험(critical risks)은 손해가 기업의 파산을 초래할 정도의 규모와 중요도를 가지는 모든 위험이다.
   ② 중요한 위험(important risks)은 손해가 기업의 파산을 초래할 정도는 아니지만 기업이 사업의 계속을 위해 외부에서 차입(借入)해야 할 필요가 있는 위험이다.
   ③ 사소한 위험(unimportant risks)은 손해가 기업에 과도한 재정적인 부담을 끼치지 않고 기업의 기존 자산이나 현행 소득으로 대처할 수 있는 위험이다.

9. 위험의 회피(avoidance)는 새로운 손해노출상황(위험)을 받아들이지 않거나 기존의 손해노출상황(위험)을 제거하는 것을 의미한다. 위험회피의 장점은 손해의 확률을 0으로 감소시키는 것이다. 위험회피의 단점은 모든 손해의 회피가 불가능하고, 손해노출상황의 회피가 실용성이 없거나 실행 가능성이 없는 경우가 있다는 것이다.

10. 위험의 보유(retetion)는 일정한 위험으로 야기되는 손해의 일부 또는 전부를 기업이 보유하는 것을 의미한다. 위험보유는 ① 다른 위험처리수단을 이용할 수 없는 경우 ② 발생 가능한 최대손해가 심각하지 않은 경우 ③ 손해가 고도로 예측 가능할 경우에 이용될 수 있다.

11. 캡티브보험회사(captive insurer)는 당해 기업의 위험을 보험으로 처리하기 위해 모기업(母企業)에 의해 설립되고 소유되는 보험회사, 즉 자(子)보험회사를 말한다. 캡티브보험회사들은 위험인수범위를 그들의 소유주(또는 모(母)기업이나 모 조직체)에 속하는 위험에 국한하거나 주로 제한한다는 점에서 일반 보험회사와 구별된다.

12. 순수한 의미에서 자가보험(self-insurance)이라는 말은 위험보유의 특별한 형태로서 잘못된 호칭이다. 왜냐하면 보험은 위험의 전가와 위험의 결합으로 구성되는데, 자가보험은 스스로 결합될 수

도 없고 전가될 수도 없기 때문이다. 「자가보험」이란 엄밀한 의미에서 보험이 아니고, 손해가 기업이나 조직체에 의해 조달된 자금으로 지불된다는 개념을 명확히 표현하는 「자체자금조달」(self-funding)이라는 말이 적절한 표현이다.

13. 위험보유의 장점은 ① 자금의 절약 ② 비용의 절약 ③ 손해방지의 촉진, ④ 현금유동성(cash flow)의 증가 등이고, 주요한 단점은 ① 보다 많은 손해의 가능성 ② 보다 많은 비용의 가능성 ③ 보다 많은 세금의 가능성 등이다.

14. 보험외 전가(noninsurance transfer)는 보험 이외에 순수위험의 여러 가지 전가방법을 말한다. 보험외전가의 기법에는 계약과 리스(lease) 및 피해보상면제약정 등이 있다. 보험외전가의 장점은 ① 보험 불가능한 위험의 전가 ② 보험보다 적은 비용으로 전가 가능 ③ 특별한 상황에 따른 적절한 시행 가능 ④ 기업자체에서 손해통제를 하는 것보다 효과적으로 손해를 통제할 수 있는 자에게 잠재적손해의 전가 등이다. 그러나 보험외 전가의 단점은 ① 계약서 표현의 불완전으로 위험관리자가 의도한 만큼 위험전가의 미흡 ② 잠재적 손해를 전가 받은 당사자가 손해에 대해 지급불능이 된 경우 손해에 대한 기업의 책임부담 ③ 보험 가능한 손해에 대한 일부 책임을 보험외 전가한 경우에도 그로 인한 보험료의 절감 미흡 ④ 잠재적 손해에 대한 책임이 손해통제가 불가능한 자에게 이전 가능 등이다.

15. 위험관리프로그램에서 민영보험이 이용될 수 있다. 보험은 손해의 발생확률(빈도)은 낮지만 잠재적손해의 심도가 높은 위험의 처리를 위해 이용될 수 있다. 위험관리자가 보험을 이용하기로 결정한 경우 ① 보험보장범위의 선택 ② 보험자의 선택 ③ 계약조건의 협상 ④ 보험프로그램에 관한 정보의 전파 ⑤ 보험프로그램의 정기적인 재검토 등이 고려되어야 한다.

16. 민영보험의 주요한 장점은 ① 손해 발생 후의 손해보상 ② 불확실성의 감소 ③ 보험자의 유익한 위험관리서비스의 이용 ④ 지급보험료에 대한 소득세 공제혜택 등이고, 보험의 주요한 단점은 ① 손해에 충당되는 부분 뿐 아니라 보험자의 사업비와 이익 및 비상위험을 위한 상당액에 해당되는 보험료의 지급 ② 보험에 대한 협상과정에서 시간과 노력의 낭비 ③ 손해통제프로그램에 대한 무관심한 태도 등이다.

17. 손해통제는 위험관리프로그램에서 가장 중요하다. 손해통제활동은 손해의 빈도와 심도를 모두 감소시키기 위하여 실시된다. 위험의 회피와는 달리, 손해통제는 기업이 포기 또는 전가를 원하지 않는 손해노출상태(위험)를 처리하는 것이다. 손해통제활동의 목적은 기업이 용이하게 대응할 수 있도록 손해노출상태의 성질을 변경시키는 것이다.

18. 가계나 기업의 위험관리자는 손해의 빈도와 심도(frequency and severity of loss)가 측정되고 평가된 후 최적의 위험대처방법을 선택하여야 한다. 첫째, 저빈도와 저심도의 잠재적 손해(위험)는 보유에 의해 처리될 수 있다. 둘째, 고빈도와 저심도의 잠재적 손해(위험)는 손해의 빈도를 감소시키기 위한 손해통제방법이 이용되어야 한다. 셋째, 저빈도와 고심도의 잠재적 손해(위험)는 보험이 가장 적합한 대처방법이다. 넷째, 가장 심각한 형태의 위험으로 고빈도와 고심도의 잠재적 손해(위

험)에 대하여는 위험회피방법이 최선의 방법이다.

19. 위험관리자는 이용할 위험대처방법을 선택한 후 선택된 최적의 기법을 효율적으로 수행하여야 한다. 위험관리프로그램의 효율적인 운영을 위해서 위험관리정책지침서와 위험관리편람의 작성, 타부서(회계, 재무, 마케팅, 생산, 인사관리부서 등)와의 협조가 필요하다.

20. 위험관리프로그램의 재검토가 필요한 이유는 다음과 같다. 첫째, 위험관리가 필요한 기업의 손해노출상황은 고정되어 있지 않고 끊임없이 변화하고 있다. 둘째, 위험관리프로그램에 때때로 오판(誤判)과 착오가 발생할 수 있다.

21. 위험관리기법은 전술한 바와 같이 위험의 회피, 보유, 전가(보험외전가와 보험), 손해의 통제로 구분할 수도 있으며, 다른 한편으로는 두 가지 중요한 범주, 즉 ① 통제기법(control techniques)과 ② 재무기법(financing techniques)으로 구분될 수 있다. 손해노출상황의 통제기법은 조직체의 위험(손해노출상황)을 변경시켜 손해빈도, 손해심도, 또는 잠재적 손해의 연간 편차를 감소시키는 위험관리기법으로, 위험회피, 손해통제, 결합기법 및 통제형태의 보험외전가 등이 있다. 위험의 재무기법은 손해의 회복을 위해 재정적으로 처리할 자금을 제공하는 위험관리기법으로, 재무형태의 보험외 전가, 보험 및 보유가 재무기법에 해당된다.

22. 사고의 원인과 결과에 관한 두 가지 손해통제이론에는 ①「도미노이론」과 ②「에너지방출이론」이 있다. Heinrich의 도미노이론은 사고원인의 대부분을 기계적 또는 실체적 위험상태를 초래하는 인간의 행동에 두고 있는데 비하여, Haddon의 에너지방출이론은 사고를 야기하는 조건들의 물리적인 엔지니어링 측면에 초점을 맞추고 있다. 이를 불안전한 행동의 제거가 강조되는「인간행동 접근방법」과 사고를 초래할 수 있는 위험상태의 제거가 강조되는「엔지니어링 접근방법」으로 구분하기도 한다.

23. 손해통제조치는 다음과 같이 분류될 수 있으며, 모든 손해통제조치들은 아래와 같은 분류기준이 서로 조합되어 모두 12가지의 손해통제조치로 구분된다.
   ① 목적: 손해예방 또는 손해감소
   ② 접근방법: 엔지니어링 접근방법 또는 인간행동 접근방법
   ③ 적용시기: 사고 전, 사고 중, 사고 후

24. 가정의 위험관리목적은 예산편성과 함께 서면으로 작성되는 것이 이상적이며, 최소한 ① 무보험손해를 감당할 수 있는 가정의 재정능력과 ② 걱정하는 가족의 성향을 고려하여 위험보유에 대해 주의 깊게 결정되어야 한다.

25. 위험식별방법중 가정위험의 식별방법으로 주로 이용되는 것은 대리점식별방법과 보험증권점검표 방법 및 위험분류방법이다.

26. 가정의 손해노출상황과 관련한 위험을 평가할 때에, 가정을 둘러싼 위험들을 다음과 같이 네 가지로 평가 분류하여야 한다.

① 감당할 수 없는 위험(unbearable risk): 가정의 경제적인 파탄을 입힐 만큼 큰 위험 ② 감당하기 곤란한 위험(difficult to bear risk): 가정의 파산까지는 영향을 미치지 않지만 가정의 생활수준에 심각한 영향을 미치는 위험 ③ 상대적으로 중요하지 않는 위험(relatively unimportant risk): 가정의 생활수준에 중요한 영향을 미치지 않는 위험 ④ 감당할 수 있는 위험(bearable risk): 가정의 경제력으로 충분히 감당할 수 있는 위험.

27. 개인 위험관리자가 이용할 수 있는 값싸고 최선의 위험처리방법은 가정손해통제이다. 가정손해통제(household loss control)는 개별적인 상황에서 적절한 손해방지와 감소기법의 사용을 의미한다. 손해통제방법은 세 가지 분야, 즉 ① 인적손해통제 ② 재산손해통제 ③ 배상책임손해통제로 구분된다.

주요 개념과 용어

1. 위험관리(risk management)
2. 위험관리자(risk manager)
3. 보험관리(insurance management)
4. 위험의 확인(identification of risks)
5. 위험의 평가・측정(evaluation of risks)
6. 사실 탐지기(fact finder)
7. 위험분석질문표」(risk analysis questionnaire)
8. 위험점검표(loss exposure checklists)
9. 계통도(flow charts)
10. 보험증권점검표(insurance policy checklists)
11. 재무제표분석(analysis of financial statements)
12. 손해빈도」(loss frequency)
13. 손해심도(loss severity)
14. 중대한 위험(critical risks)
15. 중요한 위험(important risks)
16. 사소한 위험(unimportant risks)
17. 캡티브보험회사(captive insurer)
18. 자가보험(self-insurance)
19. 자체자금조달」(self-funding)
20. 보험외 전가(noninsurance transfer)
21. 피해보상면제약정(hold-harmless agreement)
22. 보험보장범위(insurance coverage)
23. 필수적인 보장범위(essential coverages)
24. 바람직한 보장범위(desirable coverages)
25. 이용 가능한 보장범위(available coverage)
26. 소손해공제(deductible)
27. 초과액보험(excess insurance)
28. 보험계약자잉여금(policyowners' surplus)
29. 수기보험증권(manuscript policy)
30. 현금유동성보험제도(cash flow insurance plans)
31. 보상용 잔액제도(compensating balance plan)
32. 지급손해 소급제도(paid loss retro plan)
33. 위험관리정책지침서(risk management policy statement)
34. 위험관리편람(risk management manual)
35. 도미노이론(domino theory)
36. 에너지방출이론(energy release theory)
37. 인간행동 접근방법(human behavior approach)
38. 엔지니어링 접근방법(engineering approach)
39. 통제기법(control techniques)
40. 재무기법(financing techniques)
41. 계획단계(planning phase)
42. 안전유지단계(safety maintenance phase)
43. 위기단계(emergency phase)
44. 사망률표(mortality table)
45. 감당할 수 없는 위험(unbearable risk)
46. 감당하기 곤란한 위험(difficult to bear risk)
47. 상대적으로 중요하지 않는 위험(relatively unimportant risk)
48. 감당할 수 있는 위험(bearable risk)
49. "무지로 인한 보유"(retention from ignorance)
50. 인적손해통제(personal loss control)
51. 재산손해통제(property loss control)
52. 배상책임손해통제(liability loss control)

복습문제

1. 위험관리를 정의하고, 보험관리와 경영관리와의 차이점을 설명하라.

2. 위험관리과정의 여섯단계를 열거하고 간단히 설명하라.

3. 위험관리의 기본 목적을 설명하고, 손해 전 목적과 손해 후 목적을 열거하시오.

4. 위험관리자가 확인해야 할 대상위험은 무엇이며, 확인하는 방법에는 어떠한 방법이 있습니까?

5. 위험의 평가와 측정은 무엇을 의미하고, 위험이 식별된 후 위험관리자는 잠재적 손해를 어떻게 평가하고 분석합니까?

6. 위험관리프로그램에서 잠재적 손해를 처리하기 위해 사용되는 여러 가지 위험처리방법(그 의의, 장·단점 등을 포함하여)을 설명하시오.

7. 위험관리프로그램에서 보유가 이용될 수 있으려면 어떠한 조건이 충족되어야 하고, 보유손해에 대한 대처방법은 무엇입니까?

8. 캡티브보험회사(captive insurer)를 정의하시오.

9. 자가보험(self-insurance)이 보험과 동일한 것인지를 설명하고, 위험보유프로그램이 자가보험으로 간주되기 위해 어떠한 요건이 충족되어야 하는지를 설명하시오.

10. Mehr와 Hedges가 제시한 보험외전가의 이용조건을 열거하시오.

11. 위험관리자가 위험에 대처하기 위하여 보험을 이용하기로 결정한 경우, 고려해야 할 다섯 가지의 중요사항은 무엇입니까?

12. 위험관리과정에서 보험으로 처리하기 위해 보험보장범위(insurance coverage)를 선택하는 데 필요한 두 가지 단계를 설명하시오.

13. 필수적인 보장범위와 바람직한 보장범위 및 이용가능한 보장범위를 설명하시오.

14. 위험관리자가 보험회사를 선택할 때 고려해야 할 중요한 요소들을 열거하시오.

15. 손해통제와 회피와의 차이점과 손해통제의 예를 열거하시오.

16. 측정된 손해의 빈도와 심도(위험도)에 따라 선택할 수 있는 최적의 위험대처방법은 무엇입니까?

17. 위험관리자가 위험관리프로그램의 효율적인 운영을 위해서 필요한 절차를 설명하시오.

18. 위험관리프로그램의 평가와 재검토가 필요한 이유 및 검토되어야 할 대상과 범위를 설명하시오.

19. 사고의 원인과 결과에 관한 두 가지 손해통제이론인 「도미노이론」과 「에너지방출이론」을 비교 설명하시오.

20. 손해통제조치의 분류기준과 손해통제조치를 설명하시오.

21. 가정의 위험관리자가 수행하여야 할 업무를 설명하라.

22. 여러분의 가정이 직면하고 있는 위험과 식별방법을 설명하라.

23. 여러분의 가정위험을 평가모형도에 따라 빈도와 심도를 평가하라.

24. 다음의 상황에서 김갑숙이가 직면하고 있는 위험(주요 위험영역별로 분류된 각 항목과 함께)을 확인하고, 각 위험의 빈도와 심도의 고저(高低)를 명시하시오.
「김갑숙은 기숙사에서 생활하는 대학생으로 용돈을 벌기 위해 대학주변의 식당에서 아르바이트를 한다. 대부분의 대학 비용은 일부 장학금과 부모에 의해 지불된다. 갑숙은 캠퍼스에 자전거를 갖고 있고, 취미는 음악 감상이며 스테레오 오디오와 많은 CD와 테이프를 수집하고 있다.」

25. 가정위험의 네 가지 분류방법을 설명하라.

26. 가정위험의 적절한 처리방법의 선택에 대해 설명하라.

27. 가정의 손해통제방법 중 인적손해통제를 위한 방안의 예를 제시하라.

Part II

보험의 본질과 보험회사의 경영

제3장 보험의 본질과 기능

학습목표

제3장을 학습한 후 다음 질문에 명확히 대답할 수 있어야 한다.

1. 보험을 정의하고 보험의 기본 특성을 설명하라.
2. 대수의 법칙을 설명하라.
3. 보험가능위험의 이상적인 요건을 기술하라.
4. 보험이 도박과 투기와 다른 점을 제시하라.
5. 보험의 사회적 효용과 비용에 대하여 설명하라.
6. 여러 가지 분류기준에 따라 보험을 분류하라.
7. 주요한 민영보험으로 어떤 보험이 있는지를 약술하라.
8. 보험의 기원과 주요 보험의 발전과정을 설명하라.

앞에서 살펴본 바와 같이, 개인이나 가계, 기업 및 기타 조직체가 위험을 처리하는 방법에는 여러 가지가 있으며, 그러한 방법 중에서 하나의 위험대처방법이 보험이다. 이 장에서는 보험의 의의와 기본 특성에 대하여 살펴보고, 위험이 민영보험으로 처리되기 위해 갖추어야 할 요건을 검토하고자 한다. 또한 보험이 도박과 투기 및 기타 보험유사제도와 어떻게 다른지, 현대사회에서 보험의 사회적 효용과 사회적 비용은 무엇인지를 살펴보고, 보험의 분류와 보험시장의 구조 및 보험의 역사에 관하여 설명하고자 한다.

제1절

보험의 의의와 기본 특성

1. 보험의 기초개념

위험관리자의 입장에서 보험은 위험의 전가에 해당되는 위험처리방법 중의 하나이다. 한편, 하나의 기구(mechanism) 또는 경제제도로서 보험은 그렇게 단순하지 않고 상당히 복잡한 경제적 장치이며, 간단히 정의하기가 어렵다. 그러나 보험제도의 가장 기초적인 관점에서는 다음과 같은 두 가지의 특성을 가지고 있다.

① 개별 경제주체로부터 단체로의 위험의 전가(transferring or shifting risk from one individual to a group).

② 그 단체의 모든 구성원에 의한 손해의 공평한 분담(sharing losses, on some equitable basis, by all members of the group).

보험제도가 기본적으로 어떻게 운영되는가를 설명하기 위해 어느 도시에 10만 채의 주택이 있고 1채의 주택가액이 각각 1억 원이라고 가정해보자. 확률은 높지 않지만 한 주택에 화재가 발생한 경우 그 주택의 소유주는 1억 원의 재정적 손해를 입게 된다. 그러나 그 도시의 전체 주택소유주들이 화재가 발생한 경우 그 손해액을 서로 분담하기로 약정하였다면 하나의 주택이 불에 탄 경우 10만 명의 주택소유주들은 각각 그 손해액에 대한 자기들의 비례부분을 각각 분담하며, 그 주택이 전손이 된 경우 각각 1,000원(1억원/10만명) 씩을 지불하고 파괴된 주택소유주는 1억 원의 손해에 대하여 손해보상을 받게 된다.

10만 명의 소유주들은 그들 자신이 1억 원의 손해를 입을 수 있는 가능성이 제거되기 때문에, 손해를 모면한 사람들은 실제 손해를 입은 사람들에게 1,000원의 분담금을 기꺼이 지불하는 것이다. 이와 같이 손해를 분담하는 약정을 통하여 각자가 안고 있는 경제적 부담이 단체의 전체 구성원에게 분산된다. 이것이 보험제도가 운영되는 기본원리이며 특히 상호보험의 적용원리이기도 하다.

이러한 제도의 운영에는 몇 가지 문제가 내재되어 있다. 손해발생 시에 그 단체 구성원 중의 일부가 그들에게 부과된 분담금의 지불을 거부할 가능성이 있는데, 이 문제는 분담금의 사전 지급에 의하여 해결된다. 또한 사전 지급할 분담금의 결정을 위해서는 발생할 손해액을 예측할 수 있어야 하는데, 이것은 과거의 손해 경험치를 기초로 산출될 수 있다.

대수의 법칙에 의해 과거의 경험치를 기초로 1년에 10만 채의 주택 중 2채가 화재에 의해 파괴될 것으로 예측되었다고 가정하면, 총계 2억 원을 마련하기 위하여 그 단체의 각 구성원에게 2,000원의 분담금이 부과된다. 그리고 손해액에 추가하여 그 제도를 운영하는데 사업비가 필요하며, 과거의 경험치를 기초로 손해의 예측이 정확하지 못할 가능성도 있다. 따라서 사업비의 지출 부분, 예상과 결과와의 편차에 대한 완충장치의 역할을 할 안전율 부분 및 주식회사의 경우 주주배당을 위한 예상이익률 부분을 감안하여 단체의 구성원에게 2,000원이 아닌 3,000원이 부과된다.

이와 같이 10만 명의 주택소유주들은 각각 자기의 주택이 화재로 파괴된 경우 불확실한 1억 원의 손해보상에 대한 대가로 3,000원의 확실한 적은 금액(보험료)을 지불하는 것이다. 이러한 기능을 기초로 개별 경제주체의 입장에서 보험을 「개별 경제주체가 보험이 없을 경우 존재할 수도 있는 불확실한 거액의 재정적 손해(피보험사고)를 소액의 확실한 비용(보험료)으로 대체하는 경제적 장치이다」고 정의할 수 있다.

2. 보험의 정의

위험이 여러 가지로 정의되는 것과 마찬가지로 보험에도 보편화된 유일한 정의는 없다. 보험은 법률, 경제, 역사, 위험이론 및 사회학을 포함하여 여러 분야의 입장에서 정의될 수 있다[1]. 다음에서 위험관리자의 입장과 하나의 기구(mechanism)로서 개인이나

1) 따라서 보험의 정의는 지금까지 국제적으로 통일된 것이 없으며, 학자나 전문가들의 견지에 따라 서로 다른 정의를 내리고 있는데 이들의 정의를 요약하면 다음과 같다.

(1) Irving Pfeffer (Insurance and Economic Theory, 1956): 보험이란 피보험자가 입은 경제적 손실의 전부 또는 일부의 복구를 제공하는 보험자라고 불리우는 보험계약의 타방에게 특정 위험을 전가시킴으로써 피보험자라고 불리우는 보험계약의 일방의 불확실성을 감소시키는 시설이다.

(2) James L. Athearn (risk and insurance, 1969): 보험이란 여러 개인의 위험을 하나의 집단으로 결합하여 이들 집단의 구성원이 갹출한 기금으로 손실을 보상하는 사회적 시설이다.

(3) David L. Bickelhaupt (General Insurance, 1979): 보험이란 불확실성의 전가 및 결합에 의하여 금전적 손실에 관한 위험을 감소시기는 방법이다.

(4) Robert Mehr and Emerson Cammark (Principles of Insurance, 1972): 보험이란 개개인의 손실을 집단적으로 예측할 수 있도록 충분한 다수의 노출위험단위를 결합시키므로써 위험을 감소시

기업 등 개별적인 경제주체와 사회적 및 법률적 측면에서 각각 보험의 정의를 살펴보고, 마지막으로 보험제도의 필수적인 구성요소를 중심으로 보험에 관한 실용적인 정의인 미국위험보험학회의 정의를 제시하고자 한다.

1) 위험관리자의 측면

위험관리자의 측면에서 보험은 「개인이나 가계, 기업, 기타 조직체로부터 잠재적 우연한 손해의 재정적 결과를 보험자에게 전가시켜주는 하나의 기법(technique)」으로 정의된다. 제1장에서 살펴본 바와 같이 위험을 처리하는 방법에는 위험의 회피, 보유, 전가 및 손해의 통제가 있으며, 보험은 계약이나 리스 등 여러 가지의 보험외 전가를 포

키는 사회적 시설이다.

(5) Robert I. Mehr and Bob A. Hedges (Risk Management in the Business Enterprise, 1974): 보험이란 손실의 전가기법이다.

(6) Risk Manager: 보험이란 잠재적인 우연한 손실에 따르는 금전적 결과를 피보험자인 기업 가계 또는 개인으로부터 보험자에게 전가할 수 있게 하는 기법을 의미한다.

(7) Mechanism: 보험이란 다수의 피보험자가 기금을 갹출하거나 또는 갹출할 것을 약속하고 이 갹출된 기금에서 보험자는 우연한 손실을 입은 갹출자에게 현금으로 보상하거나 또는 용역을 제공할 것을 약속하는 사회적 시설을 의미한다.

(8) 한동호 (보험학,1988): 보험이란 일정한 우연적 사건에 기인하여 발생하는 경제적불안에 대비하기 위한 경제준비의 사회적 형태로서 다수의 경제주체가 결합해서 확률계산에 의거하여 갹출을 부담하는 경제시설이다.

(9) 방갑수 (최신보험학, 1975): 보험은 위험결합으로 불확실성을 확실성으로 전환시키는 사회적 시설, 즉 보험은 위험결합으로 다수의 동질적인 위험을 한곳에 모으는 행위인 pooling을 통해서 가계나 기업이 우연적인 사고발생으로부터 당하게 되는 실제손실(actual loss)을 다수동질위험의 결합으로 얻게되는 평균손실(average loss)로 대체하는 것을 의미한다.

(10) David L. Bickelhaupt(General Insurance, 1983): 다음과 같이 보험의 정의를 정리하고 있다.

①경제적 측면: 전가나 결합을 통하여 불확실성을 감소

②법률적 측면: 피보험자가 보험자에게 보험료를 지급하여 손해보상계약을 체결하여 위험을 전가.

③경영적 측면: 개인이나 기업이 위험을 전문으로 취급하는 금융기관(보험회사 등)에 전가시켜 위험을 분담

④사회적 측면 : 불운한 개인들이 입은 손해를 보상하기 위하여 다수가 참여하여 손해액을 공동분담.

⑤수학적 측면 : 확률원리에 의거 보험수리적 예측을 통하여 예측하고 배분

(11) G. E. Rejda는 보험의 정의와 관련하여 미국보험학회의 보험용어위원회의 정의를 인용하면서 이 정의가 보험의 기본특성을 충분히 반영하고 있으며 보험의 공통적인 요소를 분석하는데 매우 유용한 점을 강조하였다. 보험이란 손해에 대해서 피보험자에게 보상하고, 손해발생에 따른 기타 금전적 급부를 지급하고 또는 위험과 관련된 용역을 제공할 것을 합의한 보험자들에게 그러한 위험을 전가시킴으로서 우연한 손해를 공동 분담하는 것을 의미한다.

함한 위험의 전가기법 중의 하나의 기법이다.

보험은 피보험자의 입장에서는 전가장치이지만 보험자의 입장에서는 보유 및 결합장치이다. 전가장치로서 보험의 특징은 위험의 결합(pooling of risks)을 내포하고 있다는 것이다. 즉 보험자는 많은 피보험자의 전가된 위험을 결합하고, 이러한 결합을 통하여 보험자는 잠재된 손해에 대한 예측능력을 향상시킨다.

2) 개별 경제주체의 측면

개인이나 가계, 기업 등 개별적인 경제주체의 측면에서 「보험은 개별 경제주체가 보험이 없는 경우 존재하였을 불확실한 큰 재정적 손해(피보험사고)를 확실한 적은 비용(보험료)으로 대체하는 경제적 장치(economic device)」라고 정의할 수 있다.

보험의 주요한 기능은 안전이라는 위험에 대한 대안의 창출이다. 보험은 개별 경제주체에 대하여 사건의 발생여부에 관한 불확실성을 감소시키지 않고 발생확률을 변경시키지도 않는다. 그러나 사건과 관련한 경제적 손해의 확률을 감소시킨다. 개별 경제주체의 입장에서, 주택에 관한 적절한 금액의 보험을 구매한 경우 그 주택이 화재에 의해 손상을 입은 사건과 관련된 금전적 손해에 관한 불확실성은 제거된다.

왜냐하면 기본적으로 보험은 손해배분(loss distribution)의 한 방법이기 때문이다. 즉 한 개인이나 기업 등 개별 경제주체에게는 파멸적인 막대한 손해가 될 수 있는 그러한 손해가 단체(보험자에 의해 결합된 위험단체)의 모든 구성원에게 공평한 방법으로 분산되고 이러한 기초를 바탕으로 보험이 존재한다.

3) 사회적 측면

전가를 통해 개인이나 기업 등의 위험을 제거하는 것에 추가하여, 보험은 불확실한 손해를 확실한 비용으로 대체함으로써 경제활동에서 위험의 총액을 감소시킨다. 그러한 확실한 비용은 대수의 법칙을 이용한 예측을 기초로 결정된다. 따라서 「사회적 측면에서 보험은 손해가 예측될 수 있도록 충분한 다수의 동질위험을 하나의 단체에 결합하는 과정을 통하여 위험을 감소시키고 제거하는 경제적 장치이다.」고 정의될 수 있다.[2)]

2) 이러한 관점에서 보험은 사회적 장치(social device)로서 ① 많은 개인들이 위험을 하나의 단체(보험단체)로 결합하고 ② 수리적으로 손해를 예측하며 ③ 손해를 보상하기 위하여 단체의 구성원들

보험은 손해를 방지하지 않고[3] 경제활동의 전반적인 손해의 비용을 감소시키는 것도 아니다. 사실상 보험은 손해를 야기하고 경제 전체에 대한 손해의 비용을 증가시키는 역효과를 가질 수 있다. 보험의 존재 때문에 도덕적 위험상황과 정신적 위험상황이 증가된다. 보험자로부터 보험금을 사취할 목적으로 손해가 고의로 발생되기도 하고, 보험계약의 존재로 인하여 보험계약이 없을 때보다 사람들은 부주의하거나 손해방지를 위해 노력하지 않을 수도 있다.

4) 법률적 측면

법률상 정의의 공통적인 특징은 보험을 하나의 기구(mechanism)라기 보다는 계약으로서 정의하고 있다는 것이다. 우리 상법 제638조(의의)는 「보험계약은 당사자 일방이 약정한 보험료를 지급하고 상대방이 재산 또는 생명이나 신체에 관하여 불확정한 사고가 생길 경우에 일정한 보험금액 기타의 급여를 지급할 것을 약정함으로써 효력이 생긴다.」고 규정하고 있다.

법률상 정의에는 보험자의 위험결합에 대하여 규정하지 않고 있다. 법률상 정의에 따르면 보험은 계약법의 한 분야이며, 보험계약은 모든 계약과 같이 계약당사자들의 권리와 그에 상응하는 의무를 부여하는 약정이다.

5) 미국위험보험학회의 정의

미국위험보험학회(American Risk and Insurance Association)의 보험용어위원회(Commission on Insurance Terminology)는 「보험은 우연한 손해에 대하여 피보험자에게 손해보상하거나, 그러한 손해의 발생에 관하여 기타 금전적인 급부를 제공하거나 또는 위험과 관련된 서비스를 제공하기로 약정한 보험자에게 그러한 위험의 전가에 의

이 분담한 기금을 사용하는 사회적 장치라고 정의될 수 있다. 또한 보험 메카니즘은 ① 개인과 조직체가 잠재적인(불확실한) 큰 손해에 대한 경제보장을 위하여 상대적으로 적은 확정 보험료의 교환을 통하여 그들 자신과 그들 상호간을 서로 돕는 사회적 장치이며 ② 위험에 노출된 개인이나 조직체의 하나의 큰 단체(a large group)를 포함하고 ③ 보험계약에 의해 입증되는 바와 같이, 피보험자가 되는 각각의 개인이나 조직체가 그 단체(전체 단체원)에 대하여 위험을 전가할 수 있도록 하며 ④ 손해에 대한 통계적 예측과 보험료의 계산을 통한 기금의 체계적인 축적을 포함하고, ⑤ 보험계약의 조건에 따라 손해를 보상한다.

3) 이것은 보험회사의 손해방지활동과는 별개의 문제이다. 많은 보험회사들은 손해의 감소를 위하여 노력하고 있지만, 그러한 손해방지활동은 보험원리의 운영의 일부라고 할 수 없기 때문이다.

한 우연한 손해의 결합이다」라고 정의하고 있다.

이 정의가 모든 보험학자에게 받아들여질 수 있는 정의는 아니지만 실제에 있어서 보험의 공통적인 요소를 분석하는데 유용하게 인용될 수 있다.4) 다음에서 검토되는 보험의 기본적인 성질도 이 정의를 기초로 하고 있다.

3. 보험의 기본 특성

미국위험보험학회의 정의를 기초로 보험은 다음과 같은 공통적인 요소 및 기본적인 특성을 가지고 있다.

① 손해의 결합(pooling of losses)
② 우연한 손해(fortuitous losses)
③ 위험의 전가(risk transfer)
④ 손해보상(indemnification)

1) 손해의 결합

(1) 손해의 결합(pooling)의 의미

손해의 결합 또는 분담은 보험의 핵심요소이다. 여기에서 결합(pooling) 또는 연합(combination)은 단체 구성원 중의 일부에게 발생되는 손해를 단체의 전체 구성원에게 분산하는 것이다. 그 분산과정에서 실제손해가 평균손해로 대제된다. 또한 결합은 미래의 손해에 대한 정확한 예측을 위해 대수의 법칙이 적용될 수 있도록 다수 동질의 손해노출단위들의 결합 또는 단체화(grouping)를 포함한다.

따라서 손해의 결합은 ① 단체의 전체 구성원에 의한 손해의 분담(sharing of losses)과 ② 대수의 법칙을 기초로 보다 정확한 미래 손해에 대한 예측을 의미한다.

4) 우리나라와 일본의 학자들은 상기 보험의 정의와 요소중에서 위험의 전가부분을 명시적 요건으로 표현하지 않고 있으나 그 본질은 대동소이한 다음과 같은 보험의 정의에 대하여 통일된 견해를 가지고 있다. 즉 보험이란 일정한 우연적 사건에 의해 발생한 경제적 필요를 충족하기 위해서 다수의 경제단위가 결합하여 합리적 계산을 기초로 공평한 자금을 부담하는 경제제도라고 정의되고 있다. 이 정의에는 ① 우연적 사고 ② 경제적 필요의 충족 ③ 다수 경제단위의 집합 ④ 공평한 자금부담 ⑤ 경제적 제도라는 다섯 가지의 기본적인 요소를 그 내용으로 하고 있다.

(2) 손해의 분담(loss sharing)

첫째 개념인 손해의 분담에 관하여는 전술한 보험의 기초개념에서 살펴본 바와 같이 앞의 예에서 손해의 결합에 의해서 손해가 단체의 전체 구성원에게 분산될 수 있으며, 매년 2채의 주택에 화재가 발생되는 것으로 예측된 경우 발생할 손해액 2억 원에 대하여 각 구성원들은 2,000원(2억원/100,000)을 분담한다. 여기에 각 구성원은 보험프로그램의 운영을 위한 사업비 및 이익을 위한 마진 등을 감안한 3,000원의 부과금(보험료)을 실제 분담한다.

이와 같이 손해의 결합(pooling) 기법을 통하여 단체의 전체 구성원의 입장에서 2억 원의 현실손해가 3,000원의 평균손해로 대체되고, 개별 구성원의 입장에서 1억 원의 불확실한 거액의 손해가 3,000원의 확실한 소액의 손해(비용)로 대체된다.

(3) 대수의 법칙(law of large numbers)과 미래의 손해 예측

손해의 분담에 추가하여 다수의 동질 위험의 손해경험치의 결합에 의해 보험자는 보다 정확하게 미래의 손해를 예측할 수 있다. 보험자의 입장에서 미래손해가 예측될 수 있으면 객관적 위험은 감소된다. 따라서 많은 종목의 보험에서 알 수 있는 또 하나의 특성은 대수의 법칙을 기초로 한 위험의 감소이다.

대수의 법칙(law of large numbers)이란 손해노출체의 수가 많으면 많을수록 실제의 결과는 무한한 수의 노출체로부터 발생할 것으로 기대되는 결과에 보다 가깝게 접근된다는 것을 의미한다. 예를 들어 동전을 공중에 던져서 앞면이 나올 연역적인 확률(a priori probability)은 0.5이다. 그러나 동전을 단지 10번만 던진다면 앞면이 8번 나올 수도 있다. 여기에서 관찰된 앞면이 나올 확률은 0.8이지만 실제 확률은 여전히 0.5이다. 그렇지만 동전을 100만 번 던지면 앞면이 나오는 실제 수는 대략 50만이 될 것이다.

이와 같이 무작위로 던지는 수가 증가함에 따라 실제 결과는 예상된 결과에 접근한다. 대수의 법칙은 위험의 수가 증가함에 따라 실제 결과가 예상한 결과에 접근할 가능성이 더욱 커진다는 것을 의미한다.

만약 충분한 다수의 동질 손해노출단위가 존재하면 과거의 실제 손해경험치가 미래 손해의 근사치가 될 수 있을 것이다. 그래서 보험자는 손해노출체(보험가입대상 위험)의 수가 증가함에 따라 미래손해를 보다 정확하게 예측할 수 있다.

2) 우연한 손해(fortuitous losses)

민영보험의 둘째 특성은 우연한 손해에 대하여 보험금을 지급한다는 것이다. 우연한 손해(fortuitous losses)는 예기치 않은 뜻밖의 손해를 의미하며 확률의 결과로서 발생한 손해를 말한다. 다시 말하면 손해는 우발적인 것이어야 한다. 대수의 법칙은 손해가 우발적이며 무작위로 발생한다는 전제를 기초로 하고 있다.

3) 위험의 전가(risk transfer)

위험의 전가는 보험의 또 하나의 필수적 요소이다. 여기에서 위험의 전가(risk transfer)는 손해의 결합에 의해 손해를 지불하는데 피보험자보다 재정적으로 유리한 지위에 있는 보험자에게 순수위험이 피보험자로부터 전가되는 것을 의미한다. 개별 경제주체의 입장에서 보험자에게 전형적으로 전가되는 순수위험은 불시의 조기 사망과 병약한 건강, 신체장애, 재산의 파괴와 도난 및 손해배상소송의 위험 등이다.

4) 손해보상(indemnification)

피보험자는 보험계약에서 약속한 손해가 발생한 경우 손해보상을 받는다. 손해보상(indemnification)이란 보험금의 지급 또는 손상을 입은 재산의 수선이나 대체에 의해 피해자에 대한 손해의 일부 또는 전부의 보상(compensation)을 의미한다. 손해보상은 보험계약의 기본원리로서 이의 실현을 위하여 피보험이익과 대위, 중복보험의 부담원칙 등의 부수 원리와 손해에 대한 실제 보상원칙 및 방법 등이 보험계약법이나 보험약관에 규정되어 있다.

제2절

보험가능위험의 이상적 요건

보험은 통상 순수위험만을 그 대상으로 하고 있다. 그러나 모든 순수위험이 보험으로 처리되는 것은 아니다. 이론적으로는 모든 위험을 보험으로 처리할 수 있지만, 실제에 있어서 일부 위험은 합리적인 가격으로 보험 처리할 수 없는 것도 있다. 실제적인 여러 이유 때문에 보험자는 보험청약자가 그들에게 전가하기를 원하는 모든 위험을 인수하려고 하지 않는다.

순수위험이 민영보험으로 처리되기 위해서는 몇 가지 요건(특성)이 먼저 충족되어야 한다. 그러한 특성들이 보험가능위험의 「이상적인」(ideal) 요건이다. 보험에 가입된 대부분의 위험들은 일반적으로 어떤 특성을 가지고 있는데, 이러한 특성을 보험가능위험의 「이상적인」(理想的) 요건으로 간주하는 것이다. 이들 요건을 모두 갖추는 것이 바람직하겠지만 이들 요건이 절대적인 것은 아니다.

여러 가지 보험과 위험관리 저서에서 논의되고 있는 이상적인 보험가능위험의 요건을 종합하면 다음과 같다.[5)]

① 다수 동질의 위험
② 손해노출체(위험)의 독립성
③ 우연한 손해(fortuitous loss)
④ 확정 및 평가 가능한 손해
⑤ 대재난(大災難)손해가 아닌 손해
⑥ 계산가능한 손해의 확률
⑦ 경제적으로 적합한 보험료

5) 보험가능위험의 요건은 보험자와 피보험자의 두 가지 측면의 요건으로 분류되기도 한다. 일곱 가지의 요건은 주로 보험자의 입장에서 충족되어야 할 이상적인 보험가능위험의 요건이며, 이 중에서 「경제적 적합성(economic feasibility)」의 요건을 피보험자의 입장에서 다음과 같이 보험가능위험으로 제시하고 있다: ① 잠재적 손해가 재정상 곤란을 초래할 만큼 심각한 것이어야 한다. ② 손해의 발생 확률이 지나치게 높지 않아야 한다.

1. 다수 동질의 손해노출체(위험)

보험가능위험의 첫째 조건은 다수 동질의 손해노출체(위험)들(large number of homogeneous exposure units)이 존재해야 한다는 것이다. 즉 동질의 다수 보험가입대상이 존재하여야 한다. 이것은 보험자가 대수의 법칙(the low of large numbers)을 기초로 손해를 보다 정확히 예측하기 위한 것이다.

손해를 발생 시키는 유사한 특성을 가진, 즉 손해의 발생빈도와 심도가 유사한 동질의(지나치게 이질적이지 않는) 손해노출체가 등급별로 단체화되고 그 등급 내에 충분한 다수의 손해노출체가 존재하는 경우에 보험자는 손해의 평균 빈도와 심도를 정확히 예측할 수 있다.

이질적인 손해노출체가 함께 포함되어 있는 경우에는 보험자가 손해의 빈도와 심도를 정확히 예측할 수 없다. 이러한 이유 때문에 목조 가옥과 공장, 교회, 학교, 기타 건물들이 하나의 등급에 포함되지 않는다.

한편, 인공위성 프로그램, 올림픽 게임, Charles황태자와 Diana와의 결혼식과 관련한 보험상품 및 생산물배상책임보험 등은 하나 또는 소수의 손해노출단위로서 이러한 요건을 파기하고 있다. 또한 소수의 손해노출단위들은 주로 판단요율산정(judgment rating)이나 경험요율산정(experience rating)에 의해 보험가격이 결정되어 보험자에 의해 인수되고 있다.

판단요율산정방법은 손해노출단위들이 너무 다양하여 등급요율이 산정될 수 없거나 이용할 수 있는 믿음만한 손해통계가 없는 경우에 사용된다. 여러 가지의 외항선박, 목적지 항구들, 운송화물 및 위험한 해역 등이 너무 다양하기 때문에 해상보험요율은 주로 언더라이터의 판단에 의해 결정된다. 경험요율산정은 실질요율산정방법 중의 하나로서 개별적인 피보험자의 과거(주로 과거 3개년) 손해율을 기초로 차기 보험기간에 대한 보험료를 결정하는 것이다. 이 방법은 일반적으로 보험료가 많은 대형물건에 사용되며 대부분의 특종보험에서 많이 이용되고 있다.

특히 컴퓨터 기술의 발달로 이러한 판단요율이나 경험요율산정방법의 적용을 가능하게 함으로써 이와 같이 소수의 동질위험 또는 다수의 이질위험들이 보험에 가입될 수 있으며, 손해노출집단들에 대한 보험자의 포트폴리오가 아주 충분하고 다양한 경우에는 여러 가지 독특한 위험들도 보험에 가입될 수 있다.

2. 손해노출체(위험)의 독립성

둘째 요건은 손해노출체들이 각각 손해에 독립적으로 노출되어야 한다는 것이다. 어떤 피보험자의 손해나 사고가 다른 피보험자들의 손해발생확률이나 그 손해의 심도에 영향을 미치지 않도록 손해노출체들이 독립적이어야 한다는 것이다. 이 요건 만으로는 보험을 가능하게 하는 것은 아니며, 대수의 법칙이 적용되지 않으면 독립성의 요건도 필요 없게 된다.

독립성(independence)의 요건이 구비되지 않는 경우 보험은 경제성을 잃게 되어 보험불가능위험이 될 수도 있다. 다시 말하면 손해의 의존관계에 기인한 대재난의 잠재력 때문에 보험보장이 너무 비싸게 되어 보험에 가입될 수 없게 된다. 따라서 독립성의 요건은 경제적으로 구매 가능한 보험료를 유지하는 범위 내에서 필수적일 것이다.

그러나 의존관계가(dependence)가 합리적으로 정확하게 측정될 수 있으면 적절한 보험가격이 부과된 보험보호가 제공될 수 있다. 실제에 있어서 양 당사자 사고에 대한 자동차보험 등 많은 보험이 종속적인 손해노출체에 대하여 팔리고 있다. 그러한 종속적인 노출체에 대한 보험보장을 제공하기 위해서는 의존관계의 예측가능성과 손해의 확률에 대한 제어 및 보험료의 경제성 등이 필수적이며, 이러한 보험계약에는 도덕적 위험을 방지할 수 있는 소손해공제액과 공동보험(coinsurance)과 같은 계약조항을 포함시켜야 한다.

3. 우연한 손해

셋째 요건은 손해가 우연한(fortuitous)것이어야 한다. 즉 손해는 우발적이고 비의도적(accidential and unintentional)이어야 하고 피보험자가 통제할 수 없는 것이어야 한다. 우연한 사고(contingency)의 결과로서 손해는 발생할 수 있거나 발생하지 않을 수도 있는 것이며 발생이 확실한 손해가 아니라는 것을 의미한다.

만약 장래 어떤 사건이 불가피한 것임을 아는 경우 보험자는 지급하여야 할 확실한 손해액에 사업비를 추가한 보험료를 부과하여야 한다. 따라서 감가상각이나 자연소모와 같은 확실한 손해와 고의적으로 일으킨 손해는 보험으로 처리될 수 없다. 여기에서 손해는 피보험자의 입장에서 우발적일 필요가 있다. 타인에 의해 고의적으로 초래된 손해도 피보험자의 입장에서는 우연한 손해이며 보험보호를 필요로 하기 때문이다.

이러한 요건이 필요한 이유는 다음과 같다. 첫째, 만약 고의적인 손해가 지급된다면 도덕적 위험상태(moral hazard)가 증가하고, 그 결과 보험료가 인상될 것이다. 보험료의 현저한 인상 결과는 상대적으로 소수의 사람들만 보험을 구매할 수 있게 되고, 보험자는 장래의 손해를 예측할 수 있는 충분한 다수의 동질 위험을 확보할 수 없게 된다.

둘째, 대수의 법칙이 무작위(無作爲)의 사건 발생을 기초로 하고 있으므로 손해는 우발적이어야 한다. 고의적인 손해는 그 손해가 언제 발생할 것인가를 피보험자가 알고 있기 때문에 무작위의 사건이 아니다. 장래의 손해는 과거의 손해경험통계를 기초로 예측되기 때문에 다수의 고의적인 손해 또는 무작위가 아닌 손해가 발생한다면 장래의 손해 예측은 매우 부정확하게 될 것이다.

셋째, 고의적인 손해가 보험 처리되는 경우 사기나 방화와 같은 행동(도덕적 위험)을 조장함으로써 공서양속(public policy)을 해칠 염려가 있기 때문에 피보험자에 의해 야기된 고의적인 손해는 통상적으로 보험 불가능하다.

4. 확정과 평가 가능한 손해

넷째 요건은 손해가 확정되고 평가될(determinable and measurable) 수 있어야 한다. 이것은 손해가 원인, 시간, 장소 및 금액에 관하여 한정적(definite as to cause, time, place, and amount)이어야 한다는 것을 의미한다. 이것은 손해사정문제를 최소화하고 정확한 손해예측을 가능하게 하기 위한 것이다.

손해가 발생한 경우 보험자는 손해(또는 사건)가 보험계약에 의해 보상되는 것인지 또는 보상된다면 보험자는 얼마를 지급하여야 하는 것인지를 결정하여야 한다. 손해의 원인이 무엇이고 손해가 언제 어디에서 발생하였는가에 관한 의문이 적으면 적을수록 손해정산과정에서 분쟁은 적게 발생한다. 그리고 보험계약에서 규정한 보상액에 대한 문제가 많으면 많을수록 분쟁과 불만 및 클레임정산비용은 더욱 더 많아질 것이다.

보험의 현안 문제 중의 하나가 직업병의 문제인데 그것은 직업병의 불분명한 성질 때문이다. 아직까지 확인되지 않은 직업병에 의한 장래의 손해를 어떻게 평가하고 직업병으로 인한 금전상의 손해액은 얼마인가, 손해 일부만 피보험위험에 기인한 클레임에 대하여는 얼마를 보상하여야 하는지 등 많은 문제들이 제기된다. 이들 위험의 보험 가능성은 손해의 평가가 애매하기 때문에 문제가 된다.

실제에 있어서는 손해액이 사전에 합의한 방법으로 쉽게 결정되는 경우 손해는 평가

될 수 있다. 장애소득보험(disability income insurance)에서 보험회사가 지급할 금액(예를 들어 매주 20만 원 등)을 보험증권에 명시함으로써 손해가 평가될 수 있으며, 예를 들어 장애발생 후 3주 후부터 급부금이 지급된다는 보험금지급대기기간(waiting period)을 보험증권에 삽입함으로써 손해를 보다 더 한정적으로 만들 수 있다.

평가할 수 없는 손해의 예로는 사람들이 어떤 재산(예를 들어 부모로부터 받은 금반지 등의 유품)에 첨가시킨 감정적 가치(sentimental value)가 있다. 보험가액은 실제 아주 적고 평가할 수 있으나, 감정적 가치는 주관적이며 평가하기 곤란하다. 따라서 감정적 가치는 보험가능위험이 아니지만 그 재산(금반지) 소유주와 보험자가 금액에 대해 사전에 상호합의하고 보험증권에 그것을 명시한 경우에는 보험가능위험이 된다.

5. 대재난손해가 아닌 손해

이상적인 보험가능위험의 여섯째 요건은 대재난손해(catastrophic loss)가 아니어야 한다는 것이다. 이것은 대부분 또는 모든 손해노출체들이 동시에 손해를 입지 않아야 한다는 것을 의미한다. 어떤 등급 내에 있는 대부분의 손해노출체가 동시에 손해를 입는다면 손해의 결합(pooling)과 분담(sharing)이라는 보험의 기본 원리가 작용할 수 없게 되기 때문이다.

대재난(大災難)손해가 발생한 경우 보험료가 감당할 수 없을 만큼 증가하고 소수의 피보험자가 입은 손해를 전체의 손해노출집단이 분담하는 보험기법이 더 이상 적용되지 못하게 된다. 보험회사는 비교적 소수의 피보험자들이 손해를 입고, 손해들이 서로 관련 없이 독립적으로 발생하며, 지급할 보험금이 비교적 정확히 예상되고 보험료 중에서 합리적인 일정 비율을 차지할 것이라는 가정 하에서 경영되고 있다.

보험자들은 모든 대재난 손해를 피하려고 하지만, 실제에 있어서 실업이나 홍수, 태풍, 지진 및 기타 자연적인 재난으로 인한 대재난손해는 피할 수 없는 경우가 있다. 심각한 불경기로 인한 실업의 폭증은 결과적으로 실업보상급부를 제공하는 보험회사를 도산하게 할 것이며, 따라서 실업이나 홍수와 같은 위험은 세금이나 정부보조금 등에 의해 운영되는 국영보험에 의해 보험가능하게 된다. 또한 민영보험에 있어서도 재보험과 손해노출체의 광범위한 지리적 분산을 통하여 위험의 집중을 피하고, 결과적으로 대재난손해의 가능성을 감소시킬 수 있다.

6. 계산가능한 손해의 확률

손해의 확률(chance of loss)이 계산될(calculable) 수 있어야 한다는 것이다. 즉 화폐가치로 예상손해를 계산할 수 있어야 한다. 보험자는 장래의 손해에 대한 평균 빈도와 평균 심도를 모두 어느 정도 정확히 계산할 수 있어야 한다. 이 요건은 보험기간 중의 모든 보험금과 사업비를 지불하고 이익을 실현할 수 있는 충분하고 적절한 보험료를 부과할 수 있기 위해서 필요하다.

보험요율은 장래의 예측을 기초로 하고 장래의 예측은 예상된 손해의 확률을 기초로 한다. 어떤 손해에 대한 확률은 주관적으로 결정될 수도 있지만 대부분의 손해확률은 과거의 경험통계를 기초로 객관적으로 계산되어야 한다. 어떤 종류의 손해는 손해확률이 정확히 측정될 수 없기 때문에 보험으로 처리하기가 어렵다. 예를 들면 홍수, 전쟁, 주기적 실업 등은 비정상적으로 발생하여 손해의 평균빈도와 심도에 대한 예측이 곤란하다.

과거의 경험통계를 기초로 한 확률은 장래에 발생할 손해에 영향을 미치는 요인들이 과거의 요인들과 유사할 것이라는 전제하에서 장래의 예측에 유용하게 사용된다. 그러한 전제가 성립되지 않으면 과거의 통계는 미래예측에 별 도움이 되지 않는다. 홍수나 전쟁 또는 실업 등의 위험은 예측 불가능한 기상이변(氣象異變), 새로운 전쟁무기의 개발, 사회경제환경의 급속한 변화 등으로 과거와 동일한 조건을 유지하지 않고 항상 변동하고 있다. 따라서 이들 손해들은 정부의 보조 없이는 민영보험에서 취급하기가 어렵다.

7. 경제적으로 적합한 보험료

마지막 요건은 보험료가 경제적으로 적합(economically feasible)하여야 한다는 것이다. 보험자의 입장에서는 시장성으로 말할 수 있다. 피보험자가 잠재적 손해의 처리비용, 즉 보험료를 지급할 수 있는 여력이 있어야 한다는 것이다. 보험이 피보험자에게 경제적으로 적합하기 위해서는 손해의 규모(심도)가 피보험자에게 중대한 것이어야 하고, 보험비용이 잠재적 손해에 비해서 적어야 한다.

따라서 보험은 잠재적 손해의 규모(심도)가 크고 손해의 확률(빈도)이 낮은 경우의 위험에 가장 적합하다. 왜냐하면 대형 손해(large losses)는 피보험자들이 보유할 수 없기 때문에 그들에게 중대하고, 대형 손해에 대한 낮은 확률(low probabilities)은 잠재적 손해와 비교하여 상대적으로 적은 보험료를 가능하게 만들기 때문이다.

실제에 있어서도 보험료가 손해금액에 비하여 상대적으로 크기 때문에 전통적으로 보험불가능위험으로 간주되던 위험들, 특히 준투기위험(quasi-speculative risk)에 관한 보험들이 많이 제공되고 있다. 일반적으로 심도가 크고 빈도가 낮은 위험이지만, 예를 들면 특정위험에 기인한 상실소득을 보호하는 기업휴지보험(business interruption insurance), 제품의 물질적인 손상과 관계없이 발생하는 손해를 피보험자에게 보상하는 상품취소보험(product recall insurance) 및 고객의 도산에 기인한 사업 손실(loss of business)을 보상하는 보험 등이 있다.

8. 피보험자의 측면

피보험자의 입장에서 보험가능위험의 주요한 요건은 다음과 같다.

① 잠재적 손해가 재정상 곤란을 초래할 만큼 심각한 것이어야 한다.

② 손해의 발생 확률이 지나치게 높지 않아야 한다.

피보험자의 입장에서 살펴본 상기 두 가지 요건은 경제성으로 요약될 수 있는데, 이것을 보험자의 입장에서는 시장성이라고 할 수 있다. 잠재적 손해의 처리비용, 즉 보험료가 경제적으로 적합(economically feasible)하여야 한다는 것을 의미한다.

1) 대형손해의 원칙

대형손해의 원칙(large-loss principle)은 비교적 소액의 손해를 보험에 가입하기 전에 먼저 잠재적으로 심각한 손해에 대하여 보험에 가입하여야 한다는 것이다. 그렇지 않으면 비경제적인 결과를 가져온다. 왜냐하면 소손해는 자주 발생하므로 보험에 의해 보상받기 위해서 비싼 비용을 지불해야 한다.

저축이나 현재의 소득으로 지불할 수 있는 규모의 손해에 대하여는, 위험의 처리방법으로 보험에 높은 우선순위를 주는 것은 지양하여야 한다. 잠재적 손해의 심도를 인식하지 못하고 대형손해의 원칙에 위배되는 예를 들면, 10만원의 자동차충돌손해에 대하여는 보험에 가입하고 있으면서도, 부양가족에게 1억 원 이상의 가액이 되는 가족운전자의 생명보험에는 가입하지 않는 경우이다.

2) 발생확률이 지나치게 높지 않는 손해

발생확률이 매우 높은 위험에 대하여 보험에 가입하지 않아야 한다. 왜냐하면 위험의 전가비용이 너무 비싸지는 경향이 있기 때문이다. 손해의 발생확률이 높으면 높을수록 보험료는 더욱 더 비싸지고, 궁극적으로는 보험자가 위험의 인수를 거절하거나, 아니면 보험료의 비용이 피보험자로서는 부담할 수 없을 만큼 고액이 된다.

대형손해의 원칙도 어떤 측면에서는 이와 같은 위험의 전가비용의 상대적 경제성을 강조하는 것이다. 한편, 시장성이라는 측면에서 이러한 경제적 실행가능성의 요건은 피보험자의 입장은 물론 보험자의 입장에서도 보험가능위험의 중요한 요건이 될 수 있다.

9. 보험가능위험의 범위 확장

이상적 보험가능위험의 상기 요건에 따르면 보험가능성(insurability)이 문제될 수 있는 위험들도 ① 특정 위험에 대한 보험상품을 제공해야 하는 공공의 중요성 ② 사회적 압력 ③ 머지않은 장래에 보험가능위험이 될 수 있는 기대 등의 이유로 보험에 의해 처리되고 있다.

이와 같이 보험가능위험은 항상 이상적(ideal)이거나 절대적(absolute)인 것이 아니며 보험가능성은 이들 요건의 종합적인 평가에 의해 해당 위험에 대한 보험가능의 질이 결정된다는 점에서 상대적 문제라고 할 수 있다. 특정 위험에 대한 평가는 보험자마다 다르기 때문에 어떤 보험자가 보험불가능위험으로 인수를 거절한 위험도 어느 보험자는 적극적으로 인수하기도 한다.

어떤 위험이 객관적으로 이상적인 보험가능위험의 특질을 갖추고 있는 경우에도 그 위험의 성질을 평가하는 보험자에 따라 보험불가능위험이 될 수도 있고 보험불가능위험도 보험자의 인수능력과 지불능력에 따라 보험가능위험이 될 수도 있다.

따라서 보험가능성의 여부는 어떤 위험의 특성보다도 그 위험에 대한 보험상품을 구매할 수 있는 피보험자의 능력(경제성), 즉 개인이나 기업의 위험관리과정에서 보험을 구매하려는 피보험자의 의사와 경제적 능력뿐만 아니라 그러한 보험상품을 제공하려는 보험자의 의사에 따라 좌우된다고 할 수 있다. 다시 말하면 보험가능성은 보험의 수요와 공급관계에 의해 결정된다고 할 수 있다.

결론적으로 보험가능성은 정태적 개념이 아니라 시대적 환경과 보험환경의 변화에 따라 그 범위가 제한되거나 확대되는 것으로, 현대적 보험경영기법의 도입과 보험통계의 전산화 및 재보험과 언더라이팅기술의 발달 등 오늘날의 보험환경 하에서 보험의 성립한계는 보험자와 피보험자의 합의에 의해 충분히 극복될 수 있고 보험자의 노력여하에 따라 보험가능위험의 범위는 계속 확장될 수 있다.

제3절
보험과 도박·투기와의 비교

1. 보험과 도박

보험은 흔히 도박과 잘못 혼동되고 있다. 보험과 도박(gambling)의 두 가지 중요한 차이점은 다음과 같다. 첫째, 도박은 이전에 존재하지 않았던 새로운 투기위험(speculative risk)을 만들어 내는 반면, 보험은 기존의 순수위험(pure risk)을 처리하기 위한 하나의 기법이다. 경마에 5만원을 걸면 새로운 투기위험이 생겨나지만, 화재보험을 위해 보험자에게 5만원을 지급한다면 이미 존재하고 있는 화재위험이 계약에 의해 보험자에게 전가된다.

둘째, 도박에서 승자는 패자의 비용에 의해 이득을 얻기 때문에 도박은 사회적으로 비생산적이다. 이에 반해 보험자와 피보험자는 어느 누구도 도박과 같은 승자와 패자의 입장에 있지 않기 때문에 보험은 언제나 사회적으로 생산적이다. 보험자나 피보험자는 손해의 예방 또는 손해의 불발생에 공동의 관심을 갖고 있다. 손해가 발생하지 않으면 양자는 모두 승자가 된다. 더욱이 도박거래는 패자를 이전의 재정 상태로 회복시켜 주지 않지만 보험은 손해가 발생한 경우 피보험자를 손해의 일부 또는 전부에 대하여 재정적으로 회복시켜 준다.

2. 보험과 투기

선물계약의 구입에 의해 투기자(speculator)에게 위험이 전가될 수 있는 헤징(hedging)의 개념에 대하여 제1장에서 살펴본 바 있다. 그러나 보험계약은 투기와 다르다. 보험과 투기의 양자는 계약에 의해 위험이 전가되고 새로운 위험이 초래되지 않는다는 점에서 유사하지만 다음과 같은 중요한 차이점이 있다.

첫째, 보험거래는 보험가능위험의 요건들이 일반적으로 충족되기 때문에 통상 보험가능한 위험의 전가를 의미한다. 그러나 투기(speculation)는 농산물과 원자재 가격의 상당한 하락에 대한 보호와 같은 전형적으로 보험 불가능한 위험을 처리하는 기법이다.

둘째, 보험은 대수의 법칙을 적용하여 보험자의 객관적인 위험을 감소시킬 수 있는 반면, 투기는 위험이 전가될 뿐 위험이 감소되지 않는다. 손해노출체의 수가 증가함에 따라 예상손해에 대한 실제손해의 상대적 편차가 감소하기 때문에 미래손해에 대한 보험자의 예측은 향상된다. 따라서 많은 보험거래는 객관적인 위험을 감소시킨다. 이에 반해 투기는 전형적으로 위험전가만을 포함하고, 위험감소와는 관계가 없다.

시장가격에 영향을 미치는 여러 요인들에 대한 중요한 정보와 지식을 가지고 이익을 얻을 수 있다고 생각하는 투기자에게 가격변동(원래의 위험보유자의 입장에서 불리한 가격상승 또는 가격하락)의 위험이 전가된다. 이 경우 위험이 감소되는 것은 아니다. 왜냐하면 투기자의 손해예측은 대수의 법칙에 의존하지 않고 상대적으로 소수의 거래만을 기초로 하기 때문이다.

제4절
보험의 사회 · 경제적 효용과 비용

1. 보험의 사회 · 경제적 효용

보험의 존재는 결과적으로 사회에 지대한 효용을 가져온다. 보험의 주요한 사회적 및 경제적 효용은 다음과 같다.

① 손해의 보상
② 불확실성의 감소 또는 걱정과 불안의 감소
③ 투자자금의 재원
④ 손해방지의 촉진
⑤ 신용의 증대

1) 손해의 보상

손해의 보상은 사회에 대한 중요한 효용이다. 손해의 보상을 통하여 개인들과 그 가족들은 손해가 발생하기 이전과 같은 재정적 지위로 회복될 수 있다. 그 결과 그들은 경제적 안정을 유지할 수 있다. 그들은 손해가 발생한 후 전부 또는 부분적으로 회복되기 때문에 정부의 보조나 생활보호를 받지 않아도 되고 사회복지시설이나 친척과 친구들에게 재정적 원조를 구할 필요가 없게 된다.

기업에 대한 손해보상도 결과적으로 사회에 지대한 효용을 가져온다. 손해가 발생한 후 손해보상을 통하여 기업은 사업을 계속할 수 있고 근로자에게는 그들의 일자리를 계속 유지시켜 준다. 공급업자는 그 기업에 자재나 제품 또는 기타 서비스를 계속 제공할 수 있고 고객들은 그들이 원하는 재화와 서비스를 계속 제공받을 수 있다. 정부나 지역사회는 그 과세의 기준이 붕괴되지 않음으로써 혜택을 보게 된다. 요약하면 손해보상기능은 가정과 기업의 안정에 크게 기여하며, 이 때문에 보험의 가장 중요한 사회·경제적 효용이기도 하다.

2) 불확실성의 감소 또는 걱정과 불안의 감소

보험의 둘째 효용은 각각의 개인이나 사회에 있어서 불확실성이 감소된다는 것이다. 불확실한 거액의 손해를 확실한 소액의 비용으로 대체시켜 주는 경제적 장치라고 보험을 정의한 바와 같이, 보험은 개별적으로 불확실한 손해의 결합(pooling or combination)을 통하여 대수의 법칙을 기초로 보다 정확히 미래의 손해를 예측함으로써 각 개인은 물론 단체의 전체 구성원(더 나아가 사회 전체)의 불확실성을 제거한다. 이와 같은 불확실성의 감소 결과로서 개인과 기업 등의 피보험자와 사회에는 다음의 이점이 있다.

첫째, 피보험위험과 관련한 피보험자의 불확실성을 제거함으로써, 보험은 그러한 위험과 관련된 걱정과 불안으로 인한 신체적 및 정신적 긴장을 제거한다. 이것은 손해의 발생 전·후에 모두 적용된다. 예를 들어 어느 가정의 가장이 적절한 보험금액의 생명보험에 가입하고 있으면 불시의 사망 시 부양가족의 재정상 안정에 대하여 걱정할 필요가 없고, 장기적인 신체장애에 대해 보험에 가입된 사람들은 심각한 질병이나 사고가 발생한 경우 그들의 소득 대체수단에 대하여 걱정하지 않아도 되며, 보험에 가입된 재산의 소유자들은 손해가 발생하면 보험금을 받는다는 것을 알고 있기 때문에 마음의 평화를 누릴 수 있다.

둘째, 보험이 개별적 불확실성과 사회적 불확실성을 모두 감소함으로써, 보험은 한 기업에서 뿐만 아니라 산업계와 사회에서 현재의 자본과 노동의 활용에 있어서 비효율성을 감소시킨다. 또한 불확실성의 감소는 잠재적 투자자들이 투자를 주저하지 않고 계획하는 기간이 장기화되며 신용이 보다 전반적으로 확대됨으로써 새로운 자본의 축적을 촉진할 것이다. 따라서 보험은 결과적으로 보다 더욱 근접한 최적의 생산과 가격수준 및 가격구조를 가능하게 한다. 저명한 Peter F. Drucker는 이에 관하여 「상업시대의 가장 위대한 업적 중의 하나는 많은 실체적 위험을 예측되고 그에 대비할 수 있는 어떤 것으로 전환한 것이다. 보험이 없으면 산업경제는 전혀 그 기능을 다할 수 없다고 말하는 것은 과장이 아니다」라고 보험의 중요성을 강조하였다.

3) 투자자금의 재원

보험의 또 하나의 중요한 사회·경제적 효용은 보험산업이 자본투자와 자본축적을 위한 자금의 중요한 재원이라는 것이다. 보험료는 손해가 발생하기 전에 선불로 수금된다. 이에 따라 곧바로 손해와 사업비를 지급할 필요가 없는 자금들이 기업에 대출될 수 있다. 이들 대출자금들은 미국의 경우 전형적으로 쇼핑센터, 병원, 새로운 공장, 주택개발사업, 새로운 기계와 설비에 투자되고 있다.

투자는 자본재의 사회적 축적을 증가시키며, 이에 따라 투자가 경제성장과 완전고용을 촉진하기도 한다. 더욱이, 보험료의 선 지불에 의해 대출자금의 총 공급이 증가되기 때문에 기업이 차입하는 자본 비용은 보험산업이 없는 경우보다 더욱 낮아진다.

4) 손해방지의 촉진

보험이 위험(손해노출상황)을 감소시키거나 발생하는 손해를 방지하는 것은 아니다. 즉 손해의 통제(예방과 감소)는 보험과는 별개인 위험처리방법이며, 보험개념의 고유한 영역에 속하지도 않는다.

그러나 현대에 있어서 보험산업은 직접・간접으로 손해의 통제활동에 참여하고 있다. 왜냐하면 개별 경제주체의 손해의 예방과 감소가 결과적으로 보험자의 손해(즉, 지급책임이 있는 보험금)를 감소시키기 때문이다. 보험회사는 우연한 손해의 결합을 위한 위험의 측정과 보험요율의 산정 및 손해사정 등을 통하여 축적된 전문적인 손해관련지식과 기술을 손해방지활동에 활용하고 있다.

실제 보험회사는 수많은 손해방지프로그램에 적극적으로 참여하고 있으며, 또한 보험계약의 언더라이팅조사를 통해 손해의 통제를 위한 자문과 조언 등 여러 가지 위험관리서비스를 제공하고 있다. 이를 위하여 보험회사들은 안전 기술자와 화재예방, 작업상의 안전과 건강, 생산물 배상책임 등의 전문가를 포함하여 매우 다양한 손해방지요원을 고용하고 있다.

현재 미국의 손해보험회사들이 적극적으로 참여하거나 지원하고 있는 손해방지사업과 활동의 예를 들면 다음과 같다.

① 고속도로의 안전과 자동차 사망의 감소
② 화재의 예방
③ 산업재해로 인한 신체장애의 감소
④ 자동차의 도난 방지
⑤ 방화 손해의 방지와 탐지
⑥ 이용자에게 피해를 야기할 결함있는 제품의 방지
⑦ 보일러의 폭발 방지

이와 같은 손해방지사업과 활동들은 직접손해와 간접 또는 결과손해를 모두 감소시키고, 이러한 손해의 감소를 통하여 사회는 혜택을 받는다.

한편, 보험회사는 보험요율체제와 언더라이팅을 통해 간접적으로 피보험자의 손해방지와 감소활동을 촉진한다. 보험자는 할인 또는 할증요율제도에 의해 피보험자의 손해예방과 감소활동을 유도하고 있다. 자동차보험의 경우 고율의 막대한 보험료 부담을 피하기 위해 음주운전이나 부주의한 운전을 삼가하게 되고, 화재보험의 경우 언더라이팅기준에 부합하거나 보험료의 할인 혜택을 받기 위해 방화벽이나 화재경보기 또는 자동소화장치(스프링클러)를 건물에 설치하거나 보험회사가 그 규격과 품질을 승인한 건축자재를 사용하기도 한다.

5) 신용의 증대

보험의 존재는 개인이나 기업 등 개별 경제주체의 신용을 증대시켜 준다. 이것은 보험의 둘째 효용인 불확실성의 감소에 기인되는 부수적 효용이라고도 할 수 있다. 보험이 차용자의 담보물건의 가치를 보증하거나 대부금이 상환된다는 보다 확실한 보증을 제공하기 때문에 보험은 차용자에게 보다 좋은 신용위험을 만들어 준다.

예를 들어 주택을 구입하는 경우 대출기관은 보통 담보대출금을 지급하기 전에 그 주택에 관한 재산보험(화재보험)을 요구한다. 저당권자가 조기에 사망한 경우 생명보험금으로 대출금을 완전히 갚을 수 있으며, 이에 따라 주택소유자는 보다 나은 신용위험을 갖게 된다.

2. 보험의 사회 · 경제적 비용

이상과 같이 보험산업의 존재로 인한 사회 · 경제적 효용이 많이 있지만 보험은 그에 따른 비용 없이는 존재할 수 없으며 보험의 그러한 사회적 비용을 인식하여야만 한다. 보험의 주요한 사회적 비용은 다음과 같다.

① 보험사업비용
② 도덕적 위험상황(사기의 클레임 또는 보험금의 과다 청구)
③ 정신적 위험상황

1) 보험사업비용

보험의 중요한 비용 중의 하나는 사업을 운영하는 비용, 즉 보험사업비용이다. 보험자들은 사회에 보험을 제공하면서 토지, 노동력, 자본, 기업 활동 등 불충분한 경제적 자원을 소비한다. 보험자는 대리점수수료와 모집수당 등의 보험모집비용, 손해조사비용과 손해사정비용, 일반운영비용, 제세공과금과 같은 비용들을 지출한다. 부과되는 보험료에는 손해를 지불하기 위한 순보험료에 이들 비용과 함께 비상위험과 보험자의 이익을 위한 합리적인 금액이 추가되어야 한다. 후자의 비용을 순보험료에 대하여 부가보험료라고 부른다.

우리나라 손해보험회사의 경우 보험종목에 따라 다르지만 예정사업비가 대부분 보험료의 25-35%를 차지하고 있으며, 미국의 경우 손해보험은 보험료의 약 23%, 생명보험은 약 15%를 계상하고 있다. 그 결과 사회의 총비용이 증가된다. 예를 들어 보험이 없는 작은 국가에서 매년 미화 1억 달러의 화재손해가 발생한다고 가정해보자. 그리고 이제 화재보험자가 화재보험을 제공하는 경우 비용부분의 부가보험료가 손해액의 35%라고 가정하면 이 국가의 총비용은 미화 1억 35백만 달러로 증가된다.

그러나 이러한 추가비용은 다음과 같은 이유로서 정당화될 수 있다.

첫째, 보험 때문에 객관적위험이 감소된다.

둘째, 보험자들이 여러 분야에서 다양한 손해방지활동을 수행하고 있으므로 사업비용이 항상 낭비적인 것은 아니다.

셋째, 보험산업은 많은 근로자에게 직업을 제공해 주고 있다. 우리나라의 경우 1997년 현재 손·생보업계에 약 87,000명(모집인과 대리점을 포함한 경우 약 600.000명)이 종사하고 있으며, 미국의 경우 생·손보업계에 약 2백만 명의 근로자가 종사하고 있다. 그러나 사회에 보험을 제공하는 과정에서 경제적 자원이 다 소모되기 때문에 실제적으로 경제적 비용이 지출된다.

2) 도덕적 위험상황의 초래

보험산업의 둘째 비용은 도덕적 위험상황(moral hazard)을 초래하는 것이다. 도덕적 위험상황은 어떤 자가 ① 고의로 손해를 야기하거나 ② 고의로 손해의 심도(규모)를 증대시킬 기회나 가능성을 증가시키는 상태를 말한다.

(1) 사기의 클레임

도덕적 위험상황은 모든 보험종목에 존재한다. 부정직한 사람이 고의로 손해를 일으키거나 또는 손해를 조작하여 보험금을 받기 위하여 보험자에게 클레임을 제기한다. 사기의 클레임(fraudulent claims)의 예로서는 보험금을 목적으로 생명보험에 가입된 피보험자의 살인, 화재보험에서 방화손해, 다이아몬드 반지나 밍크코트와 같은 값비싼 재산의 위장된 도난손해, 부정직한 전당포주인의 거짓된 강도사건에 의한 손해 등이 있다.

사기의 클레임을 보험자가 지급하면 결과적으로 모든 피보험자에게 보다 높은 보험요율이 적용되어 보다 많은 보험료가 부과된다. 또한 보험자는 부정직한 클레임을 적발하고 고발하는데 재정상의 비용을 지출한다. 유죄판결이 확정되어 투옥된 경우 사회가 그 불법 행위자를 부양하여야 한다. 요약하면, 보험의 존재는 고의적인 손해를 조장하여 사기 클레임을 초래한다. 이러한 사회적 비용은 사회에 직접 귀속된다.

(2) 부당한 보험금의 과다 청구

많은 클레임이 보험 때문에 부당하게 과다 청구된다. 피보험자에 의하여 손해가 고의적으로 초래되지는 않지만 보험금을 부당하게 과다 청구될 수 있다. 다시 말하면 클레임이 피보험자가 입은 실제 경제적 손해를 초과하는 경우를 말한다. 피보험자 또는 제3자가 보험을 악용하여 제기하는 과다 청구된 클레임(inflated claims)의 예를 들면 다음과 같다.

① 결과적으로 피보험자 또는 제3자가 부담하여야 할 손해를 보험제도를 통하여 다른 피보험자들에게 분산시키게 되는 보험계약에서 보상하기로 약정하지 않은 클레임 : 자동차보험(차량손해)증권에서 소손해공제액(deductible)에 해당되는 금액을 보상받기 위하여 손해액을 피보험자가 과장한 클레임 또는 자동차손상의 수리비에 자기부담의 자동차손상수리비를 첨가한 편승수리비에 관한 클레임, 피고(피보험자)측 과실이 없는 경우의 자동차손해배상책임의 클레임, 원고(제3자)의 변호사에 의해 그 피해자의 실제 경제적 손해를 초과하는 아주 높은 손해배상의 판결을 추구한 클레임.

② 신체장애를 입은 자가 보다 오랜 기간 동안 장애소득급부를 받기 위하여 꾀병을 부리거나 또는 치료를 위해 필요한 기간을 초과하여 병원에 입원한 결과의 클레임

③ 외과의사에 의한 수술이나 자동차정비공장에 의한 자동차수리와 같은 피보험자에게 제공된 서비스에 대하여 평소보다 높은 과다한 수수료나 비용을 부과하는 클레임

④ 오직 피고가 피보험자라는 이유 때문에 손해배상소송에서 보다 높은 손해배상액을 판결한 클레임

이와 같이 부당하게 과다 청구된 클레임은 보험의 중요한 사회적 비용으로 인식되어야 한다. 그 손해들이 보상되기 위해 보험료가 인상되어야 하고, 이에 따라 다른 재화나 서비스의 소비를 위하여 사용될 수 있는 가처분소득이 감소된다.

3) 정신적 위험상황

보험의 또 다른 관련비용은 정신적 위험상황(morale hazard)의 조장이다. 정신적 위험상황은 사람들이 의식적으로 손해를 일으키려고 하지 않지만, 보험이 없는 경우 기울였을 주의보다도 보험의 존재로 인하여 주의를 덜 기울이게 하는 상태를 의미한다. 이러한 정신적 위험상태, 즉 부주의 또는 태만에 의해 사회에서 손해발생의 기회나 가능성은 증가되고 그 결과 초래되는 손해는 사회에서 많은 자원을 낭비하게 되는 사회적 비용이다.

제5절

보험의 분류와 보험산업의 구조

여러 가지 분야의 보험은 크게 사(私)보험(민영보험)과 공(公)보험(넓은 의미의 공영보험)으로 분류될 수 있다. 우리나라에서는 사보험인 민영보험을 생명보험과 손해보험으로 구분하고 있으나, 일반적으로 생명보험과 건강보험(life and health insurance), 재산보험과 배상책임보험(property and liability insurance)으로 구분된다. 공보험은 사회보험(social insurance)과 기타 공보험(other government insurance)으로 구분된다.

1. 사보험(私保險)과 공보험(公保險)

기본적으로 보험의 중요한 구분은 사보험(private insurance)과 공보험 또는 정부보험(public or government insurance)이다. 사보험은 대부분이 손해의 가능성에 대한 보장수단으로서 개인들이 이용할 수 있는 임의보험으로 이루어진다. 임의보험은 보통 사기업에 의해 제공되지만 우체국예금보험과 같은 임의보험은 정부에 의해서도 제공되고 있다. 따라서 사보험의 특징은 보통 임의보험이며 위험의 전가가 통상적으로 계약에 의해 달성된다는 점이다.

보험제도의 운영주체 또는 보험업의 경영주체에 따른 분류로서 민영보험과 공영보험 또는 국영보험으로 구분하기도 한다.[6] 민영보험은 개인이나 기업 등의 사경제적인 입장에서 민간인에 의해 영위되는 보험으로서 영리보험과 상호보험(비영리보험)으로 구분된다. 민영보험을 영위하는 대표적인 형태는 주식회사, 개인보험업자, 상호회사 등이 있다. 이들이 경영하는 보험의 종류에는 생명보험과 손해보험이 있다.

공보험은 국가 또는 기타 공공단체가 사회정책이나 경제정책의 실현수단으로서 영위하는 보험을 말한다. 공보험은 다시 사회보험과 기타 정부에서 직접 운영하는 보험으로 구분하기도 하고 사회보험과 경제정책보험으로 구분하기도 한다. 사회보험(social insurance)은 사회정책적인 입장에서 실시하고 있는 보험으로서, 건강보험, 국민연금보험, 고용보험, 산업재해보상보험, 군인보험, 선원보험 등이 이에 해당된다. 경제정책보험은 산업의 보호・육성을 목적으로 경제정책적인 입장에서 실시되는 보험으로 대표적인 것은 수출보험, 농업보험, 삼림보험 등이다.

공보험은 국가에서 직접 운영하는 국영보험과 공공단체에 의해 운영되는 공영보험으로 구분하기도 한다. 우리 정부가 직접 운영하는 국영보험에는 우체국예금보험(우정사업본부)이 있다. 공영보험에는 수출보험공사에서 운영하는 수출보험, 사회보험으로서 건강보험과 국민연금보험, 산업재해보상보험, 고용보험이 있다

2. 인보험과 재산보험 및 배상책임보험

사보험은 보험자가 취급하는 순수위험의 종류에 따라 인보험과 재산보험 및 배상책임보험으로 분류된다. 인적위험(personal risk)과 관련 있는 보험은 인보험, 재산위험(property risk)과 관련 있는 보험은 재산보험, 배상책임위험(liability risk)과 관련 있는

6) 일반적으로 우리나라 보험정책당국에서 발간되는 참고자료에는 보험업법에 의해 허가를 받은 보험회사가 영위하는 보험을 민영보험, 사회정책적 목적에 따라 국가 또는 기타 공공단체에 의해 운영되는 보험을 모두 공영보험으로 총칭하고 있으며, 농협이나 기타 공제조합에서 영위하는 공제와 영리를 목적으로 정부(체신부)에서 운영하는 우체국예금보험 등을 유사보험으로 분류하고 있다.

보험은 배상책임보험이다.

미국에서는 일반적으로 인보험을 사람의 사망이나 고령의 위험과 질병이나 상해의 위험에 따른 생명보험(life insurance)과 건강보험(health insurance)으로 다시 구분하여, 민영보험 분야를 크게 ① 생명 및 건강보험, ② 재산 및 배상책임보험으로 분류하고 있다.

3. 인보험과 재산보험

순수위험의 종류에 따른 보험의 분류와 유사한 분류로서 위험이 발생하는 객체, 즉 보험의 목적(subject-matter insured)의 종류에 따라 인보험과 재산보험으로 분류된다.

인보험은 위험이 사람(人)에게 발생하는 보험으로서[7] 인적위험과 관련 있는 보험이 이에 해당된다. 즉 조기(早期)사망에 대한 사망보험과 고령위험에 대한 생존보험 및 이들을 혼합한 양노보험(생사혼합보험)을 포함하여 사람의 생사(生死)에 대한 생명보험, 질병보험과 상해보험을 포함한 건강보험은 민영보험으로서 인보험에 해당되고, 실업위험에 대한 실업보험 또는 고용보험과 건강위험에 대한 건강보험은 사회보험으로서 인보험에 해당된다.

재산보험은 우리나라와 일본의 일부 학자들에 의해 물보험(物保險)으로도 부르는데 위험이 재산에 발생하는 보험을 말한다. 여기에서 「재산」이란 경제적 가치가 있는 유형재산과 무형재산을 포함하며 부동산과 동산을 모두 포함한다. 이 분류에 의하면 배상책임보험이 재산보험에 해당되는데 배상책임위험으로 인한 손해배상금의 손해를 결과적으로 피보험자의 재산 또는 자산상의 손해로 간주하고 있다.

그러나 이와 같이 광의로 해석할 경우 상해보험이나 질병보험도 위험이 사람에 발생하는 인보험의 성격을 가지고 있는 반면, 결과적으로는 치료비라는 재산(또는 자산)에 발생하는 손해를 보상하는 재산보험의 성격을 가지고 있다고 말할 수 있다.

보험의 목적에 따라 보험을 분류할 경우 배상책임보험은 엄밀히 말하자면 재산보험뿐만 아니라 인보험에도 해당될 수 있다. 예를 들어 자동차배상책임보험이나 항공기배상책임보험 등은 재산보험에 해당되지만 의사나 변호사와 같은 전문직업인배상책임보험은 인보험에 해당된다. 따라서 보험의 목적을 기준으로 하는 것보다는 전술한 순수

7) 인보험계약은 사람의 생명 또는 신체에 관하여 보험사고가 생길 경우에 보험계약의 정하는 바에 따라 보험금액 기타의 급여를 할 것을 목적으로 하는 보험계약이다(상법 제727조).

위험의 종류를 기준으로 하는 보험의 분류가 실제에 있어서 유용한 분류라고 할 수 있다.

4. 임의보험과 강제보험

보험 가입에 대한 강제성 여부에 따른 분류로서 임의보험(voluntary insurance)과 강제보험(compulsory insurance)으로 구분된다. 임의보험은 개인이나 기업 등의 자유로운 의사결정에 따라 보험가입 여부가 좌우되는 보험을 의미하고, 보험가입이 강제되지 아니하는 보험이다. 임의보험은 보통 사기업에 의해 제공되지만 우체국예금보험과 같은 임의보험은 정부에 의해서도 제공된다.

강제보험은 국가나 기타 공공단체가 법령 등에 따라 국민 또는 특정한 계층의 국민들에게 보험가입의무를 부과하는 특정 보험을 말한다. 즉 강제보험은 법률상 보험가입이 강제되고, 보험자도 계약체결을 거절할 수 없는 보험이다. 임의보험에 있어서 보험관계는 계약당사자 간의 임의의 합의에 의해 성립되지만, 강제보험에 있어서는 법령의 규정에 따라 성립한다.

대부분의 민영보험은 임의보험이지만, 민영보험 중에서도 「자동차손해배상보장법」에 의해 자동차보유자가 보험가입의무를 지고 있는 자동차손해배상책임보험 및 「화재로 인한 재해보상과 보험가입에 관한 법률」에 따라 서울 등 전국의 5대도시에 소재하는 4층 이상 건물의 소유주가 가입할 의무가 있는 신체손해배상 특약부 화재보험은 강제보험이다. 대부분의 사회보험은 강제보험이며, 특정 범위의 사람에 대해서 국가나 특별법에 의해 해당보험의 가입이 강제되고 있다. 우리나라에서 법률에 의해 보험가입이 강제되고 있는 보험은 다음과 같다.

① 자동차손해배상책임보험(자동차손해배상보장법 제5조 및 21조)
② 신체손해배상 특약부 화재보험(화재로 인한 재해보상과 보험가입에 관한 법률 제5조)
③ 고압가스사업자의 손해배상책임보험(고압가스안전관리법 제25조)
④ 창고화재보험(창고업법 제17조)
⑤ 국제여행알선업자의 여행자배상책임보험(관광사업법 제14조의 3)
⑥ 항공보험(항공운송사업진흥법 제7조)

⑦ 원자력손해배상책임보험(원자력손해배상법 제5조 및 7조)
⑧ 산업재해보상보험(산업재해보상보험법 제6조)
⑨ 기타 당연적용피보험자의 건강보험(건강보험법 제7조), 적용대상자의 군인보험(군인보험법 제2조), 피보험자의 선원보험(선원보험법 제17조)

5. 영리보험과 비영리보험

보험은 보험업 목적의 영리성 여부, 즉 보험기관의 설립목적에 따라 영리보험과 비영리보험(非營利保險)으로 구분할 수 있다. 영리보험은 이윤추구를 목적으로 하는 보험으로서, 보험자가 보험의 인수를 영업으로 하는 보험이다. 영리보험의 대표적인 것은 금융위원회로부터 보험업의 허가를 받은 주식회사에서 영위하는 보험이다.

영리보험은 보험자가 보험계약자와 개별적으로 보험계약을 체결하여 보험을 인수한다. 따라서 보험자와 보험계약자 간에 보험계약관계가 존재하고, 보험계약자 상호간에는 법률적으로 아무런 관계없이 간접적으로 보험자를 통하여 보험단체를 구성하고 있다.

비영리보험은 보험기관의 설립 또는 경영목적이 이윤추구를 목적으로 하지 않고, 보험단체의 구성원(또는 회원)의 이익보호를 목적으로 하는 보험이다. 민영보험으로서는 상호보험회사(mutual insurance company)에서 영위하는 상호보험과 대부분의 공영보험이 이에 속한다.

우리나라의 경우 상호보험의 사업자는 금융위원회로부터 보험업의 허가를 받은 상호회사이며, 상호보험에 있어서는 회사의 사원이 보험계약자가 되어 사원관계와 보험관계가 동시에 존재하고 보험관계가 소멸하면 사원자격이 상실된다.

6. 원보험과 재보험

보험자에게 위험을 전가하는 자, 즉 보험에 가입하는 자가 개인이나 기업 등 일반경제주체인가 그들로부터 위험을 인수한 전문 보험자인가에 따라 원보험(原保險)과 재보험(再保險)으로 분류된다. 보험자가 개인이나 일반 기업으로부터 위험을 인수한 보험을 재보험과 비교하여 원보험(original or direct insurance)이라고 부르며 이때의 보험자를 원보험자라고 한다.

재보험(reinsurance)은 원보험자가 일반 보험계약자로부터 인수한 위험으로 인한 손해(즉, 지급 보험금)의 발생 가능한 위험의 일부를 타보험자 또는 전업 재보험자에게 전가하는 보험을 말한다. 원보험자로부터 위험을 인수한 보험자(타보험자 또는 전업재보험자)를 재보험자라고 한다.

따라서 원보험이 개인이나 일반 기업 등의 위험처리방법 중 위험전가수단의 하나인 반면, 재보험은 보험기업의 위험처리방법 중 위험전가수단이다. 이러한 의미에서 재보험은 일종의 기업보험에 해당되고, 손해보험의 재보험은 물론 인보험의 재보험도 재산보험(우리 보험계약법상 분류는 손해보험)에 해당된다.

7. 가계보험과 기업보험

보험에 가입하는 주체가 가계(家計)인가 기업인가의 기준에 따라 가계보험과 기업보험으로 분류된다. 가계보험은 개인이나 가정경제의 안정을 도모하기 위한 보험이며 기업보험은 기업의 생존과 안정을 위해 이용되는 보험이다. 즉 기업보험은 기업인이 기업경영에 따르는 위험에 대비하기 위하여 이용하는 보험이다.

한편, 보험료가 부담되는 원천을 기준으로 가계소득으로 부담되는 보험을 가계보험, 기업의 사업경비로 부담되는 보험을 기업보험으로 분류하기도 한다. 이와 같이 보험료의 원천에 따른 보험의 분류가 경제학적인 기본 분류라고 주장하는 견해도 있다. 이는 보험료와 생산비 및 생계비의 문제, 보험비용전가의 문제와 관련이 있기 때문이다.

가계보험에는 생명보험과 일반 주택이나 가재도구에 대한 화재보험 등이 있다. 가계보험의 거래에는 사적(私的) 자치의 원칙이 그대로 적용되지 아니하고 우리 상법상 보험계약자 불이익변경금지의 원칙과 같이 보험계약자 등의 이익보호를 위한 법적 배려가 요구되고 있다.

해상보험, 항공보험, 재보험 등이 기업보험에 해당된다. 기업보험의 거래에 있어서는 보험자와 보험계약자가 모두 기업인으로서 서로 대등한 지식과 재력을 가지고 자주적으로 계약을 체결할 수 있으므로 가계보험의 경우와 같이 특별히 피보험자의 이익보호에 대한 필요성이 요구되지 않는다.

생명보험은 주로 가계보험이지만 기업보험으로도 이용되고 손해보험은 대부분 기업보험이지만 가계보험 분야에도 점차 확대되고 있다. 이 분류는 기업보험이 대종을 이루고 있는 우리나라 손해보험 분야에서 보험보급의 확대와 보험의 대중화시책에 따라 가계보험시장의 확대문제와 관련하여 활용되고 있으며, 개인 사업에 필요한 보험을 가계성보험으로 부르며 가계보험에 포함하고 있다. 반면, 생명보험분야에서는 이러한 분류보다는 다음의 개인보험과 단체보험의 분류를 이용하고 있다.

8. 개인보험과 단체보험

이는 주로 생명보험에서 사용되는 분류로서, 피보험자의 수(數)와 계약체결 형태에 따라 개인보험과 단체보험으로 분류된다. 개인보험은 통상 피보험자 1인을 대상으로 하는 단생보험(單生保險)이 주종을 이루고 있으나, 배우자 또는 자녀를 동시에 보장하는 연생보험(連生保險) 및 가족전체를 보장하는 가족계약형태도 있다. 개인보험은 보험사고(피보험위험)의 종류에 따라 사망보험, 생존보험 및 양로보험(생사혼합보험)으로 구분된다.

단체보험은 다수의 피보험자를 일괄적으로 계약 체결하는 보험이다. 정확히 정의하면 단체보험은 공통되는 특정 성격을 가진 인적 집단을 일괄하여 단일보험계약으로 가입하는 민영보험이다. 여기에서 공통되는 특정 성격을 가진 인적 집단이란 단체보험의 기본적 요인이 되는 집단선택을 적용시킬 수 있도록 명확히 구별되는 사람의 집단을 말한다.

따라서 단체보험은 ① 집단계약과 ② 일괄계약이라는 두 가지 특성을 가지고 있다. 우리나라에서는 동일한 직장 또는 조합 등 단체에 소속된 5인 이상을 피보험단체로 하여 소속단체의 대표자를 보험계약자로 하여 계약을 체결하는 보험을 단체보험으로 분류하고 있다.

이와 유사한 분류로서 손해보험, 특히 우리 상법상 화재보험에서는 피보험자의 수가 아니고 보험의 목적의 단·복수를 기준으로 개별보험과 집합보험(集合保險)으로 구분되기도 한다. 개별보험이란 개개의 물건을 보험의 목적으로 하는 보험이고 집합보험은 집합된 물건을 일괄하여 보험의 목적으로 하는 보험이다.

집합보험은 어떤 집합된 특정 물건들을 일괄하여 보험의 목적으로 하는 특정집합보험(상법 제686조)과 집합된 물건을 일괄하여 보험의 목적으로 하고 그 목적에 속한 물건이 보험기간 중에 수시로 교체된 경우 보험사고의 발생 시에 현존한 물건을 보험의 목적에 포함된 것으로 하는 총괄집합보험(상법 제687조)으로 구분된다.

9. 보장성보험과 저축성보험

보험의 경제적 보장기능에 따라 보장성보험과 저축성보험으로 구분할 수 있다. 손해보험은 대부분 1년을 보험기간으로 위험만을 보장하는 보장성보험이지만 위험보장기능에 저축기능을 포함한 저축성보험인 장기손해보험도 있다. 개인이나 기업의 경제적 불안전에 대한 생명보험의 경제적 보장기능을 사망과 생존의 위험으로 분류하여 보장성보험과 저축성보험으로 구분된다.

특히 우리나라에서 근로소득 연말정산시 보장성보험의 보험료에만 국한하여 소득공제함으로써 이러한 분류가 더욱 중요하게 되었다. 우리 보험시장에서는 납입보험료보다 보험금 또는 만기환급금이 많은 경우를 저축성보험으로 분류하고 있다. 저축성보험을 금융기관의 저축상품과의 구별을 위하여 금융형 보험이라고도 한다.

10. 보험급부의 형태에 따른 분류

보험급부, 즉 보험금의 지급한도와 지급기준, 지급수단, 지급시기와 방법에 따라 손해보험과 정액보험, 금전보험과 현물보험, 일시금보험과 연금보험으로 분류된다.

1) 손해보험과 정액보험

손해보험은 보험사고로 인하여 발생한 실제 손해만을 평가하여 보상하는 보험이며 부정액보험이라고 할 수 있다. 정액보험은 보험사고가 발생한 경우 실제 손해를 평가함이 없이 보험계약체결시에 약정한 일정금액(보험금액)을 보험금으로 지급하는 보험이다.

생명보험이 정액보험의 대표적인 형태이지만 엄밀한 의미에서 이러한 분류는 정확한 분류라고 말할 수 없다. 왜냐하면 생명보험의 경우 궁극적으로 사망이나 생존(고령) 등 전손(全損)사고만 존재하며 초과보험이 아닌 손해보험의 경우에도 전손 시에 일정액인 보험금액을 지급하기 때문이다. 다만 분손(分損)의 경우에 보험금액의 한도 내에서 실제 손해액을 평가하여 지급하게 되는데, 분손은 손해보험에만 존재하고 생명보험에는 존재하지 않을 뿐이다.

한편, 상해보험과 질병보험은 경우에 따라 손해보험의 형태를 취하기도 하고 정액보험의 형태를 취하기도 한다. 즉 상해나 질병으로 인한 사망 시 보험증권에 정한 일정금액을 보험금으로 지급(정액보험)하며 치료 시에는 실제 지불된 치료비만을 보상(손해보험)하는 것이 보통이다.

또한 보험계약체결시 상해나 질병발생 시 실제 입원비나 치료비에 관계없이 1일 일정금액을 지급하기로 약정하기도 하고, 실제 병원에 지불된 입원비나 치료비를 보상하기로 약정하기도 한다. 따라서 상해보험과 질병보험은 정액보험과 손해보험의 형태를 모두 취하고 있으며 이러한 형태의 보험을 중간보험 또는 보험업법상 제3보험이라고 부른다.

따라서 이와 같은 분류보다는 손해를 평가하는 기준인 피보험이익의 평가시기에 따른 미(未)평가보험과 기(旣)평가보험의 분류가 정확한 분류라고 할 수 있다. 미평가보험은 손해발생 시 법률상 보험자의 최고보상한도인 보험가액(즉 피보험이익의 경제적 환산 가치) 및 손해액을 평가하여 보상하는 보험이다. 기평가보험은 보험계약체결 시 보험가액을 평가하여 계약당사가가 합의한 경우 손해보험이든 생명보험이든 전손사고 발생 시 그 협정보험가액을 보상하는 보험이다. 그리고 생명보험은 기평가보험의 일종이라고 할 수 있다.

2) 금전보험과 현물보험

보험급부의 지급수단에 따라 금전보험과 현물보험으로 구분된다. 금전보험은 금전으로 보험금을 지급하는 보험으로, 생명보험 및 화재보험이나 해상보험 등 손해보험이 이에 해당된다.

현물보험은 금전 이외의 수단으로서 현물로서 급부하는 보험으로, 사회보험의 의료급부 또는 손상을 입은 유리와 동일한 성질의 유리로 보상하는 손해보험 중 유리보험 등이 있다.

3) 일시금보험과 연금보험

보험금 또는 급부금의 지급시기와 방법에 따라 일시금보험과 연금보험으로 구분된다. 일시금보험은 보험금을 손해발생 시 또는 약정기일에 1회에 한하여 일시금(一時金)으로 지급하는 보험으로, 대부분의 민영보험이 이에 해당된다.

연금보험은 보험급부를 일시금으로 지급하지 않고 일정기간에 걸쳐 매년 분할하여 지급하는 보험으로, 생활유지와 생활안정을 위해 지급되는 사회보험 중 국민복지연금, 기업연금보험 및 개인연금보험 등이 있다.

11. 연간보험과 단기보험 및 장기보험

보험기간의 장단(長短)에 따른 분류로서, 보험료의 납부방법, 책임준비금의 계산, 보험자산의 운용 등 보험기술상의 관점에서 중요한 의미를 갖는다. 연간보험(annual policy)은 보험기간이 1년인 보험으로 대부분의 손해보험이 이에 해당된다. 단기보험(short-term policy)은 보험기간이 1년 미만인 보험으로 여행자상해보험, 농작물보험 등 특별한 손해보험에서 이용된다.

장기보험(long-term policy)은 보험기간이 2년 이상인 보험을 말하지만 보통 3년 이상의 장기손해보험과 모든 생명보험이 이에 해당된다. 생명보험은 다시 보험기간에 따라 일정기간을 보험기간으로 하는 정기보험과 사망할 때까지를 보험기간으로 하는 종신보험으로 구분된다.

12. 인보험과 손해보험

우리 상법은 보험을 크게 손해보험과 인보험으로 분류하고 있다. 손해보험은 보험자가 보험사고로 인하여 생길 피보험자의 재산상의 손해를 보상할 책임이 있는 보험이다(상법 제665조). 우리 상법은 손해보험으로 화재보험, 운송보험, 해상보험, 책임보험, 자동차보험을 규정하고 있다.

인보험은 생명 또는 신체에 관하여 보험사고가 생길 경우에 보험계약의 정하는 바에 따라 보험금액 기타의 급여를 할 책임이 있는 보험이다(상법 제727조). 우리 상법은 인보험으로 생명보험과 상해보험을 규정하고 있다.

인보험 중에서 생명보험을 제외하고 상해보험, 질병보험 및 신체장애소득보험 등은 보험사고로 인하여 발생한 피보험자의 손해, 즉 피보험자가 지출한 치료비나 입원비 또는 휴업손실액 등을 보상하는 손해보험의 성질을 가지고 있으므로 손해보험과 인보험의 분류는 타당하다고 할 수 없다.

또한 사람(人)과 「재산」이 아닌 「손해」는 대칭되는 개념도 아니다. 손해보험이나 재산보험도 엄밀한 의미에서 재산 자체를 보호하는 것이 아니라 특정 개인이 재산에 대하여 가지고 있는 경제적 이해관계인 피보험이익을 보호하는 인적계약이다. 생명보험도 생명 자체를 보호하는 것이 아니라 부양가족이 피보험자(家長)의 생명에 대하여 가지고 있는 경제적 이해관계인 피보험이익의 상실손해를 보상하는 손해보험이라고 할 수 있다.

제6절 보험의 역사

1. 고대사회의 보험

1) 고대의 보험유사제도

인류의 생활은 고대로부터 여러 가지 자연적인 재해에 의해 위협을 받아왔으며, 이를 극복하기 위해 고대의 인간들은 대부분 종교에 의지하였다. 또한 고대사회는 혈연을 중심으로 한 부족사회로서 그러한 공동사회를 기반으로 서로의 생활보장을 강구하였다.

그러나 인간이 자연생활에서 탈피하여 사회질서가 정비되고 국가체제가 확립됨에 따라 자연적인 재해뿐만 아니라 인위적 및 사회적 사건에 의해 인간의 생활이 불안정해지고 각종 불안에 직면하게 하였다. 이에 종교에만 의존하지 않고 우연적 사건에 대비하여 스스로 단결하고 서로 협력하여 경제적으로 위험을 방지하거나 감소하기 위한 방법을 취하였다. 그러한 방법이 다수인이 서로 단결하여 상호구제하고 보상하는 고대의 보험유사제도이다.

고대 보험의 기원에 대하여는 신뢰할만한 기록이 부족하여 학자들 간에 이론(異論)이 있지만 역사적 기록 중에서 근대적 보험과 유사한 것으로 인정될 수 있는 보험의 기원을 살펴보기로 한다.

2) 함무라비시대의 바빌론상인과 대상(隊商)의 고용계약

B.C.2500년경 바빌론(Babylon)시대에 국왕은 승려나 법관 또는 촌장 등을 관리자로 임명하여 주민으로부터 부금을 징수하여 화재 또는 기타 천재에 의한 손해를 구제하였다고 한다.

그러나 보다 근대적 보험과 유사한 것은 B.C.2250년경 제정된 함무라비(Hammurabi) 법전에 기록되어 있는 바와 같은 바빌론 왕 함무라비시대에 대상(隊商)의 도난 등의 손해에 대하여 상인들이 사용한 제도이다. 이 제도가 최초의 재산보험이라고 할 수 있다.

바빌론 왕 함무라비시대에 바빌론상인(금융업자)은 대상과 고용계약을 체결하고 돈과 상품을 맡겨 장거리교역을 보내면서 대상의 처자를 인질로 잡기도 하고 대상의 재산을 담보로 하였다. 장기간의 여행에서 무사히 돌아오면 이윤을 분배(일반적으로 50%씩 균등배분)하였으나 강도나 도적을 만나 금품을 약탈당하는 경우 대상들은 그들의 담보물을 빼앗기고 그들의 처자는 노예로 팔리거나 가진 학대를 당하였다.

이에 대해 대상들의 불만이 고조되어 상인들은 보험과 유사한 방법을 도입하여 대상들의 고의나 과실로 인한 도난이 아니고 강도 등의 불가항력적인 원인으로 도난이 발생한 경우 대상들이 상인에게 맡긴 담보물을 빼앗지 않겠다고 약속하였다. 즉 위험이 대상들로부터 상인(금융업자)에게 전가되었다고 할 수 있다.

3) 모험대차제도

이러한 제도는 페니키아(Phoenicia)와 고대의 다른 국가로 전파되어 모든 종류의 해상사업에도 적용되었다. 그리고 이와 유사한 위험전가방법이 고대 그리스(Greece)에서 생성되었다.

그리스의 금융업자는 선주에게 항해를 떠날 때 자금을 제공할 경우 선박이나 화물을 담보로 하였다. 처음에 일반적으로 체결되었던 선박을 담보로 하는 대차계약을 모험대차계약(bottomry contract)이라고 부르며, 이와 같은 대차계약이 해상국가에서 널리 이용됨에 따라 선박 뿐 아니라 선박에 적재된 화물을 담보로 하는 대차계약, 즉 화물대차계약이 체결되었다.

이러한 모험대차계약에서 금융업자는 선박이나 화물이 항해도중 해난 등으로 무사히 돌아오지 못한 경우 채무자에 대한 채무 일체가 면제되도록 약정하였다. 금융업자는 사실상 대출금에 대해 선박이나 화물을 보험으로 인수한 것과 마찬가지였다.

그리스의 금융업자는 위험이 적은 항해 사업에 필요한 대출금에 부과하는 이자율보다도 위험이 많은 항해사업의 대출금에 보다 높은 이자율을 부과하였다. 모험대차에 의해 부과되는 이자에는 통상적인 이자율과 위험에 대한 부과금이 포함되었다. 위험에 대한 부과금을 보험료(premium)라고 불렀는데, 지금도 보험거래에 있어서 경제적인 약인(約因)을 나타내는 용어로서 사용되고 있다.

이와 같이 해상사업과 관련한 모험대차계약(冒險貸借契約)을 해상대차계약이라고도 하며, 계약증서를 모험대차증서(bottomry bond or respondentia bond)라고 한다. 또한 B.C.1000년경 이스라엘의 솔로몬(Solomon)왕은 그 국민들의 해상교역에 과세하여 해난을 당한 자에게 구제하였다고 한다.

4) 고대 그리스와 로마의 생명보험유사제도

근대적인 생명 및 건강보험과 유사한 제도가 고대 그리스와 로마에서 시행되었다. 그리스에서는 종교단체가 단체의 구성원으로부터 기금을 모아서 장례서비스를 보장하였으며, 이러한 제도가 장례보험(burial insurance)의 최초의 형태라고 할 수 있다.

고대 로마에서는 그리스와 달리 그 적용범위를 단체구성원에 국한하지 않고 일반 대중에게 확대한 생명보험과 유사한 제도를 채용하였다. 경우에 따라서는 군인들과 같은 특별한 단체에 대하여 사망, 신체장애 및 연금에 대한 보장범위가 도입되었다.

2. 근대적 보험의 성립

중세기의 각종 동업조합(trade association) 또는 길드(guild)는 그들의 구성원들로부터 정기적인 회비를 납부 받아 기금을 운영하는 보험제도를 확립함으로써 보험의 발전에 기여하였다. 길드는 화재, 선박의 파손, 도난 및 홍수에 기인한 손해 등 다양한 손해에 대한 급부금을 지급하였다. 길드제도는 또한 오늘날 건강보험회사에서 제공하는 것과 유사한 건강급부금을 제공하였고, 실명과 질병 및 고령위험으로 인한 손해가 보상되었다.

중세 길드의 특징은 고대 그리스의 경우와 달리 종교적 색체가 전혀 없었고, 현재의 면책규정과 같은 여러 가지 제한규정이 도입되었다. 즉 길드의 회원이 고의로 자신의 가옥에 방화한 경우 보상금을 받지 못하였다.

현대적 의미의 「보험」이란 용어가 처음으로 사용된 것은 14세기 초로 알려져 있다. 플랜더스(Flanders)의 한 역사책(Chronyk ran Vlaedern)에는 「브르즈 주민(住民)의 요청에 의해 플랜더스의 군주는 1310년에 그 도시의 상인들이 약정한 비율의 금액을 지급함으로써 해상위험(risks of the sea) 등에 노출된 화물을 보험가입(insure)할 수 있도록 이 마을에 보험회사무소(Chamber of Assurance)의 설립을 허가하였다」는 기록이 남아 있다고 한다.

이러한 기록에 의하면 이때부터 보험업에 대한 정부의 허가(규제)가 이루어졌으며, 그 당시의 「보험회사무소」가 정부의 사업허가를 받은 최초의 보험회사라고 할 수 있다.

3. 해상보험

1) 최고(最古)의 해상보험증권

현대적 보험 분야에서 가장 오래된 것으로 알려진 해상보험은 13세기 중에 이탈리아에서 시작되었던 것 같다. 그러나 14세기 초까지는 모험대차증서의 형태를 취하였고 오늘날과 같은 보험증권에 의한 해상보험은 14세기 후반에 시행된 것으로 나타나고 있다.

근대적인 보험증권으로서 현재까지 발견된 가장 오래된 것은 1379년 피사(Pisa)보험증권이다. 이 증권은 금속화물을 보험의 목적으로 적재선박이 피사노(Pisano)항구 등을 출발할 때부터 마르시글라(Marsigla)에서 양륙할 때까지 「신의, 바다의, 사람의 모든 위험」을 피보험위험으로 규정하였으며 끝에 보험자가 증권기재사항을 이행할 것을 약속하고 서명하였다.

2) 언더라이터의 등장

지중해를 중심으로 발전한 해상보험은 롬바드(Lombard)상인을 통하여 유럽대륙의 여러 나라와 영국으로 전파되었다. 초기 해상보험은 보험회사가 아닌 개인들에 의해 인수되었다. 선박이나 화물에 대한 보험보호를 희망하는 선주 또는 상인은 선박, 적재화물, 그 목적지 및 기타 관련정보를 기술한 청약서 또는 슬립(slip: 보험중개사이 작성한 청약서)을 작성하여 보험자(개인)에게 제출하였다.

제시된 위험의 일정 비율을 인수하기로 약정한 개인들은 위험과 계약조건이 기술된 아래에 그들의 성명을 적었다. 이와 같이 계약서 「아래에 서명한」(writing under) 관습으로부터 「언더라이터」(underwriter)라는 용어가 유래되었으며, 「언더라이터」라는 말은 위험을 선택하고 거절하는 사람으로서 의미를 갖게 되었다.

3) 영국의 「로이즈」(Lloyd's) 및 보험회사의 설립

보험계약을 필요로 하는 선주들과 언더라이터단체를 형성한 개인들은 편리하게 만날 수 있는 장소로서 런던의 다방(coffee house)를 찾게 되었다. 1652년 영국에 커피가 처음 도입되고 개업한 다방 중에서 에드워드 로이드(Edward Lloyd)가 경영하던 다방이 만나는 장소로서 가장 많이 이용되었다.

그것은 경영주인 로이드가 보험계약과 관련하여 이용할 수 있는 종이와 팬을 제공하였을 뿐만 아니라 해운에 관한 정보를 제공하는 「로이즈 뉴스」(Lloyd' News)라는 신문을 발행하였기 때문이었다. 「로이즈」(Lloyd's)가 정확히 언제 시작되었는지는 알려지지 않고 있지만, 1688년 초에 존재하고 있었다는 기록은 남아 있다. 이와 같은 「로이즈」가 오늘날과 같은 「런던의 로이즈」(Lloyd's of London)로 발전하였다.

그 후 영국에서는 1720년 죠지(George)왕의 허가를 받아 법인조직의 보험회사인 Royal Exchange Assurance Corporation과 London Assurance Corporation이 설립되었다. 이들 회사는 1825년 Alliance Marine Insurance Campany와 Indemnity Marine Assurance Company가 설립되기까지 1세기에 가까운 기간중 「로이즈」와 함께 독점권을 행사하였다. 그 후 이들 회사는 해상보험은 물론 화재보험과 생명보험도 인수할 수 있게 되었다.

4) 기타 국가의 해상보험회사 설립

이 기간 중 프랑스에서는 1668년에 처음으로 해상보험회사가 파리에 설립되어 개인 언더라이터들과 경쟁하게 되었다. 특히 프랑스의 나폴레옹법전(Napoleon Code)의 일부인 상법전(商法典: Code de Commerce)에는 해상보험의 규정을 포함하여 근대 입법의 모법(母法)으로서 유럽 각국에 영향을 미치게 되었다.

미국에서는 식민지시대는 물론 독립된 이후에도 오랫동안 대부분의 보험이 영국의 보험자에 의해 인수되었다. 식민지시대 미국의 중소해상보험자들이 보험업을 영위하였으나, 대부분 자본의 부족으로 고전을 면치 못하였다. 그러나 1792년 필라델피아에 설립된 Insurance Company of North America(ICNA)의 사업성공으로 1800년까지 30개 이상의 보험회사가 설립되고, 미국상선의 선복량의 증가에 따라 해상보험도 발전하게 되었다.

일본에서는 1881년 동경해상보험회사의 설립을 시작으로 구미국가에 비해 해상보험이 늦게 도입되었으나, 해운국가로서 지위를 구축하면서 해상보험도 많은 발전을 하였다.

4. 화재보험

중세의 유럽에서 성행한 길드(guild)는 화재, 도난, 풍수해(風水害), 기타 재해로 인한 손해를 구제하였는데, 그중에서는 전적으로 화재로 인한 손해의 보상을 목적으로 하는 길드도 있었다[8].

그러나 근대적인 화재보험은 1666년 런던의 대화재(大火災)를 계기로 영국에서 발달하였다고 보는 것이 통설이다. 런던의 대화재는 1666년 9월 2일 영국왕실의 전속 빵공장에서 화재가 발생하여 5일 동안 런던시내 가옥의 85퍼센트 이상이 소실되는 대사건이었다.[9]

런던의 대화재 직후 재건축 및 경제적 복구를 위한 해결책에 많은 사람들의 관심이 고조되었다. 그중에서도 의사이며 건축업자인 니콜라스 바본(Nicholas Barbon)은 보험

8) 이에는 1284년에 설립한 영국 루드로우(Ludlow)의 파머스길드(Guild of the Parmers)가 있었으며, 15세기에 들어와 독일북부의 쉴래스비크-홀스타인(Schleswig-Holstein)지방에 발달한 화재길드(Brandguild)는 화재에 대한 재산의 보호를 목적으로 하는 공제조합이었다. 이 지방의 화재공제조합은 그후 독일 각지에 전파되어, 그중에서도 함부르크(Hamburg)시(市)의 양조업자가 1591년에 설립한 화재조합(Feuerkontrakt)은 화재보험의 유사시설로서 특히 유명하다. 함부르크시에 화재가 빈발함에 따라 1676년에 46개의 조합을 합병하여 제너랄포이에르카제(Generalfeuerkasse)를 설립하고 함부르크시가 관리한 바 있는데, 이것이 공영화재보험의 효시이다. 독일의 학자들은 홀스타인(Holstein)과 함부르크(Hamburg)의 화재조합이 화재보험의 시초로서 화재보험이 처음 독일에서 발달하였다고 주장하고 있다. 그러나 독일의 화재조합은 화재보험의 유사제도에 불과하고, 근대적인 화재보험은 영국에서 발달하였다는 것이 통설이다.

9) 이 화재로 13,200호의 가옥과 436에이커(acre)의 면적이 소실되고, 1,200만파운드(found)의 손해와 20만명 이상의 이재민이 발생하였다고 한다.

제도를 착안하여 1667년 런던에서 일반주택과 상용건물의 화재로 인한 재정적 손실을 보상하는 개인 사무실을 개설하고 화재보험업을 시작하였다. 그의 사무실은 1680년 합자회사인 「화재사무실」(Fire Office)로 개편하였다.

이의 성공에 힘입어 근대 상호화재보험의 효시라고 할 수 있는 우애조합(友愛組合: Friendly Society)이라는 상호조직의 화재보험조합이 1683년 설립되었고, 1696년에는 Amicable Contributor for Insurance from Loss by Fire가 상호조직의 화재보험회사로 설립되어 1706년 Hand-in-Hand로 개칭하였다.

그리고 소화기(消火器)의 발명가로 유명한 Charles Povey가 1710년 Company of London Insurer(후에 Sun Fire Office라고 개칭함)를 설립하였다. 이 회사는 근대 화재보험회사의 효시라고 할 수 있는데, 1726년 유한책임회사에서 주식회사조직으로 변경하여 Sun Insurance Office라고 개칭하였으며 오늘날까지 존속하고 있다. 또한 1720년 해상보험업허가를 얻어 설립된 Royal Exchange Assurance Corporation와 London Assurance Corporation은 1721년과 1722년 화재보험업을 개시하여 화재보험의 발달에 기여하였다[10].

한편, 1829년에는 에딘버러에 소재한 화재보험자들이 협회(Association of Managers of Fire Insurance Office)를 구성하여 일부 물건에 대하여 화재보험요율을 협정하였다. 이를 계기로 1868년 Fire Offices Committee(FOC), 1869년 Fire Offices Committee(Foreign)(FOC Foreign)이 설립되어 화재보험약관과 협정요율을 제정하였고, 오늘날에도 활동을 계속하고 있다.

5. 생명보험

1) 최초의 생명보험회사 설립

고대 그리스와 로마의 장례조합에서 시작된 원시적 형태의 생명보험은 중세 길드를 거쳐 16세기 영국에서 근대적 의미의 생명보험이 도입되었다. 지금까지 발견된 생명보험증권 중에서 가장 오래된 것은 1583년 6월 18일자 개인해상보험업자인 마틴(Richard

10) 영국에서는 1909년 보험회사법(Assurance Companies Act)이 제정되기 전에는 보험회사의 설립이 자유로와서 1861년부터 1911년까지 567개 화재보험회사가 설립되었으나 실제 화재보험업을 영위한 회사는 170개 회사였다고 한다.

Martin)이 동료업자 16인과 함께 기본스(William Gybbons)를 피보험자로 공동 인수한 보험증권이다[11].

핼리혜성의 발견자로서 유명한 천문학자인 핼리(Edmund Halley)가 1687-1691년 5년 동안의 영국 Breslau시(市)의 사망기록에 의해 1693년 작성한 사망표(mortality table)를 기초로 1698년에는 Mercers Company가 최초로 설립되었다. 1706년 3월 하틀리(John Hartly)에 의해 설립된 Amicable Society for a Perpetual Assurance는 1866년 노르비히(Norwich)생명보험회사와 합병하기까지 160년간 사업을 계속하였다. 1720년에 설립된 Royal Exchange Assurance Corporation과 London Assurance Corporation도 1721년부터 생명보험업을 영위하였다.

2) 현대적인 생명보험회사의 등장

그러나 이때까지의 생명보험은 사망률이나 합리적인 보험기술을 기초로 하지 않았으며, 현대적인 의미의 생명보험업을 영위한 최초의 생명보험회사는 1762년 심프슨(Thomas Simpson)과 닷슨(James Dodson)에 의해 설립된 상호조직의 Society for the Equitable Assurance of Lives and Survivorships로서 Old Equitable로 알려져 있다.

심프슨은 핼리의 연구를 기초로 사망률의 증가에 따라 단계적으로 체증하는 보험요율표를 작성하였고, 이어서 닷슨은 가입자의 연령에 따라 생명보험료에 차등을 두는 연령별 평균보험료 방식의 생명보험업에 대한 계획을 1756년 발표하였다. 그 결과 1762년 9월 17일자로 합리적인 보험기술을 기초로 하는 최초의 상기 생명보험회사가 설립되었다.

이에 영향 받아 우애조합(Friendly Society)도 그 운영방법을 개선하였고, Equitable에 이어 설립된 Perican보험회사의 보험업 성공으로 1806년 London Life, Provident, Rock 등 많은 생명보험회사들이 설립되었다.

3) 몬테스 피에타티스의 최초 생존보험 영위

한편, 15세기말 이탈리아에서는 구제사업을 목적으로 하는 일종의 자선금융기관으

11) 1583년 이전에도 생명보험계약이 체결되었는데, 대부금에 대한 채권보전을 위해 채권자가 보험계약자 및 보험금수익자가 되고 채무자를 피보험자로 하는 타인의 생명보험(정기보험)이 대부분이었고, 그 당시 해상보험계약의 문언을 원용하여 개인보험업자에 의해 인수되었다.

로서 몬테스 피에타티스(Montes Pietatis)가 오늘날 생존보험과 유사한 사업을 시작하였다. 이 기관의 주요 목적은 유태인의 고금리대금업에 대항하여 일반서민에게 값싼 이자로 자금을 융자하는 것이었다.

이 제도는 처음에 기부형식으로 대부자금을 유치하였으나 불충분하여 자금유치방안으로서 예금자를 모으고 그 예금에 대해 처음 일정기간동안 매년 무이자로 정액을 불입하게 한 다음, 예금기간이 종료된 때에는 일시금으로 예금액의 몇배(10배까지) 지급하지만, 예금자가 기간내에 사망한 경우 원리금을 반환하지 않는 일종의 생존보험의 유사제도였다.

4) 프랑스정부의 톤틴연금(Tontine Annuity)

몬테스 피에타티스의 발달에 따라 생명보험의 발달에 영향을 미친 것은 연금제도의 도입이다. 프랑스에서는 정부에 의해 1689년 톤틴연금(Tontine Annuity)이 실시되었다. 이 연금제도는 당시 프랑스에 거주하던 이탈리아 나폴리의 은행가(일설에는 의사라고도 함)인 톤티(Lorenzo Tonti)에 의해 고안된 일종의 연금으로서 프랑스의 루이14세시대의 재정적자를 해소하고 정부재정자금을 확보하기 위해 제안된 공채모집방법이다.

많은 출자를 유도하는 방법으로서 특수한 이윤배분방법이 고안되었는데, 가입자의 연령에 따라 분류된 그룹의 생존자에게 매년 이자가 지급되고 생존자에게 같은 그룹내 사망자의 이자수취권이 귀속되었다.

따라서 그룹 내 생존자가 적을수록 이자 수취금액은 많아지고, 그룹 내 최종 생존자는 해당 그룹에 할당된 이자 전액을 수취하였으며, 최종 생존자가 사망하면 이자의 지급이 중지되고 공채의 원금은 국가에 귀속되었다. 이러한 톤틴연금은 1770년에 단순한 종신연금으로 전환되었다.

6. 특종보험

최초의 특종보험(casualty insurance)의 형태는 상해보험(accident insurance)이었으며 상해보험을 판매한 최초의 회사는 철도여행자에 대한 보험상품을 판매하기 위하여 1848년 영국의회의 허가를 받은 Railroad Passenger Assurance Corpoation of London이다. 1859년에 영국에서 이용되는 철도상해보험증권에 흥미를 느낀 Connecticut주

Hartford의 James C. Batterson는 그것과 유사한 형태의 보험을 미국의 여행자에게 판매하는 회사를 설립하기로 결정하였다. 그가 설립한 Travelers Insurance Company는 1864년에 첫째 보험증권을 발급하였다.

미국에서 보일러의 폭발로 인한 손해에 대한 보험상품을 판매하는 Hartford Steam Boiler Inspection and Insurance Company가 1866년에 설립되었다. 1876년에 보증회사가 신원보증보험(fidelity bond)을 판매하기 시작하였고, 1886년에는 배상책임보험이 판매되었다. 배상책임보험 중에서 제일 처음 도입된 것은 종업원에 대한 고용주의 배상책임보험이었으며, 많은 주(州)에서 제정한 고용주배상책임법에 의해 배상책임보험의 판매가 촉진되었다.

1889년에 이르러 보험자들은 엘리베이터 및 기타 일반대중의 배상책임위험상황에 대한 배상책임보험을 인수하기 시작하였다. 미국에서 최초의 자동차배상책임보험증권은 1898년에 발행되었고, 자동차의 차량손해를 보상하는 최초의 보험증권은 1899년에 발행되었다. 그후 1910년 뉴욕주의 근로자재해보상법(workers' compensation law)이 제정됨에 따라 근로자재해보상보험(workers' compensation insurance)이 판매되었다.

요약정리

1. 위험관리자의 입장에서 보험은 타인에 대한 위험의 전가에 해당되는 위험처리방법 중의 하나이다. 보험제도의 가장 기초적인 관점에서 두 가지의 특성은 다음과 같다.
   ① 하나의 개별 경제주체로부터 단체로의 위험의 전가
   ② 그 단체의 모든 구성원에 의한 손해의 공평한 분담

2. 보험에도 보편화된 유일한 정의는 없다. 전형적인 보험제도는 다음과 같은 네 가지의 요소를 포함하고 있다.
   ① 손해의 결합(pooling of losses): 소수의 손해가 보험단체에 분산되고 실제손해가 평균손해로 대체되는 것을 의미한다.
   ② 우연한 손해(fortuitous losses): 예기치 않은 뜻밖의 손해로서 확률의 결과로서 발생한 손해를 말한다.
   ③ 위험의 전가(risk transfer): 보험자에 대한 순수위험의 전가를 의미한다.
   ④ 손해보상(indemnification): 보험자에 의한 보험금의 지급, 수선 또는 대체에 의하여 피해자에 대한 손해의 일부 또는 전부가 복구되는 것을 의미한다.

3. 대수의 법칙(law of large numbers)이란 손해노출체의 수가 증가함에 따라 실제 결과가 예상한 결과에 접근할 가능성이 더욱 커진다는 것을 의미한다. 대수의 법칙은 보험자로 하여금 장래의 손해를 어느 정도 정확하게 측정할 수 있도록 한다.

4. 보험가능위험의 이상적인 요건은 다음과 같다.
   ① 다수 동질의 손해노출체의 존재
   ② 손해노출체들의 독립성
   ③ 우연한 손해
   ④ 확정 및 평가 가능한 손해
   ⑤ 대재난(大災難)손해가 아닌 손해
   ⑥ 계산가능한 손해의 확률
   ⑦ 경제적으로 적합한 보험료

   인적위험, 재산위험 및 배상책임위험들은 보험가능위험의 요건들이 전반적으로 충족될 수 있기 때문에 민영보험으로 처리될 수 있다. 그러나 시장위험, 재무위험, 생산위험 및 정치적 위험들은 이들 요건을 충족시킬 수 없기 때문에 대체로 민영보험에 의해 처리될 수 없다.

5. 보험은 도박(gambling)과 다르다. 도박은 새로운 투기위험을 만들어 내지만, 보험은 기존의 순수위험을 처리하기 위한 기법이다. 도박은 승자의 이득이 패자의 비용으로 얻어지기 때문에 도박은 사회적으로 비생산적인 반면, 손해가 발생하지 않으면 보험자와 피보험자가 모두 승자가 되므로 보험은 언제나 사회적으로 생산적이다.

6. 보험은 투기와 다르다. 보험과 투기는 계약에 의해 위험이 전가되고 새로운 위험이 초래되지 않는다는 점에서 유사하지만, 보험은 순수위험(보험가능위험)의 전가를 의미하는 반면 투기(speculation)는 투기적 위험(보험불가능위험)의 전가라는 점에서 다르다. 또한 보험은 대수의 법칙을 적용하여 보험자의 객관적인 위험을 감소시킬 수 있지만, 투기는 전형적으로 위험전가만을 포함하고, 위험감소와는 관계가 없다.

7. 보험의 주요한 사회・경제적 효용은 다음과 같다.
   ① 손해의 보상
   ② 불확실성의 감소 또는 걱정과 불안의 감소
   ③ 투자자금의 재원
   ④ 손해방지의 촉진
   ⑤ 신용의 증대

8. 보험의 주요한 사회적 비용은 다음과 같다.
   ① 보험업비용
   ② 도덕적 위험상황(사기의 클레임 또는 보험금의 과다 청구)
   ③ 정신적 위험상황

9. 보험의 중요한 구분은 사보험(private insurance)과 공보험 또는 정부보험(public or government insurance)이다. 사보험은 보험자가 취급하는 순수위험의 종류에 따라 인보험과 재산보험 및 배상책임보험으로 분류된다. 일반적으로 민영보험분야를 크게 ① 생명 및 건강보험 ② 재산 및 배상책임보험으로 구분하고, 공보험은 사회보험과 기타 공보험으로 구분하고 있다.

10. 기타 보험의 분류는 다음과 같다.
   ① 위험이 발생하는 객체, 즉 보험의 목적에 따라 인보험과 재산보험
   ② 보험가입에 대한 강제성 여부에 따라 임의보험과 강제보험
   ③ 보험기관의 설립목적에 따라 영리보험과 비영리보험(非營利保險)
   ④ 보험에 가입하는 자가 개인이나 기업 등 일반 경제주체 또는 전문 보험자이냐에 따라 원보험(原保險)과 재보험(再保險)
   ⑤ 보험에 가입하는 주체가 가계(家計) 또는 기업이냐에 따라 가계보험과 기업보험
   ⑥ 피보험자의 수(數)와 계약체결 형태에 따라 개인보험과 단체보험
   ⑦ 보험의 경제적 보장기능에 따라 보장성보험과 저축성보험
   ⑧ 보험급부의 형태를 기준으로 보험금의 지급한도와 지급기준에 따라 손해보험과 정액보험, 지급수단에 따라 금전보험과 현물보험, 지급시기와 방법에 따라 일시금보험과 연금보험
   ⑨ 보험기간의 장단(長短)에 따라 연간보험과 단기보험 및 장기보험.

11. 우리 상법은 보험을 크게 손해보험과 인보험으로 분류하고 있다. 손해보험은 보험자가 보험사고로 인하여 생길 피보험자의 재산상의 손해를 보상할 책임이 있는 보험으로, 화재보험, 운송보험, 해상

보험, 책임보험, 자동차보험을 규정하고 있다. 인보험은 생명 또는 신체에 관하여 보험사고가 생길 경우에 보험계약의 정하는 바에 따라 보험금액 기타의 급여를 할 책임이 있는 보험으로, 생명보험과 상해보험을 규정하고 있다.

12. 근대적 보험과 유사한 것은 B.C.2250년경 제정된 함무라비(Hammurabi)법전에 기록되어 있는 바와 같은 바빌론왕 함무라비 시대에 대상(隊商)의 도난 등의 손해에 대하여 상인들이 사용한 제도이다. 이 제도가 최초의 재산보험이다. 함무라비법전에 기록된 제도와 유사한 위험전가방법이 고대 그리스에서 생성된 모험대차제도이다. 이를 해상대차계약이라고도 하며, 보험의 기원으로 통설이다.

13. 일정 비율을 인수하기로 약정한 개인들은 위험과 계약조건이 기술된 계약서 아래에 그들의 성명을 적었다. 이와 같이 계약서 「아래에 서명한」(writing under) 관습으로부터 「언더라이터」(underwriter)라는 용어가 유래되었으며, 「언더라이터」라는 말은 위험을 선택하고 거절하는 사람으로서 의미를 갖게 되었다.

14. 에드워드 로이드(Edward Lloyd)가 경영하던 커피하우스가 오늘날과 같은 「런던의 로이즈」(Lloyd's of London)로 발전하였다.

15. 근대적인 화재보험은 1666년 런던의 대화재(大火災)를 계기로 영국에서 발달하였다. 런던의 대화재 직후 재건축 및 경제적 복구를 위한 해결책에 많은 사람들의 관심이 고조되어, 의사이며 건축업자인 니콜라스 바본(Nicholas Barbon)은 보험제도를 착안하여 1667년 개인 사무실을 개설하고 화재보험업을 시작하였다. 이 사무실은 1680년 합자회사인 「화재사무실」(Fire Office)로 개편하였다.

16. 사망률이나 합리적인 보험기술을 기초로 한 현대적 의미의 생명보험 사업을 영위한 최초의 생명보험회사는 1762년 심프슨(Thomas Simpson)과 닷슨(James Dodson)에 의해 설립된 Old Equitable로 알려진 상호조직이다.

17. 오늘날 생존보험과 유사한 사업은 15세기 말 이탈리아에서 일종의 자선금융기관으로서 몬테스 피에타티스(Montes Pietatis)가 최초로 시작하였다.

18. 최초로 도입된 연금제도 프랑스정부에 의해 1689년 실시된 톤틴연금(Tontine Annuity)이며, 프랑스의 루이14세시대의 정부재정자금을 확보하기 위해 많은 출자를 유도하는 방법으로서 가입자의 연령에 따라 분류된 그룹의 생존자에게 매년 이자가 지급되고 생존자에게 그룹내 사망자의 이자수취권이 귀속되었다. 톤틴연금은 1770년에 종신연금으로 전환되었다.

19. 최초의 특종보험(casualty insurance)은 상해보험(accident insurance)이었으며, 미국에서는 보일러의 폭발로 인한 손해에 대한 보험상품을 판매하는 회사가 1866년에 설립되었다.

주요 개념과 용어

1. 손해의 결합(pooling of losses)
2. 우연한 손해(fortuitous losses)
3. 위험의 전가(risk transfer)
4. 손해보상(indemnification)
5. 대수의 법칙(law of large numbers)
6. 이상적 보험가능위험
7. 경제적 적합성(economic feasibility)
8. 대형손해의 원칙
9. 역선택(adverse selection)
10. 언더라이팅(underwriting)
11. 보험의 사회적 효용
12. 보험의 사회적 비용
13. 사기의 클레임(fraudulent claims)
14. 과다 청구된 클레임(inflated claims)
15. 사보험(private insurance)
16. 공보험(public or government insurance)
17. 사회보험(social insurance)
18. 국영보험과 공영보험
19. 생명보험(life insurance)
20. 건강보험(health insurance)
21. 재산보험(property insurance)
22. 배상책임보험(liability insurance)
23. 임의보험(voluntary insurance)
24. 강제보험(compulsory insurance)
25. 상호보험(mutual insurance)
26. 원보험(original or dircct insurance)
27.. 재보험(reinsurance)
28. 가계보험과 기업보험
29. 개인보험과 단체보험
30. 보장성보험과 저축성보험
31. 손해보험과 정액보험
32. 금전보험과 현물보험
33. 일시금보험과 연금보험
34. 연간보험과 단기보험 및 장기보험
35. 인보험과 손해보험
36. 손해보험(non-life insurance)
37. 모험대차계약(bottomry contract)
38. 화물대차계약(respondentia contract)
39. 보험료(premium)
40. 길드(guild)
41. 언더라이터(underwriter)
42. 슬립(slip)
43. 로이즈」(Lloyd's)
44. 1666년 런던의 대화재 (Great Fire of London)
45. 핼리(Edmund Halley)
46. 심프슨(Thomas Simpson)
47. 닷슨(James Dodson)
48. 톤틴연금(Tontine Annuity)
49. 몬테스 피에타티스(Montes Pietatis)

복습문제

1. 보험의 기초개념과 보험의 주요한 정의를 설명하시오.

2. 전형적인 보험제도의 기본적인 특성을 설명하시오.

3. 결합(pooling)기법이 보험에 필수적인 이유는 무엇입니까?

4. 대수의 법칙을 설명하고, 장래의 손해를 측정하기 위해서 대수의 법칙이 보험자에 의해 어떻게 사용될 수 있는지 설명하시오.

5. 보험가능위험의 이상적인 요건을 설명하시오.

6. 피보험자의 입장에서 보험가능위험의 주요한 요건은 무엇입니까?

7. 효과적인 보험제도의 운영을 위해 역선택 문제를 극복해야 하는 이유는 무엇입니까?

8. 보험이 도박 및 투기와 다른 점을 제시하시오.

9. 보험의 사회적 효용과 비용에 대하여 설명하시오.

10. 사보험(private insurance)과 공보험(public insurance)은 어떻게 다르고 그 특징은 무엇인가?

11. 보험자가 취급하는 순수위험의 종류에 따라 사보험을 분류하고 각각의 보험상품을 예시하시오.

12. 임의보험(voluntary insurance)과 강제보험(compulsory insurance)의 분류기준과 그 특징을 설명하고 우리나라의 강제보험을 예시하시오.

13. 원보험과 재보험을 비교 설명하시오.

14. 가계보험과 기업보험, 개인보험과 단체보험의 구분은 어떻게 다르고 각각 어떻게 분류되는가?

15. 보험계약자에게 있어서 보험의 경제적 보장기능에 따른 보장성보험과 저축성보험의 구분은 어떤 경우에 유용하게 사용되는가?

16. 보험급부의 형태, 즉 보험금의 지급한도와 지급기준, 지급수단, 지급시기와 방법에 따라 보험은 어떻게 분류되는가?

17. 보험기간의 장단(長短)에 따라 보험이 어떻게 분류되고 어떤 관점에서 중요한 의미를 갖는가?

18. 우리 상법상 손해보험과 인보험의 분류가 타당하지 못한 이유는 무엇인가?

19. 역사적 기록 중에서 근대적 보험과 유사한 것으로 인정될 수 있는 보험의 기원을 설명하시오.

20. 보험료(premium)라는 용어의 유래를 설명하시오.

21. 로이즈」(Lloyd's)에 대하여 약술하시오.

22. 1666년 런던의 대화재(Great Fire of London, 1666)와 화재보험의 발달과의 관계를 설명하시오.

23. 핼리(Edmund Halley)와 심프슨(Thomas Simpson) 및 닷슨(James Dodson)이 생명보험의 발달에 기여한 업적은 무엇입니까?

24. 연금보험의 효시라고 할 수 있는 몬테스 피에타티스(Montes Pietatis)와 톤틴연금(Tontine Annuity)을 설명하시오?

제4장 정부의 규제·감독과 보험정책

학습목표

제4장을 학습한 후 다음 질문에 명확히 대답할 수 있어야 한다.

1. 보험회사가 정부의 규제·감독을 받는 이유를 설명하라.
2. 보험규제에서 지불능력(solvency)이 가장 중요한 이유를 설명하라.
3. 보험회사를 규제·감독하는 방법과 대상에 대해 설명하라.
4. 미국의 전형적인 요율감독제도의 유형을 설명하라.
5. 리스크기준 자본금제도(Risk-Based Capital)의 정의, 목적, 단계별 규제조치에 대하여 기술하라.
6. 보험업법의 목적과 성격을 기술하라.
7. 보험업의 허가와 보험종목별 자본금 또는 기금을 설명하라.
8. 보험모집에 관한 규제감독에 대하여 기술하라.
9. 자산운용의 방법과 그 비율에 대하여 기술하라.
10. 보험회사의 감독사항 중에서 재무건전성과 보험요율의 산정원칙 및 금융위원회의 명령권에 대해 설명하라.

보험에 가입하는 것은 장래 보험사고가 발생하면 보험자가 보험금을 지급하겠다는 미래의 약속을 구매하는 것이다. 보험자의 약속을 믿고 보험을 구매한 보험가입자가 큰 손해를 입은 경우 그 약속이 지켜지지 않는다면 어떤 결과가 초래될까? 보험회사에 대한 정부의 규제와 감독이 필요하고, 특히 보험회사의 지불능력에 대한 감독이 중요한 이유가 여기에 있다.

이 장에서는 보험회사에 대한 정부의 규제·감독 이유, 감독방법, 감독대상, 규제완화와 재규제 문제를 살펴보고, 미국 보험회사의 주요 파산요인과 지불능력 유지를 위한 재무규제 및 리스크기준 자본금제도 등 미국의 보험규제·감독제도에 대해 설명한 다음, 보험업법을 중심으로 우리나라의 보험규제 및 감독제도에 대해 설명하고자 한다.

제1절

보험회사에 대한 정부의 규제 · 감독

1. 정부의 규제 · 감독이 필요한 보험상품의 특성

일반적인 유형상품과 달리 특별히 정부의 규제 · 감독이 필요한 보험상품의 특성은 다음과 같다.

첫째, 보험은 사전에(선불로) 보험료를 지불하고 장래에 보험금을 받으며, 보험수익자는 타인을 위한 계약의 경우 보험계약자와 전혀 다르고 보험계약이 체결될 때에 자기 이익을 보호할 수 있는 지위에 있지 않다.

둘째, 보험은 비전문가들이 이해하기 어려운 복잡한 보험약관에 의해 계약이 체결되고 보험자가 일방적으로 작성한 보험약관에 의해 불공정한 이득을 취득할 수 있다.

셋째, 보험료가 합의될 때에 보험의 원가를 정확히 산정하기 어려운 예상가격이기 때문에 정부의 규제 · 감독이 없는 경우 보험자는 경쟁을 위해 지나치게 낮은 보험료를 부과하여 결과적으로 지불불능이 되거나 부당한 수익을 위해 지나치게 높은 보험료를 부과할 위험이 있다.

넷째, 부적절한 계약규정의 삽입, 실제 보장하지 않으면서도 급부를 제공하는 것으로 오도하는 계약의 체결, 적법한 보험금의 지급 거절, 보험계약준비금 등 보험자산의 부적절한 투자, 거짓 광고 등 보험산업의 남용을 통제하기 위해 보험은 정부의 규제 · 감독이 필요하다.

2. 정부의 규제 · 감독 이유

정부에 의해 보험회사가 규제되는 이유와 그 목적에 관하여는 학자에 따라 조금은 차이가 있으나, 대체적으로 보험회사는 다음과 같은 여러 가지 이유 때문에 정부에 의해 규제 · 감독을 받는다.[1)]

1) Rejda(2008), pp.150-151.; 정부에 의해 보험회사가 규제되는 이유에 대하여 Kimball(1969)은 ①지

① 보험회사의 지불능력 유지
② 소비자의 불충분한 보험지식
③ 합리적인 보험요율 보장
④ 보험의 이용성 증진

1) 보험회사의 지불능력 유지

정부의 규제·감독을 받는 이유에 관하여는 학자에 따라 차이가 있으나, 일반 대중의 권익보호가 보험규제의 궁극적인 목표라는 점에는 이견(異見)이 없다. 일반대중의 권익보호는 재정이 건전한 보험회사로부터 공정한 가격으로 공정한 보험계약의 체결을 보장함으로써 달성된다. 즉 보험규제의 가장 근본적인 목표가 보험계약자의 보호를 위한 보험회사의 지불능력(solvency)의 확보이다.[2] 따라서 보험회사의 지불능력의 확보 또는 유지가 보험규제의 가장 중요한 목표이며 정부의 규제·감독의 핵심과제이다.

정부의 규제·감독은 보험회사의 지급능력(solvency) 유지를 위해 필요하다. 보험규제에서 지불능력(solvency)이 가장 중요한 이유는 다음과 같다.

첫째, 보험료는 선불로 사전에 지불되지만, 보험보호는 미래(일부 경우는 상당히 먼 미래)에까지 연장되기 때문이다. 보험회사가 파산하여 장래 보험사고 발생 시 보험금이 지급되지 못한다면 미래의 사고에 대비하여 미리 보험료를 지불할 이유가 없어지게 된다. 따라서 장래의 손해에 대한 보험금의 지급을 확실히 보장하기 위해서는 보험회사의 재무구조가 철저하게 감시·감독되어야 하고, 보험계약자와 보험수익자가 보험회사의 파산으로부터 보호되어야 한다.

둘째, 보험의 회계절차가 너무 전문적이고 복잡하여 일반 소비자들이 보험회사의 지불능력을 평가하거나 감시하는 것이 불가능하기 때문이다. 즉 소비자들은 보험거래에서 스스로의 자기보호가 불가능하다. 따라서 정부가 일반 대중의 이익을 보호하기 위

불능력(solvency) ②공평성(equity), Vaughan(1992)는 ①지불능력(solvency) ②공평성(equity) ③보험의 이용 가능성과 비용 감당성(availability and affordability of insurance), Dorfman(2007)은 ①지불불능의 잠재적인 심각한 영향력(potentially severe impact of an insurer's insolvency) ②매수인과 매도인의 불공평한 지식 및 협상력(unequal knowledge and bargaining power of the buyer and seller) ③보험가격결정의 문제(problem of insurance pricing) ④사회적 목표의 증진(promotion of social goals) 등을 들고 있다.

2) OECD, *Insurance Solvency Supervision*, Organization for Economic Co-operation and Development, 1995, p.149.

해 보험회사의 지불능력을 감시하여야 한다.

셋째, 보험회사가 파산하여 보험금이 지급되지 못한다면 수많은 개인들이 막대한 경제적 위험에 노출되기 때문이다. 예를 들면 가옥이 파괴된 경우 재건축할 자금을 잃게 되고, 손해배상소송으로 인해 모든 자산이 판결금액으로 지불되어야 하며, 가장의 사망으로 부양자녀를 가진 미망인은 생활능력을 상실하게 된다. 이와 같은 일들이 보험회사가 그 약속을 이행하지 못하게 된 경우의 잠재적 결과이다. 이에 비해 자동차나 냉장고제조회사가 파산한 경우 소비자에게는 결함 있는 제품의 교환이나 무상수리 등의 담보의 불충족과 같은 문제가 발생할 뿐이다. 이와 같은 문제의 심각성과 차이점이 보험회사의 지불능력이 일반대중에게 얼마나 중요한 것이며, 그 결과 규제당국에게 최대 관심사가 될 수밖에 없다는 것을 잘 말해주고 있다.

넷째, 지불능력규제가 강조되는 이유는 보험회사가 소비자들의 막대한 저축금액에 대해 책임이 있기 때문이다. 이러한 이유는 손해보험회사보다 저축성 보험상품이 주력상품인 생명보험회사에 관련된 것이다. 법률적으로 보험자와 피보험자의 관계는 은행과 예금자간의 수탁계약과 더욱 밀접한 성질을 가지고 있다. 수탁기관은 일반대중의 신뢰를 바탕으로 운영되기 때문에 수탁자는 그들의 활동과 지불능력에 대해 엄격한 요건이 적용된다. 보험회사의 경영도 여러 가지 중요한 관점에서 수탁기관의 경영과 유사하기 때문에 보험회사의 지불능력은 공공규제의 대상이 된다.

2) 소비자의 불충분한 보험지식

보험소비자들의 보험에 대한 불충분한 지식(inadequate consumer knowledge) 때문에 정부의 규제 · 감독이 필요하다. 보험계약서인 보험증권은 복잡한 보험약관과 계약규정을 포함하는 기술적이고 법률적인 서류이다. 만약 정부의 규제 · 감독이 없으면 악덕 보험업자의 경우 계약자에게 아주 불리하도록 보험계약 내용을 제한하거나 엄격하게 규정할 가능성이 있다.

또한 대부분의 보험소비자들은 서로 다른 다양한 보험계약들의 실질적인 금전적 가치를 비교하고 결정하기 위한 충분한 정보를 가지고 있지 못하다. 필요로 하는 보험료와 보험상품에 관한 정보를 쉽게 확보할 수 없으므로 보험료가 각각 다르고 계약규정이 다른 보험증권(보험상품)들을 보험소비자가 비교하기란 매우 어렵다.

예를 들면 개인건강보험증권의 경우 각각 보험료도 다르고 보상범위와 보험급부금도 각양각색이다. 일반 보험소비자들이 보험료만을 기초로 특정 보험증권을 평가하는 것은 매우 어려운 일이다.

유용한 정보 없이 보험소비자들은 최상의 보험상품을 선택할 수 없다. 이러한 상황은 보험시장에 대한 소비자들의 영향력을 감소시킬 뿐 아니라 보험상품의 질적 향상과 보험료 인하를 위해 보험회사들의 경쟁을 유도할 수도 없다. 따라서 경쟁시장에서 상품을 구매하는 소비자들처럼 시장효과를 높이기 위해 정부의 규제 · 감독이 필요하다.

불완전판매로 인한 보험계약자의 피해를 방지하기 위해서도 정부의 규제 · 감독이 필요하다. 일부 비윤리적이거나 무자격 보험판매원들의 모집수수료의 수입만을 위한 불완전판매로부터 보험소비자를 보호하기 위해 정부의 규제 · 감독이 필요하다.

3) 합리적인 보험요율의 보장

정부의 규제 · 감독은 합리적인 요율을 보장(ensure reasonable rates)하기 위해 필요하다. 보험요율은 보험계약자가 부당하게 과도한 보험료를 지불할 만큼 지나치게 높아서도 안되고, 보험회사의 지급여력을 위협할 만큼 너무 낮아서도 안되며, 보험계약자 간에도 부당하게 차별해서는 안된다. 이러한 요건을 충족하는 합리적인 보험요율이 보험계약자에게 제시될 수 있도록 보험요율규제가 필요하다.

또한 언더라이팅 손해를 단기간에 만회하기 위해 비정상적인 요율인상을 시도하려는 보험회사들에 대해 보험소비자를 보호하기 위해 보험감독이 필요하다. 정확한 원가계산이 불가능한 예상가격이라는 보험료의 특성상 계약인수를 위한 과당경쟁으로 인한 과도한 요율인하로 초래될 수 있는 보험회사의 파산으로부터 보험계약자를 보호하기 위해서도 보험감독이 필요하다.

4) 보험의 이용성 증진

보험을 필요로 하는 모든 사람들이 보험을 쉽게 이용할 수 있도록(make insurance available) 하기 위해서 정부의 보험감독이 필요하다. 보험회사들은 흔히 언더라이팅 손실, 부적절한 보험요율, 역선택(adverse selection) 및 기타 요인들 때문에 보험 가입을 제한하거나 인수를 거절하기도 한다.

그러나 일반 국민들은 자기가 원하는 보험을 쉽게 이용할 수 있도록 정부당국이 민영보험시장을 확장하는 조치를 취해주기를 요구하고 있다. 만약 일반 국민들이 민영보험을 이용할 수 없다면 사회보험이나 정부의 보험프로그램이 필요하게 될 것이다.

3. 규제 · 감독의 방법

1) 주요한 규제 · 감독 체계

보험회사를 규제 · 감독하는 체계를 기준으로 ① 입법 ② 사법 ③ 행정(금융위원회와 금융감독원) 등 세 가지 주요한 방법이 사용된다.

(1) 입법(Legislation)적 규제

우리나라에서는 보험업법에 의해 민영보험업이 규제되고 있다. 보험업을 규제하는 법률은 보험업법이며, 계약당사자간에 보험계약을 규율하는 법률은 보험계약법이라고 부르는 상법 제4편(보험)이다. 보험업법의 시행을 위한 동법시행령과 시행규칙이 있다. 사회보험이나 공영보험 등은 기타 특별법에 의해 규제된다.

보험업법은 ① 보험업을 영위하는 자의 건전한 운영을 도모하고 ② 보험계약자 · 피보험자 그 밖의 이해관계인의 권익을 보호하며 ③ 보험업의 건전한 육성과 국민경제의 균형 있는 발전에 기여함을 목적으로 하고 있다.

보험업법은 총 13장과 부칙으로 구성되어 있으며, 제1장 총칙, 제2장 보험업의 허가, 제3장 보험회사, 제4장 모집, 제5장 자산운용, 제6장 계산, 제7장 감독, 제8장 해산 · 청산, 제9장 관계자에 대한 조사, 제10장 손해보험계약의 제3자 보호, 제11장 보험관계단체 등, 제12장 보칙, 제13장 벌칙 및 부칙 등의 규정을 가지고 있다.

보험업법과 보험계약법 뿐만 아니라 약관규제법, 공정거래법, 세법 등이 보험업에 적용되고 있다.

미국의 모든 주(州)들은 보험회사의 업무를 규제하는 보험법을 가지고 있다. 이들 법들은 ① 보험회사의 설립 ② 대리점과 브로커의 면허 ③ 지급능력 유지를 위한 재정적 요건 ④ 보험요율 ⑤ 보험판매와 손해사정 ⑥ 세금 ⑦ 보험회사의 청산 등에 관하여 규제하고 있다. 또한 보험계약을 해지하거나 종료시키는 보험회사의 권리를 제한하기 위한 법률과 일반 대중들이 보험을 보다 폭넓게 이용할 수 있도록 하는 법률 등 보험소비자의 권익을 보호하기 위한 법률들이 입법되었다.

미국 보험회사들은 또한 연방정부의 기관과 법률에 의해서도 규제·감독을 받고 있다. 그 일부의 예를 들면 연방거래위원회(The Federal Trade Commission)는 사업 허가를 받지 않은 주(州)에서 영업하는 통신판매 보험회사를 규제할 권한을 가지고 있다. 미국의 증권거래위원회(The Securities and Exchange Commission)는 변액연금과 변액생명보험의 판매에 관하여 규제하고 있으며, 일반 대중을 상대로 하는 보험회사의 유가증권 판매에 규제관할권을 가지고 있다. 미국의 1974년 종업원퇴직소득보장법(ERISA; Employee Retirement Income Security Act of 1974)은 보험회사의 개인연금에도 적용된다.

(2) 사법(Courts)적 규제

보험회사는 법원에 의해 규제된다. 법원은 보험업법의 위헌성과 보험증권 규정과 보험약관의 해석 및 정부와 보험감독당국의 행정조치의 적법성에 대해 판결을 내린다. 법원의 여러 가지 판결은 보험회사의 경영과 시장 활동에 대해 중대한 영향을 미칠 수 있다.

(3) 행정적 규제

보험회사는 정부 행정당국의 규제·감독을 받는다. 우리나라의 경우 금융위원회와 금융감독원이 보험업법의 집행에 대해 책임을 지고 있다. 금융위원회와 금융감독원은 금융산업의 선진화와 금융시장의 안정을 도모하고 건전한 신용질서와 공정한 금융거래관행을 확립하며 예금자 및 투자자등 금융수요자를 보호함으로써 국민경제의 발전에 기여함을 목적으로 제정된 「금융위원회의 설치 등에 관한 법률」에 의해 설치되었다. 금융위원회는 금융정책, 외국환업무취급기관의 건전성 감독 및 금융감독에 관한 업무를 수행하게 하기 위하여 국무총리 소속하에 「정부조직법」에 따른 중앙행정기관이다.[3] 금융위원회는 보험업의 허가와 보험약관, 보험료 및 책임준비금산출방법서의 규

3) 재정경제부의 금융정책기능과 금융감독위원회의 감독정책기능을 통합하여 금융위원회를 설치하고, 금융정책과 감독집행사항을 명확히 구분하여 금융행정의 책임성을 강화함으로써 금융산업 선진화의 발전 기반을 마련하기 위하여 2008년 2월 「금융위원회의 설치 등에 관한 법률」을 일부 개정하였다. 그 주요내용은 다음과 같다. ① 금융위원회의 설치(법 제3조): 금융위원회를 설치하여 금융시장 안정에 관한 사항, 금융에 관한 법령의 제·개정에 관한 사항, 금융기관 감독과 관련한 규정의 제·개정, 금융기관의 설립·합병 등의 인허가, 금융감독원에 대한 감독 등의 업무를 수행하도록 함. ② 금융위원회의 구성(법 제4조): 금융위원회를 9인 위원으로 구성하되, 위원장·부위원장

제, 보험회사의 재무건전성에 대한 규제 · 감독, 보험업에 대한 포괄 감독권 등을 가지고 있다.

금융감독원은 무자본특수법인으로서 금융위원회 또는 증권선물위원회의 지도·감독을 받아 금융기관에 대한 검사·감독업무 등을 수행하기 위하여 설립되었다. 금융감독원은 이 법과 다른 법령이 규정하는 바에 따라 다음 각 호의 업무를 수행한다.(「금융위원회의 설치 등에 관한 법률」제37조(업무))

① 금융기관(보험업법에 의한 보험사업자 포함)의 업무 및 재산상황에 대한 검사
② 검사결과에 따른 이 법과 다른 법령의 규정에 의한 제재
③ 금융위원회 및 소속기관에 대한 업무지원
④ 기타 이 법과 다른 법령에서 금융감독원이 수행하도록 하는 업무

미국의 모든 주(州)와 컬럼비아특별구(District of Columbia)는 각각 독립된 하나의 보험부서(state insurance department) 또는 보험청(insurance bureau)을 두고 있다. 주에 따라 주민에 의해 선출되거나 주지사에 의해 임명되는 보험감독관(insurance commissioner)이나 보험부장관은 주(州) 보험법을 운용할 책임을 가지고 있다. 주(州)의 보험감독관은 행정적인 규제를 통해 주 내에서 보험업을 운영하는데 상당한 권한을 가지고 있다. 보험감독관은 공청회, 사업정지 명령, 보험회사의 면허취소 등과 같은 권한을 가지고 있다.

주(州) 보험감독관은 미국보험감독관협회(NAIC; National Association of Insurance Commissioners)의 회원이 되는데, 1871년에 설립된 NAIC는 정기적으로 입법이나 규제 · 감독을 필요로 하는 보험산업의 여러 문제들을 논의하고, 여러 분야의 표준 법률안을 제정하여 주(州)의 입법부가 이들 법안의 채택을 권고한다. NAIC가 권고 법안의 채택을 강제할 법률적 권한은 없지만 대부분의 미국 주들은 그 법안들의 전부 또는 일부를 수용하고 있다.

2) 규제 · 감독의 방식

외에 2명의 위원을 상임위원으로 함으로써 금융위원회가 결정해야 할 사안에 대한 심의 · 의결 기능을 내실화 함. ③ 금융정책기능과 감독집행기능의 분리(법 제29조제2항): 금융위원회 위원장이 금융감독원의 원장을 겸임하던 것을 대통령이 금융감독원의 원장을 임명하도록 함으로써 금융정책기능과 감독집행기능을 명확히 구분하고 상호 견제와 균형을 확보하도록 함.

보험회사를 규제 · 감독하는 강도와 범위를 기준으로 공시주의, 준칙주의, 실질적 감독주의 등 세 가지 보험감독방식으로 구분할 수 있다.

(1) 공시주의

보험회사에 대해 직접적인 감독을 하지 않고 보험회사로 하여금 보험회사의 경영상태 및 재무상황을 일정 시기에 일반 대중에게 공표하도록 하여 일반의 이해관계자의 판단에 따라 보험회사를 선택하도록 하는 보험감독방식이다.

공시주의는 시장경제원리에 충실하고 보험기업의 경영 자율성이 보장되는 장점이 있으나, 정부의 보험규제 이유에서 살펴본 바와 같이 보험상품과 보험업의 특성상 순수한 공시주의방식을 채택하고 있는 나라는 없다. 영국이 전통적으로 계약자유의 원칙을 바탕으로 공시주의로 시작하였으나 계속되는 보험회사의 파산과 보험소비자의 피해 증대로 인해 준거주의와 실질적 감독주의를 병영하고 있다.

(2) 준칙주의

보험업의 경영에 있어서 준수하여야 할 일정한 기준을 사전에 설정하고 보험회사가 그 준칙에 따라 사업을 영위하도록 하는 보험감독방식이다. 정부는 보험회사가 그러한 준칙을 충분히 준수하는가의 여부만을 감독하고 이상의 특별한 감독을 하지 않는 감독방식이다.

북유럽의 국가들에서 먼저 시행하였으나 현재는 대부분의 국가에서 실질적 감독주의를 시행하면서 공시주의와 함께 재무건전성과 보험계약자 보호를 위한 여러 가지 준칙을 제정하여 병용하고 있다.

(3) 실질적 감독주의

실질적 감독주의의 감독방식은 보험업의 허가에서부터 청산에 이르기까지 보험회사의 경영 전반에 대해서 국가가 일반 대중의 권익보호를 위해 지속적으로 규제하고 감독하는 방식이다. 앞에서 언급한 바와 같이 실질적 감독주의를 채용하는 국가에서도 재무제표와 결산서의 공표, 보험약관 변경의 고시 등 공시주의와 중요 사항에 대한 여러 가지 지침 등 각종 준칙을 마련하여 준칙주의 감독방식도 함께 사용하고 있다.

세계 대부분의 국가들이 실질적 감독주의를 시행하고 있지만, 실질적 감독주의를 채용하는 국가들도 그 국가에 따라 감독의 내용과 강도 및 그 범위 등에 많은 차이를 보이고 있다. 특히 주(州)마다 독립된 보험법을 가지고 있는 미국의 경우 보험회사에 대한 규제·감독의 질과 양에 있어서 방대하고 세밀한 부분에 이르기까지 엄격하게 규정하고 있는 뉴욕 주(州) 보험법은 세계의 악법으로 알려져 있다.

4. 보험회사에 대한 규제·감독의 주요 대상

보험회사는 여러 가지 법규의 적용을 받으며 보험회사가 정부의 규제와 감독을 받는 주요 분야는 다음과 같다.

① 보험회사의 설립과 사업허가(Formation and licensing of insures)
② 지불능력(재무건전성) 규제(Solvency regulation)
③ 보험요율 규제(Rate regulation)
④ 보험증권 양식(Policy forms)
⑤ 보험모집질서와 소비자보호(Sales practices and consumer protection)

5. 규제완화와 재규제 문제

보험산업은 물론 일반 산업계에서도 최근 규제완화(deregulation) 문제가 최대의 현안문제가 되고 있으며, 규제완화의 추세가 산업계와 정부의 적극적인 호응을 얻고 있다. 규제완화를 옹호하는 주요 이유는 경쟁을 촉진할 수 있다는 것이다. 산업체가 가장 효율적인 방법으로 경영하는데 경쟁이 필수적인 것으로 간주되기 때문이다.

규제완화의 옹호이론인 공개경쟁(open competition)이란 서비스와 제품을 제공하는데 가장 적합한 회사들만이 소비자들을 위해 가장 편리한 방법과 가장 낮은 가격으로 서비스와 제품을 제공할 수 있다는 것을 의미한다.

공개경쟁은 일반대중에게 제품과 서비스를 제공할 수 있는 가장 적합한 회사들만을 시장에 존속시키고, 비효율적인 회사를 시장에서 제거시키는 결과를 가져온다. 그러한 상황에서 적합한 가격이 책정되고 경제는 보다 안정되고 건전하게 되는 경향이 있다는 것이다. 미국에서는 1970년대 이래 금융서비스는 물론 타산업의 지속적인 규제완화를 옹호하는데 이러한 주장이 이용되었다.

한편, 규제완화를 반대하는 입장에서 주장은 규제되지 않은 상태로 방치되는 일반대중의 막대한 신탁재산이 금융기관들의 경영 여하에 따라 직접적으로 관련되어 있고 그 피해가 너무 크다는 것이다. 금융산업에 대한 규제를 주장하는 사람들은 금융기관이 과거에 다르게 변화하고 있고 그 결과 과거의 규제가 변화하는 금융기관을 통제하는데 더 이상 적절하지 않다는 것이다.

금융규제를 주장하는 자들은 어느 정도의 규제는 여전히 필수적이며 급변하는 금융서비스산업의 니즈(needs)를 충족시키기 위해서는 새로운 규제가 개발되어야 한다고 주장하고 있다. 그 근거로서 평판이 좋은 미국의 대형 금융기관의 파산을 들고 있다. 파산이유는 ① 전통적인 규제가 오늘날의 복잡한 금융산업에는 적절하지 않게 되었고 ② 파산한 금융기관들이 지나치게 적극적인 경쟁으로 인해 일반대중의 신탁재산을 보유 관리하는 금융기관의 필수적인 주의의무를 간과한 결과라는 것이다.

최근 미국의 금융산업에서는 재규제(reregulation)를 주장하는 입장이 확산되고 있다. 이들 규제완화와 재규제 양자의 주장이 앞으로 금융산업에서 어떠한 타협점을 모색하게 될 것인지가 금융산업의 중심과제이기도 하다.

제2절 미국의 보험규제 및 감독제도

1. 미국 보험회사의 주요 파산 요인4)

미국의 보험회사에 대한 규제 · 감독 제도를 살펴보기 전에 미국 보험회사들의 파산요인을 먼저 고찰함으로써, 변액연금보험 등 고수익 투자상품의 출현과 타 금융기관과의 경쟁이 불가피하였던 그 당시와 유사한 우리나라 보험시장 환경에서 우리 정부의

4) 미국 보험회사의 파산현황과 주요 요인에 관한 분석내용에 관하여는 이재복, 『미국 보험회사의 파산과 지불능력규제』, 보험개발원(조사연구자료 97-1), 1997.3 참조.

규제와 감독 및 보험정책을 수립하는데 있어서 많은 시사점을 얻을 수 있을 것이다.

1) 손해보험회사의 주요 파산요인

1969년-1994년까지 26년 동안 591개 손해보험(재산보험과 배상책임보험)회사의 파산에 대해 조사 연구한 1995년 Best회사의 특별보고서에 의하면, 약세시장(soft market)의 말기에 파산회사의 수가 최대치를 기록하였고, 파산빈도(failure frequency)는[5] 언더라이팅 주기(underwriting cycle)와 깊은 관계를 가지고 있는 것으로 나타났다.

최근에 파산빈도가 증가한 원인으로는 ① 경쟁이 심화된 보험시장환경 ② 시장진입시 부족한 인수능력과 부주의한 언더라이팅 ③ 대재난손해(catastrophe losses)의 발생건수와 심도의 증대 ④ 많은 종류의 배상책임보험사업에서 불합리한 손해준비금의 적립 심화 등을 들 수 있다.[6]

1969-1994년까지 25년 동안 파산한 573개 손해보험회사를 조사 연구한 Best회사의 1995년 특별보고서에서 그 원인이 확인된 주요한 파산요인을 순위별로 살펴보면 ① 불충분한 손해준비금(부적절한 가격산정) ② 급속한 성장 ③ 사기사건 ④ 자산의 과대표시 ⑤ 대재난손해 ⑥ 사업의 급격한 변동 ⑦ 재보험의 실패 ⑧ 계열회사의 재정 악화 등의 순위로 나타났다.[7]

2) 생명보험회사의 주요 파산요인

미국 주정부로부터 사업허가를 받은 생명보험회사 중 1976년부터 1991년까지 16년 동안 파산(insolvent)하거나 재무부실(financially impaired)한[8] 290개 생명보험회사와

---

5) 파산빈도는 파산한 손해보험회사 수를 사업허가를 받은 전체 손해보험회사 수로 나눈 백분율(%)을 말한다.

6) A. M. Best Company Special Report, Solvency Study of the Excess & Surplus Lines Industry, The Insurance Information Source, 1995. 9, p.21.

7) A. M. Best Company Special Report: Best's Insolvency Study: Property/Casualty Insurers 1969-1990, The Insurance Information Source, 1991.6.; A. M. Best Company Special Report: Solvency Study of the Excess & Surplus Lines Industry, The Insurance Information Source, 1995.9 참조.

8) 생명보험회사의 파산현황에는 파산회사 뿐 아니라 재무부실회사도 포함되는데, 재무부실회사(financially impaired companies: FICs)는 본사가 소재하는 주(州)보험부에 의해 강제적인 청산, 재산과 업무관리, 사업의 정지, 허가취소, 행정명령, 보험회사의 정상적인 보험업의 자유를 제한하는 감독이나 기타 조치 등 최초의 공식적인 조치가 취해진 시기를 기준으로 통계에 포함시키고 있다.

건강보험회사에 대해 조사 연구한 A.M Best회사의 특별보고서(Best's Insolvency Study : Life/Health Insurers)를 중심으로 생명보험회사의 파산 추이와 그 요인 등에 대해 살펴보고자 한다.

(1) 보험시장의 환경변화와 생명보험회사의 파산 추이

미국의 생명보험산업은 1970년대 중반 이후 다음과 같은 수많은 경제적, 정치적 및 사회적 요인을 포함하는 격변기에 처해 있었다.

① 1977-1981년 기간 중에 예상치 못한 수준으로 인플레이션과 이자율의 급상승 및 1981-1986년 기간 중 급격한 하락
② 기존의 전통적인 생명보험 상품보다도 대차대조표상 위험이 내포된 유니버설 라이프(universal life), 단일보험료 유예연금(single-premium deferred annuities: SPDA), 보증투자계약(GICs) 등 고도로 경쟁적인 이자감응상품(interest-sensitive products)의 도입
③ 증권시장(주식과 채권)의 심각한 불안정
④ 부동산시장의 심각한 장기 하락세
⑤ 의료비의 급상승
⑥ 일반 대중으로부터 민간부문으로의 의료비의 전가
⑦ 소비자에 대한 생명보험 상품의 유인책으로서 세금혜택 입법화
⑧ 노령인구의 증가

이들 요인들로 인해 생명/건강보험회사들에게 경쟁이 불가피한 시장 환경이 조성되었고 전통적인 생보상품에 대한 소비자의 태도에 심각한 변화를 초래하였다. 1970년대 말과 1980년대 초에 이자율이 급상승함에 따라 규제완화를 통해 금융기관들이 예금자에게 고수익 투자상품의 제공을 허용하였고, 소비자들은 전통적인 종신보험의 저수익에 불만이 고조되어 정기보험을 선호하고 경쟁적인 투자수익을 제공하는 이자감응형 보험상품을 요구하게 되었다.

이러한 수요에 대응하여 생명보험산업은 유니버설라이프, 이자감응형 종신보험, 변액생명보험, 변액유니버설라이프, 단일보험료 종신보험과 같은 생명보험상품을 판매하게 되었나. 이들 상품은 종신보험과 유사한 세금혜택 뿐만 아니라 투자내용의 선택권, 사망급부금 및 보험료 지불방법의 다양화 등으로 판매량이 증가하였다.[9)]

이와 같은 보험상품과 보험시장의 환경변화는 생명보험산업의 사업실적에 불리한 결과를 초래하였다.[10] 보험회사들은 고수익 보장을 위해 신용등급이 낮은 고수익자산에 투자하지 않으면 안되었고, 이자율이 하락한 1980년대 초・중반에 많은 연금보험회사들의 이익율이 급격히 저하되었으며 자산과 부채의 불균형구조를 초래하게 되었다. 또한 고수익 비투자등급인 부실채권(junk bond)과 상업주택담보대출 및 상업부동산사업에의 투자를 증가시키게 되었다.[11]

이 결과 생명보험산업의 파산회사와 재무부실회사의 수는 1970년대 중반 이후 증가하기 시작하여 1989-1991년 기간에 최고조에 이르는데, 1983년에 부실회사의 수가 20개사로 급증한 이후 1989년, 1990년, 1991년에 각각 42개사, 41개사, 58개사로 계속 급증한 것은 주로 건강보험회사들의 부실에 기인한 것이며, 특히 1990년과 1991년에는 많은 회사들이 고수익의 비투자등급의 채권이나 상업주태담보대출 또는 상업용 부동산사업 등 저질 자산에의 과다노출위험으로 야기된 자산의 과대표시문제와 계열회사문제를 가지고 있었다.

(2) 생명보험회사의 주요 파산요인

1976-1991년까지 16년 동안 파산한 290개 생명보험회사를 조사 연구한 1992년 Best 회사의 특별보고서에 의하면 생명보험회사 파산의 가장 중요한 원인은 ① 부적절한 보험가격과 잉여금 ② 급속한 성장 ③ 계열회사 문제 ④ 자산의 과대표시 ⑤ 사기사건 ⑥ 사업의 급격한 변동 ⑦ 재보험의 실패 등의 순위로 나타났다.

이를 손해보험회사 파산 원인과 비교하면 손해보험의 경우 계열회사의 재정악화로 인한 파산회사가 1개사도 없었지만 생명보험의 경우에는 전체 파산의 19.3%에 해당하는 40개사가 계열회사의 문제로서 파산하여 셋째의 파산원인을 차지하고 있으며, 손해

---

9) 특히 1970년대 후반과 1980년대에 개인연금과 단체연금의 수요가 급증하여 1975년 전체 생명/건강보험산업의 총 보험료 중 14.0%에 불과하였으나 1990년에는 47.8%를 차지하였고, 연금보험도 다른 생보상품과 마찬가지로 투자수단으로서 판매가 증가되었다.

10) 1980년대 초에 이자감응형 생명보험과 연금보험상품의 도입은 결과적으로 보다 높은 사업비를 지출하게 되었고, 소비자들의 보험상품의 대체를 위해 기존상품의 해약율이 급증하였다. 또한 보험계약자들은 낮은 이자율로 보험증권 대출을 받아 고수익상품에 투자하였다. 일반 대중의 보험상품에 대한 고수익의 요구에 따라 보험회사들은 은행과 저축기관, 상호기금 및 기타 금융기관과 경쟁하지 않으면 안되었다. 이러한 현상은 특히 연금보험상품에 두드러지게 나타났다.

11) 이러한 투자가 1991년 Executive Life(California), Executive Life of New York, Fidelity Bankers Life, First Capital Life, Monarch Life 등의 재정난의 원인이 되었다.

보험의 경우 5.6%를 차지했던 대재난손해로 인한 파산이 생명보험의 경우에는 1개사도 없다는 점이 다를 뿐, 나머지 파산원인의 순위는 비슷하게 나타나고 있다.

따라서 손해보험의 경우와는 달리 생명보험회사의 경우에는 모든 파산이 어떠한 형태로든 경영부실의 결과로서 발생하고 있음을 알 수 있다.

2. 미국의 주요한 규제 · 감독 분야

미국의 보험회사는 여러 가지 법규의 적용을 받고 있으며, 주정부의 주요한 규제분야는 ① 보험회사의 설립과 사업허가 ② 재무규제 ③ 보험요율규제 ④ 보험증권양식 ⑤ 보험모집질서(판매관행) 및 소비자보호 등이다.

1) 보험회사의 설립과 사업허가

정부는 보험회사의 설립과 허가에 관하여 규제하고 있다. 미국의 경우 보험업을 위한 허가 요건은 다른 종류의 사업 허가보다 엄격하고 까다로운 조건이 적용된다. 보험업자가 주식회사의 형태이면 주(州) 법률이나 보험종목별로 서로 다른 최저자본금(minimum capital)과 잉여금(surplus)의 요건을 충족시켜야 하고, 상호회사의 경우 필요한 최저 잉여금 등을 충족시켜야 한다. 주내(州內)보험자는 물론 주외(州外)보험자와 외국보험자도 허가를 받아야 한다.

주내보험자(domestic insurer)는 주내에 소재지를 두고 있는 회사로서 보험업을 운영하려는 다른 주에서도 허가를 받아야 할 뿐만 아니라 주내에서도 허가를 받아야 한다. 주외보험자(foreign insurer)는 다른 주에서 허가를 받은 보험자를 말하는데, 해당 주에서도 별도로 사업허가를 받아야 한다. 외국보험자(alien insurer)는 외국에서 보험업의 허가를 받은 자로서 해당 주에서 요구하는 허가 요건을 갖추고 허가를 받아야 한다.

2) 지급능력 규제

최저자본금과 잉여금 요건에 추가하여 보험자는 지급능력의 유지를 목적으로 하는 재무적 규제(financial regulation)를 받는다. 모든 보험규제감독이 보험회사의 지불능력과 직 · 간접적으로 관련되어 있으나 지불능력의 유지 및 강화를 목적으로 주정부에 의해 규제되는 핵심분야는 재무규제이다.

미국의 경우 지불능력과 관련하여 이용되는 재무규제는 ① 최저자본금과 잉여금요건 ② 인정자산 ③ 준비금 ④ 잉여금 ⑤ 리스크기준 자본금 ⑥ 투자 ⑦ 보험계약자배당정책 ⑧ 보고서의 제출 ⑨ 검사 ⑩ 사업비의 제한 ⑪ 보험회사의 청산 등이다. 이에 관하여는 다음에 자세히 설명한다.

3) 요율규제 (Rate regulation)

요율규제는 매우 중요한 규제영역이다. 재산보험과 배상책임보험의 요율은 적절해야(adequate)하고, 과도하지 않아야(not excessive) 하고 부당하게 차별적이지 않아야(not unfairly discriminatory) 한다. 그러나 요율규제는 결코 획일적이어서는 안 된다. 일부 주에서는 보험의 종류에 따라서 하나 이상의 요율체계를 운용하고 있다. 전형적인 요율제도의 유형은 다음과 같다.

① 사전인가 제도(Prior-approval law)
② 수정 사전인가 제도(Modified prior-approval law)
③ 사전 신고제도(File-and-use law)
④ 사후 신고제도(Use-and-file law)
⑤ 탄력 요율산정제도(Flex-rating law)
⑥ 주정부 제정요율(State-made rates)
⑦ 공개경쟁(Open competition)

(1) 사전인가 제도(Prior-approval law)

사전인가 제도에서는 요율을 사용하기 전에 주(州)보험당국으로부터 사전인가를 받아야 한다. 대부분의 주에서는 요율이 30일 또는 60일 등의 일정기간 내에 반대의견이 없으면 인가받은 것으로 간주된다.

보험회사는 몇 가지 이유로 사전인가 제도를 비난하고 있다. 주(州) 보험당국은 흔히 인원부족을 이유로 요율인상이 필요한 때에 인가가 상당한 기간 지연되기도 하고, 허용되는 요율 인상이 불충분한 경우도 있으며, 요율 인상이 정치적인 이유로 인가하지 않을 때도 있다는 것이다. 또한 요율인상을 뒷받침할 수 있도록 주(州) 보험당국이 요구하는 통계적인 데이터를 쉽게 확보할 수 없는 경우도 있다는 것이다.

(2) 수정 사전인가제도(Modified prior-approval law)

수정 사전인가제도에서 보험요율의 변경이 손해율을 기초로 하는 경우 보험회사는 주보험당국에 요율을 신고해야 하고, 그 요율은 즉시 사용될 수 있다.(즉, 사전신고) 그러나 요율변경이 요율등급의 변경이나 사업비 관계의 변경을 기초로 하는 경우 요율의 사전인가가 필요하다.(즉 사전인가) 보험감독당국은 신고내용이 관련 요율규정에 적합하지 않을 경우에는 언제라도 신고한 요율을 인가하지 않을 수 있다.

(3) 사전신고제도(File-and-use law)

사전신고제도에서는 보험회사들은 단지 주보험당국에 요율을 신고만 하면 되고, 신고 후 그 요율은 즉시 사용할 수 있다. 규제당국은 신고내용이 주의 법규를 위반한 경우에는 추후라도 그 요율을 거부할 권한을 가지고 있다. 이러한 형태의 요율제도는 사전인가제도에서 존재하는 지연 문제를 극복할 수 있다.

(4) 사후 신고제도(Use-and-file law)

사전 신고제도의 변형이 바로 사후 신고제도이다. 이 제도에서는 보험회사는 요율변경을 언제든지 즉시 시행할 수 있다. 다만 요율은 규제당국에 요율을 사용한 후 15일에서 60일까지 등의 일정 기간 내에 신고해야 한다.

(5) 탄력 요율산정제도(Flex-rating law)

신축적인 요율산정제도에서는 단지 요율인상이나 요율인하의 폭이 특정 범위를 초과한 경우에 한하여 사전인가가 요구된다. 전형적으로 5%에서 10%까지의 요율변경은 사전인가 없이 허용된다. 신축적인 요율산정제도의 목적은 변동하는 보험시장의 환경에 대응하여 보험회사로 하여금 보다 신속하게 요율 변경을 할 수 있도록 만드는 데 있다.

(6) 주정부 제정요율(State-made rates)

미국의 소수 몇 주에서는 주정부 제정요율을 특정 보험종목에 적용하도록 하고 있다. 매사추세츠(Massachusetts)주는 개인승객자동차보험요율을 결정하여 제시한 바 있다. 그러나 보험회사는 사전인가를 받아 정부의 제시요율이 아닌 인가요율을 사용할 수 있는 선택권이 있으나, 현재 탄력요율산정(flex-rating)을 허용하는 입법을 고려중에 있다고 한다. 뉴멕시코와 뉴욕, 텍사스에서는 주정부가 부동산권리보험(title insurance)의 보험요율을 결정하고, 플로리다에서는 부동산권리보험의 보험회사가 부과할 수 있는 최대요율을 주정부가 제시하고 있다.

(7) **공개경쟁**(Open competition)

공개경쟁제도에서는 보험회사는 보험당국에 요율을 신청할 필요가 없다. 그러나 보험회사는 요율산정스케줄(rate schedule)과 요율산정근거를 관계당국에 제출할 것을 요구받기도 한다. 공개경쟁을 뒷받침하는 기본적인 전제는 관계당국자들에 의한 임의적인 행동보다 시장(市場)의 힘이 가격과 보험의 유용성을 결정할 것이라는데 있다.

(8) **기업보험의 규제완화**(Commercial lines deregulation)

많은 주에서는 기업보험의 요율과 보험약관에 대하여 주보험부의 인가를 면제시키는 법률을 제정하였다. 대부분의 주에서 그러한 법률은 영업용자동차보험, 일반배상책임보험, 기업재산보험에 적용된다. 기업보험의 규제완화를 제안하는 자들은 기업의 특정 보험수요를 충족시키기 위해 보험자가 새로운 보험 상품을 보다 신속하게 개발할 수 있고, 보험요율과 보험약관의 인가절차가 생략됨으로써 비용절감을 도모할 수 있으며, 리스크관리자들도 특정 보험증권을 보다 신속하게 입수할 수 있다고 주장한다.

(9) **생명보험요율규제**(Life insurance rate regulation)

생명보험요율은 주정부에 의해 직접적으로 규제받지 않는다. 생명보험에서 요율의 적합성은 최저한도의 지급준비금을 요구하는 법규에 의해서 간접적으로 달성된다. 최저한도의 법적 지급준비금의 요건은 사망보험금과 사업비를 지급하기 위해 부과하지 않으면 안되는 요율에 간접적으로 영향을 미친다.

4) 보험증권 양식(Policy forms)

보험증권 양식의 규제는 보험규제의 또 다른 중요한 분야이다. 보험계약이 기술적이고 복잡하기 때문에 주 보험부장관은 새로운 보험이 판매되기 전에 승인하거나 거부할 수 있는 권한을 가지고 있다. 그러한 권한을 부여하는 목적은 보험약관 규정의 오해나 착오 그리고 불공정한 약관규정으로부터 일반 대중의 이익을 보호하기 위해서이다.

5) 보험판매관행과 소비자보호

보험회사의 판매관행은 보험대리점과 보험중개사의 면허제도에 관한 법률과 부당계약과 리베이팅 및 불공정한 거래관행을 금지하는 법률에 의해 규제된다.

(1) 보험대리점과 보험중개사의 면허

미국의 모든 주에서 보험대리점과 보험중개사들은 자격을 취득하고 면허를 받아야 한다. 판매하는 보험종목에 따라 지원자는 하나 또는 그 이상의 필기시험에 합격해야 한다. 그 목적은 보험대리점이 주보험법규와 그들이 판매하고자 하는 계약에 관한 지식을 습득시키기 위해서이다. 만약 보험대리점이 부적절하거나 부정직한 행위를 한 경우 주보험부장관은 대리점 면허를 취소하거나 정지시킬 권한을 가지고 있다.

모든 주들은 지속적인 대리점 교육을 요구하는 법규를 가지고 있다. 지속적인 교육은 대리점의 지식이나 기술을 향상시키기 위해 시행되고 있다.

(2) 불공정 거래관행 (Unfair Trade Practice)

주 보험법은 허위실명, 보험계약 바꿔치기(twisting), 리베이트 지급, 속임수 광고나 허위 광고, 불공정한 손해사정, 부당한 차별행위 등을 포함하여 매우 광범위한 불공정 거래관행을 금지하고 있다. 주보험부장관은 불공정거래관행을 하거나 허위광고를 하는 보험회사를 영업 정지시킬 수 있는 법적 권한을 가지고 있다. 보험회사는 벌금을 부과받거나 강제명령을 받을 수도 있고, 심한 경우에는 보험회사의 허가를 취소하거나 사업을 정지시킬 수도 있다.

(3) 계약 바꿔치기(twisting)

모든 주들은 부당한 계약 바꿔치기를 금지하고 있다. 계약 바꿔치기(twisting)는 기존에 존재하는 계약을 해약하게 하고 고객에게 경제적 이익이 별로 없는 새로운 계약을 체결하도록 보험계약자를 유인하는 것이다. 계약 바꿔치기를 금지하는 법은 주로 생명보험계약에 적용된다. 이를 금지하는 목적은 기존 생명보험계약을 다른 계약으로 대체함으로써 재정적인 손해를 입는 보험계약자를 보호하기 위한 것이다.

(4) 리베이트 지급(Rebating)

대다수 주에서는 리베이트 지급을 금지하고 있다. 리베이트 지급(Rebating)은 보험의 판매를 위한 유인책으로서 보험증권에 명시되지 않은 보험료의 할인이나 기타 경제적인 이득을 개인에게 제공하는 것을 말한다. 대표적인 예로서 보험대리점 수수료의 일부를 보험계약자에게 환급해주는 것이다. 리베이트를 금지하는 법률의 기본적인 목적은 불공정한 보험료 이득을 획득하는 것을 방지함으로써 모든 보험계약자를 공평하고 공정하게 대하도록 하기 위한 것이다.

그러나 소비자단체들은 리베이트금지법이 소비자들에게 오히려 피해를 주고 있다고 비난하고 있다. 비판하는 자들은 ① 리베이트 지급이 가격경쟁을 촉진시키고 보험료를 더욱 인하시키며 ② 현재의 리베이트금지법이 소비자보다 보험대리점의 소득을 보호하고 있고 ③ 보험구매자들이 보험대리점과 가격을 협상할 권리를 거부당하고 있다고 비난한다.

(5) 소비자보호부서(Complaint Division)

주보험부는 전형적으로 소비자의 불만을 처리하는 소비자보호국 또는 부서를 가지고 있다. 그 부서는 고객의 불만을 조사하고 보험회사나 대리점의 불법행위에 대응하기 위해 노력한다. 대부분의 소비자불만은 보험금과 관련되어 있다. 보험회사가 보험금 지급을 거부하는 경우도 있고 지불할 보험금의 액수와 관련해서 분쟁이 발생할 수도 있다.

주보험당국이 개인들의 불만에 대응하는 경우에도 사실적인 문제가 현안 문제가 되어 있는 클레임에 대하여 보험금을 지급하라고 명령할 수 있는 직접적인 권한은 없다. 그러나 보험회사나 대리점에게서 부당한 처우를 받고 있다고 느꼈다면 주보험당국에 전화하거나 편지를 써야 한다. 과거에 소비자불만에 의한 민원발생 비율이 높은 보험회사들이 현재는 개선되고 있는데서 그 효과를 짐작할 수 있다.

(6) 출판물과 안내자료(Publications and Brochures)

주보험당국은 전형적으로 소비자를 위한 다양한 간행물이나 안내 자료를 제공한다. 출판물은 또한 보험당국의 웹사이트에서도 볼 수 있다. 출판물은 생명보험, 건강보험, 자동차보험, 주택소유자보험, 장기요양보험 과 기타 보험상품에 관한 상당히 중요한 정보를 담고 있다. 많은 주에서는 자동차보험과 주택소유자보험의 요율정보를 인터넷에 공개하도록 함으로써 소비자가 비용을 쉽게 비교할 수 있도록 하고 있다.

6) 보험자의 세금부과(Taxation of Insurers)

보험자는 수많은 지방세, 주(州)세, 연방세(federal taxes)을 납부한다. 두 가지 중요한 세금은 연방소득세(federal income tax)와 주보험료세(state premium tax)이다. 보험회사는 연방의회와 국세청(Internal Revenue Service)에 의해 확립된 복잡한 공식과 규칙을 기초로 산출된 연방소득세를 지불한다. 주정부는 보험회사가 수입보험료의 2%와 같은 보험계약자로부터 영수한 총 보험료에 대해 보험료세의 납부를 요구한다. 보험료세(premium tax)의 주된 목적은 보험규제를 위한 자금 마련을 위한 것이 아니고 주정부의 세입을 올리기 위한 것이다.

대부분의 주는 보험료세와 다른 세금에도 영향을 미치는 보복세(retaliatory tax) 규정을 가지고 있다. 예를 들면 N주의 보험료세가 2%이고 I주의 보험료세는 3%라고 가정하자. N주에 소재지를 두고 있는 보험자가 I주에서 인수한 사업에 대하여 3%의 보험료세를 지불하여야 한다면, N주에서 보험사업을 하고 있는 I주의 주내보험자(domestic insurers)도 N주의 보험료세가 2%임에도 불구하고 N주에서 인수한 사업에 대하여 3%의 보험료세를 지불하여야 한다. 보복세법의 목적은 보험사업을 하고 있는 다른 주정부에 의한 과도한 세금부과로부터 자기의 주내보험자를 보호하기 위한 것이다.

3. 지불능력의 유지를 위한 미국의 재무 규제

지불능력과 관련하여 이용되는 재무규제(financial regulation)는 ① 최저자본금과 잉여금요건 ② 인정자산 ③ 준비금 ④ 잉여금 ⑤ 투자 ⑥ 사업비의 제한 ⑦ 보험계약자 배당징책 ⑧ 보고서의 제출 ⑨ 검사 ⑩ 보험회사의 청산 등이다.

1) 최저자본금과 잉여금

미국의 모든 주는 보험회사의 설립 후 보험업을 영위하기 위해서는 사업허가를 받도록 법률로 규정하고 있다. 보험회사에 대한 허가요건은 타사업의 신설회사보다도 엄격하며, 특히 고도의 정직성과 경영능력 및 재정력이 요구되고 있다.

이에 따라 보험회사가 주식회사인 경우 일정한 최저자본금과 잉여금(minimum capital and surplus)의 요건을 충족시켜야만 한다. 이와 같은 최저자본금과 잉여금요건은 주(州)에 따라 다르고 보험종목별로 다른 점이 우리나라와 차이가 있다. 신설 상호회사인 경우에는 주주가 없기 때문에 최저 잉여금요건만을 충족시켜야 한다.

2) 인정자산

보험회사는 회사의 부채를 상쇄시킬 수 있는 충분한 자산을 보유하여야 한다. 오직 인정자산만이 보험회사의 대차대조표 상에 기재될 수 있다. 인정자산(admitted assets)이란 보험회사가 그 재무상태를 결정하는데 있어서 법정 대차대조표 상에 기재할 수 있도록 주법률이 허용한 자산을 의미한다. 그 외의 모든 자산은 비인정자산이다.

대부분의 자산은 인정자산으로 분류된다. 인정자산은 현금, 채권, 보통주 및 우선주, 주택담보대출(mortgage), 부동산 및 기타 합법적인 투자 등이다. 이들 자산의 평가방법으로는 현금은 액면금액, 채권은 상환가액으로 기재되지만 부실채권은 시장가액으로 기재된다. 보통주는 시장가액이 적용되는 NAIC의 유가증권평가액(valuation of securities)에 따라 가액이 결정된다. 부동산은 시장가액 또는 장부가액(원가에서 감가상각액 공제)으로 평가될 수 있다.

3) 준비금

준비금(reserves)은 보험회사의 대차대조표상의 부채항목이며 장래에 충족시켜야만 하는 채무를 반영한다. 대차대조표상 최저준비금을 유지하도록 주법률로 규정하고 있다. 보험료가 선불로 지불되지만 보험보호기간은 장래에 까지 연장되기 때문에, 선불로 집금된 보험료가 장래의 손해에 대한 보험금의 지급을 위해 이용된다는 것을 보장하기 위해 보험회사들은 일정 준비금을 적립하여야 한다. 미국의 모든 주정부는 이들 준비금을 계산하는 방법을 명기한 규정을 가지고 있다.

(1) 손해보험회사의 준비금

미국의 손해보험회사가 적립해야 하는 준비금에는 미경과보험료준비금과 손해준비금이 있다. 미경과보험료준비금(unearned premium reserve)은 자산과 부채의 평가 시 모든 미지급 보험증권에 관한 총 보험료의 미경과 부분을 나타내는 책임준비금(liability reserve)이다. 미경과보험료준비금의 기본목적은 보험계약기간 중 발생하는 손해에 대해 보험금을 지급하고, 해약 시 보험계약자에게 보험료환급금을 지급하기 위한 것이다.

보험금준비금(loss reserves)은 우리나라의 보험업법상 지급비금에 해당되는 것으로서, 이미 클레임이 발생했으나 결산 시 지급되지 않은 클레임을 정산하는데 필요한 추정금액이다. 구체적으로 말하면 보험금준비금은 ① 손해(보험사고)가 발생했으나 결산 시점에 보험회사에 정식으로 통지되지 않은 클레임 ② 사고통지서가 정식으로 제출되었으나 정산되지 않은 클레임 ③ 사고 통지되고 정산되었으나 보험금이 지급되지 않은 클레임에 대한 추정금액이다.

보험금준비금은 재산보험보다도 배상책임보험에서 더욱 중요하다. 왜냐하면 신체상해와 재산손상에 대한 손해배상소송이 처리되는데 오랜 기간이 소요되기 때문이다.

통지된 손해에 대한 보험금준비금의 금액을 추정하는 방법으로는 ① 개별추정방법 ② 평균가액방법 ③ 손해율방법 ④ 일람표가액방법 등 해당 클레임의 특성에 따라 보험종목별로 다양하게 사용된다.

(2) 생명보험계약준비금

생명보험의 평준보험료(level-premium)에 의하면 계약 초기연도에 지불된 보험료는 실제 사망보험금을 지급하는데 필요한 금액보다 많은 반면, 후기연도에 지불하는 보험료는 사망보험금을 지급하기에 부족한 금액이다. 따라서 계약의 초기 연도에 집금된 여분의 초과보험료가 보험수익자에 대한 장래의 보험금 지급을 위해 계산되고 보유되어야 한다.

보험계약준비금(policy reserve)은 보험회사의 대차대조표상 부채항목으로서 그 금액과 동일한 자산에 의해 상쇄되어야 한다. 보험계약준비금의 기본목적은 다음과 같다.

첫째, 장래 급부금의 지급에 대한 회사 채무의 공식적인 인식이다. 즉 보험계약준비금과 장래의 수입보험료 및 이자소득이 모든 장래 보험계약급부금의 지급을 위해 충분하여야 한다.

둘째, 보험계약준비금은 회사의 지불능력의 적법한 시금석이다. 보험회사는 적법한 준비금과 기타 채무와 동일한 자산을 보유하여야 한다. 따라서 보험계약준비금은 일종의 자금이나 기금으로 간주되어서는 안되고, 기금(funds)이나 자산에 의해 상쇄되어야 하는 부채항목이다. 보험계약준비금의 부채를 상쇄하는데 보험회사 자산의 약 80%가 필요하다.

4) 잉여금

보험회사의 잉여금상황도 주의 깊게 규제·감독되어야 한다. 보험계약자잉여금(policyowners' surplus)이란 보험회사의 자산과 부채의 차액을 말한다. 주식회사의 보험회사 잉여금은 두 가지 항목, 즉 ① 주주에게 발행된 주식의 가액을 나타내는 자본주식계정과 ② 주식의 액면가액을 초과하여 주주가 납입한 금액을 나타내는 기납입잉여금(주식발행초과금이라고 함)으로 구성된다. 상호회사의 경우 주주가 존재하지 않기 때문에 보험계약자잉여금이란 단지 자산과 부채의 차액을 말한다.

손해보험에서 보험계약자잉여금이 중요한 이유는 다음과 같다.

첫째, 보험회사가 인수하는 신계약금액은 보험계약자잉여금의 금액에 의해 제한된다. 보수적인 규칙이 Kenney rule인데, 이에 따르면 손해보험회사가 안전하게 인수할 수 있는 한도는 매 1달라의 보험계약자잉여금에 대하여 2달라의 신규 순보험료에 해당하는 보험이다.

둘째, 보험계약자잉여금은 막대한 언더라이팅손실이나 투자손실을 상쇄시키는데 필요하다.

셋째, 보험계약자잉여금은 발생할 수 있는 보험금준비금의 부족분을 상쇄시키는데 필요하다.

생명보험에서 보험계약자잉여금은 손해보험만큼 중요하지는 않다. 그 이유는 생명보험의 보험료와 배당금의 계산 시 반영되는 상당한 정도의 안전 마진(safety margins), 법정 준비금의 계산 시 사용되는 보수적인 이자의 추정, 투자의 보수적인 평가액, 장기간에 걸친 사업의 안정성 및 대재난손해의 낮은 가능성 때문이다.

5) 투자

보험회사의 투자는 투자될 수 있는 총자산 또는 잉여금의 질과 형태 및 그 비율에 대하여 규제되고 있다. 이러한 규제의 기본목적은 보험회사의 지불능력에 위협이 되어 보험계약자에게 피해를 입힐 수 있는 불건전한 투자를 방지하기 위한 것이다.

(1) 손해보험회사의 투자

미국의 손해보험회사는 생명보험회사보다 투자제한을 적게 받는다. 실제에 있어서 투자제한은 주(州)에 따라 다르지만, 일반적인 투자제한을 살펴보면 다음과 같다.

첫째, 최저자본금요건과 관련하여 그 자금은 연방이나 주 또는 지방자치단체의 채권 및 주택담보대출을 위한 저당증서와 담보를 위한 신탁증서에 의해 보증된 어음에 투자될 수 있다.

둘째, 미경과보험료 및 보험금준비금과 관련하여 이들 부채를 상쇄시키는데 필요한 자금은 최저자본금요건을 충족하는 동일한 금액의 자산에 투자될 수 있다. 최저자본금요건과 준비금부채를 초과하는 자금은 지불능력이 있는 보험회사의 보통주에 투자될 수 있다.

셋째, 부동산에 대한 투자는 일반적으로 보험회사의 본사사옥과 보험업을 영위하는데 필요한 기타 재산으로 한정된다.

(2) 생명보험회사의 투자

미국에서 생명보험투자를 규제하는 법률은 일반적으로 두 가지 형태를 가지고 있다.

첫째, 법률은 생명보험회사가 투자할 수 있는 투자의 형태를 명기하고, 일반적으로 자산 또는 잉여금의 일정 비율을 기초로 투자의 각 형태별로 최대한도를 법률에 규정하고 있다. 생명보험회사는 전형적으로 보통주와 우선주, 채권, 주택담보대출, 부동산 및 보험증권담보대출에 투자하고 있다. 모든 주는 보통주의 투자한도를 법률로 규정하고 있다. 예를 들어 New York주에서는 보통주의 투자는 총자산의 10% 또는 잉여금의 100% 중 낮은 것을 최대한도로 제한하고 있다.

둘째 형태의 법률은 특정 투자에 대한 적격기준을 규정하고 있다. 예를 들어 전기나 가스 등 공익사업체의 채권과 관련하여 Nebraska는 전연도중 총부채에 관한 최소한

1.5배의 고정경비를 수득할 수 있는 채권발행회사로 제한하고 있다. 이러한 법률의 목적은 생명보험회사가 그들의 투자정책에 있어서 보수적인 투자기준을 견지하도록 하기 위한 것이다.

6) 사업비의 제한

생명보험에 있어서 New York주를 포함한 몇몇 주는 신계약을 획득하고 기존계약을 유지하는데 지출될 수 있는 금액을 제한하고 있다. 이들 주의 법률들은 매우 복잡하지만 일반적으로 신계약비, 대리점수수료, 보너스, 서비스수당 및 기타 비용 등에 소비될 수 있는 금액을 제한하고 있다.

비용제한규정의 목적은 생명보험회사들이 결과적으로 보험대리점에게 보다 높은 수수료를 제공함으로써 상호간에 경쟁을 초래하게 될 낭비적인 가격경쟁을 방지하기 위한 것이다. 그에 따라 그러한 규정들은 소비자에 대한 생명보험의 사업비를 억제시키는데 목적이 있다.

7) 보험계약자배당정책

생명보험에 있어서 연간 사업의 수입은 보험계약자배당의 형태로 분배되거나, 현재나 장래의 필요를 위해 보험회사의 잉여금에 추가될 수도 있다. 미국의 많은 주는 배당부보험상품을 판매하는 생명보험회사들이 적립할 수 있는 잉여금의 금액을 보험계약준비금의 최대 10%까지로 제한하고 있다. 이와 같은 제한의 목적은 생명보험회사들이 보험계약자배당금을 희생시키면서 막대한 잉여금을 적립하는 것을 방지하기 위한 것이다.

8) 보고서의 제출

보험회사의 지불능력의 유지를 위해 법정 연차보고서의 제출이 의무화되고 있다. 미국의 각 보험회사들은 보험업이 영위되는 해당 주(州)의 주보험부에 연차보고서(convention blank라고 알려진)를 제출하여야 한다. 연차보고서는 자산, 부채, 준비금, 투자, 지급보험금 및 기타 정보에 관련하여 규제당국자들에게 상세한 재무정보를 제공한다.

뉴욕 주의 경우 보험회사가 분기별 보고서를 주보험부에 제출하도록 의무화하고 있으며, 재정상 문제가 있는 보험회사의 경우 보험감독관은 회사의 재무상태를 효과적으로 규제·감독하는데 필요하다고 간주되는 보다 상세한 재무제표와 보고서의 제출을 요구할 수도 있다.

재정상 문제가 있는 회사를 규제당국이 식별하는데 보험회사의 재무제표가 중요한 것은 사실이지만, 지불능력의 여부를 확인하기 위해 사용되는 재무제표와 보고서의 신뢰성에는 문제가 있다. 미국의 주보험당국에 제출되는 모든 연차보고서와 재무제표의 60%가 오류를 포함하고 있는 것으로 추정되고 있기 때문이다.[12)]

따라서 이들 재무제표의 정확성과 법정 요건의 일치 여부를 세밀히 검토하는 것이 규제당국자의 책무이다. 재정곤란이나 파산의 전조(前兆)가 확인될 수 있도록 이들 재무제표에 대한 철저한 분석이 요구된다.

9) 보험회사의 검사

또한 미국의 보험회사들은 주정부로부터 정기적으로 검사를 받는다. 주내보험자(domestic insurer)는 통상적으로 주보험부로부터 3년에서 5년 동안에 최소한 1회의 검사를 받는다. 주외(州外)보험자와 외국보험자들도 정기적인 검사를 받는다.

그러나 불필요한 경비와 노력의 중복을 피하기 위해서 미국의 여러 주들을 몇 개 지구로 구분하여 이들 회사들은 본사가 소재하는 주보험부의 전반적인 감독 하에서 상이한 몇몇 주보험부에서 차출된 검사팀에 의해 검사를 받는다. 그리고 그 보고서는 보험업이 영위되고 있는 각 주정부에 제출된다.

10) 보험회사의 청산

보험회사가 지불불능이 되는 경우 주보험부가 그 회사의 관리책임을 맡게 된다. 적절한 관리경영에 의해서 그 회사가 성공적으로 경영정상화를 이룰 수도 있지만 그렇지 못하면 주보험법에 따라 청산된다.

많은 주들은 통일보험회사청산법(Uniform Insurers Liquidation Act)을 채택하고 있다. 이 법은 지불불능이 된 보험회사 자산의 청산과 보험금의 지급에 있어서 각 주(州)

12) Gottheimer, Jr., Can Solvency Be Regulated?, Best Review, February, 1986, p.14.

의 통일성을 달성하기 위한 것이다. 이 법에 의해 결과적으로 모든 채권자들은 지불불능 보험회사가 보험업을 영위한 각 주에서 동일하게 취급된다.

그러나 보험회사가 지불불능이 된 경우 일부 보험금이 지불되지 않는 경우도 있다. 모든 주는 파산한 손해보험회사의 미지불 보험금의 지급을 위해 손해보험의 보험보증기금(insurance guaranty funds)을 설치하고 있다. 또한 생명보험에서도 거의 모든 주가 파산한 생명보험회사와 건강보험회사의 보험계약자에게 보험금 지급을 위해 보증법(guaranty laws)을 제정하고 보증협회(guarantee associations)를 설치운영하고 있다.

부과액방법(assessment method)은 미지불 보험금을 지급하기 위해 필요한 기금을 조달하는데 사용되는 방법이다. 파산이 발생한 후에 일반적으로 보험회사들에게 할당액이 부과된다.[13] 뉴욕 주는 하나의 예외이다. 왜냐하면 보험회사의 파산이 발생하기 전에 손해보험회사에 부과되는 영구적인 사전 부과 파산기금을 설치운영하고 있기 때문이다.

보험회사들은 그들이 지불한 부과액의 일부 또는 전부를 주보험료세 특별공제, 주(州)보증기금의 상환액 및 보험료의 인상 등을 통해 회수할 수 있다. 결과적으로 파산한 보험회사의 지급보험금은 세금납세자와 일반 대중들이 간접적으로 지불하게 되는 것이다.

최근 보험회사의 파산이 증가함에 따라 일부 주에서는 주(州)보증기금이 막대한 재정적 부담이 되고 있다, 보증기금은 보험회사가 파산한 경우 보험계약자가 회수할 수 있는 금액을 제한하고 있다. 예를 들면 생명보험에서 액면가액에 대해 $100,000와 모든 보험증권의 전체 급부금에 대해 $300,000의 한도를 설정하기도 한다. 일부 주에서는 그 주에 소재지를 둔 보험자가 파산한 경우 주외(out-of-state)의 거주자를 보호하지 않는다.

4. 리스크기준 자본금제도(Risk-Based Capital)

미국보험감독관협회(NAIC)는 1992년 12월 생명/건강보험자리스크기준자본금모델

13) 파산한 보험회사의 보험계약자들은 보험금을 지급받기 위해서 수개월 또는 심지어는 몇 년을 기다리지 않으면 안된다. 이것은 주로 보증기금을 조달하는 사후부과방법에 기인하고 있다. 대부분의 경우 주보험부가 파산한 보험회사의 청산을 명령한 후에야 미지불보험금이 보험회사들에게 부과되기 때문이다. 그 결과 미지불보험금의 실제 지급에는 상당한 지연이 발생하고 있다.

법(Risk-Based Capital for Life and/or Health Insurers Model Act)을 채택하고, 1년 후인 1993년 12월 손해보험자리스크기준자본금모델법(Risk-Based Capital for Property and Liability Insurers Model Act)을 채택하였다. 이 법은 각 보험자들의 리스크기준자본금 수준의 계산 및 조정자본금이 RBC와 관련한 일정 수준 이하로 떨어진 경우 규제당국에 의해 취할 수 있는 조치들에 관한 기본적인 구조와 체제를 규정하고 있다.

1) 리스크기준자본금의 도입배경과 개념

(1) 미국 보험회사의 파산 증가

지난 수십년 동안 미국 보험시장은 경제성장과 소비자의 니드와 기호의 변화에 부응하여 다양한 보험상품과 서비스를 개발하고 있다. 생명보험자는 수많은 종류의 생명보험증권과 연금보험 및 기타 투자감응계약을 제공하고 있다.[14] 또한 이자감응상품(interest-sensitive product)의 중요성 증대 및 자금대량인출사태(보험증권 대출 및 해약환급금 등)에 대한 위험노출 증대는 적절한 자산/부채 종합관리전략의 중요성을 증대시켰으며, 경쟁의 심화는 확정이자보장상품 등의 개발에 따른 높은 투자위험과 재무구조를 악화시키는 결과를 초래하였다.

한편, 미국의 손해보험시장도 50년 전에 비해 많은 변화를 보이고 있다. 손해보험자들은 전통적인 주택화재위험으로부터 제조물배상책임위험에 이르기까지 광범위한 위험을 보장하고 있다. 장기간에 걸쳐 보험금이 지급되는 배상책임보험은 적절한 보험요율과 준비금이 산정을 어렵게 만들고 있으며, 배상책임법률에 따른 클레임의 고액화는 손해보험회사의 파산위험과 배상책임보험의 위기를 초래하였다. 기상이변으로 손해보험회사의 대재난손해의 위험이 증대되었다. 일부 기업보험의 심각한 보험료의 상승으로 인해 소비자들은 자가보험 등 새로운 형태의 대체안을 개발함으로써 전통적인 보험자들에게 경쟁압력을 가중시켰다. 재보험회사들도 이와 동일한 문제에 영향을 받고 있으며 재보험자의 파산은 원보험자의 파산에 일조를 하고 있다. 미국의 보험산업은 기업의 크기와 조직에 있어서도 전보다 더욱 다양화되고 있다. 수많은 소형 보험회사들이 제한된 지역에서 손해보험과 생명보험을 판매하고 있다.[15]

14) 생명보험자의 연금관련 보험상품(개인 및 단체연금과 생명보험의 추가계약)에 대한 준비금은 1950년에 생명보험준비금의 ¼에 불과하였으나 1992년에는 2.3배에 달하여 10배 정도 증가하였다.

15) 미국에서 상위 10대 손해보험회사가 1960년에는 전체 순원수보험료의 34.4%를 차지하였으나, 1994년에는 40.4%를 차지하고 있다.

이상과 같은 상황에서 보험자들이 부담하는 재무위험의 증가는 다른 경제적 사건들과 더불어 보험회사의 파산의 수(빈도)와 규모(심도)를 1980년대 중반 이후에 더욱 증가시키는 결과를 가져왔다. 1976년부터 1984년 사이에는 매년 약 20개 회사가 파산하였으나, 1985년에서 1992년 사이에는 매년 약 73개 회사가 파산하였다.[16] 1992년에는 보험사업을 영위중인 8,500개 회사의 약 1%에 해당되는 91개 회사(59개 손해보험회사와 32개 생명보험회사)가 파산하였다.

전술한 바와 같이, 손해보험의 가장 공통적인 파산원인이 지급준비금의 적립 미흡, 부적절한 보험요율, 급속한 고도성장 등이며, 이외의 기타 파산원인으로는 사기사건, 자산의 과대표시, 보험사업(거래종목)의 심한 변경, 재보험의 실패 및 대재난손해 등이었다. 반면, 생명보험회사의 파산원인 중 중요한 것은 부적절한 보험요율과 급속한 고도성장, 계열회사문제, 자산의 과대표시, 사기사건, 보험사업(거래종목)의 심한 변동, 재보험의 실패 등이었다.

그리고 미국의 보험기업들은 앞으로도 계속해서 여러 가지 보험환경의 지배하에 경영상의 위험에 직면하게 될 것이다. 손해보험회사들은 초과 수용능력(overcapacity), 자가보험의 발전, 계속되는 가격경쟁, 외국사와의 경쟁, 자연재해 및 배상책임보험의 거대 클레임 등의 위협을 받고 있다. 생명/건강보험회사들은 급등하는 의료비 상승, 불확실한 의료개혁 문제, 타 금융기관과의 경쟁, 잠재적인 자금대량인출사태 및 자산문제 등의 위험에 직면하고 있다.[17]

(2) 리스크기준자본금제도의 개념과 정의

자본금의 기준은 지불능력규제 중 가장 중요한 것이다. 자본금과 잉여금은 예상치 못한 부채의 증가 및 자산가치의 감소에 대한 완충역할을 담당한다. 보험자는 보험업을 개시하거나 계속 영위하기 위해서 일정한 금액의 자본금과 잉여금을 보유해야 할 책임이 있다. 보험회사의 자본금과 잉여금이 최저기준에 미달하는 경우 법률상 부실회사로 간주되고, 보험회사의 부채가 자산 가치를 초과하는 경우, 즉 자본금과 잉여금이 마이너스(negative)인 경우 그 회사는 지불불능 또는 파산(insolvent)한 회사이다.[18]

---

16) 미국에서 1976년부터 1992년까지 17년 동안 생·손보 합계 768개 회사가 파산하여 이 기간 동안 연평균 약 45개 회사가 파산하였다.

17) Robert W. Klein, "Solvency Monitoring of Insurance Companies: Regulators' Role and Future Direction", The Financial Dynamics of the Insurance Industry, New York: Irwin, 1995, p.50.

18) Robert W. Klein, "Solvency Monitoring of Insurance Companies: Regulators' Role and Future

전형적으로 2백만달라(복수 보험종목을 영위하는 보험자)의 범위에서 규정하고 있는 현행 최저 자본금과 잉여금의 기준은 상당한 규모의 수입보험료과 위험을 가지고 있는 기존 회사보다는 신설회사에 보다 적절한 것이다. 2백만달라의 자본금과 잉여금은 순보험료 면에서 5천만달라를 인수하는 보험회사에게는 분명 부적절할 것이다. 보험자에 따라서는 그들이 인수하는 위험의 크기와 종류가 매우 다르고, 그 결과 많은 보험회사에 대하여는 일정하게 고정된 최저 자본금과 잉여금은 의미가 없게 된다.

1990년 12월 NAIC는 보험자에 대한 RBC(Risk-Based Capital)기준이 고정된 최저자본금 기준보다 적절하고 합리적이라는 결론을 내리고, 생명/건강보험회사와 손해보험회사에 대한 그와 같은 RBC기준을 도입하기 위해 별도의 실무작업반을 구성·운영하여 1992년 12월 NAIC는 생명/건강보험의 RBC공식과 모델법을 채택하였고, 손해보험의 RBC요건의 도입과 시행은 1993년 12월 NAIC에 의해 채택되었다.

리스크기준자본금(Risk-Based Capital: RBC)이란 보험회사는 그들의 투자와 보험경영의 위험도에 기초하여 일정 금액의 자본금을 보유해야 한다는 것을 의미한다. 보험회사는 리스크기준 자본금의 요건을 충족시키기 위해 얼마나 많은 자본금이 필요한지를 보험당국자들에 의해 감시감독을 받는다. 예를 들면 투자등급이하의 기업채권("junk bonds")에 투자한 보험회사는 국채를 매입한 경우의 자본금보다 더 많은 금액의 자본금을 보유하여야만 한다.

2) 리스크기준자본금요건의 목적

보험자에 대한 리스크기준자본금기준에 관심은 고정된 최저 자본금요건의 여러 가지 제약에 대한 우려에서 시작되었다. 고정된 자본금기준의 단점을 요약하면 ① 위험과 무관하고 ② 많은 보험자에 대해 너무 낮은 수준이며 ③ 파산 직전의 보험회사에 대해 적시에 규제조치를 취할 수 있는 충분한 기준을 제공 못하고 있다는 점이다. 또한 저축기관에 대한 리스크기준자본금조치의 시행에 자극받아 NAIC의 RBC기준의 도입작업이 더욱 촉진되었다.

NAIC의 RBC요건의 주요 목적은 ① 위험과 관련이 있고 ② 보험자에 대한 안전망(safety net)을 높게 하며 ③ 각 주마다 통일된 자본금기준을 규정하고 ④ 실제 자본금

Direction", The Financial Dynamics of the Insurance Industry, (Edited by Edward I. Altman and Irwin T. Vanderhoof), New York: Irwin, 1995, p.56.

이 기준 이하로 떨어질 경우 규제조치의 권한을 규정하기 위한 것이다.

한편, 자본금은 투자위험과 보험위험, 즉 보험회사의 자산과 준비금을 고갈시킬 수 있는 예기치 않은 사건으로부터 보험자를 보호한다. 그러한 위험을 흡수하기 위해 보험자가 비축해둔 자본금의 금액은 보험자가 인수하는 위험의 종류를 반영하지 않으면 안된다. 예를 들어 우량등급의 채권에 투자하는 보험자는 불량등급의 채권에 투자하는 보험자보다 적은 자본금을 필요로 한다. 따라서 리스크기준자본금공식(RBC formula)은 보험자가 가지고 있는 위험에 대해 비축해야 할 자금을 계량화할 수 있도록 보험자를 도와주는 기능을 가지고 있다.

3) 생명보험회사의 리스크기준자본금

리스크기준자본금의 공식은 너무 복잡하기 때문에 간단히 설명하기가 불가능하다. 따라서 그 공식에서 위험의 네 가지 대분류에 대하여 간략하게 살펴본 다음, 보험회사의 재무상태가 악화되는 경우 규제당국이 취할 수 있는 권한과 규제조치에 대해 설명하고자 한다.

(1) 리스크기준자본금의 공식과 위험의 분류

RBC공식의 목적은 회사가 부담하는 위험에 필요한 최저 잉여금의 금액을 계산하기 위한 것이다. NAIC의 생명/건강보험 RBC공식은 다음과 같은 네 가지의 위험의 대분류를 포함하고 있다. 즉 ① 자산위험(C-1) ② 보험 또는 가격산정위험(C-2) ③ 이자율위험(C-3) ④ 사업위험(C-4) 등이다.

① 자산위험(asset risk) : 자산위험은 보험자의 투자 포트폴리오의 채무불이행과 시장가치 감소의 위험을 포함한다. 자산위험은 계열사에 투자한 자산의 부실위험도 포함하는데, 모회사는 계열사의 재무위험을 방어하는데 필요한 만큼의 리스크기준 자기자본을 보유해야한다. 자산위험은 또한 채권, 다른 채무자산의 지급불이행, 주식가치의 손실과 같은 위험으로 대표된다.

② 보험위험(insurance risk) : 보험위험은 보험료와 준비금이 급부금과 보험금을 지급하는데 불충분한 잠재성을 의미한다. 보험위험은 언더라이팅위험과 동의어로서 미래의 클레임 수준에 대한 수시 변동과 부정확한 보험료산정 때문에 발생하는 보험금의 초과지급에 필요한 잉여금의 액수를 반영한다.

③ 이자율위험(interest rate risk) : 이자율위험은 이자율의 변동 때문에 발생할 수 있는 손실의 위험이다. 이자율 변동은 보험계약자가 계약상의 보증을 선호하는 경우와 보험계약자들이 보험회사로부터 펀드를 철회함으로써 이자율의 변동에 대응하기 쉬운 경우의 보험상품에 영향이 가장 크게 미친다. 예를 들면 이자율의 상승 때문에 계약상의 채무를 뒷받침하는 자산의 시장가치의 하락 및 이자율의 변동 때문에 펀드를 취소하는 보험계약자들로 인한 유동성의 문제 등이다.

④ 사업위험(business risk) : 사업위험은 부실경영으로 인한 파산과 타 보험자의 파산으로 인해 지불해야 할 보증기금부과금에 대한 잠재적인 부담액과 같은 생명보험회사가 직면하는 넓은 범주의 일반적인 사업위험을 의미한다.

(2) 리스크기준자본금에 따른 단계별 규제조치

NAIC모델법은 RBC산출에 법적 효력을 부여하기 위해 개발된 것이다. 모델법은 어떠한 조치들이 규제당국에 의해 취해질 수 있는가를 정의하고 있으며, 기본적으로 기존의 자본금 및 잉여금 기준을 대신하고 있다.[19] 모델법은 보험자들의 리스크기준자본금의 요건을 규정하고, 자본금과 잉여금이 너무 낮게 떨어지기 전에 주 규제당국이 보험회사에 대하여 취할 수 있는 조치들을 규정하고 있다.

RBC공식에 의해 해당 보험회사의 총RBC가 산출되면, 그 회사의 RBC상황을 결정하기 위해 결과적으로 조정된 총RBC금액이 해당 보험회사의 실제 총 조정자본금(total adjusted capital : TAC)과 비교된다.

총 조정자본금(TAC)에는 ① 자본금과 잉여금(capital and surplus) ② 자산평가준비금(asset valuation reserve : AVR) ③ 계약자배당준비금(dividend liabilty)의 50% ④ 기타 자발적인 투자준비금(voluntary investment reserves) 등이 포함된다.

생명보험회사의 총 조정자본금(TAC)이 계산된 RBC의 수준 이하에 해당되면 규제조치가 필요하게 된다. 모델법은 규제조치의 강도에 따라 다음과 같은 네 가지 단계로 구분하여 규제조치의 성격과 규제내용을 규정하고 있다.

① 회사자율조치단계(Company Action Level)
② 규제조치단계(Regulatory Action Level)

19) 모델법은 RBC공식를 인용하고 있지만 구체적인 사항을 그 법의 일부로 포함시키지 않고 있다. 이것은 NAIC가 각 주의 승인을 받을 필요 없이 RBC공식을 변경할 수 있음을 의미한다.

③ 위임관리단계(Authorized Control Level)

④ 강제관리단계(Mandatory Control Level)

그러나 RBC가 회사의 평가 자료로서 활용되는 것을 방지하기 위해 RBC의 시행단계를 쉽게 알 수 없도록 RBC계산을 조금은 복잡하게 규정하고 있다. 즉 위임관리단계(Authorized Control Level)의 RBC로 정의되는 금액을 얻기 위해 RBC공식의 결과로 산정된 금액(총RBC의 금액)을 2로 나눈다. 그리고 그와 같이 산출된 위임관리단계에 해당되는 금액에 단계별 비율을 곱하여 산출된 단계별 RBC금액이 총 조정자본금(TAC)과 비교된다.

먼저 RBC공식에 의해 산출된 금액의 ½이 위임관리단계의 RBC금액이 되고, 그 금액의 일정 비율(70%, 150%, 200%)로서 다른 단계의 RBC금액이 결정된다. 해당 보험회사의 조정자본금의 금액이 네 가지 단계 중 어느 단계에 해당되는지가 결정되면 그에 따른 규제조치가 취해지는 것이다.

이상과 같은 조정자본금의 조정RBC(또는 위임관리단계RBC)에 대한 비율을 기초로 한 단계별 규제권한 조치를 요약하면 다음 <표 4-1>에서와 같다.

〈표 4-1〉 조정자본금과 조정RBC 대비 규제당국의 단계별 규제내용

규제개입단계	위임관리 단계 비율	조정자본금/ RBC (%)	규제 내용
자율조치단계 Company Action Level	200%미만 또는 200-250%	75-100% 미만, 100-125%미만 (최근 3년 동안 자본금의 감소추세)	포괄적인 재무계획서를 45일 이내에 규제당국에 제출하여야 한다.
규제조치단계 Regulatory Action Level	150%미만	50-75% 미만, 또는 RBC보고서의 기간 내 미제출 등	① 회사자율조치단계의 RBC 보고서 제출 ② 자산, 부채 및 경영에 관한 검사 또는 분석 실시 ③ 시정조치를 명기한 지시명령서 발부
위임관리단계 Authorized Control Level	100%미만	35-50% 미만, 또는 시정명령 불이행의 경우	① 규제조치단계에서 필요한 조치 ② 보험계약자들의 이익보호 를 위한 경우 해당 회사에 대한 규제당국의 관리
강제관리단계 Mandatory Control Level	70%미만	35%미만	보험자를 규제당국의 관리 하에 두는데 필요한 조치

(3) 청문회 개최

모델법상 보험자는 다음의 경우 주보험부의 청문회을 받을 권리가 있다.

① RBC보고서에 대해 보험감독관이 이의를 제기한 경우

② 시정명령서가 발부된 경우

③ RBC계획의 불이행 및 그러한 불이행이 會社自律措置段階를 제거하는데 있어서 보험자에게 상당한 악영향을 미치고 있다는 사실을 보험감독관으로부터 통지받은 경우.

4) 손해보험회사의 리스크기준자본금제도

리스크기준자본금의 도입배경과 개념 및 그 목적에 대하여는 생명보험회사의 리스크기준자본금에서 전술한 바 있다. 따라서 여기에서는 생명보험의 RBC와 비교하여 다른 점만을 간단히 소개하고자 한다.

(1) 손해보험회사의 RBC공식과 위험의 분류

NAIC의 손해보험회사의 RBC공식은 다음과 같은 네 가지 위험으로 크게 분류하고 있다.[20)]

① 자산위험(asset risk): 자산(asset)의 RBC해당금액은 전체 손해보험회사의 RBC의 약 20%를 차지하고 있다. 채권의 위험계수들은 0%(연방정부의 공채)에서 30%(채무불이행 상태에 있는 채권)까지 다양하다.[21)]

② 신용위험(credit risk): 수취 불가능한 재보험 및 기타 수취계정으로 분류하여 위험계수가 적용된다.

③ 언더라이팅위험(underwriting risk): 부적절한 보험요율산정 및 준비금의 위험이다. 손해보험의 RBC공식 중 가장 중요한 요소는 언더라이팅위험의 규정이다.[22)]

---

20) 생명보험회사의 RBC공식상 ① 자산위험(asset risk) ② 보험위험(insurance risk) ③ 이자율위험(interest rate risk) ④ 사업위험(business risk) 등의 위험의 분류와는 약간 차이가 있다.

21) 비계열회사의 보통주에는 15%가 부과되고, 발행자에 따라 분류된 상위 10대 자산위험노출상황과 상대적으로 소수의 발행자로 구성된 채권포트폴리오를 가진 보험자에게는 자산집중계수가 적용된다.

22) J. David Cummins, Scott Harrington and Greg Niehaus, "Risk-Based Capital Requirements for Property-Liability Insurers: A Financial Analysis", The Financial Dynamics of the Insurance Industry, (Edited by Edward I. Altman and Irwin T. Vanderhoof), New York: Irwin,

미지급손해에 대한 준비금(우리나라의 지급비금) 및 각 보험종목별 순수입보험료에 별도의 위험계수들이 적용된다.

④ 대차대조표 이외의 위험(off-balance sheet risk): 급격한 고도성장, 모회사의 채무보증 등 3년 동안 평균 보험료성장이 10%를 초과한 보험자와 대차대조표 이외의 채무(off-balance sheet liabilities)에 대해 추가적인 RBC해당금액이 부여된다.

생명보험의 경우와 같이, 손해보험의 RBC공식은 법정 재무제표에 보고된 여러 가지 금액에 책정된 위험계수(factors)를 곱하여 각각의 위험의 종류에 대한 RBC해당금액을 결정한다. 그리고 대분류된 네 가지 위험간의 상이한 위험도를 감안하기 위해 각 위험별 RBC해당금액의 합계액에 대해 상호편차조정(covariance adjustment)이 이루어진다.

그와 같이 조정된 총RBC가 해당회사의 실제 총 조정자본금(TAC)과 비교되어 그 회사의 RBC상황이 결정된다.[23] 보험자들은 그들의 연차보고서상에 리스크기준자본금과 총 조정자본금을 보고해야 할 의무가 있다. 그러나 그들의 계산상 명세사항은 비공개보고서로 제출된다.

(2) 리스크기준자본금에 따른 단계별 규제조치

리스크기준자본금에 따른 단계별 규제조치는 생명보험의 경우와 같다. 규제당국은 회사의 자본금이 RBC의 일정 비율 미만으로 떨어지면 규제조치를 취하여야만 한다. 그러나 손해보험의 경우 1995년 이후에는 RBC공식의 결과 산출된 금액의 ½에 해당되는 "위임관리단계"(authorized control level)가 각 단계의 기준점으로 사용된다.

해당 손해보험회사의 조정자본금을 위임관리단계 조정RBC과 대비한 경우의 단계별 규제당국의 규제조치내용을 요약하면 다음 <표 4-2>에서와 같다.

1995, p.137.

23) 여기에서 생명보험의 경우 보험회사의 총 조정자본금을 결정하기 위해 일부 준비금(자산평가준비금, 자발적인 투자준비금 및 계약자배당준비금의 50%)이 보고된 자본금과 잉여금에 추가된다. 그러나 손해보험의 RBC공식에는 일부 계열회사와의 거래 및 준비금 할인금액에 조정액이 포함된다.

〈표 4-2〉 단계별 규제당국의 규제조치

규제개입단계	위임관리 단계의 비율	규제 내용
자율조치단계 Company Action Level	200%미만	보험감독관에 보험사업 개선계획서 제출
규제조치단계 Regulatory Action Level	150%미만	보험감독관의 검사 실시 및 필요시 개선조치 시행
위임관리단계 Authorized Control Level	100%미만	해당 회사의 회생이나 청산에 대한 보험감독관의 법적 권한 보유
강제관리단계 Mandatory Control Level	70%미만	보험감독관의 보험회사 관리책임

제3절 우리나라의 보험규제 및 감독제도

우리나라의 보험업을 규제하고 감독하는 근거 법규는 보험업법과 보험업법시행령, 보험업법시행규칙 및 보험업감독규정 등이 있다. 이를 근거로 주요한 규제 · 감독제도에 관하여 살펴보기로 한다.

1. 보험업법의 목적 및 용어의 정의

1) 보험업법의 목적과 성격

보험업법 제1조(목적)에서 "보험업을 영위하는 자의 건전한 운영을 도모하고 보험계약자 · 피보험자 그 밖의 이해관계인의 권익을 보호함으로써 보험업의 건전한 육성과 국민경제의 균형 있는 발전에 기여함을 목적으로 한다."고 규정하고 있다.

보험업법은 보험업의 공공성을 감안하여 특별한 규제와 감독을 하기 위한 일종의 상사특별법으로서 민영보험업에 대한 행정적 규제감독(공법적 성격)과 보험업을 영위하는 자의 설립, 조직, 운용 등에 관한 규정(사법적 성격)이 혼합된 공법과 사법의 병합법률이다.

2) 보험업법상 용어의 정의

(1) 보험업과 제3보험 등

"보험업"이라 함은 사람의 생사에 관하여 약정한 급여의 제공을 약속하거나 우연한 사고로 인하여 발생하는 손해의 보상을 약속하고 금전을 수수하는 것 등을 업으로 행하는 것으로 생명보험업·손해보험업 및 제3보험업을 말한다.

"생명보험업"이라 함은 사람의 생존 또는 사망에 관하여 약정한 급여의 제공을 약속하고 금전을 수수하는 것을 업으로 행하는 것을 말한다.

"손해보험업"이라 함은 우연한 사고(질병·상해 및 간병을 제외한다)로 인하여 발생하는 손해의 보상을 약속하고 금전을 수수하는 것(매매·고용·도급 그 밖의 계약에 의한 채무 또는 법령에 의한 의무의 이행에 관하여 발생할 채권자 그 밖의 권리자의 손해를 보상할 것을 채무자 그 밖의 의무자에게 약속하고, 채무자 그 밖의 의무자로부터 그 보수를 수수하는 것을 포함한다)을 업으로 행하는 것을 말한다.

"제3보험업"이라 함은 사람의 질병·상해 또는 이로 인한 간병에 관하여 약정한 급여를 제공하거나 손해의 보상을 약속하고 금전을 수수하는 것을 업으로 행하는 것을 말한다.

(2) 보험회사와 상호회사 등

"보험회사"는 보험업법 제4조의 규정에 의한 허가를 받아 보험업을 영위하는 자를 말하고, "상호회사"는 보험업을 영위할 목적으로 이 법에 의하여 설립된 보험계약자를 사원으로 하는 회사를 말한다. "외국보험회사"라 함은 대한민국외의 국가의 법령에 의하여 설립되어 대한민국외의 국가에서 보험업을 영위하는 자를 말한다.

(3) 보험설계사, 보험대리점, 보험중개사

"보험설계사"는 보험회사를 위하여 보험계약의 체결을 중개하는 자(법인이 아닌 사단 및 재단을 포함한다)로서 보험업법 제84조의 규정에 의하여 등록된 자를 말한다.

"보험대리점"이란 보험회사를 위하여 보험계약의 체결을 대리하는 자(법인이 아닌 사단 및 재단을 포함한다)로서 보험업법 제87조의 규정에 의하여 등록된 자를 말한다.

"보험중개사"는 독립적으로 보험계약의 체결을 중개하는 자(법인이 아닌 사단 및 재단을 포함한다)로서 보험업법 제89조의 규정에 의하여 등록된 자를 말한다.

보험업법에서 "모집"이라 함은 보험계약의 체결을 중개 또는 대리하는 것을 말한다.

3) 보험계약의 체결 제한

누구든지 보험회사가 아닌 자와 보험계약을 체결하거나 이를 중개 또는 대리하지 못한다. 다만, 대통령령이 정하는 경우에는 그러하지 아니하다. 여기에서 보험회사가 아닌 자와 보험계약을 체결할 수 있는 경우는 다음과 같다.[24)]

① 외국보험회사와 생명보험계약 · 수출적하보험계약 · 수입적하보험계약 · 항공보험계약 · 여행보험계약 · 선박보험계약 · 장기상해보험계약 또는 재보험계약을 체결하는 경우

② 대한민국 안에서 영위되는 보험종목에 관하여 3 이상의 보험회사로부터 가입이 거절되어 외국보험회사와 보험계약을 체결하는 경우

③ 대한민국 안에서 영위되지 아니하는 보험종목에 관하여 외국보험회사와 보험계약을 체결하는 경우

④ 외국에서 보험계약을 체결하고, 보험기간이 경과되기 전에 대한민국 안에서 그 계약을 지속시키는 경우

⑤ 그 외에 보험회사와 보험계약을 체결하기 곤란한 경우로서 금융위원회의 승인을 얻은 경우

2. 보험업의 허가 등

1) 보험업의 영위요건

보험업을 영위하고자 하는 자는 보험종목별로 금융위원회의 허가를 받아야 한다. 보험업이란 보증보험을 포함한 민영보험업을 말하고 보험업법의 적용을 받지 않는 국민연금보험, 건강보험, 고용보험, 산업재해보상보험 등 공영보험과 유사보험으로서 가종

24) 보험업법시행령 제7조(보험계약의 체결) 제1항

공제보험(농협보험, 택시공제, 버스공제 등)은 적용대상에서 제외된다.

보험업의 허가는 회사 설립의 허가가 아니고 보험영업의 허가이다. 이론상 보험업의 허가 없이 보험회사를 상법 등의 법률에 의하여 설립할 수 있으나, 실제로는 보험업의 허가 없이 보험회사의 설립등기가 불가능하므로 보험업의 허가를 받아야 보험회사를 설립할 수 있다.

허가는 보험업의 종목마다 받아야 한다. 보험업의 종목이란 생명보험, 화재보험, 자동차보험, 해상보험 등 사업방법서에 의한 구분을 말한다. 이미 허가받은 보험업에 속하는 새로운 보험계약의 종류, 예를 들어 생명보험 중 생존보험이나 사망보험, 해상보험 중 선박보험이나 적하보험의 신규 영위는 기초서류의 변경 신고로 가능하다.

허가는 법령상 금지된 행위를 허용하는 행정행위로서, 허가를 받지 않고 보험계약을 인수한 경우에는 처벌의 대상은 되지만 사법상 유효하다. 금융위원회의 허가행위는 행정처분에 의한 재량행위로서 보험시장상황과 경제규모 등을 고려하여 결정되지만 보험업법의 허가요건에 좌우된다. 다만 금융위원회는 허가에 조건을 붙일 수 있다.

2) 보험업법상 업종별 보험종목의 구분

금융위원회의 허가는 보험종목별로 받아야 한다. 보험업법은 제4조 1항에서 생명보험업의 보험종목, 손해보험업의 보험종목, 제3보험업의 보험종목 등 세 가지 업종으로 분류하고 있다.

생명보험업의 보험종목으로는 ① 생명보험 ② 연금보험(퇴직보험 포함) ③ 그 밖에 대통령령이 정하는 보험종목 등이 있다.

손해보험업의 보험종목으로는 ① 화재보험 ② 해상보험(항공・운송보험 포함) ③ 자동차보험 ④ 보증보험 ⑤ 재보험 ⑥ 그 밖에 대통령령이 정하는 보험종목(책임보험, 기술보험, 부동산권리보험, 그 밖에 총리령이 정하는 보험) 등이며, 총리령이 정하는 보험에는 도난보험, 유리보험, 동물보험, 원자력보험, 비용보험, 그 밖에 손해보험업의 보험종목으로 분류할 수 있는 보험으로서 금융위원회가 정하는 보험이 있다.

제3보험업의 보험종목은 ① 상해보험 ② 질병보험 ③ 간병보험 ④ 그 밖에 대통령령이 정하는 보험종목 등이다.

생명보험업 또는 손해보험업에 해당하는 보험종목의 전부에 관하여 금융위원회의 허가를 받은 자는 제3보험업에 해당하는 보험종목에 관하여 허가를 받은 것으로 본다.

3) 보험업의 영위주체

보험업의 허가를 받을 수 있는 자는 주식회사, 상호회사와 외국보험회사에 한하며, 허가를 받은 외국보험회사의 국내지점(이하 "외국보험회사의 국내지점"이라 한다)은 보험업법에 의한 보험회사로 본다.

4) 허가 신청서류와 허가의 요건

(1) 허가신청서의 제출

허가를 받고자 하는 자는 신청서에 다음의 서류를 첨부하여 금융위원회에 제출하여야 한다.(보험업법 제5조)

① 정관
② 업무개시후 3년간의 사업계획서(추정재무제표를 포함한다)
③ 영위하고자 하는 보험종목별 사업방법서, 보험약관, 보험료 및 책임준비금의 산출방법서(이하 "기초서류"라 한다)
④ 기타 대통령령이 정하는 서류

(2) 허가의 요건

보험업의 허가를 받고자 하는 자(외국보험회사를 제외한다)는 다음의 요건을 갖추어야 한다.(보험업법 제6조1항)

① 보험업법에서 정한 자본금 또는 기금을 보유할 것
② 보험계약자의 보호가 가능하고 그 영위하고자 하는 보험업을 수행함에 충분한 전문 인력과 전산설비 등 물적 시설을 갖추고 있을 것
③ 사업계획이 타당하고 건전할 것
④ 대주주(최대주주의 특수 관계인인 주주를 포함한다)가 보험업법 제13조제1항 각 호의 어느 하나에 해당하지 아니하고 충분한 출자능력 및 건전한 재무상태를 갖추고 있어야 하며, 건전한 경제 질서를 저해한 사실이 없을 것.

보험업의 허가를 받고자 하는 외국보험회사는 다음의 요건을 갖추어야 한다.

① 보험업법에서 정한 영업기금을 보유할 것

② 국내에서 영위하고자 하는 보험업과 동일한 보험업을 외국법령에 의하여 영위하고 있을 것
③ 자산상황 · 재무건전성 및 영업건전성이 국내에서 보험업을 영위하기에 충분하고, 국제적으로 인정받고 있을 것
④ 보험계약자의 보호가 가능하고 그 영위하고자 하는 보험업을 수행함에 충분한 전문 인력과 전산설비 등 물적 시설을 갖추고 있을 것
⑤ 사업계획이 타당하고 건전할 것

보험회사는 "보험계약자의 보호가 가능하고 그 영위하고자 하는 보험업을 수행함에 충분한 전문 인력과 전산설비 등 물적 시설을 갖추고 있을 것"의 요건을 대통령령이 정하는 바에 따라 보험업의 허가를 받은 이후에도 계속 유지하여야 한다.

5) 자본금 또는 기금[25]

보험회사는 300억원 이상의 자본금 또는 기금을 납입하여야 보험업을 개시할 수 있다. 다만, 보험회사가 보험종목의 일부만을 영위하고자 하는 경우에는 50억원 이상의 범위에서 대통령령으로 자본금 또는 기금의 액수를 달리 정할 수 있다.

보험종목의 일부만을 영위하고자 하는 보험회사가 납입하여야 하는 보험종목별 자본금 또는 기금의 액수는 다음의 구분에 의한다.[26]

① 생명보험 : 200억원
② 연금보험(퇴직보험 포함) : 200억원
③ 화재보험 : 100억원
④ 해상보험(항공 · 운송보험 포함) : 150억원
⑤ 자동차보험 : 200억원
⑥ 보증보험 : 300억원
⑦ 재보험 : 300억원
⑧ 책임보험 : 100억원
⑨ 기술보험 : 50억원
⑩ 부동산 권리보험 : 50억원
⑪ 상해보험 : 100억원
⑫ 질병보험 : 100억원
⑬ 간병보험 : 100억원
⑭ 이외의 기타 보험종목 : 50억원

25) 보험업법 제9조
26) 보험업법시행령 제12조(보험종목별 자본금 또는 기금)제1항

제보험의 300억원의 자본금은 재보험을 전업으로 영위하고자 하는 보험회사에 한하여 적용한다. 다만, 영위하고 있는 보험종목에 대한 재보험을 영위하고자 하는 때에는 그러하지 아니하다.

보험회사가 상기 보험종목 중 2 이상의 보험종목을 영위하고자 하는 경우에는 상기 구분에 의한 금액의 합계액을 자본금 또는 기금으로 한다. 다만, 그 합계액이 300억원 이상인 경우에는 300억원으로 한다.

그러나 전화 · 우편 · 컴퓨터통신 등 통신수단을 이용하여 대통령령이 정하는 바에 따라 모집하는 보험회사는 상기 규정에 의한 자본금 또는 기금의 3분의 2에 상당하는 금액 이상을 자본금 또는 기금으로 납입함으로써 보험업을 개시할 수 있다. 여기에서 "대통령령이 정하는 바에 따라 모집하는 보험회사"라 함은 총 보험계약건수 및 수입보험료의 100분의 90 이상을 전화 · 우편 · 컴퓨터통신 등 통신수단을 이용하여 모집하는 보험회사(이하 "통신판매전문보험회사"라 한다)를 말한다.

외국보험회사가 대한민국 안에서 보험업을 영위하고자 하는 경우에는 대통령령이 정하는 영업기금을 자본금 또는 기금으로 본다. 대통령령이 정하는 외국보험회사의 영업기금은 30억원 이상으로 한다.

6) 보험업 겸영의 제한과 다른 업무 겸영의 제한

(1) 보험업 겸영의 제한

보험회사는 생명보험업과 손해보험업을 겸영하지 못한다. 다만, 다음 에 해당하는 보험종목은 그러하지 아니하다.

① 생명보험의 재보험 및 제3보험의 재보험
② 다른 법령에 의하여 겸영이 가능한 보험종목으로서 대통령령이 정하는 보험종목
③ 대통령령이 정하는 기준에 따라 제3보험의 보험종목에 부가되는 보험

(2) 다른 업무 겸영의 제한

보험회사는 다음에 해당하는 업무를 제외하고는 보험업 외의 업무를 영위하지 못한다. 보험회사가 보험업외의 업무를 영위하는 경우에는 그 업무를 대통령령이 정하는 바에 따라 보험업과 구분하여 계리하여야 한다.

① 대통령령이 정하는 금융업으로서 해당 법령에서 보험회사가 영위할 수 있도록 허용한 업무
② 대통령령이 정하는 금융업으로서 그 업무의 성격상 보험회사가 겸영하는 것이 가능하다고 금융위원회가 인가한 업무
③ 다음 각목의 1에 해당하는 업무로서 대통령령이 정하는 부수업무
㉮ 보험업과 관련된 업무(다른 보험회사를 위하여 그 보험업에 속하는 거래의 중개 또는 대리를 하는 업무를 포함한다)
㉯ 보험회사가 소유하는 인력·자산 또는 설비 등을 활용하는 업무
㉰ 그 밖에 다른 법령에 의하여 허가·인가·승인 또는 등록 등을 필요로 하지 아니하는 업무

3. 보험모집에 관한 규제감독

1) 모집종사자

보험업법상 모집을 할 수 있는 자는 다음과 같다.
① 보험설계사
② 보험대리점
③ 보험중개사
④ 보험회사의 임원(대표이사·사외이사·감사 및 감사위원을 제외한다) 또는 직원
⑤ 보험대리점 또는 보험중개사의 임원 또는 사용인으로서 이 법에 의하여 모집에 종사할 자로 신고된 자. 다만, 금융기관보험대리점 등은 대통령령이 정하는 바에 따라 모집에 종사하게 할 목적으로 별도의 사용인을 둘 수 없다.

2) 보험설계사 등의 등록 및 모집의 제한

(1) 보험설계사 등의 공통 결격사유

다음에 해당하는 자는 보험설계사, 보험대리점, 보험중개사가 되지 못한다.

① 금치산자 또는 한정치산자

② 파산선고를 받은 자로서 복권되지 아니한 자
③ 이 법에 의하여 벌금 이상의 형을 선고받고 그 집행이 종료되거나 집행이 면제된 날부터 2년이 경과되지 아니한 자
④ 이 법에 의하여 보험설계사 · 보험대리점 또는 보험중개사의 등록이 취소된 후 2년(금융기관보험대리점 등의 경우에는 등록이 취소된 후 3년)이 경과되지 아니한 자
⑤ 영업에 관하여 성년자와 동일한 능력을 가지지 아니한 미성년자로서 법정대리인이 상기 경우에 해당하는 자
⑥ 법인 또는 법인이 아닌 사단이나 재단으로서 그 임원 또는 관리인 중에 상기 경우에 해당하는 자가 있는 자
⑦ 과거에 모집에 관하여 수수한 보험료를 다른 용도에 유용한 후 2년이 경과되지 아니한 자

(2) 보험설계사 등의 등록 및 모집의 제한

보험회사는 소속보험설계사가 되고자 하는 자를 금융위원회에 등록하여야 한다. 보험설계사는 1인1사 주의를 원칙으로 한다. 보험회사는 다른 보험회사에 속하는 보험설계사에게 모집을 위탁하지 못하고, 보험설계사는 소속보험회사외의 보험회사를 위하여 모집하지 못한다.

그러나 예외로서 ① 생명보험회사에 속한 보험설계사가 1개의 손해보험회사를 위하여 보십을 하는 때 ② 손해보험회사에 속한 보험설계사가 1개의 생명보험회사를 위하여 모집을 하는 때 ③ 생명보험회사 또는 손해보험회사에 속한 보험설계사가 1개의 제3보험업을 영위하는 보험회사를 위하여 모집을 하는 때는 가능하다.

금융위원회는 보험설계사가 부정한 방법으로 등록을 한 때 등 취소사유가 발생한 경우에는 그 등록을 취소하여야 한다. 금융위원회는 보험설계사가 모집에 관한 이 법의 규정을 위반한 때와 이 법에 의한 명령이나 처분을 위반한 때에는 6월 이내의 기간을 정하여 그 업무의 정지를 명하거나 그 등록을 취소할 수 있다.

(3) 보험대리점의 등록

보험대리점이 되고자 하는 자는 금융위원회에 등록하여야 한다. 상기 공통 결격사유

에 추가하여 ① 보험설계사 또는 보험중개사로 등록된 자 ② 보험중개사 또는 다른 보험대리점의 임원 또는 사용인으로서 모집에 종사하는 자 등은 보험대리점이 되지 못한다.

금융위원회는 등록을 한 보험대리점으로 하여금 금융위원회가 지정하는 기관에 영업보증금을 예탁하게 할 수 있다. 보험대리점의 구분·등록요건 및 영업보증금의 한도액은 대통령령으로 정한다.

(4) 보험중개사의 등록

보험중개사가 되고자 하는 자는 금융위원회에 등록하여야 한다. 상기 공통 결격사유에 추가하여 특히 다음에 해당하는 자는 보험중개사가 되지 못한다.

① 보험설계사 또는 보험대리점으로 등록된 자
② 보험대리점 또는 다른 보험중개사의 임원 또는 사용인으로서 모집에 종사하는 자
③ 부채가 자산을 초과하는 법인
④ 대한민국안에 사무소를 설치하지 아니한 자

금융위원회는 제1항의 규정에 의한 등록을 한 보험중개사가 보험계약의 체결을 중개함에 있어서 보험계약자에게 가한 손해의 배상을 보장하기 위하여 보험중개사로 하여금 금융위원회가 지정하는 기관에 영업보증금을 예탁하게 하거나 보험에의 가입 그 밖의 필요한 조치를 하게 할 수 있다.

(5) 금융기관보험대리점 등의 등록 및 영업기준

다음에 해당하는 기관(이하 "금융기관"이라 한다)은 보험대리점 또는 보험중개사로 등록할 수 있다.

① 「은행법」에 의하여 설립된 금융기관
② 「자본시장과 금융투자업에 관한 법률」에 따른 투자매매업자 또는 투자중개업자
③ 「상호저축은행법」에 의한 상호저축은행
④ 그 밖에 다른 법률에 의하여 금융업무를 행하는 기관으로서 대통령령이 정하는 기관

보험대리점 또는 보험중개사로 등록한 금융기관(이하 "금융기관보험대리점등"이라

한다)이 모집할 수 있는 보험상품의 범위는 금융기관에서의 판매용이성, 불공정거래가능성 등을 감안하여 대통령령으로 정한다.

금융기관보험대리점등의 모집방법, 모집에 종사하는 모집인의 수 및 영업기준 등 그 밖의 필요한 사항은 대통령령으로 정한다.

3) 모집관련 준수사항

(1) 보험안내자료

모집을 위하여 사용하는 보험안내자료(이하 "보험안내자료"라 한다)에는 다음 사항을 명료하고 알기 쉽게 기재하여야 한다.

① 보험가입에 따른 권리 · 의무에 관한 주요사항
② 보험약관에서 정하는 보장에 관한 사항
③ 해약환급금에 관한 사항
④「예금자보호법」에 의한 예금자보호와 관련된 사항
⑤ 그 밖에 보험계약자의 보호를 위하여 대통령령이 정하는 사항 등

보험안내자료에 보험회사의 자산과 부채에 관한 사항을 기재하는 경우에는 금융위원회에 제출한 서류에 기재된 사항과 다른 내용의 것을 기재하지 못하고, 보험회사의 장래의 이익의 배당 또는 잉여금의 분배에 대한 예상에 관한 사항을 기재하지 못한다.

(2) 통신수단을 이용한 모집 등 관련 준수사항

① 전화 · 우편 · 컴퓨터통신 등 통신수단을 이용하여 모집하는 자는 보험업법상 모집을 할 수 있는 자이어야 하며, 다른 사람의 평온한 생활을 침해하는 방법으로 모집하여서는 아니 된다.
② 보험회사는 통신수단을 이용하여 보험계약을 청약한 자가 그 청약을 철회하고자 하는 경우 통신수단을 이용할 수 있도록 하여야 한다.

(3) 보험계약의 체결 또는 모집에 관한 금지행위

보험계약의 체결 또는 모집에 종사하는 자는 그 체결 또는 모집에 관하여 다음의 행위를 하지 못한다. 이와 같은 보험업법 제97조제1항의 규정을 위반한 자는 5백만원 이

하의 과태료에 처한다.

① 보험계약자 또는 피보험자에게 보험계약의 내용을 사실과 다르게 알리거나 그 내용의 중요한 사항을 알리지 아니하는 행위
② 보험계약자 또는 피보험자에게 보험계약의 내용의 일부에 대하여 비교대상 및 기준을 명시하지 아니하거나 객관적인 근거 없이 다른 보험계약과 비교하여 당해 보험계약이 우량 또는 유리하다고 알리는 행위
③ 보험계약자 또는 피보험자가 보험계약의 중요한 사항을 보험회사에 알리는 것을 방해하거나 알리지 아니할 것을 권유하는 행위
④ 보험계약자 또는 피보험자가 보험계약의 중요한 사항에 대하여 부실한 사항을 보험회사에 알릴 것을 권유하는 행위
⑤ 보험계약자 또는 피보험자로 하여금 이미 성립된 보험계약(이하 이 조에서 "기존보험계약"이라 한다)을 부당하게 소멸시킴으로써 새로운 보험계약을 청약하게 하거나, 새로운 보험계약을 청약하게 함으로써 기존보험계약을 부당하게 소멸시키거나 그 밖에 부당하게 보험계약을 청약하게 하거나 이러한 것을 권유하는 행위

(4) 특별이익의 제공금지

보험계약의 체결 또는 모집에 종사하는 자는 그 체결 또는 모집과 관련하여 보험계약자 또는 피보험자에게 다음에 해당하는 특별이익을 제공하거나 그 제공을 약속하여서는 아니 된다.

① 금품(대통령령이 정하는 금액을 초과하지 아니하는 금품을 제외한다): "대통령령이 정하는 금액"이라 함은 보험계약 체결 시부터 최초 1년간 납입되는 보험료의 100분의 10과 3만원중 적은 금액을 말한다.
② 기초서류에서 정한 사유에 근거하지 아니한 보험료의 할인 또는 수수료의 지급
③ 기초서류에서 정한 보험금액보다 많은 보험금액의 지급의 약속
④ 보험계약자 또는 피보험자를 위한 보험료의 대납
⑤ 보험계약자 또는 피보험자가 당해 보험회사로부터 받은 대출금에 대한 이자의 대납
⑥ 보험료로 받은 수표 또는 어음에 대한 이자상당액의 대납

⑦ 「상법」 제682조의 규정에 의한 제3자에 대한 대위청구권 행사의 포기

보험업법 제98조에서 규정한 금품 등을 제공한 자(동조 제3호의 경우에는 보험금액의 지급의 약속을 말한다) 또는 이를 요구하여 수수한 보험계약자 또는 피보험자는 3년 이하의 징역 또는 2천만원 이하의 벌금에 처한다.

(5) 금융기관보험대리점등의 금지행위 등[27]

금융기관보험대리점 등은 모집에 있어 다음의 행위를 하여서는 아니 된다.

① 대출 등 당해 금융기관이 제공하는 용역(이하 이 조에서 "대출 등"이라 한다)을 제공하는 조건으로 대출 등을 받는 자에게 당해 금융기관이 대리 또는 중개하는 보험계약의 체결을 요구하거나 특정한 보험회사와 보험계약을 체결할 것을 요구하는 행위
② 대출 등을 받는 자의 동의를 미리 받지 아니하고 보험료를 대출 등의 거래에 포함시키는 행위
③ 보험업법 제83조의 규정에 의하여 모집할 수 있는 자가 아닌 당해 금융기관의 임원 또는 직원으로 하여금 모집을 하도록 하거나 이를 용인하는 행위
④ 당해 금융기관의 점포외의 장소에서 모집을 하는 행위
⑤ 모집과 관련이 없는 금융거래를 통하여 취득한 개인정보를 미리 당해 개인의 동의를 받지 아니하고 모집에 이용하는 행위 등

한편, 금융기관보험대리점등은 모집에 있어 다음 사항을 준수하여야 한다.

① 당해 금융기관이 대출등을 받는 자에게 보험계약의 청약을 권유하는 경우 대출등을 받는 자가 당해 금융기관이 대리 또는 중개하는 보험계약을 체결하지 아니하더라도 대출등을 받는 데에는 영향이 없다는 사실을 알릴 것
② 당해 금융기관은 보험회사가 아니라 보험대리점 또는 보험중개사라는 사실과 보험계약의 이행에 따른 지급책임은 보험회사에 있다는 사실을 보험계약을 청약하는 자에게 알릴 것
③ 보험을 모집하는 장소와 대출등을 취급하는 장소를 보험계약을 청약하는 자가 쉽게 알 수 있을 정도로 분리할 것 등

27) 보험업법 제100조 참조.

금융기관보험대리점등 또는 금융기관보험대리점등이 되고자 하는 자는 보험계약체결을 대리 또는 중개하는 조건으로 보험회사에 대하여 다음의 행위를 하여서는 아니된다.

① 당해 금융기관을 계약자로 하는 보험계약의 할인을 요구하거나 당해 금융기관에 대한 신용공여・자금지원 및 보험료 등의 예탁을 요구하는 행위
② 보험계약 체결을 대리 또는 중개함에 있어 발생되는 비용 또는 손실을 보험회사에 부당하게 전가하는 행위
③ 그 밖에 금융기관의 우월적 지위를 이용하여 부당한 요구 등을 행하는 행위로서 대통령령이 정하는 행위

(6) 자기계약의 금지

① 보험대리점 또는 보험중개사는 그 주된 목적으로서 자기 또는 자기를 고용하고 있는 자를 보험계약자 또는 피보험자로 하는 보험을 모집하지 못한다.
② 보험대리점 또는 보험중개사가 모집한 자기 또는 자기를 고용하고 있는 자를 보험계약자 또는 피보험자로 하는 보험의 보험료의 누계액이 당해 보험대리점 또는 보험중개사가 모집한 보험의 보험료의 100분의 50을 초과하게 된 경우에는 당해 보험대리점 또는 보험중개사는 자기 또는 자기를 고용하고 있는 자를 보험계약자 또는 피보험자로 하는 보험을 모집함을 그 주된 목적으로 한 것으로 본다.

(7) 모집관련 보험계약자의 권리와 의무

보험회사는 그 임원・직원・보험설계사 또는 보험대리점이 모집을 함에 있어서 보험계약자에게 가한 손해를 배상할 책임을 진다. 다만, 보험회사가 보험설계사 또는 보험대리점에 모집을 위탁함에 있어서 상당한 주의를 하였고 또한 이들이 행하는 모집에 있어서 보험계약자에게 가한 손해의 방지에 노력한 경우에는 그러하지 아니하다.

보험계약자 또는 보험금을 취득할 자는 보험사기행위를 하여서는 아니 된다.[보험업법제102조의2(보험계약자 등의 의무) 본조신설 2008.3.14]

4. 자산운용

1) 자산운용의 원칙

① 보험회사는 그 자산을 운용함에 있어 안정성 · 유동성 · 수익성 및 공익성이 확보되도록 하여야 한다.

② 보험회사는 선량한 관리자의 주의로 그 자산을 운용하여야 한다.

2) 금지 또는 제한되는 자산운용

보험회사는 그 자산을 다음의 방법으로 운용하여서는 아니된다.

① 귀금속 · 골동품 및 서화의 소유(대통령령이 정하는 경우 제외)

② 대통령령이 정하는 업무용 부동산이 아닌 부동산(저당권 등 담보권의 실행으로 인하여 취득하는 부동산을 제외한다)의 소유

③ 상품 또는 유가증권에 대한 투기를 목적으로 하는 자금의 대출

④ 직접 · 간접을 불문하고 당해 보험회사의 주식을 매입시키기 위한 대출

⑤ 직접 · 간접을 불문하고 정치자금의 대출

⑥ 당해 보험회사의 임원 또는 직원에 대한 대출(보험약관에 의한 대출 및 금융위원회가 정하는 소액대출 제외)

⑦ 자산운용의 안정성을 크게 해할 우려가 있는 행위로서 대통령령이 정하는 행위

보험회사는 그 자산을 대통령령이 정하는 바에 따라 「자본시장과 금융투자업에 관한 법률」에 따른 파생상품시장에서의 거래 또는 이와 유사한 거래로서 대통령령이 정하는 거래에 운용할 수 있다.

3) 자산운용의 방법 및 비율

보험업법은 보험회사의 자산운용의 방법 및 비율에 관하여 자세히 규정하여 엄격하게 규제하고 있다.

보험회사는 그 자산을 운용함에 있어 다음의 비율을 초과할 수 없다

① 동일한 개인 또는 법인에 대한 신용공여 : 총자산의 100분의 3

② 동일한 법인이 발행한 채권 및 주식 소유의 합계액 : 총자산의 100분의 7

③ 대주주 및 대통령령이 정하는 자회사에 대한 신용공여 : 자기자본의 100분의 40(자기자본의 100분의 40에 해당하는 금액이 총자산의 100분의 2에 해당하는 금액보다 클 경우 총자산의 100분의 2)
④ 동일한 자회사에 대한 신용공여 : 자기자본의 100분의 10
⑤ 부동산의 소유 : 총자산의 100분의 25
⑥ 비상장주식(「자본시장과 금융투자업에 관한 법률」에 따른 한국거래소 또는 이와 유사한 시장으로서 해외에 있는 시장에 상장되지 아니한 주식을 말한다. 이하 같다)의 소유 : 총자산의 100분의 10
⑦ 「외국환거래법」의 규정에 의한 외국환 또는 외국부동산의 소유 : 총자산의 100분의 30 등

보험업법에 규정한 자산운용비율은 자산운용의 건전성 제고 또는 보험계약자의 보호를 위하여 필요한 경우 대통령령이 정하는 바에 따라 그 비율의 100분의 50의 범위 안에서 인하 조정할 수 있다.

4) 특별계정의 설정 · 운용

보험회사는 다음에 해당하는 계약에 대하여는 대통령령이 정하는 바에 따라 그 준비금에 상당하는 자산의 전부 또는 일부를 그 밖의 자산과 구별하여 이용하기 위한 계정(이하 "특별계정"이라 한다)을 각각 설정하여 운용할 수 있다.

① 「조세특례제한법」 제86조의2의 규정에 의한 연금저축계약
② 「근로자퇴직급여 보장법」 부칙 제2조제1항의 규정에 의한 퇴직보험계약 및 제16조제2항의 규정에 의한 보험계약
③ 변액보험계약(보험금이 자산운용의 성과에 따라 변동하는 보험계약을 말한다)
④ 그 밖에 금융위원회가 필요하다고 인정하는 보험계약

보험회사는 특별계정에 속하는 자산에 대하여는 다른 특별계정에 속하는 자산 및 그 밖의 자산과 구분하여 회계처리하여야 하고, 특별계정에 속하는 이익을 동 계정상의 보험계약자에게 분배할 수 있다.

특별계정에 속하는 자산의 운용방법 및 비율, 자산의 평가, 이익의 분배, 자산운용실적의 비교 · 공시, 운용전문인력의 확보, 의결권 행사의 제한 등 보험계약자의 보호에

관하여 필요한 사항은 대통령령으로 정한다.

5) 자산운용에 대한 기타 규제감독사항

보험업법은 이외에도 다른 회사에 대한 출자제한(제109조), 다른 금융기관과의 자금 지원관련 금지행위(제110조), 대주주와의 거래제한(제111조), 대주주 등에 대한 자료제출요구(제112조), 타인을 위한 채무보증의 금지(제113조), 자회사의 소유에 대한 금융위원회의 승인(제115조), 자회사와의 금지행위(제116조), 자회사에 관한 보고의무(제117조) 등을 규정하고 있다.

5. 계산

1) 재무제표 등의 제출 및 서류의 비치

보험회사는 매년 대통령령이 정하는 날에 그 장부를 폐쇄하고 장부를 폐쇄한 날부터 3월 이내에 금융위원회가 정하는 바에 따라 재무제표 및 사업보고서를 금융위원회에 제출하여야 한다. "대통령령이 정하는 날"이라 함은 3월 31일을 말한다.

보험회사는 매월의 업무내용을 기술한 보고서를 다음 달 말일 이내에 금융위원회가 정하는 바에 따라 금융위원회에 제출하여야 한다.

보험회사는 재무제표 및 사업보고서를 금융위원회에 제출하는 날부터 본점과 지점 그 밖의 영업소에 이를 비치하거나 전자문서의 방법으로 일반인의 열람에 제공하여야 한다.

2) 책임준비금 등의 적립 및 계상

보험회사는 결산기마다 보험계약의 종류에 따라 대통령령이 정하는 책임준비금과 비상위험준비금을 계상하고 따로 작성한 장부에 각각 기재하여야 한다.

보험회사는 장래에 지급할 보험금 · 환급금 및 계약자배당금의 지급에 충당하기 위하여 다음의 금액을 책임준비금으로 계상하여야 한다.

① 매 결산기말 현재 보험금등의 지급사유가 발생하지 아니한 계약에 대하여 보험종목별 또는 계약기간 경과별로 보험료 및 책임준비금산출방법서에서 정하는 바에

따라 계산한 보험료 적립금과 미경과보험료
② 매 결산기말 현재 보험금등의 지급사유가 발생한 계약에 대하여 보험금등에 관한 소송이 계속 중인 금액이나 지급이 확정된 금액과 보험금 지급사유가 이미 발생하였으나 보험금 지급금액의 미확정으로 인하여 아직 지급하지 아니한 금액
③ 보험회사가 보험계약자에게 배당하기 위하여 적립한 금액

보험회사가 보험계약을 재보험에 붙인 경우에는 재보험에 붙인 분에 대한 책임준비금은 계상하지 아니하며, 재보험을 받은 보험회사가 이를 계상하여야 한다.

손해보험업을 영위하는 보험회사는 당해 사업연도의 보험료 합계액의 100분의 50의 범위 안에서 금융위원회가 정하는 기준에 따라 비상위험준비금을 계상하여야 한다.

3) 배당보험계약의 구분계리 및 재평가적립금 사용에 관한 특례

보험회사는 배당보험계약[28]에 대하여는 대통령령이 정하는 바에 따라 다른 보험계약과 구분하여 계리하여야 한다. 보험회사는 배당보험계약 외의 보험계약에 대하여 자산의 효율적 관리 및 계약자 보호를 위하여 필요한 경우에는 보험계약별로 대통령령으로 정하는 바에 따라 금융위원회의 승인을 받아 자산 또는 손익을 구분하여 계리할 수 있다.

보험회사가 「자산재평가법」에 의한 재평가를 한 경우에 그 재평가로 인한 재평가적립금은 「자산재평가법」에 의한 처분 외에 금융위원회의 허가를 받아 보험계약자에 대한 배당을 위하여도 이를 처분할 수 있다.

6. 보험회사의 감독

1) 재무건전성(지급능력) 감독

재무건전성의 유지에 관하여 보험회사는 보험금 지급능력과 경영의 건전성을 확보하기 위하여 다음 사항에 관하여 대통령령이 정하는 재무건전성기준을 준수하여야 한다.(보험업법 제123조)

---

28) 당해 보험계약으로부터 발생하는 이익의 일부를 보험회사가 보험계약자에 대하여 배당하기로 약정한 보험계약을 말한다.

① 자본의 적정성에 관한 사항
② 자산의 건전성에 관한 사항
③ 그 밖에 경영의 건전성 확보를 위하여 필요한 사항

보험회사가 준수하여야 하는 재무건전성기준은 다음과 같다.[29)]

① 지급여력비율은 100분의 100 이상을 유지할 것
② 대출채권 등 보유자산의 건전성을 정기적으로 분류하고 대손충당금을 적립할 것
③ 보험회사의 위험, 유동성 및 재보험의 관리에 관하여 금융위원회가 정하는 기준을 충족할 것

여기에서 "지급여력비율"이라 함은 지급여력금액[30)]을 지급여력기준금액[31)]으로 나눈 비율을 말한다.

금융위원회는 보험회사가 상기 규정에 의한 기준을 준수하지 아니하여 경영의 건전성을 해할 우려가 있다고 인정되는 경우에는 대통령령이 정하는 바에 따라 자본금 또는 기금의 증액명령, 주식 등 위험자산의 소유의 제한 등 필요한 조치를 할 수 있다.

금융위원회가 보험회사에 대하여 자본금 또는 기금의 증액명령, 주식 등 위험자산 소유의 제한 등의 조치를 하고자 하는 때에는 다음 사항을 참작하여야 한다.[32)]

① 당해 조치가 보험계약자의 보호를 위하여 적정한지 여부
② 당해 조치가 보험회사의 부실화를 예방하고 건전한 경영을 유도하기 위하여 필요한지 여부

금융위원회는 법 제123조제2항의 규정에 의하여 보험회사의 재무건전성 확보를 위한 경영실태 및 위험에 대한 평가를 실시하여야 한다.

2) 상호협정의 인가

보험회사는 그 업무에 관한 공동행위를 하기 위하여 다른 보험회사와 상호협정을 하

29) 보험업법시행령 제65조(재무건전성 기준) 2항
30) "지급여력금액"이라 함은 자본금, 계약자배당을 위한 준비금, 대손충당금, 후순위차입금 그 밖에 이에 준하는 것으로서 금융위원회가 정하는 금액을 합산한 금액에서 미상각신계약비, 영업권 그 밖에 이에 준하는 것으로서 금융위원회가 정하는 금액을 차감한 금액을 말한다.
31) "지급여력기준금액"이라 함은 보험업을 영위함에 따라 발생하게 되는 위험을 금융위원회가 정하는 방법에 의하여 금액으로 환산한 것을 말한다.
32) 보험업법시행령 제65조(재무건전성 기준) 3항

고자 하는 경우에는 대통령령이 정하는 바에 따라 금융위원회의 인가를 받아야 한다. 이를 변경 또는 폐지하고자 하는 경우에도 같다.

금융위원회는 공익 또는 보험업의 건전한 발전을 위하여 특히 필요하다고 인정하는 경우에는 보험회사에 대하여 상호협정의 변경·폐지 또는 새로운 협정의 체결을 명하거나 그 협정의 전부 또는 일부에 따를 것을 명할 수 있다.

금융위원회는 제1항 또는 제2항의 규정에 의하여 상호협정의 체결·변경 또는 폐지의 인가를 하거나 명령을 하고자 하는 경우에 미리 공정거래위원회와 협의하여야 한다

3) 기초서류(보험상품과 요율 등) 규제

(1) 금융위원회에 사전신고

기초서류라 함은 보험업의 허가신청 시 제출해야 하는 서류로서 보험종목별 사업방법서, 보험약관, 보험료 및 책임준비금의 산출방법서를 말한다.

보험회사가 기초서류를 변경하고자 하는 경우에는 미리 금융위원회에 신고하여야 한다. 그러나 보험회사는 기초서류의 변경내용이 대통령령이 정하는 바에 따라 금융위원회가 정하는 기준에 부합하는 경우에는 그 변경내용을 매분기별로 금융위원회에 제출함으로써 신고에 갈음할 수 있다. 금융위원회는 제127조의 규정에 의한 기초서류의 변경에 대한 신고의 수리 등을 함에 있어서 필요한 경우에는 금융감독원의 확인을 거치도록 할 수 있다.

(2) 보험요율 산출의 원칙

보험회사는 보험요율을 산출함에 있어 객관적이고 합리적인 통계자료를 기초로 대수의 법칙 및 통계신뢰도를 바탕으로 하여야 하며, 다음의 사항을 준수하여야 한다.

① 보험요율이 보험금 및 그 밖의 급부에 비하여 지나치게 높지 아니할 것: 보험계약자의 입장에서 계약자가 부담할 수 있는 정도의 지나치게 높지 않아야 한다는 비과도성을 의미한다.

② 보험요율이 보험회사의 재무건전성을 크게 해할 정도로 낮지 아니할 것: 보험자 입장에서 보험금을 지급할 수 있을 정도의 적정하여야 한다는 충분성을 의미한다.

③ 보험요율이 보험계약자간에 부당하게 차별적이지 아니할 것 : 보험계약자 간에 위험도에 따라 정당하게 차별적이어야 한다는 공정성을 의미한다.

4) 금융위원회의 명령권

금융위원회는 보험회사의 업무운영이 적정하지 아니하거나 자산상황이 불량하여 보험계약자 및 피보험자 등의 권익을 해할 우려가 있다고 인정하는 경우에는 다음과 같은 조치를 명할 수 있다.(보험업법 제131조)

① 업무집행방법의 변경
② 금융위원회가 지정하는 기관에의 자산의 예탁
③ 자산의 장부가격의 변경
④ 불건전한 자산에 대한 적립금의 보유
⑤ 가치가 없다고 인정되는 자산의 손실처리
⑥ 그 밖에 대통령령이 정하는 필요한 조치

금융위원회는 보험회사의 업무 및 자산상황 그 밖의 사정의 변경으로 인하여 공익 또는 보험계약자의 보호와 보험회사의 건전한 경영을 크게 해할 우려가 있거나 보험회사의 기초서류에 법령을 위반하거나 보험계약자에게 불리한 내용이 있다고 인정하는 경우에는 청문을 거쳐 기초서류의 변경 또는 그 사용의 정지를 명할 수 있다. 다만, 대통령령이 정하는 경미한 사항에 관하여 기초서류의 변경을 명하는 경우에는 청문을 거치지 아니할 수 있다. 보험회사는 변경명령을 받은 때에는 대통령령이 정하는 바에 따라 그 요지를 공고하여야 한다.

금융위원회는 기초서류의 변경을 명하는 경우에 보험계약자·피보험자 또는 보험금을 취득할 자의 이익을 보호하기 위하여 특히 필요하다고 인정하는 경우에는 이미 체결된 보험계약에 대하여도 장래에 향하여 그 변경의 효력이 미치게 할 수 있다.

금융위원회는 변경명령을 받은 기초서류로 인하여 보험계약자·피보험자 또는 보험금을 취득할 자가 명백하게 부당한 불이익을 받는 것으로 인정하는 경우에는 이미 체결된 보험계약에 의하여 납입된 보험료의 일부를 환급하거나 보험금을 증액하도록 할 수 있다.

5) 자료제출 및 금융감독원의 검사

금융위원회는 공익 또는 보험계약자 등의 보호를 위하여 보험회사에게 이 법이 정하는 감독업무의 수행과 관련한 주주의 현황 그 밖에 사업에 관한 보고 또는 자료제출을 명할 수 있다.

보험회사는 그 업무 및 자산상황에 관하여 금융감독원의 검사를 받아야 한다. 금융감독원장은 검사를 함에 있어서 필요하다고 인정하는 경우에는 보험회사에 대하여 업무 또는 자산에 관한 보고, 자료의 제출, 관계인의 출석 및 의견의 진술을 요구할 수 있다. 검사를 하는 자는 그 권한을 표시하는 증표를 지니고 이를 관계인에게 내보여야 한다.

금융감독원장은 검사를 한 경우에는 그 결과에 따라 필요한 조치를 하고, 그 내용을 금융위원회에 보고하여야 한다. 금융감독원장은 「주식회사의 외부감사에 관한 법률」에 의하여 보험회사가 선임한 외부감사인에게 당해 보험회사를 감사한 결과 알게 된 정보 그 밖에 경영의 건전성에 관련되는 자료의 제출을 요구할 수 있다.

6) 보험회사에 대한 제재

금융위원회는 보험회사가 이 법 또는 이 법에 의한 명령에 위반하여 건전한 보험업을 운영하지 못할 우려가 있다고 인정하는 경우에는 금융감독원장의 건의에 따라 다음과 같은 조치를 하거나 금융감독원장으로 하여금 다음과 같은 조치를 하게 할 수 있다.

① 보험회사에 대한 주의·경고 또는 그 임원·직원에 대한 주의·경고·문책의 요구
② 당해 위반행위에 대한 시정명령
③ 임원의 해임권고·직무정지의 요구
④ 6월 이내의 영업의 일부정지

금융위원회는 보험회사가 다음에 해당하는 때에는 6월 이내의 기간을 정하여 영업의 전부정지를 명하거나 청문을 거쳐 보험업의 허가를 취소할 수 있다.

① 거짓 그 밖의 부정한 방법으로 보험업의 허가를 받은 때
② 허가내용 또는 허가조건을 위반한 때
③ 영업의 정지기간 중에 그 영업을 한 때
④ 당해 위반행위에 대한 시정명령을 이행하지 아니한 때

7. 금융분쟁조정기구의 설치 · 운영

보험회사를 포함한 각각의 금융기관과 예금자 등 금융수요자 기타 이해관계인 사이에 발생하는 금융관련분쟁의 조정에 관한 사항을 심의·의결하기 위하여 금융감독원에 금융분쟁조정위원회(이하 "조정위원회"라 한다)를 설치하고 있다.[33] 조정위원회는 위원장 1인을 포함한 30인 이내의 위원으로 구성한다.

각 금융기관, 예금자등 금융수요자 및 기타 이해관계인은 금융과 관련하여 분쟁이 있는 때에는 금융감독원장(이하 원장이라 함)에게 분쟁의 조정을 신청할 수 있다. 원장은 분쟁조정의 신청을 받은 때에는 관계당사자에게 그 내용을 통지하고 합의를 권고할 수 있다. 다만, 분쟁조정의 신청내용이 이미 법원에 제소된 사건이거나 분쟁조정의 신청이 있은 후 소를 제기한 경우 등에는 합의권고 또는 조정위원회에의 회부를 하지 아니할 수 있다.

원장은 분쟁조정의 신청을 받은 날부터 30일 이내에 합의가 이루어지지 아니하는 때에는 지체 없이 이를 조정위원회에 회부하여야 하고, 조정위원회는 조정의 회부를 받은 때에는 60일 이내에 이를 심의하여 조정안을 작성하여야 한다. 원장은 조정신청사건의 처리절차의 진행 중에 일방당사자가 소를 제기한 경우에는 그 조정의 처리를 중지하고 이를 당사자 쌍방에게 통보하여야 한다.

원장은 조정위원회가 조정안을 작성한 때에는 신청인과 관계당사자에게 이를 제시하고 수락을 권고할 수 있다. 당사자가 조정안을 수락한 경우 당해 조정안은 재판상의 화해와 동일한 효력을 갖는다.

---

33) 「금융위원회의 설치 등에 관한 법률」 제51조(분쟁조정기구).

요약정리

1. 일반 상품과 다르게 정부의 규제 · 감독이 필요한 보험상품의 특성은 다음과 같다.
   ① 보험은 사전에(선불로) 보험료를 지불하고 장래에 보험금을 받는다.
   ② 보험은 일반인들이 이해하기 어려운 복잡한 보험약관에 의해 계약이 체결된다.
   ③ 보험료가 예상가격이기 때문에 정부의 규제 · 감독이 없는 경우 과당경쟁으로 지불불능이 될 수 있다.
   ④ 부적절한 계약규정의 삽입, 적법한 보험금의 지급 거절, 보험자산의 부적절한 투자, 거짓 광고 등 보험산업의 남용을 통제할 필요가 있다.

2. 보험회사가 정부의 규제 · 감독을 받는 이유는?
   ① 보험회사의 지불능력 유지
   ② 소비자의 불충분한 보험지식
   ③ 합리적인 보험요율 보장
   ④ 보험의 이용성 증진

3. 보험규제에서 지불능력(solvency)이 가장 중요한 이유는?
   첫째, 보험료는 선불로 사전에 지불되지만, 보험보호는 미래까지 연장되기 때문이다.
   둘째, 보험의 회계절차가 너무 전문적이고 복잡하여 일반 소비자들이 보험회사의 지불능력을 평가하거나 감시하는 것이 불가능하기 때문이다.
   셋째, 보험회사가 파산하여 보험금이 지급되지 못한다면 수많은 개인들이 막대한 경제적 위험에 노출되기 때문이다.
   넷째, 보험회사가 소비자들의 막대한 저축금액에 대해 책임이 있기 때문이다.

4. 보험회사를 규제하는 체계를 기준으로 ① 입법적 규제 ② 사법적 규제 ③ 행정적 규제(금융위원회와 금융감독원) 등 세 가지 주요한 방법이 사용되고, 보험회사를 규제 · 감독하는 강도와 범위를 기준으로 공시주의, 준칙주의, 실질적 감독주의 등 세 가지 보험감독방식으로 구분할 수 있다.

5. 보험회사가 정부의 규제와 감독을 받는 주요 분야는 ①보험회사의 설립과 사업허가(Formation and licensing of insures) ②지불능력(재무건전성) 규제(Solvency regulation ③보험요율 규제(Rate regulation) ④보험증권 양식(Policy forms) ⑤보험모집질서와 소비자보호(Sales practices and consumer protection) 등이다.

6. 미국 손해보험회사의 주요한 파산요인은 ① 불충분한 손해준비금(부적절한 가격산정) ② 급속한 성장 ③ 사기사건 ④ 자산의 과대표시 ⑤ 대재난손해 ⑥ 사업의 급격한 변동 ⑦ 재보험의 실패 ⑧ 계열회사의 재정 악화 등이다.

7. 손해보험의 요율산정원칙은 적절해야(adequate) 하고 과도하지 않아야(not excessive) 하고 부당

하게 차별적이지 않아야(not unfairly discriminatory) 한다.

8. 전형적인 요율제도의 7가지 형태는 ① 사전인가 제도(Prior-approval law) ② 수정 사전인가 제도(Modified prior-approval law) ③ 사전 신고제도(File-and-use law) ④ 사후 신고제도(Use-and-file law) ⑤ 탄력 요율산정제도(Flex-rating law) ⑥ 주정부 제정요율(State-made rates) ⑦ 공개경쟁(Open competition), 즉 자율요율제도 등이 있다.

9. 미국의 주 보험법은 허위설명, 보험계약 바꿔치기(twisting), 리베이트 지급, 속임수 광고나 허위광고, 불공정한 손해사정, 부당한 차별행위 등을 포함하여 매우 광범위한 불공정 거래관행(Unfair Trade Practice)을 금지하고 있다.

10. 미국의 경우 지불능력과 관련하여 이용되는 재무규제는 ① 최저자본금과 잉여금요건 ② 인정자산 ③ 준비금 ④ 잉여금 ⑤ 리스크기준 자본금 ⑥ 투자 ⑦ 보험계약자배당정책 ⑧ 보고서의 제출 ⑨ 검사 ⑩ 사업비의 제한 ⑪ 보험회사의 청산 등이다.

11. 인정자산(admitted assets)이란 보험회사가 그 재무상태를 결정하는데 법정 대차대조표 상에 기재할 수 있도록 주법률이 허용한 자산을 의미한다. 인정자산은 현금, 채권, 보통주 및 우선주, 주택담보대출(mortgage), 부동산 및 기타 합법적인 투자 등이다. 그 외의 모든 자산은 비인정자산(nonadmitted assets)이다.

12. 준비금(reserves)은 보험회사의 대차대조표상의 부채항목이며 장래에 충족시켜야만 하는 채무를 반영한다. 보험료가 선불로 지불되지만 보장기간은 장래에 까지 연장되기 때문에, 선불로 수금된 보험료가 장래 손해에 대한 보험금의 지급을 위해 이용된다는 것을 보장하기 위해 보험회사는 일정 준비금을 적립하여야 한다.

13. 미경과보험료준비금(unearned premium reserve)은 자산과 부채의 평가 시 모든 미지급 보험증권에 관한 총 보험료의 미경과 부분을 나타내는 책임준비금(liability reserve)이다.

14. 지급준비금(loss reserves)은 이미 클레임이 발생했으나 결산 시 지급되지 않은 클레임을 정산하는데 필요한 추정금액이다. 보험업법상 지급비금에 해당된다. 구체적인 지급준비금은 ① 손해(보험사고)가 발생했으나 결산시점에 보험회사에 정식으로 통지되지 않은 클레임 ② 사고통지서가 정식으로 제출되었으나 정산되지 않은 클레임 ③ 사고 통지되고 정산되었으나 보험금이 지급되지 않은 클레임에 대한 추정금액이다.

15. 보험계약자잉여금(policyowners' surplus)이란 보험회사의 자산과 부채의 차액을 말한다. 손해보험에서 보험계약자잉여금이 중요한 이유는 첫째, 보험회사가 인수하는 신계약금액은 보험계약자잉여금의 금액에 의해 제한된다. Kenney rule에 따르면 손해보험회사가 안전하게 인수할 수 있는 한도는 매 1달라의 보험계약자잉여금에 대하여 2달라의 신규 순보험료에 해당하는 보험이다. 둘째, 막대한 언더라이팅손실이나 투자손실을 상쇄시키는데 필요하다. 셋째, 발생할 수 있는 보험금준비금의 부족분을 상쇄시키는데 필요하다.

16. 리스크기준자본금(Risk-Based Capital: RBC)이란 보험회사는 그들의 투자와 보험경영의 위험도에 기초하여 일정 금액의 자본금을 보유해야 한다는 것을 의미한다. RBC공식의 목적은 회사가 부담하는 위험에 필요한 최저 잉여금의 금액을 계산하기 위한 것이다.

17. NAIC의 생명/건강보험 RBC공식은 ①자산위험 ②보험 또는 가격산정위험 ③이자율위험 ④사업위험 등 네 가지 위험으로 분류하고 있다. NAIC모델법은 규제조치의 강도에 따라 ①회사자율조치단계(Company Action Level) ②규제조치단계(Regulatory Action Level) ③위임관리단계(Authorized Control Level) ④강제관리단계(Mandatory Control Level) 등 네 가지 단계로 구분하여 규제조치의 성격과 규제내용을 규정하고 있다.

18. NAIC의 손해보험회사의 RBC공식은 ①자산위험(asset risk) ②신용위험(credit risk) ③언더라이팅위험(underwriting risk) ④대차대조표 이외의 위험(off-balance sheet risk) 등 네 가지 위험으로 크게 분류하고 있다.

19. 우리나라 보험업법의 목적은 보험업을 영위하는 자의 건전한 운영을 도모하고 보험계약자 · 피보험자 그 밖의 이해관계인의 권익을 보호함으로써 보험업의 건전한 육성과 국민경제의 균형 있는 발전에 기여하는 것이다. 보험업법은 공법적 성격과 사법적 성격이 혼합된 공법과 사법의 병합법률이다.

20. "보험회사"는 보험업법 제4조의 규정에 의한 허가를 받아 보험업을 영위하는 자를 말하고, "상호회사"는 보험업을 영위할 목적으로 이 법에 의하여 설립된 보험계약자를 사원으로 하는 회사를 말한다. "외국보험회사"라 함은 대한민국외의 국가의 법령에 의하여 설립되어 대한민국외의 국가에서 보험업을 영위하는 자를 말한다.

21. 보험업을 영위하고자 하는 자는 보험종목별로 금융위원회의 허가를 받아야 한다. 보험업의 허가는 회사 설립의 허가가 아니고 보험영업의 허가이다. 금융위원회의 허가는 보험종목별로 받아야 한다.

22. 보험업의 허가를 받을 수 있는 자는 주식회사, 상호회사와 외국보험회사에 한하며, 허가를 받은 외국보험회사의 국내지점은 보험업법에 의한 보험회사로 본다.

23. 보험회사는 300억원 이상의 자본금 또는 기금을 납입하여야 보험업을 개시할 수 있다. 다만, 보험회사가 보험종목의 일부만을 영위하고자 하는 경우에는 50억원 이상의 범위에서 대통령령으로 자본금 또는 기금의 액수를 달리 정할 수 있다. 보험회사가 납입해야 하는 보험종목별 자본금 또는 기금의 액수는 ①생명보험: 200억원 ②연금보험(퇴직보험 포함): 200억원 ③화재보험: 100억원 ④해상보험(항공 · 운송보험 포함): 150억원 ⑤자동차보험: 200억원 ⑥ 보증보험: 300억원 ⑦재보험: 300억원 ⑧ 책임보험: 100억원 ⑨기술보험: 50억원 ⑩부동산 권리보험: 50억원 ⑪상해보험: 100억원 ⑫질병보험: 100억원 ⑬간병보험: 100억원 ⑭ 이외의 기타 보험종목: 50억원 등이다.

24. 보험회사는 생명보험의 재보험 및 제3보험의 재보험, 대통령령이 정하는 보험종목, 제3보험의 보

험종목에 부가되는 보험을 제외하고, 생명보험업과 손해보험업을 겸영하지 못한다.

25. 보험업법상 모집을 할 수 있는 자는 ①보험설계사 ②보험대리점 ③보험중개사 ④보험회사의 임원(대표이사 · 사외이사 · 감사 및 감사위원을 제외한다) 또는 직원 ⑤보험대리점 또는 보험중개사의 임원 또는 사용인으로서 이 법에 의하여 모집에 종사할 자로 신고된 자 등이다. 다만, 금융기관보험대리점 등은 대통령령이 정하는 바에 따라 모집에 종사하게 할 목적으로 별도의 사용인을 둘 수 없다.

26. 보험회사는 소속보험설계사가 되고자 하는 자를 금융위원회에 등록해야 한다. 보험설계사는 1인1사 주의를 원칙으로 한다. 보험회사는 다른 보험회사에 속하는 보험설계사에게 모집을 위탁하지 못하고, 보험설계사는 소속보험회사외의 보험회사를 위해 모집하지 못한다. 예외로서 ① 생명보험회사에 속한 보험설계사가 1개의 손해보험회사를 위해 모집을 하는 때 ② 손해보험회사에 속한 보험설계사가 1개의 생명보험회사를 위해 모집을 하는 때 ③ 생명보험회사 또는 손해보험회사에 속한 보험설계사가 1개의 제3보험업을 영위하는 보험회사를 위하여 모집을 하는 때는 가능하다.

27. 보험대리점 또는 보험중개사가 되고자 하는 자는 금융위원회에 등록하여야 한다.

28. ①「은행법」에 의하여 설립된 금융기관 ②「자본시장과 금융투자업에 관한 법률」에 따른 투자매매업자 또는 투자중개업자 ③「상호저축은행법」에 의한 상호저축은행 ④그 밖에 다른 법률에 의하여 금융업무를 행하는 기관으로서 대통령령이 정하는 기관 등은 보험대리점 또는 보험중개사로 등록할 수 있다. 보험대리점 또는 보험중개사로 등록한 금융기관(이하 "금융기관보험대리점등"이라 한다)이 모집할 수 있는 보험상품의 범위는 금융기관에서의 판매용이성, 불공정거래가능성 등을 감안하여 대통령령으로 정한다.

29. 보험계약의 체결 또는 모집에 관한 금지행위는 다음과 같다. 이를 위반한 자는 5백만원 이하의 과태료에 처한다.

① 보험계약 내용을 사실과 다르게 알리거나 중요한 사항을 알리지 아니하는 행위
② 보험계약의 내용의 일부에 대하여 비교대상 및 기준을 명시하지 아니하거나 객관적인 근거 없이 다른 보험계약과 비교하여 당해 보험계약이 우량 또는 유리하다고 알리는 행위
③ 보험계약자 등이 보험계약의 중요한 사항을 보험회사에 알리는 것을 방해하거나 알리지 아니할 것을 권유하는 행위
④ 보험계약자등 보험계약의 중요한 사항에 대해 부실한 사항을 보험회사에 알릴 것을 권유하는 행위
⑤ 기존보험계약을 부당하게 소멸시킴으로써 새로운 보험계약을 청약하게 하거나, 새로운 보험계약을 청약하게 함으로써 기존보험계약을 부당하게 소멸시키거나 그 밖에 부당하게 보험계약을 청약하게 하거나 이러한 것을 권유하는 행위

30. 특별이익의 제공금지; 보험계약의 체결 또는 모집에 종사하는 자는 보험계약자 또는 피보험자에게 ①금품 ②기초서류에서 정하지 아니한 보험료의 할인 또는 수수료의 지급 ③기초서류에서 정한

보험금액보다 많은 보험금액의 지급의 약속 ④보험계약자 또는 피보험자를 위한 보험료의 대납 ⑤보험계약자 또는 피보험자가 당해 보험회사로부터 받은 대출금에 대한 이자의 대납 ⑥보험료로 받은 수표 또는 어음에 대한 이자상당액의 대납 ⑦대위청구권 행사의 포기 등 특별이익을 제공하거나 그 제공을 약속하여서는 아니 된다. 금품 등 특별이익을 제공한 자 또는 이를 요구하여 수수한 자는 3년 이하의 징역 또는 2천만원 이하의 벌금에 처한다.

31. 자기계약의 금지; 보험대리점 또는 보험중개사는 그 주된 목적으로서 자기 또는 자기를 고용하고 있는 자를 보험계약자 또는 피보험자로 하는 보험을 모집하지 못한다.

32. 자산운용의 원칙; 보험회사는 그 자산을 운용함에 있어 안정성 · 유동성 · 수익성 및 공익성이 확보되도록 하여야 한다.

33. 특별계정의 설정 · 운용; 보험회사는 다음에 해당하는 계약에 대하여는 대통령령이 정하는 바에 따라 그 준비금에 상당하는 자산의 전부 또는 일부를 그 밖의 자산과 구별하여 이용하기 위한 계정(이하 "특별계정"이라 한다)을 각각 설정하여 운용할 수 있다.

34. 재무건전성의 유지에 관하여 보험회사는 보험금 지급능력과 경영의 건전성을 확보하기 위하여 ① 자본의 적정성에 관한 사항 ② 자산의 건전성에 관한 사항 ③ 그 밖에 경영의 건전성 확보를 위하여 필요한 사항에 관하여 대통령령이 정하는 재무건전성기준을 준수하여야 한다.

35. 보험회사는 그 업무에 관한 공동행위를 하기 위하여 다른 보험회사와 상호협정을 하고자 하는 경우에는 대통령령이 정하는 바에 따라 금융위원회의 인가를 받아야 한다. 이를 변경 또는 폐지하고자 하는 경우에도 같다.

36. 보험회사가 기초서류를 변경하는 경우에는 미리 금융위원회에 신고하여야 한다.

37. 보험회사는 보험요율을 산출함에 있어 객관적이고 합리적인 통계자료를 기초로 대수의 법칙 및 통계신뢰도를 바탕으로 하여야 하며, 다음의 사항을 준수하여야 한다.
① 보험요율이 보험금 및 그 밖의 급부에 비하여 지나치게 높지 아니할 것
② 보험요율이 보험회사의 재무건전성을 크게 해할 정도로 낮지 아니할 것
③ 보험요율이 보험계약자간에 부당하게 차별적이지 아니할 것

38. 금융위원회의 명령권; 금융위원회는 보험회사의 업무운영이 적정하지 아니하거나 자산상황이 불량하여 보험계약자 및 피보험자 등의 권익을 해할 우려가 있다고 인정하는 경우에는 ① 업무집행방법의 변경 ② 금융위원회가 지정하는 기관에의 자산의 예탁 ③ 자산의 장부가격의 변경 ④ 불건전한 자산에 대한 적립금의 보유 ⑤ 가치가 없다고 인정되는 자산의 손실처리 ⑥ 그 밖에 대통령령이 정하는 필요한 조치를 명할 수 있다.

39. 보험회사는 그 업무 및 자산상황에 관하여 금융감독원의 검사를 받아야 한다. 금융감독원장은 검사를 함에 있어서 필요하다고 인정하는 경우에는 보험회사에 대하여 업무 또는 자산에 관한 보고, 자료의 제출, 관계인의 출석 및 의견의 진술을 요구할 수 있다.

주요 개념과 용어

1. 지불능력(solvency)
2. 보험의 이용성(make insurance available)
3. 공시주의
4. 준칙주의
5. 실질적 감독주의
6. 규제완화(deregulation)
7. 공개경쟁(open competition)
8. 재규제(reregulation)
9. 주내보험자(domestic insurer)
10. 주외보험자(foreign insurer)
11. 외국보험자(alien insurer)
12. 요율규제(rate regulation)
13. 사전인가 제도(prior-approval law)
14. 수정 사전인가 제도 (modified prior-approval law)
15. 사전 신고제도(file-and-use law)
16. 사후 신고제도(use-and-file law)
17. 탄력 요율산성제노(Flex-rating law)
18. 주정부 제정요율(State-made rates)
19. 공개경쟁(Open competition)
20. 불공정 거래관행 (Unfair Trade Practice)
21. 계약바꿔치기(twisting)
22. 리베이트 지급(Rebating)
23. 소비자보호부서(Complaint Division)
24. 연방소득세(federal income tax)
25. 주보험료세(state premium tax)
26. 보복세(retaliatory tax)
27. 재무규제(financial regulation)
28. 최저자본금(minimum capital)
29. 잉여금(surplus)
30. 인정자산(admitted assets)
31. 준비금(reserves)
32. 책임준비금(liability reserve)
33. 미경과보험료준비금 (unearned premium reserve)
34. 지급준비금(loss reserves)
35. 평준보험료(level-premium)
36. 보험계약준비금(policy reserve)
37. 보험계약자잉여금(policyowners' surplus)
38. Kenney rule
39. 연차보고서
40. convention blank
41. 통일보험회사청산법 (Uniform Insurers Liquidation Act)
42. 부증법(guaranty laws)
43. 보험보증기금(insurance guaranty funds)
44. 보증협회(guarantee associations)
45. 부과액방법(assessment method)
46. 리스크기준 자본금제도(Risk-Based Capital)
47. 미국보험감독관협회(NAIC)
48. 자산위험(asset risk)
49. 보험위험(insurance risk)
50. 이자율위험(interest rate risk)
51. 사업위험(business risk)
52. 회사자율조치단계(Company Action Level)

53. 규제조치단계(Regulatory Action Level)
54. 위임관리단계(Authorized Control Level)
55. 강제관리단계(Mandatory Control Level)
56. 자산위험(asset risk)
57. 신용위험(credit risk)
58. 언더라이팅위험(underwriting risk)
59. 대차대조표 이외의 위험 (off-balance sheet risk)
60. 상호회사
61. 외국보험회사
62. 보험설계사
63. 보험대리점
64. 보험중개사
65. 금융기관보험대리점
66. 특별이익
67. 자기계약
68. 자산운용원칙
69. 특별계정
70. 재무건전성
71. 지급여력비율
72. 지급여력금액
73. 지급여력기준금액
74. 상호협정
75. 기초서류
76. 보험요율의 산출원칙
77. 금융위원회의 명령권
78. 검사
79. 금융분쟁조정위원회

복습문제

1. 보험회사가 정부의 규제·감독을 받는 이유는?

2. 보험규제에서 지불능력(solvency)이 가장 중요한 이유는?

3. 손해보험의 요율산정원칙은?

4. 전형적인 요율제도의 7가지 형태를 기술하라.

5. 인정자산(admitted assets)을 정의하고 구체적인 예를 들어라.

6. 지급준비금(loss reserves)을 정의하고 구체적인 예를 들어라.

7. 보험계약자잉여금(policyowners' surplus)을 정의하고 손해보험에서 보험계약자잉여금이 중요한 이유를 기술하라.

8. 리스크기준자본금(Risk-Based Capital: RBC)의 정의, RBC공식의 목적, NAIC의 생명/건강보험 RBC공식의 4가지 위험분류 및 NAIC모델법의 규제조치의 4가지 단계를 설명하라.

9. 우리나라 보험입법의 목적과 성격은?

10. 보험업법상 모집을 할 수 있는 자는?

11. 대리점 또는 보험중개사로 등록할 수 있는 금융기관은?

12. 제공이 금지되어 있는 7가지 특별이익을 기술하라.

13. 재무건전성의 유지에 관하여 보험회사가 보험금 지급능력과 경영의 건전성을 확보하기 위하여 대통령령이 정하는 재무건전성기준을 준수하여야 하는 3가지 사항은?

14. 기초서류란 무엇이며, 보험요율의 산출원칙은?

15. 보험회사의 업무운영이 적정하지 아니하거나 자산상황이 불량한 경우 금융위원회가 명할 수 있는 6가지 조치 및 보험회사가 건전한 보험업을 운영하지 못할 우려가 있다고 인정하는 경우에 금융위원회가 취할 수 있는 4가지 제재조치를 기술하라.

제5장 보험시장과 보험회사의 경영

학습목표

제5장을 학습한 후 다음 질문에 명확히 대답할 수 있어야 한다.

1. 위험대량의 원칙과 대수의 법칙을 설명하라.
2. 세 가지 주요한 언더라이팅원칙과 언더라이팅정책을 제약하는 4가지 주요 요인을 기술하라.
3. 일반 상품가격과 다른 보험상품 가격의 4가지 특성은?
4. 손해보험의 보험요율의 종류와 산정원칙에 대해 설명하라.
5.. 생명표와 사망표에 대해 설명하라.
6.. 생명보험료의 산정요소와 구성요소 및 산정방식에 대해 설명하라.
7. McCathy의 4P's와 마케팅관리에 대하여 설명하라.
8. 서비스의 특성과 보험마케팅을 설명하라.
9. 손해사정사의 업무를 기술하라.
10. 재보험의 필요성과 기능 중 4가지 중요한 것은?

앞의 제4장에서는 보험상품과 보험기업의 특성에 따른 정부의 규제·감독제도에 대하여 살펴보았다. 이 장에서는 일반 기업과는 다른 보험회사만의 특성과 경영원칙 및 경영활동에 대하여 설명하고자 한다. 보험회사의 조직으로서 고유한 상호회사 및 위험대량의 원칙과 이득금지의 원칙 등 보험회사의 경영원칙에 대해 살펴보고, 일반 회사에서 찾아볼 수 없는 보험회사만의 경영활동, 즉 언더라이팅, 보험요율산정, 보험마케팅, 손해사정, 재보험과 자산운용 등에 대해 자세히 설명하고자 한다.

제1절

보험회사의 경영환경과 경영원칙

1. 보험시장과 보험경영의 환경

1) 세계 전체산업 중 보험산업의 비중

제조업과 서비스업을 통합하여 2008년 세계의 500대 기업을 선정하여 발표한 미국의 포춘(Fortune)지에 따르면, 500대 기업 중 67개사가 포함된 은행업에 이어 45개사(주식회사 34개사, 상호회사 11개사)가 포함된 보험업이 2위를 차지하였다.

<표 5-1>에서와 같이 총매출액에서는 은행업과 석유정제업, 자동차산업 다음으로 4위, 자산 측면에서는 은행업 다음으로 2위를 차지하여 보험산업이 세계의 산업 중 매우 높은 비중을 차지하고 있음을 알 수 있다.

〈표 5-1〉 세계의 8대 산업 (2008년 기준)(단위: US$ 백만)

구 분	총매출액	수 익	자 산
1. 은행	3,793,725	325,725	62,392,155
2. 석유정제	3,293,847	278,240	2,850,670
3. 자동차	2,075,407	28,286	2,492,462
4. 보험	2,064,270	129,680	14,847,763
5. 식료품	1,464,754	35,241	1,043,683
6. 통신	1,051,318	70,959	2,229,989
7. 전자	915,270	36,842	939,320
8. 무역	310,095	15,623	460,033

자료: Fortune, 2008.7.

2) 세계보험시장의 구성과 한국보험시장의 지위

2007년도 세계의 총수입보험료는 4조 608억 달러로서, 생명보험의 수입보험료가 전체의 58.9%, 손해보험이 41.1%를 차지하고 있다.

우리나라는 생명보험이 제7위, 손해보험은 제10위를 차지하여 전체 보험사업의 순위는 제7위(세계시장점유율 2.88%)를 보이고 있다. 그러나 생명보험은 812억 달러, 손해보험은 356억 달러로서 생명보험 69.4%, 손해보험 30.5%의 심한 격차를 보이고 있다.

〈표 5-2〉 국가별 보험사업의 순위와 시장점유율(2007년 기준)

(단위: 백만 US$)

순위	국가	수입 보험료	세계 시장 점유율	생명보험		손해보험	
				수입 보험료	점유율	수입 보험료	점유율
1	미국	1,229,668	30.28	(1)578,357	24.2	(1)651,311	39.1
2	영국	463,686	11.42	(2)349,740	14.6	(3)113.946	6.8
3	일본	424,832	10.46	(3)330,651	13.8	(4) 94,182	5.7
4	프랑스	268,900	6.62	(4)186,993	7.8	(5) 81,907	4.9
5	독일	222,825	5.49	(5)102,419	4.3	(2)120,407	7.2
6	이태리	142,328	3.5	(6) 88,215	3.7	(4) 81,907	4.9
7	한국	116,990	2.88	(7) 81,298	3.4	(10) 35,692	2.1
8	네덜란드	102,831	2.53	(13) 35,998	1.5	(6) 66,834	4.0
9	캐나다	100,398	2.47	(12) 45,593	1.9	(7) 54,805	3.3
10	중국	92,487	2.28	(8) 58,677	2.5	(11) 33,810	2.0
18	남아프리카	42,676	1.05	(14) 34,927	1.5	(24)7,749	0.5
총계		4,060,870	(100.0)	2,393,089	58.9	1,667,780	41.1

자료 : Swiss Re, Sigma, 2008.7.

3) 보험회사의 경제적 역할

보험회사는 우리나라 국가경제에서 중요한 역할을 하고 있다. 경제적 손실의 위험으로부터 보험보호를 제공함으로써 보험회사는 보험계약자, 피보험자, 보험수익자 및 연금수혜자에게 재정적 안전장치를 제공한다.

위험보장의 역할에 추가하여 보험회사는 고용을 창출하여 국가경제에 기여하고 있다. 2008년 3월말 현재 26개 생보사가 25,382명, 15개 손보사에서 26,849명, 총 52,231명에게 직장을 제공하였고, 보험판매원으로서 약 272,117명의 고용을 창출하고 있다.

〈표 5-3〉 보험회사의 고용현황 (2008.5.31. 현재)

구분	임직원 수			보험설계사 수			보험대리점 수		
	임원	직원	계	남	여	계	법인	개인	계
생보	514	24,868	25,382	35,689	108,624	143,313	3,348	7,776	11,124
손보	404	26,445	26,849	-	-	75,328	6,594	35,758	42,352
합계	918	51,313	52,231	-	-	218,641	9,942	43,534	53,476

자료 : 생명보험협회, 손해보험협회 통계자료, 2008.8.

또한 보험회사, 특히 생명보험회사는 중요한 금융기관의 하나로서 유가증권투자와 대출을 통해 국가기관과 많은 기업들에게 산업자금을 제공하고 있다. 생명보험회사의 총자산이 305조3,997억원, 손해보험회사 67조1,582억원으로 전체 총자산이 372조5,579억원에 이르고 있는데, 이중에서 68.5%에 해당하는 255조7,286원이 유가증권과 대출금 등에 투자되고 있다.

〈표 5-4〉 우리나라 보험회사의 투자 및 자산구성 현황

(2008. 3월말 현재, 단위: 억원)

구 분	생명보험	손해보험	합 계
현・예금	81,561 (2.6)	32,345 (4.8)	113,906 (3.0)
유가증권	1,511,731(49.5)	354,030 (52.7)	1,865,761(50.0)
대출금	572,949 (18.7)	118,576 (17.6)	691,525(18.5)
부동산	100,918 (3.3)	41,171 (6.1)	142,089 (3.8)
운용자산 소계	2,267,161(74.2)	546,125 (81.3)	2,813,286(75.5)
비운용자산 소계	264,112 (8.6)	99,799 (14.8)	363,911 (9.7)
특별계정자산소계	522,723 (17.1)	25,657 (3.8)	548,380(14.7)
총자산	3,053,997(100.0)	671,582 (100.0)	3,725,579(100.0)

자료 : 생명보험협회, 손해보험협회 통계자료, 2008.8.

4) 우리나라 생명보험회사와 손해보험회사의 현황

우리나라의 생명보험산업은 <표 5-5>에서와 같이, 2008년 3월말 현재 국내에서는 13개 생명보험회사와 9개 외국생명보험회사 국내지점 등 총 22개 회사가 영업을 하고 있다. 생명보험회사들의 총자산은 305조3,999억원이며 책임준비금의 총액은 215조9,711억원이다

보험회사의 책임준비금이란 장래에 지급할 보험금, 환급금, 계약자배당금의 지급에 충당하기 위하여 수입보험료의 일부 유보하여 적립한 것으로 보험계약준비금의 일종이다. 이것은 장래에 있을 채무에 대하여 보험회사가 적립하는 대차대조표상 보험사업자의 부채로서 계상된다.

〈표 5-5〉 생명보험회사의 현황(2008.3.31 현재)

구 분	총자산	총부채	책임준비금	총자본	자본금
대한생명(주)	494,951	458,501	364,206	36,450	35,500
알리안츠생명(주)	106,067	97,975	81,209	8,091	120
삼성생명(주)	1,163,794	1,070,152	831,486	93,642	7,146
흥국생명(주)	71,964	68,498	57,192	3,466	605
교보생명(주)	461,664	437,214	328,465	24,450	1,025
녹십자생명(주)	18,221	16,890	15,442	1,331	1,033
신한생명(주)	76,996	71,446	58,720	5,550	1,342
우리아비바생명보험	13,809	13,240	8,337	569	300
금호생명(주)	66,923	63,024	49,691	3,899	2,962
미래에셋생명(주)	83,958	79,849	48,934	4,109	4,634
KB생명(주)	13,436	12,839	11,740	597	700
동부생명	30,750	29,441	23,991	1,309	852
동양생명(주)	80,128	74,790	60,123	5,338	4,376
메트라이프	66,237	62,984	25,651	3,253	1,257
PCA생명(주)	20,601	19,450	5,013	1,150	2,180
뉴욕생명(주)	4,437	4,011	3,047	426	1,375
푸르덴셜생명(주)	47,350	40,188	35,307	7,162	800
ING생명(주)	131,360	120,728	88,306	10,632	780
하나HSBC생명(주)	9,497	9,109	4,574	387	402
라이나생명(주)	9,855	7,136	5,231	2,719	349
아메리카생명한국지점	68,213	62,479	52,575	5,733	2,044
SH&C 생명보험주식회사	13,788	13,266	471	522	300
생명보험사 계	3,053,999	2,833,210	2,159,711	220,785	64,594

우리나라의 손해보험산업은 다음 쪽의 <표 5-6>에서와 같이, 손해보험회사가 10개 국내 손해보험회사, 1개 보증보험회사, 1개 재보험회사, 4개 통신판매전문자동차보험회사, 12개 외국손해보험회사 국내지점 등 총 28개 회사가 영업을 하고 있다. 손해보험회사들의 총자산은 66조197억원에 이르며, 책임준비금의 총액은 44조4,863억원이다.

〈표 5-6〉 손해보험회사의 현황(2008.3.31 현재)

구 분	총자산	총부채	책임 준비금	총자본	자본금
메리츠화재(주)	45,645	41,084	35,011	4,561	619
한화손해보험(주)	14,966	13,454	11,786	1,512	1,524
롯데손해보험(주)	12,103	10,934	10,050	1,169	421
그린화재(주)	10,291	9,304	7,189	987	716
흥국쌍용화재(주)	11,757	11,630	9,534	128	1,694
제일화재(주)	16,173	15,256	12,774	917	1,339
삼성화재(주)	207,405	173,250	142,398	34,156	265
현대해상(주)	84,921	78,348	64,636	6,572	447
엘아이지손해(주)	73,063	67,400	54,015	5,664	300
동부화재(주)	81,064	72,665	60,280	8,398	354
서울보증(주)	47,356	25,072	12,562	22,284	13,541
코리안리보험(주)	35,334	29,960	15,542	5,374	560
교보악사자동차	4,106	3,173	2,247	933	1,290
교원나라자동차보험	2,063	1,494	1,401	570	700
다음자동차(주)	2,289	1,614	893	675	1,006
현대하이카다이렉트자동차	2,218	1,739	1,187	479	800
A.H.A한국지점	2,244	1,949	1,016	296	1,576
ACE한국지점	623	353	164	269	311
Federal한국지점	623	373	192	250	30
퀼른재보험 한국지점	832	465	224	367	313
스위스재보험 한국지점	2,305	1,873	838	433	170
뮌헨재보험 한국지점	1,015	625	463	391	30
퍼스트권원 한국지점	74	24	9	50	50
미쓰이 한국지점	487	228	187	259	355
동경해상 서울지점	193	138	118	54	30
SCORE RE 한국지점	661	593	128	68	30
RGA재보험 한국지점	356	33	18	324	330
젠워스모기지인슈어런스	30	4	1	26	36
손해보험사 계	660,197	563,035	444,863	97,166	28,837

2. 보험회사의 설립과 조직

세계적으로 수많은 민영보험자가 영업을 하고 있다[1]. 법률상 소유권을 기준으로 한

1) 우리나라의 경우 2008년 6월말 현재 22개의 생명보험회사, 10개의 손해보험회사, 1개의 보증보험회사, 1개의 재보험회사, 4개의 통신판매전문 자동차보험회사 및 12개의 외국보험회사 국내지점 등 28개 손해보험회사들이 국내에서 영업을 하고 있다. 미국의 경우 2007년말 현재 1,190개의 생명보험자, 2,723개의 회사가 재산 및 배상책임보험자로서 영업을 하고 있으며, 생·손보업계의 본사 인력과 보험대리점 및 보험중개사 등을 포함하여 2005년 2,813,800명, 2006년 2,906,200명을 고용하고 있다

민영보험자의 주요한 형태는 다음과 같다.

① 주식회사(stock companies)
② 상호회사(mutual companies)
③ 로이즈조합(Lloyd's Association)
④ 기타 민영보험자: 상호교환보험자(reciprocal exchanges), 뉴욕보험거래소(New York Insurance Exchange) 등

우리나라의 경우 보험업법에 의해 보험업을 영위할 수 있는 자는 금융위원회의 허가를 받은 주식회사, 상호회사와 외국보험회사이다.

1) 주식회사

주식회사(stock company)는 회사의 이익과 손실에 참여하는 주주(株主)에 의해 소유되는 법인(corporation)이다. 주주들은 이사회를 선출하고 이사회는 회사를 운영하는 경영진들을 임명한다. 이사회는 회사의 재정상의 성패여부에 대하여 궁극적인 책임을 진다. 주식회사가 인수할 수 있는 보험의 종류는 그 회사의 정관에 의해 결정된다.

우리나라의 경우 보험사업의 허가신청서류로서 정관을 금융위원회에 제출하여야 한다. 보험업법에 의해 손해보험과 생명보험의 겸업이 금지되고 있으며, 예외로서 제3보험(상해보험, 질병보험과 간병보험)은 겸업이 가능하다. 그리고 생명보험의 재보험은 손해보험이지만 생명보험회사에서 영위할 수 있다.

미국의 경우 재산보험과 배상책임보험에 있어서 대다수의 주식회사들은 생명보험과 건강보험을 제외하고 여러 종류의 보험을 인수하는 복합종목(multiple-line)의 보험자들이다. 그러나 일부 주에서는 손해보험회사에게 생명보험과 건강보험의 인수를 허용하고 있다.

인수하는 보험의 종류에 따라서 주식회사는 각 주의 최저자본금과 잉여금 요건을 충족시켜야 한다. 이들 요건은 언더라이팅과 투자의 결과에 따른 결손에 대비하여 보험계약자와 피보험자를 보호할 목적으로 제정된 것이다. 주식회사는 미국의 재산보험과 배상책임보험산업의 주요한 형태이며, 특히 기업보험사업의 경우에 대부분이 주식회사의 형태를 취하고 있다. 미국의 민영보험자들이 인수하는 재산보험과 배상책임보험의 전체 보험료의 약 $\frac{3}{4}$를 주식회사가 인수하고 있다.

주식회사는 추가보험료 사후부과 보험증권을 발급할 수 없다. 추가보험료 사후부과 보험증권(assessable policy)이란 손실이 과도하게 발생한 경우 보험자가 보험계약자 또는 피보험자에게 사후에 추가보험료를 부과할 수 있도록 허용하는 보험증권이다. 주식회사에서는 모든 손해를 주주가 부담하여야 하고, 보험업에서 이익이 발생할 경우 소유 주식의 금액을 기준으로 주주에게 배당금이 지급된다.

2) 상호회사

(1) 상호회사의 의의와 종류

상호회사(mutual company)는 보험증권 소유자(policyowner)[2)]에 의해 소유되는 법인으로 주주가 없다. 보험증권 소유자들에 의해 선출된 이사들로 이사회를 구성하고 그 이사회는 회사의 경영자들을 임명한다. 경영에 간섭하는 보험증권 소유자들이 비교적 적기 때문에 이사회가 회사의 경영을 효율적으로 통제할 수 있다.

그리고 이익이 발생한 경우 보험계약자에게 배당금을 지급하거나 사전에 보험료를 감액해주기도 한다. 생명보험에서 계약자배당금은 주로 과다한 보험료의 반환이며 사망률과 투자 및 사업실적이 양호한 경우 지급될 수 있다. 그러나 사망률과 투자실적을 보증할 수 없기 때문에 법적으로 회사가 계약자배당금을 보증할 수 없다.

미국의 경우 생명보험산업에서 상호생명보험회사가 우월한 지위를 차지하고 있는데, 미국에서 운영되고 있는 상호회사의 주요한 형태는 다음과 같다.

① 보험료 사후부과(事後賦課) 상호보험회사(assessment mutual)
② 선불(先拂)보험료 상호보험회사(advance premium mutual)
③ 공장상호보험회사(factory mutual)
④ 농가상호보험회사(farm mutual)
⑤ 영구상호보험회사(perpetual mutual)
⑥ 우애보험자(fraternal insurer)

(2) 보험료 사후부과 상호보험회사

보험료 사후부과 상호보험회사(assessment mutual)는 손해와 사업비에 충당하기 위

2) 우리 상법상 용어로는 보험계약자, 피보험자, 또는 보험수익자로도 볼 수 있으나, 궁극적으로는 보험증권에 대한 권리를 소유한 자를 의미한다.

하여 보험계약자에게 보험료를 사후에 부과할 수 있는 권리를 가지고 있는 회사이다. 이 상호회사는 일반적으로 다음과 같이 세 가지 부류로 구분된다.

첫째, 순수한 보험료 사후부과 상호회사는 사전에는 보험료를 책정하지 않고(또는 소액의 수수료만을 받고 보험증권을 발급하고), 어떤 손해가 발생한 후에 각각의 보험계약자에게 보험료를 부과하는 상호회사이다. 순수한 보험료 사후부과 상호회사는 오늘날 많지 않다. 왜냐하면 어떤 손해가 발생한 후에 사후 부과된 보험료를 수금하는데 현실적으로 문제가 있기 때문이다. 현재까지 존재하고 있는 이들 회사들은 전형적으로 화재와 폭풍과 같은 매우 제한된 위험만을 인수하는 소규모의 회사들이며 제한된 지역에 한정하여 영업하고 있다.

둘째 형태의 상호회사는 최근 몇 년 동안의 경험에 비추어 클레임과 사업비를 지급하기에 충분할 만큼 낮은 보험료를 보험계약 시 일차적으로 보험계약자로부터 지급받는다. 그러나 해당 연도에 보험료가 불충분할 경우 회사는 각각의 보험계약자에게 추가금액을 부과한다. 추가 부과금액은 한 번의 추가보험료로 한정되는 경우도 있고 일차 보험료의 배수(倍數)가 되는 경우도 있다. 이러한 형태의 대부분의 회사들은 미국의 해당 주의 일부에 속하는 주택에 관한 화재보험과 같이 기본적인 보험종목만을 인수하는 소규모의 보험자들이다.

셋째 형태는 매우 특별한 상황을 제외하고 매년 클레임과 사업비를 지급하기에 충분한 보험료를 보험계약자에게 일차적으로 지급받는다. 그러나 회사는 사업실적이 불량할 경우 보험계약자에게 사후에 보험료를 부과할 수 있다. 이 부류에 속하는 미국의 많은 상호회사들은 지금까지 보험계약자에게 추가 보험료를 부과한 적은 없지만 부과할 수 있는 권리가 있다는 것만으로도 그들 회사의 재정력을 강화시킨다. 이 부류에 속하는 상호회사는 앞에서 소규모 상호회사보다는 많은 종목의 보험을 인수하는 경향이 있다.

(3) 선불보험료 상호보험회사

선불(先拂)보험료 상호보험회사(advance premium mutual)는 보험계약자들이 소유하고 있으나, 보험료사후부과 보험증권을 발급하지 않는다. 회사의 잉여금이 일정 금액(자산과 부채의 차액)을 일단 초과하면, 주정부는 상호회사가 보험료사후부과 보험증권의 발급을 허용하지 않는다. 선불보험료 상호회사는 전술한 보험료사후부과 상호회사보다 일반적으로 규모가 크고 재무구조가 양호하다. 보험금과 사업비를 지급하기에 충분할 것으로 예상되는 보험료가 사전에 부과되고, 불량한 사업실적으로 추가비용이 필요할 경우 회사의 잉여금에서 충당된다.

생명보험에서 대부분의 상호보험자들은 보험계약자에게 연간 배당금을 지급한다. 재산보험과 배상책임보험에서는 보험계약자배당금이 정기적으로 지급되지 않는다. 그 대신 클레임과 사업비를 지급하는데 필요한 실제 금액에 근접한 보다 낮은 사전 보험료를 부과한다.

(4) 공장상호보험회사

공장상호보험회사(factory mutual)는 일정수준 이상의 손해방지시설을 갖춘 우량물건(재산)만을 보험에 가입시키는 특별한 회사이다. 이 상호회사는 손해방지에 역점을 두고 있으며 공장이 보험에 가입하려면 아주 높은 언더라이팅 기준을 충족시켜야 한다. 그 공장은 전형적으로 우량 건축물이어야 하고, 공인된 스프링클러장치와 기타 필요시설들을 갖추고 있어야 한다.

공장상호회사는 자기의 피보험자에게 정기적인 검사와 엔지니어링 서비스를 제공하고 있다. 그러한 손해통제서비스의 비용이 높기 때문에 오직 보다 큰 위험만이 이 보험에 적합하다. 보험계약은 광범위한 보험보장범위를 제공하고, 보통 공동보험(coinsurance)은 사용되지 않는다.

공장상호보험의 특징은 비교적 높은 보험료를 사전에 지급한다는 것이다. 지급된 보험료는 보험금과 사업비에 필요한 금액을 상당히 초과할 것이다. 그러나 기간 말에는 지급한 보험료의 높은 비율(전형적으로 65% 이상)이 보험계약자에게 배당금으로 반환된다. 그 결과 손해방지에 대한 역점 때문에 피보험자는 비교적 낮은 비용으로 위험보장을 받는다.

(5) 농가상호보험회사

농가상호보험회사(farm mutual)는 미국의 카운티(county) 또는 주(state)와 같은 제한된 지역에서 농가의 재산을 보험에 가입시키는 지방회사이다. 대부분의 농가상호회사는 전술한 보험료사후부과 상호회사와 유사하며 보험료사후부과 보험증권을 발급하는 소규모 회사들이다. 일부 농가상호회사들은 무제한으로 추가보험료를 사후에 부과하기도 하지만, 다른 농가상호회사들은 사후부과보험료를 일정 금액 또는 사전에 지급한 보험료의 일정 배수로 한정하기도 한다.

(6) 영구상호보험회사

영구상호보험회사(perpetual mutual)는 보험계약기간이 영구적으로 지속되는 보험을 판매하는 회사이다. 미국에서는 초기에 몇몇 회사들이 계약만기일이 없는 재산보험계약을 판매하였다. 즉 보험기간이 영구적이었다. 상당히 많은 금액의 보험료 예치금이 필요하고 그 예치금에 대한 투자수익으로 보험금과 사업비를 충분히 지급할 수 있어야 한다. 보험료는 오직 한번 지급되고, 보험계약이 수년 동안 유효하게 지속된 후에는 보험계약자에게 배당금이 지급될 수 있다. 보험계약은 보험계약자 또는 보험자에 의해 취소되지 않는 한 영원히 유효하다.

(7) 우애보험자

우애(友愛)보험자(fraternal insurer)는 하나의 사회조직체의 구성원들에게 생명보험과 건강보험을 제공하는 상호회사이다. 미국의 주 보험법에 의해 우애보험자로 허가를 받기 위해서는 보험자가 여관업협회, 종교단체 또는 자선단체와 같은 어떤 형태의 사회단체를 실제 보유하고 있어야 한다. 미국의 우애보험자의 예로서는 콜럼버스 기사회(騎士會: Knight of Columbus)[3], 가톨릭교회종사자협회(Catholic Workmen), 독립삼림관(森林官)회(Independent Order of Foresters), 루터교회성도구제협회(Aid Association for Lutherans) 등이 있다.

우애보험자들은 그들의 구성원에게 오직 생명보험과 건강보험만을 판매한다. 처음에는 사망보험금을 지급하기 위해 보험료사후부과 원칙이 적용되었으나, 그 후 일부 우애보험자들이 재정적인 문제에 직면함으로써 그 원칙은 포기되었다.

오늘날 대부분의 우애보험자들은 단체생명보험자들이 사용하는 평준보험료와 법정준비금제도를 기초로 운영하고 있다. 우애보험자들은 비영리기구 또는 자선기구이기 때문에 통상적으로 미국의 연방소득세와 주정부의 각종 세금과 지방세의 면세혜택을 받고 있다.

3) 미국 가톨릭의 국제우애자선협회로 1882년 창립됨.

(8) 우리나라의 상호회사 유사기관

우리나라에서는 보험업법상 보험업을 할 수 있는 자로서 주식회사와 함께 상호회사를 규정하고 있으나, 아직까지 상호보험회사로서 정부의 허가를 받아 보험업을 영위하고 있는 상호회사는 하나도 없다. 다만 보험업법이 아닌 특별법에 의해 설립된 각종 공제가 상호회사와 유사한 보험업을 영위하고 있다.

3) 로이즈조합

보험은 로이즈조합을 통하여 확보될 수 있다. 로이즈조합(Lloyd's Association)은 협동조합의 기초 위에서 보험을 인수하는 개인보험자의 조직체이다. 여기에는 두 가지 기본적인 형태의 로이즈조합으로서 런던로이즈(Lloyd's of London)와 아메리칸 로이즈(American Lloyd's)가 있다.

(1) 런던로이즈

런던로이즈(Lloyd's of London)는 피아니스트의 손가락, 켄터키 더비(Kentucky Derby)[4] 우승마(優勝馬)의 다리, 배우의 생명, 사치스런 옥외 리셉션, 프로 골프시합에서의 홀인원(hole-in-one)과 같은 희귀하고 이질적인 위험에 관한 보험을 인수한 것으로 유명하다. 로이즈에서 팔지 않는 보험은 없다고 할 만큼 세계의 어떠한 위험도 인수할 수 있는 것으로 유명하다. 또한 런던로이즈는 해상보험과 재보험에 있어서 세계적으로 매우 중요한 위치를 차지하고 있다.

보험의 역사에서 언급한 바와 같이 에드워드 로이드(Edward Lloyd)가 경영하는 다방(Lloyd's coffee house)에서 유래된 런던로이즈(Lloyd's of London)는 근대적인 보험의 발상지로서 다음과 같은 특징을 가지고 있다.

① 첫째 특징은 엄밀한 의미에서 런던로이즈는 보험회사가 아니며, 개인으로서 보험을 인수하는 회원들에게 서비스를 제공하는 하나의 조합(association)이라는 점이다. 로이즈 자체는 보험을 인수하지 않으며, 개별적인 회원들이 보험을 인수한다. 이와 같은 관점에서 로이즈는 주식 등의 유가증권을 사거나 팔지는 않지만 회원들에게 거래장소(증권시장)와 기타 서비스를 제공하는 증권거래소와 유사하다.

---

4) 미국 Kentucky주의 Louisville에서 매년 5월에 개최되는 3살이 된 말의 경마를 말한다..

② 둘째 특징은 런던로이즈는 많은 신디케이트(syndicates)와 그 신디케이트의 회원들인 개인 보험자들(individual underwriters)과 법인에 의해 운영된다는 점이다. 신디케이트들은 주로 해상보험, 항공보험, 자동차보험, 또는 기타 재산배상책임보험종목별로 특화하는 경향이 있다. 로이즈를 세계적으로 유명하게 하는 희귀한 위험의 인수는 로이즈의 전체 사업 중에서는 매우 적은 비중을 차지하고 있다. 또한 생명보험도 전체 사업에서 차지하는 비중은 매우 적은 편이며, 그것도 보통 단기계약에 한정되고 있다.

③ 셋째 특징은 개인 보험자들은 개인 자격으로서 그들이 인수하는 보험에 대하여 무한책임을 갖는다는 점이다. 각 개인보험자들은 그들이 합의한 인수비율에 해당하는 손해액(보험금)에 대하여만 책임을 지고, 다른 회원들에게 할당된 손해액에 대하여는 책임을 지지 않는다. 따라서 로이즈회원의 자격은 통상적으로 그들의 개인 자산으로 손해액을 지급하기로 보증하는 재력 있는 개인들에게 한정된다.

④ 로이즈의 개인보험자들은 엄격한 재정상의 요건을 충족하여야 한다. 각 보험자들은 상당한 언더라이팅 보증금을 예치해야 한다. 모든 보험료는 보험료신탁기금(premium trust fund)에 예치되고 보험금과 사업비를 충당하는 경우에만 인출할 수 있다. 달력상의 1년 동안의 수입보험료는 그 해가 종료된 후 2년 동안 계속 예치된다. 중앙보증기금은 개인보험자가 재정상 파산한 경우에 보험금을 지급한다.

⑤ 마지막으로 런던로이즈에서 보험거래는 로이즈보험중개사(Lloyd's broker)를 통해서만 이루어진다.

(2) 아메리칸로이즈

미국의 민영보험자들은 런던로이즈와 유사한 조합들을 설립하였다. 그러나 아메리칸로이즈조합(American Lloyd's Association)은 런던로이즈와 아무런 관련이 없으며, 여러 점에서 런던로이즈와 다르다.

첫째, 개인보험자들의 수가 런던로이즈보다 적다.

둘째, 보험자의 책임이 대부분 제한된다. 각 보험자는 자기가 인수한 비율에 해당되는 손해액에 대하여만 책임을 지고 파산한 다른 회원들의 손해 할당액에 대하여는 책임을 지지 않는다.

셋째, 개인보험자의 개인 순 재산과 재력은 런던로이즈의 보험자보다 상당히 낮다.

넷째, 아메리칸로이즈조합은 신디케이트를 통해서 운영되지 않으며 대리인에 의해 경영 관리되고 있다.

마지막으로, 아메리칸로이즈조합의 재정상의 평판은 런던로이즈만큼 양호하지 않다. 여러 조합들이 파산하였으며 뉴욕과 같은 일부 주에서는 새로운 아메리칸로이즈조합의 설립을 금지하고 있다.

4) 기타 민영보험자

(1) 상호교환보험자

상호교환보험자(reciprocal exchange)는 법인조직이 아닌 상호보험자(unincorporated mutual)라고 정의할 수 있다. 상호교환보험자는 다음과 같은 특성을 가지고 있다.

첫째, 가장 순수한 형태의 상호교환보험자로서 구성원(회원)들 상호간에 보험이 교환된다. 즉 상호교환보험자들은 각각의 회원의 보험에 다른 회원들이 가입하고 그 회원은 다른 회원들의 보험에 가입한다. 이와 같은 방식으로 회원 상호간에는 항상 보험약정(insurance promises)의 교환거래가 존재한다. 따라서 이러한 보험자의 명칭을 상호교환보험자라고 부른다.

둘째, 상호교환이 대리인(attorney-at-fact)에 의해 운영된다. 대리인은 통상적으로 출자자들에 의해 권한을 부여받은 하나의 법인체(단체)로서 새로운 회원들을 모집하고, 보험금을 지급하며, 보험료를 수금하고, 재보험거래를 처리하며, 기금들을 투자하고, 기타 경영상의 책무를 이행한다. 대리인은 보통 해당연도 중 출자자들이 지급한 총 보험료와 투자수익의 일정 비율(25% 등)을 기초로 보상받는다. 그러나 대리인은 보험금의 지급에 대하는 자기가 직접 책임을 지지 않으며 보험자도 아니다. 상호교환업자가 보험자이다.

셋째, 상호교환업자는 순수 상호교환업자(pure reciprocal) 또는 수정 상호교환업자(modified reciprocal)로 구분될 수 있다. 순수상호교환업자의 형태에 있어서는 각각의 출자자들에게 분리계정이 유지된다. 각 출자자의 보험료와 투자수익의 할당액은 해당계정의 대변에 기입되고, 출자자의 보험금과 사업비의 할당액은 차변에 기입된다. 만약 계정 상 잔액이 그의 의무를 부담하는데 불충분할 경우 추가금액이 출자자에게 부과될 수 있다. 그러나 계정 상 잔액이 많을 경우 배당금이 지급될 수 있다. 만약 상호교환거래소의 회원의 자격이 종료된 때에는 계정상의 잔액이 해당 출자자에게 지급된다. 따라서 가장 순수한 형태에 있어서는 출자자에 대하여 「원가로」(at cost)로 보험이 제공된다.

수정된 형태로서 상호교환업자는 선불(先拂)보험료 상호보험회사(advance premium mutual)와 유사하다. 개별적인 계정은 미분할 잉여금계정에 의해 보충되거나 대체될 수도 있다. 만약 개별적인 계정이 유지되지 않으면, 탈퇴하는 출자자는 일체의 상환금을 받지 못한다. 만약 미분할 잉여기금이 많을 경우에 그러한 상호교환업자는 추가보험료를 사후에 부과하지 않는 보험증권을 발급할 수도 있다.

대부분의 미국 상호교환업자들은 비교적 규모가 작고, 전체 재산보험과 배상책임보험의 수입보험료 중 적은 비율만을 차지하고 있다. 또한 대부분의 상호교환업자들은 매우 제한된 보험종목만을 전문으로 취급하고 있다. 그러나 일부 상호교환업자들은 복합 종목의 보험자로서 큰 규모를 가지고 있다. 미국의 농부거래소(Farmers Exchange)와 연합서비스자동차조합(United Services Automobile Association)은 자동차보험을 전문으로 영위하는 대규모 상호교환보험자이다.

(2) 뉴욕보험거래소

런던로이즈를 대체할 수 있는 미국 내 보험거래소를 제공하고 미국보험시장에서 언더라이팅 수용능력을 확장하기 위하여, 뉴욕에서는 뉴욕보험거래소(New York Insurance Exchange)를 설립하여 1980년 4월 1일부터 영업을 개시하였다. 뉴욕보험거래소는 미국의 보험물건이 해외(특히 런던로이즈)로 유출되는 것을 방지하고 미국 내에 유치하기 위해 설립된 조직이다. 영국의 로이즈와 같이 가입회원들에게 보험거래를 할 수 있도록 장소를 제공하고 여러 가지 편의를 제공한다. 여러 가지 점에서 로이즈와 흡사하여 미국(US)로이즈라고 부르기도 한다.

뉴욕보험거래소는 그곳에서 언더라이팅 신디케이트들이 모든 종류의 보험을 제공하고 보험중개사들이 그들의 고객을 대리하여 많은 신디케이트 중에서 적정한 보험을 구매하는 커다란 장내 거래소(立會場)이다. 이 보험거래소는 다음과 같은 세 가지 종류의 보험업을 인수할 수 있도록 허가받고 있다.

① 미국외의 지역에 소재하는 위험에 관한 제1차적 위험보장

② 모든 종류의 재보험

③ 자유거래지대(Free-Trade Zone)에 의해 거절된 것으로 뉴욕에 속하는 원수보험 사업

자유거래지대(Free-Trade Zone)란 특별히 면허받은 보험자들로 하여금 보험요율과 보험증권양식의 신고요건이 면제된 두 종류의 보험계약을 인수할 수 있도록 허용하는 뉴욕보험법(New York Insurance Code)의 한 항목을 말한다. 이 밖에도 Illinois, Miami, Florida주에서도 이와 비슷한 보험거래조직이 운영되고 있다.

그러한 자유거래지대의 목적은 미국의 보험자들이 해외의 보험시장, 특히 런던로이즈에 보다 효과적으로 대응할 수 있도록 신고요건에 따른 보험인수 등 업무상 지연을 제거하기 위한 것이다.

자유거래지대에서 인수할 수 있는 두 종류의 보험은 ① 일체의 단일 보험종목당 연간 보험료가 최소한 $100,000 이상, 또는 인수된 모든 보험종목의 연간 보험료가 최소한 $200,000 이상인 대형 기업위험에 관한 제1차적 보험계약 ② 특별한 위험 또는 보험가입이 어려운 위험이다.

자유거래지대에서 인수할 수 있는 보험의 예로서는 항공보험, 경보장치의 고장에 대한 배상책임보험, 유원지나 박람회장 또는 축제(carnivals)에 관한 보험, 전문직업인배상책임보험, 물고기양식장에 관한 보험, 폭동보험(insurrection insurance), 공정노동행위법의 위반에 대한 배상책임보험, 유류누수보험(oil spill insurance), 휴가강우(降雨)보험(vacation rain insurance) 등이다.

3. 보험업의 특성과 경영원칙

1) 보험기업의 영위사업

보험회사가 영위하는 사업은 크게 언더라이팅사업과 투자사업으로 구분할 수 있고, 세분한다면 다음 4가지 사업으로 구분할 수 있다.

① 위험사업

② 저축사업과 연금사업

③ 투자사업

④ 봉사 및 지원처리사업

(1) 위험사업

보험회사의 핵심 사업으로 주된 사업 분야이며 언더라이팅사업이라고도 부른다. 보험계약자는 보험회사에 보험료를 지급하고 그 대가로 그의 위험을 보험회사에 전가한다. 보험계약자와 보험회사간의 위험의 전가와 위험의 인수라는 거래관계는 양 당사자가 위험전가와 위험인수에 대해 이득(효용)과 손실(비효용)을 비교 평가하여 그러한 거래가 각각 자기에게 유리하다고 판단될 경우에 성립된다.

(2) 저축사업과 연금사업

보험회사는 위험사업과 상호 결합하여 저축사업을 한다는 점에서 은행의 저축사업과 다르다. 은행의 경우 미래의 특정 시점에 특정 자금(목표액)을 마련하는데 저축자의 조기사망이나 실업, 상해를 입으면 저축이 불가능하게 되어 항상 위험과 불확실성이 수반된다.

이에 비하여 보험기업은 그러한 위험으로 인한 자금저축의 불확실성을 제거시켜준다는 장점이 있다. 저축사업은 생명보험은 물론 장기손해보험 분야에서 추구하고 있다.

(3) 투자사업

보험회사는 다수의 보험계약자들로부터 사전에 보험료를 영수하여 보험사고가 발생하면 사후에 보험금을 지급한다. 따라서 보험료 수입과 보험금의 지출 사이에 시차가 발생하기 때문에 보험업을 영위하는 과정에서 거액의 자금이 축적된다. 이와 같이 축적된 자금은 미래에 보험사고가 발생한 경우에 대비하여 보험금의 지급준비금의 성격을 가진 책임준비금으로 적립해야 할 부채에 해당되는 자금이다.

투자사업은 보험업의 고유 영역은 아니지만, 보험자산의 투자수익이 대부분 언더라이팅사업의 적자를 보전하는 역할을 할 만큼 보험회사의 중요한 부수사업이다. 생명보험에서는 보험상품의 설계 시 일정 수준 이상의 투자이율을 전제로 하고 있다. 따라서 투자사업의 실패는 곧 보험업의 실패를 의미한다고 해도 과언은 아니다.

(4) 봉사 및 지원처리사업

보험회사는 영위하는 위험사업과 저축사업 및 투자사업을 효율적으로 수행하기 위해서는 이들 사업과 관련한 각종 봉사업무와 지원·처리사업을 수행하여야 한다. 이들 사업은 자문서비스 제공업무와 지원처리업무로 대별할 수 있다.

자문서비스 제공업무는 다음과 같다.

① 보험판매 시 보험가입의 필요성과 유용성을 고객에게 설명하여 인식시켜주는 판매서비스의 제공업무
② 보험계약의 변경, 연장과 보험사고 처리 및 보상처리문제 등과 관련한 각종 자문서비스의 제공업무
③ 상기 업무가 원활하게 수행되도록 보험회사가 사전에 경영 내적으로 제반 여건 조성업무(경영기반 및 영업조직의 조성업무, 모집조직의 기반조성업무, 각종 업무지침 및 업무규정의 작성업무 등)

지원처리업무는 일반적으로 다음의 업무와 관련한 활동이다.

① 인수대상 위험의 분석·평가업무
② 적합한 보험조건의 결정업무
③ 보험계약청약서의 심사 처리업무
④ 고객카드, 보험증권 및 기타 서류의 작성 교부업무
⑤ 고객과의 커뮤니케이션 업무
⑥ 손해사정업무
⑦ 보험료의 추심업무
⑧ 보험금의 지급업무
⑨ 각종 정보자료의 수집 및 처리업무

2) 보험경영의 특성

보험기업에도 경영의 일반원칙은 그대로 적용된다. 일반 기업에서 찾아볼 수 없는 보험경영의 특성은 다음과 같다.

(1) 위험대량의 원칙과 대수의 법칙

보험의 본질에서 살펴본 바와 같이, 보험이란 다수 동질의 위험(잠재적 손해)들이 결합(pooling of losses)하여 위험단체를 구성하고 그 단체 구성원 중의 일부가 손해가 입

은 경우에 전체 구성원들이 그 손해를 분담(sharing of losses)하는 사회 · 경제적 제도이다.

손해의 결합과 분담과정을 통해서 불확실한 거액의 손해가 확실한 소액의 손해로 대체되고 실제 손해(지급보험금)가 평균 손해(보험료)로 대체된다. 이 과정에서 보험에 가입되는 대상(보험의 목적)의 미래 손해발생 확률을 예측하여 단체 구성원들이 분담할 보험료를 산정한다. 만약 그 예측이 부정확한 경우에는 보험업이 투기적으로 운영되어 사업의 안정을 기할 수 없다. 미래 손해에 대하여 정확하게 예측하지 못한 경우 수입보험료로서 지급보험금을 충당할 수 없게 되어 결과적으로 보험회사는 지불불능 사태와 파산을 면치 못하게 될 것이다.

따라서 미래 손해발생에 대한 정확한 예측, 즉 보험요율의 산정이 보험경영의 성패를 좌우하는 중요한 기능이 된다. 보다 정확한 확률을 예측하는데 대수의 법칙이 사용된다.

대수의 법칙(Law of Large Numbers)이란 보다 많은 수를 관찰하면 보다 정확한 확률을 얻을 수 있다는 원칙이다. 보험자는 보험에 가입하는 대상의 위험이 많으면 많을수록 미래 손해를 보다 정확히 예측할 수 있고, 과거의 실제 손해율이 미래의 손해율과 가깝게 될 것이다.

이와 같이 보험제도가 대수의 법칙을 기초로 하고 있으므로 가능한 한 대량의 위험(계약)을 모집하여야 기업의 안정은 물론 수입의 증대도 도모할 수 있다는 원칙이 위험대량의 원칙이다.

(2) 위험 동질성의 원칙

대수의 법칙이 적용되는 위험집단이 다수의 구성원들로 구성되어야 할 뿐만 아니라, 위험의 크기나 종류 면에서 동질적이어야 한다. 하나의 위험단체를 구성하고 구성원들이 손해를 공평하게 분담하기 위해서는 동질의 위험이 결합하여야만 한다. 이질적인 위험이 그 단체에 끼어든다면 결국 공평한 손해분담은 달성하가 어려울 것이다.

위험인수 시 위험이 현저히 큰 위험과 이질적인 위험의 인수를 거부하거나 추가보험료 또는 보험조건을 제한하여야 한다. 위험이 클수록 보험에 가입하려는 성향인 역선택(adverse selection)을 방지하는 것이 보험경영의 중요과제라고 할 수 있다.

(3) 보험료 적정의 원칙

인수하는 위험의 종류와 사고발생확률에 따라 적절하고 과도하지 않으며 공정한 보험료를 산정하여야 한다는 원칙이다. 적정한 보험료란 보험자 입장에서 수입보험료와 그 투자수익으로 지급보험금과 사업비를 지불하고 주주배당을 위한 이윤을 실현할 수 있는 정도의 보험료를 의미한다. 지불능력을 유지할 만큼 보험료가 적정하여야 한다는 것이다. 보험료가 지불능력을 유지할 수 있을 만큼 충분하지 못하면 사업수지의 불균형과 경영부실의 결과를 초래할 것이다.

보험계약자 입장에서는 비용을 감당할 수 있을 만큼 보험료가 지나치게 과도하지 않아야 한다. 아무리 좋은 보험상품이라도 소비자가 비용을 부담할 수 없는 정도라면 보험이 쓸모없게 될 것이다. 또한 사고발생 확률에 따라 보험계약자 간에 부당하게 차별적이어서는 아니 된다. 즉 보험료가 공정하여야 한다는 것이다. 예상손해율이 낮은 양호한 위험물건은 손해발생 가능성이 높은 불량물건에 비하여 낮은 보험료가 산정되어야 함을 의미한다.

(4) 위험분산의 원칙

다수 동질의 위험을 인수한 경우에도 위험이 집중되는 경우에는 손해의 분담이 불가능하게 되어 위험제도 자체가 붕괴될 우려가 있으므로 위험은 적절하게 분산되어야 한다. 동일한 이유로 대재난손해의 위험인수는 신중하여야 한다.

위험의 종류(대형 공장이나 선박, 항공기)나 지역적인 분포가 편중되면 보험회사가 막대한 손실을 입을 수 있다. 따라서 위험의 신중한 선택인수는 물론 인수하는 경우에도 공동보험(수평적인 위험분산방법)이나 합리적인 보유와 재보험(수직적인 위험분산방법)을 통해 위험을 분산하여야 한다.

(5) 보험급부 적정의 원칙

보험급부가 너무 많거나 적게 지급되어서는 아니 되고 적정한 보험금이 신속하게 지급되어야 한다는 것이다. 보험급부 적정의 원칙은 보험료 적정의 원칙과 표리일체의 관계에 있다. 아무리 보험료가 적정하게 결정된 경우에도 보험금이 과다하게 지급된 경우에는 수지의 불균형을 가져와 보험업의 재무적 부실을 초래할 수 있다.

보험금이 지나치게 과소하게 지급된 경우에는 보험계약자와 피보험자의 권익이 침해될 뿐 아니라 해당 보험회사의 평판에 악영향을 끼쳐 보험판매와 마케팅에 어려움을 초래하여 결과적으로 경영의 효율성이 악화될 것이다.

보험계약은 보험사고의 발생으로 인한 경제적 손해를 복구할 목적으로 존재하고 보험계약자 입장에서는 보험사고가 발생할 때 보험금을 지급한다는 미래의 약속을 사는 것이므로, 보험회사는 보험사고가 발생한 때에 손해사정과 보험금지급 시 신속하고 합리적인 절차를 통해 보험가입자의 보호에 노력하여야 한다.

(6) 투자 다양화의 원칙

보험업의 운영과정에서 거액의 자산이 축적되고 그러한 자산의 운용(투자)결과는 보험업의 경영성과에 큰 영향을 미칠 뿐 아니라 보험가입자의 권익보호와도 직결된다. 보험자산의 투자는 안정성, 수익성, 유동성 및 공익성(공공성) 등 4가지 요소가 구비되어야 하는데 이를 위해 투자의 다양화가 필요하다.

특히 생명보험과 장기손해보험의 경우 보험계약 체결 시 보험료 영수시점과 보험사고 발생 시 보험금 지급시점 사이에 장기간의 간격이 존재한다. 따라서 장기간 동안 수입보험료의 자금을 얼마나 효율적으로 투자하느냐에 따라 경영성과를 미치게 된다. 또한 투자성과가 좋은 경우 투자이익으로 언더라이팅손실을 보전하여 경영개선에 기여함은 물론 보험계약자들에게는 보험료 인하효과를 가져다준다.

(7) 수지 균등의 원칙

수지균등의 원칙은 보험회사가 영수하는 순보험료의 총액이 지급보험금의 총액과 일치하여야 한다는 원칙을 말한다. 실제손해율이 보험료 산정 시 예정손해율보다 높게 나타나면 지급보험금의 총액이 순보험료 총액보다 많은 결과를 가져와 언더라이팅손실이 발생한다. 투자수익이 이를 보전하지 못한 때에는 보험업의 적자가 발생한다.

보험경영의 관점에서 수지상등의 원칙이라고도 하는데, 수입과 지출이 같아야 한다는 원칙은 수입보험료 총액이 지급보험금과 사업비 및 주주이윤을 충당할 수 있도록 양 금액이 균등하여야 한다는 것이다.

(8) 급부 · 반대급부 균등의 원칙

수지상등의 원칙이 보험자 입장에서의 원칙인데 비하여 급부 · 반대급부 균등의 원칙은 보험가입자 개개인의 관점에서의 원칙이다. 이 원칙은 대수의 법칙에 의해 특정한 사고의 발생확률을 기초로 산정한 보험료로서 실제 사고발생에 따른 보험금을 지급하는데 부족함이 없어야 한다는 원칙이다.

위험단체의 구성원 각자가 지불하는 보험료(급부)는 사고발생 확률에 지급보험금(반대급부)을 곱한 것과 같다는 원칙이다. 이를 수식화하면 P=WZ(P: 보험료, W: 사고발생확률, Z:지급보험금)로 나타낼 수 있다. 이 수식을 독일의 학자 W. Lexis가 도입하였다고 하여 이를 "렉시스의 원칙"이라고 한다.

(9) 이득금지의 원칙과 손해보상의 원칙

보험과 위험관리의 대상이 되는 위험은 이득의 가능성이 있는 투기적위험이 아니고 손해발생 가능성만이 존재하는 순수위험이라는 점에서 보험의 본질상 순수위험으로 인하여 발생한 손해에 대하여 보험으로 이득을 얻을 수 없다는 원칙이다.

바꿔 말하면 손해보상의 원칙이다. 보험사고(피보험위험)로 인하여 발생한 실제 손해만을 보상한다고 하여 실손보상의 원칙이라고도 한다. 보험사고의 발생 결과 실제 손해보다 더 많은 보험금을 받거나 사고발생 직전의 경제적 상태보다 개선된 상태에 놓이게 되면 보험으로 부당이득을 얻게 된다.

사고발생으로 이득을 얻을 수 있다면 인위적(고의적)인 사고유발과 보험의 도박화를 초래할 뿐 아니라 공서양속을 해칠 우려가 있다. 이에 따라 손해보상의 원칙과 이득금지의 원칙을 지키기 위해서 법률로서 피보험이익의 원칙, 초과보험의 금지와 중복보험의 책임분담의 원칙, 보험자대위 등을 규정하고 있다.

특히 인보험에서 타인의 생명보험의 경우 많은 나라에서는 피보험이익주의를 채용하고 있으나, 우리나라의 경우 입법상의 착오였는지 또는 오류로 인한 것인지 확인할 수 없지만 "보험계약의 목적"이 상법 제4편 제1장 통칙에 규정하지 않고 제2장 손해보험에만 규정하고 있다고 하여 인보험에서는 피보험이익의 요건이 필요 없다고 해석하고 있다. 그 결과 타인의 생명보험에서 타인의 서면동의를 받으면 피보험이익(그 타인의 사망에 대하여 적법한 아무런 경제적 이해관계)이 없는 자도 보험계약자와 보험수익자가 될 수 있고 보험금을 받을 수 있다. 죽은 자의 서면동의에 대한 진위 여부를 가리기가 쉽지 않다는 점을 감안하면 피보험이익의 원칙을 생명보험에 조속히 도입할 필요가 있다. 이득금지의 원칙이 고의적인 사고유발을 막기 위해서라면 재산에 대한 사고보다도 사람의 사망과 관련한 생명보험에서 더욱 강조되는 원칙이기도 하다.

3) 보험회사의 주요 업무

보험회사의 가장 중요한 경영활동은 다음과 같다.

① 언더라이팅(underwriting)
② 보험요율산정(rate making)
③ 보험마케팅과 보험판매(production)
④ 손해사정과 보험금 처리(claim settlement)
⑤ 재보험(reinsurance)
⑥ 투자(investment)

여기에 추가하여 보험회사는 재무관리, 회계, 법률서비스, 손해통제서비스 및 전자정보처리 등의 업무를 수행한다.

제2절 언더라이팅

1. 언더라이팅의 유래

보험의 초기에는 개인 차원에서 보험이 처리되었다. 재산의 소유자와 보험자가 협의하여 재산에 관한 보험계약서를 작성하였다. 그 계약서에는 윗부분에 재산 소유자의 성명이 기재되고 아래 부분에는 보험자가 보증인(guarantor)으로서 서명하였다. 보험자의 성명을 계약서의 아래에(under) 쓴 것(writing)이 글자 그대로 언더라이팅(underwriting)이다.

영국에서 해상보험이 도입되면서 보험을 확보하고자 하는 사람들과 보험을 인수하고자 하는 사람들이 다방(coffee house)에서 만나는 것이 관례가 되고 이것이 Lloyd's가

탄생하는 계기가 되었다. 보험을 확보하고자 하는 사람은 선박, 선적화물, 선장과 목적지 등을 기재한 종이를[5] 그 다방으로 가져왔고 그 슬립(slip)은 그와 같은 위험을 부담하고자 하는 사람들에게 회람되었다. 그러한 위험을 인수하려는 자들은 모두 그러한 슬립 아래에 인수하려는 금액과 자기의 성명을 기재하였다. 그 슬립에는 합의한 보험요율과 보험조건이 표시되기도 하였다. 그들이 위험의 기재사항 아래에 그들의 성명을 서명하였기 때문에 그들을 언더라이터(underwriter)라고 부르게 되었다.

보험이 발전함에 따라 개인 간의 계약이 사라지고 계약당사자 사이에 보험중개사가 등장하게 되었다. 그 중개사가 슬립에 청약내용을 표시하여 보험자들을 찾아가 보험계약을 협의하였다. 회사 형태의 보험자가 등장하기 전에는 언더라이터가 곧 보험자였다. 이와 같은 개인적인 위험부담(risk-bearing)은 오늘날에도 Lloyd's of London에서 계속되고 있다.

보험회사가 출현하면서 보험자가 개인에서 회사로 변경되었고 서명도 위험을 실제 인수한 개인이 아니라 회사를 대표하는 회사 관리자의 서명으로 대체되었다. 언더라이터라는 말은 계속 사용되고 있으나 위험을 선택하고 보험조건을 결정하는 업무를 수행하는 자에게만 적용된다. 현대 보험회사의 언더라이팅업무는 전문화된 언더라이팅부서에서 맡고 있으며 언더라이터는 보험회사의 최고관리자라고 할 수 있다.

위험을 선택하고 보험조건과 보험료를 결정하는 업무는 초기 언더라이터나 오늘날이나 기본적으로 동일하다. 오늘날 보험경영에 있어서 언더라이팅은 가장 핵심적인 기능이지만 전체 경영을 의미하지는 않고 보험회사의 기능 중 한 부분에 해당된다. 현대 보험경영에 있어서는 언더라이팅 이외에도 보험의 판매, 보험청약서와 보험증권 양식의 제작, 보험증권의 작성 및 발급, 보험회계, 보험기금의 투자, 손해사정의 처리와 법률적인 의무 이행 등 필수불가결한 기능들이 많이 있기 때문이다.

2. 언더라이팅의 의의와 목적

1) 언더라이팅의 개념

언더라이팅은 흔히 위험선택을 의미하는 것으로 사용된다. 그러나 언더라이팅은 피보험자의 단순한 선택 이상의 의미를 가지고 있다. 언더라이팅은 보험의 일부가 아니

---

5) 청약내용이 표시된 그와 같은 종이를 슬립(slip)이라 부르고 있다.

라 그 자체가 보험이다[6]고 할 만큼 보험에 있어서 가장 중요한 기능이다. 마케팅과 판매, 회계, 투자, 총무 등과 같은 보험회사의 업무 등은 다른 일반 기업에서도 중요한 기능이다. 다른 기업에서 찾아볼 수 없는 보험기업의 독특한 기능이 보험계약 체결 전의 언더라이팅과 손해 발생 후의 손해사정이다.

보험기업의 성공에 대한 언더라이팅의 중요성이 특히 강조된다. 언더라이팅 결과가 양호할 경우에 회사의 흑자 시현이 가능하고, 언더라이팅의 결과가 불량한 경우에는 보험회사의 생존까지도 위협을 받게 된다. 마케팅이나 손해통제, 요율산정, 손해사정 등과 같은 많은 업무가 때로는 외부의 기업이나 개인에게 위탁되거나 계약에 의해 처리되기도 한다. 그러나 보험자의 성공을 좌우하는 중요성 때문에 언더라이팅은 타인에 의해 대신 처리될 수 없다. 이에 따라 언더라이팅은 보험자의 핵심 기능 중 하나로 간주되고 있다.

2) 언더라이팅의 정의

언더라이팅이란 말이 처음 사용될 때는 보험업의 영위를 의미하였고 보험과 동의어였다. 그러나 오늘날은 그 보다 제한된 의미를 가지고 있다. 언더라이팅은 흔히 위험선택(risk selection)으로 부르고 있으나 피보험자의 단순한 선택 이상의 의미를 포함하고 있다.

언더라이팅이란 보험청약자들을 선택하고(selecting) 분류하며(classifying) 가격을 결정하는(pricing) 과정을 말한다.[7] 언더라이팅은 위험상태의 인식과 평가를 통한 피보험자의 선택, 보험료 산정 및 보험계약조건의 결정이라고 정의되기도 한다.[8] 또한 언더라이팅은 선택과정을 통해 보험자가 청약된 위험 중 어떤 것을 인수해야 하는지를 결정하고 그것이 결정된 경우 얼마의 금액에 대해 어떤 조건으로 인수해야 하는지를 결정하는 선택과정을 의미하기도 한다.[9]

6) Robert B. Holtom, Underwriting: Principle & Practices, 3rd Ed., National Underwriter Publication, 1987, p.3.

7) George E. Rejda, Principles of Risk Management and Insurance, 10th ed., Pearson Education, Inc., 2008, p.109.; George E. Rejda, Principle of Insurance, 3rd ed., Illinois: Scott, Foresman and Co, 1989, p.536.(여기에서는 "이익을 창출할 수 있는 피보험자의 선택과 분류" (selection and classification of profitable insured)라고 정의한 바 있다.)

8) Bernard L. Web, Connor M. Harrison, and James J. Markham, Insurance Operations, Vol. I, Pennsylvania: American Institute for Chartered Property Csualty Underwriters, 1992, p.131.

9) S. S. Huebner, Kenneth Black, Jr., and Robert S. Cline, Property and Liability Insurance, 3rd

이를 종합하면 언더라이팅이란 청약된 위험에 관한 정보를 확보하고 평가하여 그 위험의 인수 여부를 결정하고 인수하기로 결정한 경우 보험계약조건과 보험료를 결정하는 보험회사의 중요한 기능이라고 정의할 수 있다.[10)]

언더라이팅은 가망 피보험자에 의해 청약된 위험을 평가하는 체계적인 기술이다. 언더라이팅의 기능에는 정보의 수집과 분석, 위험의 인수 여부의 결정, 위험의 선택과 분류, 인수금액과 보험조건 및 보험료의 결정 등이 포함된다. 그리고 이와 같은 업무를 수행하는 자를 언더라이터(underwriter)라고 말한다.

3) 언더라이팅의 목적

언더라이팅의 기본 목적은 보험사업에서 수익성을 창출하는 것이다.[11)] 즉 일정한 회계단위의 보험사업에서 수익성이 있는 피보험자를 선택하는 것이 언더라이팅의 기본 목적이다.

"일정 회계단위의 보험사업"이란 자동차보험계약일 수 있고 전체 해상보험계약일 수 있으며 선박보험이나 적하보험으로 구분될 수도 있다. 회사의 언더라이팅정책에 따라서는 개인보험이나 기업보험일 수도 있다. 특정 지역에서 판매된 보험사업 또는 특정 지역의 지점이나 영업국에서 판매된 보험사업을 의미하는 경우도 있다.

양호한 언더라이팅실적은 보험회사의 성장은 물론 생존을 위해 필수적이다. 언더라이팅실적이 적자로 나타나는 경우 투자소득과 사업비의 절감액이 그러한 적자를 상쇄할 수 없으면 결국 적자기업이 될 것이기 때문이다. 이와 같은 언더라이팅의 중요성 때문에 모든 보험회사가 대부분 언더라이팅은 외부기관에 위임하지 않고 있다.

3. 언더라이팅의 기본 원칙

전술한 바와 같이, 언더라이팅의 기본 목적은 보험사업에서 수익성을 창출하는 것이다. 이러한 언더라이팅목표를 달성하기 위해서 다음의 세 가지 주요한 언더라이팅원칙이 있다.[12)]

---

ed., New Jersey: Prentice-Hall, Inc., 1982, p.560.

10) Holtom, *Underwriting: Principle & Practices*(1987), p.11.

11) Rejda(2008), p.109.

12) Rejda(2008), p.109. Huebner, et al.(1982), p.560. (여기에서는 넓은 의미의 언더라이팅목적으로 ①

① 회사의 언더라이팅기준에 따른 피보험자의 선택
② 각각의 언더라이팅 등급분류 내에서 적절한 균형
③ 피보험자 사이의 공정성

첫째 원칙은 언더라이터가 회사의 언더라이팅기준에 따라 가망피보험자를 선택하여야 한다는 것이다. 이것은 언더라이터가 실제 손해율이 회사의 보험요율산정 구조에서 제시된 예상손해율을 초과하지 않을 피보험자만을 선택하여야 한다는 것을 의미한다. 예를 들어 회사가 선박보험의 예상손해율을 65%로 정하고 10년 미만의 선령 등 인수가능한 선박에 관한 엄격한 언더라이팅기준을 수립하고 있는 경우에는 그에 따라 보험요율이 산정된다. 이 경우 회사는 실제손해율이 65% 이하의 우량물건의 인수를 기대하고 있으며 언더라이터는 선박보험의 실제손해율이 65%를 초과하지 않도록 엄격한 언더라이팅기준에 적합한 선박만을 인수하는 것이 바람직하다.

언더라이팅기준을 수립하는 목적은 보험회사에 대한 역선택(adverse selection)을 감소하기 위한 것이다. 그러한 기준이 없는 경우에는 손해발생 가능성이 높은 사람들이 청약할 것이고 해당 보험종목은 표준보다 미달인 피보험자의 수가 많아져 결국 언더라이팅실적(underwriting result)은 적자로 나타날 것이다.

둘째 언더라이팅원칙은 각각의 요율등급 분류 내에서 적절한 균형을 유지하는 것이다. 이것은 하나의 언더라이팅등급에서 평균 이하의 피보험자가 평균 이상의 피보험자에 의해 상쇄되어야 한다는 것을 의미한다. 그 결과 그 그룹에 대한 등급 또는 매뉴얼요율(class or manual rate)이 모든 클레임과 비용을 지급하기에 적합하게 될 것이다. 컴퓨터가 발달한 오늘날은 개인보험은 물론 적하보험과 같은 기업보험 등 많은 보험종목에서 등급 언더라이팅(class underwriting)이 실시되고 있다.

손해가 발생할 수 있는 유사한 성질을 가진 위험들을 동일한 언더라이팅등급에 포함시켜 그 등급에 해당하는 각 위험물건에 대해 동일한 보험요율을 적용한다. 그러나 모든 위험물건이 완전히 동일할 수는 없고 등급 전체의 평균보다 높거나 낮은 위험도 있을 수 있다. 따라서 언더라이터는 등급요율(평균요율)이 모든 클레임과 비용을 지급하기에 적정하도록 적절한 균형을 유지할 수 있는 피보험자들을 선택하여야 한다.

셋째의 언더라이팅원칙은 피보험자들 간의 공정성(equity) 확보이다. 이것은 공정한

위험(보험가입 물건이나 피보험자)의 안전한(safe) 분배 확보 ② 위험의 유리한(profitable) 분배 확보 ③ 개별적인 피보험자 사이의 공정성(equity) 유지 등을 들고 있다.)

보험요율이 부과되어야 하고 피보험자의 각 위험단체는 자체의 보험료로서 클레임과 비용을 처리하여야 한다는 것을 의미한다. 바꿔 말하면 한 위험단체의 피보험자들이 다른 단체를 지원해서는 아니 된다는 것이다.

예를 들면 소형 목조선과 대형 철선의 피보험자가 선박보험에 대해 동일한 보험료를 지불해서는 아니 된다. 이들 두 그룹에 동일한 보험료가 부과되는 경우에는 대형 철선이 소형 목조선을 지원하는 불공정한 결과를 가져올 것이다. 대형 철선의 피보험자가 보험료의 과다부과 사실을 알게 되면 요율분류 체계가 보다 적절한 다른 보험자를 찾게 될 것이다. 결국 그 회사는 불량 피보험자만 남게 되어 언더라이팅실적은 적자로 나타날 것이다. 그러므로 타 회사와의 경쟁 때문에도 피보험자 간의 요율공정성을 확보하여야 한다.

4. 언더라이팅정책의 수립과 제약 요인

1) 언더라이팅정책의 수립과 변경

언더라이팅의 첫째 단계는 경영자에 의한 확실한 언더라이팅정책의 수립이다. 회사는 회사의 경영목표에 일치하는 언더라이팅정책을 수립하여야 한다. 회사의 경영목표는 이익은 적지만 수입보험료의 증대와 같은 성장정책을 추구할 수도 있고, 수입보험료의 증대보다는 높은 이익의 시현에 중점을 두는 내실정책이 강조될 수도 있다.

모든 보험자는 보험료 수입의 확대, 시장점유율의 증대 및 흑자의 시현 등을 바라고 있다. 따라서 회사의 실정과 여러 가지 제한 요인 등을 감안하여 이들 목표들을 조정한 결과가 언더라이팅정책의 수립 시 반영되어야 한다. 언더라이팅정책은 회사의 이윤달성 목표, 언더라이팅이익과 투자소득과의 관계, 마케팅정책과 같은 회사의 전반적인 목표 중 하나의 기능이다. 언더라이팅정책의 결정은 모든 다른 부문의 경영에 영향을 미치게 되고 그러한 경영부문에 의해 영향을 받기도 한다.

회사는 언더라이팅정책에 인수할 수 있는 위험, 제한적으로 인수할 수 있는 위험, 인수를 금지하는 위험 등 사업의 종류를 특정하여야 한다. 또한 인수되거나 제한 인수되는 보험종목에서는 보험금액 또는 책임한도가 결정되어야 한다. 이 경우에는 회사의 보유 및 재보험프로그램이 고려되어야 한다.

회사의 언더라이팅정책은 언더라이팅을 맡고 있는 최고책임자에 의해 결정된다. 데스크언더라이터(desk underwriter), 즉 매일매일 인수할 것인가 거절할 것인가를 결정하는 보험자는 회사의 공식적인 언더라이팅정책을 따라야 한다.

언더라이팅정책은 언더라이팅지침서(underwriting guide)에 자세히 기술된다. 언더라이팅지침서에 포함되어야 할 언더라이팅정책의 중요한 범위는 ① 인수하는 보험종목 ② 판매되는 지역 ③ 사용되는 보험증권양식과 보험약관, 보험요율 및 요율산정플랜 등이다.

이외에도 언더라이팅지침서에는 인수, 제한인수 또는 인수금지 대상이 되는 보험종목과 위험, 인수 가능한 보험금액과 책임한도, 언더라이팅책임자의 승인을 받아야 하는 보험종목이나 보험계약 및 기타 언더라이팅명세 등을 기재한다.

현행 언더라이팅정책을 변경하는 대안들도 다른 언더라이팅정책사항과 적용되는 제한 요인들을 감안하여 평가되어야 한다. 예를 들면 보험자가 새로운 보험종목의 판매개시를 결정할 수 있다. 이 경우 보험자는 다른 언더라이팅 정책사항에 대한 이러한 결정의 영향을 결정할 필요가 있다. 어느 지역에서 어느 판매망을 통해 새로운 보험종목을 판매할 것인가, 경영자가 계획하는 보험상품을 개발하기 위해서 어떤 보험증권양식과 보험약관 및 보험요율을 사용할 것인가를 결정하여야 한다. 또한 언더라이팅정책을 변경할 때는 보험시장의 의사결정에 관한 제약 요인들의 효과를 인식하여야 한다.

2) 언더라이팅정책의 제약 요인

언더라이팅정책을 제약하는 중요한 요인은 다음과 같다,

① 인수능력(capacity)
② 정부규제(regulation)
③ 전문 인력(personnel)
④ 재보험(reinsurance) 등

이들 요인들은 언더라이팅정책에 포함되는 보험업의 종류, 판매지역, 보험증권양식(보험약관)과 보험요율 등에 영향을 미친다.

(1) 인수능력

보험자의 인수능력(capacity)은 수입보험료와 보험계약자 잉여금(policyholder's surplus)

의 크기와의 관계를 의미한다. 보험자의 지불능력을 평가하는데 그러한 관계가 중요한 것으로 간주된다. 예를 들어 미국의 NAIC 권고법안에 의하면, 잉여금에 대한 수입보험료의 비율(순수입보험료를 잉여금으로 나눈 비율)이 300% 또는 3대 1을 초과하는 경우에 지불능력이 없는 것으로 간주된다. 이러한 비율을 초과하는 것은 수입보험료의 급속한 증대 때문이다.

성장정책은 수입보험료의 증대효과를 가져오지만 동시에 그에 따른 비용을 지출하기 위해 잉여금을 감소시킨다. 이와 같은 제한은 대부분 추가적인 조치가 취해지지 않는 한, 결과적으로 보험회사의 성장과 수입보험료의 증대를 불가능하게 할 것이다.

이러한 비율은 언더라이팅 이익 또는 손실 및 미실현자본 이익과 손실로 야기된 잉여금의 변경에 의해 영향을 받을 수 있다. 흑자 성장은 다음 연도의 추가 확장을 가능하게 한다. 언더라이팅에 실패한 경우에는 잉여금에서 보험금을 지급해야 하는 손해가 초래될 것이며, 그 결과 다음 연도에 보험업에 대한 보험자의 인수능력은 감소할 것이다.

보험자는 그들이 위험을 인수하는데 한정된 능력을 가지고 있다는 것을 인식하고, 그들이 가지고 있는 인수능력을 충분히 이용할 수 있어야 한다. 보험회사의 한정된 인수능력을 보험종류별로 어떠한 기준으로 할당할 것인가는 중요한 언더라이팅 정책문제이다.

예를 들어 손해율이 높은 자동차보험은 인수범위를 제한하는 한편, 손해율이 양호한 화재보험과 결합한 가계종합보험은 시장을 확대하기로 결정할 수 있다. 특정 지역에 대하여 특정 보험종목의 인수를 제한할 수 있고 특정 보험종목의 인수범위를 제한하거나 확대할 수 있다.

(2) 보험규제

보험경영의 모든 부문이 보험규제(insurance regulation)에 의해 지시를 받거나 규정되고 있으며 직접적으로 영향을 받는다. 보험규제는 여러 가지 방식으로 언더라이팅정책의 수립에 영향을 미친다.

보험자는 보험업의 영위를 위해 개별적인 보험종목별로 금융위원회의 허가를 받아야 하고, 보험증권양식과 보험요율은 정부당국의 인가를 받거나 신고하여야 한다.[13] 회계감사에 추가하여 보험모집질서에 대한 검사와 보험요율의 부당한 적용 등 보험회

13) 미국의 Florida와 같은 일부 주에서는 언더라이팅지침서의 신고를 의무화하고 있다.

사의 전반적인 경영에 대한 검사가 이루어지고 있다.

언더라이팅정책에 관한 규제의 영향은 보험종목에 따라 다양하다. 자동차보험은 일반 대중의 생활과 직접 관련되어 정치문제로까지 발전되고 있는 반면, 기업보험으로서 해상보험은 우리나라를 제외한 대부분의 선진보험국가에서는 정부의 규제를 거의 받지 않고 있다.

(3) 전문 인력

보험은 보험상품을 효과적으로 판매하고 특정 보험종목을 인수하며 손해통제 등 위험관리서비스를 제공하고 발생한 손해를 사정하고 정산하는데 전문기술을 필요로 한다.

보험자는 회사의 언더라이팅정책을 수행하기 위해 충분한 수의 숙련된 언더라이터를 보유하고 있어야 한다. 예를 들어 보험자는 충분한 수의 경험이 많은 전문가의 확보 없이는 항공보험과 기관기계보험 및 해상보험을 영위할 수 없을 것이다.

(4) 재보험

재보험특약의 재보험료 수준과 재보험의 이용가능성이 보험자가 인수할 수 있는 위험에 대해 영향을 미친다. 재보험이란 다른 보험자와 위험을 공유하는 계약상의 관계를 의미한다. 보험자는 재보험을 통하여 손해의 재정적인 책임과 준비금에 대한 법률상의 의무를 전가할 수 있고, 그 결과 보험자 자신의 인수능력을 증대시킨다.

적절한 재보험의 이용 가능성과 그 비용은 언더라이팅정책의 수행에 있어서 중요한 고려사항이다. 재보험특약이 특정한 보험종목이나 특정 종류의 보험사업을 배제하는 경우도 있고 그러한 특정 보험의 재보험비용이 너무 높아서 이용할 수 없는 경우도 있다.

5. 언더라이팅의 과정

언더라이팅은 위험상태의 인식과 평가를 통한 피보험자의 선택, 보험료 결정 및 보험계약조건의 결정이라고 정의한 바 있다. 언더라이팅과정(underwriting process)이란 가망 피보험자를 평가하는데 있어서 개별적인 언더라이터가 수행하여야 할 여러 단계를 말한다.

언더라이팅의 의사결정과정은 다음의 다섯 단계로 기술될 수 있다.

① 정보의 수집과 위험상태의 평가
② 여러 가지 대안의 식별, 개발 및 평가
③ 최적의 대안 선택(언더라이팅 의사결정)
④ 의사결정의 수행
⑤ 모니터링(monitering)

이러한 과정에는 언더라이팅의 의사결정에 대한 필요성과 언더라이팅의 의사결정절차를 착수해야 할 필요성을 인식하는 사전 준비단계가 내포되어 있다.

1) 정보의 수집과 위험상태의 평가

(1) 정보의 필요성

위험의 언더라이팅에서 첫째 단계는 그 위험에 관한 정보를 확보하는 일이다. 언더라이터는 보험청약을 승낙할 것인지 거절할 것인지를 결정하는데 일정한 형태의 정보를 필요로 한다. 각각의 위험에 대해 정보를 확보해야 하는 중요한 세 가지 이유는 다음과 같다.

① 일정한 기본 정보 없이는 보험증권이 발급될 수 없고 이들 기본적인 사실 없이는 청약된 위험의 평가를 시작할 수 없다. 이러한 기본 정보는 보험종목에 따라 다양하지만 일반적으로 청약자의 성명과 주소, 요구되는 정보의 형태, 청약하려는 보험보장의 한도 및 보험계약의 개시일자, 어떤 추가적인 피보험이익 또는 보험금 수취인의 존재 여부 등을 포함한다.
② 일부 청약자는 평균 이상의 손해 가능성을 가지고 있다. 언더라이팅과정의 주요한 부분은 이들 증가된 손해 가능성의 통제와 관련되어 있다. 증가된 손해의 가능성을 위험상태(hazard)라고 부르는데 여기에는 건물의 위치나 용도, 선박이나 적재화물의 종류와 같은 실체적 위험상태, 피보험자가 고의적으로 손해를 초래하는 경향과 같은 도덕적 위험상태, 피보험자의 부주의와 무관심과 같은 정신적 위험상태, 법률적인 상황에 의해 야기되는 법률적 위험상태 등이 있다. 법률적인 위험상태는 법률에 의하든, 정부규제에 의하든, 재판상의 판결에 의하든 관계없다. 이와 같은 위험상태는 정보를 확보하지 않고는 인식될 수 없다.

③ 셋째 이유는 역선택의 존재 여부를 결정하기 위한 것이다. 역선택은 언더라이터가 계속적으로 해결하여야 할 문제이다. 이것은 보험을 가장 필요로 하는 자, 곧 보험에 가입하려고 하는 자들이 손해의 가능성이 가장 높다는 사실을 기초로 한 조건이다.

언더라이팅의 중요한 부분은 청약물건이나 청약자에 대한 정보를 확보하고 특별한 위험상태를 확인하고 통제하며 역선택의 악영향을 극복하는 것이다.

(2) 필요한 정보의 형태

각각의 청약위험에 대해 확보할 수 있는 정보는 그 양이 방대하다. 그러나 그 일부는 모든 청약위험에 대해 필수적인 것이지만 많은 것은 관련 없는 것도 있다. 언더라이터가 필요한 정보의 형태를 결정하기 위해서는 청약한 보험의 종류, 청약자가 직면하고 있는 손해 가능성, 유사한 위험의 과거 손해기록 등을 고려하여야 한다. 언더라이팅에 필요한 정보는 보험종목에 따라 다양하다.

그리고 언더라이터는 청약자의 활동, 사업 및 특성에 대한 포괄적인 지식을 갖기를 원한다. 그러나 실현될 수 없는 이상적인 목표일뿐이다. 왜냐하면 언더라이팅비용의 최소화목표와는 상충될 뿐 아니라 언더라이터가 개별적인 특정 위험물건의 정보 수집에 많은 시간을 소비하는 일이 현실적으로 어렵기 때문이다.

이러한 제약에도 불구하고 언더라이터는 정보를 수집하는 비용과 위험상태의 정도와의 균형을 취하기 위해 노력하여야 한다. 예를 들면 대부분 대형 물건인 기관기계보험이나 조립보험 또는 선박보험에 대하여는 보다 자세한 정보를 필요로 하고, 주택화재보험과 같은 소형 물건의 경우에는 청약서에 나타난 것을 제외하고 정보가 필요하지 않을 것이다.

언더라이팅에서 정보의 가장 중요한 형태는 다음과 같다[14].

① 보험증권 발급 정보 : 이것은 보험증권을 발급하는데 필요한 명세사항이며 모든 위험에 관해 필요하다.

② 심리적 요소 : 청약자의 도덕적 태도는 거의 모든 종류의 보험에서 중요한 관심사항이며 이 범주에는 정직, 신뢰성, 근면, 도덕성 및 시민정신 등이 포함된다.

③ 가정과 생활습관 : 보험계약의 체결을 위해 청약된 개인이나 사업의 종류에 대한

14) Holtom, *Underwriting: Principle & Practices*(1987), p.59.

징후는 청약자가 구내나 재산을 유지・관리하는 태도 및 가족의 생활조건에 관한 정보에서 확보된다.

④ 실체적 위험상태 : 청약물건과 청약자는 양호하거나 불량한 실체적 위험상태를 가지고 있다. 이에 관련된 요소로는 청약물건의 크기와 구조, 건축연도 또는 건조연도, 이용될 수 있는 소화 장비 및 기타 실체적 특성 등이 있다.

⑤ 재정적인 평판과 사업평판 : 청약자의 재정상의 평판과 재정 상태는 많은 종류의 보험에서 중요하다. 사업의 평판은 해상보험과 같은 기업보험에서 특히 중요하다. 사업이 부진한 청약자는 도덕적 위험상태의 가능성이 있기 때문이다.

⑥ 과거의 경력 : 관련분야에서 청약자의 과거 경력은 일정 조건에서 매우 중요하다. 이러한 경력은 과거의 사고 또는 손해발생 건수, 보험금 영수 여부, 다른 보험자와의 보험계약의 체결사실 또는 다른 보험자가 계약을 취소한 사실 등과 관련된다.

(3) 정보의 원천

언더라이팅정보는 매우 다양한 원천으로부터 확보될 수 있다. 정보의 주요한 원천은 ① 보험판매인 ② 보험청약서 ③ 손해 통계 ④ 조사보고서(inspection report) ⑤ 보험자의 실제조사(survey) ⑥ 전문기관의 검증보고서(survey report) ⑦ 정부 기록 ⑧ 소비자 조사보고서 ⑨ 손해사정서류철 등이 있다.

전형적으로 청약자와 개인적인 접촉을 하고 청약자의 사업과 지역사회의 평판을 가장 잘 알고 있는 자는 보험대리점이나 외야의 판매직원 등 보험판매인이다. 이러한 관점에서 보험판매인은 청약위험에 대해 외야언더라이터(field underwriter)라고 할 수 있다.

보험청약서는 언더라이터에게 정보의 기본 원천이다. 보험청약서는 보험종목에 따라 그 양식은 다양하지만 청약물건이나 청약자를 식별하고 분류하며 위험의 인수여부를 결정하는 등 언더라이팅에 필요한 일반적인 정보를 수집할 수 있도록 작성된다.

언더라이터는 일반적으로 보험계약자나 보험판매인에 관한 손해실적과 보험종목별, 지역별 전체 손해통계를 유지관리하고 있다. 손해의 빈도와 심도 및 손해의 형태가 손해통계를 분석하는데 모두 중요하다. 손해의 원인과 손해발생일자 등이 중요한 경우도 있다.

손해원인을 확인할 수 있는 경우에는 손해통제조치를 통해서 위험상태(hazard)를 감소시키거나 또는 소손해공제액을 추가하거나 증액할 수도 있다.

보험회사의 위험관리 직원이 작성한 조사보고서, 위험관리보고서 또는 손해통제보고서는 청약물건의 실체적 위험상태, 기업 활동의 안전, 조사자의 개인적인 의견에 관한 정보를 제공한다. 기업보험의 대부분의 조사보고서에는 강제적인 권고사항과 보완 권고사항을 포함하고 있다. 해당사항의 충족여부를 통해 언더라이터는 청약자의 경영태도를 평가할 수 있다.

특히 언더라이터가 도덕적 위험상태에 대해 의심이 있는 경우에 외부 전문기관의 조사보고서를 이용할 수 있다. 이 보고서에는 청약자의 현재 재정상태, 음주습관, 배우자의 유무, 현저한 부채금액, 미납 세금이나 미납 차입금, 보험계약 기록, 범죄사실과 유죄판결, 청약자의 파산선고를 받은 사실의 여부와 같은 추가정보 등이 포함된다.

손해보험에서는 청약을 승낙하기 전에 빌딩이나 공장 등에 대해 보험자의 대리인 또는 회사대표의 실체적 조사(physical inspection or survey)가 필요한 경우도 있다. 선박보험이나 적하보험 등 전문지식이나 기술이 필요한 보험 분야에서는 전문 서베이어(surveyor)에 의뢰하여 검증보고서를 기초로 위험을 평가한다. 해상보험의 경우에는 주로 세계의 주요 항구에 소재하는 Lloyd's agent를 이용하기도 한다.

또한 정부기록을 통해 언더라이팅정보를 입수할 수 있으며 여기에는 자동차사고나 법규위반 등에 관한 자동차운행기록[15], 형사 및 민사상 재판기록, 저당권과 유치권, 서업허가 목록, 재산세 기록 및 파산신고 등이 포함된다. 기타 소비자조사보고서가 정보수집에 이용되기도 한다.

그리고 기존의 보험계약을 갱신할 때에 언더라이터는 피보험자의 손해사정서류철을 검토함으로써 피보험자의 특성에 관한 정보를 입수할 수 있다. 손해사정사는 그들이 조사과정에서 발견한 중요한 언더라이팅정보를 기록 관리하고 있다.

(4) 위험상태의 평가

필요한 언더라이팅정보가 일단 입수되면 청약된 물건이 어떠한 위험상태에 있는지를 결정하기 위해 그 정보가 분석되고 평가되어야 한다. 위험상태(hazard)는 잠재적 손해의 빈도나 심도를 증가시키는 상태를 말한다. 위험상태는 여러 가지 방법으로 분류될 수 있다.

15) 미국의 경우 MVRs(motor vehicle records)가 자동차보험의 언더라이팅을 위한 기본적인 정보 원천이며, 일부 주에서는 운전자의 법규위반이 각 보험증권의 보험요율에 반영되도록 보험자가 매년 MVRs를 확보할 것을 의무화하고 있다.

보험자가 평가하는 위험상태는 주로 ① 실체적 위험상태 ② 도덕적 위험상태 ③ 정신적 위험상태 ④ 법률적 위험상태(legal hazard) 등 네 가지로 구분된다. 언더라이터가 위험상태를 확인하고 평가할 수 있도록 많은 언더라이팅정보가 개발되고 있다.

언더라이터는 그 위험상태가 보통 이상인지, 특별한 것인지, 청약자의 관리나 활동으로 통제할 수 없는 위험상태인지의 여부에 관해 우선적인 관심을 가진다. 증가되는 위험상태가 제거되거나 통제될 수 없는 한, 보통 이상의 위험을 가진 청약물건은 인수될 수 없다.

그러나 보통보다 높은 위험상태가 그에 상응하는 증가된 보험료에 의해 상쇄될 수 있는 경우에는 인수될 수 있다. 보험자의 관점에서는 보통이나 보통보다 낮은 위험상태에 있는 청약자가 일반적으로 바람직한 인수대상이다.

2) 대안의 식별, 개발 및 평가

특정 청약물건에 관한 필수적인 모든 정보가 수집되고 위험상태가 평가된 후에는 언더라이터는 의사결정을 준비하여야 한다. 언더라이터는 청약물건과 관련하여 이용할 수 있는 여러 대안을 식별하고 개발하여야 하고, 그들 각각의 대안을 평가한 후 주어진 상황에서 최적의 대안을 선택하여야 한다. 두 가지의 대안은 쉽게 식별된다. 언더라이터는 청약위험을 현재 상태로 인수하거나 그 위험을 전체적으로 거절할 수 있다.

또 하나의 대안으로 언더라이터는 일부 수정을 조건으로 청약위험을 인수할 수도 있다. 보험자와 보험판매인 및 청약자의 필요성을 최선으로 충족시킬 수 있는 적절한 수정조건을 결정하는 능력이 곧 창조적인 언더라이팅기술이라고 할 수 있다.

언더라이터가 취할 수 있는 네 가지 형태의 수정사항에는 ① 손해통제프로그램이나 손해통제장치의 채택 ② 보험요율, 요율산정플랜 또는 보험계약한도(보험금액)의 변경 ③ 보험계약조건의 수정 ④ 임의재보험의 이용 등이 있다.

3) 최적의 대안 선택(언더라이팅 의사결정)

언더라이터가 정보를 수집하고 위험상태를 분석하고, 여러 가지 대안들을 식별하고 평가한 후에는 최적의 대안을 선택하는 결정이 내려져야 한다. 청약위험과 관련하여 기본적인 세 가지 언더라이팅 결정사항으로 ① 청약의 승낙 ② 일정한 제한이나 수정의 조건부 승낙 ③ 청약의 거절 등이 있다.

언더라이터가 청약을 승낙하고 보험증권의 발행을 권고할 수 있다. 둘째의 의사결정시 청약자가 그러한 수정사항이나 제한사항에 동의하면 보험증권이 발행된다. 청약이 거절될 수 있다. 그러나 청약에 대한 지나치게 부당한 거절은 보험회사의 이윤을 감소시키고 보험을 모집한 대리점이나 보험설계사의 사기를 저하시킬 뿐 아니라 모집조직을 약화시티는 결과를 가져올 것이다.

청약이 거절되는 경우에는 회사의 언더라이팅 기준을 충족시키지 못하는 이유가 분명해야 한다. 때로는 청약의 거절이 불가피한 경우에도 회사의 목표가 이윤추구이기 때문에 언더라이터는 적극적인 자세를 취하지 않으면 아니 된다.

하나의 대안을 선택하기 위해서는 청약위험의 긍정적인 성질과 부정적인 성질 중에서 그 비중을 고려하여야 한다. 언더라이터는 청약위험을 확인하고 평가하여야 하고 보험요율에서 예상하고 있는 평균위험과 상대적인 위험도를 사정하고 적절한 손해통제장치를 검토하며 손해예방에 대한 청약자의 조치들이 평가되어야 한다.

최종적인 언더라이팅 결정을 내리기 전에 언더라이터가 고려할 필요가 있는 추가 요소로는 ① 해당 언더라이터에게 부여된 언더라이팅 권한의 정도 ② 관련 보조사업의 존재 ③ 지점(영업소)별 각 보험종목별 분배(mix of business)상 현행 언더라이팅지침의 조정 필요성 ④ 중요 보험판매인과의 관계 ⑤ 보험규제상 제한 등이 있다.

일부 회사는 현재 자동차보험이나 가계보험과 같은 표준화가 가능한 특정 개인보험에 컴퓨터 언더라이팅을 이용하고 있으며 이 결과 언더라이팅결정이 신속히 처리되고 있다.

4) 의사결정의 수행

언더라이팅결정을 수행하는데 일반적으로 세 가지 단계가 필요하다.

첫째 단계는 결정사항이 보험판매인에게 전달되어야 하고 필요한 경우 보험회사의 다른 관련부서에도 전달되어야 한다. 언더라이팅결정이 조건부 승낙인 경우 그 이유가 보험판매인이나 청약자에게 분명하게 알려져야 하고 청약자가 반드시 동의해야 한다.

둘째 단계는 적절한 문서의 작성이다. 손해보험의 경우에는 배서(endorsement)[16]가 발행되는 경우도 있고 적하보험의 경우에는 보험증명서(certificate of insurance)가 발행되기도 한다. 관련법규에 따라서는 관련 당국에 제출할 신고서류 등을 작성해야 한다.

16) 생명보험의 경우 "바인더"(binder)라고 부른다.

셋째 단계는 회계, 통계 및 재평가를 위해서 해당 보험증권과 위험에 관한 정보를 기록 관리하는 것이다. 보험계약자에 대한 자료에는 소재지, 책임한도, 보험보장내용, 보험료, 등급 및 위험의 특징 등이다. 이러한 자료는 보험자와 전체 보험산업 및 정책당국자가 요율산정, 법정 보고서 작성, 재무회계처리 및 보험종류별 사업의 평가 등을 위해 모든 통계에 관한 정보를 집적할 수 있도록 일련의 부호로 코드화하여 전산으로 처리되어야 한다.

5) 모니터링

청약위험이나 갱신계약에 대하여 언더라이팅결정이 내려진 후에는 언더라이터의 업무가 완료되는 것은 아니다. 만족스러운 결과를 달성하기 위해서는 해당 사업을 계속 주시(monitor)할 필요가 있다. 언더라이터는 이미 인수된 위험에 나타나는 위험상태의 변동에 주의를 계속 기울여야 한다. 예를 들어 피보험자의 기업 활동의 변동은 피보험자의 잠재적 손해 가능성을 크게 증가시키거나 감소시킬 수 있기 때문이다.

선박보험에서 보험계약의 승낙 후 선주의 변경이나 선급의 변경 등은 보험계약 종료의 원인이 되기도 한다. 청약사항에 대한 변경이 있는 경우 언더라이터는 위험의 성질이 현저히 변경되었는지를 결정하기 위하여 추가 조사를 할 수도 있다.

모니터링의 둘째 관점은 보험종목의 전체 사업실적에 대한 평가이다. 언더라이터는 사업실적이 악화되고 있는 보험종목에서 전체적인 문제가 어디에 있는지를 결정하기 위해 보험료와 손해통계를 활용한다. 보험사업 실적의 검토를 통해 언더라이팅정책이 충족되고 있는지를 결정할 수 있고 수정할 필요가 있는 정책의 형태와 양 및 질 측면에서의 변화를 찾아낼 수도 있다.

6. 역선택의 문제와 효과적인 보험제도의 운영

보험제도가 효과적으로 운영되기 위해서는 역선택의 문제가 극복되어야 한다. 대수의 법칙을 기초로 손해를 예측한 위험단체의 장래 실제손해율은 손해예측의 기초가 되었던 과거의 위험단체와 그러한 예측을 적용한 현재의 위험단체가 대략 동일한 성격을 가진 경우에 한하여 예상손해율과 거의 같게 된다. 따라서 과거의 위험단체에 포함되어 있던 양호한 위험과 불량위험의 비율과 같이 현재의 위험단체에도 동일한 비율로 존재하여야 한다. 현재 위험단체의 예상손해율은 과거 위험단체의 평균손해율을 기초로 하고 있다.

그러나 현재의 위험단체에는 평균위험보다 더 높은 개인들이 존재할 수 있다. 왜냐하면 불량위험의 소유자들은 손해발생의 가능성이 다른 구성원보다 많으므로 다른 사람들보다 훨씬 더 보험보호를 추구하는 경향을 가지고 있기 때문이다. 이러한 경향이 결과적으로 역선택으로 나타난다.

역선택(adverse selection)은 평균보다 높은 위험을 보유한 사람들이 평균 이하의 위험을 보유한 사람들보다 더욱 더 보험에 가입하거나 또는 보험계약을 계속 유지하는 경향을 의미한다. 역선택이란 피보험자의 선택이 결과적으로 위험단체의 평균 수준보다 높은 손해를 초래하는 것을 의미한다.

역선택은 결과적으로 불량위험들이 축적되는 방향으로 작용된다. 보험자가 역선택을 방지하는 조치를 강구하지 않으면 보험에 가입하는 사람들은 모두 그것을 가장 필요로 하는 사람들, 즉 손해의 확률이 평균보다 높은 사람들로 구성될 것이다. 예를 들면 비용이 비싼 외과수술을 필요로 하는 사람이 건강보험에 가입하고 범죄율이 높은 지역에서 사업하는 사람은 도난보험을, 홍수다발지역에 거주하는 사람은 홍수보험에 가입할 것이다.

역선택을 방지하기 위한 어떤 대책이 없으면 과거의 손해경험치를 기초로 미래손해를 예측하는 일이 쓸모없게 될 것이다. 또한 역선택이 방지되지 않으면 실제손해율은 예상손해율보다 훨씬 높게 나타나고 보험료는 인상될 것이다. 그 결과 해당 등급 내의 양호한 위험을 보유한 피보험자들은 보다 싼 보험료를 제시하는 다른 보험회사와 보험계약을 체결하게 된다.

궁극적으로 역선택이 집중된 보험단체의 피보험자는 최악의 불량위험들로만 구성된다. 이 경우 해당 위험단체의 대부분이 동시에 손해가 발생하게 되어 일시에 보험금이 지급됨으로써 결합(pooling)기법이 적용되지 못하고 보험제도가 실패한다.

이에 따라 보험자는 언더라이팅과 보험증권 규정(policy provision)을 통하여 역선택을 통제하려고 노력한다. 언더라이팅은 보험자의 입장에서 유리한 피보험자의 선택과 분류를 의미한다. 언더라이팅기준에 맞지 않는 보험청약자들은 보험인수가 거절되거나 추가보험료가 부과된다. 역선택을 통제하기 위한 보험증권 규정의 예로는 생명보험에서 자살조항(suicide clause)이 있다.

제3절

보험요율산정

1. 보험요율의 일반이론

1) 보험료와 보험요율의 의의

보험료(premium)란 보험자가 보험증권의 위험을 보장하기로 약속한 대가로서 보험계약자가 지급한 보수를 말한다. 다시 말하면 보험료는 피보험위험으로 인하여 손해가 발생한 경우에 보험자가 피보험자 또는 보험수익자에게 보상할 것을 약속한 대가로 보험계약자가 보험자에게 지급한 보수라고 할 수 있다. 위험관리 측면에서 보험료는 위험의 전가에 대하여 보험계약자가 보험자에게 지불하는 대가를 말한다.

보험요율(rate of premium)이란 보험료를 부과하기 위하여 보험금액에 적용되는 비율로서, 과거의 경험을 기초로 미래의 손해율과 사업비율 등을 예측하여 각 위험단위별로 산정한 요율을 말한다. 보험요율은 일반적으로 백분율(%)로 표시되지만 사람의 수나 임금을 기준으로 보험료를 결정하는 특종보험의 경우에는 천분율로도 표시된다.

보험이란 무형상품을 일반 유형상품과 비교하면 보험요율이란 일정한 위험단위에 대한 가격, 즉 보험상품의 단가(unit price)라고 할 수 있고, 보험료는 보험자가 인수하는 위험에 대하여 보험계약자에게 부과하는 가격, 즉 소비자(보험계약자)가 구입하고자 하는 보험상품의 가격(cost of coverage)이라고 할 수 있다.

보험료는 보험금액에 보험요율을 곱하여 결정한다. 해당 위험별 손해율 등을 기초로 산정되어 있는 보험요율을 보험금액에 곱하는 것이므로 보험료는 보험금액에 비례한다고 할 수 있다.

이러한 요율산정은 전문적인 지식과 기술을 필요로 하므로 전문 보험계리사(actuary)에 의해서 이루어진다. 보험계리사는 국가에 따라 자격취득요건이 다르지만 일정한 시험을 통해서 자격을 취득하는 것이 일반적이다.

생명보험에서 보험계리사가 요율산정시 고려하는 요소는 보험상품에 따라 차이가 있으나 일반적으로 출생, 사망, 결혼, 질병, 고용, 퇴직 사고에 관한 통계자료를 고려한다. 손해보험(재산보험과 책임보험)에서는 각종 사고에 대한 과거 통계자료를 비롯하여 태풍, 질병, 범죄, 교통사고 등에 관한 자료를 이용하여 요율산정을 한다.

2) 보험료와 보험요율의 구성

보험료라고 부르는 영업보험료는 순보험료와 부가보험료로 구성되는데, 그 구성내용은 다음 <표 5-7>과 같다.

〈표 5-7〉 보험료의 구성

<table>
<tr><td rowspan="5">영업
보험료</td><td>순보험료</td><td colspan="2">보험금 + 환급금</td></tr>
<tr><td rowspan="4">부가보험료</td><td rowspan="3">사업비</td><td>인건비</td></tr>
<tr><td>물건비</td></tr>
<tr><td>대리점수수료, 설계사수당 등</td></tr>
<tr><td colspan="2">이 윤 (주주배당 + 비상위험준비금)</td></tr>
</table>

(1) 순보험료

보험료는 순보험료와 부가보험료로 구성된다. 순보험료(pure premium)는 보험료 중에서 보험금 지급을 위한 목적으로 책정된 부분을 말한다. 보험료 산정요소 중 예정사망률, 예정이율 및 보험급부금의 요소가 사용된다. 즉 순보험료는 보험금의 지급에 충당되는 보험료이다. 순보험요율은 보험요율 중에서 보험회사의 사업비등을 고려하지 않고 보험증권상 보장되는 손해보상에 필요한 금액이 차지하는 비율을 말한다.

(2) 부가보험료

부가보험료(loading)는 보험회사를 경영하는데 필요한 모든 비용을 충당하고 적정한 이윤을 낼 수 있도록 책정된 부분이다. 또한 비상시에 필요한 자금을 적립하도록 하는 목적도 있다. 부가보험료는 보험회사가 보험금(만기환급금 포함) 지급 이외의 목적으로 사용하는 모든 자금을 마련하는 재원(財源)이라고 할 수 있다.

부가보험요율은 보험사업을 확보하고 유지하는데 소요되는 사업비가 차지하는 비율, 즉 보험회사의 사업비, 이윤, 비상위험에 사용하기 위하여 적립되는 금액 등의 비율을 말한다.

(3) 영업보험료

보험가입자가 실제 납입하는 보험료를 말하고 보험료가 할인 또는 할증되지 않는 한 순보험료와 부가보험료가 합산된 금액이다. 보험금에 충당되는 순보험요율과 사업비와 이윤에 대한 부가보험요율을 합산한 보험요율을 총 보험요율(gross premium rate)이라고 하는데 보험계약자에게 직접 부과하는 요율로서 단순히 보험요율이라고 부른다.

(4) 사업실적과 보험요율의 조정

보험회사의 사업실적과 요율의 적합성 여부를 측정하는데 기준이 되는 것이 예정손해율(expected loss ratio)이다. 만약 실제손해율(actual loss ratio)이 예정손해율보다 높으면 실제사업비율이 예정사업비율보다 낮지 않는 한 그 요율에서 예정했던 이윤을 얻지 못하게 되고, 결과적으로 요율인상이 필요하게 된다. 실제손해율이 예정손해율보다 낮으면 실제사업비율이 예정사업비율을 초과하지 않는 한 예정했던 이윤보다도 더 많은 이윤을 얻게 되고 또한 요율인하가 필요하게 된다.

손해율은 이와 같이 보험요율의 변경을 결정하는 하나의 방법으로 사용될 뿐만 아니라 2개 이상의 보험회사의 사업비 집행실적을 비교하거나 하나의 보험회사 내의 연도별 운영실적을 비교하는데 사용되는 보험경영에 있어서 중요한 도구의 역할을 하고 있다.

3) 보험료의 특성

일반 상품의 시장가격은 수요와 공급량의 균형 하에서 결정되는데, 이 균형가격(equilibrium price)의 원리가 보험상품에는 적용되지 아니한다. 그것은 보험요율이라는 보험상품의 가격이 갖고 있는 다음과 같은 특성 때문이다.

첫째, 보험은 생산과 소비가 동시에 이루어지는 즉시재(instantaneous commodity)이므로 「수요의 가격탄력성」이 적은 상품이다.

둘째, 다수 동질의 위험을 결합하여 가격을 결정함으로써 각 보험계약자가 지불하는 가격은 그 상품의 원가와는 직접적인 관계가 없는 이른바 「위험집단」(group of risks)의 분담금이란 성격을 가지고 있다.

셋째, 보험의 제조원가에 해당하는 보험금은 사후에 발생하므로 판매하는 시점에서는 예정원가를 예측하여 산정한 가격을 적용한다. 일반상품의 가격은 상품생산의 종료와 동시에 제조원가가 산정되고 여기에 적절한 이익부문이 첨가되면 하나의 가격으로 산정되며 그 가격이 판매가격이 된다. 일반상품의 경우 상품판매 이전에 정확한 상품가격이 산정될 수 있다. 그러나 보험상품의 판매가격은 예상되는 손실을 기준으로 산정된 가격일 뿐 엄격한 의미의 정확한 상품가격은 보험계약기간이 종료된 후 그 기간 중에 발생한 손실에 따라 정해진다. 이와 같이 보험상품의 정확한 원가는 사후적(事後的) 성질을 갖는다. 따라서 보험가격을 정하는 요율산정 시에는 앞으로 발생할 예상손실을 가급적 정확하게 예측하는 것이 무엇보다도 중요한 일이다.

넷째, 보험원가에서 가장 큰 비중을 차지하는 보험금은 경제적 방책으로는 좌우할 수 없는 관리 불능 비용(uncontrollable cost)이다. 위험관리나 사고방지노력으로 어느 정도 경감할 수는 있으나 어떠한 과학적인 기술로도 인간이 불가항력을 회피할 수 없다.

이와 같은 보험요율의 특성상 적정한 보험요율의 산정이 보험경영의 성패를 좌우하고 있으며, 따라서 보험경영의 중심과제가 어떻게 적정한 보험요율을 산정하느냐에 있다.

4) 예정가격의 보험료와 정부의 규제

(1) 보험요율 변경의 사전신고

보험요율은 일반상품의 경우와 같이 제조원가에 의하여 결정되는데, 보험에서 제조원가란 일반상품의 경우와는 달리 정확한 원가계산에 의하여 결정되는 것이 아니고 단지 보험자의 과거의 경험에 의하여 결정되며, 그 과거의 경험이란 주로 일반상품의 제조원가에 해당되는 과거 손해율과 보험자의 사업비 등에 기초를 두고 있다.

이와 같이 보험상품의 생산비는 일반상품과는 달리 보험상품을 판매할 당시에는 정확하게 계산할 수 없다. 보험의 경우에는 다만 과거의 경험에 의하여 앞으로 발생할 보험사고에 대한 가격을 예측하여 결정하게 되므로 만약 과거의 경험을 기초로 한 예측과 다른 결과가 발생하면 보험상품의 가격은 생산비 이상 또는 그 이하가 되어 보험자에게 미치는 영향은 물론 보험소비자에게 미치는 영향도 매우 크다.

이에 따라 보험요율은 일반상품과는 달리 정부의 엄격한 규제를 받는다. 특히 보험료가 정확한 원가 계산이 불가능한 예상가격일뿐 아니라 상래 손해발생 여부도 불확실하다는 특성 때문에 정부의 통제가 없으면 극심한 보험료 인하경쟁으로 과당경쟁이 발생하여 보험회사의 계약불이행이나 파산을 초래하기 쉽다.

파산초래경쟁(cut-throat competition)이라고 부르는 심각한 보험요율의 인하경쟁이 일어날 가능성이 항상 상존하고 있다. 일반상품 가격에 대한 정부의 규제가 담합에 의한 요율인상을 억제하는데 있는 반면에 보험가격에 대한 정부의 규제는 결과적으로 보험회사의 파산을 방지하여 보험금의 지급능력을 유지하도록 과당경쟁에 의한 요율인하를 방지하는데 그 목적이 있다.

이를 위해 미국의 경우 주정부와 보험종목에 따라서는 보다 엄격한 규제・감독제도를 통해서 보험요율의 결정이나 변경에 대해 사전에 정부의 인가를 받게 하거나 주정부가 산정한 요율을 사용하도록 강제하기도 한다. 보험료에 대한 정부의 엄격한 통제로 인해 보험요율은 대부분 독점금지법이나 공정거래법의 적용에서 제외되고 있다.

우리나라에서는 보험업법상 보험업을 영위하고자 하는 자는 금융위원회의 허가를 받아야 하고, 허가신청서류로서 기초서류 중의 하나인 보험료 및 책임준비금 산출방법서를 제출하여야 한다. 그리고 보험회사가 그 기초서류를 변경하고자 하는 경우에는 미리 금융위원회에 신고하여야 하며, 금융위원회는 기초서류의 변경에 대한 신고의 수리 등을 함에 있어서 필요한 경우에는 금융감독원의 확인을 거치도록 할 수 있다.

우리의 경우에도 보험요율에 대해 엄격한 사전인가제도를 오래 동안 시행하여 오다가 규제완화추세에 휩쓸려 수많은 보험종목의 성격도 고려하지 않고 모든 보험종목에 대해 사전신고제도로 전환하였으나, 보험정책의 장에서 언급한 바와 같이 보험산업과 보험요율의 특성상 규제완화(deregulation)만이 만능의 해결책은 아니며 재규제(re-regulation)의 문제도 충분히 검토할 가치가 있다고 할 수 있다.

(2) 보험요율의 상호협정 인가 및 공동행위 허용

일반적으로 보험요율은 보험회사가 개별적으로 산정하는 경우와 요율산정협회(rating bureau)를 통해서 하는 경우로 구분된다. 보험회사가 개별적으로 산정하는 경우는 회사가 보유하고 있는 각종 자료를 이용하여 개별적으로 산정하는데 비하여, 요율산정협회를 통해서 산정하는 경우에는 협회회원들이 제공한 자료를 이용하여 요율을 산정한다. 따라서 축적된 자료가 없는 보험상품의 경우에는 대수의 법칙이 적용될 수 있도록 보다 많은 손해율자료를 기초로 산정된 협회가 권고하는 요율을 사용하기도 한다. 협회요율에 대한 규제의 정도에 따라 다르지만 협회에서 산정된 요율을 기준으로 일정한 범위 내에서 할인 또는 할증하여 사용하기도 한다.

순보험요율의 산정을 위해서는 대수의 법칙이 적용되는 점을 감안하여 우리 보험업법(제176조)에서는 「보험회사는 보험금의 지급에 충당되는 보험료("순보험료")를 결정하기 위한 요율("순보험요율")의 공정하고 합리적인 산출과 보험과 관련된 정보의 효율적인 관리・이용을 위하여 금융위원회의 인가를 받아 보험요율산출기관을 설립할 수 있다」고 규정하고 있다. 현재 보험개발원이 요율산출기관의 역할을 수행하고 있다.

한편, 적정한 보험요율의 산정을 위해서 대수의 법칙이 적용될 수 있는 다수 동질의 위험이 결합하여야 한다는 보험요율의 특성을 감안하여 우리 보험업법(제125조)에서 보험회사는 금융위원회의 인가를 받아 다른 보험회사와 상호협정을 하여 그 업무에 관한 공동행위를 할 수 있도록 허용하고 있다.

금융위원회는 공익 또는 보험업의 건전한 발전을 위하여 특히 필요하다고 인정하는 경우에는 보험회사에 대하여 상호협정의 변경・폐지 또는 새로운 협정의 체결을 명하거나 그 협정의 전부 또는 일부에 따를 것을 명할 수 있다. 금융위원회는 상호협정의 체결·변경 또는 폐지의 인가를 하거나 명령을 하고자 하는 경우에 미리 공정거래위원회와 협의하여야 한다.

금융위원회는 보험회사의 업무 및 자산상황 그 밖의 사정의 변경으로 인하여 공익 또는 보험계약자의 보호와 보험회사의 건전한 경영을 크게 해할 우려가 있거나 보험회사의 기초서류(보험약관, 보험료 및 책임준비금산출방법서 등)에 법령을 위반하거나 보험계약자에게 불리한 내용이 있다고 인정하는 경우에는 청문을 거쳐 기초서류의 변경 또는 그 사용의 정지를 명할 수 있다. 다만, 대통령령이 정하는 경미한 사항에 관하여 기초서류의 변경을 명하는 경우에는 청문을 거치지 아니할 수 있다.

금융위원회는 기초서류의 변경을 명하는 경우에 보험계약자·피보험자 또는 보험금을 취득할 자의 이익을 보호하기 위하여 특히 필요하다고 인정하는 경우에는 이미 체결된 보험계약에 대하여도 장래에 향하여 그 변경의 효력이 미치게 할 수 있다.

2. 보험요율의 산정원칙

1) 법률상 보험요율의 산정원칙

보험료(premium)는 보험금액(sum insured)에 보험요율(rate)을 곱하여 결정된다. 따라서 보험요율이 산정되면 보험료는 보험계약자가 가입하는 보험금액에 따라 쉽게 계산될 수 있다. 보험사업은 거의 모든 분야에 대하여 법적 규제를 받고 있는데, 특히 보험요율에 대한 법적 규제가 매우 엄격하다. 이 법적 규정을 준수하고 이행하여야만 비로소 합리적인 보험요율로서 사용할 수 있다.

보험요율의 기본적 요건은 대부분 법률에 의하여 규정되고 있는데, 우리 보험업법(제129조)과 미국의 각주의 보험법에서 규정하고 있는 다음과 같은 보험요율산정의 세 가지 기본원칙을 들 수 있다. 이들은 곧 동일한 위험이나 유사한 위험에 대하여 첫째 적정하여야 하고, 둘째 과도하지 않아야하며, 셋째 부당하게 차별적이 아닌 보험요율을 보험계약자에게 부과하여야 한다는 것이다.[17)]

(1) 적정성(adequacy)

보험계약은 당사자 일방인 보험계약자가 약정한 보험료를 지급하고 상대방인 보험자가 그 대가로 불확실한 사고가 생길 경우에 보험금을 지급할 것을 약정하는 것이다. (상법 제638조) 따라서 보험자와 계약자간에 약정한 보험료의 산출기초가 되는 보험요율은 보험자가 약정한 사항, 즉 보험사고로 인한 피보험자의 손해액을 지급할 수 있을 만큼 충분하여야 하며, 아울러 약정사항을 이행하는데 소요되는 사업비를 지급할 수 있을 만큼 충분하여야 한다.

이 적정성(adequacy)의 요건은 무책임한 요율경쟁을 방지하여 보험회사의 파산을 방지하는데 그 주요한 목적이 있다. 왜냐하면 보험회사가 파산하게 되면 지급불능이 되어 다수의 보험계약자와 피보험자 등이 피해를 입기 때문이다. 그렇다고 적정한 보험요율이 절대적으로 보험자의 지불불능을 방지해 주는 것은 아니다. 거기에는 투자의 실패 등 경영실책에 따른 파산이 있을 수 있기 때문이다. 그러나 부적합한 보험요율이 장기간 계속해서 사용된다면 그러한 보험회사의 파산은 불가피한 것이다.

일반적으로 보험종목별 총 보험료에 대한 투자소득과 함께 보험요율을 기초로 영수

---

17) 미국 뉴욕주 보험법에 의해 규정하고 있는 보험요율산정의 법정원칙이기도 하다. 우리나라 보험업법 제129조(보험요율 산출의 원칙)는 "보험회사는 보험요율을 산출함에 있어 객관적이고 합리적인 통계자료를 기초로 대수의 법칙 및 통계신뢰도를 바탕으로 하여야 하며, 다음 각호의 사항을 준수하여야 한다. 1. 보험요율이 보험금 및 그 밖의 급부에 비하여 지나치게 높지 아니할 것 2. 보험요율이 보험회사의 재무건전성을 크게 해할 정도로 낮지 아니할 것 3. 보험요율이 보험계약자간에 부당하게 차별적이지 아니할 것.

한 보험료의 총액이 그 보험종목에 대한 예상 손해액과 사업비를 지급할 수 있을 만큼 적정하면 그 보험요율은 적정한 것으로 간주된다. 미국 「조지아」주의 보험법에는 이 적정성의 기준이 다음과 같이 규정되어 있다.

① 보험요율이 위험보장내용에 대하여 불합리하게 낮지 않고
② 그러한 낮은 요율을 계속하여 사용함으로써 보험사업자의 파산을 초래할 위험이 없으며
③ 그러한 낮은 요율을 계속하여 사용함으로써 경쟁력을 파괴하거나 독점가격을 형성할 경향이 있지 않는 한, 그 보험요율은 적정한 보험요율이다.

이러한 독점금지규정의 요소가 미국의 주 보험법에 필요하게 된 것은 McCarran-Ferguson Act에 의해서 보험산업이 사실상 미연방독점금지법으로부터 제외되어 있기 때문이다.

요약하면 보험요율은 보험자의 보험금지급과 사업비를 충당할 수 있을 만큼 적정(충분)하여야 한다. 즉 보험자의 입장에서 지나치게 낮아서는 아니 된다는 것이다. 우리 보험업법(제129조)에서는 "보험요율이 보험회사의 재무건전성을 크게 해할 정도로 낮지 아니할 것"을 보험요율 산출의 원칙으로 규정하고 있다. 이는 보험자간의 불합리한 요율경쟁을 방지하여 지급불능사태를 방지하기 위한 것이다.

(2) 비과도성(not excessive)

보험요율은 과도하지 않아야 한다는 것이다. 즉 보험가입자의 입장에서 지나치게 높지 않아야 한다는 것이다. 우리 보험업법은 보험요율이 보험금 및 그 밖의 급부에 비하여 지나치게 높지 아니할 것을 요율산출원칙으로 규정하고 있다.

이는 보험가입자의 과도한 보험료부담을 경감시켜주기 위한 것이다. 이 원칙은 부과된 보험요율로 인수한 보험계약으로부터 보험자가 불합리한 이윤을 얻지 않아야 한다는 것을 의미한다. 손해통계에 비추어 보험자가 과다이윤을 얻고 있으면 보험요율의 인하를 요구받게 된다.

보험자가 계약자와 협의하여 보험요율을 약정할 수 있고 보험자가 일방적으로 위험인수를 거절할 수 있는 특권을 가지고 있기 때문에 이 원칙이 보험계약자 보호를 위하여 더욱 중요하다.

그러나 보험요율이 지나치게 높지 않아야 한다는 이 요건은 자유경쟁시장에서는 큰

문제가 생기지 않는다. 왜냐하면 어느 정도의 가격경쟁은 항상 존재하기 마련이고 가격경쟁으로 인하여 모든 보험자들이 경쟁이 없는 경우보다도 낮은 요율수준을 선택하게 될 것이기 때문이다. 문제는 보험자들 간에 협정요율을 사용하는 경우에 생기는데, 이 경우에는 대부분 정부당국의 사전인가를 받아 사용하도록 하고 있으며 보험요율의 인가는 요율의 수준을 제한하는 결과를 가지고 있다.

(3) 부당한 차별 금지(not unfairly discriminatory)

이 원칙은 보험요율이 보험계약자 간에 부당하게 차별적이 아니어야 한다는 것으로 보험요율이 모든 보험계약자들 간에 공정(equity)하여야 한다는 것을 의미한다. 공정성이란 균일성이나 평등성과는 구별되는 개념으로 보험요율은 보험가입자의 위험도에 따라서 정당하게 차별적이어야 한다는 의미이다.

따라서 등급별 보험요율의 차이가 위험도의 차이를 정확하게 반영하고 있는 한, 그 요율의 차별은 정당한 것이며 합리적인 요율인 것이다. 또한 위험에 따라서 보험요율을 공정하게 적용하기 위해서는 위험에 따라서 차별적일 수밖에 없다.

(4) 사회적 공정성(social equity)과 이용성(availability)

지금까지 살펴본 것은 보험계리상의 공정성(actuarial equity)에 관한 것이었는데, 최근에는 공정성개념에 사회적 공정성(social equity)이라는 새로운 개념이 도입되고 있다. 사회적 공정성의 개념은 각각의 보험계약자들이 그들의 지불능력에 알맞은 보험료를 지급하여야 한다는 것이다.

이러한 사회적 공정성을 보험요율의 일반적인 산정원칙으로 규정하는 법률은 아직까지 존재하지 않으나 이에 관한 몇 가지 특별한 사례는 찾아볼 수 있다. 미국의 예를 들면 하와이의 법률은 보험자가 특정한 복지수혜자에게 보험료 없이 자동차보험을 제공하도록 규정하고 있으며 연방홍수보험프로그램(federal flood insurance program)에 참여하는 사람들에게 보험계리상의 보험료와 실제 적용보험료와의 차액을 미연방정부가 지급해 주고 있다. 또한 여러 가지 위탁위험플랜(assigned risk plans) 및 기타 유사한 플랜들은 일부 가입자들에게 보험계리상의 공정한 요율을 적용한 것보다는 낮은 비용으로 보험에 가입하고 있다.

최근에는 새로운 보험요율의 산정원칙으로서 이용성(availability)이 대두되고 있다.

이용성의 요율산정원칙은 일반 시민이면 누구나 보험을 이용할 수 있도록 보험요율을 유지하여야 한다는 것이다.

2) 보험경영상 요율산정원칙

앞에서 살펴본 보험요율의 산정원칙은 보험계약자보호를 위한 보험요율의 규제적 목적의 측면에서 필수요건이었지만, 이외에도 보험경영 목적의 측면에서 보험요율이 갖추어야 할 여러 가지 원칙들이 있다. 요율산정시스템은 이들 보험경영상 목적, 즉 ① 안정성 ② 탄력성 ③ 단순성 ④ 비상위험 대비 ⑤ 손해방지 촉진 ⑥ 시장성 등을 보험요율 산정 시 반드시 고려하여야 한다.

그러나 이러한 목적들은 상호 모순되는 성격을 많이 가지고 있다. 예를 들면 안정성에 중점을 두면 신축성이 결여되기 쉽고 신축성에 중점을 두면 안정성이 결여된다. 따라서 이러한 목적들이 서로 조화를 이루며 달성될 수 있도록 보험요율을 산정하여야 한다.

(1) 안정성(stability)

보험요율이 안정적으로 운영되지 못하고 자주 변동된다면 보험가입자들의 불신을 초래함은 물론 보험경영에도 많은 피해를 초래할 것이다. 보험요율이 끊임없이 변동하거나 급작스럽게 변경된다면 소비자들은 보험요율이 낮아질 때를 기다려 보험에 가입하려고 할 것이며, 보험요율이 높을 때 가입한 사람들은 보험요율체계에 불만을 갖게 되어 결국은 보험에 대한 불신풍조를 초래하게 될 것이다. 따라서 보험요율은 안정적으로 유지되어야 한다.

보험요율의 안정성을 촉진하기 위하여 여러 가지 기술적인 방법이 사용되고 있다. 첫째, 보험요율의 조정 시 일정비율 이상 또는 이하로 인상하거나 인하할 수 있도록 규정하는 방법이다. 처음에는 주로 25%로 제한되었으나 최근에는 보험종목에 따라서 100% 이상까지도 인상할 수 있도록 되어 있다.

둘째, 보험요율의 산정에 사용되는 통계 중에서 대형재해에 관한 손해를 제외하여 산정하고 대형위험에 대하여 추가보험료로 보장하는 것이다.

셋째, 배상책임보험에서 주로 사용되는 방법으로 개별 클레임에 대한 일정한 최고보상한도액과 매 사고 당 최고보상한도액을 정하여 이들 한도액을 기준으로 보험요율을 기초로 보험요율을 산정하는 것이다.

넷째, 장기간의 손해율을 기초로 보험요율을 산정하는 방법이다. 그러나 이 방법은 태풍들과 같이 불규칙적인 대형위험을 평준화해주는 장점이 있는 반면에, 그 장기간 동안의 인플레이션과 위험관리기법의 향상 등의 효과가 곧바로 반영될 수 없다는 단점이 있다.

(2) 적응성 또는 탄력성(responsiveness)

보험요율은 위험의 변화에 탄력적으로 적응할 수 있어야 한다. 손해율의 상승 또는 감소, 인플레이션에 의한 경비 증가, 교통사고의 증가, 경쟁관계 등에 탄력적으로 대응하여야 한다. 안정성의 목표와는 상반되는 개념인데 실제에 있어서는 안정성과 적응성과의 조화가 합리적인 보험요율의 관건이 될 수 있다.

보험요율의 기본원칙(적정성)을 갖추기 위하여 요율의 탄력성은 필수적인 것이다. 위험이 증가하면 보험요율이 인상되어야 하고 위험이 감소되면 보험요율은 마땅히 인하되어야 한다. 예를 들면 인플레이션으로 배상책임클레임이 증가하게 되면 보험요율은 그 증가분을 보장할 수 있을 만큼 인상되어야 한다. 요율의 탄력성을 강조하기 위해서 단기간의 손해율이 사용되는데, 이것은 보다 최근의 통계가 현재의 상황을 보다 근접하게 반영하고 있기 때문이다.

(3) 단순성(simplicity)

보험가격체계가 가능한 한 쉽게 이해될 수 있도록 단순하여야 한다. 보험설계사 등 보험판매자들이 쉽게 적용할 수 있어야 하고 보험소비자도 쉽게 납득할 수 있어야 한다. 보험요율의 체계는 타 요건의 충족과 함께 가능한 한 단순하여야 한다.

보험요율의 적용방법, 보험료의 계산절차 등 요율체계가 복잡하여 보험료를 계산해 내는데 많은 노력과 시간을 소비하여야 한다면 그 요율은 합리적인 요율이라고 할 수가 없다. 또한 보험소비자들이 그들의 보험료가 어떤 단계를 거쳐 어떻게 결정되는가를 쉽게 이해함으로써 그들이 보험비용을 절감시킬 수 있는 조치를 취할 수 있도록 하기 위해서 요율체계가 단순해야 할 필요가 있다.

이러한 요율의 단순성은 상대적인 의미를 가지는데. 예를 들어 소급요율산정방식은 전문적인 위험관리인을 채용하고 있는 대형회사가 보험계약자인 경우에는 단순한 것이지만 개인보험종목의 보험소비자에게는 복잡한 요율체계가 될 수 있을 것이다.

(4) **비상위험대비성**(Provision for Contingencies)

보험요율은 과거의 경험율을 기초로 산정한 미래에 대한 예상가격이므로 과거에 없었던 비상위험이 발생할 것에 대비할 필요가 있다. 보험요율의 산정은 과거 손해율을 기초로 미래의 클레임을 예측하는 시도라고 할 수 있다. 그러나 아무리 완전한 자료와 완전한 요율산정기법을 사용한다고 하더라도 미래 손해를 정확하게 예측할 수는 없다. 미래에 있어서 불확실성은 항상 존재하기 마련이며 실제손해액과 예상손해액이 일치하리라고 확신하는 보험자는 없을 것이다.

따라서 예상할 수 없는 미래 손해액의 변수에 대응하기 위하여 이상(異常)위험에 대한 추가분이 대개 보험요율에 포함되며 그 추가분은 흔히 보험자의 이윤에 대한 추가분과 합쳐져서 나타난다. 총 보험료의 5%에 해당되는 이윤 및 비상위험의 부가보험료가 대부분의 보험종목에서 사용되고 있으나, 보험종목에 기인된 투자소득액과 그 종목에 관련된 불확실성의 요소에 대한 보험계리인의 평가에 따라서 다양하다.

(5) **손해방지촉진성**(Promotion of Loss Control)

넓은 의미의 손해방지는 손해 빈도를 낮추는 손해방지의 개념뿐만 아니라 손해 정도를 줄이는 손해감소를 위하여 시도되는 모든 행동을 포함한다. 이러한 손해방지는 사회와 보험회사 양측에 모두 중요하다. 손해방지활동을 통해서 보험자는 실제손해율을 낮추게 됨으로써 보험경영에 흑자를 가져옴과 동시에 사회적으로는 사고를 방지함으로써 사회 전반에 이익을 가져오게 한다.

보험회사가 직접적으로 항만시설이나 도로상의 손해방지시설에 투자하기도 한다. 손해방지의 결과는 보험금의 지급감소로 이어져 보험회사에 이익을 가져오기 때문이다.

그러한 직접투자에 추가하여 보험요율의 구조가 손해방지를 촉진할 수 있도록 할인·할증제도가 포함되어야 한다. 보험자가 보험계약자나 피보험자에게 손해방지를 장려하는 가장 주효한 방법은 보험요율을 통한 것이다. 이것은 제반 사고방지책을 사전에 강구하여 각종 시설과 설비를 갖춘 보험계약자에 대하여 그렇지 않은 계약자보다도 낮은 요율을 적용함으로써 이룰 수 있기 때문이다. 화재보험에서 방화시설이나 스프링클러장치가 있으면 보험요율을 할인하고 자동차보험에서 고강도범퍼나 에어백이 설치된 경우 요율을 인하해주는 보험가격구조를 통해서 손해방지활동을 촉진하고 있다.

또한 피보험자에게 적용하는 보험요율은 결국 피보험자의 손해율에 의하여 결정되므로 피보험자들은 보험비용을 절감하기 위해서라도 손해방지에 주력하게 된다. 이와 같이 보험요율은 손해방지를 촉진할 수 있도록 산정되어야 한다.

(6) 시장성(Economic feasibility)

보험요율은 보험의 시장성을 고려하여 산정되어야 한다. 보험요율의 시장성이란 그 요율로서 보험상품이 많이 팔려야 한다는 것이다. 보험계약고 경쟁만을 위하여 보험요율을 너무 낮추는 것도 문제이지만 보험요율이 너무 높아서 보험을 필요로 하는 소비자들이 보험을 살 수 없게 된다면 보험의 사회·경제적 효용이 반감될 뿐 아니라 대수의 법칙을 기초로 한 보험경영에 막대한 지장을 초래하게 될 것이다.

시장성을 증대시키기 위하여 보험요율을 낮추는 방법은 여러 가지가 있는데, 이것은 주로 보험약관의 면책조항(exclusion), 공제조항(deductible 또는 franchise) 또는 대기기간조항(waiting period) 등을 통하여 보장범위의 축소, 보상한도의 제한 등 보장내용을 제한하거나 축소하는 방법을 사용하고 있다.

(7) 사회성 또는 형평성

보험요율의 산정 시 사회성 및 계층 간의 형평성이 고려되어야 한다는 것이다. 정부의 물가정책에 따라 보험요율의 인상이 억제되기도 하고 계층 간의 형평성을 고려하여 가난한 보험가입자에게 세금공제혜택이나 보험료 할인혜택 등을 제공하여야 한다는 주장도 있다.

3. 손해보험의 요율산정

1) 손해보험요율의 종류

손해보험요율은 보험요율의 산정방법 및 적용방법에 따라 여러 가지 형태로 분류될 수 있지만 그 대표적인 형태로는 등급별 요율(class rates), 개별요율(individual rates) 및 실적요율(merit rates)이 있다.

(1) **개별요율**(individual rate)

개별적인 보험계약의 물건(보험의 목적)에 대하여 각각 위험을 측정하여 산정하는 보험요율이다. 개별요율은 다수 동질위험이 존재하지 않거나 특수한 위험물건에 사용되는 보험요율이다. 등급요율을 사용하기 위해서 다수 동질의 위험이 존재하여야 하는데, 보험종목에 따라서는 다수의 동질위험이 존재하지 않는 것도 있다. 예를 들면 동일하게 건조되어 동일한 항로에 동일한 화물을 수송하는 선박은 많지 않고, 대형공장이나 빌딩 등은 개별적으로 특색 있게 설계되고 건축되어 구조나 점유목적이 동일한 경우는 찾아보기 어렵다.

다수의 동질위험이 존재하지 않는 경우에는 각각의 보험의 목적에 대하여 서로 다른 요율을 사용할 수밖에 없는데, 이 경우의 요율이 개별요율로서 궁극적으로는 등급별 요율체계가 세분되어 각각의 요율등급에 하나의 보험의 목적만이 존재하는 개별요율의 일종으로 볼 수도 있다.

이에는 스케줄요율(schedule rates)과 판단요율(judgement rates)이 있다. 스케줄요율이란 손해의 빈도와 정도에 영향을 미치는 위험의 몇 가지 특징에 따라 요율산정스케줄(rating schedule)을 미리 만들어 놓고 각각의 보험의 목적에 대하여 그 스케줄을 기초로 계산하여 사용하는 요율을 말한다. 미국에서는 대형 산업시설에 대한 화재보험에 스케줄요율이 많이 사용되고 있다.

그리고 해상보험에서와 같이 보험의 목적이 너무 다양해서 동질의 위험을 집적할 수 없는 경우에는 판단요율을 사용할 수밖에 없는데, 이 경우 몇 가지 제한된 통계자료와 보험자의 경험을 바탕으로 한 판단력에 의해서 보험요율이 주로 결정된다.

개별요율은 언더라이터의 경험과 판단에 따라 신축적으로 대응할 수 있다는 장점이 있는 반면, 개별요율의 산정에는 전문 언더라이터나 전문요원이 필요하고 매 계약별로 요율산정에 따라 시간과 비용이 많이 소비된다는 단점이 있다.

개별요율, 특히 판단요율의 주요한 장점은 어떤 보험의 목적에 대한 보험자의 평가에 따라서 보험요율을 다양하고 손쉽게 적용할 수 있다는 것이다. 스케줄요율은 판단요율에 비하여 탄력성이 적지만 개별요율의 결정에 있어서 통일성을 기할 수 있으며 보험계약자에게 보험요율의 결정방법과 결정단계를 보다 쉽게 설명할 수 있기 때문에 보험계약자로 하여금 보험료를 절감하기 위하여 손해방지에 전념하게 할 수 있는 장점이 있다.

개별요율의 주요한 단점은 등급별 요율에 비하여 사업비가 많이 소요된다는 것이다. 판단요율의 적용을 위하여 오랜 세월을 통하여 훌륭한 언더라이터를 길러내야 하며 스케줄요율의 적용을 위해서는 보험의 목적에 대한 기술자의 정확한 조사에 의하여 요율 산출표가 만들어지기 때문이다.

(2) **등급별 요율**(class rate)

광범위한 동질의 위험집단별로 위험을 측정하여 동일한 요율을 적용하는 보험요율이다. 등급별 요율은 위험을 수개의 동질의 위험단체별로 구분하여 그 등급에 따라 적용하는 요율을 말하는데, 이 요율은 항상 편람(manual)이나 요율서(rate book)에 명기되어 있으므로 「매뉴얼」요율(manual rates)이라고도 한다. 이 등급은 손해의 빈도와 심도에 영향을 미치는 일정한 성질에 따라서 명확하게 구분되어야 한다.

우리나라의 적하보험요율과 화재보험요율 등이 이러한 등급별 요율을 사용하고 있는데, 적하보험요율서에는 화물별, 담보조건별 및 항해구간별로 구분하여 보험요율을 명기하고 있다.

등급별 요율은 요율적용이 간편하고 관련비용이 저렴하다는 장점이 있는 반면, 요율체계의 단순성과 경직성 및 역선택으로 인해 동일 등급에 해당하는 전체 계약자에게 정확한 평준화를 도모하기 어렵다는 단점이 있다.

등급별 요율의 주요한 장점은 요율적용의 단순성과 함께 등급별 요율을 사용하는데 상당히 적은 경비가 소요된다는 것이다. 보험료의 계산이 개별요율이나 실적요율제도에서 보다도 숙련되지 않는 사람에 의해서도 빠르고 쉽게 이루어질 수 있다.

그러나 등급별 요율의 주요한 단점은 경직성(inflexibility)에 있다. 위험의 등급을 완전히 동질의 위험집단으로 분류하는 것은 불가능하므로 해당 등급 내의 평균가를 기준으로 요율을 정하기 때문에 그 등급에 해당되는 많은 보험계약자들이 너무 높거나 너무 낮은 요율을 적용받게 된다.

이 결과 다음과 같은 두 가지 문제점을 수반하게 된다. 첫째, 선택인수(selective underwriting)의 문제인데 요율이 어느 한 등급에 속하는 일부에게는 너무 낮고 또 다른 일부에게는 너무 높은 경우에 보험자는 요율이 비교적 높게 적용되는 피보험자들의 위험만을 인수하고, 요율이 낮게 적용되는 피보험자들의 위험은 인수를 거부하여 높은 수익을 얻으려고 함으로써 소비자들의 불평을 사게 된다.

둘째, 첫째 문제 해결을 위하여 요율의 등급을 점차로 과도하게 세분하게 된다는 것인데, 미국의 개인 승용차보험을 예로 들면 1950년대 중엽에는 자동차배상책임보험에 있어서 단지 세 가지의 요율등급만이 존재하였으나 점차 확대되어 현재는 260등급체계를 갖추고 있다.

(3) 실적요율(merit or demerit rate)

실적요율은 등급별 요율과 개별 요율을 혼합한 보험요율로서, 할인·할증요율이라고 부르고 있다. 일정 등급에 소속된 보험계약자의 보험요율 산정 시 해당 등급별 기본요율을 먼저 적용하고 그 다음 해당 계약자별로 과거 손해실적 등을 감안한 개별요율을 적용하는 보험요율이다.

실적요율을 결정하는 세 가지 주요한 형태로는 스케줄(산출표)요율산정, 손해율요율산정(experience rating) 및 소급요율산정(retrospective rating) 등이 있다. 이와 같은 실적요율체계는 다음 두 가지의 주요한 목적을 갖고 있다. 첫째가 보험계약자가 손해방지와 보험료 간에 직접적인 관계를 알 수 있으므로 보험계약자의 손해방지 노력을 촉진하기 위한 것이며, 둘째는 보험계약자의 위험도에 따라 보다 정확하게 보험료를 부과하기 위한 것이다.

스케줄요율결정방법은 보험자가 보험계약자의 미래의 손해율을 평가하여 보험계약자의 어떤 일정한 위험도에 따라 미리 정해 놓은 요율수정스케줄에 의하여 등급별 요율을 가감하여 결정하는 것을 말한다. 이 경우 가감한도는 보통 보험료의 25%가 된다.

손해율요율방법과 소급요율방법은 정해진 공식에 의하여 피보험자의 실적손해율(actual loss experience)을 기초로 하여 결정한다는 점에서는 유사하지만, 요율결정에 반영되는 실적손해율의 해당기간이 서로 다르다. 손해율요율결정방법에 있어서는 흔히 손해율수정치가 적용되는 보험계약의 1년 전까지의 3년 동안의 과거 실적손해율을 기초로 하고 있는데 반하여, 소급보험료율방법에 있어서는 일정한 최저보험료와 최고보험료를 정해 놓고 과거의 손해율이 아닌 해당 보험기간 동안에 발생한 손해율을 기준으로 그 보험기간이 종료된 후에 해당 보험기간의 최종보험료가 정산되는 것이다.

2) 손해보험요율제도상의 분류

요율산정상의 기법을 중심으로 손해보험요율을 형태별로 등급별 요율, 개별요율, 실적요율로 구분하여 설명한 바 있다. 그러나 보험요율을 적용하는 방법, 즉 보험요율제도에 따라서 보험요율을 분류하면 그러한 세 가지 형태별 요율이 2개 이상의 보험회사 간에 협정하여 사용하는가의 여부에 따라 협정요율과 경쟁요율로 분류하고, 정부당국의 인가여부에 따라서 자유요율과 인가요율로 구분할 수 있다.

이러한 보험요율제도는 국가와 보험시장의 여건에 따른 감독정책상의 구분이며 한 국가에 있어서도 보험종목에 따라 서로 다른 요율제도를 채택할 수 있고, 하나의 보험종목에 있어서도 서로 대치되는 요율제도를 병용하는 경우도 있다.

(1) 경쟁요율과 협정요율제도

전술한 세 가지 형태별로 산정된 보험요율은 보험회사별 경쟁의 가능여부 또는 보험회사 간에 협정 여부에 따라서 경쟁요율과 협정요율로 구분할 수 있다. 경쟁요율(비협정요율)은 보험회사별로 자기회사 고유의 독자적인 보험요율로서 타사와 경쟁하는 요율을 말한다. 경쟁요율은 각 보험회사가 독자적인 재량과 판단에 의해서 보험계약자와 협의하여 결정하는 요율로서, 위험의 실태, 과거의 실적, 시장의 상황 등에 대응하여 탄력적으로 보험요율이 정하여지고 가격으로서 기능이 충분히 발휘되어 보험회사의 경쟁에 의한 결과가 직접 요율에 반영될 수 있다는 장점이 있다.

그러나 한편으로는 손해보험의 특수성으로 인하여 지나친 요율경쟁에 빠져 보험회사의 지급불능의 사태를 초래하거나 도는 상위회사에 의한 시장의 집주이 과도로 진행되어 독점 또는 관리가격적인 경향이 나타나 경쟁에 의한 폐해가 발생할 우려가 있다.

협정요율은 2개 이상의 보험회사가 서로 경쟁하지 않고 보험요율을 협정하는 일종의 가격카르텔이다. 협정요율은 2개 이상의 보험회사 간에 협정하여 사용하는 요율로서 경쟁요율의 폐해인 지나친 요율경쟁을 방지하여 요율의 안정을 도모함은 물론 보다 많은 경험과 통계자료를 집적하여 대수의 법칙에 의한 합리적인 요율산정을 가능하게 한다는 효과가 있다. 그러나 협정요율은 경쟁제한에 수반하여 요율의 경직화 경향이 생겨 보험소비자의 이해를 해칠 우려가 있다.

이러한 협정요율은 보험회사 간에 자발적인 협약에 의하여 협정된 사적 협정요율과 법률 또는 행정명령에 의해서 보험회사들이 공통된 요율을 사용하도록 산정된 공적 협정요율이 있다.

또한 보험요율의 협정에는 ① 최저요율(minimum rates)의 협정 ② 개별위험의 공동

인수를 위한 개별요율(individual rates)의 협정 ③ 등급별 요율(class rates)의 협정 ④ 요율산정스케줄(rating schedule)만의 협정 ⑤ 실적요율(merit rates), 즉 등급별 요율과 개별요율을 혼합한 전체의 요율체계를 담고 있는 「매뉴얼」요율(manual rates)의 협정 등이 있다.

(2) 자유요율과 규제요율제도

정부의 개입여부에 따른 보험요율제도의 구분이다. 자유요율제도는 정부의 개입 없이 보험자 스스로 결정해서 사용할 수 있는 요율제도이다. 자유요율(비인가요율)이란 글자 그대로 보험회사가 독자적으로 산정한 요율을 어떠한 법적 또는 행정적 구속 없이 자유스럽게 사용할 수 있는 요율을 말한다. 물론 경쟁요율이든 협정요율이든 법적 규제 없이 보험회사들이 개별적으로 자유롭게 사용하는 요율을 의미한다.

자유요율제도에서는 언더라이터의 경험과 판단에 의하여 개별보험에 따라 탄력적으로 요율을 산정할 수 있다는 장점이 있는 반면에, 요율에 대한 법적 규제보다는 경쟁원리에 의한 자율규제에 중점을 두고 있으므로 경쟁요율에서 지적한 과당경쟁으로 인한 지불불능의 우려가 있다.

규제요율(인가요율)제도는 정부가 인가하거나 어떤 방식으로든 개입하여 사용하도록 하는 보험요율제도이다. 규제요율은 산정된 보험요율을 사용하기 위해서 요율산정 근거자료를 첨부하여 정부당국이 엄격한 심의를 거쳐 인가를 받아야 되는 요율을 말한다. 보험계약의 부합계약성 때문에 보험요율에 대한 정부의 규제는 일반적으로 타당성을 인정받고는 있지만, 이론적 · 현실적 측면에서 자유요율과 인가요율의 상 · 난섬, 타당성 및 모순성을 중심으로 많은 논란이 있어 왔다.

요율규제제도는 여러 가지 방법이 있을 수 있는데, 요율규제가 엄격한 전형적인 국가인 미국의 각 주(州)에서 채용하고 있는 요율규제체계를 중심으로 살펴보면 다음과 같다.

① 주제정요율제도(state-made rates system); 정부에 의한 요율규제의 극한이며 주정부당국이 정한 요율을 당해 주에서 영업하는 모든 보험자가 준수하여야 하는 제도이다.

② 강제요율산정기구요율제도(mandatory bureau rates system); 당해 주에서 영업하는 모든 보험자는 요율산정기구의 가입이 의무적이며 가입보험자들은 그 기구가

산정한 요율을 사용하여야 하는 제도이다.

③ 사전인가제도(prior-approval system); 요율적용을 위해서는 당국의 사전인가를 받아야 사용할 수 있는 제도이다.

④ 수정사전신고제(modified-file-and-use system); 사전인가제와 사전신고제를 배합한 것으로 손해율 변경에 따른 요율변경에는 사전인가를 요하지 않지만, 사업비의 변경이나 요율산정등급의 변경에 다른 요율의 변경은 사전인가를 받아야 하는 제도이다.

⑤ 사전신고제(file-and-use system) ; 보험요율을 사용하기 전에 주정부당국에 신고하면 그 효력이 발생하는 제도이다.

⑥ 사후신고제(use-and-file system); 보험요율 사용 후 일정기간(보통 15일) 내에 신고해야 하는 제도를 말하는데, 실제 운용여하에 따라서는 자유요율제도 또는 사전인가제도의 효과를 가져 올 수도 있다. 왜냐하면 신고내용에 대해서 사후적으로 승인하지 않을 가능성을 포함시켜 적용할 수 있기 때문이다.

⑦ 신고불필요제도(no-filing system); 보험요율의 사용에 이어서 일체 주정부당국의 인가 또는 신고 등을 필요로 하지 않는 제도로서 자유경쟁요율제도라고 할 수 있다.

이상의 결과 보험요율은 ① 복수의 회사가 협정하여 정부의 인가를 받아 사용하는 인가협정요율 ② 정부의 인가 없이 자유스럽게 협정하여 사용할 수 있는 자유협정요율 ③ 회사별로 각자의 요율을 경쟁적으로 결정하여 정부의 인가를 받아 사용하는 인가경쟁요율 ④ 회사별로 각자의 요율을 경쟁적으로 결정하여 정부의 인가를 받지 않고 자유롭게 사용할 수 있는 자유경쟁요율 등 4가지 제도로 운영될 수 있다.

4. 생명보험의 보험료 결정

1) 생명표 또는 사망표

(1) 대수의 법칙

주사위를 던지면 어떠한 눈이 나올 것인지를 예측할 수 없다. 그러나 던지는 회수가 많아질수록 각 눈이 나오는 회수는 대체로 1/6이 된다는 것을 알 수 있다. 이와같이 어떠한 사건의 발생비율은 1회나 2회의 관찰로는 측정이 곤란하지만, 관찰 대상의 숫자 또는 관찰 회수가 많아지면 많아질수록 보다 정확한 발생확률이 나타나는 것을 대수의 법칙이라 한다.

대수의 법칙이란 수학적 개념으로서 「어떤 사상(事象)이 발생하는 확률을 P라고 하고 n회의 시행중 그 사상이 발생하는 횟수가 r회라고 한다면 n의 횟수가 많아질수록 r/n은 P에 접근한다」는 것을 말한다.

대수의 법칙은 보험자가 미래의 손해발생을 보다 정확하게 예측하기 위해 사용되고 공평한 자금분담을 위해 적정한 보험요율을 산정하는데 필수적이다.

(2) 사망률과 생존률

사람의 사망에 관해서도 어떤 특정인이 언제 사망할 것인지는 예측할 수 없지만, 대수의 법칙을 기초로 많은 사람들을 대상으로 관찰해 보면 매년 일정한 비율로 사망하는 것을 알 수 있다. 어느 연령의 사람이 1년간 몇 명이 사망하였는가를 산출한 비율을 사망률이라 하며, 보통 연령과 성별로 나타낸다. 이를 산식(算式)으로 표시하면 다음과 같다.

사망률 = 1년간의 사망자수 ÷ 연초의 생존자 수

생명보험은 사람의 사망률에 관한 대수의 법칙을 그 기초로 하고 있다. 대수의 법칙에 의해서 사람의 연령별 생사잔존상태(생존자수, 사망자수, 생존률, 사망률, 평균여명)를 나타낸 표를 생명표 또는 사망표하고 한다.

예를 들어 30세의 집단 10,000명중 1년에 몇 명이 사망하는지를 과거의 통계를 이용하면 추정이 가능하다. 30세 남자 10,000명중 31세가 될 때까지 1년간 10명이 사망한다고 하면, 30세 남자의 사망률은 10/10,000 또는 1/1,000, 즉 0.001이 된다.

이 경우 31세에 도달하는 사람 수는 10,000명에서 사망자 수인 10명을 뺀 9,990명이고, 30세 남자가 31세까지 생존하는 비율, 즉 30세 남자의 생존률은 9,990/10,000 = 0.999가 된다. 30세 남자의 사망률과 생존률을 합하면 1이 된다. 「사망률 + 생존률 = 1」 이다. 다시 말하면 「생존률 = 1 - 사망률」의 관계가 성립한다.

이를 정리하면 다음과 같다.

$$\text{사망률(30세)} = \frac{\text{1년간(30세-31세 사이) 사망한 사람 수}}{\text{30세에 도달한 사람 수}}$$

$$\text{생존률(30세)} = \frac{\text{1년동안(31세까지) 생존한 사람 수}}{\text{30세에 도달한 사람 수}}$$

사망률 + 생존률 = 1 / 사망률 = 1 - 생존률 / 생존률 = 1 - 사망률

(3) 평균여명

생명표에는 생존자와 사망자의 수, 생존률과 사망률 이외에 평균여명이 표시되어 있다. 평균여명이란 어떤 연령에서 그 연령의 사람이 미래에 생존할 수 있는 기간의 평균을 의미한다. 특정 국가의 평균수명은 그 나라 국민 중 0세의 평균여명을 말한다.

(4) 국민생명표와 경험생명표

생명보험은 사람의 사망률에 관한 대수의 법칙을 그 기초로 하고 있는데 이 법칙에 따라 사람의 연령별 사망과 생존의 상태(생존자수, 사망자수, 생존률, 사망률, 평균여명)를 나타낸 표를 생명표(生命表) 또는 사망표(死亡表)라 한다.

생명표는 보험료와 책임준비금 등을 계산하는데 사용되는 기본 자료이다. 생명보험의 기초는 생명표이며 생명표는 주로 과거의 자료를 기초로 만들어진다. 생명표를 사용하여 보험료를 산정한다는 것은 미래의 사망률이 과거의 사망률과 비슷할 것이라는 가정에 근거한다.

생명표는 국민생명표와 경험생명표로 분류된다. 국민생명표는 국민 전체 또는 특정 지역의 인구를 대상으로 그 인구 통계에 의해 사망·생존상황을 나타낸 것이다. 경험생명표는 생명보험회사의 가입자를 대상으로 실제 사망률을 근거로 작성된 것이다.

국민생명표는 국민 전체의 경험을 나타내기 때문에 생명보험회사가 사용하기에 부적절하다. 왜냐하면 생명보험회사는 보험가입자에게 신체검사를 실시하여 건강한 피보험자를 가입시키고 허약한 자를 배제시키고 있으며, 피보험자 입장에서는 허약한 자는 생명보험을, 건강한 자는 연금이나 생존보험을 선택하는 역선택(adverse selection)이 작용하기 때문이다. 따라서 생명보험과 연금보험에 대하여 각각 다른 경험생명표가 작

성될 수 있다.

(5) 우리나라의 생명표

사람의 사망률은 일반적으로 의학기술의 발달이나 생활수준의 향상에 따라 감소하기 때문에 사망상황을 측정하는 방법이나 연도에 따라 달라지므로 생명표는 작성연도, 분류방법에 따라 구분하기도 한다.

우리나라에서는 상당한 기간 동안 일본의 국민생명표를 수정하여 사용하였다. 우리나라의 생명보험회사는 1976년부터 국민생명표를 보정한 조정국민생명표를 사용하다가 1986년부터는 실제 보험가입자들의 사망통계를 기초로 작성된 경험생명표를 사용했으며, 2006년 4월부터는 제5회 경험생명표를 표준위험률로 사용하고 있다. 한편 1997년 4월부터 예정위험률이 자유화됨에 따라 회사별로 경험사망률의 적용이 자유화되었다.

2) 생명보험의 보험료 산정요소

생명보험계약에서 보험자의 책임이 개시하기 위해서는 보험계약자가 보험료를 납입하여야 하고, 납입된 보험료는 보험회사의 주된 수입원이다. 따라서 보험요율의 결정은 가입자와 보험자 모두에게 커다란 영향을 미친다.

보험료를 산정하는데 다음의 다섯 가지 요소가 고려되어야 한다. 그러나 일반적으로는 처음 세 가지 요소가 필수적인 산정요소이다.

① 예정위험률(예정사망률) : 보험에 가입된 사건의 발생확률을 말한다. 생명보험에서 사망이 주된 가입대상이기 때문에 예정사망률이라고 한다. 예정사망률이 높을수록, 즉 연령이 많아질수록 보험료는 상승한다.

② 예정이율 : 생명보험은 장기(長期)계약이므로 납입보험료에 적용되는 이자율에 따라 보험료가 달라진다. 이자율이 높으면 돈이 불어나는 속도가 빨라지듯이, 보험에서 적용되는 예정이율이 높으면 높을수록 적은 보험료를 납입할 수 있다.

③ 예정사업비율 : 생명보험회사를 운영하는데 필요한 모든 비용은 보험가입자가 납입한 보험료에서 조달되는 것이다. 따라서 사업비를 많이 지출하면 그 만큼 보험료는 많아질 것이며, 경영합리화를 통한 사업비의 절감이 결과적으로 보험료의

인하를 가능하게 할 것이다.

④ 보험급부 : 어떤 종류의 급부가 얼마만큼 지급될 것인가에 따라 보험료가 결정된다. 지급되는 보험금이 크면 클수록 많은 보험료를 납입하여야 한다.

⑤ 이익창출과 비상준비금 : 생명보험회사도 이익의 창출을 목적으로 하는 기업이므로 보험료에 이 부분이 감안되어야 한다. 또한 비상사태가 발생하여 예상치 못한 보험금이 지급되어야 할 때를 대비하여 이를 감당할 수 있는 자금이 따로 적립되어야 한다. 이들 부분이 보험료에 포함되어야 한다.

3) 생명보험의 보험료 산정방식

(1) 일시납보험료 방식

일시납이란 한 번에 필요한 모든 보험료를 납입하는 것이다. 일시납방식에는 보험계약에서 미래에 예상되는 모든 보험금 지급비용 충당에 필요한 금액을 일시금으로 납입하는 방식이다.

(2) 자연보험료 방식

1년 동안에 수입된 순보험료 전액이 해당연도에 지급되는 보험금의 총액과 일치하도록 계산하는 방식이다. 나이가 많아질수록 사망률이 높아져 보험금 지급도 많아지므로 자연보험료는 매년 증가하게 된다.

(3) 평준보험료 방식

평준보험료는 미리 정해진 식기에 매번 납입하는 보험료의 액수가 동일한 보험료를 말한다. 대부분의 경우 보험료는 평준보험료를 의미한다. 이 방식에 따르면, 사망률이 낮은 계약 전반기 동안에 납입된 평준보험료는 보험금과 비용을 지급하고 남는 여분의 금액이 존재한다. 그러한 자금에는 이자가 이식되어 기금이 조성된다.

사망률이 높아지는 계약 후반기에 납입되는 평준보험료와 함께 이 기금은 많아지는 보험금과 비용의 지급재원으로 사용된다. 평준보험료의 납입은 계약 후반기의 많은 보험금 지급에 대비하여 전반기에 미리 기금을 조성하여 적립한 것이다.

(4) 변동보험료 방식

기본적으로 보험계약자는 보험기간 중 본인이 원하는 만큼의 보험료를 납입할 수 있다. 단 보험회사가 정한 최저치와 최고치의 규정에 따르지 않으면 아니 된다.

제4절 보험마케팅과 보험판매(모집)

1. 마케팅의 의의

1) 마케팅의 일반개념

마케팅은 우리의 모든 일상생활과 밀접히 관련되어 있다. 그러나 마케팅이란 말은 무엇을 의미하는가라는 질문에 대하여 마케팅이 가장 먼저 도입되고 가장 활발히 실행되고 있는 미국의 많은 사람들조차도 판매활동 또는 판매촉진(광고나 홍보 등)이라고 잘못 생각하고 있다고 한다. 그것은 우리가 새벽에 잠자리에서 일어날 때부터 텔레비전의 상업광고에서부터 신문 광고, 직접 우편 광고, 방문판매 등의 홍수 속에 살고 있으며, 누군가가 항상 무엇인가를 팔려고 노력하고 있기 때문이다. 우리는 어쩌면 죽음이나 세금, 판매활동으로부터 피할 수 없다고 한다.

따라서 판매활동이 여러 가지 마케팅기능 중의 하나에 지나지 않으며 마케팅의 가장 중요한 부문이 판매가 아니라는 사실을 알게 되면 놀라게 될 것이다. 광고나 판매활동을 아무리 훌륭히 수행한 경우에도 그 제품이 소비자의 필요나 욕구를 충족시키지 못하면 쉽게 판매되지 않을 것이다. 정보와 통신이 급속히 발달한 현대 산업사회의 소비자들은 그 제품을 곧 외면할 것이기 때문이다.

그러나 마케팅담당자가 소비자의 필요와 욕구를 잘 파악하여 거기에 적합한 제품을 개발하고 적절한 가격을 결정하여 효과적인 판매경로를 선택하고 판매촉진활동을 수행한다면 그 제품은 매우 쉽게 팔릴 것이다. 우리가 알고 있는 소비자에게 인기 있는 많은 제품들이 날개 돋친 듯이 잘 팔리는 이유는 판매나 판매활동을 훌륭히 수행한 결과가 아니고, 소비자의 필요와 욕구를 충족시켜주는 적합한 제품을 개발하였고 단순한 모방제품이 아닌 소비자에게 새로운 편익을 제공하는 뛰어난 제품을 생산하였기 때문이다.

이에 저명한 경영학자인 드러커(Peter F. Drucker)는 「마케팅의 목적은 판매활동을 불필요하게 만드는 것이다.(The aim of marketing is to make selling superfluous) 그 목적은 제품이나 서비스가 소비자에게 적합하고 스스로 팔리도록 소비자를 잘 알고 이해하는 것이다」고 하였다.[18] 이것은 판매나 촉진활동이 중요하지 않다는 것을 의미하지 않으며 그러한 활동은 시장에서 최대의 효과를 위하여 조화되어야 보다 넓은 개념으로서의 「마케팅믹스」(marketing mix) 또는 마케팅도구 중의 일부라는 점을 말하고 있다.

여기에서 마케팅에 관한 기본 개념을 확실히 이해하기 위하여 세계적으로 저명한 학자인 코틀러(P.Kotler)의 정의를 인용하고 거기에 내포되어 있는 마케팅의 핵심 요소에 대한 개념들을 살펴보기로 한다.

코틀러는 「마케팅은 교환과정을 통하여 인간의 니즈와 욕구의 충족을 지향하는 인간의 활동이다」(Marketing is human activity directed at satisfying needs and want through exchange processes)고 정의하고 있다. 다음에서 이 정의에서 내포하고 있는 마케팅의 기초개념인 니즈(needs), 욕구(want), 수요(demand), 제품(products), 교환(exchange), 거래(transactions), 시장(markets)에 대하여 살펴보기로 한다.

2) 마케팅의 기초 개념

(1) 니즈 또는 1차적 욕구(needs)

인간의 니즈는 인간이 박탈감(deprivation)을 느끼는 상태를 말한다. 인간의 니즈는 매우 복잡하지만 다음의 세 가지로 요약할 수 있다.

① 음식, 의복, 안전(safety)에 대한 생리적인 니즈(physiological needs)
② 소유, 권력, 애정에 대한 사회적인 니즈(social needs)
③ 지식, 자기표현에 대한 개인적인 니즈(individual needs).

---

18) Peter F. Drucker, *Management: Tasks, Responsibilities, Practices*, New York: Harper & Row, 1973, pp.64-65.

이것은 명동에서 만들어지는 것이 아니고 인간의 체질 중의 한부분이다. 마케터가 니즈를 창출하는 것이 아니고 니즈는 존재하는 것이다. 니즈가 충족되지 못하면 인간은 불행(unhappy)하다고 느낀다. 불행하다고 느끼는 사람은 다음 두 가지 중 한 가지 일을 하게 된다.

① 니즈를 충족시킬 대상을 찾거나 또는 개발(발전)시킨다.

② 욕망(disire)을 소멸 또는 감소시키려고 노력한다.

(2) 욕구 또는 2차적 욕구(want)

인간의 욕구는 인간의 니즈가 문화와 개성에 의해 형상화된 형태이다. 발리섬의 배고픈 사람은 망고(mango)와 돼지새끼고기와 콩을 욕구하고, 미국의 배고픈 사람은 햄버거와 콜라를 욕구할 것이다. 욕구는 니즈를 충족시킬 문화적으로 특정한 목적물로서 표현된다.

사회가 발전할수록 사회구성원의 욕구는 확장된다. 그러한 욕구는 호기심, 관심 및 욕망을 자극하는 많은 목적물로 나타난다.

Seller는 흔히 욕구(want)와 니즈(needs)를 혼동한다. 송곳(drill bit)의 제조업자는 고객이 송곳을 니즈하고 있다고 생각할 수 있으나, 고객이 실제 니즈하고 있는 것은 구멍(hole)이다. 이러한 의미에서 제품은 없고 오직 제품에 의해 제공되는 서비스만이 존재하는 것이다.

일부 Seller는 마케팅근시안("marketing myopia")에 빠지기 쉽다. 잠재적인 고객의 니즈를 간과하고 오직 밖으로 나타나는 욕구에만 초점을 맞추어 제품을 만들기도 한다. 현실적인 제품이란 소비자의 문제를 해결하기 위한 도구(수단)에 불과하다는 점을 망각했기 때문이다. 이들 Seller는 후속개발제품에 대한 경쟁력이 없다. 즉 소비자의 니즈에 보다 훌륭히 또는 보다 싸게 기여하는 신제품이 출현하면 고객은 동일한 니즈를 가지고 있기 때문에 신제품을 찾게 된다.

(3) 수요(demand)

사람들은 거의 무한정한 욕구를 가지고 있지만 재원은 한정되어 있다. 따라서 그들이 가지고 있는 금선으로 최대의 만속을 창출하는 제품을 선택한다. 그들의 욕구는 구매력(purchasing power)이 있게 되면 수요(demand)가 된다.

특정 사회에서 특정기간 동안의 수요를 열거하는 것은 어렵지 않다. 계획경제 하에서는 금년의 수요를 기초로 하여 내년의 생산량을 계획할 수도 있다. 그러나 수요는 그렇게 믿을 수 있는 것은 아니다. 사람들은 그들이 현재 소비하고 있는 어떤 것에 싫증을 내기도 하고 스스로 다양성을 추구하기도 하며 변동하는 제품가격과 소득에 따라서 새로운 선택을 하기도 한다.

(4) **제품**(product)

인간의 니즈와 욕구 및 수요는 제품(product)의 존재를 시사하고 있다. 제품이란 인간의 니즈와 욕구를 충족시킬 수 있는 관심, 습득, 사용 또는 소비(attention, acquisition, use or consumption)를 위해 시장에 제공되는 어떤 것이다.

제품의 개념은 유형의 물건(physical objects)에 한정되지 않는다. 니즈를 충족시킬 수 있는 어떠한 것도 제품이라고 부를 수 있다.

제품에는 재화(goods)와 서비스(service) 뿐만 아니라 사람(persons), 장소(place), 조직(organization), 활동(activities) 및 생각(idea) 까지도 포함한다. 소비자는 텔레비전에서 보고 싶은 어떤 연예인, 여행하고 싶은 어떤 장소, 기부하고자 하는 어느 단체, 지지하는 어느 정당을 결정하고 있다. 제품이라는 말이 부자연스러우면 만족(satisfaction)이나 제공(offer) 등으로 대신할 수도 있다.

(5) **교환**(exchange)

마케팅은 사람들이 교환을 통하여 니즈와 욕구를 충족시키기로 결정한 때에 성립한다. 교환은 어떤 것을 대가로 제공함으로써 바라는 것을 누군가로부터 획득하는 행위를 말한다.

원하는 목적물을 확보할 수 있는 방법은 다음과 같다.

① 자가생산(self-production) : 배고픈 사람이 사냥이나 낚시 등에 의해 음식 확보한다.
② 강탈(coercion) : 남에게서 도둑질하거나 탈취한다.
③ 구걸(begging)
④ 교환(exchange) : 금전이나 다른 상품 또는 서비스와 같은 자원을 제공하고 음식과 교환한다.

자가생산은 모든 필요성을 충족시키는 제품을 만드는데 기술적 한계가 있다. 따라서 자기가 가장 자신 있는 어떤 것을 창출해내고 그것을 남이 그렇게 한 것과 교환하는 것이 사회전체의 효용을 증대시키는 가장 바람직한 방법이다.

현대사회에 있어서 생산자는 그들의 상품을 금전의 교환으로 타인에게 판매한다. 교환은 마케팅의 실행(discipline)에 있어서 핵심개념이다. 자발적인 교환이 이루어지기 위해서는 다음 5가지 조건이 충족되어야 한다.

① 최소한 두 사람의 당사자가 있어야 한다.
② 각 당사자(일방)는 상대방에게 가치 있는 어떤 것을 가지고 있어야 한다.
③ 각 당사자는 통신과 인도가 가능하여야 한다.
④ 각 당사자는 상대방의 제공(offer)을 자유롭게 승낙하거나 거절할 수 있어야 한다.
⑤ 각 당사자는 상대방과 거래하는 것이 적합하거나 또는 바람직하다고 믿고 있어야 한다.

상기 5가지 조건은 교환 가능성(잠재력)을 설정하고 있다. 교환의 실제 성립 여부는 교환당사자들의 교환관계(조건)에 관한 약정(합의) 여하에 좌우된다. 약정이 이루어지면 교환행위가 보다 원활하게(최소한 더 나쁘지는 않게) 성립될 수 있다. 왜냐하면 각 당사자가 청약(offer)을 자유롭게 거절하거나 승낙할 수 있기 때문이다.

이러한 의미에서 교환은 가치를 창조하는 과정이다. 생산이 가치를 창조하는 것과 똑같이 교환은 개인들의 소비가능성을 확장함으로써 가치를 창조한다.

(6) 거래(transactions)

교환이 마케팅의 실행(discipline)에 있어서 핵심개념이라면 실행의 측정단위는 거래(transactions)이다. 거래는 두 당사자 사이에 가치의 매매(trade of value)로 이루어진다. A는 B에게 X를 주고 그 대가로 Y를 얻는다.

A는 B에게 400,000원을 주고 텔레비전을 얻는다. 이것은 고전적인 금전상의 거래이다. 그러나 거래는 매매가치의 하나로서 돈을 필요로 하는 것은 아니다. 교환거래(barter transaction)는 A는 B에게 냉장고를 주고 그 대가로 텔레비전을 얻는 경우도 있고, 상품대신에 서비스매매로 이루어질 수 있다.

(7) 시상(markets)

시장이란 하나의 제품의 현실적인 구매자와 잠재적인 구매자의 집합체(set)이다. 한 사회에서 사람의 수와 거래횟수가 증가함에 따라 상인과 시장의 수도 증가한다. 선진 사회에서는 시장은 매수인(buyer)과 매도인(seller)이 상호 교류하는 유형의 실제장소가 필요하지 않다.

현대의 통신과 운송수단에 의하여 상인은 늦은 밤 텔레비전으로 제품을 광고할 수 있고 전화로 수백사람의 고객으로부터 주문을 받을 수 있으며 매수인을 실제 만나지 않고도 다음날 매수인에게 상품을 보낼 수 있다. 제품이나 서비스 또는 가치 있는 어떤 것을 둘러싸고 시장은 확대될 수 있다.

노동시장(labor market)에서는 구인 대리회사(employment agencies)와 직업알선회사(job-counseling firms) 등이 활동하고 있고 금융시장(money market)에서는 돈을 빌려주고 빌리고 저축하고 안전하게 보관하려는 사람들의 니즈를 충족하기 위한 중요한 시장이다.

3) 마케팅의 정의

마케팅(marketing)은 시장과 관련하여 일어나는 인간의 활동을 의미한다. 마케팅이란 인간의 니즈와 욕구를 충족시킬 목적으로 잠재적인 교환을 현실화하기 위한 시장에서의 활동을 의미한다. 따라서 마케팅은 교환과정을 통해서 니즈와 욕구의 충족을 지향하는 인간의 활동이라고 정의할 수 있다.

교환과정에는 활동(work)을 포함한다. Seller는 buyer를 찾아야하고, 그들의 니즈를 식별하여야 하며 적절한 제품을 고안하고 그 제품의 판매를 촉진하며 보관하고 운송하고 가격을 협상하여야만 한다. 제품개발, 시장조사, 통신, 분배, 가격결정, 서비스와 같은 활동이 핵심적인 마케팅활동을 구성하고 있다.

통상은 마케팅을 seller에 의해서 수행되는 것으로 알고 있으나, buyer도 역시 마케팅 활동을 수행하고 있다. 소비자는 그들이 지불 가능한 가격으로 그들이 필요로 하는 재화를 찾는 마케팅을 실시한다. 공급부족시 상품을 필요로 하는 구매 대리점은 seller를 탐지하여 찾고 매력적인 조건을 제시한다.

매도인시장(seller's markets)은 seller가 보다 많은 힘을 가지고 있고 buyer는 보다 적극적인 마케터(marketer)가 되어야 하는 시장을 말한다. 매수인시장(buyer markets)에서는 buyer가 보다 많은 힘을 가지고 있고 seller가 보다 적극적인 마케터가 되어야 한다.

2. 마케팅개념과 그 발전과정

시장이 형성되기 시작한 때부터 현대에 이르기까지 기업들은 시장을 중심으로 시대적 경제 환경에 대응하여 여러 가지 마케팅철학 하에서 마케팅활동을 하여 왔다. 그러한 마케팅활동은 기업의 시장 지향성의 방향에 따라 ①생산개념 ②제품개념 ③판매개념 ④마케팅개념 ⑤사회적 마케팅개념 등으로 발전되어 왔다. 오늘날에 있어서도 기업의 성격, 제품이나 서비스의 특성, 수요와 경쟁상황에 따라서 상기 개념 중 하나의 마케팅철학 하에서 마케팅활동이 수행되고 있다.

1) 생산(production) 개념

생산개념은 제품이나 서비스의 수요가 공급을 초과하는 생산지향성시대의 개념이다. 고객들이 제품의 장점보다는 그 제품을 획득하는데 더욱 관심을 갖고, 가격이 저렴한 제품을 선호하는 시장에 적용되는 개념이다. 따라서 기업(공급자)은 무엇보다도 생산을 증가시키는데 주력하고, 시장의 확대를 위하여 생산성의 증대를 통한 제품의 원가를 절감하는데 경영활동을 집중한다.

20세기 초반에 이르기까지 거의 모든 재화가 부족하고 제품을 만들기만 하면 팔리던 상황에서 기업이 제품의 생산 또는 공급에 초점을 맞추는 것은 당연한 시대적 귀결이라고 할 수 있다. 오늘날에 있어서도 제3세계에서 이러한 현상을 볼 수 있으며, 또한 수요에 비하여 공급이 미치지 못하는 의료기관 등의 서비스산업들은 제한된 시간에 얼마나 많은 서비스(진료)를 제공할 수 있느냐에 초점을 맞추기도 한다. 그러나 이와 같은 기업경영은 비인간적이고 서비스의 품질에 문제가 있다는 부담을 안고 있다.

2) 제품(product) 개념

제품개념은 소비자가 최고의 품질 또는 효용을 제공하는 제품을 선호한다는 개념이다. 따라서 제품 지향적 기업들은 보다 우수한 제품을 생산하고 계속하여 개선하는데 노력을 집중한다. 산업혁명에 의해 대량생산이 가능하게 됨에 따라 소비자들이 제품의 확보보다 제품의 질에 보다 관심을 갖게 된 시대적 배경에서 등장한 개념이다. 제품 지향적 기업의 시장 활동은 기본적으로 잘 만들어진 우수한 제품은 소비자들이 외면하지 않는다는 가정 하에서 수행된다.

오늘날에도 이와 같은 제품개념은 많은 기업에 적용된다. 그러나 이 개념은 소비자의 본원적 욕구(니즈)보다는 구체화된 2차적 욕구(want)와 관련한 제품 자체에 집착하는 마케팅근시안(marketing myopia)에 빠지기 쉽다는 결점이 있다. 제품 자체의 품질에만 집착하고 시장(고객)이 무엇을 원하는가를 간과한 결과이다. 예를 들어 주판의 제조업자는 소비자들이 신속한 계산능력(1차적 욕구)을 원하고 있다는 것을 생각하지 못하고 품질이 우수한 주판만을 제작하는데 주력하였기 때문에 전자계산기의 등장에 따라 주판제조산업은 소멸되고 만 것이다.

3) 판매(selling) 개념

판매개념은 기업이 소비자로 하여금 자기 회사의 제품을 구입하도록 설득하여야 하고, 더욱 많은 양의 제품을 판매하기 위하여 적극적인 판매활동과 촉진노력을 경주하여야 한다고 보는 개념이다. 이 개념은 소비자란 그대로 두면 제품의 존재를 알지 못할 뿐 아니라 일반적으로 많이 구입하지 않는다는 전제하에서, 기업은 이용 가능한 보다 효과적인 판매방법과 촉진도구를 활용하여야 한다는 것이다.

이 개념은 1930년대에 이르러 생산관리방법의 발달, 자원개발, 자본집중에 의한 기업의 대규모화, 혁신(innovation) 등으로 기업의 생산능력이 급격히 향상되어 제품의 재고과잉상태에 직면한 기업에 도입된 개념이다.

이것은 이전의 제품의 부족상황으로부터 과잉생산이 가능하여 소비자의 부족상황으로 전환된 시대적 배경에서 기업들은 재고처리를 위해 강압적인 판매수단에 의존하게 되고 광고, 머천다이징(merchandising) 및 유통에 적극적인 관심을 갖게 되었다. 그 결과 마케팅이란 곧 판매 또는 촉진활동 등을 의미하는 것으로 간주되었다.

이와 같은 의미의 마케팅개념은 "마케팅은 생산자로부터 소비자 또는 사용자에게 재화나 서비스의 유통을 관리하는 기업 활동의 수행이다"는 1948년 미국마케팅학회의 마케팅정의에 잘 반영되고 있다.

이 개념은 현재에도 많은 기업들이 시장에서 수행하고 있는 일반적인 접근방법의 하나이며 특히 우리나라 기업들의 경우 대부분 이 판매개념의 단계에 머물러 있다고 할 수 있다. 판매개념은 소비자가 일상적으로 구매의욕을 갖지 않는 백과사전이나 묘지 또는 보험 등의 비추구(非追求)상품(unsought goods)에 가장 적극적으로 적용될 수 있다. 또한 이러한 적극적 판매(강매)방법은 오늘날 승용차와 같은 추구상품에도 적용되고, 기금모금단체, 교회, 정당 등 비영리부문에도 흔히 적용되고 있다.

기업들은 주로 과잉생산시설이 갖추어진 경우 또는 경쟁이 제한된 독과점 체제의 시장구조에서 판매개념에 따라 활동하기 때문에 팔리는 제품을 만드는 것이 아니라 만들어진 제품을 판매하는 것이다. 따라서 기업의 마케팅활동은 TV나 신문광고, 우편이나 전화판매 등 판매 또는 촉진활동에 집중되고, 그 결과 일반 대중은 판매 특히 강매나 광고 등을 마케팅과 동일한 것으로 생각하고 있다.

그러나 강매에 바탕을 둔 마케팅은 여러 가지 위험을 초래하기 쉽다. 왜냐하면 소비자 중심이 아닌 판매자 중심의 시장개념에 따라 활동하는 기업은 판매 그 자체가 목적일 뿐 구매 후 소비자의 만족 여부에는 관심을 소홀히 하기 때문이다. 즉 어떤 제품을 구입하도록 권유받은 고객들은 그 제품에 만족할 것으로 가정하고 있기 때문이다.

그러나 미국의 한 연구 결과(3 to 11 rule)에 의하면 제품에 만족한 소비자들은 단지 3명의 이웃에게 우호적으로 구전(口傳)하는 반면, 제품에 실망한 소비자들은 11명의 친구들에게 악담한다는 사실을 밝히고 있다.

4) 마케팅(marketing) 개념

미국마케팅협회(American Marketing Association)의 1948년 정의에 의하면 마케팅이란 생산자로부터 소비자 또는 사용자에게 재화와 서비스(용역)의 유통을 통제하는 기업 활동의 수행이다. 유형의 상품은 물론 보험회사가 판매하는 보험, 은행의 여신 및 관광회사와 광고회사의 광고서비스, 운송업자의 광광안내 및 운송 등 무형의 서비스(용역)도 마케팅의 대상이다.

현대적 의미의 마케팅 개념은 고객을 만족시키고 동시에 기업의 목표를 달성하기 위하여 생산자로부터 소비자 또는 사용자에게 제품이나 서비스를 유통시키는 총체적인 기업 활동이다. 따라서 마케팅 개념은 기업의 목표를 실현하고 소비자의 욕구를 충족시키기 위하여 기업의 모든 활동을 동원, 활용 내지 통제하는 것과 관련한 경영활동의 총체 내지는 관리이념(management philosophy)이라고 할 수 있다.

5) 사회적 마케팅(social marketing) 개념

현대적 마케팅 개념에 대한 비판은 이 개념이 기업 활동의 사회적 책임 또는 기업에 대한 사회의 욕구를 전혀 반영하지 않고 있다는 점이다. 기업의 마케팅 활동은 과거에도 단순히 이익 추구 등 기업의 목표달성을 위한 수단적인 활동으로만 인식되어 왔다. 그러나 오늘날에는 기업이 소비자보호, 공해문제, 기업 활동의 결과 생활양식이 변동되고 소비자의 가치관이 변화하는 것 등 기업이 제반 사회문제에 대한 책임을 가지고 있는 것으로 인식되고 있다.

따라서 기업 활동은 장기적으로 사회의 공공이익을 증진시키는 방향으로 계획되고 추진되어야 한다. 이와 같이 기업의 사회적 활동과 책임을 강조한 마케팅개념이 사회적 마케팅개념(social market concept)이다.

사회적 공공성이 강한 보험기업에 있어 사회적 마케팅 개념은 특히 중요하다. 경제·사회의 공공이익을 증진시키는 방향으로 계획되고 촉진되어야 하며 민영보험임에도 사회보장의 보완적 기능이 강조되는 이유가 여기에 있다.

3. 현대적 마케팅개념과 마케팅관리

1) 현대적 마케팅개념의 기본 요건

(1) **고객 중심주의**(customer orientation)

경쟁이 극심하고 소비자의 욕구가 급속히 변화되고 있는 오늘날의 경영환경에서는 고객(소비자)의 욕구를 충족시키지 않고서는 기업의 이익 실현 등 제반 목표를 달성하기 어렵다. 소비자의 욕구 충족이란 소비자의 만족(satisfaction)과 아울러 장기적으로 소비자의 복리(welfare)를 증진시키는 것을 의미한다.

기업의 목표설정을 위하여 먼저 소비자의 본질적 욕구가 무엇인지 파악하여야 한다. 그리고 기업은 그러한 욕구 중 어떤 것을 충족시킬 수 있고 충족시킬 것인가에 대한 목표를 설정하여야 한다. 기업의 목표설정을 위하여 필요한 것은 소비자의 욕구(desire), 태도(attitude) 및 구매행위(purchase behavior) 등에 관한 소비자 조사(consumer research)이다.

소비자의 욕구를 파악한 다음에 기업은 목표소비자(target market)를 선택하여야 한다. 즉 어떤 유형, 어떤 계층의 소비자를 상대로 기업 활동과 마케팅 활동을 수행할 것인가를 선택하여야 한다.

이와 같이 목표소비자를 선택하여 시장을 여러 개의 세분된 시장으로 분할 관리하는 것을 시장세분화(market segmentation)라고 한다. 시장세분화란 소비자와 시장을 통일적인 것으로 보지 않고 여러 개의 하위시장(sub-market) 또는 세분된 시장(market segment)으로 인식하여 각기 세분된 하위시장에 맞는 마케팅 활동을 수행하는 것을 의미한다.

목표소비자가 선정되고 시장이 세분화되면 세분화된 시장과 목표소비자의 특징에 맞추어 제품이나 메시지(message)를 차별화하는 마케팅계획(marketing program)을 수집하고 이를 추진하는 과정이 필요하다.

(2) 전사적(total)또는 통합적(integrated)인 마케팅 활동

기업의 모든 활동을 마케팅 중심으로 통합하여야만 된다는 것이다. 이를 위하여 기업의 대외적 및 대내적 여건과 기업의 제반 활동을 유기적으로 관련시켜 하나의 체계(system)로 보는 종합체계적인 사고가 필요하다. 즉 마케팅 활동을 기업의 통합적인 노력으로 이해하려는 생각이다.

(3) 목표 지향적 기업 활동

마케팅 활동은 기업의 목표를 달성하기 위하여 수행되는 것이다. 외견상 아무리 효율적으로 통제되는 마케팅활동이라고 하더라도 그것이 기업의 목표달성에 도움을 주지 못하다면 큰 의미가 없다. 마케팅이란, 현대기업이 다양한 목표를 효과적으로 달성하기 위하여 수행되는 목표지향적인 기업 활동이다.

2) 현대적 마케팅개념과 전통적 마케팅개념의 비교

(1) 전통적 마케팅

마케팅의 목적을 대량 판매를 통한 이익 획득에 두고 있어 마케팅의 초점을 제품에 맞추고 있다. 전통적 마케팅의 개념(1948년 미국 마케팅협회의 정의)은 판매활동(selling or sales)을 중요시하여 기업으로부터 소비자에게 제품 및 서비스가 일방적으로 전달되는 선형 마케팅(linear marketing, market out system)이라고 한다. 따라서 가장 중요한 마케팅활동의 수단은 판매 및 판매 촉진 활동이다.

(2) 현대적 마케팅 개념

마케팅의 목적을 고객의 욕구충족을 통한 기업목표의 달성으로 보고 있으며, 마케팅의 초점을 고객의 욕구충족에 맞추고 있다. 따라서 마케팅의 활동을 단순한 판매 행위를 넘어 통합적인 기업 활동으로 이해하는 것이다. 현대적 마케팅 개념은 고객의 욕구를 충족시키는 제품을 생산, 판매하고 고객의 반응을 다시 기업 활동에 반영(feed back)하는 순환형 마케팅(cyclical marketing, market in system)이다.

〈표 5-8〉 마케팅 개념

구 분	초점	수 단	목 적
전통적 마케팅개념	제품	판매	대량판매를 통한 수익
현대적 마케팅개념	고객	통합된 기업활동	고객의 만족을 통한 다양한 기업의 목표 달성

3) 마케팅관리

(1) 마케팅관리(marketing management)의 정의

마케팅관리란 기업의 이익을 증진시키기 위한 방법으로 통제 가능한 제반 마케팅 수단을 조정하여, 통제 불가능한 변동하는 마케팅 환경에 창조적으로 적응하는 것이다.

기업이 통제할 수 있는 구체적인 마케팅 수단은 일반적으로 4P's로 알려져 있는 제품(product), 가격(price), 유통경로(placing by distribution or channel), 광고 및 판매 촉진(promotion or communication)이다.

마케팅관리란 이상의 네 가지 통제수단을 어떻게 믹스(mix)하여 효율적으로 마케팅 활동을 수행할 것인가에 대한 의사결정 과정이라고 할 수 있는데, 이를 일반적 마케팅 믹스라고 부른다. 마케팅믹스에 포함되는 통제수단의 종류와 내용에 대하여는 학자마다 의견이 다양하다. 일반적으로 McCathy가 제창한 4P체계가 받아들여지고 있다.

마케팅 통제 불능 요인으로는 ① 정치적(행정 포함)변수 ② 경제적 환경 ③ 경쟁 관계 ④ 기술 수준 ⑤ 유통 구조 ⑥ 문화적 요소 ⑦ 법률적 변수 등이 있다.

(2) 마케팅의 학문적 발전과정

사회과학분야의 학문들은 사회현상을 설명하고 미래를 예측하는데 그 목적이 있다. 새로운 학문은 기존의 학문이 사회의 현상을 설명하지 못할 때 탄생하게 된다. 마케팅도 이러한 배경 하에서 학문으로 도입되었다. 마케팅이 사회과학의 한 분야로서 도입되기 이전에는 대부분 경제학에서 시장의 현상을 설명하고 시장의 미래를 예측하였다.

그러나 경제가 발전하고 사회가 다양화됨에 따라 경제학의 기본 가정(假定)인 수요의 동질성(시장의 모든 소비자가 가격에 동일하게 반응한다는 것)과 공급의 동질성(시장에서 팔리는 제품이 모두 동일하다는 것)으로서는 더 이상 시장의 현상을 설명할 수 없게 되었다.

이에 따라 경제학에서의 동질성의 가정을 부정하고 수요의 이질성과 공급의 이질성을 수용하여 기업과 소비자 및 시장의 현상을 설명하고 이론화한 것이 마케팅이다. 이와 같이 경제학의 한계를 극복하기 위해 도입된 마케팅은 그 후 학문의 발전과정에서 심리학, 사회학, 인류학, 수확, 통계학 등에서 발전된 이론과 분석방법을 수용하면서 사회과학 중에서 가장 응용된 학문의 한 분야로서 정립되었다.

마케팅이 학문으로서 미국에서 처음 태동한 시기는 20세기 초반이라는 것이 오늘날의 통설이다. 그러나 마케팅이 학문으로서 실제 정립된 시기로서 바텔즈(Bartels)는 「마케팅개념 재형성의 시기」로 규정한 제2차 세계대전 직후인 1950년대를 마케팅의 역사에 있어서 획기적인 시대로 간주하고 있다. 그것은 이 시기에 마케팅에 관리개념(management concept)이 도입되어 실제적인 측면에 초점을 맞춘 마케팅관리론이 처음으로 체계화되었기 때문이다.

4. 서비스마케팅과 보험마케팅의 특성

1) 서비스의 기초개념

(1) 서비스와 서비스산업의 개요

기업이 소비자의 필요와 욕구의 충족을 위하여 제공하는 것에는 유형상품인 재화뿐만 아니라 무형의 서비스도 포함된다. 서비스산업이 소비자의 욕구를 만족시키기 위해 제공하는 무형의 제품을 서비스라고 부르는데, 서비스는 제품과 함께 소비자에게 제시되기도 하고 그 자체로서 제품의 역할을 하기도 한다.

서비스마케팅은 이와 같은 서비스를 제공하는 사업체의 마케팅이라고 할 수 있다. 그러나 원래 비누나 치약 등 일상 제품과 자동차, 전자제품 등의 물질적 제품을 교환하는 과정에서 마케팅이 발전하여 왔기 때문에, 일반 마케팅이론에는 서비스상품의 특성에 따른 여러 가지 고려사항이 간과되고 있다.

사회가 선진화됨에 따라 경제의 서비스화 추세는 증대되고 있으며,[19] 사회가 발전하고 다양화됨에 따라 전통적인 서비스뿐만 아니라 새로운 형태의 서비스산업이 계속 출현되고 있다. 세계적으로 금융의 국제화·자유화 추세와 함께 서비스무역과 관련하여 WTO체제가 실현되고 있다. 우리나라에서도 서비스산업이 차지하는 비중이 점차 증가하고 있다. 또한 보험산업도 서비스산업의 한 분야이므로 보험마케팅을 연구하는데 있어서 서비스의 특성과 서비스마케팅에 대한 정확한 이해가 선결되어야 할 것이다.

(2) 서비스의 정의와 분류

일반적으로 서비스는 어느 개인이나 기업 또는 조직이나 단체가 소비자에게 제공하는 무형의 편익 또는 활동으로서 특정한 소유나 저장 또는 운반이 이루어지지 않는 것으로 정의된다. 호텔객실의 사용, 은행에의 예금, 비행기 여행, 병원에서의 진료, 이발, 자동차의 수리, 프로야구경기의 관전, 영화 관람, 변호사의 법률자문 등 모든 행위는 서비스의 구매라고 할 수 있다. 이와 같이 서비스의 종류가 매우 다양하기 때문에 모든 서비스와 서비스산업을 일률적으로 정의하는 것은 곤란하며 서비스마케팅을 일반화하는 것도 불가능하다.

서비스와 서비스산업의 분류도 각각의 국가별로 다양하며, 분석의 목적과 그 분류기준에 따라 다음과 같이 여러 가지 방법으로 분류될 수 있다.

첫째, 제공되는 서비스의 출처에 따라 사람기준(people-based) 서비스와 설비기준(equipment-based) 서비스로 구분된다. 사람기준서비스는 다시 전문인력, 숙련인력, 비숙련인력의 서비스로 분류되고, 설비기준은 자동화, 숙련조작원, 비숙련조작원의 서비스로 분류된다.

둘째, 서비스의 제공시 고객의 입회(client's presence) 여부에 따라 분류될 수 있다. 자동차 수리와는 달리 미용사는 미용실의 장식과 배경음악 및 고객과의 대화 등에 관심을 가져야 할 것이다.

셋째, 서비스제공자의 동기(provider's motive)에 따라 영리와 비영리서비스로 또는 서비스제공자의 형태에 따라 사적서비스와 공적서비스로 구분되고, 이 두 가지 기준이 혼합되면 서로 다른 네 가지 유형의 서비스조직으로 분류된다. 일반적으로 서비스산업

19) 미국의 경우 서비스산업은 GNP의 70%를 차지하고, 전체 근로자의 77% 이상을 고용하고 있으며, 앞으로 10년 동안 신규 고용의 90%가 서비스부문에서 창출될 것이라고 한다.

은 영리사업부문과 민간 비영리단체부문 및 정부부문 등 세 가지로 구분하기도 한다.

넷째, 고객의 구매동기(client's purchase motive)에 따라 구분된다. 즉 개인의 기본적 욕구와 사업상의 기본적 욕구에 따라 대개인서비스(personal service)와 대사업서비스(business service)로 분류될 수 있다[20]. 의사들은 개인적으로 찾아오는 환자와 지정 진료계약을 맺은 회사의 종업원이 환자로 찾아오는 경우에 서로 다른 진료비를 제시할 것이다. 서비스제공자는 개인 소비자시장과 단체 산업시장에 따라 각각 다른 마케팅프로그램을 개발하여야 한다. 보험마케팅에 있어서도 개인보험시장과 단체보험시장에 따라 서로 다른 접근방법을 개발하여야 한다.

2) 서비스의 특성

제품마케팅과 서비스마케팅은 그 개념상 근본적으로 동일하다. 그러나 제품과 서비스의 서로 다른 기본적인 특성 때문에 서비스기업으로 하여금 일반 기업과는 다른 마케팅프로그램을 갖게 하고 제품마케팅전략은 서비스마케팅에 적절하지 못한 경우가 많다.

제품마케팅과 실질적으로 다른 전략적 마케팅프로그램을 요구하게 되는 서비스의 특성은 ①무형성 ②비분리성 ③가변성 ④소멸가능성이 있다. 서비스의 마케팅프로그램을 개발하는 경우 이와 같은 서비스의 특성이 고려되어야 한다.

(1) 무형성(intangibility)

서비스는 전자제품이나 의복 등과 같은 특별한 형태를 가지고 있지 않는 무형성 때문에 고객이 그것을 구매하기 전에는 서비스의 질을 평가할 수 없다. 이에 따라 서비스 구매자는 서비스를 제공하는 사람, 장소나 시설, 광고나 판매촉진물 및 가격 등을 통하여 서비스의 질을 평가하려고 한다.

따라서 서비스기업은 추상적 성격의 서비스를 가시화된 형태로 제시할 필요가 있으

20) 일본의 총무청 통계국의 서비스산업의 업종분류에 의하면 대사업소서비스, 대개인서비스, 공공서비스(사회보험, 사회복지, 기타 정부서비스)로 구분하고, 대사업서비스와 대개인서비스를 다시 상품관련 서비스와 비상품관련 서비스로 분류하고 있다. 대개인서비스 중 비상품관련 서비스에는 보험업, 부동산업, 철도업, 도로여객운송업, 항공운수업, 보선업, 폐기물처리업, 여관이나 기타 숙박업, 세탁이나 이용 또는 목욕탕업 및 기타 개인 서비스업, 의료업, 자동차정비업, 주차장업, 종교, 교육, 영화업, 오락업, 방송업, 기타 서비스업 등이 있다.

며 서비스의 질의 우수성을 소비자에게 전달하는데 무형의 서비스를 효과적으로 유형화하는데 있다. 제품기업의 경우 유형의 제품에 무형의 요소를 가미하려고 노력하는데 반하여, 서비스기업은 무형의 제공물에 유형의 요소를 추가하려고 노력하여야 하는 점이 다르다.

이러한 서비스의 무형성 때문에 서비스기업은 주로 판매촉진프로그램에 의존하게 되고, 판매와 광고부서는 서비스 자체를 강조하기 보다는 서비스로부터 파생되는 급부(benefits)에 초점을 맞추어야만 한다.

보험마케팅도 은행마케팅에서와 같이 서비스의 효용을 직접 보여주거나 전시할 수 없으므로 서비스의 유용성과 급부에 대해 고객에게 직접 전달하여야 한다. 그리고 판매인과 구매인 간의 인적 판매(personal selling)가 중요한 위치를 차지하고 있으며, 서비스산업의 배분에 관한 문제의 대부분이 이러한 무형성에 기인하고 있다.

(2) **비분리성**(inseparability)

일반적으로 유형상품은 기업에서 생산된 후 일정한 기간 동안 보관이나 진열 또는 운송 등으로 시차를 두고 소비자들의 소비가 이루어진다. 그러나 서비스는 생산과 소비가 분리되지 않고 동시에 이루어진다. 야구장에서 관전하는 프로야구경기는 생산과 동시에 소비되고, 병원에서 의사가 제공하는 진료는 그 자체가 생산인 동시에 환자의 입장에서는 소비이다. 다시 말하면 서비스제공자(사람 또는 기계)와 서비스가 분리될 수 없으며, 서비스와 서비스를 제공받는 자(사람 또는 물건)가 분리될 수 없고, 서비스제공자와 서비스를 제공받는 자가 분리될 수 없다.

마케팅 측면에서 이러한 비분리성은 대부분 직접 판매(direct sale)가 유일한 판매경로라는 점을 의미한다. 그러나 예외로서 보험마케팅에서 보험대리점이나 보험중개사와 같은 서비스제공자(보험회사)를 대리하는 자가 서비스를 판매하거나 판매촉진을 도울 수도 있다. 따라서 서비스기업은 서비스제공자들의 교육과 훈련을 통하여 고객의 신뢰도를 높일 수 있다.

(3) **가변성**(variability)

서비스는 그 질의 변화 가능성, 즉 가변성(可變性)이 매우 높다. 특정한 형태와 동일한 단위의 서비스를 제공하는 경우에도 그 서비스의 질은 일정하지 않으며 그 서비스를 누가, 언제, 어디에서, 어떻게 제공하느냐에 따라 달라질 수 있다. 이는 서비스산업에 있어서 서비스의 표준화가 어렵다는 말로서 서비스의 이질성(heterogeneity)으로도 표현된다.

이와 같이 서비스의 질이 다양하기 때문에 소비자들은 서비스를 제공받기 전에 과거 사용경험이 있는 소비자나 주변에 있는 다른 사람의 의견을 많이 참고하게 된다. 따라서 서비스의 경우 소비자들에게 소문이나 평판이 서비스기업의 선택요인으로 크게 작용하고 있으며, 서비스기업의 선택에 있어서 과거 경험에의 의존도가 높다는 특징이 있다.

따라서 서비스기업은 품질관리를 위하여 ① 우수한 인재의 선발과 확보에 많은 투자를 하여야 하고 ② 고객의 반응조사와 비교구매 및 고객의 불만과 고충처리시스템 등을 통해 고객의 만족을 조사・검토하고 서비스의 질을 개선해나가야 한다.

서비스의 질이 미흡하거나 문제가 있는 것으로 확인되면 곧바로 수정되어야 한다. 항공사, 은행, 호텔 등은 보다 우수한 서비스를 제공하기 위하여 종업원의 교육훈련에 막대한 자금을 투입하고 있으며, 국제적으로 평판이 좋은 호텔에서는 어느 곳이든 똑같이 고객에게 도움을 주려고 노력하는 친절하고 상냥한 직원들을 만날 수 있다.

보험마케팅에 있어서 표준보험증권을 사용하는 경우를 제외하고 대부분의 보험서비스(상품)는 매우 이질적이다. 보험상품 뿐만 아니라 보험판매인의 태도나 개성에 따라 소비자가 느끼는 서비스의 질에 차이가 발생하고, 특히 보험금 지급의 신속・공정성에 있어서의 서비스질의 현저한 차이는 그 보험회사의 평판을 좌우함으로써 보험마케팅에 지대한 영향을 미치게 된다.

(4) 소멸가능성(perishability)

서비스는 근본적으로 저장이 불가능하다. 서비스는 일정 시점에서 소비되지 않으면 그 가치가 없어지는 소멸가능성이 매우 높다. 특정 시간의 연극관람표는 그 시간이 지나가면 가치가 없어지고 비행기 탑승권은 그 시간이 지나면 가치가 소멸된다. 프로야구경기장의 빈 좌석은 저장될 수 없고 해당 경기가 끝나면 영원히 그 가치가 상실된다.

미국의 경우 많은 의사들이 사전에 약속한 진료시간을 지키지 않은 환자에게 청구서를 발부하는 것은 환자가 진료 받지 못한 그 시간에도 서비스의 가치는 존재하였다가 소멸되었기 때문이다.

수요가 안정적인 경우 서비스의 소멸성은 별로 문제가 되지 않는다. 그러나 수요의 변동이 심한 경우에는 서비스기업은 비용의 손해를 초래할 수 있고 어려운 문제에 직면할 수도 있다. 관광여행버스를 운영하는 운수기업의 경우 1년 내내 관광수요가 일정한 경우 문제가 없지만, 여름휴가철과 주말에 수요가 집중되기 때문에 그 수요를 충당하기 위해 평소에도 보다 많은 관광버스를 보유하지 않으면 안 된다. 고속버스의 경우에도 주말에 집중되는 수요의 가변성 때문에 평소에는 가동하지 않는 고속버스를 많이 보유할 수밖에 없다.

서비스사업에서 이러한 수요와 공급의 문제를 해결하는데 가격차별화가 이용될 수 있다. 가격차별화를 통해 수요를 피크타임에서 보통시간대로 이동시키는 것이다. 또한 관광버스회사가 출퇴근버스를 운영하거나 은행에 현금자동인출기를 설치하는 것과 같은 보충서비스를 개발할 수도 있다.

보험서비스의 경우 그 예외로서 소비자가 필요로 하는 기간, 즉 보험기간 동안 저장의 형태로서 보험서비스가 유지된다. 일정한 보험기간 중에만 보험서비스가 제공되고 그 기간이 종료하면 보험서비스도 소멸된다. 생명보험은 그 기간이 대부분 장기간(또는 종신)이지만 그 기간이 일반적으로 단기인 손해보험에 있어서는 그 기간 중의 위험측정을 기초로 보험료를 결정하여야 하기 때문에 보험마케팅에 있어서 가격결정이 중요한 역할을 하게 된다.[21] 한편, 보험서비스도 다른 서비스와 같이 우박보험이나 농작물보험, 스키보험 등 보험종목에 따라서는 수요의 변동이 심한 경우도 있다.

3) 서비스마케팅의 중요성

(1) 서비스마케팅의 의의

서비스기업에 있어서 마케팅은 제조업체보다도 그 도입과 활용이 미흡한 실정이다. 서비스기업들이 마케팅에 대해 등한시하거나 무관심을 보이는 이유는 여러 가지가 있다. 미장원이나 이발소, 여행사 등의 많은 서비스사업들은 그 규모가 너무 작아서 마케팅에 비용이 너무 소요된다고 생각하거나 마케팅과 무관하다고 생각하여 마케팅과 같은 경영관리기법을 이용하지 않고 있다.

대부분의 서비스산업은 지금도 마케팅의 효용에 대하여 인식하지 못하고 있거나, 병원이나 법률사무소 등 일부 서비스산업들은 마케팅의 필요성을 느끼지 못할 정도로 수

21) Arthur Meiden, Insurance Marketing, Graham Burn, 1984, p.1.

요가 공급을 초과하고 있다.

그러나 오늘날 경쟁이 치열해지고 경비는 상승하며 생산성과 서비스의 질이 저하됨에 따라서 보다 많은 서비스기업들이 마케팅에 관심을 갖게 되었다. 마케팅에 적극적인 관심을 갖게 된 서비스기업 중의 하나가 항공여행사이다. 항공여행사들은 그들의 고객과 경쟁사들을 조사연구하고 여행자들이 보다 용이하고 즐겁게 여행할 수 있도록 적극적인 조치를 취하고 있다.

은행들도 비교적 최근에 그들의 경영관리에 마케팅기법을 도입하여 활용하고 있다. 처음에는 마케팅을 주로 판매촉진과 친절로만 생각하던 은행들이 현재는 마케팅조직과 정보, 마케팅계획 및 통제체제를 갖추어 운영하고 있다. 그러나 증권회사나 보험회사 등의 서비스기업에서는 몇몇 우수한 회사를 제외하고는 아직도 대부분 회사들이 낙후된 강압적인 판매기법만을 고집하며 마케팅개념이 일반화되고 있지 않다.

한편, 서비스산업은 일반 제품에 관한 전통적인 마케팅 접근방법을 이용하기에는 여러 가지 장애요인이 존재하고 있다. 일반 제품의 경우 고도의 표준화가 가능하고 상점에서 제품의 진열을 통해 고객과 쉽게 접촉할 수 있다.

그러나 서비스의 경우 서비스제공자는 고객과의 상호작용을 이해하여야 하고, 서비스의 품질 또한 매우 가변성이 높고 다양하며 고객의 입장에서 서비스를 소비하기 전에는 그 질에 대한 불확실성을 가지고 있다. 또한 서비스의 성과는 서비스제공자에 의해 영향을 받을 뿐만 아니라 서비스의 전체 생산과정을 통하여 다양한 요인들에 의하여 영향을 받기 때문에, 서비스마케팅은 전통적인 4P's마케팅관리에 추가하여 내부 마케팅과 상호작용 마케팅이 요구된다고 주장하는 학자도 있다.

(2) 내부 마케팅과 상호작용 마케팅

외부 마케팅(external marketing)은 기업이 고객에게 소비자의 개발, 가격 결정, 분배, 촉진을 위하여 행하는 기업의 모든 일상 업무이다. 내부 마케팅(internal marketing)이란 서비스기업이 고객을 직접 접촉하는 직원뿐만 아니라 서비스의 제공이나 판매를 지원하는 그 기업의 모든 구성원들이 고객에게 만족을 제공할 수 있는 협력관계를 유지하도록 효과적으로 교육하고 동기 부여하는 활동을 말한다.

서비스기업에서 소비자에게 고품질의 서비스를 계속적으로 제공하기 위해서는 구성원 모두가 고객 지향적인 활동을 수행하여야 한다. 따라서 마케팅부서만이 전통적인 마케팅기능을 수행하는 것으로는 충분하지 못하고 마케팅관리자는 조직 내의 모든 구성원이 마케팅기능을 수행할 수 있도록 노력하여야 한다.

상호작용 마케팅(interactive marketing)이란 서비스의 품질이 제공자와 고객의 상호 의식의 작용에 크게 의존하고 있다는 인식하에서 행하여지는 활동을 의미한다. 다시 말하면 고객과의 접촉과정에서 서비스기업의 구성원들의 기술과 관련한 활동을 말한다.

제품의 마케팅에서 제품의 품질은 그 제품의 제공자에 영향을 받지 않지만, 서비스 마케팅에 있어서 서비스의 질은 그 서비스의 제공자 또는 전달자와 밀접하게 관련되고 있다. 특히 전문 서비스의 경우 서비스의 질은 서비스의 제공자가 누구이냐에 대부분 좌우되고 있다.

서비스의 고객(환자)은 서비스의 기술적 품질(수술의 성공 여부) 뿐만 아니라 서비스의 기능적 품질(의사의 관심 표명과 신뢰감 제공 여부)에 의하여 서비스의 질을 평가한다.[22] 따라서 전문 서비스의 제공자들은 그들이 훌륭한 기술적 서비스만을 제공하는 것으로 고객을 만족시킬 수 있다고 생각해서는 안 되며, 상호작용 마케팅의 기법을 습득하여 활용하여야 한다.

4) 서비스기업의 마케팅전략

서비스기업의 마케팅전략 중에서 해결하여야 할 과제는 ①서비스의 차별화 ②서비스의 품질관리 ③생산성의 향상 등 세 가지가 있다. 이와 같은 세 가지의 관리업무는 각각 밀접하게 상호 관련되어 작용하고 있지만, 여기에서는 개별적으로 살펴보기로 한다.

(1) 서비스의 차별화

최근 가격경쟁이 보다 심화됨에 따라 경쟁사와의 서비스의 차별화가 어렵다고 말하기도 한다. 고객들이 서비스제공자들의 서비스가 모두 유사하다고 생각하는 경우, 제공자가 누구이냐 보다는 서비스의 가격에 더욱 관심을 갖게 된다. 가격경쟁의 문제를 해결하는 방법은 서비스기업이 제공하는 서비스 및 이미지를 차별화하는 것이다.

서비스기업의 차별화를 위하여 일반 기업과 마찬가지로 심볼마크나 상표를 이용할

22) Ibid.,pp.38-39.

수 있다. 또한 서비스기업들은 그들이 제공하는 서비스에 경쟁사가 제공하는 서비스와 구별되는 혁신적 특성을 첨가할 수 있다. 예를 들어 항공사들은 기내 영화 상영, 고급 좌석의 설치, 지상으로의 전화통화서비스 제공, 탑승객에 대한 시상프로그램 등을 통해 서비스를 차별화하고 있으며, 심지어 모 항공사는 노출이 심한 승무원의 복장이나 피아노가 있는 바아의 설치를 통해 차별화를 도모하였다.

그러나 대부분의 서비스 혁신은 쉽게 모방이 가능하다는 단점이 있다. 정기적으로 서비스의 혁신을 추구하는 서비스기업은 일시적인 우위만을 누릴 수 있다. 그러나 고객으로부터 혁신적이라는 평판을 얻을 수 있으면 성공적인 결과일 것이다.

서비스기업은 사람(people), 물질적 환경(physical environment), 서비스의 제공과정(process)을 통하여 서비스를 차별화할 수 있다. 이에 따라 서비스마케팅은 마케팅의 전통적인 4P's에 이와 같은 3P's가 추가되어야 한다는 주장도 있다.

서비스기업은 경쟁자보다도 유능하고 신뢰할 수 있는 서비스제공자나 판매자 또는 고객 상담요원을 확보함으로써 차별화할 수 있다. 은행 등의 서비스기업은 서비스를 제공 또는 전달하는 장소의 쾌적한 내부 설계와 실내장식, 인기 서적의 비치 등 훌륭한 물질적 환경을 조성하여야 하고, 홈뱅킹(가정에서 단말기를 이용한 은행거래) 등과 같은 우수한 서비스의 제공(처리 또는 전달)과정을 설계하거나 개발할 수 있어야 한다.

(2) 서비스의 품질 관리

서비스기업이 차별화를 도모하는 주요한 방법 중의 하나는 경쟁사보다도 고품질의 서비스를 일관되게 제공하는 것이다. 서비스관리의 핵심은 고객이 기대하는 서비스를 충족시키거나 더 좋은 품질의 서비스를 제공하는데 있다. 이러한 고객의 기대는 과거의 경험, 구전(口傳)에 의한 평판, 서비스기업의 광고 등에 의해 형성되고, 고객들은 그러한 기대를 기초로 서비스기업이나 서비스제공자를 선택한다.

그리고 고객들은 서비스를 제공받은 후에 인지된 서비스와 처음의 기대 서비스를 비교・평가한다. 그 결과 인지된 서비스가 기대치에 미치지 못한 경우 그 서비스기업이나 제공자에게 더 이상 관심을 갖게 되지 않음은 물론 그 기업에 대해 좋지 않은 평판을 이웃에게 퍼뜨릴 것이다. 반면, 인지한 서비스가 기대 서비스를 충족시키거나 오히려 더 좋은 경우 고객들은 다시 그 서비스기업이나 제공자를 이용할 것이며, 그 기업에 대해 기회 있는 대로 좋은 평판을 얘기하게 될 것이다.

그러므로 서비스제공자는 표적 고객의 서비스의 질에 대한 기대 수준을 확인할 필요가 있다. 그러나 서비스의 품질은 유형제품의 품질에 비해 평가하고 판단하기가 어렵지만, 고객들은 어떠한 방식이든 서비스의 질에 대해 판단하고 평가한다. 따라서 서비스 제공자들은 효과적인 서비스를 설계하기 위하여 고객이 원하고 기대하는 것을 알아야 한다.

고객들은 분명히 그들이 원하는 것을, 원하는 때에, 원하는 장소에서, 원하는 방식으로 획득할 때에 만족하게 되므로, 어떤 특정 서비스에 대해 특정한 고객의 기준을 조사·확인할 필요가 있다. 예를 들어 은행고객들은 5분 이상 창구에서 기다리지 않는 은행, 직원들이 친절하고 업무에 정통한 은행, 컴퓨터가 자주 고장 나지 않는 은행을 이용하려고 할 것이다. 즉 서비스 제공자는 각각의 특정 서비스에 대하여 표적 고객들이 기대하는 것을 확인하는데 최선을 다해야 한다.

이것은 서비스기업은 고객이 바라는 것을 모두 충족시킬 수 있어야 한다는 것을 의미하지 않는다. 서비스기업이나 제공자들은 고객의 만족과 기업의 수익성 간의 상호관계를 고려하여야 한다. 고객에게 더 많은 만족을 주는 경우 기업의 이익이 항상 높아지는 것은 아니기 때문이다. 서비스기업에서 그들이 제공하고자 하는 서비스 수준을 정확히 정하고 서비스제공자 또는 종업원에게 알리는 것은 그들이 고객에게 제공하여야 할 서비스가 무엇인지를 확실히 이해시킬 수 있다는 점에서 매우 중요하다.

(3) 생산성의 향상

서비스의 원가와 경비가 상승함에 따라 서비스기업들은 생산성을 향상시키지 않으면 안 된다. 서비스제공자들이 보다 열심히 보다 능률적으로 일함으로써 생산성은 증대될 수 있다. 그러나 열심히 일한다고 해서 반드시 생산성이 향상되는 것은 아니며 보다 우수한 서비스제공자의 선발과 교육훈련을 통하여 보다 기술적으로 일하게 함으로써 생산성을 높일 수 있다.

서비스의 종류에 따라서는 서비스 제공자는 어느 정도 수준(질)의 서비스를 제공하면서 제공하는 서비스의 양을 증가시키는 방법을 선택할 수도 있다. 그리고 서비스에 관련한 설비를 도입 또는 증설하거나 서비스의 창출과정을 표준화함으로써 서비스의 수용능력을 증대시키고 서비스를 산업화할 수도 있다. 보다 효과적인 서비스의 설계를 통하여 생산성을 향상시킬 수 있고 서비스기업이나 제공자의 노동력을 고객 자신의 노동력으로 대체할 수 있는 유인책을 통하여 원가를 절감할 수도 있다.

그러나 고객의 인지된 서비스의 질을 떨어뜨릴 정도의 지나친 생산성 향상을 추구해서는 안 된다. 서비스의 질의 표준화를 통한 생산성 향상은 어느 경우 고객의 만족을 증가시키는 경우도 있지만, 어느 경우에는 지나친 표준화를 가져와 고객에게 보다 전문적인 서비스를 제공할 기회를 상실하게 된다. 이 경우 서비스제공자는 보다 많은 차별화를 창조하기 위해서는 생산성의 감소를 감수해야 할 것이다.

5. 우리나라 보험마케팅시스템

1) 국내 보험회사의 모집체계

우리 보험업법상 모집을 할 수 있는 자는 ① 보험설계사 ② 보험대리점 ③ 보험중개사 ④ 보험회사의 임원(대표이사 · 사외이사 · 감사 및 감사위원을 제외한다) 또는 직원 ⑤ 보험대리점 또는 보험중개사의 임원 또는 사용인으로서 이 법에 의하여 모집에 종사할 자로 신고된 자 등이다. 그러나 금융기관보험대리점 등은 모집에 종사하게 할 목적으로 별도의 사용인을 둘 수 없다.

국내 보험회사의 모집체계는 <그림 5-1>에서와 같이 모집형태별로 직급(보험회사의 임직원), 보험설계사, 보험대리점, 보험중개사, 금융기관대리점(방카슈랑스), 공동인수(손해보험의 경우) 등이 있고, 모집방법별로는 보험가입자를 직접 대면하는 대면판매와 비대면판매로 나눌 수 있으며 비대면 판매채널로는 우편 판매(DM), 전화 판매(TM), 인터넷 판매(CM). 케이블 TV(홈쇼핑) 등이 있다.

〈그림 5-1〉 국내 보험회사의 모집체계

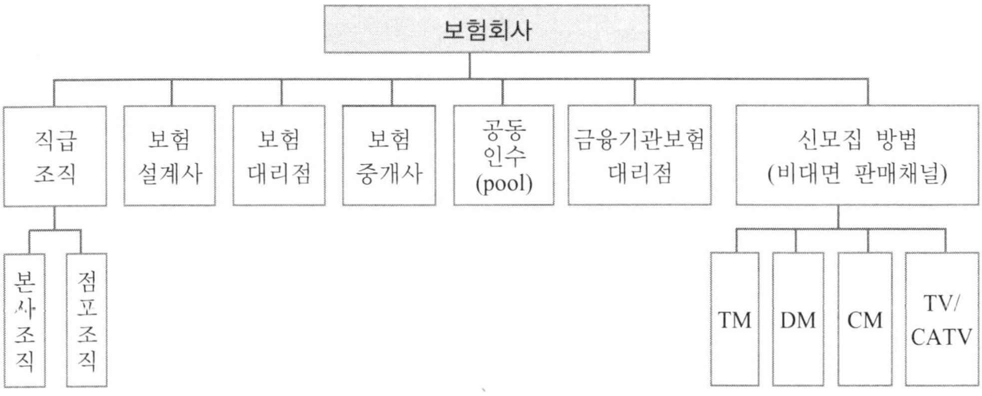

2) 대면 보험판매조직

(1) 보험모집조직

우리나라 보험모집조직은 전통적인 보험모집조직으로 직급, 보험설계사, 보험대리점, 보험중개사 및 최근에 도입된 방카슈랑스를 의미하는 금융기관대리점으로 구성되어 있다. 우리나라 보험회사의 모집조직별 비중에서는 <표 5-9>에서 알 수 있는 바와 같이 생명보험회사들은 대리점보다 설계사 중심으로 모집이 이루어지고 있고 손해보험회사들은 최근 장기보험과 개인보험시장의 확장을 위해 보험설계사의 비중이 증가하고 있으나 여전히 보험대리점이 중심이 되고 있다. 방카슈랑스(금융기관대리점)는 생명보험회사가 비중이 약간 높지만 거의 비슷한 수준으로 은행, 상호저축은행, 증권회사 순으로 나타났다.

〈표 5-9〉 국내 보험회사의 모집조직 현황

(단위: 개, 명, 2007.3.31 현재)

구분	설계사			점포	대리점			금융기관대리점				
	남	여	계		개인	법인	계	은행	증권	상호저축	신용카드	계
손해보험	24,342	50,196	74,538	2,478	39,613	4,662	44,275	127	51	81	3	262
생명보험	26,452	105,398	131,850	4,552	6,921	2,839	9,760	169	65	73	-	307
합계	50,794	155,594	206,388	7,030	46,534	7,501	54,035	296	116	154	3	569

자료: 보험개발원, 보험통계연감(2006사업연도), 2007.10.

직급이란 보험모집을 보험회사의 임・직원이 「직접 취급」한다는 뜻으로 보험회사의 임원중에서 대표이사・사외이사・감사 및 감사위원은 보험모집에 종사할 수 없다.

보험설계사라 함은 보험회사를 위하여 보험계약의 체결을 중개하는 자(법인이 아닌 사단 및 재단 포함)로서 금융위원회에 등록된 자를 말한다. 현재 보험설계사 등록업무는 생명보험협회와 손해보험협회에 위탁되어 있다. 보험설계사는 일사전속주의로서 보험회사는 다른 보험회사에 속하는 보험설계사에게 모집을 위탁하지 못하고, 보험설계사는 소속보험회사외의 보험회사를 위하여 모집하지 못한다. 그러나 일사전속주의를 원칙으로 하면서 예외로서 생명보험설계사가 1개의 손해보험회사를 위하여, 손해보험설계사가 1개의 생명보험회사를 위하여 모집할 수 있도록 교차판매를 허용하고 있다.

(보험업법 제85조3항) 또한 생명보험회사 또는 손해보험회사에 속한 보험설계사가 1개의 제3보험업을 영위하는 보험회사를 위하여 모집할 수도 있다.

보험대리점이라 함은 보험회사를 위하여 보험계약의 체결을 대리하는 자(법인이 아닌 사단 및 재단 포함)로서 금융위원회에 등록된 자를 말한다. 현재 보험대리점의 등록업무는 금융감독원에게 위임되어 있다. 보험대리점은 보험설계사와 보험중개사와는 달리 "대리"의 성격상 고지를 수령할 권한과 계약체결권이 부여된다. 보험중개사라 함은 독립적으로 보험계약의 체결을 중개하는 자(법인이 아닌 사단 및 재단 포함)로서 금융위원회에 등록된 자를 말한다. 현재 등록업무는 금융감독원에게 위임되어 있다.

금융기관대리점은 은행이나 증권회사, 상호저축은행 등 금융기관이 보험회사의 보험대리점 또는 보험중개사로 등록하고 보험상품을 판매하는 제도를 말한다. 은행과 보험이라는 말을 혼합하여 방카슈랑스라고도 부른다. 방카슈랑스제도는 금융의 종합화와 겸업화 추세에 따라 금융기관 간 칸막이식 규제가 완화되고 한 곳에서 다양한 금융서비스를 제공받을 수 있는 금융이용자의 편익(one-stop shopping) 증대와 모집조직의 효율성 제고 및 국내 금융산업의 건전한 발전과 경쟁력 제고를 위하여 도입되었다.

미국의 경우는 대리점제도(agent system), 영국은 중개사제도(broker system)에 의해 주로 보험판매가 이루어지고 있다. 미국에서는 중개사와 거의 유사한 독립대리점(independent agent)이 대종을 이루었으나 최근에는 많은 독립대리점들이 우리나라와 같은 전속대리점(exclusive agent)으로 전환하고 있는 추세에 있다. 특히 미국의 경우 대리점과 중개사로 모집활동을 하기 위해서는 주 보험법에서 규정한 엄격한 요건(보험대학의 정규과정 수료 등)을 갖추고 주정부에서 실시하는 자격시험에 합격하여 허가를 받도록 엄격한 규제를 하고 있다.

(2) 모집형태별 모집현황

국내 보험회사의 모집형태별 원수보험료 현황은 <표 5-10> 에서와 같다. 모집조직의 비중에서와 마찬가지로 2006회계연도(2006.4-2007.3월말)의 수입보험료 중 손해보험에서는 대리점에서 45.4%, 설계사들이 34.8%를 모집하였고, 생명보험에서는 설계사가 40.1%를 모집하고 그 다음으로 방카슈랑스를 통해 30.7%를 모집하고 있다.

2003년 9월부터 시작된 방카슈랑스를 통해 단계적으로 허용된 보험상품의 판매실적이 놀라운 수준으로 성장하고 있으나 불완전 판매, 불공정 거래행위 및 미미한 보험료

인하 등 소비자 보호 목적에 저해되는 문제점의 발생 등도 적지 않은 것으로 지적되고 있다.

〈표 5-10〉국내 보험회사의 모집형태별 원수보험료 현황

(단위: 백만원)

구 분	손해보험		생명보험	
	FY'06	FY'05	FY'06	FY'05
직급	4,081,843(13.8)	3,309,118(12.9)	1,998,700(22.7)	1,603,824(17.3)
설계사	10,283,331(34.8)	9,003,846(35.0)	3,539,602(40.1)	4,512,338(48.6)
대리점	13,439,125(45.4)	12,153,845(47.2)	568,480(6.4)	626,708(6.8)
중개사	251,311(0.8)	286,997(1.1)	2,456(-)	53(-)
방카슈랑스	1,390,735(4.7)	836,990(3.3)	2,712,897(30.7)	2,533,998(27.3)
공동인수(기타)	139,838(0.5)	131,947(0.5)	11,127(0.1)	65(-)
합계	29,586,184(100)	25,722,743(100)	8,823,263(100)	9,276,986(100)

자료 : 보험개발원, 보험통계연감(2006사업연도), 2007.10.

3) 비대면판매채널

비대면판매는 기업이 판매활동에 종사하는 자를 개입시키지 않고 신문, 잡지, 우편, 전화, TV, 케이블 TV 등의 매체 중에서 1가지 이상의 매체를 이용하여 고객이나 예상고객에 대하여 상품에 관한 정보를 제공하고 소비자의 조회 및 구입신청에 의해서 직접 상품을 판매하는 방법을 말한다. 비대면 판매채널로는 이용하는 매체에 따라 일반적으로 우편에 의한 판매(DM; direct mail), 전화에 의한 판매(TM; tele-marketing), 인터넷에 의한 판매(CM; cyber marketing) 등이 있으며, 최근에는 케이블 TV의 홈쇼핑조직을 보험대리점으로 등록하고 이를 통한 보험상품 판매가 증가하고 있는 추세이다. 이들 비대면 판매채널의 장·단점을 비교하면 <표 5-11>에서와 같다.

그리고 <표 5-12>에서는 국내 보험회사의 모집방법별 원수보험료 현황을 찾아볼 수 있는데, 손해보험에서 92.0%, 생명보험 98.4%가 대면모집방법에 의해 모집되고 있으며 TM이나 CM등 비대면판매는 1.6%만을 차지하고 있다. 이는 보험상품이 무형상품으로 서비스상품임을 감안하면 인적 판매의 중요성이 강조되고 있음을 알 수 있다.

〈표 5-11〉 비대면 판매채널의 장·단점 비교

구 분	장 점	단 점
DM (direct mail)	· 특정 시장과 소비자 수를 결정하여 우편물을 발송하는 타켓마케팅에 활용 · 소비자의 반응률이 높음	· 직접판매방식임에도 다소 많은 비용 소요
TM (tele-marketing)	· 소비자의 반응률이 높고 이용 편리	· 직접판매방식 중 가장 많은 비용 소요 · 무분별하게 이용될 경우 개인의 사생활 침해 문제 야기 가능
CM (cyber-marketing)	· 판매비용 절감 가능 · 쌍방향 커뮤나캐아션 활용으로 소비자 니즈에 부합한 다양한 상품 개발 · 회사 홍보 효과	· 비대면판매로 인한 역선택 가능 · 판매가능 상품의 제한 · 고객정보의 보안문제 · 보험계약자의 경우 보험가입 책임에 대한 부담감
CA TV (home-shopping)	· 시·공간을 초월한 상품판매 · 소비자의 반응률이 높고 이용 편리 · 회사 홍보 효과	· 판매가능 상품의 제한 · 과당경쟁 및 불완전판매

〈표 5-12〉 국내 보험회사의 모집방법별 원수보험료 현황

(단위: 백만원)

구 분		손해보험		생명보험	
		FY '06	FY '05	FY '06	FY '05
대면모집		27,224,930	23,986,624	8,682,998	9,144,467
TM	본사	1,124,154	849,775	3,537	5,698
	설계사	169,438	57,124	52,423	42,231
	대리점	537,146	463,741	51,230	47,114
	중개사	16,295	13,245	-	
	홈쇼핑	323,703	172,880	32,500	34,337
	소계	1,170,736	1,556,765	139,689	129,380
CM	본사	184,730	167,229	559	663
	설계사	-	-		
	대리점	5,789	12,124	18	2
	중개사	-	-		2,473
	소계	190,518	179,353	576	3,138
합계		29,586,184	25,722,743	8,823,263	9,276,986

자료 : 보험개발원, 보험통계연감(2006사업연도), 2007.10.

제5절

손해사정과 보험금 지급

손해사정은 발생된 손해를 보상하는데 필요한 모든 행위 및 처리를 말하는 것으로서 보험회사의 기능 중에서 중요한 기능에 속한다. 이는 손해보상이라는 보험의 본래 기능뿐 아니라 고객에 대한 중요서비스라는 점에서 더욱 그렇다. 일반적으로 대부분의 보험회사들은 손해발생 시 공정하고 신속한 보험금 지급을 위해 손해사정 전담부서를 두고 있다.

1. 우리 보험업법상 손해사정

1) 손해사정과 손해사정사의 정의

보험업법[23]은 손해사정을 「보험사고로 인한 손해액 및 보험금의 사정」이라고 정의하고 있다.

손해사정사는 보험사고로 인한 손해액 및 보험금의 사정 업무를 담당하는 자이며, 손해사정업자란 손해사정을 업으로 하는 자를 말한다. 손해사정사는 보험사고의 발생으로 인하여 보험회사와 피보험자 및 피해자 사이에 발생하는 책임·보상관계를 둘러싸고 생기는 분쟁을 방지하기 위하여 손해발생사실 여부를 확인하고 보험약관 및 관련 법규 적용의 적정 여부를 판단하며 손해액과 보험금을 사정하는, 보험업법을 근거로 자격이 부여된 전문인이다.

2) 손해보험회사의 손해사정사 고용 또는 업무위탁 의무

손해보험회사는 손해사정사를 고용하여 보험사고로 인한 손해액 및 보험금의 사정

23) 第185조(손해사정) 손해보험회사는 손해사정사를 고용하여 보험사고로 인한 손해액 및 보험금의 사정(이하 "손해사정"이라 한다)에 관한 업무를 담당하게 하거나 손해사정사 또는 손해사정을 업으로 하는 자(이하 "손해사정업자"라 한다)를 선임하여 당해 업무를 위탁하여야 한다. 다만, 보험사고가 외국에서 발생하거나 보험계약자 등이 금융위원회가 정하는 기준에 따라 손해사정사를 따로 선임한 때에는 그러하지 아니하다.

(이하 "손해사정"이라 한다)에 관한 업무를 담당하게 하거나 손해사정사 또는 손해사정을 업으로 하는 자(이하 "손해사정업자"라 한다)를 선임하여 당해 업무를 위탁하여야 한다.(보험업법 제185조) 다만, 보험사고가 외국에서 발생하거나 보험계약자 등이 금융위원회가 정하는 기준에 따라 손해사정사를 따로 선임한 때에는 그렇지 아니하다.

3) 보험업법상 손해사정사의 업무

손해사정사 또는 손해사정업자의 업무는 다음과 같다.

① 손해발생사실의 확인
② 보험약관 및 관련법규 적용의 적정여부 판단
③ 손해액 및 보험금의 사정
④ 상기 세 가지 업무와 관련한 서류의 작성·제출의 대행
⑤ 상기 세 가지 업무의 수행과 관련한 보험회사에 대한 의견의 진술

특이한 것은 보험업법 개정에 의해, 그동안 변호사법의 위반문제로 논란의 여지가 있었던 손해사정업무와 관련한 서류의 작성·제출의 대행 및 손해사정업무의 수행과 관련한 보험회사에 대한 의견의 진술 등이 보험업법상 명시적으로 손해사정사의 업무에 추가되었다.

2. 손해사정의 목적

손해사정의 목적은 다음의 세 가지로 분류된다.

① 발생된 손해의 명확한 규명 : 손해사정의 목적은 손해가 발생하였을 경우 발생된 손해가 과연 보상의 대상이 되는지의 여부, 발생된 손해의 규모, 그리고 누구에게 보상하여야 하는 손해인지를 명확하게 규명하는 데에 있다.
② 신속하고 공정한 보상 : 손해사정은 손해가 발생하였을 경우 손해의 규모를 정확하게 파악하여 신속하고 공정한 보상을 하는데 있다. 만약, 신속하고 공정한 보상이 이루어지지 않을 경우, 이는 보험의 원래 취지에 위배될 뿐 아니라, 보험회사에 대한 나쁜 인상을 갖게 할 가능성도 있다. 또한 신속하고 공정한 보상을 위한 효과적인 손해사정은 과대보상청구 및 사기성 있는 보상청구의 가능성을 사전에

예방할 수 있다.

③ 손해발생 후 보험가입자에게 여러 가지 편의 제공 : 일반적으로 사고가 발생하면 피보험자는 여러 가지 면에서 어려움에 처하게 된다. 보험회사는 이러한 피보험자의 어려움을 조금이라도 덜어주기 위해서 여러 가지 편의를 제공하기도 하는데, 이는 약관상 규정되어 있는 의무조항을 실행하는 차원에서 행해지는 일종의 서비스이다. 예를 들면 화재를 당한 피보험자에게 보험금의 일부를 미리 지급해 준다거나, 임시로 거주할 수 있는 거처와 옷가지 등을 마련해 준다던가, 위로금을 전달하는 행위 등이 이에 속한다.

3. 손해사정 담당자의 종류

손해사정을 담당하는 자들은 여러 가지 형태가 있으나 이 중 중요한 것을 살펴보면 다음과 같다.

① 보험대리점(agent) : 미국의 경우 보험대리점은 경우에 따라 일정금액 이하의 소액 손해를 처리할 수 있는 권한을 가진다. 따라서 피보험자는 대리점에게 직접 보상을 청구할 수 있다. 이와 같이 소액의 손해인 경우 대리점이 직접 보상하게 되면 신속한 보상이 이루어질 수 있을 뿐 아니라 손해해결에 필요한 여러 가지 경비를 절약할 수 있다는 장점이 있다.

② 회사의 손해사정사 : 손해발생 시 손해사정에 관한 업무를 회사가 고용한 손해사정사(company adjustor)가 담당한다. 손해사정사는 손해가 발생하면 사고 통지를 접수한 후 자신을 고용한 회사를 대표하여 손해를 조사하여 손해발생원인, 손해액 등을 파악하여 손해보상절차를 밟는다.

③ 독립손해사정사(independent adjustor) : 우리 보험업상 손해사정업자라고 부르는데, 보험회사는 손해사정업무를 독립손해사정사에게 의뢰하기도 한다. 독립손해사정사는 일정한 회사에 고용되어 있는 것이 아니라 독립적으로 사고발생 시마다 자신에게 의뢰된 보상업무를 처리해 주고 일정한 수수료를 받는다. 이러한 독립손해사정사는 지역적으로 거래되는 보험물량이 너무 적어 회사의 지점을 설치하기에는 타산이 맞지 않는 지역이나 손해사정에 전문적인 기술이나 경험이 필요한 경우에 일시적으로 고용된다.

④ 손해사정기관(adjustment bureau) : 경우에 따라 손해사정을 위해 손해보상전문인 또는 손해사정사들에 의해 조직된 손해사정전문기관에 의뢰하기도 한다. 일반적으로 손해의 규모가 큰 대형사고가 발생하였을 경우와 한꺼번에 많은 손해가 발생하였을 경우에 보험회사는 손해사정전문기관에 의뢰한다. 현재 보험선진국인 미국 등에는 많은 손해사정전문기관이 있으나 우리나라에서는 이러한 전문손해사정기관이 아직 활성화되지 못하는 실정이다.

⑤ 공공손해사정사(public adjustor) : 미국의 경우 손해사정에 있어 어려운 문제가 있는 경우 피보험자는 공공 손해사정사에게 손해사정을 의뢰하기도 한다. 공공손해사정사는 피보험자를 대신하여 손해를 해결해 주고 일정한 수수료를 받는다. 공공손해사정사는 손해사정이 복잡하거나 특별한 기술과 경험이 요구되는 경우와 피보험자와 보험자 사이에 손해사정과 관련하여 분쟁이 있는 경우 많이 필요하게 된다.

4. 손해사정의 절차

손해사정의 일반적 절차는 ① 손해발생의 통보 ② 클레임의 조사 ③ 손해의 입증 ④ 보험금 지급에 대한 의사결정의 순서이다.

1) 손해발생의 통보

손해사정의 절차 중 첫 단계는 손해발생사실을 보험자에게 통보하는 일이다. 일반적으로 이러한 손해발생 통지의무는 보험약관에 명시되는데 손해통보는 손해발생 즉시 또는 가능한 한 빠른 시간 안에 하는 것을 원칙으로 한다.

2) 클레임의 조사

손해사정의 다음 단계는 접수된 클레임을 조사하는 단계이다. 조사내용에는 다음과 같은 사항이 포함된다.

① 발생된 손해가 계약상 보장하는 위험으로 인한 손해인가?

② 사고(손해)가 보험계약기간 중에 발생했는가?

③ 발생된 손해가 보험증권상 보장하는 지역에서 발생했는가?

④ 피보험자 보험증권상 손해보상을 받을 자격이 있는가?

⑤ 손상을 입거나 파괴된 재산이 보험의 목적인가?

⑥ 손해의 형태가 보험계약상 보상되는가?

⑦ 사기의 클레임이 아닌가?

3) 손해의 입증

손해발생에 대한 조사가 끝나고 실제로 보상이 이루어지기 전에 피보험자는 서면으로 손해에 대한 증명을 해야 한다. 이러한 서면증명에 포함되는 내용으로는 손해발생의 시기와 원인, 부보대상과의 관계, 부보대상의 소유 및 점유관계 등이 포함된다.

4) 보험금 지급에 대한 의사결정

손해발생에 대한 조사 및 손해의 입증이 완료되면 보상에 관한 의사결정을 하게 된다. 다시 말하면 손해발생에 대한 보상금을 지급할 것인가, 거부할 것인가를 결정하게 된다. 만약 보상여부에 대해 보험자와 피보험자 사이에 분쟁이 있는 경우 제3의 중재인을 선정하는 등의 방법을 강구하게 된다.

5. 영국의 해손정산인협회실무규칙

1) 해손과 해손정산인

해손(average)이란 분손에 대한 해상보험의 용어로서, 단독해손(particular average)과 공동해손(general average)을 의미한다.

해손정산인(average adjuster)은 해상보험에서 손해사정의 전문가이며, 특히 선박과 선박의 피보험이익과 관련한 전문손해사정인이다. 통상적으로 해손정산인은 공동해손의 정산서를 작성할 책임이 있는 선주 측에 의해 공동해손정산업무를 수행하도록 임명된다. 해손정산인의 비용은 정산의 일부를 구성한다. 우리나라에서는 이와 유사한 업무를 수행하는 해상보험손해사정사가 있다.

해손정산인의 주요한 기능[24]은 ① 공동해손의 정산 ② 해상위험에 직접 또는 간접적으로 노출된 이익에 관한 보험증권상 보험금의 정산 ③ 제3자를 상대로 한 보험금 명세서의 작성 ④ 제3자로부터 구상액 또는 화물의 매각대금의 분배 ⑤ 상기 문제 또는 이와 관련한 문제에 관해 발생하는 분쟁의 중재 등이다.

해손대리인(average agent)은 적하클레임의 평가와 손해검정(survey) 및 손상화물의 처리업무에 종사하는 자를 말한다.

2) 영국의 해손정산인협회와 실무규칙

영국의 해손정산인협회(Association of Average Adjusters: AAA)는 "해손정산에 있어서 정확한 원칙 및 해손정산인들간의 실무의 통일성 증진"을 설립목적으로 1869년 설립되었다.

이 협회가 수립한 실무규칙이 해손정산인협회 실무규칙(Rules of Practice of the Association of Average Adjusters)[25]이다. "영국의 법과 관습"(English Law and Practice)에 따른다고 할 때의 "관습"은 이 실무규칙을 말한다.

영국에서 이 실무규칙은 보험증권에 요오크엔트워프규칙(YAR)이 특별히 명시되지 않은 경우 공동해손에 관한 분쟁을 해결하기 위한 규칙이다. 이 규칙은 공동해손 뿐 아니라 단독해손에 관하여도 규정하고 있다.

1981년 실무규칙은 총 6장 87개 조항으로서, A장은 총칙으로 9개 조항, B장 공동해손에 관한 37개 조항, C장 요오크엔트워프규칙에 관한 4개 조항, D장 선박의 손상과 수리에 관한 8개 조항, E장 화물의 단독해손에 관한 7개 조항 및 F장은 영국의 법과 관습에 의한 공동해손정산에 관한 22개 조항으로 구성되어 있다.

---

24) 영국의 해손정산인협회실무규칙의 서분 참조.
25) 미국에도 이와 동일한 성격의 미국해손정산인협회 실무규칙(Rules of Practice of Association of Average Adjusters of the United States)이 있다.

제6절 재보험

재보험도 보험기업의 경영에 중요한 역할을 한다. 특히 최근 산업발전과 함께 위험이 대형화됨에 따라 재보험의 역할은 더욱 증대되고 있다. 재보험이란 위험의 대형화에 따라 보험자가 단독으로 위험을 보장할 수 없게 되어 보험자가 위험분산을 위하여 인수한 위험의 일부만 자기부담으로 보유하고 나머지는 다른 보험자(즉 재보험자)에게 위험을 이전(분산)시키게 되는데, 바로 이러한 기능이 재보험의 중요하고도 기본적인 기능이다. 여기에서는 재보험의 의의와 재보험의 필요성 및 재보험계약의 종류에 대하여 살펴보기로 한다.

1. 재보험의 의의

재보험이란 보험회사가 인수한 계약의 일부 또는 전부를 다른 보험회사에 전가시키는 것을 말하며, '보험을 위한 보험'이라고 할 수 있다. 즉 보험이 개인이나 기업의 위험을 보험회사에 전가하는 위험처리방법인데 비하여, 재보험은 보험회사의 보상책임의 위험을 다른 보험회사에 전가하는 위험처리방법이다.

개인이나 기업의 위험을 처음 인수한 보험자를 원보험자(primary insurer)라고 하며, 원보험자로부터 보상책임 위험의 일부를 다시 인수하는 다른 보험자를 재보험자(reinsurer)라고 한다.

원보험자가 원보험계약상의 책임의 일부 또는 전부를 다른 보험회사에게 전가하는 것을 출재(出再)라고 하며, 재보험자가 전가받는 것을 수재(受再)라고 한다. 재보험을 출재하는 회사는 출재회사(ceding company, reinsured), 원수보험자가 보유하는 부분을 보유한도(retention limit) 순 보유(net retention)라고 한다.

재보험자는 그의 보상책임의 일부 또는 전부를 다시 또 다른 보험자에게 재보험할 수 있는데, 이를 재재보험(retrocession)이라고 하고 두 번째 재보험자를 재재보험자(retrocessionaire)라고 한다.

2. 재보험의 필요성과 기능

재보험은 여러 이유로 이용된다. 그중 중요한 것은 다음과 같다.

① 인수능력 증대
② 안정된 실적관리
③ 대재난손해로부터 보호
④ 재무구조 강화

1) 인수능력 제고로 마케팅 강화

만약 재보험이 없으면 보험자는 자신의 인수능력을 벗어나지 않는 위험만을 인수할 수 있다. 인수능력을 벗어나는 대형위험이 있을 경우 이를 인수하지 못하거나 여러 보험자들이 나눠서 공동보험으로 인수해야 할 것이다. 그러나 재보험을 이용하면 아무리 규모가 큰 위험이라 하더라도 1개의 보험자가 인수하여 자신의 인수능력에 해당하는 위험은 자신이 보유하고 나머지 부문에 대하여서는 재보험처리를 하면 된다. 이와 같이 재보험은 보험자의 인수능력을 제고시킨다.

재보험은 원보험회사들의 마케팅을 위한 중요한 수단이 된다. 왜냐하면 원보험회사는 재보험이 없는 경우 인수할 수 있는 금액보다 훨씬 더 높은 금액의 보험을 재보험을 통하여 인수할 수 있기 때문이다. 원보험회사는 재보험되는 부분만큼 인수능력(underwriting capacity)을 제고시킬 수 있으며 이를 통하여 원보험시장에서 다른 회사들과의 경쟁관계에서 우위를 점할 수 있다. 즉 원보험자가 인수한 보험계약에 대한 책임을 재보험을 통하여 다른 보험자(즉 재보험자)와 분담함으로써 안심하고 사업의 확장을 추구할 수 있는 것이다.

또한 최근에는 모회사의 위험물건을 인수하기 위하여 소위 “캡티브보험회사(captive insurance company)"들이 많이 설립되어 활동하고 있는데 이러한 회사들의 자본금은 대체로 일반보험회사들보다 적으며 따라서 자체보유능력이 적어 불가피하게 재보험이 필요하게 된다.

2) 안정된 실적관리

재보험은 수익의 안정을 가져올 수 있다. 원보험자가 재보험 없이 단독으로 위험을 인수한다면 원보험자의 수익은 발생하는 손실에 직접적으로 영향을 받으며, 사회・경제적 조건과 자연재해 등과 같은 대재난의 발생여부에 따라 큰 폭으로 변동할 수 있다.

그러나 재보험을 적절히 이용하면 이러한 변동 폭을 일정범위 내로 줄일 수 있어 궁극적으로 전체적인 수익의 안정을 가져올 수 있다. 예를 들어 원수보험자가 일정금액 이하의 손해에 대하여만 책임을 부담하고 그 손해를 초과하는 금액에 대하여는 재보험자가 책임지기로 하는 재보험계약을 체결하였다면, 아무리 규모가 큰 손해가 발생하여도 원보험자의 부담은 일정금액 이하로 제한되므로 수익에 대한 예측과 통제가 가능하게 된다.

또한 실적을 안정화시키는 효과적인 방법은 재보험을 통하여 지역적인 위험분산을 증대시키는 것이다. 보험회사 상호간에 자기가 인수한 보험의 일부를 서로 교환하는 방식 즉 "교환재보험(reciprocity)"을 통하여 위와 같은 위험분산이 이루어진다.

3) 대재난손해로부터 보호

보험자는 대재난손해가 발생하였을 경우 재보험자와 그 손해를 분담함으로써 대재난손해로부터 보호(Catastrophe Protection) 받을 수 있다. 특히 최근 산업의 고도화 및 기상이변에 따른 홍수, 태풍 등에 따른 대형위험을 처리하기 위해서는 재보험을 통한 위험분산이 필수적이다.

태풍이나 대화재와 같은 대재난손해로부터 발생되는 실적의 불안정은 초과손해액재보험(Excess of Loss Cover) 방식에 의하여 방지될 수 있다. 즉 원보험회사는 하나의 대재해로부터 발생되는 손해의 일정액까지를 자기부담으로 책임을 지고 이를 초과하는 손해액에 대해서는 재보험자가 책임을 지게 하는 재보험을 구입함으로써 실적의 불안정을 막을 수 있다.

원보험회사는 그러한 재보험에 의거 하나의 대재해로부터 자기가 부담하고자 하는 손해액을 제한할 수 있으나 그와 같은 대재해가 1년에 몇 건씩이나 발생할 것인지 정확하게 예측하기는 어렵다. 이러한 경우에 다시 총액초과손해액재보험방식(Aggregate Excess of Loss Cover)에 의거 원보험회사가 1년 동안에 부담하게 되는 총손해액(Total Aggregate Loss)을 제한할 수 있다.

4) 재무구조 강화

재보험은 원보험회사의 재무구조 강화를 목적으로 이용될 수 있다. 재보험은 미경과보험료 적립금에 따른 재정적 부담을 줄여준다. 미경과보험료(unearned premium)란 전체 보험료 중 아직 기간이 경과하지 않은 부문에 해당하는 보험료로서 보험자의 입장에서 보면 일종의 부채에 해당한다.

예를 들어 보험계약기간이 1월 1일부터 12월 31일까지 1년 동안이고, 1년 동안의 보험료가 120만원이라면 3월 31일 현재 미경과보험료는 4월 1일 부터 12월 31일까지 미경과기간(9개월)에 해당하는 90만원이다. 1월 1일부터 3월 31일까지 3개월은 경과된 기간으로서 이 기간에 해당하는 보험료 30만원은 경과보험료(earned premium)라고 한다.

미경과보험료는 장래에 발생될 손해에 대비하여 적립하도록 법률로 규정하는 것이 일반적인데, 재보험자에게 출재한 부분에 대하여는 적립하지 않아도 되기 때문에, 원보험계약의 50%를 재보험하였다면 45만원의 부채가 감소되는 결과를 가져온다.

5) 언더라이팅과 손해사정의 지식 및 정보 확보

재보험은 언더라이팅과 손해사정을 위한 여러 가지 판단자료와 정보를 얻는데 이용된다. 새로이 신설되거나 경험이 부족한 보험회사의 경우 위험인수에 따른 여러 가지 정보와 판단자료가 부족할 경우가 있다. 이 경우 경험이 많은 전문 재보험회사를 이용하면 보험요율, 보유한도, 보상한도 등 언더라이팅과 손해사정에 관한 많은 지식과 정보를 확보할 수 있다.

3. 재보험의 계약방법과 형태

원보험자가 인수한 책임을 재보험자에게 전가하는 방법은 절차상의 차이와 책임분담 방법의 차이에 따라 여러 가지로 분류되고 있다. 재보험 절차상의 차이에 따라 임의재보험과 특약재보험으로 분류되고 원보험자와 재보험자간의 책임분담 방법에 따라서는 비례적 재보험과 비비례적 재보험으로 분류된다.

1) 임의재보험과 특약재보험

(1) 임의재보험(Facultative Reinsurance)

임의재보험은 가장 오래된 재보험 방법으로 원보험자가 재보험을 필요로 하는 개별 계약마다 재보험자에게 임의로 재보험청약을 하고, 재보험자는 원보험자가 원보험계약 인수여부를 결정하는 것과 같이 각각의 재보험청약에 대하여 인수여부를 결정하는 재보험이다.

임의재보험의 장점은 원보험자가 계약별로 자기의 보유를 임의로 조정·결정할 수 있어 출재의무에서 벗어날 수 있고 더 많은 재보험자에게 위험을 분산시킬 수 있다는 점이다. 그러나 재보험처리에 있어 사무적인 번잡이 뒤따르고 많은 시간이 소요되며, 자동적인 재보험이 보장되지 않으므로 재보험처리가 완료되기 전에는 원보험자의 인수능력을 초과하는 위험까지 책임을 지게 되는 경우가 있어 원보험계약 인수에도 영향을 미치게 된다.

따라서 특약재보험의 한도액을 초과하는 대형위험을 출재할 때나 특약재보험에서 제외되고 있는 위험을 출재하는 경우에 많이 사용된다.

(2) 특약재보험(Treaty Reinsurance)

특약재보험은 원보험자와 재보험자간에 미리 출재대상계약의 범위, 재보험자의 책임한도액, 보장지역, 처리방법, 재보험수수료 등 여러 가지 재보험조건에 대하여 특약을 체결하여 이에 따라 양측의 재보험청약과 인수의무가 성립되는 것으로 특약기간 동안에는 계속적·자동적으로 재보험이 처리되는 방법이다.

임의재보험에 비하여 재보험거래에 따르는 사무비 및 시간이 절감되고 자동적인 재보험이 보장되어 원보험계약 모집에 상당한 이점이 있으나 매 계약에 대한 자유재량권이 없다는 단점이 있다.

2) 비례적재보험(Proportional Reinsurance)

원보험자와 재보험자간의 책임분담 방법에 따라서는 비례적 재보험과 비비례적 재보험으로 분류된다. 비례적재보험에서는 보험금액에 대한 원보험자의 보유액과 재보험자의 인수금액의 비율에 따라 보험료가 배분되고 보험금에 대해서도 동일한 비율로 각자의 부담액이 산출된다.

임의재보험의 경우에는 이와 같은 순수한 의미에서의 비례적재보험이 성립되고 있으나 특약재보험에 있어서는 약간의 변형이 존재하고 있는 바, 비례재보험특약, 초과액재보험특약, 의무적 임의재보험 등이 이에 해당된다.

(1) **비례재보험특약**(Quota Share Reinsurance Treaty)

원보험자가 인수한 계약 중 미리 정한 조건에 부합되는 모든 계약의 일정비율이 재보험으로 처리되는 방법이다. 따라서 보험금액의 대소나 위험의 성질을 고려한 원보험자의 계약별 보유결정이 불가능하다.

그러나 원보험자와 재보험자가 공통의 이해관계에 있기 때문에 위험의 역선택의 가능성이 적어 재보험자에게 유리한 면도 있다. 이 방법은 사무절차가 간편하고 비교적 유리한 조건으로 용이하게 재보험자를 찾을 수 있어 신규 판매하는 보험종목이나 영업경험이 적은 신설 보험자의 재보험 방법으로 많이 활용되고 있다.

이 특약의 단점으로는 이익의 가능성이 높은 양질의 위험까지도 재보험자에게 의무적으로 넘겨주어야 하는 관계로 원수보험자 입장에서 보면 재보험자에게 불필요한 보험료 유출이 생길 수 있다.

(2) **초과액재보험특약**(Surplus Reinsurance Treaty)

원보험자가 인수한 보험계약에 대하여 특약으로 미리 정해진 금액 한도 내에서 매계약별로 보유금액(retention, line)을 결정한 후 그 초과액(surplus)을 출재하는 방법으로 재보험자는 출재한도액(treaty limit)내에서 보유금액의 일정배수를 수재하게 된다.

따라서 원보험자는 원수보험계약의 크기에 따라서 전액을 보유할 수도 있다. 재보험자는 원수보험금액에 대한 수재보험금액의 비율에 따라 재보험료를 받게 되며 손해보상 시에도 동일 비율로 분담하게 된다.

이 방법은 원보험자의 보유기회가 늘어나 출재보험료가 절감되나 재보험자의 입장에서는 소규모 위험에 대한 수재의 기회가 적어지기 때문에 위험의 평준화를 기하기 어려운 면이 있다.

사무적으로는 건별로 보유금액을 결정해야 하는 등 비례재보험특약보다 다소 복잡하지만 대형계약이 많은 기술보험이나 선박보험 등에 적합하여 많이 이용되고 있다.

(3) 의무적임의재보험(Facultative Obligatory Cover: F/O Cover)

원보험자는 출재여부를 임의로 결정할 수 있으나 재보험자는 의무적으로 수재하도록 정하여진 계약으로 통상 비례재보험특약이나 초과액재보험특약의 재보험 인수능력이 소진된 후에 사용되고 있다. 그러나 재보험료와 재보험금액의 균형이 잘 맞지 않고 특약의 손해율도 불규칙적이어서 재보험자들이 수재를 꺼려하는 재보험방법이다.

3) 비비례적재보험(Non-Proportional Reinsurance)

이 재보험에서는 원보험계약에 발생하는 사고의 손해액(losses)을 기준으로 원보험자와 재보험자의 책임이 분담된다. 따라서 미리 정해진 손해액을 초과하는 금액만을 재보험자가 책임지고 재보험료도 초과손해액의 발생가능성과 규모에 따라 정해짐으로써 원보험자와 재보험자의 책임에 대한 어떠한 비례성도 존재하지 않는다. 비비례적재보험은 초과손해액재보험과 초과손해율재보험을 총칭하는 것으로 비례적재보험의 반대용어라고 할 수 있다.

(1) 초과손해액재보험특약(Excess of Loss Reinsurance)

이 특약에서 재보험자가 보상하는 부분은 원보험자의 보유손해액(excess point)을 초과하는 금액으로 특약한도액(layer) 범위를 넘지 않는 손해액이 된다. 초과손해액을 결정하는 방식에는 1위험당(per risk)과 1사고당(per event)이 있는데 1위험당인 경우 원보험자는 특약에 포함된 모든 원보험계약의 각각에서 발생한 사고의 손해액이 일정금액을 초과할 때마다, 1사고당의 경우에는 하나의 사고로 인하여 특약에 포함된 다수의 원보험물건이 입은 손해의 합계액이 일정한 금액을 초과할 때에 재보험금을 청구하게 된다.

이 특약은 보험물건별로 보유액과 출재액을 계산하지 않으므로 사무비가 적게 들고, 거대위험이나 대손해의 발생가능성이 있는 누적위험을 보장하는데 이상적이며, 보유보험료를 증대시킬 수 있는 이점이 있으나, 적정수준의 보유손해액 결정에는 상당히 전문적인 기술이 필요하다.

(2) 초과손해율재보험특약(Excess of Loss Ratio Reinsurance)

이 특약은 일정한 범주에 속하는 모든 보험계약에 대하여 일정기간의 누적손해액이 예정손해율을 초과하게 될 때 그 초과액 또는 초과율을 재보험으로 보상받는 방법이다. 이 특약은 일정 비율 이상의 손해율에 대하여 재보험으로 처리됨으로써 Stop Loss Cover라고도 부른다.

이는 일정기간의 영업실적이 평균손해율을 크게 상회하는 비정상적인 경우에 대비하여 경영의 안정을 기하고자 하는 것이며 주로 우박보험 등 천재지변을 보장하는 대상이 된다.

제7절 자산운용(투자)과 기타 기능

1. 보험회사 투자의 중요성

보험기업의 경영에서 투자활동부문은 다른 어느 부문보다 중요한 부문이다. 왜냐하면 보험에서는 보험료를 영수하는 시점과 손해발생에 따라 보험금을 지급하는 시점 사이에는 상당한 시간적 차이가 있는 관계로, 이러한 시간적 차이를 이용하여 미리 받아 적립된 보험료를 주식, 부동산 등 여러 부문에 투자하여 운용하기 때문이다.

특히 최근에는 이러한 투자의 성공여부가 보험회사의 경영성과를 좌우할 정도로 투자가 보험기업에서 차지하는 비중이 매우 크다고 할 수 있다. 보험기업의 투자활동은 생명보험기업과 손해보험기업의 경우 그 성격이 매우 다른데 이를 살펴보면 다음과 같다.

2. 생명보험기업의 투자활동

① 장기적 성격의 투자 : 생명보험에서의 보험료 납입시기와 사망 등 사고로 인한 보험금지급시시 사이에는 비교적 장기적인 시간차이가 있어 경우에 따라서는 수

십년간의 시간적 차이가 있을 수 있다. 따라서 생명보험가입은 장기적으로 보험료를 보유하게 되므로 비교적 장기적 투자활동이 가능하게 된다. 따라서 이들의 투자활동이 국가경제 및 사회에 미치는 영향은 매우 중요하다고 할 수 있다.

② 투자수익으로 저렴한 보험료 가능 : 생명보험기업이 투자활동을 함으로서 생긴 투자수익은 배당 등 여러 형태로 보험계약자에게 돌아가게 되므로 이는 결국 보험계약자의 부담, 즉 보험료를 저렴하게 하는 결과를 가져온다. 특히 최근에는 투자활동에 따른 투자수익의 최대화문제를 비롯하여 투자수익을 효과적으로 보험료 산출에 반영하는 문제가 주요 관심대상의 하나가 되고 있다.

③ 국가경제의 중요한 비중 차지 : 생명보험기업의 투자활동은 그 규모가 매우 큰 관계로 금융, 제조, 건설 등 국가경제활동에 필요한 막대한 자금의 중요재원이 될 뿐 아니라 국가경제에 중요한 영향을 미친다.

3. 손해보험기업의 투자활동

① 생명보험에 비해 단기적 성격의 투자 : 손해보험의 경우 그 계약기간이 대부분 단기적(대부분 1년)인 관계로 이에 따른 투자활동도 비교적 단기적 성격을 갖는다. 또한 계약기간이 단기적인 관계로 손실발생에 따른 보험금지급 규모는 인플레이션, 의료비용, 건축비용, 자동차 수리비용 등 경제여건의 영향을 많이 받는 관계로 지급되는 보험금규모도 이에 따라 자주 변하게 된다. 따라서 손해보험기업의 투자활동은 단기적 투자활동, 다시 말하면 유동성에 초점을 맞춘 투자활동이 많은 비중을 차지하게 된다.

② 투자수익은 언더라이팅손실(underwriting loss) 보충 재원 : 손해보험기업에서는 지급보험금준비금, 미경과보험료준비금과는 별도로 자본금과 잉여금을 이용한 투자활동의 결과로 생긴 투자수익은 손해보험회사가 영업활동의 결과 막대한 언더라이팅손실이 발생하더라도 이를 극복하고 보험기업으로서 영업을 계속하는데 필요한 재원을 마련하는데 사용된다. 뿐만 아니라 투자수익이 언더라이팅손실을 메우고 남을 경우에는 보험계약자에게 저렴한 보험료 등 여러 가지 혜택을 제공하는데 사용되기도 한다.

4. 보험회사의 기타 기능

1) 회계

보험기업에서 회계업무는 일반기업의 회계업무기능과 유사한 기능과 보험기업특유의 회계업무기능으로 구분된다. 일반기업의 회계업무기능과 유사한 기능으로는 재무제표의 작성, 예산계획의 수립과 집행, 기업의 재무상태의 검토, 자금의 출입관리 등이 있다.

보험기업 특유의 회계기능으로는 보험료수입의 점검, 사업비지출, 보험금지급, 투자수익, 배당지급, 세무에 관한 사항 등 보험영업활동과 관련된 기능이다.

2) 법률서비스

보험기업경영에서 중요한 기능 중의 하나가 법률과 관련된 기능이다. 법률과 관련된 기능에는 손해사정과정에 있어서 발생된 소송문제를 비롯하여 보험약관의 해석, 요율산정, 광고, 마케팅, 투자, 세무 등과 관련되어 발생되는 법률적 문제 등이 포함된다. 특히 보험기업경영과 직접 관련된 법률의 제정 및 폐지에 관한 사항은 법률적 기능 중에서 관심을 두어야 할 사항일 것이다.

3) 손해통제기능

보험기업경영 중 또 하나의 중요한 기능은 손해통제기능이다. 이는 손해의 발생 가능성을 제거 또는 감소시키는 역할을 하는 기능으로서 오늘날 위험관리 분야에서 가장 중요한 비중을 차지한다. 손실통제기능의 예로서는 위험방지시설, 안전정교육의 실시, 건축물의 손해방지시설 설치에 대한 자문, 손해방지캠페인 등의 홍보활동이 있다.

4) 전자정보처리

최근 보험기업경영에서 컴퓨터의 역할은 날로 중요해지고 있다. 보험료 산출, 보험금지급, 손해율분석, 시장분석, 손실 및 판매에 대한 예측, 시뮬레이션, 투자, 언더라이팅 실적에 관한 분석 등 거의 모든 분야에서 컴퓨터의 중요성은 급격히 증가하고 있다.

따라서 기업 내의 방대한 통계 및 재무자료를 효율적으로 처리하기 위해서는 시스템분석가, 프로그래머, 자료처리전문가 육성을 위한 교육과 훈련 및 이를 위한 과감한 투자가 이루어져야 할 것이다.

요약정리

1. 법률상 소유권을 기준으로 한 민영보험자의 주요한 형태는 ① 주식회사(stock companies) ② 상호회사(mutual companies) ③ 로이즈조합(Lloyd's Association) ④ 기타 민영보험자: 상호교환보험자(reciprocal exchanges), 뉴욕보험거래소(New York Insurance Exchange) 등이 있고, 우리나라의 경우 보험업을 영위할 수 있는 자는 금융위원회의 허가를 받은 주식회사, 상호회사와 외국보험회사이다.

2. 보험회사가 영위하는 사업을 4가지 사업으로 구분한다면 ① 위험사업 ② 저축사업과 연금사업 ③ 투자사업 ④ 봉사 및 지원처리사업 등이 있다.

3. 일반 기업에서 찾아볼 수 없는 보험경영의 특성은 (1) 위험대량의 원칙과 대수의 법칙 (2) 위험동질성의 원칙 (3) 보험료 적정의 원칙 (4) 위험분산의 원칙 (5) 보험급부 적정의 원칙 (6) 투자다양화의 원칙 (7) 수지 균등의 원칙 (8) 급부 · 반대급부 균등의 원칙 (9) 이득금지의 원칙과 손해보상의 원칙 등이다.

4. 언더라이팅(underwriting)이란 보험청약자들을 선택하고(selecting) 분류하며(classifying) 가격을 결정하는(pricing) 과정 또는 청약된 위험에 관한 정보를 확보하고 평가하여 그 위험의 인수 여부를 결정하고 인수하기로 결정한 경우 보험계약조건과 보험료를 결정하는 보험회사의 중요한 기능을 말한다.

5. 언더라이팅의 기본 목적은 일정한 회계단위의 보험사업(book of business)에서 수익성이 있는 피보험자를 선택하는 것이다.

6. 언더라이팅목표를 달성하기 위해서 ①회사의 언더라이팅기준에 따른 피보험자의 선택 ②각각의 언더라이팅 등급분류 내에서 적절한 균형 ③피보험자 사이의 공정성 등 세 가지 주요한 언더라이팅원칙이 있다.

7. 언더라이팅정책을 제약하는 주요 요인은 ①인수능력(capacity) ②정부규제(regulation) ③전문 인력(personnel) ④재보험(reinsurance) 등이다.

8. 언더라이팅의 의사결정과정은 ①정보의 수집과 위험상태의 평가 ② 여러 가지 대안의 식별, 개발 및 평가 ③ 최적의 대안 선택(언더라이팅 의사결정) ④ 의사결정의 수행 ⑤ 모니터링(monitering) 등 다섯 단계로 기술될 수 있다.

9. 언더라이팅에서 정보의 가장 중요한 형태는 ① 보험증권 발급 정보 ② 심리적 요소 ③ 가정과 생활습관 ④ 실체적 위험상태 ⑤ 재정적인 평판과 사업평판 ⑥ 과거의 경력 등이며, 언더라이팅정보의 주요한 원천은 ① 보험판매인 ② 보험청약서 ③ 손해 통계 ④ 조사보고서(inspection report) ⑤ 보험자의 실제조사(survey) ⑥ 전문기관의 검증보고서(survey report) ⑦ 정부 기록

⑧ 소비자조사보고서 ⑨ 손해사정서류철 등이다.

10. 보험상품 가격의 4가지 특성은?
첫째, 보험은 생산과 소비가 동시에 이루어지는 즉시재(instantaneous commodity)이므로 「수요의 가격탄력성」이 적은 상품이다.
둘째, 상품의 원가와는 직접적인 관계가 없는 이른바 「위험집단」(group of risks)의 분담금이란 성격을 가지고 있다.
셋째, 보험의 제조원가에 해당하는 보험금은 사후에 발생하므로 판매하는 시점에서는 예정원가를 예측하여 산정한 가격을 적용한다.
넷째, 보험원가에서 가장 큰 비중을 차지하는 보험금은 경제적 방책으로는 좌우할 수 없는 관리불능 비용(uncontrollable cost)이다.

11. 손해보험의 법률상 보험요율 산정원칙은 ① 적정성(adequacy) ② 비과도성(not excessive) ③ 부당한 비차별성(not unfairly discriminatory) 또는 공정성(equity) 등이고, 보험경영상 산정원칙은 ① 안정성(stability) ② 적응성 또는 탄력성(responsiveness) ③ 단순성(simplicity) ④ 비상위험대비성 ⑤ 손해방지촉진성이 있다.

12. 손해보험요율의 종류에는 ① 개별요율(individual rate) ② 등급요율(class rate) ③ 실적요율(merit or demerit rate)이 있다.

13. 손해보험요율의 제도상의 분류는 ① 인가요율(규제요율)과 자유요율(비인가요율) ② 협정요율과 경쟁요율(비협정요율)로 구분할 수 있으며, 이 결과 인가협정요율, 자유협정요율, 인가경쟁요율, 자유경쟁요율 등 4가지 제도로 운영될 수 있다.

14. 평균여명이란 어떤 연령에서 그 연령의 사람이 미래에 생존할 수 있는 기간의 평균을 의미한다. 특정 국가의 평균수명은 그 나라 국민 중 0세의 평균여명을 말한다.

15. 어떤 집단에 속하는 사람의 연령별 사망률을 기초로 사망과 생존의 상태를 표시하는 표를 생명표 또는 사망표라고 한다. 생명표는 보험료와 책임준비금 등을 계산하는데 사용되는 기본자료이다. 생명표는 국민생명표와 경험생명표로 분류된다. 국민생명표는 국민 전체 또는 특정지역의 인구를 대상으로 그 인구 통계에 의해 사망・생존상황을 나타낸 것이다. 경험생명표는 생명보험회사의 가입자를 대상으로 실제 사망률을 근거로 작성된 것이다.

16. 생명보험료를 산정하는데는 예정사망률, 예정이율, 예정사업비율 등 세 가지 요소가 필수적이며, 여기에 보험급부, 이익창출과 비상준비금이 고려되어야 한다.

17. 보험료는 순보험료와 부가보험료로 구성되고 이를 영업보험료라고 부른다. 보험료산정방식에는 ①일시납방식 ②자연보험료방식 ③평준보험료방식 ④변동보험료방식이 있다.

18. 코틀러는 「마케팅은 교환과정을 통하여 인간의 니즈와 욕구의 충족을 지향하는 인간의 활동이다」고 정의하고 있다. 마케팅의 목적은 판매활동을 불필요하게 만드는 것이다. 그 목적은 제품이나

서비스가 소비자에게 적합하고 스스로 팔리도록 소비자를 잘 알고 이해하는 것이다.

19. 마케팅활동은 기업의 시장 지향성의 방향에 따라 ①생산개념 ②제품개념 ③판매개념 ④마케팅개념 ⑤사회적 마케팅개념 등으로 발전되어 왔다.

20. 마케팅관리란 McCathy가 제창한 4P 's로 알려져 있는 네 가지 통제수단인 제품(product), 가격(price), 유통경로(placing by distribution or channel), 광고 및 판매 촉진(promotion or communication)을 어떻게 믹스(mix)하여 효율적으로 마케팅활동을 수행할 것인가에 대한 의사결정 과정이라고 할 수 있는데, 이를 일반적 마케팅믹스라고 부른다.

21. 제품마케팅과 실질적으로 다른 전략적 마케팅프로그램을 요구하게 되는 서비스의 특성은 ①무형성 ②비분리성 ③가변성 ④소멸가능성이 있다.

22. 서비스기업의 마케팅전략 중에서 해결하여야 할 과제는 ①서비스의 차별화 ②서비스의 품질관리 ③생산성의 향상 등 세 가지가 있다.

23. 손해사정사 또는 손해사정업자의 업무는 ① 손해발생사실의 확인 ② 보험약관 및 관련법규 적용의 적정여부 판단 ③ 손해액 및 보험금의 사정 ④ 상기 세 가지 업무와 관련한 서류의 작성·제출의 대행 ⑤ 상기 세 가지 업무의 수행과 관련한 보험회사에 대한 의견의 진술 등이다.

24. 손해사정의 일반적 절차는 ① 손해발생의 통보 ② 클레임의 조사 ③ 손해의 입증 ④ 보험금 지급에 대한 의사결정의 순서이다.

25. 재보험이란 보험회사가 인수한 계약의 일부 또는 전부를 다른 보험회사에 전가시키는 것을 말하며, " '보험을 위한 보험' 이라고 할 수 있다. 즉 재보험은 보험회사의 보상책임의 위험을 다른 보험회사에 전가하는 위험처리방법이다.

26. 재보험의 필요성과 기능 중 중요한 것은 ① 인수능력 증대 ② 안정된 실적관리 ③ 대재난손해로부터 보호 ④ 재무구조 강화 등이다.

27. 임의재보험은 원보험자가 재보험을 필요로 하는 개별 계약마다 재보험자에게 임의로 재보험청약을 하고, 재보험자는 각각의 재보험청약에 대하여 인수여부를 결정하는 재보험이다. 특약재보험은 원보험자와 재보험자간에 미리 출재대상계약의 범위, 재보험자의 책임한도액, 보장지역, 처리방법, 재보험수수료 등 여러 재보험조건에 대하여 특약을 체결하여 양측의 재보험청약과 인수의무가 성립되는 것으로 특약기간 동안에는 계속적 · 자동적으로 재보험이 처리되는 방법이다.

28. 비례적재보험에서는 보험금액에 대한 원보험자의 보유액과 재보험자의 인수금액의 비율에 따라 보험료가 배분되고 보험금에 대해서도 동일한 비율로 각자의 부담액이 산출된다. 특약재보험에는 비례재보험특약, 초과액재보험특약, 의무적 임의재보험 등이있다.

29. 사고의 손해액을 기준으로 원보험자와 재보험자의 책임이 분담되는 비비례적재보험은 초과손해액재보험과 초과손해율재보험을 총칭하는 것이다.

주요 개념과 용어

1. 주식회사(stock company)
2. 상호회사(mutual companies)
3. 로이즈조합(Lloyd's Association)
4. 상호교환보험자(reciprocal exchanges)
5. 뉴욕보험거래소 (New York Insurance Exchange)
6. 주식회사
7. 상호회사
8. 외국보험회사
9. 보험료 사후부과(事後賦課) 상호보험회사 (assessment mutual)
10. 선불(先拂)보험료 상호보험회사 (advance premium mutual)
11. 공장상호보험회사(factory mutual)
12. 농가상호보험회사(farm mutual)
13. 영구상호보험회사(perpetual mutual)
14. 우애보험자(fraternal insurer)
15. 로이즈조합(Lloyd's Association)
16. 런던로이즈(Lloyd's of London)
17. 아메리칸 로이즈(American Lloyd's)
18. Edward Lloyd
19. Lloyd's coffee house
20. 상호교환보험자(reciprocal exchange)
21. 자유거래지대(Free-Trade Zone)
22. 위험대량의 원칙
23. 대수의 법칙
24. 위험 동질성의 원칙
25. 보험료 적정의 원칙
26. 위험분산의 원칙
27. 보험급부 적정의 원칙
28. 보험경영상 요율산정원칙
29. 투자 다양화의 원칙
30. 수지 균등의 원칙
31. 급부 · 반대급부 균등의 원칙
32. 이득금지의 원칙
33. 손해보상의 원칙
34. 언더라이팅(underwriting)
35. 보험요율산정(rate making)
36. 보험마케팅
37. 보험판매(production)
38. 손해사정
39. 보험금 처리(claim settlement)
40. 재보험(reinsurance)
41. 투자(investment)
42. 언더라이팅의 목적
43. 언더라이팅원칙
44. 언더라이팅정책
45. 데스크언더라이터(desk underwriter)
46. 언더라이팅지침서(underwriting guide)
47. 외야언더라이터(field underwriter)
48. 역선택(adverse selection)
49. 보험료(premium)
50. 보험요율(rate of premium)
51. 보험계리사(actuary)
52. 순보험료(pure premium)

53. 부가보험료(loading)
54 예정손해율(expected loss ratio)
55. 실제손해율(actual loss ratio)
56. 파산초래경쟁(cut-throat competition)
57. 요율산정협회(rating bureau)
58. 법률상 보험요율산정원칙
59. 적정성(adequacy)
60. 비과도성(not excessive)
61. 부당한 차별성 금지
(not unfairly discriminatory)
62. 공정성(equity)
63. 사회적 공정성(social equity)
64. 이용성(availability)
65. 보험계리상 공정성(actuarial equity)
66. 위탁위험플랜(assigned risk plans)
67. 안정성(stability)
68. 적응성
69. 탄력성(responsiveness)
70. 단순성(simplicity)
71. 비상위험대비성(Provision for Contingencics)
72. 손해방지촉진성(Promotion of Loss Control)
73. 시장성(Economic feasibility)
74. 사회성
75. 형평성
76. 등급별 요율(class rates)
77. 개별요율(individual rates)
78. 실적요율(merit rates)
79. 할인 · 할증요율(merit or demerit rate)
80. 선택인수(selective underwriting)
81. 스케줄(산출표)요율산정(schedule rating)
82. 손해율요율산정(experience rating)
83. 소급요율산정(retrospective rating)
84. 협정요율
85. 경쟁요율
86. 자유요율
87. 인가요율
88. 「메뉴얼」요율(manual rates)
89. 주제정요율제도(state-made rates system)
90. 강제요율산정기구요율제도
(mandatory bureau rates system)
91. 사전인가제도(prior-approval system)
92. 수정사전신고제
(modified-file-and-use system)
93. 사전신고제(file-and-use system)
94. 사후신고제(use-and-file system)
95. 신고불필요제도(no-filing system)
96. 인가협정요율
97. 자유협정요율
98. 인가경쟁요율
99. 자유경쟁요율
100. 생명표
101. 사망표
102. 대수의 법칙
103. 사망률
104. 생존률
105. 평균여명
106. 국민생명표
107. 경험생명표
108. 예정사망률

109. 예정이율
110. 예정사업비율
111. 보험급부
112. 비상준비금
113. 일시납보험료 방식
114. 자연보험료 방식
115. 평준보험료 방식
116. 변동보험료 방식
117. 니즈(needs)
118. 1차적 욕구
119. 욕구(want)
120. 마케팅근시안(marketing myopia)
121. 수요(demand)
122. 제품(product)
123. 교환(exchange)
124. 거래(transactions)
125. 시장(markets)
126. 매도인시장(seller's markets)
127. 매수인시장(buyer markets)
128. 생산(production) 개념
129. 제품(product) 개념
130. 판매(selling) 개념
131. 마케팅(marketing) 개념
132. 사회적 마케팅(social marketing) 개념
133. 현대적 마케팅개념
134. 고객 중심주의(customer orientation)
135. 소비자 조사(consumer research)
136. 목표소비자(target market)
137. 시장세분화(market segmentation)
138. 전사적(total) 또는 통합적(integrated) 마케팅 활동
139. 목표 지향적 기업 활동 (Goal direct comany behavior)
140. 선형 마케팅 (linear marketing, market out system)
141. 순환형 마케팅 (cyclical marketing, market in system)
142. 마케팅관리(marketing management)
143. McCathy
144. 4P‘s
145. 서비스마케팅
146. 보험마케팅
147. 무형성(intangibility)
148. 비분리성(inseparability)
149. 가변성(variability)
150. 이질성(heterogeneity)
151. 소멸가능성(perishability)
152. 서비스마케팅
153. 외부 마케팅(external marketing)
154. 내부 마케팅(internal marketing)
155. 상호작용 마케팅(interactive marketing)
156. 보험대리점(agent)
157. 손해사정
158. 고용손해사정사(company adjustor)
159. 손해사정사
160. 독립손해사정사(independent adjustor)
161. 손해사정기관(adjustment bureau)
162. 공공손해사정사(public adjustor)
163. 해손(average)

164. 해손정산인(average adjuster)
165. 해손대리인(average agent)
166. 해손정산인협회
(Association of Average Adjusters: AAA)
167. 해손정산인협회 실무규칙
(Rules of Practice)
168. 재보험(reinsurance)
169. 원보험자(primary insurer)
170. 재보험자(reinsurer)
171. 출재(出再)
172. 수재(受再)
173. 출재회사(ceding company, reinsured)
174. 보유한도(retention limit)
175. 순보유(net retention)
176. 재재보험(retrocession)
177. 재재보험자(retrocessionaire)
178. 경과보험료(earned premium)
179. 임의재보험(Facultative Reinsurance)
180. 특약재보험(Treaty Reinsurance)
181. 비례재보험특약
(Quota Share Reinsurance Treaty)
182. 초과액재보험특약
(Surplus Reinsurance Treaty)
183. 보유금액(retention, line)
184. 초과액(surplus)
185. 출재한도액(treaty limit)
186. 의무적임의재보험
(Facultative Obligatory Cover: F/O Cover)
187. 비비례적재보험
(Non-Proportional Reinsurance)
188. 초과손해액재보험특약
(Excess of Loss Reinsurance)
189. 특약한도액(layer)
190. Stop Loss Cover
191. 초과손해율재보험특약
(Excess of Loss Ratio Reinsurance)

복습문제

1. 런던로이즈(Lloyd's of London)의 5가지 특징을 기술하라.

2. 이득금지의 원칙과 손해보상의 원칙을 설명하라.

3. 언더라이팅목표 달성을 위한 3가지 주요한 언더라이팅원칙은?

4. 언더라이팅에서 정보의 6가지 중요한 형태와 언더라이팅정보의 9가지 주요한 원천은?

5. 보험상품 가격의 4가지 특성에 대하여 설명하라.

6. 손해보험의 법률상 보험요율 산정원칙과 보험경영상 산정원칙을 설명하라.

7. 손해보험요율의 제도상의 분류에 대해 설명하라.

8. 국민생명표와 경험생명표에 대해 설명하라.

9. 생명보험의 보험료산정방식에 대해 설명하라.

10. 마케팅개념의 발전과정에 대해 설명하라.

11. McCathy의 4P 's와 마케팅믹스에 대해 설명하라.

12. 제품마케팅과 다른 전략적 마케팅프로그램을 필요로 하는 서비스의 특성을 설명하고 그에 따른 보험마케팅전략을 설명하라.

13. 손해사정사 또는 손해사정업자의 업무 및 손해사정의 일반적 절차에 대해 설명하라.

14. 재보험의 의의와 4가지 중요한 기능에 대해 설명하라.

15. 임의재보험과 특약재보험이란 무엇이며 각의 장・단점을 설명하라.

16. 비례재보험특약, 초과액재보험특약, 의무적 임의재보험의 의의와 장・단점을 설명하라.

17. Stop Loss Cover(초과손해율재보험)을 설명하라.

Part Ⅲ

보험계약론

part Ⅲ. 보험계약론

제6장 보험계약의 기본 법리

학습목표

제6장을 학습한 후 다음 질문에 명확히 대답할 수 있어야 한다.

1. 보험계약이 법률상 효력을 갖기 위해 갖추어야 할 기본 요건을 기술하라.
2. 보험계약의 법적 특성 및 보험계약이 다른 계약과 다른 점을 설명하라.
3. 보험계약에 반영되는 다음과 같은 기본적인 법률상의 원리를 설명하라.
   1) 손해보상의 원리
   2) 피보험이익의 원리
   3) 대위의 원리
   4) 중복보험 책임분담의 원리
   5) 최대선의의 원리
4. 보험계약에 손해보상원리가 적용되지 않는 예외를 제시하라.
5. 고지와 불고지 및 담보의 법률원칙에 대해 설명하라.
6. 대리점과 피보험자와의 관계를 좌우하는 세 가지 법률원칙을 설명하라.
7. 권리포기(waiver)와 금반언(estoppel)을 설명하라.

개인이나 기업 등으로부터 보험회사로의 위험의 전가는, 피보험자가 지급하는 보험료와 계약규정을 지킨다는 피보험자의 약속의 약인(約因)으로서, 특별히 정한 손해가 발생한 경우 보험회사가 피보험자에게 손해보상할 것을 약속하거나 또는 합의된 금액(보험금액)을 지급하기로 약속하는 계약상의 합의를 통하여 달성된다.

그것을 통하여 이러한 위험의 전가가 달성되는 도구 또는 수단이 하나의 계약으로서 법에 의해 효력이 주어지는 보험계약이다. 보험제도가 실행되는 도구가 보험계약이므로, 보험계약에 대한 이해 없이는 보험의 원리에 대한 지식도 효용이 없게 될 것이다.

보험의 구조를 구체화하고 그 내용에 영향을 미쳐온 법률의 많은 부분은 일반적인 계약법에서 유래하고 있다. 그러나 보험거래의 독특한 특성 때문에 일반 계약법은 보험의 필요성에 적합하도록 수정되지 않으면 안되었다. 여기에서는 일반 계약법과 보험계약법이 어떻게 다른가를 살펴보고, 특히 보험에 특유한 법률상의 원리(법리)를 중점적으로 검토하고자 한다.

제 1 절 보험계약의 의의와 법적 요건

1. 보험계약의 의의

개인이나 기업의 위험관리자가 그들의 소득 또는 재산의 손해에 대하여 보험을 구매함으로써 어떤 위험을 보험회사에 전가하기로 결정한 경우, 실제는 손해에 대해 보상해 준다는 보험자의 약속을 구매하는 것이다. 보험회사에 대한 개인이나 기업 등의 위험의 전가는 계약상 합의(contractual arrangement)를 통하여 달성된다.

그러한 계약상 합의에 의해서 보험회사는 피보험자가 지급한 보험료와 계약규정을 준수하겠다는 피보험자의 약속의 약인으로서 특정한 손해가 발생한 경우 피보험자에게 손해를 보상하거나 또는 약정한 금액을 지급하기로 약속한다. 그러한 계약상 합의가 보험계약이다. 다시 말하면 그것을 통해서 위험의 전가가 달성되는 도구 또는 수단이 보험계약이다. 보험계약은 하나의 계약으로서 법에 의해 효력이 주어진다.

위험의 전가가 실행되는 증서, 즉 보험자와 피보험자의 약속을 명시하고 있는 서면합의서를 보험계약서(insurance contract) 또는 보험증권(insurance policy)이라고 부른다[1]. 보험증권은 피보험자와 보험자의 권리와 의무를 자세히 명시하고 있다. 이와 같이

1) 국내 학자들은 보험계약법(상법)의 교과서에서 보험증권은 보험자 일방만이 날인한 것이므로 계약서가 아니다고 주장하고 있다. 그러나 「계약」이란 2인 이상의 사람에 의하여 체결된 채권채무관계를 발생시키는 합의이며, 그 합의를 기재한 문서가 「계약서」라고 정의되고 있다. 또한 우리나라의 국어사전에도 「계약서를 계약의 성립을 증명하는 서면이라고 풀이하고 있다. 이를 감안하면 보험계약의 부합계약성에 기인하여 보험자 일방만이 날인하여 발행하였다고 하더라도, 보험증권이 보험계약의 성립을 증명하기 위하여 기재한 증거서류로서 보험계약을 기재한 보험계약서임을

보험제도의 결과로서 나타나는 유형상품은 금전적 손해의 위험을 피보험자로부터 보험자에게 전가하는 서면 합의서인 보험계약서 또는 보험증권이라고 할 수 있다.

보험도 하나의 계약으로서 기본적으로 일반 계약법상의 원리(법리)에 좌우되고 있다. 그러나 보험거래의 많은 특수성 때문에 보험계약법은 보험의 원리에 맞도록 일반 계약법을 수정·보완하면서 정립되어 왔다.

2. 보험계약의 법적 유효요건

보험법은 일반 계약법으로부터 유래되고 있다. 따라서 모든 계약의 경우와 같이 보험계약도 법률상 구속력(효력)을 갖기 위해서는 몇 가지 요건을 갖추고 있어야 한다. 이와 같은 보험계약의 법률상 유효요건은 다음과 같다.

① 청약과 승낙(offer and acceptance)
② 약인(consideration)
③ 적법한 목적(legal purpose)
④ 법률상 유자격 당사자(competent parties)
⑤ 적법한 양식(legal form)

우리 상법학자들은 상법 제638조를 근거로 청약과 승낙만을 보험계약의 성립요건으로 간주하고, 상법 제656조에 따라 보험료의 지급을 보험자의 책임개시요건으로 간주하고 있다. 그러나 청약과 승낙 뿐 아니라 상기 모든 요건을 구비한 경우에 보험계약이 법적으로 유효하다고 할 수 있다. 청약과 승낙이 보다 중요한 것은 피보험자의 청약을 보험자가 승낙한 때에 보험계약이 성립된 것으로 간주되기 때문이다[2].

1) 청약과 승낙

법적으로 효력있는 계약이 성립되기 위하여는 계약당사자의 일방에 의한 한정되고 무조건적인 청약(definite, unqualified offer)이 있어야 하고, 이 청약이 타방에 의하여

부정할 수는 없을 것이다.

2) 영국의 해상보험법(MIA,1906) 제21조(보험계약이 성립된 것으로 간주되는 시기)는 「해상보험계약은 피보험자의 청약을 보험자가 승낙한 때에 성립된 것으로 간주하며, 그 당시 보험증권의 발행 여부는 불문한다. 청약이 승낙된 때를 증명하기 위해서는 슬립(slip), 보험인수증(covering note) 또는 관습적인 계약메모(memorandum of the contract)가 인용될 수 있다」고 규정하고 있다.

정확한 조건으로 승낙되지 않으면 안된다. 보험계약의 경우 보통 청약은 가망고객인 보험청약자에 의해 이루어지고, 보험회사는 그 청약을 승낙하거나 또는 거절한다. 그리고 승낙은 대체로 보험회사가 보험증권을 발행한 때 또는 보험대리점이 임시보험계약서인 「가계약서」(假契約書: binder)[3])를 발급한 때 이루어진다.

청약과 승낙은 구두 또는 서면으로도 가능하다. 따라서 반대의 특별한 법률이 없으면 구두의 보험계약도 가능하다. 국가에 따라서는 법률로서 보험계약이 서면에 의해서만 유효한 것으로 규정하고 있다. 미국의 경우 조지아(Georgia)주는 모든 보험계약이 서면계약일 것을 요구하고 있으며, 다른 많은 주에서도 생명보험과 건강보험의 분야에서 구두의 계약을 금지하고 있고, 일부 주에서는 손해보험분야에서도 구두계약을 금지하고 있다.

보험계약이 서면이어야 한다고 특별히 규정하는 법률이 없으면, 구두의 보험계약도 서면계약과 똑같이 계약당사자들에게 유효하다. 예를 들어 가망피보험자로부터 보험청약을 받은 손해보험대리점이 구두로 보험계약을 체결(승낙)한 경우 보장(coverage)이 즉시 개시된다. 보험증권 또는 서면의 임시보험계약서인 바인더(binder)가 발급되기 전에 손해가 발생한 경우, 그 위험에 대하여 그 대리점에 권한을 위임한 손해보험회사는 그 손해에 대하여 보상책임을 부담하여야 한다.

미국의 경우 생명보험대리점 또는 모집인은 보통 어떤 위험에 대하여 보험회사를 대리할 권한을 위임받지 못한다. 따라서 청약서가 항상 서면으로 작성되고 청약자가 보험회사의 승인을 받아야만 생명보험계약이 효력을 갖는다. 통상적인 절차로서 청약서의 작성과 초회의 보험료의 지급이 청약(offer)을 구성한다.

그러한 청약에 대하여 「조건부 가계약보험료영수증」(conditional binding premium receipt)이 청약자에게 발급되고, 만약 그 청약자가 보험회사의 정상적인 언더라이팅기준에 따라 보험가능한 것으로 판명되는 경우 생명보험은 청약일자 또는 의료검진일자부터 유효하게 된다.

보험자의 승낙에 관하여 우리 상법 제638조의 2(보험계약의 성립)에서는 보험계약자로부터 보험계약의 청약과 함께 보험료 상당액의 전부 또는 일부의 지급을 받은 때에는 다른 약정이 없으면 보험자는 30일내에 그 상대방에 대하여 승낙여부(諾否)의 통지

3) 「바인더」(binder)는 보험대리점이 가망고객의 청약을 승락하는 증거로서 사용하는 임시계약서로서 보통 30일의 기간동안 유효하도록 발급된다. 보험회사가 발급하는 「바인더」는 보험회사에 의해 사용중인 보험증권양식과 동일한 보장을 제공하는 것으로 피보험자에 의해 받아들여지고 있다.

를 발송하여야 하고(제1항 본문), 30일의 기간내에 낙부의 통지를 해태한 때에는 승낙한 것으로 본다(제2항)고 규정하고 있다. 인보험계약의 피보험자가 신체검사를 받아야 하는 경우에는 그 기간은 신체검사를 받은 날로부터 기산한다(제1항 단서).

그리고 보험청약과 함께 보험료 상당액의 전부 또는 일부를 받은 경우에 그 청약을 승낙하기 전에 보험사고가 생긴 때에는, 그 청약을 거절할 사유가 없는 한 보험자는 보험계약상의 책임을 진다(제3항 본문). 그러나 인보험계약의 피보험자가 신체검사를 받아야 하는 경우에 그 검사를 받지 아니한 때에는 보험자는 책임을 지지 아니한다(제3항 단서).

2) 약인(約因)

보험계약 뿐만 아니라 모든 계약에서 법적 구속력은 약인(consideration)이다. 약인은 계약당사자의 일방(一方)이 서로 타방(他方)에게 각각 제공하는 가치있는 것을 말한다. 약인이란 계약법상 일방의 약속에 대한 타방의 반대급부 또는 반대급부의 약속을 의미하며, 계약의 유효조건으로서 영미법은 약인의 존재를 요구하고 있다. 증여 또는 무상계약과 같이 약인이 없는 약속은 법적으로 보호받지 못하고, 그러한 약속은 날인증서(deed)에 표시된 약속이나 계약인 날인계약(covenant)에 의해서만 법적 효력이 인정된다.

모든 계약상의 합의와 같이, 보험거래는 그 계약이 적법한 효력을 갖기 위해서 계약당사자의 양측이 약인을 교환할 것을 요구하고 있다. 보험자의 약인은 보험계약에서 약정한 어떤 사항의 이행에 관한 약속, 예를 들어 피보험위험으로 인한 손해에 대한 보험금의 지급 약속, 손해방지와 안전서비스와 같은 일부 서비스의 제공 약속, 손해배상소송에서 방어(변호) 약속 등이다. 피보험자 측의 약인은 보험료의 지급 또는 보험료 지급의 약속과 이에 추가하여 보험계약조건을 준수한다는 약정이다.

손해보험에 있어서 법률상 유효한 계약이 되기 위해서 보험료지급의 약속만으로도 통상적으로 충분한 약인이다. 그러나 생명보험에 있어서는 초회의 보험료가 지불되어야만 계약이 효력을 갖게되고, 따라서 생명보험계약에 있어서는 오직 초회의 보험료만이 약인을 구성한다. 이것은 초회 이후의 보험료는 법률상 약인의 일부가 아님을 의미한다. 왜냐하면 만약 초회 이후의 보험료도 약인의 일부를 구성한다면 모든 보험료가 지불될 때까지 계약이 성립될 수 없기 때문이다. 초회 이후의 보험료는 계약의 유지를 위한 선행조건(conditions precedent)이다.

3) 적법한 목적

계약은 그 목적이 적법하여야 한다. 일방이 타방으로부터 일정한 금액을 받기로 하고 살인하기로 합의한 계약은 그 목적이 적법한 것이 아니므로 법원에서 효력이 없을 것이다. 불법적이거나 부도덕한 것을 조장하거나 촉진하는 보험계약은 공공의 이익에 위배되고 따라서 법에 의해 효력이 인정될 수 없다. 예를 들면 아편이나 기타 마약의 밀매자는 경찰에 의해 압수되는 마약의 손해를 보상하는 재산보험증권을 구매할 수 없고, 불법적인 주류제조업에 대해 인수한 기업휴지보험(business interruption policy)은 법적으로 효력이 없을 것이다.

피보험자의 범죄행위의 결과를 보상하기로 약속한 보험증권의 경우와 같이, 내용상 도박계약인 보험증권도 공서양속에 반하기 때문에 법적 효력이 없을 것이다. 그러한 도박계약의 가장 일반적인 예는 후술하는 피보험이익이 존재하지 않는 보험계약이다.

불법적인 도박시설의 내용물에 대한 실체적인 손상을 보상하는 보험계약도 무효화되는데, 여기에 관하여는 미국의 법원에 따라 서로 다른 법률적 견해가 있다. 일부 법원에서는 전체 계약이 무효라고 판결한 반면, 다른 법원에서는 오직 도박 목적으로 사용될 수 있는 설비에 관해서만 무효라고 판결하였다. 도박에 사용되지 않은 책상, 의자, 침대 등과 같은 기타 설비가 파괴된 경우 보험회사의 보상책임이 있다는 것이다.

4) 법률상 유자격 당사자

보험계약의 유효조건으로서 계약당사자는 법률적으로 유자격자여야 한다. 이것은 계약당사자들이 구속력있는 계약을 체결할 수 있는 법률상의 능력을 가지고 있어야 한다는 것을 의미한다. 즉 계약당사자들이 법률상으로 계약을 체결할 수 있어야 한다. 대부분의 성인들은 보험계약을 체결할 수 있는 법적 능력이 있다.

그러나 일부 예외가 있다. 미성년자, 심신상실자, 정신박약자, 그리고 정관이나 기타 규정에 의하여 부여받은 권한의 범위를 넘어서 행동한 기업이나 단체 등 법인들은 법적으로 유효한 보험계약을 체결할 수 없다.

대부분의 경우 법정 자격(competency)의 원칙은 미성년자 및 정신적 무능력자와 관계가 있다. 기본원리는 일부 계약당사자가 그들이 체결할 계약을 이해할 수 없다는 것이다. 따라서 법원은 미성년자나 정신박약자들이 그러한 계약에 법률상으로 구속되지 않는다는 판례를 확립하고 있다.

우리 상법은 일정한 무능력자를 피보험자로 하는 사망보험을 금지하고 있다. 즉 15세미만자, 심신상실자 또는 심신박약자의 사망을 보험사고로 한 보험계약은 무효로 하고 있다(제732조). 개정 전에는 18세미만자였으나 신상법에서는 피보험자의 평균 판단능력을 고려하여 15세미만자로 개정하였다. 타인의 생명보험에서는 그 타인(피보험자)의 서면동의를 얻어야 하므로(제731조 1항), 자신이 유효한 동의를 할 수 있는 능력이 없는 무능력자의 생명(사망)보험을 금지하는 것이다.

미국에서는 반대의 법률이 없는 경우 미성년자는 연령이 21세 미만인 자로 간주된다. 그러나 많은 주에서 최근 18세 미만인 자를 미성년자로 간주하는 법률을 제정한 바 있다. 미성년자와의 계약에 관한 법률상 원칙은 상당한 가치가 있는 생활필수품에 관한 계약을 제외하고 미성년자의 선택에 의해 계약이 취소(무효화)될 수 있다는 것이다. 보험이 생활필수품이라는 법원의 판결이 없었기 때문에, 미성년자는 보험을 구매할 수 있고, 나중에 그 계약을 거절할 수 있으며 모든 보험료를 환급받을 수 있다.

한편, 여러 주에서 특정 연령 이상의 미성년자에게 법적으로 유효한 생명보험이나 건강보험을 체결할 수 있는 자격을 부여하는 법률을 제정하고 있다. 그러한 연령제한은 14, 15세에서 18세까지 다양하다.

그러나 그러한 법률이 없는 경우 미성년자는 예를 들어 15세에 생명보험증권을 구매하여 20세까지 보험료를 납입할 수 있으며, 20세에 그 계약을 거절하고 납입한 모든 보험료를 환급받을 수 있다. 대부분의 법원은 보험회사가 계약이 유효하게 존재하는 동안의 순보험료(위험보험료)부분에 대한 비용을 환급금에서 공제하는 것조차도 허용하지 않을 것이다. 미성년자는 일년동안 자동차보험을 구매할 수 있으며, 보험계약기간이 만료되기 직전에 계약을 취소하고 그때까지 보장을 받았으면서도 보험료의 환급을 받을 수 있다.

5) 적법한 양식

전술한 바와 같이 보험계약은 구두계약일 수도 있고 반드시 서면계약이어야 한다는 법적 요건은 없다. 그러나 구두계약인 경우에도 적법한 계약양식인 일정한 보험증권(보험약관 포함)을 전제하고 있으며, 많은 경우에 있어서 보험계약의 양식과 내용이 법률, 특히 미국의 경우 주(州)법률에 의해서 좌우되고 있다. 미국의 많은 주들은 법률에 의해 표준화재보험증권을 사용하고 있다. 생명보험에서는 모든 주에서 표준증권이 요구되고 있지는 않지만, 대부분의 주가 모든 생명보험증권에 일부 표준규정의 삽입을 요구하고 있다.

또한 표준보험증권과 표준계약규정의 사용에 추가하여, 보험증권양식이 보험계약자들에게 제시되기 전에 정부의 인가를 받아야 한다고 법률에 의해 규정되고 있다. 물론 이러한 법률규정은 보험증권이 법률의 요건을 충족하고 있는지를 결정하고, 일반 대중의 이익을 침해할 수 있는 불량한 보험회사로부터 보험계약자를 보호하기 위한 것이다.

따라서 적법한 양식(legal form)으로 계약이 체결되기 위해서는, 보험계약은 합법적인 표준보험증권과 동일한 규정을 가지고 있어야 하고, 또는 내용면에서 표준규정의 취지를 포함하고 있어야 한다. 또한 정부당국에 신고되거나 인가받는 합법적인 적절한 절차를 따라야만 한다.

한편, 우리 상법도 보험증권의 기본적 기재사항을 규정하고(제666조), 보험종류에 따라 각각 특별한 법정기재사항을 정하고 있다[4]. 그러므로 보험증권은 요식증권(要式證券)이지만, 그 요식성은 어음이나 수표의 경우와 같이 엄격한 것이 아니고 법정기재사항을 갖추지 못한 경우에도 보험증권의 효력에는 영향이 없다는 것이 우리나라 상법학자들의 공통적인 견해이다.

3. 계약의 무효와 취소가능계약

1) 무효(無效)와 취소가능

무효(void)와 취소가능(voidable)이라는 말은 때때로 잘못 혼용되고 있다. 실제 무효계약(void contract)이라고 말하는 자체가 모순된 것이다. 무효인 계약은 결코 계약이 아니며, 법률상 효력이 없는 합의일 뿐이다. 무효란 법적 효과가 전혀 발생하지 않는다는 의미이며, 「취소가능」(voidable)이라는 말과는 다르다.

무효란 말은 재산권양도 또는 계약, 기타 합의에 관하여 사용된다. 무효인 행위는 당

4) 상법 제666조(손해보험증권)은 「손해보험증권에는 다음의 사항을 기재하고 보험자가 기명날인 또는 서명하여야 한다」고 규정하고 제728조(인보험증권)은 「인보험증권에는 제666조에 기재한 사항 외에 다음의 사항을 기재하여야 한다」고 규정하고 있으며, 이외에도 화재보험증권(상법 제685조), 운송보험증권(제690조), 해상보험증권(제695조), 자동차보험증권(제726조의 3), 상해보험증권(제738조) 등에 따라 보험증권의 법정기재사항을 규정하고 있다.

사자에 대하여 법적 구속력을 갖지 못하고 그것을 추인할 수도 없다. 본질적으로 무효계약은 유효한 계약이 되기 위해 법률에서 정하고 있는 요건중의 하나가 결여되어 있다. 무효계약은 계약당사자 일방에 의하여 이행될 수 없다. 예를 들어 불법적인 목적으로 체결된 계약은 무효이고, 당사자의 어느 쪽도 그 계약을 이행할 수 없다.

취소가능(voidable)이란 말은 처음부터 절대적으로 무효(void)인 경우와 달리, 재산권 양도나 계약, 기타 합의의 법적효과가 일단 발생하지만 취소권자가 그 효과를 상실하게 하려는 의사를 표시하면(취소권을 행사하면) 효과가 발생하지 않았던 것으로 간주되는 것을 의미한다. 취소권자는 취소할 수 있는 권리와 유효로 할 수 있는 권리를 모두 가지고 있다.

2) 취소가능계약

취소가능계약(voidable contract)은 당사자의 의사표시에 의해 무효로 할 수 있는 계약을 말한다. 즉 법원에서 인정할만한 이유로 인해 당사자 일방에 의해 무효화할 수 있는 합의이다. 미성년자를 당사자로 하는 계약이 그 예이다. 보통법에 의하면 미성년자가 주문한 필수품 이외의 물품 또는 스스로 요구한 서비스에 대하여 지불하겠다는 미성년자의 약속이 포함되는 계약은 成人인 당사자를 구속하지만, 미성년자는 그것을 취소할 수 있다. 미성년자가 成年에 이른 후 타당한 기간내에 계약을 취소하지 않을 때는 추인이 있었던 것으로 간주된다.

보험계약에 있어서도 계약을 무효로 할 수 있는 권리가 있는 당사자가 그렇게 하기를 원하지 않는 한 그 계약은 효력이 있다. 만약 보험가입자가 계약조건을 이행하지 못한 경우 보험자의 선택에 따라 계약의 불이행부분을 이행하도록 할 수도 있고, 계약을 무효로 하여 보장을 취소할 수도 있다.

또한 13세의 미성년자가 생명보험계약을 체결한 경우 그 계약은 보험자에게 구속력이 있는 반면, 대부분의 경우 피보험자의 선택에 따라 취소할 수도 있다. 계약은 여러가지 적법한 이유로 취소할 수 있다고 판결될 수 있다. 미성년자를 당사자로 하는 계약이외에 당사자 일방의 협박, 사기행위, 착오에 의해 계약을 체결한 경우, 그 계약은 무효로 할 수 있다.

제2절

보험계약의 법적 특성

1. 일반 계약과 보험계약의 법적 성질의 차이점

보험계약도 하나의 계약으로서 기본적으로 일반 계약법상의 원리(법리)에 좌우되고 있으나, 보험거래의 여러 가지 특수성 때문에 보험계약의 법적 성질은 보험의 원리에 맞도록 일반 계약법을 수정·보완하면서 정립되어 왔다. 이 결과 보험계약은 다른 계약에서 찾아볼 수 없는 다음과 같은 특유한 법적 특성을 가지고 있다.

① 사행계약(aleatory contract)
② 편무계약(unilateral contract)
③ 조건부계약(conditional contract)
④ 인적계약(personal contract)
⑤ 부합계약(contract of adhesion)

우리나라나 일본의 법률학자들은 보험계약의 법적 성질로서 불요식계약, 낙성계약, 유상계약, 쌍무계약, 최대선의계약 등을 들고 있다. 그러나 청약과 승낙이 계약의 법적 유효조건이라는 점에서 낙성계약이며, 그러한 청약과 승낙이 구두나 서면이든 가능하고 특별히 정한 계약양식을 필요로 하지 않는다는 점에서 불요식계약이고, 계약의 유효조건으로서 약인이 존재하여야 한다는 점에서 유상계약이라는 사실을 감안하면, 이것은 보험계약에 특유한 성질이라기 보다는 모든 계약에 공통적인 법적 성질에 해당된다. 또한 최대선의계약성도 보험계약은 물론 모든 계약에서 요구되는 법적 유효조건이기도 하다.

보험계약의 성질로서 우리나라의 상법학자들에 의해 주장되는 불요식계약성과 쌍무계약성에는 그 해석상 문제가 있다. 우리 상법 제638조를 근거로 보험계약은 요식계약이 아니고 낙성계약이므로 보험증권의 발행은 계약당사자의 편의를 위한 것이지 계약의 성립요건도 아니고, 또 보험자만이 기명날인 또는 서명하는 것이므로 계약서도 아니라고 주장하고 있다.

그러나 보험증권의 교부 자체를 보험계약의 성립요건으로 규정하고 있지 않을 뿐[5], 보험계약의 청약과 승낙에는 반드시 일정한 보험증권양식(보험약관 포함)을 전제하고 있다. 또한 우리 상법은 보험계약의 유효요건에서 전술한 바와 같이 제666조와 제728조 등에서 보험종류에 따라 각각 법정기재사항을 정하고 있다. 그러므로 우리 상법상 보험증권은 요식증권(要式證券)이고 일반계약과 마찬가지로 보험계약도 요식계약이라고 할 수 있다.

보험계약의 내용이 되는 일정한 보험증권의 존재는 보험계약의 성립요건이며, 계약당사자의 편의를 위한 보험증권의 교부는 보험계약의 성립요건은 아니라고 할 수 있다. 미국의 많은 주에서는 일부 보험종목의 보험계약에 대하여 법에서 정한 특별한 양식의 보험증권(보험계약서)만을 사용하도록 규정함으로써, 전술한 보험계약의 네 가지 법적 유효 요건에 적법한 양식(legal form)의 요건을 추가하여 결과적으로 요식계약임을 강조하고 있다. 쌍무계약에 관하여는 편무계약의 특성에서 살펴보기로 한다.

2. 사행계약(射倖契約)

보험계약은 등가교환계약(等價交換契約)이 아닌 부등가교환계약(不等價交換契約)이라는 점에서 사행계약이다. 사행계약(aleatory contract)은 교환되는 가치가 동등하지 않은 계약을 의미한다. 즉 사행계약이란 보험계약이 전형적으로 가지고 있는 법적 특성으로서 계약당사자의 급부와 반대급부의 가치가 동등하지 않는 계약을 말한다.

피보험자는 보험회사가 요구한 보험료를 지급하고, 손해가 발생하지 않는 경우 보험회사는 피보험자에게 아무 것도 지급하지 않는다. 그러나 손해가 발생한 경우 보험회사는 수취한 보험료보다도 훨씬 많은 보험금을 지급하며, 피보험자는 그가 지급한 보험료보다 많은 보험금을 지급받게 된다.

보험계약과는 대조적으로 다른 상업상의 계약은 등가교환계약이다. 등가교환계약(commutative contract)은 양 계약당사자에 의해 교환되는 가치들이 이론상으로 동등한 계약이다. 예를 들어 부동산의 구입자는 통상적으로 그 재산의 가치와 동등한 것으로

---

5) 우리 상법 제640조 1항은 보험자는 보험계약이 성립한 때에는 지체없이 보험증권을 작성하여 보험계약자에게 교부하여야 한다고 규정하고 있으나, 영국의 해상보험법 제22조는 보험증권은 계약성립시 또는 그 후에 이를 작성하고 발행할 수 있다고 규정하여 계약당사자의 편의를 도모하고 있다.

간주되는 가격을 지급한다.

또한 보험계약에서 보험자의 보험금 지급책임의 발생여부가 불확실한 우연한 사고에 좌우된다는 점에서도 사행성이 있다. 결과가 확률에 의해 영향을 받고 계약당사자들이 교환하는 화폐금액이 동등하지 않은 사행성이라는 점에서, 보험계약은 도박계약(gambling contract)과 같다.

그러나 보험계약은 도박계약이 아니다. 왜냐하면 도박은 그 거래 이전에 존재하지 않았던 새로운 투기적위험을 만들어내지만, 보험은 이미 존재하고 있는 순수위험을 처리하는 하나의 기법이기 때문이다. 이와 같이 도박과 보험이 그 성질상 사행성이지만, 보험계약은 새로운 위험을 만들지 않기 때문에 도박계약이 아니다.

3. 편무계약(片務契約)

보험계약은 편무계약이다. 편무계약(unilateral contract)이란 계약당사자의 일방만이 법적으로 구속력이 있는 약속을 하는 계약을 의미한다. 오직 계약당사자의 일방만이 법적으로 어떤 사항을 이행하여야 할 의무가 있다. 보험계약에서 피보험자는 법적으로 구속력이 있는 어떤 약속도 하지 않는다. 다만 보험자만이 보험료의 지급을 조건으로 피보험자에게 보험금을 지급하거나 기타 서비스를 제공한다는 법률상 구속력이 있는 약속을 하고 있다.

초회의 보험료가 지급되고 보험이 유효하게 된 후에 피보험자는 보험료를 지급하거나 또는 보험증권 규정을 이행하여야 할 법률상의 의무는 없다. 보험계약이 성립된 후라도 손해에 대하여 보험금을 받기 위해서 피보험자는 보험료를 지급하거나 또는 계속 지급해야 하지만, 꼭 그렇게 해야 할 법률상의 의무는 없다. 그러나 보험계약이 성립되고 보험료가 지급되는 경우에 보험자는 반드시 보험료를 영수하지 않으면 안되고, 보험계약에서 약속된 보험보호를 계속 제공하지 않으면 안된다.

반면, 대부분의 상업상 계약은 그 성질상 쌍무계약(雙務契約)이다. 쌍무계약(bilateral contract)이란 계약당사자의 일방이 타방에게 각각 법적으로 구속력이 있는 약속을 하고 있는 계약을 의미한다. 만약 당사자의 일방이 그 약속을 이행하지 않으면, 타방은 그 약속의 이행을 주장할 수 있으며, 계약의 위반을 이유로 손해배상을 받기 위해 소송을 제기할 수 있다. 우리나라와 일본의 법률학자들은 대체로 보험계약자의 보험료지급채무와 보험자의 보험금지급채무가 서로 구속(또는 대립)관계에 있다는 이유로써 쌍무

계약성을 주장하고 있다.[6)]

4. 조건부계약(條件附契約)

보험계약은 조건부계약이다. 조건부계약(conditional contract)은 클레임을 지급할 보험자의 의무가 피보험자 또는 보험수익자의 보험계약의 모든 조건의 이행 여부에 좌우된다는 것을 의미한다. 여기에서 조건(conditions)은 보험증권에 삽입된 규정으로서 이행하여야 할 보험자의 약속에 관하여 제한할 수 있는 권한을 부여하거나 또는 제한하는 규정들이다.

보험계약조건들은 피보험자가 손해에 대한 보험금의 수취를 원하는 경우 피보험자에 관한 몇 가지 의무를 부과하고 있다. 피보험자가 보험계약조건을 준수하여야 할 의무는 없지만, 보험금을 받기 위해서는 그러한 조건을 준수하지 않으면 안된다.

보험자는 보험계약조건들이 충족되지 않으면 클레임을 지급할 의무가 없다. 예를 들어 보험증권에 피보험자가 손해발생에 대해 지체없이 통지하여야 한다고 규정하고 있는 경우, 피보험자가 손해의 통지를 부당하게 오랜 기간동안 지체한 때에는 보험회사는 보험계약조건의 위반을 이유로 클레임의 지급을 거부할 수 있다.

5. 인적계약(人的契約)

보험보호가 재산에 적용되는 손해보험인 경우에도 위험은 한 개인으로부터 보험회사로 전가된다. 주택이나 기타 재산을 보험에 가입하였다고 하는 경우에도, 그 보험계약은 보험회사와 보험증권에 특별히 명기된 피보험자 사이에 체결된 계약이다. 인적계약(personal contract)이란 피보험자와 보험자 간의 계약임을 의미한다.

---

6) 그러나 영미법계의 모든 학자들은 피보험자가 보험료를 지급하거나 보험증권 규정에 따라야 할 법적인 의무가 없으며, 따라서 보험자는 피보험자의 보험료 불지급에 대하여 그 계약을 해지할 수 있을 뿐 법적으로 그 지급을 강요할 수 없다는 점에서 편무계약성을 주장하고 있다. 물론 보험계약이 조건부계약이므로 피보험자가 보험료를 지급하지 않거나 계약의 일부 조건을 위반하면 손해가 발생한 경우 보험금을 받지 못하게 된다. 그러나 보험료 지급 여부는 피보험자의 일방적인 개인 의사에 좌우되는 것으로써 보험료의 지급에 대한 법적 강제성이 없으며, 진정한 채무가 아니다. 따라서 보험자는 피보험자의 보험료 불지급이라는 채무불이행에 대하여 손해배상금을 청구할 수도 없다. 그러므로 보험계약은 쌍무계약이라기 보다는 편무계약으로 보는 것이 타당한 것으로 생각된다.

엄밀히 말하면, 재산보험계약은 재산을 보험에 가입시키는 것이 아니고, 손해에 대하여 재산의 소유자를 보험에 가입시키는 것이다. 다시 말하면 보험계약의 목적은 재산(보험의 목적)이 아니고, 특정인(피보험자)이 그 재산에 대하여 가지고 있는 경제적 이해관계인 피보험이익이다. 그러므로 그 재산이 손상을 입거나 파괴되는 경우 피보험재산의 소유자가 손해보상을 받는다.

보험계약은 인적계약이므로 보험청약자가 반드시 보험회사에 의해 받아들여져야 하고, 성격과 도덕심 및 신용에 관한 언더라이팅기준에 적합해야 한다. 이와 같이 피보험자의 개인적 특성과 보험의 목적을 둘러싸고 있는 상황들은 보험회사가 보험증권의 발급(또는 위험의 인수) 여부를 결정하는데 있어서 매우 중요하다.

또한 재산보험계약도 인적계약이므로 그 계약은 보통 보험자의 서면 동의 없이는 타인에게 양도될 수 없다. 개인의 의사에 반하여 강제로 계약을 체결할 수 없다는 일반원칙에 따라서, 보험증권을 양도하는 피보험자의 권리는 마땅히 보험회사의 동의를 필요로 한다. 그렇지 않으면 보험회사는 원래 보험증권을 발급해 주지 않았던 자로서 위험의 성질이 상당히 변경된 별개의 개인과 계약을 체결할 법적 의무가 있게 되는 모순이 발생한다.

6. 부합계약(附合契約)

1) 부합계약의 의의

부합계약(contract of adhesion)은 계약내용이 계약당사자 쌍방의 협상에 의하여 작성되지 않고, 계약당사자의 일방(보험회사)에 의해 미리 작성되어 타방(피보험자)에 의해 받아들여지거나 또는 거절되는 계약을 의미한다. 즉 부합계약이란 피보험자는 모든 계약조건과 함께 계약 전체를 받아들여야 한다는 것을 의미한다. 어떤 보험계약의 조건이 마음에 들지 않는 피보험자는 그 계약을 체결하지 않을 수 있지만, 만약 그 계약을 체결한 경우에는 보험자가 작성한 계약내용 전체를 있는 그대로 받아들이지 않으면 안된다.

이러한 부합계약의 성질 때문에 피보험자 등의 보호를 위하여, 보험자가 일방적으로 계약조건을 규정한 보험약관은 보험사업의 허가신청서류로서 제출하여야 하고(보험업법 제5조 3항), 보험약관의 변경도 보험업법(제7조 1항)에 의해 재무부장관의 인가를 받아야 한다. 또한 상법(제663조)은 해상보험 등 일부 기업보험의 경우를 제외하고 당사자간의 특약으로 보험계약자 등의 불이익으로 변경하지 못한다는 불이익변경금지원칙을 규정하고 있다.

그리고 보험증권의 애매한 표현의 해석에 관한 보통법상 원칙의 하나로서, 여러 가지 해석원칙을 모두 적용하고서도 그 해석이 불명확한 경우 최종적으로 적용되는 문서작성자 불이익의 원칙('contra proferentem' rule)에 의해 보험증권과 보험약관을 작성한 보험자에게 불리하게 해석되어야 한다.

2) 부합계약의 예외

수기(手記)보험증권(manuscript policy)은 부합계약의 예외이다. 보험자에 의해 작성된 인쇄보험증권과는 대조적으로, 수기보험증권은 특정의 개인고객 또는 기업의 특별한 필요(needs)를 충족시키기 위해 작성되는 계약서이다. 통상적으로 이러한 보험증권은 대형 법인보험중개인 또는 기업의 위험관리부서에 의해 작성되고, 나중에 보험자에 의해 합의되는 절차를 취하고 있다.

법원은 이와 같은 보험증권상 규정에 관해 분쟁이 있는 경우, 부합계약에 관련된 보통법원칙(문서작성자불이익원칙)을 수정하고 있다. 이것은 양당사자들이 모두 전문적인 보험지식을 가지고 대등한 관계에서 계약을 체결할 수 있다고 추정하는 것이 합리적이므로 바람직하다고 생각된다.

3) 부합계약성의 존재이유

보험계약의 이러한 부합계약의 법적 특성은 보험제도의 기초개념인 잠재적 손해의 결합(pooling)과 분담(sharing)을 실현하기 위해서는 다수 동질의 손해노출상황(위험)의 존재 또는 결합(위험단체)이 전제되어야 하는데서 유래한다.

1인의 보험자와 다수의 계약자가 매 계약건별로 협상하여 계약조건을 결정하는 일이 시간적 · 기술적으로 불가능할 뿐만 아니라, 하나의 동질의 위험단체에 해당되는 매 계약에 대하여 서로 다른 계약조건으로 계약을 체결하는 일이 형평의 원칙에 위배됨은 물론 그 단체의 동질성을 파괴하는 결과를 가져오기 때문이다. 이와 같이 보험계약은 위험의 대량성과 동질의 위험단체성으로 인하여 그 정형성이 요구되기 때문에 부합계약의 성질을 갖는다.

제3절

손해보상의 원리

1. 손해보상원리의 의의

보험메커니즘의 작용에 영향을 미치는 중요한 기본 법리 중의 하나가 손해보상의 원리(principle of indemnity)이다. 대부분의 손해보험계약은 손해보상계약이다. 손해보상계약은 피보험자가 손해의 실제현금가액(actual cash value)을 초과하여 보험금을 받아서는 안된다는 것을 특별히 약정하고 있다. 즉 손해보상계약은 피보험자가 실제 입은 손해 이상을 보험자가 지급하지 않기로 약정하는 계약을 의미한다.

손해보상(indemnity)이란 손해가 발생한 경우 피보험자에게 손해가 발생하기 직전과 동일한 경제적 지위로 회복시켜 주는 것을 의미한다. 왜냐하면 보험계약의 목적이 피보험자를 손해가 발생하기 전의 동일한 경제적 상태로 회복시켜 주는데 있으며, 손해로 인하여 피보험자의 경제적 상태를 개선시켜 주는데 있지 않기 때문이다.

손해보상의 원리는 피보험자가 손해금액에 대하여 보험자로부터 수취할 수 있는 보험금을 제한하기 위한 법률상의 원칙과 보험증권 규정을 통하여 실현된다. 손해보상원리의 실현을 위한 법률상의 원리와 보험계약규정은 다음과 같다.

① 피보험이익의 원리(principle of insurable interest)
② 대위의 원리(principle of subrogation)
③ 실제현금가액과 손해평가규정(loss measurement provision)
④ 중복보험의 책임분담원리와 타보험규정(other insurance provision)

2. 손해보상원리의 목적

손해보상의 원리는 두 가지 기본적인 목적을 가지고 있다. 첫째, 피보험자가 보험으로 이익을 얻는 것을 방지하는 것이다. 손해보상의 원리는 보험자와 사회에 실제적인 중요성을 가지고 있다. 만약 피보험자가 피보험손해에 의해서 이득을 얻을 수 있다면 고의로 손해를 야기할 수 있으며, 그 결과는 사회에는 자원의 감소와 보험회사의 경제적 부담, 그리고 궁극적으로 모든 피보험자에게 고율의 보험료 부담으로 나타나게 될 것이다. 더욱이 손해가 우연한 것이 아니고 고의적으로 초래된다면 보험자는 보험료의 합리적인 산출이 불가능하게 될 것이다.

둘째, 도덕적 위험상황을 감소시키는데 있다. 부정직한 피보험자들이 손해발생으로 이익을 얻을 수 있다면, 그들은 보험금 수취를 목적으로 고의로 손해를 일으킬 수 있다. 따라서 손해에 대한 보험금이 실제현금가액의 손해를 초과하지 않으면, 도덕적 위험상황은 감소된다.

3. 손해보상원리의 예외

손해보상의 원리가 적용되지 않는 예외는 다음과 같다.

① 기평가보험증권(valued policy)

② 기평가보험증권법(valued policy laws)

③ 대체가격보험(replacement cost insurance)

④ 관계법규에 따른 추가복원비용(additional cost of reinstatement)

⑤ 생명보험(life insurance)

1) 기평가보험증권(既評價保險證券)

기평가보험증권(valued policy)은 전손이 발생한 경우 실제현금가액에 관계없이 계약체결시에 보험자와 피보험자가 합의한 협정보험가액(agreed value)을 지급하기로 약정한 보험증권을 말한다. 이러한 형태의 보험증권은 대체로 해상보험과 골동품, 조각품, 진기한 미술품, 가보(家寶) 등의 보험에 이용되고 있다.

이것은 손해가 발생한 때와 장소에서 재산의 실제 가액을 정확히 결정하기가 사실상 불가능하거나 곤란하며, 그 멸실재산의 가액에 관한 분쟁이 발생한 경우 해결하기가 곤란하기 때문에, 실제현금가액의 실용적인 대안으로서 보험계약체결시 계약당사자간에 합의한 협정보험가액을 이용하는 것이다[7].

---

7) 영법은 협정보험가액이 사기가 없는 한 보험자와 피보험자 사이에 확정적인 것으로 규정하고 있으나(MIA,1906 第27조), 우리 상법은 협정가액이 사고발생시의 가액을 현저하게 초과할 때에는

2) 기평가보험증권법(既評價保險證券法)

기평가보험증권법(valued policy laws)은 손해보상원리의 또다른 예외라고 할 수 있는데, 미국의 많은 주에서 기평가보험증권의 원칙을 법에 규정하고 있다[8].

이 법들은 보험증권에 실제현금가액만을 지급한다고 명시하고 있는 경우에도 법에 정하고 있는 위험으로 인하여 전손이 발생한 경우 보험증권에 명시한 보험금액을 피보험재산의 정당한 가액으로 간주한다고 규정하고 있다.

이 법은 매우 제한적으로 적용되고 있는데, 대체적으로 화재, 낙뢰, 토네이도(tornado) 등의 특정위험[9]과 피보험재산은 부동산에만, 그리고 손해는 전손에 대해서만 이 법이 적용된다. 원래의 목적은 보험대리점이 수당을 많이 받기 위해 고의로 초과보험을 체결한 경우 보험회사와의 분쟁에서 피보험자를 보호하기 위한 것이었다[10].

3) 대체가격보험(代替價格保險)

대체가격보험(replacement cost insurance)은 손해에 대한 보험금을 결정함에 있어 감가상각(depreciation)에 대하여 공제하지 않고 대체가격을 기초로 하는 것을 말한다.

이 보험은 일반적으로 주택과 기타 건축물에 적용되고, 동산에 대하여는 대체가격에서 감가상각을 공제하여 지급하는 실제현금가액을 기초로 보험금이 정산된다[11]. 대체가격이란 현재 가격으로 유사한 질(質)과 종류의 자재를 가지고 주택을 수리하거나 대체하는데 필요한 금액을 말한다.

이 보험은 복원보험(reinstatement insurance)이라고도 하는데, 세계1차대전과 2차대전이후 심각한 인플레이션으로 감가상각기금이 보험자의 보상금액과 건물이나 공장의 복원비용의 차액을 보전하는데 불충분하게 되어 복원을 기초로 한 보험상품에 대한 피

사고 발생시의 가액을 보험가액으로 한다(상법 제 670조)고 규정하고 있어 사실상 기평가보험증권의 취지에 모순되고 있다. 따라서 보험가액의 협정은 영법규정과 같이 당사자 사이에는 확정적인 효력을 인정하는 방향으로 개정하는 것이 타당할 것이다.

8) 기평가보험증권법을 시행하고 있는 미국의 주는 Arkansas, California, Florida, Georgia, Kansas, Louisiana, Minnesota, Mississippi, Missouri, Montana, Nebraska, New Hampshire, North Dakota, Tennessee, Texas, West Virginia, Wisconsin 등이다.

9) 그러나 많은 주에서는 이법이 보험증권에서 부담하고 있는 모든 위험에 적용되고 있다.

10) 그러나 초과보험은 흔히 발생하지 않기 때문에 이 법의 중요성은 점점 감소하고 있으며, 현재는 보험자에게 부적합한 보험료 수입과 피보험자에게는 부적합한 보험금을 초래하는 일부보험이 보다 큰 문제라고 한다.

11) 동산에 대하여는 배서(endorsement)로서 대체비용이 담보되고 있다.

보험자의 수요가 증대되었다. 이 복원보험은 건물과 공장 및 기계류에 대하여 제공되고, 재고품이나 상품 또는 원자재에 대하여는 제공되지 않는다.

4) 관계법규에 따른 추가복원비용

대부분의 국가와 지역에서는 건물과 내용물의 건축방법 및 건축자재를 규제하는 건축법과 행정법규가 시행중에 있다. 이러한 법규들은 기존 건물에는 적용되지 않지만, 화재로 인해 파괴되어 신축하거나 개축하는 건축물은 현행 법규에 따라야 한다. 그 결과 화재로 건물이 파괴된 경우, 보다 비싼 자재를 사용하거나 설계를 변경할 필요가 있기 때문에 파괴된 건물의 가액보다 훨씬 비싼 건축비용이 소요될 수 있다.

만약 화재가 발생하지 않았다면 피보험자는 그러한 추가비용을 지출하지 않았을 것이며, 이에 따라 보험자는 화재로 인해 발생한 추가비용을 보상하는 보험상품을 제공하고 있다.

이 보험은 실제가액에다 건축관계법규에 의해 필요로 하는 추가된 복원비용을 추가한 금액에 대하여 건물과 내용물을 보장하고 있다. 보험증권에는 이와 같은 추가비용을 보장한다는 적절한 규정과 함께, 손해발생 전에 지출된 추가비용은 보상하지 않는다고 규정하고 있다.

5) 생명보험

생명보험계약은 일종의 기평가보험증권이라고 할 수 있다. 엄밀히 말하면 피보험자의 사망에 대하여 보험수익자에게 보험증권에 명시된 일정 금액을 지급하는 정액지급보험증권(cash payment policy)이다.

왜냐하면 실제현금가액이 인간의 생명의 가액을 결정하는데 있어서 무의미할 뿐 아니라 피보험자의 가액에 대한 합의를 반드시 필요로 하기 때문이다. 그러나 보험회사는 피보험자의 사망에 대하여 보험증권의 보험금액을 지급하기로 합의하고 있어 생명보험계약은 손해보상계약이 아니다.

제4절

피보험이익의 원리

1. 피보험이익의 의의

1) 보험의 목적과 보험계약의 목적

보험계약은 위험, 즉 보험사고의 대상(객체)이 되는 보험의 목적이 있어야 한다. 보험의 목적은 손해보험에 있어서 보험사고로 인하여 손해를 입게 될 경제적 이익을 가지고 있는 것으로써, 유형재산이든 무형재산이든 관계없다. 인보험에 있어서는 반드시 자연인(自然人)에 한하고, 특히 사망보험에 있어서 15세 미만자, 심신상실자 또는 심신박약자는 보험의 목적이 될 수 없다(상법 제632조).

재산보험에서 보험의 목적이 단일물건인 경우의 개별보험과 가재도구 일체 등 집합된 물건인 집합보험이 있을 수 있고(상법제686조 및 687조), 인보험의 경우 피보험자가 1인인 개인보험과 단체의 전부 또는 일부가 피보험자인 단체보험이 있다(상법 제732조의 3).

한편, 우리 상법은 다음에 설명하는 피보험이익을 「보험계약의 목적」으로 표현하고, 금전으로 산정할 수 있는 이익으로 한정하고 있다(상법 제668조).

2) 피보험이익의 원리 및 정의

피보험이익의 원리(principle of insurable interest)는 손해가 발생한 경우 피보험자가 재정적인 손해를 입거나 또는 기타 다른 종류의 피해를 입어야 한다는 것을 의미한다.

예를 들어 자동차가 손상을 입거나 도난당하면 피보험자는 재정적인 손해를 입을 수 있기 때문에 그는 그의 자동차에 대한 피보험이익을 갖는다. 또한 주택이 손상을 입거나 파괴되면 피보험자가 재정적인 손해를 입을 수 있기 때문에 그는 그가 소유한 주택에 대한 피보험이익을 갖는다.

피보험자는 손해를 증명하기 위해서 그가 관련재산의 손상이나 멸실로 인하여 손해를 입은 자(loser)임을 입증하여야 한다는 것은 손해보상원리의 당연한 결과이다. 그리고 피보험자가 손해를 입었다는 것을 입증하기 위해서는 그가 재산에 대한 피보험이익을 가지고 있어야 한다. 그렇지 않으면 피보험자가 실제 손해를 입지 않은 경우에도 보험금이나 기타 급부를 받는 결과를 가져올 것이며, 공서양속에 반하게 될 것이다.

그러므로 모든 보험계약은 피보험자가 보험의 목적(subject matter of insurance)에 합법적인 관계(interest or relationship)를 갖고 있는 경우에만 법적으로 구속력이 있으며, 실제에 있어서 그러한 관계, 즉 피보험이익이 보험에 가입된다. 따라서 피보험이익이 보험계약의 목적이 된다.

피보험이익(insurable interest)이란 특정인(보험청약자 또는 피보험자)과 보험의 목적 사이의 적법한 경제적 관계를 의미한다. 여기에서 보험의 목적은 주택, 자동차, 선박이나 화물 등의 재산, 또는 사람의 생명이나 신체, 또는 그 일부 등 손해를 발생시키는 대상, 또는 객체를 말한다.

그러한 보험의 목적과의 적법한 경제적 관계로써 전형적인 것은 소유권(소유이익)이며, 그 외에도 수익이익, 비용이익, 담보이익, 책임이익 등이 있다. 어떠한 관계이든 재정적인 손해가 발생할 수 있는 관계가 존재하는 한, 그러한 관계는 법적으로 구속력이 있는 보험계약의 정당한 목적이 될 수 있다.

3) 피보험이익의 구성요건

피보험이익을 구성하기 위해서는 다음의 세 가지 필수조건이 충족되어야 한다.

① 피보험위험에 의해 손해를 입을 수 있는 실체적 대상(physical object)이 존재하여야 한다.

② 그러한 대상이 보험의 목적이어야 한다.

③ 피보험자는 보험의 목적에 대하여 법률에 의해 인정되는 합법적인 관계를 가지고 있어야 하고, 그 결과로써 피보험자는 보험의 목적의 안전으로 이익을 얻거나 또는 보험의 목적의 손해에 의해 피해를 입게 되는 관계를 가지고 있어야 한다.

상기 세번째의 필수요건은 ①적법성 ②확정성 ③경제성으로 요약된다. 피보험자가 보험의 목적에 대하여 가지고 있는 이해관계, 즉 피보험이익은 법률에 의해 인정되는 적법한 것이어야 한다. 왜냐하면 적법하지 못하면 공서양속에 반하기 때문이다.

피보험이익은 그 관계가 확정되어 있어야 한다. 따라서 단순한 기대이익은 피보험이익이 될 수 없다. 그러나 피보험이익의 확정시기는 생명보험과 손해보험에서 다르다. 손해보험의 경우에는 손해 발생시 존재하여야 한다. 손해보상계약인 손해보험에서 손해발생 시 피보험이익이 존재하지 않으면 실제 재정적인 손해가 없음을 의미하는데, 보험금이 지급된다면 손해보상원리가 파기되기 때문이다. 생명보험의 경우에는 피보험이익은 보험계약의 개시시에 존재하여야 하고, 사망시 충족될 필요는 없다.

또한 피보험이익은 금전적 이익(pecuniary interest)이어야 한다. 즉 피보험이익은 보험의 목적의 안전이나 손해에 의해 이익을 얻거나 피해를 입는 경제적인 이해관계, 즉 금전으로 산정할 수 있는 이익이어야 한다. 따라서 감정적이익은 보험계약을 유지하기에는 불충분하다[12]. 피보험이익은 이와 같이 금전적 이익의 범위로 제한되고, 손해보험계약의 보상한도는 해당 피보험이익의 금전적 평가액인 보험가액이다.

4) 피보험이익의 목적

이상을 종합하면 피보험이익이란 특정인(피보험자 또는 보험계약자)이 보험의 목적에 대하여 가지고 있는 적법한 경제적 관계라고 정의할 수 있다. 보험계약의 목적, 곧 보험이 보호하는 대상은 그러한 관계이다. 따라서 하나의 보험의 목적에 대하여 서로 다른 피보험이익이 존재할 수 있고, 피보험이익에 따라 수개의 보험계약이 성립될 수 있다.

피보험이익의 존재 필요성은 근본적으로 손해보상원리를 실현하기 위한 것이지만, 피보험자가 피보험이익을 가져야 하는 법률상의 이유 및 목적은 ① 도박의 방지 ② 도덕적 위험상황의 예방과 감소 ③ 피보험자의 손해액의 평가 등 세 가지 목적을 가지고 있다[13]. 또한 이에 부수되는 효용으로서 ④ 손해의 평가를 통한 보험자의 보상책임범위 결정 ⑤ 동일한 보험의 목적에 대하여 수 개의 보험계약의 성립 가능 ⑥ 중복보험과 초과보험의 폐단 방지 등이다.

12) 생명보험에 있어서는 가족관계(family relationship)의 경우 금전적 이익이 없는 감정적 이익(sentimental interest)이나 사랑과 애정을 기초로 한 이익도 피보험이익으로 인정되고, 사업관계(business relationship)나 채권자와 채무자 관계(creditor and debtor relationship)는 금전적 이익이 존재하는 경우에만 피보험이익으로 인정된다.

13) Edwin W. Patterson, Essentials of Insurence Law, New York: McGraw-Hill Book Co., 1985, pp.87-89.

(1) 도박의 방지

피보험이익의 원리는 보험계약이 도박목적으로 이용되는 것을 확실하게 방지하는 수단으로서, 그리고 도덕적 위험상황을 감소시키기 위하여 발전되었다. 피보험이익은 도박을 방지하는데 필요하다. 피보험이익이 요구되지 않으면 계약은 도박계약이 되고 일반대중의 이익에 반(反)하게 될 것이다. 예를 들면 부정직한 자들이 타인의 재산이나 생명을 보험에 가입할 수 있으며, 그 재산의 손해나 타인의 조기사망을 기대하게 될 것이다. 이러한 계약은 분명히 도박계약이며 일반대중의 이익에 반할 것이다.

(2) 도덕적 위험상황의 예방과 감소

또한 피보험이익은 도덕적위험상황을 감소시킨다. 피보험이익이 요구되지 않으면 부정직한 자가 타인의 재산에 대하여 재산보험을 구매할 수 있으며, 보험금의 수취를 목적으로 고의로 손해를 일으킬 수 있다. 그러나 피보험이익의 원리에 의해 피보험자가 재정적으로 손해를 입게 되면, 제3자는 손해를 초래함으로써 아무 것도 이익을 얻을 수 없다. 따라서 도덕적 위험상황이 감소된다.

생명보험에서 피보험이익의 존재는 보험금수취를 목적으로 피보험자를 살해할 동기를 감소시킨다. 타인의 생명을 합법적으로 보험에 가입할 수 있는 자들의 범위가 혈연이나 결혼에 의해 피보험자와 밀접한 관계를 맺고 있는 자, 또는 피보험자에게 재정적으로 의존하는 관계를 통하여 피보험자의 사망에 의해서 얻는 것보다 피보험자의 생존에 의해서 더 많은 것을 얻는 위치에 있는 자로 국한된다면, 피보험자를 살해하려는 유혹은 매우 감소될 것이다.

(3) 피보험자의 손해액의 평가

피보험이익은 피보험자의 손해를 평가한다. 피보험자의 손해는 엄밀한 의미에서 피보험이익의 멸실 또는 감가(손상)이며, 피보험자가 보상받을 수 있는 보험금은 보험의 목적의 멸실 또는 손상으로 인해 감가된 피보험이익의 경제적 평가액이다.

피보험이익을 경제적으로 평가한 가치인 보험가액은 손해발생 시 피보험자가 보상받을 수 있는 법률상 최고한도이며, 보험자가 지급할 수 있는 법률상 최고한도이다.

결과적으로 피보험이익은 손해의 평가를 통해 보험사의 보상책임범위를 결정하고, 초과보험과 중복보험의 폐단을 방지하며, 동일한 보험의 목적에 대하여도 피보험이익이 다르면 복수의 보험계약이 성립하도록 한다.

2. 피보험이익의 예

1) 손해보험

손해보험인 재산보험과 배상책임보험에서 피보험이익은 피보험자와 보험의 목적 사이의 금전적인 관계로서 성립된다. 그러한 관계중에서 가장 대표적인 것은 재산의 소유권(ownership)이다. 예를 들어 피보험자가 건물 또는 자동차와 같은 재산을 소유하고 그 재산이 손상을 입거나 파괴된다면, 그 재산의 소유자인 피보험자는 재정적으로 손해를 입게 될 것이다.

그러나 소유권(소유이익)만이 피보험이익을 성립시키는 유일한 관계는 아니다. 그 외에도 수익이익, 비용이익, 담보이익, 배상책임이익 등 다른 관계도 있을 수 있으며, 재정적인 손해가 발생할 수 있는 관계가 존재하는 한 그러한 관계는 법적 구속력이 있는 보험계약의 정당한 목적이 될 수 있다. 피보험이익을 소유하고 보험에 가입할 수 있는 자는 다음과 같다.

① 절대적 소유자(absolute owner): 가장 일반적인 형태의 이익으로서, 피보험자가 반드시 단독소유자일 필요는 없고 공동소유자 또는 기업의 공동출자자(出資者)일 수도 있다.

② 유한책임 소유자(limited owner): 영구 임차인(賃借人) 등도 피보험이익을 갖는다.

③ 저당권설정자와 저당권자(mortgagor and mortgagee): 공동의 이름으로 보험계약을 체결하는 것이 보통이지만, 각 당사자가 별도의 피보험이익을 가지며 적절하다고 생각하는 경우 그 자신의 이름으로 보험에 가입할 수 있다. 저당권을 가진 채권자(secured creditor), 예를 들어 은행이나 대출기관은 채무에 대해 담보물로 제공된 재산(건물 등의 부동산과 재고품 등의 동산)에 관하여 피보험이익을 갖게 되고, 유치권자(lienholder)는 유치권(留置權)이 행사중에 있는 재산에 대하여 피보험이익을 갖는다. 이들 경우 담보재산이 파괴되는 경우 채권자의 손해를 초래할 수 있기 때문이다. 그러나 법원의 판례는 저당권이 없는 채권자 또는 일반 채권자는 채무자의 재산에 대한 피보험이익을 인정하지 않고 있다.

④ 임대인과 임차인(lessor and lessee or tenant): 임대인과 임차인은 공동의 이익을

소유하고, 영국의 경우 일반적으로 두사람의 이름으로 보험계약을 체결하지만, 각자가 별도로 보험에 가입할 수도 있다.

⑤ 수탁자 또는 피신탁인(trustee): 수탁자(受託者)는 위탁자(trustor)가 신탁행위에 의해 귀속시킨 신탁재산의 재산권(legal title)을 보유하고 일정한 신탁목적에 따라 타인 또는 수익자를 위하여 그 재산을 관리 또는 처분하는 권한과 의무를 가진 자를 말한다. 따라서 수탁자는 재산의 합법적인 소유자이며, 그 자신의 이름으로 보험에 가입할 수 있다.

⑥ 수탁자 또는 피기탁인((bailee): 수탁자는 기탁(寄託: bailment)계약의 당사자의 일방으로서 기탁자로부터 동산의 기탁을 받은 자를 말한다[14]. 운송인, 여관주인, 전당포주인, 창고업자 등의 수탁자는 그들에게 기탁된 타인 재산의 안전에 대하여 책임이 있기 때문에 피보험이익을 소유한다.

⑦ 법률상 배상책임(legal liability): 잠재적인 법률상 배상책임도 피보험이익을 구성할 수 있다. 예를 들어 상기 수탁자, 세탁소나 유료 자동차주차장의 주인 등은 고객의 재산에 대하여 피보험이익을 갖는다. 왜냐하면 그들은 부주의로 인한 고객의 화물의 멸실 또는 손상에 대하여 법률상 배상책임이 있기 때문이다.

⑧ 수익(profit): 건물의 임대, 공장의 가동 또는 선박의 운행의 결과로서 취득되는 임대료, 상품의 판매수익, 운임 등과 같은 수익(收益) 등도 피보험이익을 구성한다. 그러한 재산이 파괴된 경우 건물주, 기업, 선주 등은 그 결과로서 수익의 상실에 대한 간접손해를 입기 때문이다.

⑨ 비용(expense): 건물의 임차료, 운송화물에 대한 운임과 보험료, 선박의 선비(船費)와 보험료 등과 같은 비용(expense)도 피보험이익을 구성한다. 재산의 파괴로 인해 그러한 비용에 대하여 손해를 입기 때문이다.

2) 생명보험

우리나라의 일부 교과서에서는 생명보험에는 피보험이익의 존재필요성이 없고, 손해보험에만 존재하는 개념으로 설명되고 있다. 그 이유는 피보험이익은 금전으로 산출될

---

14) 미국의 통일상사법전(統一商事法典)은 권원증권(權原證券: document of title)에 관한 제7편에서 「수탁자(bailee)는 창고화물증권, 선화증권, 기타 권원증권에 의해 물품의 점유를 승인하고 물품의 인도를 약정하는 자」라고 정의하고 있다.

수 있어야 하는데 생명이란 고귀한 것으로 그 가치를 금전으로 평가할 수 없다는 것이다. 즉 경제적인 이익이 존재하지 않는다는 것이다. 이것은 피보험이익의 개념을 확실히 이해하지 못한 결과이다. 다시 말하면 인간의 생명(보험의 목적) 그 자체를 피보험이익으로 잘못 간주한 결과라고 할 수 있다.

피보험이익은 인간의 생명 그 자체가 아니고, 전술한 바와 같이 특정인이 자기 또는 타인의 생명에 대하여 가지고 있는 경제적 관계로서 법률에 의해 인정되는 관계가 피보험이익이다. 또한 전술한 바와 같이 피보험이익의 원리는 보험계약이 도박목적으로 이용되는 것을 방지하는 수단으로서 도덕적 위험상황을 감소시키기 위해 발전되었다.

부정직한 자들이 타인의 재산에 대하여 도박계약을 체결하는 것보다도 타인의 생명을 마음대로 보험에 가입할 수 있다면, 그러한 도박계약의 폐해는 더욱 클 것이고, 일반대중의 이익에도 크게 반하게 될 것이다. 따라서 손해보험에서 보다도 생명보험에 있어서 피보험이익의 개념이 더욱 강조된다고 할 수 있다[15].

(1) 자기의 생명보험

자기의 생명에 대하여 생명보험에 가입할 때는 피보험이익의 문제가 발생하지 않는다. 법률은 자기의 생명에 대하여 임의로 생명보험에 가입할 때는 언제나 피보험이익 요건이 충족되는 것으로 간주한다. 이것은 누구든지 자신의 인명(人命)의 가치를 처분할 수 있어야 한다는 원리를 기초로 하고 있다.

예를 들면 자기의 생명에 관하여 1억원의 보험금액으로 어떤 보험회사가 생명보험을 인수하고 해당 보험료를 지급한 경우, 그의 사망이 어느 누구에게도 재정적인 손해를 초래하지 않을지라도 그 계약은 합법적이다.

또한 자기의 생명에 대한 피보험이익은 그 범위에 제한이 없다. 그러나 실제에 있어서는 보험회사가 생명보험을 인수할 경우 도덕적 위험상황을 감소시키기 위하여 그 회사의 언더라이팅지침서 등에 의해 피보험자의 현재 소득과 자산상태 등을 감안하여 보험가입금액을 결정하고 있다.

---

15) 우리 상법은 피보험이익을 「보험계약의 목적」이라고 표현하고 금전으로 산정할 수 있는 이익으로 한정하고(상법 제668조) 있다는 점에서 물건보험에서만 그 개념을 인정하는 것으로 볼 수 있다. 따라서 우리나라에서는 피보험이익의 관념은 주로 손해보험의 중심요소로 삼고 있는 것이 통설이라고 할 수 있으나 생명보험과 같은 인보험에 있어서도 그 관념을 인정하는 것이 옳을 것이다.」(梁承圭, 保險契約法, 保險監督院 保險研修院, 1993, p.77.)

피보험자는 그가 원하는 자를 자기의 생명보험의 수익자로서 지정할 수 있는 권리를 가지고 있으며, 보험수익자는 피보험자의 생명에 대하여 피보험이익을 가져야 할 필요는 없다. 보험수익자는 피보험자의 사망시 일정 금액(보험금액)을 청구할 수 있는 합법적인 권리를 가지고 있고, 그 결과로서 보험수익자가 피보험자의 사망 때문에 재정적인 손해를 입었다는 사실을 입증할 필요는 없다.

그러나 제3자인 보험청약자가 보험수익자가 되는 경우 피보험이익을 소유하여야만 하고, 보험금액은 피보험이익의 정도 또는 범위에 관계를 갖고 한정되어야 한다. 예를 들어 대부분의 미국법원에서는 채무자의 생명에 대하여 채권자에 의해 가입된 생명보험은 보험증권이 발급된 때의 채무금액과 균형을 잃지 않아야 한다. 이러한 요건의 목적은 도박거래의 수단으로서 채무의 이용을 방지하기 위한 것이다.

(2) 타인의 생명보험

타인의 생명에 대한 생명보험계약을 체결하는 경우, 반드시 타인의 생명에 대하여 피보험이익을 가지고 있어야 한다. 타인의 생명에 대하여 피보험이익을 가질 수 있는 관계로서 일반적으로 법원에 의해 합법적인 피보험이익으로 인정되는 관계는 다음과 같다.

① 가족관계(family relationship)

② 사업관계(business relationship)

③ 채권자와 채무자의 관계(creditor-debtor relationship)

첫째, 혈연과 결혼을 기초로 한 가족관계(family relationship)는 생명보험에서 피보험이익의 요건을 충족시킨다. 여기에서는 재정적 손해가 필연적으로 수반되지 않는 경우에도, 감정적 이익(sentimental interest) 또는 사랑과 애정을 기초로 한 이익도 피보험이익의 요건을 충족시키기에 충분하다. 남편과 아내의 가족관계는 피보험이익의 요건을 충족시키는 것으로서 가장 보편적으로 인정되고 있다. 또한 많은 법원에서 부모와 자식, 형제와 자매, 조부모와 손자 등의 관계는 충분한 것으로 인정하고 있다.

그러나 양부모(養父母)와 양자(養子)의 관계, 사촌과 같은 먼 친척관계는 부양책임과 같은 금전적 이익(또는 손해)이 결부되어 있다는 것을 입증할 수 없는 한, 불충분한 것으로서 일반적으로 피보험이익이 인정되지 않는다. 따라서 계모는 양자의 생명에 대하여 피보험이익을 갖지 못하고, 양자는 계모의 생명에 대하여 피보험이익을 갖지 못한다.

둘째, 금전적 이익(pecuniary interest)이 결부되어 있는 관계는 생명보험에서 피보험이익의 요건을 충족시킬 수 있다. 혈연이나 결혼에 의한 관계가 존재하지 않을 때에도, 개인은 타인의 사망에 의해 경제적 피해를 입을 수 있다. 그 대표적인 것이 사업관계(business relationship)이다. 예를 들면 고액 세일즈맨과 같은 주요한 종업원의 생명에 대한 기업의 이익, 주요 프로야구선수의 생명에 대한 구단주의 이익, 배우의 생명에 대한 영화제작자의 이익, 및 다른 동업자의 생명에 대한 동업자의 이익 등이다.

셋째, 금전적 이익과 결부되어 있는 관계로서 생명보험에서 피보험이익의 요건을 충족시키는 또다른 관계는 채권자와 채무자의 관계(creditor-debtor relationship)이다. 저당권이 없는 채권자(unsecured creditor)는 채무자의 생명에 대한 피보험이익을 갖는다. 왜냐하면 채무자가 사망한 경우 대출금을 상환받을 수 없기 때문이다.

3. 피보험이익의 존재시기

보험계약에 피보험이익의 원리를 적용하는데 있어서 중요한 측면은 피보험이익이 존재하여야 하는 시기(時期)에 관한 문제이다. 피보험이익의 존재시기는 다음과 같이 손해보험과 생명보험에서 서로 다르다.

1) 손해보험

손해보험계약은 보험계약 체결시 피보험이익의 존재여부에 관계없이[16] 손해발생 시에(at the time of the loss) 피보험이익이 존재하는 경우에 한하여 유효하다. 이 요건이 필요한 것은 다음 두 가지 이유 때문이다.

첫째, 대부분의 손해보험계약이 손해보상계약이기 때문이다. 만약 손해발생 시에 피보험이익이 존재하지 않았다면 피보험자에게 재정적인 손해가 발생하지 않았을 것이며, 따라서 보험금이 지급된다면 손해보상원리가 파기될 것이다. 예를 들어 A라는 사람이 그의 가옥을 B에게 팔고 화재보험계약이 해약되지 않은 상태에서 화재가 발생한 경우, A는 피보험이익을 가지고 있지 않으므로 보험금을 받을 수 없다.

16) 해상보험의 경우 계약체결시 존재하지 않은 불확정이익(contingent interest) 또는 계약체결시 현존하는 위험으로 추후 상실될 소멸이익(defeasible interest)도 보험에 가입할 수 있다(영국의 해상보험법 제7조1항). 그러나 해당 손해보험약관의 규정에 따라서는 보험계약의 개시시에 피보험이익이 존재할 때에 위험(보험자의 책임)이 개시된다고 규정하는 경우도 있다.

둘째, 보험계약이 처음 체결될 때 피보험이익을 갖고 있지 않지만, 장래에 피보험이익을 갖게 될 것으로 예상할 수 있기 때문이다. 해상적하보험에서는 화물이 선박에 적재하기 전에 보험계약을 체결하는 것이 일반적이다. 그러나 무역계약의 조건(CIF 또는 FOB)상 화물에 대한 위험은 화물이 선박에 적재된 때 매도인으로부터 매수인에게 이전된다. 보험증권은 화물이 선박에 적재된 때부터 화주인 피보험자에게 화물에 대한 위험을 보장한다. 따라서 보험계약이 처음 체결된 때 피보험이익이 존재하지 않는 경우에도 손해발생 시에 피보험이익을 갖고 있으면 보험금을 받을 수 있다.

2) 생명보험

손해보험과는 대조적으로 생명보험에 있어서 피보험이익은 생명보험계약의 위험개시시에 존재하지 않으면 안되고, 피보험자의 사망시에 존재할 필요는 없다. 생명보험은 손해보상계약이 아니고, 피보험자의 사망시 일정금액을 지급하는 기평가보험증권이다.

생명보험계약의 보험수익자는 보험금을 받을 수 있는 적법한 권리를 가지고 있기 때문에, 보험수익자는 피보험자의 사망에 의해서 손해가 발생하였다는 것을 입증할 필요가 없다. 예를 들어 A라는 부인이 그녀의 남편인 B의 생명에 대하여 보험계약을 체결하고 이혼한 경우에도, 그 계약이 유효하게 유지되고 있다면 A는 이전의 남편인 B의 사망시 보험금을 받을 수 있는 권리가 있다.

미국의 Secor v. Pioneer Foundry Co.,Inc.(1970)사건에서 Jack이 Pioneer Foundry회사에 근무하는 동안 회사는 그의 생명에 대하여 피보험이익을 갖고 있었으며, 회사는 그의 생명에 대하여 $50,000의 생명보험계약을 체결하고 그 회사를 보험수익자로 명기하였다. 그후 그가 그 회사를 떠났으나 회사는 그가 사망할 때까지 보험료를 계속 납입하였다. 이 사건에서 피보험자인 Jack의 사망시 피보험이익을 갖지 않은 회사가 $50,000의 보험금을 회수할 권리가 있느냐는 것이 쟁점이었다. 법원은 회사가 보험금을 회수할 수 있는 권리가 있다고 판결하였다. 보험증권이 발급된 때 피보험이익요건이 충족된 경우, 사망시 피보험이익이 없는 경우에도 보험금이 지급되어야 하고, 회사는 실제 아무런 재정적 손해가 없었던 이 사건에서 회수금액에 제한을 받지 않는다고 그 이유를 판시하였다.

제5절

보험자대위의 원리

1. 보험자대위의 유래와 정의

손해보상원리로부터 발생하는 또 하나의 중요한 원리는 손해를 초래한 제3자에 대한 피보험자의 클레임을 대위하는 보험자의 권리이다. 대위(代位: subrogation)란 문자상으로는 「어떤 자의 타인으로의 대체」(substitution of one person for another)를 의미한다. 이 개념은 로마법에서 유래된 것으로 알려져 있으며, 18세기 말경 영국의 형평법원(courts of equity)에서 보증계약을 비롯하여 많은 개별적인 법률관계에서 대위의 권리를 인정하게 되었고, 그후 손해보상계약인 보험계약에 도입되었다.

예를 들어 제3자의 과실로 피보험자의 주택이 화재로 3천만원의 손상을 입은 경우, 피보험자는 화재보험자로부터 3천만원의 보험금을 받고. 동시에 과실있는 제3자로부터 3천만원의 손해배상금을 회수한다면 피보험자는 손해로 인하여 이중의 이득을 얻게 된다. 따라서 보험회사는 피보험자에게 보험금을 지급하고 과실있는 제3자에 대한 피보험자의 손해배상청구권을 대위한다.

보험자의 대위는 보험에서 보상한 손해에 대하여 제3자로부터 손해보상을 청구할 목적으로 피보험자를 보험자로 대체하는 것을 의미한다. 즉 보험자는 피보험자에게 지급한 보험금을 과실있는 제3자로부터 회수할 수 있는 권리가 있음을 의미한다.

상기 예의 경우에 피보험자는 보험회사에 보험금을 청구하지 않고, 그의 주택에 손상을 입힌 과실있는 제3자로부터 직접 손해배상금을 회수할 수도 있다. 보험금이 지급되지 않으면 대위는 적용되지 않는다. 그러나 지급된 보험금의 범위내에서는 피보험자는 과실있는 제3자로부터 손해배상금을 회수할 법적 권리를 보험자에게 부여한다.

2. 보험자대위의 목적

보험자대위는 다음의 세 가지 목적을 가지고 있다.

첫째, 대위는 피보험자가 동일한 손해에 대하여 이중으로 중복하여 보상받는 것을 방지한다. 대위가 없다면 피보험자가 보험자와 손해를 초래한 자의 양측으로부터 손해액을 수취하게 되고, 결과적으로 손해보상원리가 파기되어 이득을 얻게 될 것이다.

둘째, 과실있는 자로 하여금 손해에 대하여 책임을 부담하게 한다. 보험계약이 유효하다는 이유만으로 과실있는 자에게 책임을 면하도록 하지 않고 책임을 지게 함으로써, 보험자는 대위권을 행사하여 손해를 야기한 과실있는 자로부터 회수할 수 있다.

셋째, 대위에 의하여 보험계약자에 대한 전체 보험비용이 감소된다. 즉 요율산정과정에서 대위 구상금액이 반영됨으로써 보험요율을 인하시키는데 기여한다.

3. 대위에 따른 보험자와 피보험자의 지위

대위의 기본 법리는 피보험자가 클레임을 지급한 때 보험자가 책임있는 제3자에 대한 피보험자의 법률상의 소송권리를 부여받는다는 것이다. 이때 소송은 피보험자의 이름으로 제기되어야 한다.

대부분의 보험증권 하에서 보험자는 피보험자에게 손해를 초래한 제3자에 대한 모든 구상권을 양도하도록 요구할 수 있으나, 그 범위는 보험자가 피보험자에게 지급한 금액의 한도 내에서만 가능하다.

그러나 대위는 제3자에 대해서만 적용되고, 손해가 피보험자 자신의 과실의 결과로 발생한 경우 대위는 존재할 수 없다. 왜냐하면 보험자가 자기의 피보험자로부터 손해지급액을 회수한다면 보험계약의 기본 목적이 상실되기 때문이다.

4. 상법상 보험자대위

우리 상법상 보험자대위는 보험사고로 인한 손해에 대해 보험금을 지급한 보험자가 보험의 목적이나 제3자에 대하여 가지는 보험계약자 또는 피보험자의 권리를 법률상 당연히 취득하는 것을 말한다.

보험자대위는 보험자가 취득하는 권리의 종류에 따라 피보험자가 보험의 목적에 대하여 가지는 권리를 취득하는 소위 잔존물대위(제681조)와 보험계약자 또는 피보험자가 제3자에 대하여 가지는 권리를 취득하는 소위 청구권대위(제682조)의 두 가지가 있다.

우리 상법은 제3자에 대한 보험대위, 즉 청구권대위에 대하여 「손해가 제3자의 행위로 인하여 생긴 경우에 보험금액을 지급한 보험자는 그 지급한 금액의 한도에서 그 제3자에 대한 보험계약자 또는 피보험자의 권리를 취득한다. 그러나 보험자가 보상할 보험금액의 일부를 지급한 때에는 피보험자의 권리를 해하지 아니하는 범위내에서 그 권리를 행사할 수 있다」(제682조)고 규정하고 있다.

또한 상법은 이에 추가하여 보험의 목적에 대한 보험대위, 즉 잔존물대위에 대하여 「보험의 목적의 전부가 멸실한 경우에 보험금액의 전부를 지급한 보험자는 그 목적에 대한 피보험자의 권리를 취득한다. 그러나 보험가액의 일부를 보험에 붙인 경우에는 보험자가 취득할 권리는 보험금액의 보험가액에 대한 비율에 따라 이를 정한다」(제681조)고 규정하고 있다.

이에 따라 전손보험금을 지급한 보험자는 물권변동의 절차[17])를 밟지 않고도 난파선 등과 같은 잔존물에 대한 피보험자의 이익을 당연히 피보험자로부터 승계하는 것으로 규정하고 있다. 또한 잔존물대위의 경우에 한하여 일부보험의 경우 보험금액의 보험가액에 대한 비율에 따른 권리취득을 규정하고 있다.

그리고 보험자대위는 손해보험에만 적용되고 인보험의 경우는 원칙적으로 인정되지 않지만, 상해보험계약의 경우 당사자간에 다른 약정이 있는 때에는 보험자는 피보험자의 권리를 해하지 아니하는 범위안에서 그 권리를 대위하여 행사할 수 있다(제729조 단서).

제 6 절
實際現金價額과 損害評價規定

1. 손해보상원리와 실제현금가액

손해보상의 원리가 완전하게 적용되기 위해서는 손해평가의 기준, 즉 손해가 발생한

17) 민법 제186조 및 제188조.

경우 지급금액(보험금)의 결정방법에 대한 기준이 있어야 한다. 아무리 많은 보험금액으로 보험계약을 체결한 경우에도 피보험자는 피보험이익을 금전으로 평가한 보험가액을 손해보상한도로 하여 피보험자가 입은 실제 손해액 이상을 보상받지 못한다.

피보험자의 재정적인 실제 손해를 평가하는 기준은 계약의 형태와 손해의 주위상황에 따라 다르다. 재산보험에 있어서 피보험자에게 손해를 보상하는 표준적인 손해평가방법은 손해발생 시 손상된 재산의 실제현금가액(actual cash value)을 기초로 하는 것이다.

미국의 표준화재보험증권에는「실제현금가액의 범위내에서 … 그러나 수선하거나 대체하는데 소요되는 금액을 초과하지 않으며,… 어느 경우에도 피보험자의 이익을 초과하지 않아야 한다」고 규정하고 있다.

2. 실제현금가액의 결정방법

1) 대체비용에서 감가상각 공제 방법

일반적인 실제현금가액의 결정방법은 감가상각액을 공제한 새로운 대체비용(replacement cost new less depreciation)[18]이다. 여기에서 대체비용은 현재의 가격으로 새로운 자재 또는 재산을 가지고 손상을 입거나 파괴된 재산을 수선하거나 대체하는 비용을 말한다.

감가상각은 유형재산의 가치 감소이며, 물질적 감가상각(physicial depreciation)과 경제적 감가상각(economic depreciation)이 있다. 물질적 감가상각은 사용함에 따라 발생하는 자연소모, 품질저하, 부패 등으로서 시간의 경과에 따라 불가피한 것이다. 경제적 감가상각은 퇴폐(obsolescence)라고도 하는데, 기술이나 스타일의 변경 또는 주요산업의 도산으로「녹지대」도시('rust belt' city)의 조성 등으로 인한 가치의 감소를 의미한다.

2) 시장가액의 기준

실제 현금가액을 결정하는 또다른 방법은 공정한 시장가액(fair market value)의 기준

18) 미국 손해사정인들은 depreciation(감가상각액)이라는 표현대신에 betterments(改良金額)라는 용어로 대체하여 사용하는 경향이 있다.

이며, 이 가액은 팔고자 하는 소유자와 사고자 하는 구매자가 자유롭고 공정하게 합의한 가격을 의미한다. 여기에서는 구매인이 판매인에게 지급하고자 하는 가격이 얼마인가를 어떻게 결정할 것이냐가 문제되는데, 통상적인 접근방법은 유사한 재산의 매매가격을 비교하고 그 차액에 대해 정산하는 것이다.

3) 광범위한 증거의 기준

실제현금가액을 결정하는 세번째의 방법은 광범위한 증거의 기준(the broad evidence rule)이다. 이는 단순히 재산의 가액에 관하여 이용가능한 모든 증거, 특히 공정한 시장가액과 감가상각을 공제한 대체비용 등이 실제현금가액을 확정하는데 고려되어야 한다는 것이다. 간단히 말하면 많은 요소들이 실제현금가액을 결정하는 지침으로서 고려될 수 있다는 것이다. 최근 미국의 법원에서 광범한 증거 기준을 채용하는 경향을 보이고 있다.

3. 계약가격보험

피보험자가 화물을 매각하고 그에게 아직 책임이 있는 그 화물이 인도되기 전에 파괴되어 화재로 인해 매매계약이 취소된 경우, 피보험자의 손해는 화재발생시 시장가격(market price)에 의해 평가되지 않고 계약가격(contract price)에 의해 평가된다. 이러한 상황에서 보험증권에 적절한 규정이 있으면, 보험자는 계약가격을 기초로 피보험자에게 손해를 보상한다.

이러한 실무는 손해보상원리의 예외가 아니고, 계약가격을 피보험자의 손해금액의 기준으로 간주하는 관행의 예외이다. 화재가 발생하지 않았다면 피보험자가 수취할 금액은 계약가격이었으며, 그 계약가격이 시장변동에 관계없이 피보험자의 손해금액이다. 따라서 계약가격보험은 피보험자가 적절하게 손해보상을 받도록 보장하고 있다.

4. 기타 손해평가기준

실제현금가액이 대부분 손해보험계약에서 손해보상액을 결정하기 위한 피보험자의 재정적인 손해의 기본적인 측정기준이긴 하지만, 유일한 결정기준은 아니고 여러 가지 보험의 형태에 따라 보험금을 결정하는 다른 기준이 적용되기도 한다.

배상책임보험에서의 보험금은 피보험자의 과실에 기인한 제3자의 신체상해나 재산손상의 발생으로 피보험자가 제3자에게 법률상으로 지급할 의무가 있는 실제의 손해배상금(damages)이다.

기업휴지보험에서 보험금은 통상 피보험위험으로 인한 손해 때문에 회사가 휴업하는 경우 발생하는 수익의 상실과 유지비용을 기초로 한다. 또한 손해보상원리의 예외에서 전술한 바와 같이 일부 재산보험증권의 보상범위는 감가상각에 대한 공제없이 「대체비용」(replacement cost) 기준으로 결정되고 있으며, 기평가보험증권에서의 전손의 경우와 생명보험의 경우에는 보험증권에 정한 보험금액이 보험금이 된다.

제7절 중복보험의 책임분담원리

1. 중복보험의 의의

중복보험(double insurance)은 초과보험의 특별한 형태로서 동일한 피보험이익(보험계약의 목적)과 동일한 피보험위험(보험사고)에 관하여 보험기간의 전부 또는 일부가 중복되어 수인(數人)의 보험자와 동시 또는 순차(順次)로 수개의 보험계약을 체결한 경우, 그 보험금액의 총액이 보험가액을 초과하는 보험을 말한다. 수개의 보험계약이 동시에 체결된 경우를 동시중복보험이라고 하며, 순차로 체결된 경우를 이시(異時)중복보험이라고 한다.

중복보험이 허용되는 경우 보험가액을 초과한 보험금을 여러 보험자로부터 회수하게 되어 피보험자가 이득을 얻을 수 있다. 따라서 피보험자가 이를 악용할 우려가 있으므로 피보험자의 이득방지와 도덕적 위험상황을 예방할 필요가 있다. 이를 위해 법률(상법)과 보험약관에서는 중복보험에 대하여 보상책임을 분담하도록 여러 가지로 규제하고 있다.

수개의 보험계약의 보험금액의 총액이 보험가액을 초과하는 중복보험과는 달리, 공동보험(co-insurance; Mitversicherung)은 보험가액의 한도내에서 수인의 보험자가 동일한 피보험이익, 동일한 피보험위험, 및 동일한 보험기간에 대하여 공동으로 보험을 인수하는 보험을 말한다. 재보험(reinsurance)이 수직적인 위험분산방법인데 비하여, 공동보험은 수평적인 위험분산방법이라고 할 수 있다.

2. 중복보험의 요건

① 동일한 피보험이익(보험계약의 목적) : 보험의 목적이 동일한 경우에도 피보험이익이 다르면 별개의 보험계약이 되기 때문에 중복보험이 되지 않는다. 동일한 피보험이익의 요건에는 동일한 피보험자와 동일한 보험의 목적을 포함하고 있다. 피보험자와 피보험이익이 동일하면 보험계약자가 다른 경우에도 중복보험이 된다.

② 동일한 피보험위험(보험사고) : 피보험이익이 동일한 경우에도 수개의 보험계약에서 피보험위험이 다른 경우, 예를 들어 동일한 피보험이익에 대하여 화재를 피보험위험으로 하는 보험증권과 도난을 피보험위험으로 하는 보험증권이 존재하는 경우에는 중복보험이 되지 않는다. 수개의 보험증권에서 피보험위험이 모두 동일해야 하는 것은 아니고, 손해의 원인이 되는 하나의 피보험위험(보험사고)이 공통되는 경우에는 중복보험이 된다.

③ 보험기간의 전부 또는 일부 중복 : 보험기간의 전체 기간이 동일한 경우 뿐만 아니라 그 일부가 공통되는 경우에도 중복보험이 된다. 보험기간이 부분적으로 중복되는 경우에는 중복되는 기간에 대해서만 중복보험이 된다.

④ 수인(數人)의 보험자와 수개(數個)의 보험계약: 동일한 보험자와 단일 보험계약의 경우에는 보험금액이 보험가액을 초과하는 경우에도 중복보험은 되지 않고 초과보험이 된다.

⑤ 보험금액 총액의 보험가액 초과 : 보험금액의 총액이 보험가액을 초과하지 않으면 공동보험이 된다.

3. 중복보험의 효과와 책임분담원리

1) 중복보험의 효과에 관한 입법주의

중복보험의 효과에는 다음의 네 가지 입법주의(立法主義)가 있다.

① 비례주의 : 동시와 이시중복보험을 구별하지 않고 각 보험자는 실손해액에 대하여 보험금액의 총보험금액에 대한 비율에 따라 보상책임을 부담하는 주의로서, 스위스보험계약법과 프랑스보험계약법이 이에 속한다.

② 연대주의 : 동시와 이시를 구별하지 않고 각 보험자는 보험가액을 한도로 실손해액에 대하여 연대책임을 부담하는 주의이다. 중복보험계약중에서 한 보험자가 전체 손해액을 보상하면 모든 보험자에 대한 보험관계가 소멸하고, 보험금을 지급한 보험자는 다른 보험자에 대한 구상권을 인정하는 것으로, 영미법과 독일보험계약법이 이에 속한다.

③ 선계약(先契約)우선주의 : 동시중복보험의 경우에는 비례주의를 채택하지만, 이시중복보험의 경우 시기적으로 먼저 체결한 보험계약과 중복되는 범위에서 후에 체결한 계약을 무효로 하는 주의이다. 즉 후(後)보험계약은 전(前)보험계약과 중복되지 않는 범위에서만 유효한 것으로 간주하는 주의이다. 이에 따르면 먼저 계약을 체결한 보험자가 실손해액에 대하여 자기의 보험금액을 한도로 우선적으로 보상하고, 다음에 체결한 보험자는 손해액중 나머지 부분에 대해서만 보상책임을 진다. 프랑스상법이 여기에 속한다.

④ 병용주의 : 우리 상법(제672조 1항)은 연대주의에 비례주의를 병용하고 있다. 즉 중복보험의 경우 동시와 이시의 구별없이 보험자는 각자의 보험금액의 한도에서 연대책임을 지고, 각 보험자의 보상책임은 각자의 보험금액의 비율에 따른다.

2) 보험계약자의 통지의무

우리 상법(제672조 2항)은「동일한 보험계약의 목적과 동일한 사고에 관하여 수개의 보험계약을 체결한 경우에는 보험계약자는 각 보험자에 대하여 각 보험계약의 내용을 통지하여야 한다」고 규정하고 있다. 이러한 통지의무는 각 보험자에게 연대비례책임을 지우고 있어 중복보험의 책임분담을 위해 필수적이며, 고의나 사기에 의한 중복보험을 방지하기 위해 필요한 규정이다.

그러나 통지의무위반에 관한 규정은 없으나, 이를 위반하면 악의(惡意)의 추정을 받게 될 것이다. 또한 당사간의 특약에 의해 보험자는 통지의무의 위반이 있는 경우에 보상책임을 지지 않는다는 약정이 가능하고, 중복보험의 금지가 가능하다고 해석된다.

3) 보험계약자의 사기에 의한 중복보험

보험계약자의 사기에 의해 중복보험계약이 체결된 경우 그 계약은 모두 무효로 하며, 그 사실을 안 때까지의 보험료를 청구할 수 있다(상법 제672조 3항 및 669조 4항). 이것은 보험계약자의 사기로 인하여 체결된 초과보험의 경우와 같은 취지로서, 그러한 반(反)사회적인 행위를 한 보험계약자를 제재하는 동시에 보험자를 보호하려는데 그 의의가 있다.

4) 보험자 1인에 대한 권리의 포기

중복보험계약을 체결한 수인의 보험자중 1인에 대한 권리의 포기는 다른 보험자의 권리의무에 영향을 미치지 아니한다(상법 제673조). 즉 다른 보험자는 자기의 부담부분만을 지급할 책임이 있다. 이것은 피보험자가 특정한 보험자에 대한 권리의 포기로 다른 보험자의 이익을 해칠 염려가 있기 때문에 이를 방지하기 위한 것이다.

제8절
최대선의의 원리

1. 최대선의의 의의

1) 최대선의의 법리와 그 유래

보험계약은 최대선의(最大善意)의 원리(principle of utmost good faith)를 기초로 하

고 있다. 이것은 다른 계약의 당사자들에게 부과되는 것보다도 보험계약의 당사자들에게 보다 높은 정직성이 부과된다는 것을 의미한다. 부분적으로 보험계약이 사행성을 가지고 있다는 사실 때문에, 보험자와 피보험자는 상호간의 신뢰가 최우선적으로 중요하게 되는 계약을 체결한다.

이러한 최대선의(uberrimae fidei: utmost good faith)의 법적 원칙은 해상보험에 그 역사적 기원을 두고 있다. 해상보험 초기의 언더라이터는 청약자[19]의 진술에 의존할 수 밖에 없었고, 따라서 그러한 진술을 최대로 신뢰하지 않으면 안되었다.

해상보험자는 주로 바다에서 항해중이거나 전세계에서 선적되는 피보험화물과 선박을 눈으로 직접 조사할 수 없을 뿐 아니라, 그러한 피보험재산으로부터 멀리 떨어진 장소에서 보험계약이 체결될 수 밖에 없었기 때문이다. 이에 따라 영국의 1906년 해상보험법(MIA) 제17조는 「해상보험계약은 최대선의를 기초로 한 계약이며, 최대선의가 당사자의 일방에 의해 준수되지 않는 경우 그 계약은 타방에 의해 취소될 수 있다」고 규정하고 있다.

2) 최대선의원리의 효과와 고지의무

선의(善意)란 보험청약자가 보험자와의 협상과정에서 정직하여야 하고 청약자의 진술이 진실이어야 한다는 것만으로는 불충분하다. 보험계약은 최대선의의 계약이기 때문에, 모든 중요한 사실에 대한 완전한 고지(full disclosure of all material facts)의 한층 높은 수준의 의무가 적용된다.

최대선의의 이러한 의무는 보험자에게도 적용되지만, 필연적으로 보험청약자에게 더욱 강조된다. 왜냐하면 보험청약의 대상인 위험에 관한 모든 중요한 사실을 청약자만이 알고 있거나, 마땅히 알고 있어야 하기 때문이다. 이러한 점에서 보험계약은 상품매매계약과 같은 매수인위험부담(caveat emptor: let the buyer beware)의 원칙이 적용되는 일반 계약과 다르다.

현대에 있어서 최대선의원리의 실제적 효과는 보험청약자가 보험회사와 보험대리점에게 위험을 완전하고 공정하게 고지하지 않으면 안된다는 요건으로 나타나고 있다. 만약 보험증권의 발행(보험인수의 여부)과 보험요율에 영향을 미치는 일체의 사실들을

19) 청약자(proposer or applicant)는 보험계약이 일단 체결되면 피보험자가 되고, 보험계약기간중의 최대선의의무는 보험증권의 조건에 따라 좌우된다.

피보험자가 보험자에게 알리지 않으면, 보험자는 보장을 면할 수 있는 근거를 갖게 된다. 법원은 부실표시, 은폐 및 담보의 원칙을 전개함으로써 최대선의원리에 의미를 부여하여 왔다.

양호한 언더라이팅이란 보험자가 해당 위험에 상응하는 보험료를 부과할 필요가 있으며, 이를 위하여 보험자는 보험료를 정확히 산정할 수 있도록 청약자가 모든 사항들을 제공할 것을 요구하고 있다. 여기에서 보험자는 청약자가 행한 진술의 진실성과 정확성을 신뢰할 수 있어야만 한다. 그러나 만약 청약자가 행한 표시가 진실이 아니거나, 또는 위험의 적절한 측정을 위하여 중요한 것으로써 청약자가 알고 있거나 마땅히 알고 있을 모든 것을 고지하지 않는다면, 보험계약은 상황에 따라서 무효가 되거나 취소될 수 있다.

3) 중요사실

중요사실(matrial fact)이란 신중한 보험자가 어떤 위험을 인수할 것인가 또는 거절할 것인가를 결정하고, 그리고 인수하는 경우 보험요율을 산정하고 보험조건의 부과를 결정하는데 있어서 영향을 미치는 사실을 말한다. 다시 말하면 중요사실이란 보험자가 진실된 사실을 알았다면 보험증권이 발행되지 않았거나, 또는 다른 조건으로 발행되었을 사실을 의미한다.

2. 최대선의의 위반의 효과

최대선의의 위반은 다음과 같이 분류될 수 있으며, 보험자는 상황에 따라 계약을 무효로 하거나 취소할 수 있다.

① 선의의 부실표시(innocent misrepresentation): 청약자가 정직하게 진실이라고 믿고 있는 사실의 그릇된 진술을 말한다.
② 사기의 부실표시(fraudulent misrepresentation): 그것의 진실성에 대한 확신없이, 또는 분별없이 그것이 진실인지 거짓인지 개의치 않고 고의로 행하여진 허위의 표시이다.
③ 불고지(不告知: nondisclosure): 부주의하게 또는 그 사실이 중요하지 않는 것으로 생각되었기 때문에 중요한 사실을 고의없이 고지하지 아니한 것을 의미한다.

④ 은폐(concealment): 중요한 사실을 고의적으로 고지하지 아니한 것을 말한다.

1) 부실표시(不實表示)

표시(representation)는 보험계약의 성립 이전 또는 성립시에 보험청약자가 행한 구두 또는 서면의 진술(statement)이다. 통상적으로 표시는 보험의 목적에 관하여 청약자에게 주어지는 질문에 대한 답변이다. 예를 들어 생명보험계약의 협상과정에서 청약자는 연령, 체중, 신장, 직업, 가족관계, 기왕증(旣往症)이나 치료 또는 입원여부 및 건강상태 등에 관한 질문에 대하여 진술하여야 한다. 그리고 자동차보험청약자는 자동차의 차고지(車庫地), 운전자의 연령이나 운전경력, 결혼여부 및 사고경력 등에 관해 진술하여야 한다.

표시가 법적으로 중요한 것은 중요한 사실(material facts)에 대하여 표시가 허위(false)인 경우 보험자의 선택에 따라 보험계약이 취소될 수 있기 때문이다. 예를 들어 폐암으로 6개월 전에 수술을 받은 적이 있는 A라는 생명보험청약자가 과거 5년동안에 입원한 경험이 없다고 진술한 경우, 그 청약자는 중요한 사실에 대하여 허위의 진술을 한 것이며 보험자의 선택에 따라 그 계약은 취소될 수 있다. 만약 A라는 피보험자가 보험계약체결 즉시 폐암으로 사망한 경우, 보험회사는 중요한 부실표시(material representation)을 근거로 사망보험금을 거절할 수 있다.

보험청약자가 나중에 거짓된 것으로 판명되는 어떤 의견 또는 소신(所信)을 진술한 경우, 보험자가 보험금의 지급을 거절할 수 있으려면 청약자가 사기로 진술하였고 보험회사를 속일 의도가 있었다는 것을 입증하여야 한다. 예를 들어 고혈압인 어떤 청약자가 그 질문에 아니오라고 대답하였는데, 나중에 보험자가 그가 고혈압인 것을 발견한 경우 보험금의 지급을 거절하기 위해서는 보험자는 보험회사를 속이려는 의도가 있었다는 것을 입증하여야 한다.

따라서 의견이나 소신(opinion or belief)의 진술은 보험회사가 보험금의 지급을 거절할 수 있으려면 중요하고 허위이며 사기(material, false, and fraudulent)이어야 한다.

한편, 미국의 법원중 대부분의 견해는 중요사실에 대한 선의의(비고의적인) 부실표시에 의해서도 보험계약이 취소될 수 있다는 것이다.[20]

---

20) 1779년 McDowwel v. Fraser사건은 선의의 부실표시에 대한 역사적 판결로 유명하다. 보험중개인은 뉴욕에서 필라델피아로 항해하는 선박에 관하여 청약하였고, 뉴욕에 입항하는 타선박에 의해

2) 불고지(不告知)와 은폐(隱蔽)

불고지(nondisclosure)는 보험청약자가 중요사실을 보험자에게 알리지 않는 것을 의미한다. 광의의 의미에서 불고지와 은폐는 동의어라고 할 수 있으나, 엄밀한 의미에서 불고지는 부주의하게 또는 그 사실이 중요하지 않는 것으로 생각되었기 때문에 중요한 사실을 고의없이 고지하지 아니한 것, 즉 선의의 불고지를 의미한다.

한편, 은폐(concealment)는 중요한 사실을 고의적으로 고지하지 아니한 것을 말한다. 중요한 사실에 대한 불고지와 은폐의 법적 효과는 부실표시의 경우와 동일하다. 즉 보험자의 선택(보험증권의 조건)에 따라 계약이 취소될 수 있다.

해상보험에는 은폐의 원칙이 피보험자의 입장에서 가혹할 만큼 보다 엄격하게 적용된다. 즉 해상보험자는 은폐가 고의적이라는 것을 입증할 필요가 없으며, 선의의 불고지라 할지라도 불고지한 사항이 중요한 사실인 경우 보험계약을 취소할 수 있다.

보험청약자는 피보험재산과 관련된 모든 중요한 사실을 고지하여야 하고, 그 사실의 중요성(materiality)에 대하여 청약자가 알고 있지 못하였다는 것은 중요하지 않다. 따라서 해상보험자는 불고지된 사실이 중요한 것이라는 점을 입증할 수 있으면 보험금의 지급을 거절할 수 있다.

그러나 해상보험자 이외의 보험자는 은폐를 근거로 보험금을 거절하기 위해서는 다음의 두 가지 사항을 입증하여야 한다. 즉 ① 은폐된 사실이 중요하다는 것을 피보험자가 알고 있었고, ② 피보험자가 보험자를 속이려는 의도가 있었다는 것을 입증하여야 한다.

예를 들어 Joseph DeBellis는 그의 생명에 관하여 생명보험계약을 청약하였으며, 보험증권이 발급되고 5개월 후에 그는 사망하였다. 사망증명서에는 고인의 실제 이름인 Joseph DeLuca로 기재되어 있었다. 보험자는 Joseph가 그의 실제 이름을 밝히지 않음으로써 중요사실을 은폐하였고 그가 상당한 범죄경력을 가지고 있었다는 이유로 보험

12월 11일 델라웨어강(Delaware River)에서 그 선박이 안전하게 항해하고 있는 것이 목격되었다고 진술하였다. 이러한 표시를 기초로 언더라이터는 그 선박을 보험으로 인수하였다. 그러나 그 선박은 실제 청약하기 이틀 전에 침몰하였다. 보험중개인이 진술할 때 그 선박이 안전하였다고 정직하게 믿고 있었다는 사실이 법원에 의해 인정되었다. 그러나 법원은 중요성(materiality)의 문제만을 고려하여 단기간의 항해의 위험을 측정하는데 있어서 정확한 날짜가 중요하다는 이유로 보험자에게 승소판결을 내렸다. 따라서 중요성의 기준은, 피보험자의 부주의한 진술인지 또는 사기의 진술인지의 여부에 관계없이, 그 진술이 보험자에게 미치는 효과이다. 만약 보험청약자가 중요사실을 부실표시한 경우 계약은 보험자에 의해 취소될 수 있다.

금의 지급을 거절하였다. 법원은 보험자의 승소판결에서 그의 실제 이름에 대한 고의적인 은폐는 중요한 것이고 선의의무를 위반하였다고 판결하였다.

3. 상법상 고지의무

1) 고지의무의 의의

우리 상법 제651조는「보험계약 당시에 보험계약자 또는 피보험자가 고의 또는 중대한 과실로 인하여 중요한 사항을 고지(告知)하지 아니하거나 부실한 고지를 한 때에는, 보험자는 그 사실을 안 날로부터 1월내에, 계약을 체결한 날로부터 3년내에 한하여 계약을 해지할 수 있다. 그러나 보험자가 계약당시에 그 사실을 알았거나 중대한 과실로 인하여 알지 못한 때에는 그러하지 아니한다」고 규정하고 있다.

여기에서 고지의무(告知義務)는 보험계약자 또는 피보험자가 보험계약당시에 중요한 사항을 알려야 하고, 중요한 사항에 관하여 부실하게 알리지 아니할 의무를 말한다. 고지의무는 법이 보험계약자 또는 피보험자에게 보험계약당시에 보험사고발생의 가능성을 측정하는데 중요한 사항에 관하여 진실을 알려야 할 것을 요구하는 보험계약법상의 특수한 의무로서 보험계약체결시 의무라는 점에서, 계약성립 후의 통지의무와 구별된다.

통지의무는 보험계약의 성립 후 보험계약자 또는 피보험자가 위험의 현저한 변경 또는 증가, 또는 보험사고의 발생 등을 보험자에게 통지할 의무(상법 제652조 및 제657조)를 말하고, 계약의 효과로써 발생하는 의무이다.

2) 고지의무의 법적 성질

고지의무는 보험자가 그 이행을 강제하거나 또는 그 불이행에 대하여 손해배상을 청구할 수 있는 것이 아니고, 이 의무를 위반하면 계약을 해지할 수 있을 뿐이다.

따라서 고지의무는 보험계약의 효력 발생을 위한 전제조건으로서 간접의무이며, 보험계약의 효과로서 인정되는 진정한 의무가 아니다. 고지의무는 보험계약상의 청구권을 취득하기 위한 요건 또는 계약해지를 저지하기 위한 요건에 지나지 않는다는 전제조건설 또는 간접의무설이 통설이다.

3) 고지의무의 당사자

(1) 고지의무자

우리 상법상 고지의무를 부담하는 자는 보험계약자 또는 피보험자이다(상법 제651조). 그러나 보다 정확히 말하면 청약이 승낙되는 경우 보험계약자가 되는 보험청약자이다. 우리 상법상 피보험자는 생명보험의 경우 보험사고발생의 객체이고, 손해보험의 경우 피보험이익의 주체로서 보험계약상 보험금청구권을 가지는 자이다.

보험계약자 뿐 아니라 피보험자를 고지의무자로 규정한 것은 타인을 위한 손해보험계약과 타인의 생명보험계약을 전제하는 것이다. 왜냐하면 자기를 위한 손해보험과 자기의 생명보험에서는 계약자와 피보험자가 동일인이기 때문이다. 타인을 위한 손해보험계약에서 보험계약자가 피보험자의 위임없이 계약을 체결한 경우, 이를 보험자에게 고지하지 아니하면 피보험자는 계약의 체결사실을 알지 못했다는 사유로 고지의무위반의 책임을 면하지 못한다(상법 제639조 1항 단서).

보험계약자가 복수인 경우 각 보험계약자가 고지의무를 부담하지만, 그중 1인이 고지의무를 이행하면 충분하다. 그리고 보험중개인 등 대리인에 의해 보험계약이 체결되는 경우 대리인이 안 사유는 그 본인이 안 것과 동일한 것이므로(상법 제646조), 그 대리인도 고지의무를 진다.

(2) 고지수령권자

보험계약자가 고지하여야 할 상대방은 보험자 및 보험자를 위해 고지를 수령할 대리권을 가지고 있는 자이다. 즉 보험회사와 보험대리점은 고지수령권을 가지지만, 보험중개인은 대리권이 없으므로 고지수령권도 없다. 생명보험에서 피보험자의 신체검사를 하는 보험의는 위험측정 자료를 보험자에게 제공하는 보험자의 보조자로서 보험계약체결의 대리권은 없으나, 고지수령권을 가지고 있다고 보는 것이 통설이다.

고지수령권과 관련하여 문제가 되는 것은 보험모집인이다. 현행법상 보험모집인의 고지수령권은 인정되지 않으며, 우리 대법원판례도 보험가입을 권유하던 외무사원에게 기왕병력(旣往病歷)을 말한 것만으로는 보험회사에 대한 고지로 볼 수 없다고 판시한 바 있다.

4) 고지의 시기와 방법

(1) 고지의 시기

고지하여야 할 시기는 보험계약의 체결시, 즉 보험계약이 성립할 때까지이다. 보험계약의 청약시 고지의무를 다하지 아니하여도 보험계약성립시, 즉 보험자가 청약을 승낙할 때까지는 추가 또는 정정할 수 있고, 청약후 계약성립시까지 발생하거나 변경된 사항이 있으면 고지하여야 한다. 따라서 고지의무위반의 여부는 청약시가 아닌 계약성립시를 기준으로 결정된다.

(2) 고지의 방법

고지의 방법에 대하여는 법률상 특별한 제한이 없다. 따라서 구두이든 서면이든, 명시적이든 묵시적이든 상관이 없다. 실제거래에서는 보험계약청약서상 질문란에 기재하도록 하는 것이 일반적이며, 1991년 개정상법에는 보험자가 서면으로 질문한 사항은 중요한 사항으로 추정한다는 규정을 신설하고 있다.

5) 고지사항

(1) 중요한 사항

보험계약자 또는 피보험자가 고지할 사항은 중요한 사항(material facts)이다. 중요한 사항이란 신중한 보험자가 위험측정상 중요한 사항으로, 계약의 체결(위험의 인수) 여부와 보험조건이나 보험료를 결정하는 데 영향을 미치는 사항을 말한다. 즉 중요한 사항은 신중한 보험자가 그 사실을 알고 있었다면 계약을 체결하지 않았거나, 또는 체결한 경우에도 동일한 조건이나 보험료로는 계약을 체결하지 않았을 것이라고 객관적으로 생각되는 사항을 의미한다.

중요한 사항의 구체적인 범위는 사실문제이며, 각종 보험의 종류에 따라 다르다. 예를 들어 손해보험의 경우 건물내에 인화하기 쉬운 물질의 장치, 건물 근처의 주유소 등 주변상황, 과거 손해경험과 보험금 수취사실, 또는 생명보험의 경우 피보험자의 연령, 건강상태, 기왕증, 유전, 피보험자의 직업, 신분, 생활환경, 보험계약자와의 관계, 과거 보험회사에 의한 청약의 거절사실, 질병으로 장기간 입원한 사실 등이 있다.

(2) 질문표

실제 보험계약자는 중요사항이 구체적으로 무엇인지를 판단하기 어려운 경우가 많다. 이에 따라 실제 거래에서는 보험계약청약서에 보험계약자가 고지할 사항을 열거하고 있는 질문표(questionaire)를 이용하고 있다. 개정상법 제651조의 2는 「보험자가 서면으로 질문한 사항은 중요한 것으로 추정한다」고 규정(신설)하고 있다.

따라서 보험계약자가 이 질문표의 질문사항에 대하여 기재하지 않거나 허위의 내용을 기재한 경우, 그것이 해당계약에 관한 중요사항이 아님을 보험계약자가 입증하지 못하는 한 고지의무위반이 된다.

한편, 질문표에 열거되지 않은 사항에 대한 중요성 여부에 대하여는 우리 상법은 규정하고 있지 않다. 그러나 독일 보험계약법 제18조와 같이 보험자가 명시적으로 질문하지 않은 사항에 관하여 보험계약자가 악의에 의해 이를 은폐 또는 묵비(黙秘)한 때에는 보험자는 당해 사항의 고지가 없었다는 이유로 그 보험계약을 해지할 수 있다고 해석된다.

원칙적으로 질문표의 기재사항만을 고지할 중요사항으로 간주하고, 그 질문표에 대한 성실한 기재로써 고지의무가 이행된다. 다만, 질문표에 기재되지 않은 사항인 경우에도, 보험계약자가 계약에 관한 중요사실을 알고 있으며 또한 그것이 당해 보험계약에 영향을 미치게 될 것을 인식한 때에는 이를 고지하여야 한다. 따라서 이를 고지하지 않은 때에는 고지의무위반이 되고, 이 경우 그러한 불고지사항이 중요사항이며 불고지가 보험계약자의 악의에 의한 것(은폐)이라는 사실을 보험자가 입증하여야 한다.

6) 고지의무 위반의 요건

보험계약자 또는 피보험자가 고지의무를 위반한 때에는 일정한 요건하에서 보험자는 보험계약을 해지할 수 있다. 고지의무위반이 성립되기 위해서는 다음의 객관적 요건과 주관적 요건이 구비되어야 한다.

(1) 객관적 요건

고지의무위반의 객관적 요건은 중요한 사항에 대한 불고지(不告知) 또는 부실고지(不實告知)가 있어야 한다는 것이다. 불고지는 중요한 사항을 알면서도 알리지 아니하는 것, 즉 은폐 또는 묵비(concealment)를 말하고, 부실고지란 사실과 다르게 말하는 것, 즉 허위표시 또는 거짓 진술(misrepresentation)을 말한다. 이 요건은 객관적인 실제의 사실과 의무자가 고지한 객관적인 표시가 일치하지 않은 경우를 의미한다. 고지의무는 위험측정상 중요한 객관적인 사실을 보험자에게 알리는 것을 목적으로 하는 제도이기 때문이다.

(2) 주관적 요건

보험계약자 또는 피보험자의 고의 또는 중대한 과실로 인하여 그러한 불고지 또는 부실고지가 있는 경우 고지의무위반이 된다. 「고의」라 함은 고지할 중요한 사항에 관하여 알면서도 고지하지 아니하거나 부실의 고지를 한 것을 말하고, 보험자를 기만하여 계약을 체결하려는 사기 또는 악의의 의사가 있어야 하는 것은 아니다. 「중대한 과실」이란 보험계약자 등이 조금만 주의를 기울였으면 제대로 고지할 수 있었을 것을 그 주의를 다하지 아니함으로써 불고지 또는 부실고지를 한 것을 말한다.

보험자는 고지의무위반을 이유로 계약해지권을 행사하기 위해서는 그 위반이 보험계약자 등의 고의 또는 중대한 과실로 인한 것임을 입증하여야 한다.

7) 고지의무위반의 효과

(1) 계약해지권의 발생과 효과 및 제한

우리 상법상 고지의무위반이 있는 경우, 계약이 당연히 무효가 되는 것은 아니고 보험자가 계약을 해지할 수 있을 뿐이다[21].(상법 제651조 본문). 이는 고지의무위반의 경우 보험자가 계약의 유지여부에 대한 결정을 할 수 있다는 것을 의미한다. 그러나 보험약관에 의해 고지의무위반의 경우 계약의 무효 등 다른 약정을 할 수 있다.

해지권은 보험자가 고지의무위반의 사실을 입증하고 일방적으로 행사할 수 있으므로 형성권(形成權)에 속한다. 즉 해지권은 보험자의 일방적인 의사표시에 의해 상대방의 불이익을 가져오게 하는 형성권이다. 따라서 보험자는 보험사고의 발생 전후를 불

21) 고지의무위반의 효과에 관하여는 ① 계약을 당연히 무효로 하는 주의(무효주의) ② 보험자가 보험계약을 해지할 수 있도록 하는 주의(해지주의) ③ 고의에 의한 고지의무위반의 경우는 무효로 하고, 고의의 입증이 없는 고지의무위반의 경우는 보험료의 증액을 청구할 수 있도록 하는 주의(절충주의)가 있다. 각국의 고지의무에 관한 입법추세는 무효주의에서 해지주의 또는 절충주의로 변천하고 있다.

문하고 그 계약을 해지할 수 있다. 해지의 상대방은 보험계약자 또는 그 상속인이다.

(2) 해지권행사의 제한

고지의무위반으로 인한 보험자의 계약해지권은 다음과 같이 제한되고 있다.

① 재척기간(除斥期間)의 경과 : 보험자는 고지의무위반의 사실을 안 날로부터 1월 내에, 계약을 체결한 날로부터 3년내 (1991년 개정전 상법에는 5년내)에 한하여 계약을 해지할 수 있다(상법 제651조 본문). 이 기간내에서 보험자는 책임기간의 전후(前後) 또는 보험사고의 발생 전후를 불문하고 언제든지 계약을 해지할 수 있다. 이 기간은 제척기간이며, 이 기간이 경과한 후에는 보험자는 해지권을 행사할 수 없게 되므로 불가쟁기간(不可爭期間)이라고도 한다. 계약해지의 의사는 이 기간내에 보험계약자 등에게 도달하여야 한다.

② 보험자가 계약당시에 고지의무위반사실을 안 때 또는 중과실로 알지 못한 때 : 보험자가 계약 당시에 고지의무위반의 사실을 알았거나 중대한 과실로 알지 못한 때에는 보험자는 그 계약을 해지할 수 없다(상법 제651조 단서). 계약당시에 고지의무위반사실을 알고도 계약을 체결하였거나 중대한 과실로 이를 알지 못한 것은 보험자의 자기과실에 의한 위험선택이라는 점에서 그 해지권을 제한한 것이라 할 수 있다. 계약당시에 보험자가 고지의무위반사실을 알았거나 중대한 과실로 알지 못했다는 것은 보험계약자가 입증하여야 한다.

③ 고지의무위반사실과 보험사고발생과의 인과관계의 부존재 : 보험사고가 발생한 후에도 고지의무위반으로 계약을 해지한 때에는 보험금액을 지급할 책임이 없고, 이미 지급한 보험금액의 반환을 청구할 수 있다(상법 제655조 본문). 그러나 고지의무위반사실이 보험사고의 발생에 영향을 미치지 아니하였음이 증명된 때에는 그러하지 아니한다(상법 제655조 단서). 즉 고지의무위반과 보험사고와의 인과관계가 없음이 증명된 때에는 보험자에게 보험금지급책임이 있다. 이는 사실상 인과관계가 없는 경우 해지권의 행사가 배제된다는 취지이다. 보험사고와 고지의무위반사실 사이에 인과관계가 없다는 것은 보험계약자가 입증하여야 한다.

④ 보험자의 해지권 포기 : 고지의무위반으로 인한 계약해지권은 보험자의 이익을 위한 것이므로, 보험자는 명시적인 의사표시 또는 묵시적인 방법으로 이를 포기할 수 있다. 실제에 있어서 고지의무위반의 사실을 보험자가 알면서 이의없이 그

대로 보험증권을 작성교부하거나, 보험료를 수령하거나, 또는 보험금액을 지급한 경우, 경우에 따라서는 묵시적으로 해지권을 포기한 것으로 간주될 수 있을 것이다.

4. 담보(擔保)

1) 담보의 의의와 담보위반의 효과

담보의 원칙도 최대선의원리를 반영하고 있다. 담보(warranty)는 보험계약의 일부로서 보험자가 보상책임을 부담하려면 반드시 진실이어야 하는 피보험자가 행하는 사실의 진술 또는 약속(a statement of fact or a promise)이다. 통상적으로 보험청약서를 보험증권에 실제 첨부함으로써 표시가 보험계약의 일부를 구성하는 경우, 그러한 피보험자의 진술은 담보가 된다. 또한 담보는 보험증권에 기재된 피보험자의 약속을 포함한다.

예를 들어 보험료의 감액과 교환으로, 도난보험의 피보험자는 품질이 인정된 도난경보시스템이 24시간동안 작동할 것을 담보할(warrant) 수 있다. 또한 은행은 경비원이 하루 24시간동안 구내에 상주할 것을 담보할 수 있다. 이와 같이 담보를 기술하고 있는 조항은 보험계약의 일부가 된다.

해상보험에서와 같이 보통법을 기초로 하는 엄격한 형태의 담보는 피보험자에게는 매우 가혹한 법률상의 원칙이다. 담보위반은 그것이 아무리 사소한 경우이거나 또는 중요하지 않는 경우에도, 보험자로 하여금 보험계약을 취소할 수 있도록 한다. 피보험자의 약속의 허위 또는 불충족에 의해 보험자가 피해를 입었는지의 여부는 고려사항이 아니다.

담보의 단순한 위반은 보험계약을 취소할 근거를 제공하게 된다. 따라서 담보가 표시와 아주 다른 점은 ① 담보는 중요한(material) 것일 필요가 없으며 ② 담보는 보험계약상 약정의 일부이어야만 한다는 것이다.

2) 담보의 완화 및 예외

계약을 취소하는 수단으로서 담보위반은 일반적으로 보험계약에 적용되는 너무 가혹한 원칙이다. 그 결과 현재는 해상보험에서만 그와 같은 담보가 무제한적으로 사용되고 있다[22]. 예를 들어 선박이 특정일 또는 그 이전에 특정항구를 출항하여야 한다는 담보의 경우, 그 담보가 정확히 충족되지 않으면 위험을 중요하게 증가시키지 않은 경우에도 보험자는 보험계약을 취소할 수 있다.

그러나 해상보험이 아닌 다른 보험계약에서는 가혹한 보통법상의 담보원칙을 상당히 완화하여 수정하고 있다. 특히 대부분의 미국법원은 해상보험을 제외하고는 엄격한 보통법을 따르지 않고 있다. 담보원칙의 엄격한 적용을 못마땅한 것으로 간주하는 경향을 보였으며, 담보위반이 보험계약을 취소하기 위해 이용될 수 있으려면 담보위반이 위험을 중요하게 증가시킬 것을 요구함으로써 담보원칙을 수정하여 왔다. 이러한 담보원칙의 예외는 다음과 같이 요약할 수 있다.

① 생명보험에서 피보험자의 진술은 그것이 계약의 일부인 경우에도 불구하고 오직 표시의 법률상 효과만을 갖을 수 있다. 즉 보험청약자의 진술은 담보가 아니고 표시로서 간주된다. 이것은 담보위반이 중요사실과 관련되어 있어야 한다는 것을 의미한다. 따라서 표시가 중요한 것이 아닌 경우 보험자는 손해에 대한 보험금의 지급책임을 거절할 수 없다.
② 미미한 담보위반이 오직 일시적으로 또는 사소하게 위험에 영향을 미친 경우, 대부분의 법원은 담보위반을 관대하게 해석하게 된다.
③ 제정된 일부 법령에는 담보위반이 위험상황을 증가시키지 않는 한 보험회사는 보험금의 지급을 거절할 수 없다고 규정하고 있다.
④ 담보위반이 실제 손해의 원인으로 작용하지 않는 한 피보험자는 보험금을 받을 수 있도록 허용하는 일부 법령들이 제정되었다.

이와 같이 담보가 환영을 받지 못하고 법원에서 인정받지 못함에 따라 해상보험을 제외하고 자연히 담보의 사용이 포기되었다. 피보험자가 하루 24시간동안 작동하는 보호장치(도난경보기 등)를 유지하도록 요구하는 것과 같은 담보의 형태로서 약속 대신에, 보험증권은 그러한 장치가 고장 중에는 보험보호가 적용되지 않는다는 취지의 면책사항을 규정하기도 한다.

22) 영국의 해상보험법(MIA) 제33조 3항은 「담보는 그것이 위험에 대하여 중요한 것이든 아니든 불문하고 정확하게 충족되어야 하는 조건이다. 담보가 정확히 충족되지 않으면, 보험증권에 명시규정이 있는 경우를 제외하고, 보험자는 담보위반일로부터 책임이 해제된다. 단 담보위반일 전에 보험자에게 발생한 책임에는 영향을 미치지 아니한다」고 규정하고 있다.

제9절

보험대리점과 법률관계

보험계약은 대부분 본인을 대리하는 대리점에 의해 판매되고 있다. 대리인 또는 대리점(agent)은 타인을 대신하여 행동할 수 있는 권한을 가지는 자이며, 본인(本人: principal)은 그를 위하여 대리점의 행동이 취해지는 당사자를 의미한다. 따라서 A가 B보험회사를 대신하여 보험계약을 모집하거나 체결하거나 또는 종료시킬 수 있는 권한을 가지는 경우, A는 대리인 또는 대리점이 되고 B회사는 본인이 된다.

1. 대리행위의 일반원칙

대리인 또는 대리점의 행동과 대리점의 피보험자와의 관계를 좌우하는 세 가지의 중요한 법원칙은 다음과 같다.

① 대리행위관계의 추정은 존재하지 않는다.
② 대리인 또는 대리점은 본인을 구속할 권한을 가지고 있어야 한다.
③ 본인은 대리인 또는 대리점의 행동에 책임을 부담한다.

1) 대리행위관계의 불추정(不推定)

어떤 자가 타인을 위해 대리인으로서 법적으로 행동할 수 있다고 추정할 수는 없으며, 대리행위관계에 대한 어떤 외견상의 증거가 있어야만 한다. 예를 들어 어떤 보험회사의 대리점이라고 자처한 자가 보험료를 수금하여 도망간 경우, 대리행위관계의 존재를 입증할만한 증거가 없으면 보험자는 그 자의 행동에 대하여 법적으로 책임을 지지 않는다. 그러나 그 사람이 명함과 보험요율서 및 청약서양식을 가지고 있었다면, 그 회사를 대신하여 합법적인 대리점이 행동하는 것으로 추정될 수 있다.

2) 본인에 대한 구속권한

대리점은 본인을 대신하여 행동할 권한을 부여받아야 한다. 본인을 구속하는 대리점의 권한은 ① 명시적인 권한 ② 묵시적인 권한 ③ 외견상의 권한으로부터 유래되고 있다.

(1) 명시적인 권한

명시적 권한(expressed powers)은 대리점에게 특별히 부여되는 권한이다. 이 권한은 대리점과 보험회사와의 대리점약정서(agency agreement)에 통상적으로 명시되고 있다. 대리점계약서는 일부 권한을 보류하거나 제외시키는 경우도 있다. 예를 들어 생명보험대리점에게 청약자를 모집하고 신체검사를 할 수 있는 권한을 부여하기도 하고, 보험료납입기간을 연장할 권리 또는 보험증권상의 계약규정을 변경할 권리와 같은 일부 권한은 제외되기도 한다.

(2) 묵시적인 권한

대리점은 묵시적인 권한(implied powers)도 갖는다. 묵시적 권한은 대리점계약서의 목적을 충족시키기 위해 필요한 모든 부수적인 행동을 이행하여야 하는 대리점의 권한을 의미한다. 예를 들면 대리점은 생명보험증권을 고객에게 인도할 명시권한을 가질 수 있는데, 그것은 대리점이 초회의 보험료를 수금할 묵시권한도 가지고 있음을 의미한다. 묵시권한이 법적으로 중요한 것은 본인을 구속하는 대리점의 권한이 대리점계약서에 규정한 본인의 명시권한의 범위를 벗어난 부분까지 훨씬 더 확장될 수 있다는 것이다.

(3) 외견상 권한

대리점은 외견상 권한(apparent authority)에 의해 본인을 구속할 수 있다. 만약 대리점이 어떤 일을 할 수 있는 외견상 권한을 가지고 있는 것처럼 처신하고, 제3자가 대리점이 합리적이고 적절한 권한범위 내에서 행동하고 있는 것으로 믿게 하였다면, 본인은 대리점의 행동에 의해 법적으로 구속받을 수 있다. 다만 제3자는 대리점의 실제 권한을 판단하는데 정당한 주의를 다하였다는 것을 입증하지 않으면 안된다. 이와 같은 방법으로 행사되는 권한을 외견상 권한이라고 한다.

예를 들어 미국의 자동차보험대리점은 흔히 미불(외상)보험료의 납입기간의 연장을 그의 고객에게 허용할 수 있다. 만약에 보험회사가 그러한 권리를 대리점에게 명시적으로 부여하지 않았고 회사정책의 파기를 나타내는 어떤 조치를 취하지 않았다면, 그 보험회사는 대리점이 보험료납입기간의 연장을 허용할 수 있는 권한을 가지고 있지 않다는 이유로 그 이후의 손해에 대한 보상책임을 부정할 수 없다. 보험회사는 먼저 모든 보험계약자에게 대리점의 권한에 관한 제한사항들을 통지하지 않으면 안된다.

3) 대리점의 행동에 대한 본인의 책임

대리점이 그의 권한범위 내에서 행동하는 경우 본인은 대리점의 모든 행동에 대하여 책임을 진다. 이러한 책임에는 대리점의 사기행위, 부작위(不作爲) 및 부실표시도 포함된다. 이에 추가하여 대리점이 알고 있는 것은 대리행위관계의 범위내의 문제에 관하여 본인이 알고 있는 것으로 추정된다.

예를 들어 생명보험대리점이 생명보험청약자가 알콜중독자라는 사실을 알고 있었다면, 대리점이 고의적으로 그러한 정보를 청약서에서 누락시킨 경우에도 그러한 지식은 보험자에게 전가된 것으로 간주된다. 따라서 보험자가 보험증권을 발행한 경우, 그 후에 알콜중독과 중요사실의 은폐를 이유로 보험증권의 유효성에 대해 문제를 제기할 수 없다.

2. 권리포기(waiver)와 금반언(estoppel)

권리포기와 금반언(禁反言)의 원칙은 대리행위의 법률과 보험대리점의 권한에 직접적으로 관련되어 있고, 은폐와 부실표시의 원칙과도 직접적으로 연결되어 있다. 권리포기와 금반언의 개념상 실제적인 중요성은 보험자가 통상적으로 보험금의 지급책임이 없는 보험금을 법적으로 지급하게 된다는데 있다.

1) 권리포기(waiver)

권리포기(waiver)는 알려져 있는 법률상 권리에 대한 보험회사의 의도적인 포기이다. 보험자가 계약상의 법적 권리를 임의로 포기한 경우, 그러한 권리가 파기되었기 때문에 보험자는 그 후 피보험자가 청구하는 보험금의 지급을 거절할 수 없다.

예를 들면 미국의 표준화재보험증권에 의하면 피보험자는 손해발생사실을 보험자에게 지체없이 서면으로 통지해야 할 의무가 있다. 그러나 손해를 입은 대부분의 사람들은 보통 손해가 발생하였다는 사실을 보험회사에 통지해 주도록 그들의 대리점에게 전화로 알리게 된다. 그와 같은 경우에도 대리점이 알고 있는 것은 보험회사가 알고 있는 것으로 추정된다. 따라서 보험회사는 손해에 대한 서면통지가 없었다는 이유로 보험금의 지급을 거절할 수 없다. 손해를 입은 피보험자의 전화통지를 받아들이는 관례에 의해 서면통지에 대한 보험증권 규정을 사실상 보험자가 포기한 것이다.

또한 대리점이 보험조건에 위반된 것을 알면서도 보험증권을 발급한 경우, 그 대리점은 조건위반에 대한 권리를 포기한 것으로 간주된다. 예를 들어 자동차배상책임보험의 피보험자가 청약서에 25세 미만의 남성운전자는 자동차를 운행하지 않을 것이라고 명시하였으나, 실제는 그의 17세의 아들이 거의 독점적으로 그 자동차를 운행하고 있었고, 보험대리점은 그와 같은 사실 전부를 완전히 알고 있었다고 가정해 보자. 대리점이 알고 있는 것은 보험회사가 알고 있는 것으로 추정되기 때문에, 보험증권을 발급한 때 보험대리점이 그러한 조건위반에 대한 권리를 포기한 것으로 간주된다.

보험클레임 상황에서는 보험회사의 손해사정인이 취한 행동의 결과로서 권리포기가 가장 많이 발생한다. 손해사정인은 보상내용이 클레임에 적용되는지의 여부에 관한 문제가 있는 경우 피보험자에게 비밀로 해서는 안된다. 보상내용상 잠재적인 문제에 대하여 피보험자에게 통지하지 않으면 보험금지급에 별 이상이 없는 것으로 잘못 암시되는 결과를 가져온다.

보험회사가 궁극적으로 보험금지급을 거절하게 될 경우 피보험자는 클레임에 대하여 무방비상태에 놓일 수 밖에 없기 때문에, 피보험자는 보험금지급상 문제가 있으면 미리 통지를 받아야만 한다. 그렇지 않으면 보험회사는 면책사항이나 보험조건에 의한 보험계약상 권리를 상실하거나 포기하게 된다.

2) 금반언(禁反言: estoppel)

금반언이란 법률용어는 수세기 전에 영국의 보통법으로부터 유래되었다. 그것은 글자 그대로 개인이 전에 말한 것을 철회하려고 할 때 그의 입을 막게 되는것을 의미한다. 금반언은 어떤 자가 다른 당사자에게 해가 되도록 그의 마음을 변경하는 것을 금지하기 위해 도입된 것이다.

금반언(禁反言: estoppel)은 당사자의 일방이 그 자신의 과거의 언행에 의해 인정한 바 있는 사실과 모순되는 사실을 주장하거나 부정하는 것을 금지한다고 하는 영미법상의 중요한 원칙이다. 즉 보험계약과 관련하여 금반언은 권리가 포기되었다는 사실을 근거로 보험회사로 하여금 권리를 주장할 수 없게 만드는 권리포기의 결과(result of a waiver)이다. 따라서 계약위반에 대한 보험대리점의 권리포기는 보험회사가 장래에 그러한 계약위반을 근거로 보상책임을 부정하는 것을 금반언으로 금지한다.

예를 들면 자동차보험료를 미지불한 피보험자가 그의 대리점에 전화를 걸어 보험료납입기간의 연장을 요청하고, 그 대리점이 「걱정하지 마세요. 회사는 미불보험료에 대해 10일간의 보험료납입유예기간(grace period)을 설정하고 있습니다」고 대답하였다. 만약 그 피보험자가 그러한 유예기간 중에 자동차사고를 당한 경우, 보험회사는 보험증권상 유예기간에 대한 규정이 없고 보험료가 미납입되었다는 이유로써 손해에 대한 보험금지급책임을 부정할 수 없다. 사실상 보험회사는 보험금의 지급을 거절하는 것을 금반언으로 금지당한 것이다. 피보험자는 그의 대리점의 진술을 신뢰하였으며, 따라서 보험자는 그 후에 피보험자에게 해가 되도록 보험자의 의사를 변경할 수 없다.

요약정리

1. 보험계약이 법적으로 구속력(효력)을 갖기 위해서는 다음 요건을 갖추어야 한다.
   ① 청약과 승낙(offer and acceptance) ② 약인(consideration)
   ③ 적법한 목적(legal purpose) ④ 법률상 유자격 당사자(competent parties)
   ⑤ 적법한 양식(legal form)

2. 무효(void)와 취소가능(voidable)이라는 말은 잘못 혼용되고 있다. 무효계약(void contract)이라고 말하는 자체가 모순된 것이다. 무효인 계약은 결코 계약이 아니며, 무효란 법적 효과가 전혀 발생하지 않는다는 의미이며, 취소가능계약(voidable contract)은 당사자가 의사표시에 의해 무효로 할 수 있는 계약이다.

3. 보험계약은 다음과 같은 법적 특성을 가지고 있다.
   ① 사행계약(aleatory contract): 교환가치가 다른 부등가(不等價)계약이다.
   ② 편무계약(unilateral contract): 보험자만이 법적으로 구속력있는 약속을 하는 계약이다.
   ③ 조건부계약(conditional contract): 보험자의 보험금 지급의무가 피보험자 또는 보험수익자의 모든 보험증권 규정에 대한 이행여부에 좌우된다.
   ④ 인적계약(personal contract): 재산보험계약은 피보험자와 보험자 간의 인적계약으로 간주되고, 통상적으로 보험자의 동의없이는 타인에게 양도될 수 없다.
   ⑤ 부합계약(contract of adhesion): 피보험자가 모든 계약조건을 포함한 계약전체를 수용하여야 한다는 것을 의미한다.

4. 손해보상의 원리(principle of indemnity)는 피보험자가 손해발생으로 이익을 얻어서는 안되고, 그 손해 후 손해가 발생하기 직전과 거의 동일한 경제적 지위로 회복되어야 한다는 것을 의미한다. 재산보험에서 피보험자에 대한 표준적인 손해보상방법은 실제현금가액을 기초로 하며, 실제현금가액은 대체가격에서 감가상각을 공제한 것으로 정의된다. 손해보상의 원리의 기본적인 목적은 ① 피보험자가 보험으로 이익을 얻는 것을 방지하는 것과 ② 도덕적 위험상황을 감소시키는데 있다.

5. 손해보상의 원리는 피보험자가 손해발생으로 인하여 보험자로부터 수취할 수 있는 보험금을 제한하기 위한 다음과 같은 법률상의 원칙과 보험증권 규정을 통하여 실현된다.
   ① 피보험이익의 원리
   ② 대위의 원리
   ③ 실제현금가액과 손해평가규정
   ④ 중복보험의 책임분담원리

6. 손해보상의 원리가 적용되지 않는 예외는 ① 기평가보험증권 ② 기평가보험증권법 ③ 대체가격보험 ④ 관계법규에 따라 추가된 복원비용 ⑤ 생명보험 등이 있다.

7. 피보험이익의 원리(principle of insurable interest)는 손해가 발생한 경우 피보험자가 재정적인 손해를 입거나 또는 기타 다른 종류의 피해를 입어야 한다는 것을 의미한다. 피보험이익이란 특정인(보험청약자 또는 피보험자)이 보험의 목적에 대하여 가지고 있는 적법한 경제적 관계를 의미한다. 피보험이익의 요건에 대한 세 가지 목적은 ① 도박의 방지 ② 도덕적 위험상황의 예방과 감소 ③ 피보험자의 손해액의 평가 등이며, 이에 부수되는 효용으로서 ④ 손해의 평가를 통한 보험자의 보상책임범위 결정 ⑤ 동일한 보험의 목적에 대하여 수 개의 보험계약의 성립 가능 ⑥ 중복보험과 초과보험의 폐단 방지 등이다.

8. 손해보험에서 피보험이익으로는 재산의 소유이익, 수익이익, 비용이익, 담보이익, 배상책임이익 등이 있다. 생명보험에서 피보험자가 그 자신의 생명에 대한 생명보험에 가입할 때는 피보험이익의 문제는 발생하지 않는다. 그러나 타인의 생명에 대한 생명보험계약을 체결할 경우에는 그 타인의 생명에 대한 피보험이익이 반드시 있어야 한다. 사랑, 애정, 혈연 및 결혼에 의한 밀접한 관계, 또는 금전적 관계 등이 생명보험에서 피보험이익의 요건을 충족시킬 수 있으며, 그 대표적인 관계로는 ① 가족관계 ② 사업관계 ③ 채권자와 채무자의 관계가 있다.

9. 피보험이익의 존재시기는 손해보험과 생명보험에서 서로 다르다. 손해보험계약은 보험계약체결시 피보험이익의 존재여부에 관계없이 손해발생 시(at the time of the loss) 피보험이익이 존재하는 경우에 한하여 유효하다. 생명보험에 있어서 피보험이익은 생명보험계약의 위험개시시에 존재하지 않으면 안되고, 피보험자의 사망시에 존재할 필요는 없다.

10. 대위의 원리는 보험자가 손해에 대하여 피보험자에게 지급한 보험금을 과실있는 제3자로부터 회수할 권리가 있다는 것을 말한다. 보험자대위의 세 가지 목적은 ① 피보험자가 동일한 손해에 대하여 이중으로 보상받는 것을 방지하고, ② 과실있는 자로 하여금 손해에 대하여 책임을 부담하게 하며, ③ 보험요율을 인하시키는데 기여한다는 것이다.

11. 보험자가 대위권을 행사하는 경우, 피보험자가 완전히 원상회복된 후에야 보험회사는 과실있는 제3자로부터 회수한 금액을 보유할 수 있다. 또한 피보험자는 보험자의 대위권에 영향을 미칠 수 있는 어떠한 행위도 할 수 없다. 그러나 보험자는 손해발생 전후를 불문하고 보험계약상의 대위권을 포기할 수 있다. 대위는 생명보험계약과 대부분의 개인건강보험계약에는 적용되지 않는다. 우리 상법에는 제3자에 대한 보험자대위(청구권대위)와 보험의 목적에 대한 보험자대위(잔존물대위)를 규정하고 있다.

12. 중복보험(double insurance)은 초과보험의 특별한 형태로서 동일한 피보험이익(보험계약의 목적)과 동일한 피보험위험(보험사고)에 관하여 보험기간의 전부 또는 일부가 중복되어 수인(數人)의 보험자와 동시 또는 순차(順次)로 수개의 보험계약을 체결한 경우, 그 보험금액의 총액이 보험가액을 초과하는 보험을 말한다. 중복보험이 허용되는 경우 보험가액을 초과한 보험금을 여러 보험자로부터 회수하게 되어 피보험자가 이득을 얻을 수 있다. 따라서 피보험자의 이득방지와 도덕적 위험상황의 예방을 위해 법률(상법)과 보험약관에서는 중복보험에 대해 규제하고 있으며, 우리 상법은

비례책임주의와 연대주의를 병용하고 있다.

13. 최대선의(最大善意)의 원리(principle of utmost good faith)는 다른 계약의 당사자들에게 부과되는 것보다도 보험계약의 당사자들에게 보다 높은 정직성이 부과된다는 것을 의미한다. 최대선의의 원리가 지켜지기 위해 고지 또는 표시, 불고지 또는 은폐, 담보 등의 법률원칙이 있다. 표시(representation)는 보험계약의 성립 이전 또는 성립시에 보험청약자가 행한 구두 또는 서면의 진술(statement)이다. 표시가 ① 중요한 사실(material facts)에 대하여 ② 허위(false)인 경우 보험자의 선택에 따라 보험계약이 취소될 수 있으며 보험금지급을 거절할 수 있다. 의견이나 소신의 진술에 대하여 보험회사가 보험금의 지급을 거절할 수 있으려면, 부실표시가 중요하고 허위이며 사기이어야 한다. 중요사항의 불고지 또는 은폐도 부실고지 또는 부실표시와 동일한 법률효과를 가지고 있다. 즉 보험자의 선택에 따라 보험계약이 취소될 수 있다.

14. 중요사실(matrial fact)이란 신중한 보험자가 어떤 위험을 인수할 것인가 또는 거절할 것인가를 결정하고, 인수하는 경우 보험요율을 산정하고 보험조건의 부과를 결정하는데 있어서 영향을 미치는 사실을 말한다.

15. 담보(warranty)는 보험계약의 일부로서 보험자가 보상책임을 부담하려면 반드시 진실이어야 하는 피보험자가 행하는 사실의 진술 또는 약속이다. 보통법을 기초로 하는 담보위반은 그것이 아무리 사소한 경우이거나 또는 중요하지 않는 경우에도, 보험자는 보험계약을 취소할 수 있다. 따라서 담보가 표시와 아주 다른 점은 ① 담보는 중요한(material) 것일 필요가 없고 ② 담보는 보험계약상 약정의 일부여야 한다는 것이다. 그러나 해상보험이 아닌 다른 보험계약에서는 가혹한 보통법상의 담보원칙을 상당히 완화하여 수정하고 있으며, 보험계약을 취소하기 위해서는 담보위반이 위험을 중요하게 증가시킬 것을 요구하고 있다.

16. 대리인 또는 대리점의 행동과 대리점의 피보험자와의 관계를 좌우하는 세 가지의 중요한 법원칙은 다음과 같다.

① 대리행위관계의 추정은 존재하지 않는다.
② 대리인 또는 대리점은 본인을 구속할 권한을 가지고 있어야 한다.
③ 본인은 대리인 또는 대리점의 행동에 책임을 부담한다.

대리점은 ① 명시적인 권한 ② 묵시적인 권한 ③ 외견상의 권한을 기초로 본인을 구속할 수 있다.

17. 권리포기와 금반언의 실제적인 중요성은 보험자가 통상적으로 보험금의 지급책임이 없는 보험금에 대한 법률상 지급책임을 부담할 수 있다는데 있다. 권리포기(waiver)는 알려져 있는 법률상 권리에 대한 보험회사의 의도적인 포기이다. 금반언(禁反言: estoppel)이란 당사자의 일방이 그 자신의 과거의 언행에 의해 인정한 바 있는 사실과 모순되는 사실을 주장하거나 부정하는 것을 금지하는 영미법상의 중요한 원칙이다. 따라서 계약위반에 대한 보험대리점의 권리포기는 보험회사가 장래에 그러한 계약위반을 근거로 보상책임을 부정하는 것을 금반언으로 금지한다.

주요 개념과 용어

1. 청약과 승낙(offer and acceptance)
2. 약인(consideration)
3. 적법한 목적(legal purpose)
4. 적법한 양식(legal form)
5. 법률상 유자격 당사자(competent parties)
6. 무효(void)와 취소가능계약(voidable contract)
7. 사행계약(aleatory contract)
8. 편무계약(unilateral contract)과 쌍무계약(bilateral contract)
9. 조건부계약(conditional contract)
10. 인적계약(personal contract)
11. 부합계약(contract of adhesion)
12. 문서작성자 불이익의 원칙('contra proferentem' rule)
13. 손해보상(indemnity)
14. 실제현금가액(actual cash value)
15. 피보험이익(insurable interest)
16. 대위(subrogation)
17. 손해평가규정(loss measurement provision)
18. 중복보험의 책임분담원리(principle of contribution)
19. 기평가보험증권(valued policy)
20. 기평가보험증권법(valued policy laws)
21. 대체가격보험(replacement cost insurance)
22. 추가복원비용(additional cost of reinstatement)
23 피보험이익(insurable interest)
24. 대위(代位: subrogation)
25. 물질적 감가상각(physicial depreciation)
26. 경제적 감가상각(economic depreciation)
27. 퇴폐(obsolescence)
28. 계약가격보험(contract price insurance)
29. 중복보험(double insurance)
30. 최대선의의 원리(principle of utmost good faith)
31. 고지(告知: disclosure)
32. 표시(representation)
33. 중요한 사실(material facts)
34. 선의의 부실표시(innocent misrepresentation)
35. 사기의 부실표시(fraudulent misrepresentation)
36. 불고지(不告知: nondisclosure)
37. 은폐(concealment)
38. 담보(warranty)
39. 명시적 권한(expressed powers)
40. 묵시적인 권한(implied powers)
41. 외견상 권한(apparent authority)
42. 권리포기(waiver)
43. 금반언(estoppel)

복습문제

1. 보험계약이 법률상 유효하기 위해서 충족되어야 할 네 가지 기본요건을 설명하고, 또 하나의 「적법한 양식」요건에 대해 설명하시오.

2. 계약의 무효와 취소가능계약을 구별하시오.

3. 보험계약이 다른 일반 계약과 구별되는 법률상 특성을 설명하시오.

4. 부합계약의 의의, 예외 및 부합계약성의 존재이유를 설명하고, 문서작성자불이익의 원칙을 설명하시오.

5. 손해보상원리의 의의와 목적을 설명하고, 실제현금가액의 개념이 어떻게 손해보상원리를 반영하는지를 설명하시오.

6. 손해보상원리가 적용되지 않는 예외의 경우를 열거하고, 그와 같은 예외가 허용되는 이유를 각각 설명하시오.

7. 피보험이익과 피보험이익의 원리는 무엇이며, 모든 보험계약에서 피보험이익이 필요한 이유는 무엇입니까?

8. 손해보험에서 피보험이익의 예를 열거하시오.

9. 생명보험에서 피보험이익의 중요성을 설명하고, 자기의 생명보험과 타인의 생명보험에서의 피보험이익의 문제를 설명하시오.

10. 보험자대위는 무엇이며, 보험자대위가 이용되는 세 가지 이유는 무엇입니까?

11. 우리 상법상 보험자대위의 요건과 효과에 대하여 설명하시오.

12. 실제현금가액의 세 가지 결정방법을 설명하고, 계약가격보험이 손해보상원리에 위배되지 않는 이유를 설명하시오.

13. 중복보험의 의의와 요건 및 효과에 관한 입법주의에 대해 설명하시오.

14. 최대선의의 원리를 설명하고, 최대선의의 위반의 예와 그 효과를 설명하시오.

15. 우리 상법상 고지의무에 대하여 논술하시오.

16. 담보(warranty)란 무엇이며, 담보가 표시 또는 고지와 다른 점은 무엇입니까?

17. 보험대리점의 행동과 대리점의 피보험자와의 관계를 좌우하는 세 가지의 중요한 법률원칙은 무엇이며, 대리점으로 하여금 본인을 법률상으로 구속할 수 있도록 하는 권한에는 어떠한 것이 있습니까?

18. 권리포기(waiver)와 금반언(estoppel)이란 무엇이며, 보험계약에서 권리포기와 금반언이 어떻게 적용됩니까?

part Ⅲ. 보험계약론

제7장 보험증권의 구조와 분석

학습 목표

제7장을 학습한 후 다음 질문에 명확히 대답할 수 있어야 한다.

1. 보험증권과 보험약관을 정의하라.
2. 보험증권을 구성하고 있는 기본적인 구성요소에 대하여 설명하라.
3. 보험금액과 보험가액과의 관계를 설명하라.
4. 열거위험증권과 포괄위험증권을 설명하라.
5. 면책사유의 유형과 그 존재이유에 대하여 설명하라.
6. 보험계약에서 소손해공제(deductible)의 성질과 목적을 설명하라.
7. 공동보험조항에 대해 설명하라.
8. 타보험규정의 의의와 타보험조항의 종류를 설명하라.
9. 손해보상과 관련된 기타 계약규정을 설명하라.

앞의 장에서 보험계약의 법적 특성과 원리에 대하여 살펴보았다. 이 장에서는 그러한 법적 원리가 실제 보험증권 규정에 의해 어떻게 실행되고 있는지를 살펴보고자 한다. 보험계약서는 피보험이익과 피보험위험 및 보상손해 등에 따라 다종다양하다. 그에 따라 보험증권은 보험종목마다 그 내용이 서로 다르지만, 그 형식에 있어서 몇 가지 공통적인 요소를 포함하고 있다. 여기에서는 모든 보험증권에 공통적인 그러한 기본적인 계약규정에 관하여 검토하고자 한다.

제1절

보험증권과 보험약관

1. 보험증권

1) 보험증권의 의의

보험증권(insurance policy)은 보험계약이 기재된 증서로서, 보험계약의 성립과 그 내용을 증명하기 위하여 보험자가 보험계약자에게 발급하는 증거증권이다. 보험증권의 작성교부에 의해 보험계약상의 법률관계가 발생하는 것은 아니지만, 이 보험증권에 보험계약의 요소와 보험관계가 구현되고, 보험조건을 포함한 보험계약의 구체적 내용인 보험약관이 첨부되거나 기재된다. 따라서 보험증권은 계약의 성립요건이 아니고, 낙성계약성을 보완하기 위한 증거증권으로서 효력을 갖는다.

보험증권이라는 말은 보험계약서(insurance contract)와 동의어로서 사용된다. 국내의 일부 교과서에는 보험증권은 보험자 일방만이 날인한 것이므로 계약서가 아니다고 주장하고 있다. 그러나 「계약」이란 2인 이상의 사람에 의하여 체결된 것으로 채권채무관계를 발생시키는 합의이며, 그 합의를 기재한 문서가 「계약서」라고 정의되고 있다. 또한 국어사전에도 「계약서」는 계약의 성립을 증명하는 서면이라고 정의하고 있다.

따라서 보험계약의 부합계약성에 기인하여 보험자 일방만이 날인하여 발행하였다고 하더라도, 보험증권은 보험계약의 성립을 증명하는 증거서류(서면)로서 보험계약의 합의내용을 기재한 보험계약서임에는 틀림없을 것이다.

2) 보험증권의 교부의무

우리 상법 제640조 본문은 「보험자는 보험계약이 성립한 때에는 지체없이 보험증권을 작성하여 보험계약자에게 교부하여야 한다」고 규정하고 있다[1]. 보험계약은 낙성계

1) 개정 전에는 보험계약자의 청구에 의하여 교부하도록 규정하였으나, 1991년 신상법에서는 보험계약자의 청구가 없어도 보험계약의 성립 후 보험자의 법률상의 의무로서 지체없이 교부하도록 규정하고 있다. 계약자의 보호를 위한 법개정으로써 생명보험과 같은 개인보험에는 긍정적인 측면

약이므로 보험증권의 작성교부는 계약성립의 전제조건이 아니며, 다만 계약성립 후에 계약성립의 효과로서 보험자가 보험증권의 교부의무를 부담하는 것이다.

보험증권을 멸실 또는 현저하게 훼손한 때에는 보험계약자는 보험자에 대하여 증권의 재교부를 청구할 수 있으며, 이 경우 증권의 재작성비용은 보험계약자가 부담한다(상법 제642조). 특히 생명보험의 경우에는 보험기간이 장기이므로 재교부의 필요성이 많으며, 우리나라의 생명보험표준약관 제24조는 회사는 계약자에 대하여 무료로 보험증권의 정정, 배서, 재교부한다고 규정하고 있다.

상법에는 보험계약자가 보험료의 전부 또는 최초의 보험료를 지급하지 아니한 때에는 보험자는 보험증권의 교부의무를 지지 아니한다(제640조 1항 단서)고 규정하고 있다. 그리고 기존의 보험계약을 연장하거나 변경한 경우에는 보험자는 새로운 보험증권을 작성할 필요가 없이 기존의 보험증권에 그 사실을 기재함으로써 새로운 보험증권의 교부에 갈음할 수 있다.(제640조 2항)

3) 우리 상법상 보험증권의 기재사항

우리 상법 제666조(손해보험증권)은 손해보험증권에는 다음의 사항을 기재하고 보험자가 기명날인 또는 서명하여야 한다고 규정하고 있다.

① 보험의 목적
② 보험사고의 성질
③ 보혐금액
④ 보험료와 그 지급방법
⑤ 보험기간을 정한 때에는 그 시기와 종기
⑥ 무효와 실권(失權)의 사유
⑦ 보험계약자의 주소와 성명 또는 상호
⑧ 보험계약의 년 월 일
⑨ 보험증권의 작성지와 그 작성 년 월 일

이 있으나, 계속해서 반복적으로 수많은 보험증권을 발급해야 하는 적하보험과 같은 기업보험에 있어서는 과다한 보험증권발급비용으로 인해 결과적으로 보험계약자에게 보험료인상요인으로 작용하게 될 것이다. 영국의 해상보험실무계에서는 통상적으로 보험사고의 발생으로 보험금을 청구하는 경우를 제외하고는 보험증권의 발급 대신에 보험증명서를 발행하는 관례 등을 감안하여 이에 대한 법개정이 재검토되어야 할 것이다.

그리고 여기에 각 보험의 종류별로 다음의 사항을 추가하도록 규정하고 있다. 화재보험증권에는 제666조에 기재한 사항 외에 ① 건물을 보험의 목적으로 한 때에는 그 소재지, 구조와 용도 ② 동산을 보험의 목적으로 한 때에는 그 존치(存置)한 장소의 상태와 용도 ③ 보험가액을 정한 때에는 그 가액을 기재하여야 한다(상법 제685조).

자동차보험증권의 경우에는 ① 자동차소유자와 그밖의 보유자의 성명과 생년월일 또는 상호 ② 피보험자동차의 등록번호, 차대번호, 차형년식(車型年式)과 기계장치 ③ 차량가액을 정한 때에는 그 가액을 기재하여야 한다.(상법 제726조의 3)

생명보험과 상해보험의 인보험증권에는 상기 제666조에 기재한 사항 외에 ① 보험계약의 종류 ② 피보험자의 주소, 성명 및 생년월일 ③ 보험수익자를 정한 때에는 그 주소, 성명 및 생년월일을 기재하여야 한다.(상법 제728조) 그리고 상해보험의 경우에 피보험자와 보험계약자가 동일인이 아닐 때에는 그 보험증권 기재사항중 제728조 제2호에 기재한 사항에 갈음하여 피보험자의 직무 또는 직위만을 기재할 수 있다.(상법 제738조)

2. 보험약관

1) 보험약관의 정의와 유형

보험약관(insurance clauses)은 보험증권의 일부를 구성하는 것으로서 보험계약에서 보험자와 피보험자의 권리와 의무 및 계약의 이행에 따른 제반 조건과 절차를 규정하는 계약조항을 의미한다. 즉 보험약관은 보험계약의 내용을 의미한다.

대륙법계에서는 보험약관을 보통보험약관과 특별보험약관으로 구분하였으나, 현재 우리나라 보험업법시행규칙에는 이의 구분이 삭제되었다. 보통보험약관은 다수의 계약자에게 공통적으로 적용되는 일반적이고 표준적인 계약조항을 의미하고, 특별보험약관은 소수의 필요를 충족시키기 위하여 보통약관의 내용을 수정하거나 보완하는 계약조항을 의미하였다.

한편, 영미법계에서는 보통보험약관과 특별보험약관의 구분이 없으며, 보통약관이라는 말 대신에 기본증권이나 기본약관(basic policy or clauses) 또는 표준증권이나 표준약관(standard policy or clauses)이란 말이 사용되고 있다. 보험자는 이를 기초로 자기가 필요로 하는 보험약관을 제정하여 사용하거나, 또는 법률에 의하여 그러한 기본(또는 표준)증권이나 약관을 의무적으로 사용하기도 한다. 이를 수정하거나 변경하는 특약을 "endorsement" 또는 "rider"로 부르고 있다.

보험약관은 보험증권과 별개의 것이 아니고 그 일부를 구성하는 것으로서, 보험증권에 기재되거나 삽입될 수 있고 첨부될 수도 있다. 또한 보험약관은 대부분 인쇄되지만, 타자나 고무스탬프로 찍혀질 수 있으며, 수기(手記)로 기재될 수 있다. 이에 따라 보험약관은 삽입약관(inserted clause)이나 첨부약관(attached clauses) 또는 인쇄약관(printed clauses), 타자약관(typewritten clause), 스탬프약관(stamped clause), 수기약관(handwritten clauses) 등으로 구분되기도 한다.

2) 특약(Endorsement와 Rider)

보험증권에는 통상적으로 여러 가지 특별보험약관이 포함된다. 이 특별약관은 원래의 계약규정을 추가하거나, 삭제하거나, 또는 수정하는 서면의 규정이다.

이의 형태로는 보험금액 또는 급부금을 증가시키거나 감소시키는 것과 새로운 위험(손인) 또는 손해에 대한 보장을 첨가시키는 것 등이 있다. 이를 영어로는 "endorsement" 또는 "rider"로 부르며, 이들 두 가지 용어가 동일한 의미를 가지고 있으나 보통 혼용하여 사용되고 있다.

보다 정확히 말하자면 "endorsement"는 손해보험에서 사용되는 특별약관을 말하고, "rider"는 생명보험과 건강보험의 특별약관이다. 우리나라에서는 "endorsement"를 배서(背書), "rider"를 「라이더」로 부르고 있으나, 특별약관이나 특약으로 사용하는 것이 타당할 것이다.

3) 보험약관의 규제

(1) 규제의 필요성

보통거래약관은 일반적으로 사업자가 작성하여 많은 거래상대방에 적용하고, 법적 구속력을 가지는 것이므로 일반소비자의 보호를 위하여 이를 규제할 필요가 있다. 보험계약자 등의 이익보호를 위한 보험약관에 대한 규제의 필요성을 살펴보면 다음과 같다.

① 보험약관은 보험자가 일방적으로 작성한다.

② 보험계약자는 보험계약에 관한 기술적 및 전문적 지식을 갖지 못하고, 대부분 구체적인 계약내용을 모르는 상태에서 계약을 체결한다.
③ 보험자는 경제적으로 우월한 지위를 이용하여 자기의 이익도모를 위해 부당한 내용을 보험약관에 삽입할 수 있다.
④ 보험사업은 독과점적인 경향이 있으므로 보험계약자가 불리한 보험약관과 보험조건에 따를 수 밖에 없는 경우가 있다.

이에 따라 보험소비자의 보호를 위한 보험약관에 대한 규제에는 입법적 규제, 행정적 규제 및 사법적 규제로 구분될 수 있고, 입법적 규제와 행정적 규제는 사전규제이며 사법적 규제는 사후규제의 성격을 갖는다..

(2) 입법적 규제

사전에 법률에 의해 약관의 효력을 명시함으로써 보험가입자 등의 소비자의 보호를 도모하는 것이다. 이에 해당하는 예로는 상법 제663조(보험계약자 등의 불이익변경금지)를 들 수 있다. 이에 따르면 상법 중 보험편의 규정은 당사자간의 특약으로 보험계약자 또는 피보험자나 보험수익자의 불이익으로 변경하지 못한다. 이것은 보험가입자 등의 보호를 위한 상대적 강행법성(强行法性)을 밝힌 것이다.

이러한 보험계약자 등의 불이익변경금지의 원칙은 보험자에 비하여 상대적으로 약자의 지위에 있는 가계보험의 보험계약자 등을 보호하기 위한 것으로, 해상보험과 재보험과 같이 보험자와 대등한 위치에 있는 기업보험의 보험가입자에게는 해당되지 않는다. 일반적인 보통거래약관의 일원화된 체계적인 규제입법으로서는「약관의 규제에 관한 법률」이 있다.

(3) 행정적 규제

보험약관에 대한 행정적 규제는 보험업법에 의한 허가와 신고제도이다. 보험사업의 허가신청서에 보험약관을 첨부하여 제출하여야 하고(제5조), 보험약관을 변경하고자 하는 경우 금융위원회에 미리 신고하여야 한다.(제127조1항)

금융위원회에 신고하지 않은 보험약관이 사용된 경우에 사법상의 효력이 인정되는지의 여부에는 의문이 있으나 그 효력을 인정하는 것이 타당할 것이다. 그러나 미신고약관이 공익에 반하지 않고 강행법규, 특히 상법 제663조에 위반하여 보험계약자의 불이익으로 변경된 것이 아닌 경우에 한하여 사법상의 그 효력이 인정된다. 보험업법의 규정은 보험사업자에 대한 감독규정에 불과한 것이기 때문이다.

(4) 사법적 규제

보험약관의 유효성에 관한 사법적 판단이며, 그 예로서 법원의 판결에 의해 재경원 장관의 인가를 받은 보험약관의 변경 효력이 부인되기도 한다. 이 결과 보험약관은 행정적 사전규제와 사법적 사후규제의 이중규제를 받게 된다. 행정규제에서는 사법적 규제에 의해 약관의 효력이 유지되도록 신중을 기해야 하고, 동시에 행정당국의 인가를 받은 보험약관의 사법적 판단에 있어서도 신중해야 할 것이다.

4) 보험자의 보험약관의 교부 · 명시의무

약관규제법 제3조는 계약을 맺을 때에 사업자에게 고객에 대한 약관의 명시 · 설명 의무를 지우고 있으며, 상법도 이와 같은 취지를 보험약관에 반영하여 “보험자는 보험계약을 체결할 때에 보험계약자에게 보험약관을 교부하고, 그 약관의 중요한 내용을 알려주어야 한다.”고 규정하고 있다.(제638조의3 제1항) 보험약관은 보험계약의 부합계약성으로 보험자가 일방적으로 작성하고 보험계약의 내용이 되는 것이므로, 보험계약이 체결되기 전에 보험계약자가 그 내용을 알 수 있는 기회가 주어져야 한다.[2] 이와 같은 필요에 따라 보험자의 보험약관 명시의무(明示義務)가 법에 규정된 것이다.

보험자가 보험약관의 교부 · 명시를 하지 아니한 때에는 보험계약자는 보험계약이 성립한 날로부터 1월내에 그 계약을 취소할 수 있다.(상법 제638조의 3 제2항) 약관의 명시가 없는 경우의 보험계약자의 보호를 위한 조치이다. 상법상 취소권의 행사기간이 계약성립 일로부터 1월로 제한되어 있으므로 이 기간이 경과하면 취소하지 못하게 된다. 이 기간은 제척기간(除斥期間)이다.

약관규제법은 사업자가 약관의 명시의무를 위반한 경우에는 그 약관을 계약의 내용으로 주장할 수 없다고 규정하고 있다(동법3조3항).

2) 판례에 의하면 보험외판원이 보험계약자에게 약관과 다른 내용으로 보험계약을 설명하고 이에 따라 계약이 체결된 경우에는 그때 설명된 내용이 계약의 내용이 되고, 약관은 적용되지 않는다(대판 1989.3.28, 88 다 4645).

3. 보험증권의 해석원칙[3)]

1) 보험증권의 해석문제

보험계약과 관련하여 계약당사자간에 분쟁이나 소송이 제기된 경우에 있어서, 보험계약이 실제 존재하고 그 계약내용이 계약당사자에 의해 표시되었다는 것이 사실문제로서 입증된 때에는, 법률문제로서 계약내용의 해석이 문제가 된다.

그러한 해석의 목적은 계약당사자의 합의에 대한 진실된 실제의 성질과 조건을 규명하는데 있으며, 모든 해석상의 문제는 본질적으로 「계약을 체결할 때에 계약당사자의 의도가 무엇이냐?」의 해석문제로 압축된다. 계약당사자가 어떠한 의사를 가지고 보험증권에 문제가 된 그와 같은 문언을 사용하기로 합의하였는가에 대한 해석문제이다.

보험계약이 구현되는 보험증권은 그 구조가 복잡하다. 보험증권상에 계약명세사항이 기재되거나 청약서가 첨부되기도 하고, 보험증권 본문에 보험약관이 인쇄되거나 인쇄된 보험약관이 첨부되기도 하며, 그 약관을 수정하는 특약이 타자로 삽입되거나 고무스탬프로 찍히거나 수기(手記)로 기재되기도 한다. 이 결과 보험증권상의 각 조항과 문언들이 상호 모순되고 분쟁이 발생할 수 있다.

따라서 보험증권을 전체로서 고려하여야 하고, 보험증권상의 각 조항에 우선권을 부여함으로써 논리적인 기초 위에서 그러한 모순을 제거할 필요가 있다. The Al-Fubail Ⅳ(1982)사건에서 Lai판사는 「보험증권을 해석하고 계약당사자의 의사를 확인하는데 있어서, 보험증권의 전체와 평이하고 통상적이며 통속적인 의미로 사용된 문언을 고려하여야 한다. 또한 보험계약이 체결된 때에 계약당사자에게 알려져 있던 주변상황들을 고려하여야 한다.」고 하였다[4)].

2) 보험증권의 일반적인 해석원칙

보험증권의 해석원칙은 모든 보험종목에 동일하며, 법원에 의해 지금까지 확립된 보

---

3) 보험계약의 해석원칙 또는 보험약관의 해석원칙이라고도 하는데, 보험증권은 보험계약이 기재된 증거증권이며, 보험증권의 일부로서 계약당사자의 권리의무를 규정한 계약조항이 보험약관이라는 점에서 틀린 표현은 아니라고 할 수 있다. 그러나 증거증권인 보험증권상에 당사자의 직접적인 권리의무와 관계없는 어떤 표시가 계약내용, 즉 당사자의 합의내용에 관한 해석에 영향을 미칠 수 있으므로, 보험계약 또는 보험증권의 해석원칙이라는 표현이 보다 정확하다고 할 수 있다.

4) M Almojil Establishment v. Malayan Motor and General Underwriters (Private) Ltd, The Al-Fubail Ⅳ(1982)(2 Lloyd's Rep 637, Singapore Court of Appeal, at 640.)

험증권의 해석에 관한 일반원칙 중에서 특별히 중요한 것은 다음과 같다.

① 계약당사자의 의사 우선의 원칙 : 보험증권해석의 기본원칙은 계약당사자의 의사가 우선적으로 고려되어야 한다는 것이다. 계약서는 엄격하게 해석되어서는 안되고, 계약서의 엄격한 문자가 계약서의 목적과 의도로 간주되어서는 안된다.

② 보험증권 전체로서 해석원칙 : 보험증권은 하나의 전체로서 해석되어야 한다. 즉 보험증권의 전체가 고려되어야 한다. 사업자 간의 문서를 고려함에 있어 전문적인 해석원칙을 고려하기 보다는 먼저 문서 전체를 고려하고 당사자가 처리하고 있는 목적을 고려해야 하며, 그 다음에 문언들을 자연적이고 통상적인 의미로 해석하는 방식으로 문서를 해석하여야 한다.

③ 수기문언(手記文言) 우선의 원칙 : 인쇄문언보다 수기문언에 우선적인 효력이 주어져야 한다. 인쇄된 보험증권에 다른 문언들이 첨가되고, 첨가된 문언이 인쇄문언과 상충되는 경우에는, 첨가된 문언이 우선한 것으로 간주되고 당사자의 의사에 대한 최종 표현으로 간주되어야 한다. 특별보험약관은 보통보험약관보다 우선한다는 것과 동일한 논리이다.

보험증권상 삽입되는 문언에 대해 우선권이 주어지는 순서는 수기문언, 타자문언, 스탬프문언, 및 인쇄문언 순이다. 보험약관이나 특약이 보험증권에 첨부되는 경우에는 우선권이 첨부된 약관이나 특약에 먼저 주어지고, 그 다음 보험증권상의 여백에 기재된 약관조항이나 특약(marginal clauses or wording), 보험증권의 본문상의 문언 순이다. 여기에서 빨간 색으로 인쇄된 약관이 검은 색의 약관보다 우선한다는 해석원칙은 없으며, 색깔의 구분은 단지 강조나 주의환기를 목적으로 사용한 것일 뿐이다.

④ 통상적인 의미의 해석원칙 : 보험증권상 문언의 통상적인 의미를 채용하여야 한다. 기타 모든 문서에 적용되는 동일한 해석원칙이 보험증권에도 적용된다. 즉 법원의 판결, 관습, 또는 특별한 상황이나 보험계약조건에 의해 해당 문언에 어떤 특별한 의미가 첨가되는 것이 입증될 수 없는 한, 보험증권의 문언들은 평이하고 통상적이며 통속적인 의미(plain, ordinary and popular meaning)로 해석되어야 한다[5].

5) 영국의 또다른 판결에서는 「평이하고(plain) 통상적이며(ordinary) 통속적이고(popular) 일상적이며(everyday) 자연적인(natural) 의미로 해석하여야 한다」고도 하였다.

그러나 보험의 목적과 관련하여 잘 알려진 상관습 등에 의해 해당 문언들이 일반적으로 보통의 의미와는 다른 특별한 의미를 채용하고 있거나, 또는 보험증권의 문맥상 해당 문언들이 특정한 경우 및 계약당사자의 직접적인 의사를 유효화하기 위해서 특별하고 특이한 의미로 이해되어야 한다는 것이 명확히 들어나는 경우는 제외된다.

⑤ 문맥(文脈)에 의한 특별한 의미의 해석원칙 : 특별한 문언의 의미는 문맥에 의해 한정될 수 있다. 문언들은 그 문언들이 사용되는 상황의 성격, 즉 문언의 전후관계 때문에 특별한 의미를 갖기도 한다. 그와 같은 경우에 그 문언들은 그러한 특별한 의미로 해석되어야 한다.

⑥ 합리적 해석의 원칙 : 보험증권상 문언의 의미가 모호한 경우 합리적인 해석이 우선되어야 한다. 피보험자가 지급한 보험료와 관련하여 계약당사자의 어느 일방에게 예외적이고 불공평한 부담을 지게 하도록 보험증권의 해석이 불합리한 결과를 초래해서는 안된다. 보험증권의 해석에 있어서 당사자의 합리적인 의도가 무엇인가를 찾아볼 수 있는 경우, 그러한 기대에 부합하도록 해석하여야 한다는 합리적 기대의 원칙(doctrine of reasonable expectation)과도 동일하다.

피보험자의 합리적 기대의 원칙이란 피보험자는 보험증권에서 제공할 것으로 합리적으로 기대하는 보장을 받을 권리가 있으며, 이의 효력을 위해서 면책사항이나 제한사항들은 평이하며 분명하여야 한다는 것을 말한다. 이러한 합리적 기대의 원칙에 의해, 법원은 합리적인 매수인이 기대하는 보험증권의 의미와 같이 보험증권이 그러한 의미를 가지고 있는 것으로 해석한다. 이 원칙은 결과적으로 보험증권의 문언은 보험법에 정통한 변호사나 기타 관계자에 의해 해석되는 바와 같이 해석하여야 하는 것이 아니고, 비전문가가 이해하는 바와 같이 해석되어야 한다는 것으로 귀결된다.

⑦ 작성자불이익의 원칙 : 보험증권상 문언의 의미가 모호한 경우 작성자불이익의 원칙이 적용될 수 있다. 보험증권의 통상적인 해석원칙들이 모두 적용된 후에도 여전히 보험증권상 모호한 문언이 존재하는 경우에는, 그 문언의 의미를 작성자에게 불이익하게 해석하여야 한다. 「불명확하게 표시한 자는 이에 대한 책임을 스스로 부담하여야 한다」, 또는 「날인증서의 문언은 그 작성자에게 불리하게 해석한다」는 법언(法諺)에 따른 이와 같은 원칙을 문서작성자 불이익의 원칙('contra proferentem' rule)이라고 한다.

이 원칙은 일반적으로 모호한 문언에 대하여 계약서를 발급하는 자, 즉 보험자에게 불이익하게 해석하는 효과를 가지고 있다. 보험증권상 애매모호한 문언은 보험증권을 작성한 보험자에게 불리하게 해석하여야 한다는 것이다. 그러나 모든 경우에 보험자에게 불리하게 해석되어야 한다는 것은 아니다. 만약 추가약관이나 특별한 문언들이 피보험자 또는 그를 대리하는 보험중개인에 의해 작성되고 보험증권이 그러한 문언에 정확히 따르고 있다면, 그 문언의 모호함에 대하여는 피보험자에게 불이익하게 해석하여야 한다[6]. 또한 보통법상의 문서작성자 불이익의 해석원칙에서 중요한 것은 여러 가지 다른 해석원칙과 증거들을 적용하여도 해석이 불분명한 경우에 한하여 최종적으로 적용되는 해석원칙이라는 점이다.

독일의 경우 보험약관의 해석에 의문이 있는 때에는 보험자의 부담으로 해석하여야 한다는 불명확성의 원칙(Unklarheitenregeln)이 적용된다. 이 원칙은 독일법원의 판결로부터 유래된 것으로 「보험약관의 해석에 있어서 불명확한 점은 민법 제157조에 의하여 보험계약자에게 불리하게 해석되어서는 안된다」고 하였다. 특히 독일의 보통거래약관의 규제에 관한 법률(1976) 제5조에 의해 「보통거래약관의 해석에 있어서 의문이 있는 때에는 보험자의 부담으로 한다」고 이 원칙을 채용하고 있다. 이 경우 의문이 있는 때라는 것은 다른 해석의 수단이 없는 경우라고 할 수 있다.

한편, 보통보험약관의 해석과 관련하여 약관의 각 조항의 뜻은 보험계약체결 시에 개별적인 보험계약자가 의도한 바를 전제로 할 것이 아니라 일반적인 해석원칙에 따라서만 풀이하여야 한다. 즉, 우리나라의 약관규제법 제5조 1항은 보험약관의 해석에 있어서는 보험계약이 다수의 보험계약자를 대상으로 하고 있으므로 당사자의 개별적인 의사보다도 법률의 일반해석원칙에 따라 보험계약의 단체성, 기술성을 고려하여 신의성실의 원칙에 따라 공정하게 해석되어야 하며, 보험계약자에 따라 다르게 해석되어서는 안된다고 규정하고 있다.

6) A/s Ocean v. Black Sea & Baltic General Insurance Co. Ltd. C.A.(1935) 51 Ll. L. Rep.305에서 Greer판사와 Maugham판사의 판시 및 Bartlett & Partners v. Meller[1961] 1 Lloyd's Rep.487 참조.

4. 보험증권의 분석

1) 보험증권 분석의 중요성

보험소비자의 입장에서 보험계약을 분석하는 것은 매우 복잡하고 어려운 작업이다. 보험증권의 용어들은 대부분 전문적이고 기술적인 것이다. 보험증권의 해석을 위해서는 법원의 판례, 법령, 관습 및 보험자와의 협상내용 등 계약 외부의 사항들을 참조하지 않으면 안 된다. 위험관리자는 위험의 전가수단으로써 보험을 효율적으로 이용하기 위해서는 구매하려고 하는 보험증권의 보장과 보상범위가 무엇인지를 알고 있어야 한다.

보험자가 작성하여 제공하는 보험증권을 이해하기 위해서는 보험계약, 특히 보험증권의 분석방법을 습득하지 않으면 안 된다. 특히 대기업의 위험관리자는 맞춤식수기(手記)보험증권(tailor's-made manuscript policy)의 작성에 참여해야 하기 때문에 그러한 지식을 필요로 한다.

한편, 보험자의 입장에서도 적절한 정보의 체계화와 분석을 통한 건전한 언더라이팅을 위한 의사결정은 보험증권에 규정되는 보장범위와 보상한도의 철저한 검토를 기초로 하지 않으면 안 된다. 언더라이터는 그들이 매일 인수하는 보험증권의 주요한 보험약관에 대하여 정통하지 않으면 안 된다. 또한 잠재적 손해와 새로운 형태의 손해를 초래하는 법률적, 사회적 및 기술적 환경의 급속한 변화 속에서 언더라이터는 보험증권(보험계약)의 계속적인 검토를 필요로 하며, 제공되는 보장범위가 의도했던 보장범위인가의 여부를 확인할 필요가 있다.

여기에서 강조되는 것은 보험계약의 분석이 바람직하지 않는 상황을 회피하기 위한 언더라이터의 방어적인 행동만은 아니며, 소비자의 니드를 충족시키기 위한 적극적인 활동이라는 점이다. 이를 위해서는 보험증권의 지식과 계약규정을 개별적인 위험에 적용시키는 능력이 중요하고, 성공적인 언더라이팅관리를 위해 필수적이라고 할 수 있다. 즉 여러 가지 보험증권의 지식과 그러한 보험증권을 개별적인 위험에 적용시키는 기술이 고도의 전문적인 보험서비스를 제공하는데 필수적이다.

2) 보험증권의 분석목적과 분석방법

피보험자 또는 언더라이터의 입장에서 보험계약을 분석하는 일반적인 목적은 보장이 존재하는지, 다시 말하면 특정한 사건이 보험증권에서 부담되는지, 그리고 부담된다면 어느 정도의 보장범위가 제공되는지, 즉 얼마의 금액이 보상되는지를 결정하기 위한 것이다.

보험증권에 의해 제공되는 보험보호(보장내용과 보상범위)를 결정하기 위해서는 체계적인 분석방법이 이용되어야 하는데, 보험증권으로부터 다음과 같은 질문에 대하여 대답함으로써 그 목적이 달성될 수 있다.

① 어떠한 위험(what perils)이 부담되는가?
② 어떠한 재산, 활동, 상황, 또는 배상책임의 원인(what property, activity, situation, or source of liability), 또는 누구의 생명이나 건강(whose life or health)이 부담되는가?
③ 어떠한 사람 또는 이익(what persons or interests)이 부담되는가?
④ 어떠한 형태의 손해(what kind of losses)가 부담되는가?
⑤ 어떠한 장소 또는 위치(what places or locations)가 부담되는가?
⑥ 어떠한 기간(what time period)이 부담되는가?
⑦ 어떠한 기타 약관조항(what miscellaneous clauses)이 보상범위에 영향을 미치는가?
⑧ 보장금액(amount of coverage)은 얼마인가?

물론 상기 질문에 대한 대답이 하나라도 부정이면 보험보호는 존재하지 않는다. 예를 들어 재산보험계약에서 위험, 재산, 손해, 기간 및 장소가 모두 부담되고 보험금을 청구하는 사람(person), 즉 피보험이익이 부담되지 않는다면, 보험자는 그 손해를 보상할 책임이 없다.

이들 대답을 결정하기 위해서 보험증권이 철저하게 검토되어야 한다. 보험증권의 어떤 조항을 검토하는데 있어서는 보험증권의 다른 조항과 어떻게 관련되어 있는지, 다른 조항에 의해 수정되거나 효력이 정지되는지를 함께 고려하여야 한다. 보험증권의 다른 조항이 보상범위를 변경하거나 삭제할 수도 있고, 나중에 첨가될 특약(endorsements)이 보상범위를 전혀 다른 것으로 변경할 수도 있기 때문이다. 또한 면책되는 보장범위가 추가조항이나 배서 또는 보험증권상 면책사항에 대한 또 다른 면책규정에 의해 복원될 수도 있기 때문이다.

제2절

보험증권의 기본 구조와 내용

1. 보험증권의 전형적인 구조

보험증권은 매우 복잡한 법률상의 증서이다. 보험증권은 일반적으로 다음과 같은 다섯 가지의 부분으로 구성되어 있다.

① 계약명세사항(declarations)
② 보험합의사항(insuring agreement)
③ 면책사항(exclusions)
④ 보험조건(conditions)
⑤ 기타 계약규정(miscellaneous provisions)

모든 보험증권이 항상 이와 같이 다섯 부분으로 구성되는 것은 아니고, 위와 같은 일정한 순서로 구성되는 것도 아니다. 대부분의 보험증권은 계약명세사항란이 보험증권에 인쇄되어 있고, 나머지 부분은 보험증권에 첨부되는 별도의 보험약관에서 규정하고 있다. 그러나 이와 같이 분류된 보험증권의 구조는 일반적인 보험계약(보험증권)의 분석을 위해 편리하게 이용할 수 있는 단순하고 전형적인 보험증권의 모델을 제시하고 있다는데 그 의의가 있다.

2. 계약명세사항

1) 계약명세사항의 의의

계약명세란은 통상적으로 보험증권의 첫면 또는 보험증권에 삽입된 별도의 면에 인쇄되어 있으며, 건강(상해 및 질병)보험과 같은 일부 보험계약의 경우 보험증권에 첨부되는 청약서가 계약명세부분으로서 보험증권의 일부를 구성하고 있다.

계약명세사항(declarations)은 보험에 가입되는 재산 또는 생명에 관한 정보를 제공하는 일람표이다. 그리고 계약명세란에 포함된 정보는 언더라이팅과 요율산정 및 피보험 재산과 생명의 확인·식별을 위해 이용된다.

손해보험의 경우 계약명세부분은 보험자, 피보험자의 성명 또는 상호, 재산의 소재지, 보험기간, 보험금액, 보험료, 소손해공제액 등의 확인에 관한 정보 및 기타 관련정보를 포함하고 있다. 생명보험의 경우는 전형적으로 보험증권의 첫면에 피보험자의 성명과 나이, 생명보험의 종류, 보험금액, 보험료, 보험증권 발급일자, 보험증권번호 등을 포함하고 있다.

2) 보험청약서

보험계약은 청약자의 보장에 대한 청약(proposal or offer)과 보험자의 승낙(acceptance)으로 성립한다. 청약은 구두도 가능하지만 보통 서면에 의해 이루어지며, 보험청약자의 청약내용이 기재된 서면을 보험청약서(proposal forms or applications)라고 한다.

서면 보험청약서의 중요한 목적은 보장에 대한 청약자의 청약을 승낙할 것인가의 여부를 보험회사가 결정하는데 필요한 정보를 확보하기 위한 것이다. 보험청약서는 청약자의 신원, 원하는 보험종목과 보험금액, 보험의 목적(재산, 법률상 배상책임 등), 해당 위험의 언더라이팅에 필수적인 기타 사항들을 표시하고 있다.

예를 들어 화재보험청약서는 일반적으로 ① 청약자의 성명, 주소 및 직업 ② 보험금액과 함께 해당 재산의 명세 ③ 특히 과거 보험가입사항과 클레임사항 등을 포함하여 청약자가 최대선의의무에 따라 완전하고 진실하게 대답하여야 하는 여러 가지 질문사항 ④ 청약자 및 해당 보험에 청약되는 위험에 관하여 대리점이 알고 있는 것에 대하여 대리점이 대답하여야 하는 질문사항 등 네 가지 항목으로 구성된다.

일부 보험종목이나 위험과 관련하여 비공식적인 구두의 청약도 가능하다. 그러나 건강(상해 및 질병)보험청약서는 항상 보험증권에 첨부되고, 보험증권 자체의 일부를 구성한다. 일부 보험청약서는 임시 보험계약서의 역할을 하면서 보험회사를 법률상 구속하기도 하지만, 대부분의 청약서는 보험회사에 의해 공식적으로 승낙되어야만 보장이 허용된다.

3) 임시보험계약서(Binder)

보험자의 승낙은 대체로 보험회사가 보험증권을 발행한 때 또는 보험대리점이 임시

보험계약서 또는 가보험계약서(假契約書: binder)를 발급한 때 이루어진다. 일부 재산보험에 있어서 청약과 승낙과정이 진행되는 동안에도 「바인더」에 의해 보장이 제공될 수 있다. 즉 「바인더」는 실제의 보험증권(또는 특약)이 피보험자에게 발급될 때까지 보장을 제공하기 위해 발급되는 임시 보험계약서이다.

일반적으로 모든 재산보험과 특종보험(건강보험 제외)의 대리점은 보험증권이 발급될 때까지 보장을 허용하는 임시계약서를 발급할 수 있는 법률상 권한을 위임받고 있다. 그러나 보험대리점은 대리점계약서의 조건에 의해 보험회사가 대리점에게 위임한 권한 이상으로 행사할 수 없다.

임시계약서에 의해 보장이 허용될 수 있는 기간은 미국의 경우 보험회사에 따라 임의로 결정되고, 예외로서 화재보험바인더는 30일(일부 주는 15일)을 초과하는 기간에 대하여는 발급될 수 없다. 그러나 필요한 경우 30일의 추가기간에 대하여 한 차례 화재보험바인더를 갱신할 수 있다. 바인더와 대체되는 보험증권이 발급되는 경우 그 보험증권의 보험기간의 개시일자는 바인더에 의해 보장이 유효하게 되었던 일자와 동일하여야 한다. 이에 따라 보험료의 이중지급을 피할 수 있다.

4) 조건부영수증과 임시계약영수증

생명보험에 있어서 조건부영수증과 임시계약영수증은 손해보험에서의 임시보험계약서(binder)와 어느 정도 유사하지만, 그 내용에 있어서는 중요한 차이점이 있다. 생명보험대리점 또는 모집인은 일반적으로 보험회사를 대리할 권한을 위임받지 못한다. 따라서 청약서가 항상 서면으로 작성되고 일반적으로 보험회사의 승낙을 받아야 생명보험계약의 효력이 발생한다. 통상적인 절차로서 청약서의 작성과 초회의 보험료의 지급이 청약(offer)을 구성한다.

미국의 경우 보험계약자가 청약서에 서명한 때에 생명보험계약에 대한 초회의 보험료를 지급하면, 대리점이나 모집인은 조건부영수증(conditional receipt)이나 임시계약영수증(binding receipt)을 발행한다. 청약서와 함께 보험료가 지불된 때에는 다음과 같은 세 가지의 보험료영수증이 어떤 형태로든 잠정적인 보장(coverage)을 제공한다.

3. 보험기간과 보험계약기간 및 보험료기간

1) 보험기간

모든 보험증권은 계약명세서란에 보장(coverage)이 적용되는 기간을 명시하고 있다. 보장이 적용되는 기간을 보험기간(term of insurance, period of coverage)이라고 한다. 보험자는 보험계약에 의해 일정한 기간 중에 발생한 피보험위험(보험사고)에 대하여 보험금을 지급할 것을 약정한다. 즉 보험기간이란 보험자가 그 기간 중에 발생한 피보험위험으로 인한 손해를 책임지는 보험계약상의 일정한 기간을 말한다.

보험기간은 보험자가 위험을 부담하는 기간이라는 점에서 위험기간이라고도 하며, 보험자의 책임이 개시하여 종료할 때까지의 기간이라는 점에서 책임기간이라고도 부른다. 이에 따라 보험기간이 시작된다는 말을 위험이 시작(개시)된다, 보험자의 책임이 개시된다, 또는 보험이 시작된다고도 한다.

보험기간을 약정하는 방법에는 그 시종(始終)을 ① 년・월・일・시 등 일정 시간으로 정하는 경우(기간보험), ② 예를 들어 화물의 선적과 양륙(揚陸), 농작물의 파종(播種)과 수확 등과 같이 특정의 사실을 기준으로 정하는 경우(항해보험과 농업보험), ③ 특정 사실과 일정 시간을 혼합하여 정하는 경우(혼합보험) 등이 있다. 혼합보험의 경우에는 선박의 출항, 화물의 양륙 또는 농작물의 수확 후 몇 일 또는 몇 개월로 보험기간을 정하기도 하고, 보험기간의 시종을 모두 또는 시기(始期)나 종기(終期)중 하나를 일정 시간 또는 특정 사실을 혼합하여 정하기도 한다.

생명보험과 건강보험증권은 종신(終身), 특정 기간 또는 특정 연령까지를 보험기간으로 하고 있으며, 건강보험증권은 1년을 보험기간으로 정하기도 한다. 우리나라의 화재보험증권의 보험기간은 저축성 보험상품인 장기화재보험을 제외하고 대부분 1년이지만, 미국의 경우 대부분의 화재보험증권은 보통 1년 또는 3년이다. 영속(永續)보험증권(perpetual policy)은 계약당사자의 어느 일방, 즉 피보험자 또는 보험자가 해약할 때까지 계속 유효하다. 미국의 배상책임보험증권은 3개월 또는 6개월의 기간인 경우도 있으나 대부분은 1년 또는 3년이며, 우리나라의 경우 대부분 1년이다.

2) 보험계약기간

영미계에서는 일반적으로 보험증권에 명시된 보험기간을 보험계약기간(policy period)

이라고 한다. 따라서 보험기간과 보험계약기간은 동의어로 사용된다. 그러나 우리 상법학계에서는 보험계약기간을 보험계약이 유효하게 존속하는 기간으로 정의하면서, 보험기간과 별개의 개념으로 취급하고 있다. 즉 보험계약기간과 보험기간은 일치하는 경우가 대부분이지만, 몇 가지 예외가 존재할 수 있다고 풀이하고 있다.[7)]

이러한 의미에서 보험계약기간이라면 보험계약의 체결(성립)시부터 종료 시까지의 기간, 또는 보험계약이 성립되어 유효하게 존속하는 기간으로 정의하여야 할 것이다. 왜냐하면 보험계약이 유효하게 존속하는 기간이란 곧 보험자의 책임이 유효하게 존속하는 보험기간과 동일한 개념이기 때문이다. 그러나 우리 상법의 어느 규정에도 보험계약기간이라는 말은 사용되지 않고 있으며, 보험증권의 법정 기재사항에 「보험기간을 정한 때에는 그 시기와 종기」(제666조5호)를 포함하고 있다.

실제에 있어서도 보험계약기간이란 일반적으로 보험계약이 유효하게 존속하는 기간, 즉 보험기간과 동일한 개념으로 사용되고 있다. 따라서 보험계약기간이란 보험증권(보험계약서)에 기재된 보험기간으로 정의함이 타당할 것이다. 보험증권에 지재된 보험기간(보험계약기간)이 보험료의 미지급이나 소급보험, 또는 운송조항 등의 동일한 보험증권상 다른 약관조항(보험기간 관련조항)에 의해 그 효력이 정지되거나 제한되거나 연장되기도 하는 것이다.

3) 보험료기간

보험자는 일정한 기간을 단위로 하여 그 기간 중에 발생하는 보험사고의 발생확률을 통계적으로 측정하여 그 위험률에 따라 보험료를 산정한다. 여기에서 일정한 기간을 보험료기간이라고 한다. 즉 보험료기간이란 보험자가 위험을 측정하고 보험료를 산출하는데 기초가 되는 단위기간이다.

보험료기간은 보험종목에 따라 다르지만, 보험기간이 특정 년·월·일·시로부터 특정 년·월·일·시까지의 구체적인 1년인 경우, 보험료기간은 그 단위기간인 1년이

7) 예를 들어 일정 기간을 보험계약기간으로 정해놓고 그 기간내에 입고하는 상품에 대해 화재보험에 가입하는 경우와 같이, 특약에 의해 보험자의 책임개시를 특정시점으로 정함으로써 보험계약의 성립후에 보험기간이 개시하는 경우, 보험계약의 성립후 최초의 보험료의 지급을 받은 경우, 또는 보험계약 성립전의 일정기간내에 발생한 손해에 대하여도 보험자가 보상책임을 지는 소급보험의 경우 등은 보험계약기간과 보험기간이 일치하지 않는다. 또한 적하보험의 포괄예정보험(open policy or open contract)의 경우에는 보험계약기간은 보험계약이 체결된 때부터 해지된 때 종료하지만, 보험기간은 운송되는 개개의 화물에 대하여 적하보험의 운송조항 등에 따라 개시되고 종료한다.

다. 즉 그 1년의 기간을 단위로 하여 그 기간중의 위험률을 기초로 보험료를 산출한다. 또한 보험기간이 특정 항해구간인 경우, 보험료기간은 당해 1항해구간이 된다.

보험료는 이와 같이 일정한 보험료기간의 전체 위험률을 기초로 산출되므로, 이 기간에 해당되는 보험료는 가분할 수 없는 불가분(不可分)의 성질을 가진다는 것이 보험료불가분의 원칙이다. 따라서 보험료는 하나의 단위로 취급되어 보험기간의 일부에 대하여 보험자가 위험을 부담하고 중도에 보험계약이 해지 또는 실효된 경우에도 보험료의 전액를 취득하여야 한다는 것이다.

우리 상법에서 초과보험의 경우 「보험료의 감액은 장래에 대해서만 효력이 있다」(제669조 1항 단서)는 규정과 분할납 보험료의 경우 「보험료의 지급을 받지 아니한 잔액이 있으면 그 지급기일이 이르지 아니한 때라도 보상할 금액에서 이를 공제할 수 있다」(제677조)는 규정은 보험료불가분의 원칙을 반영한 것이다. 그러나 예외로서 보험사고 발생 전의 임의해지의 경우에 미경과보험료의 반환청구를 인정하고 있으며(제649조), 생명보험계약을 해지한 경우 보험자의 보험적립금 반환의무를 규정하여 보험료의 가분성을 일부 인정하고 있다.

4. 보험금액과 보험가액과의 관계

1) 보험가액과 보험금액의 의의

(1) 보험가액

재산보험에 있어서 보험가액(insurable value)이란 피보험이익을 경제적으로 평가한 가액, 즉 보험계약의 목적을 금전으로 산정한 가액을 말한다. 따라서 보험가액은 재산보험의 피보험자가 보험의 목적에 대한 보험사고의 발생으로 입을 수 있는 최고의 손해평가액을 의미한다. 보험가액은 보험사고의 발생에 의해 보험자가 피보험자에게 지급할 수 있는 법률상 최고보상한도액이다. 왜냐하면 피보험이익의 실제 가액 이상으로 보상하는 경우에는 피보험자가 부당이득을 얻게 됨으로써 손해보상원리에 위배되기 때문이다.

(2) 보험금액

보험금액(sum insured; insured amount)은 피보험자가 보험에 실제 가입한 금액으로서 보험자가 인수하기로 약정한 금액이다.[8] 보험금액은 생명보험과 손해보험에 따라 그 의미가 약간 다르다.

생명보험은 정액(定額)보험이므로 보험금액은 보험자가 보험사고의 발생시에 보험수익자에게 지급하기로 약정한 금액이다. 한편, 손해보험계약은 실제 손해만을 보상하는 손해보상계약이므로, 보험금액은 보험사고가 발생한 경우에 보험자가 피보험자에게 지급하기로 약정한 최고한도의 금액이다. 즉 보험금액은 보험자의 보험계약상 최고보상한도액이다.

한편, 보험금(claim amount)은 보험증권상의 손해액에 대하여 보험자가 피보험자에게 실제 지급한 금액이다. 생명보험계약에서는 피보험자의 사망사고가 발생하여 보험금액(사망보험금)이 지급된 때에는 보험계약이 종료한다. 손해보험의 재산보험계약에서도 피보험위험으로 인한 전손(全損)이 발생한 경우에는 생명보험과 마찬가지로 보험자는 보험금액의 전액을 지급하고 보험계약이 종료한다.

그러나 분손(分損)의 경우에는 보험자는 실제 손해액에 상당하는 보험금액의 일부를 보험금으로 지급하고, 남은 잔존 보험금액이 보험금을 지급한 이후의 나머지 보험기간에 대한 보험금액이 되며(국문화재보험보통약관 제18조 1항), 미국의 표준화재보험증권에서는 자동복원조항에 의해 나머지 보험기간에 대해서도 원래의 보험금액이 계속 유효하다. 전자의 경우를 잔존보험금액주의라고 하며, 특약과 추가보험료에 의해 원래의 보험금액으로 복원이 가능한 후자의 경우를 보험금액복원주의라고 하며, 선박보험과 배상책임보험이 이에 해당된다.

(3) 책임한도

모든 보험증권은 보험자의 책임을 제한하는 약관조항을 포함하고 있다. 생명보험증권은 보험증권의 앞면에 정해진 보험금액(보험가입금액)을 지급한다고 약속하고 있다. 건강보험증권은 주당(週當) 특정 금액까지, 전체 의료비에 대한 특정 금액까지, 또는 식사 포함한 입원에 대하여 얼마의 금액 및 여러 가지 종류의 수술에 대하여 얼마의 금액과 같은 일람표 기준(schedule basis)에 따라 보험금이 제한된다.

재산보험증권은 실제현금가액, 대체가액, 수리 또는 대체비용 및 보상한도로서 보험금액을 정하고 있다. 배상책임보험증권은 제3자의 클레임에 대해 피보험자를 방어하는

---

8) 보험가입금액으로 통일하여 알기쉽게 부르자는 주장도 있다.

비용(변호사비용 등)에 관한 한도는 없으나, 피보험자를 위해 지급할 보험금에 대한 한도를 정하고 있다. 예를 들어 1인당, 사고당, 또는 사건당 특정금액의 한도와 보험증권의 전체 책임한도를 정하고 있다.

2) 미평가보험증권과 기평가보험증권

보험가액이란 항상 고정되어 있는 것이 아니고, 시간과 장소 및 물가(시세)의 변동에 따라 끊임없이 변동하는 것이므로 보험가액의 평가시기가 문제가 된다. 그 평가시기에 따라 미평가(未評價)보험증권과 기평가(旣評價)보험증권이 있다. 재산보험은 손해보상계약이므로 보험자가 보상하여야 할 손해액은 원칙적으로 손해가 발생한 때와 장소에서의 가액을 기준으로 결정되어야 한다. 이에 따라 보험계약체결시에 보험가액을 평가하지 않고, 손해발생 시와 장소에서 보험가액을 평가하는 보험증권을 미평가보험증권(unvalued policy)이라고 한다.

해상보험을 제외한 대부분의 재산보험증권이 이에 해당되고, 미평가보험증권이 원칙적으로 손해보상원리에 부합하는 보험증권이다. 우리 상법은 당사자 사이에 보험가액을 정하지 아니한 때에는 사고발생시의 가액을 보험가액으로 한다(제671조)고 규정하고 있다.

기평가보험증권(valued policy)은 보험계약체결시에 계약당사자 간에 합의된 보험가액을 기재한 보험증권을 말한다. 사고발생시 객관적인 보험가액의 평가가 용이하지 않을 뿐 아니라 불가능한 경우도 있기 때문에 당사자간에 분쟁의 소지가 많다. 이와 같은 분쟁의 소지를 제거하고 보험가액의 입증을 명확히 하기 위해 손해보상원리의 예외로서 기평가보험증권이 도입된 것이다. 해상보험에서는 대부분 해상에서 손해가 발생하므로 손해발생의 때와 장소에서 가액의 평가가 불가능할 뿐 아니라, 그 때와 장소도 정확히 알 수 없는 경우도 있다.

따라서 기평가보험증권에서는 보험계약체결시에 계약당사자가 보험가액을 협정하게 되는데, 이와 같이 계약체결시 당사자간에 협정하여 보험증권에 기재된 보험가액을 협정보험가액(insured value, agreed value, fixed value)이라고 한다. 우리 상법은 당사자간에 보험가액을 정한 때에는 그 가액은 사고발생시의 가액으로 정한 것으로 추정한다(제670조 본문)고 규정하고 있다.

3) 보험금액과 보험가액과의 관계

재산보험에서 피보험이익은 손해가 발생한 때와 장소에서 확정되어야 한다. 따라서 기평가보험증권의 경우를 제외하고 보험가액은 손해발생의 때와 장소에서 평가하는 것이 원칙이다. 그러나 보험금액은 보험계약체결시에 결정되기 때문에 손해발생 시 보험금액과 보험가액이 항상 일치하는 것은 아니다. 그 원인은 보험계약자가 고의로 또는 임의로 일치시키지 않는 경우도 있고, 시세의 변동에 따라 선의로 일치하지 않는 경우도 있다. 보험자의 책임과 손해사정방법은 다음과 같은 보험금액과 보험가액과의 관계에 따라서 차이가 있다.

(1) **전부보험**(full insurance)

보험금액(sum insured)이 보험가액(insurable value)과 일치하는 경우(S.I.= I.V.)로서, 이 경우 보험자는 보험금액을 한도로 실제 발생한 손해액의 전액을 보험금으로 지급한다.

(2) **일부보험**(under insurance)

보험금액이 보험가액에 미달하는 경우(S.I.< I.V.)를 말하고, 보험자는 발생한 손해액에 대하여 보험금액의 보험가액에 대한 비율에 따라 보상할 책임이 있다. 이를 비례보상의 원칙이라고 한다. 그러나 당사자간에 다른 약정이 있는 때에는 보험자는 보험금액의 한도내에서 손해의 전액을 보상할 책임을 진다. 보험증권에 그러한 다른 약정(특약)이 있는 경우를 실손보상계약 또는 제1차위험보험이라고 한다. 일부보험은 보험료의 절약을 위하여 의식적으로 일부보험으로 체결하는 경우(의식적 일부보험)와 계약체결후 물가의 상승으로 자연적으로 일부보험이 되는 경우(자연적 일부보험)가 있다.

(3) **초과보험**(over insurance)

보험금액이 보험가액을 초과하는 경우(S.I.> I.V.)를 말하고, 이에는 계약체결후 물가의 하락으로 인한 선의의 경우와 보험계약자의 사기로 인한 경우가 있다. 선의의 초과보험의 경우에는 계약당사자는 보험료와 보험금액의 감액을 청구할 수 있으며, 이 경우 보험료의 감액은 장래에 대하여만 그 효력이 있다. 보험계약자의 사기로 인한 초과

보험의 경우에는 초과부분 뿐 아니라 전체 보험계약이 무효이고, 보험계약자는 보험자가 그 사실을 안 때까지의 보험료를 지급하여야 한다.

(4) **중복보험**(double insurance)

동일한 보험계약의 목적(피보험이익)과 동일한 사고(피보험위험)에 관하여 수개의 보험계약이 동시에 또는 순차로 체결된 경우에 그 보험금액의 총액이 보험가액을 초과한 경우(S.I'+ S.I"+ …> I.V.)를 말한다. 즉 동일한 피보험이익과 동일한 피보험위험에 관하여 보험기간의 전부 또는 일부가 중복되어 체결된 수개의 보험계약의 보험금액의 합계가 보험가액을 초과한 경우를 말한다. 이에는 동시중복보험과 이시중복보험이 있다.

우리 상법은 어느 경우에도 중복보험의 경우에 보험자는 각자의 보험금액의 한도에서 연대책임을 지고, 각 보험자의 보상책임은 각자의 보험금액의 비율에 따른다. 즉 연대책임주의와 비례보상주의를 채용하고 있다. 중복보험계약을 체결하는 경우 보험계약자는 각 보험자에게 보험계약의 내용을 통지하여야 하고, 사기로 인한 중복보험의 경우에는 초과보험의 경우와 같다. 그리고 중복보험의 경우에 보험자 1인에 대한 권리의 포기는 다른 보험자의 권리의무에 영향을 미치지 아니한다.

(5) **공동보험**(coinsurance)

여러 보험자들이 동일한 피보험이익과 동일한 피보험위험에 대하여 동일한 보험기간으로 보험가액의 한도 내에서 수개의 보험계약을 공동으로 인수하는 경우(S.I'+ S.I"+ … = I.V.)를 말한다. 여러 보험자들이 거대위험(target risk) 등에 대하여 위험의 수평적(橫的)인 분산을 목적으로 공동으로 인수하는 보험을 말한다. 각 보험금액의 총액이 보험가액을 초과하지 않는다는 점에서 중복보험과 다르다. 공동보험과는 달리 재보험(reinsurance)은 위험의 수직적(從的) 분산방법이다.

5. 열거위험보험증권과 포괄위험보험증권

1) 보험합의사항의 의의

보험합의사항(insuring agreement)은 보험자의 주요한 약속들을 요약하고 있는 부분이다. 보험계약에서 보험합의사항이 보험증권의 핵심부분이며, 보험약관에서 피보험위험조항과 보상손해관련조항 등이 이에 해당된다. 여기에서 보험회사는 피보험위험으로 인한 손해에 대한 보험금의 지급, 예를 들어 손해방지서비스와 같은 여러 가지 서비스의 제공, 손해배상소송에서 피보험자의 방어(변호) 등의 사항들을 이행하기로 약정(합의)하고 있다.

일부 보험증권은 생명보험증권과 같이 상대적으로 단순한 보험합의사항을 포함하고 있다. 예를 들어 「우리 회사는 보험증권이 유효한 기간에 발생한 피보험자의 사망에 대한 서면의 증거를 영수한 즉시 보험수익자에게 이 보험증권의 보험금액을 지급합니다」고 규정하고 있다.

또한 일부 보험증권은 여러 가지 보험합의사항을 포함하고 있으며, 각 합의사항에는 용어의 정의, 면책사항 및 보험조건들을 약정하고 있다. 이와 같은 예로서는 우리나라의 자동차종합보험증권과 미국의 개인자동차보험증권(Personal Automobile Policy)이 있다.

2) 열거위험과 포괄위험증권의 의의

보험합의사항에는 ① 열거위험보험증권과 ② 포괄위험보험증권의 두 가지 기본 형태가 있다. 흔히 열거위험책임주의의 보험증권과 포괄위험책임주의의 보험증권이라고 부르고 있다.

열거위험 또는 명기위험보험증권(named-perils policy)에서는 오직 보험증권에 특별히 열거된 위험에 대해서만 보험자가 책임을 부담한다. 비열거위험으로 인한 손해에 대하여는 보험자가 보상책임을 부담하지 않는다. 예를 들어 화재보험증권의 보통보험약관에서는 화재와 낙뢰가 열거되어 있다. 따라서 그 열거위험으로 인한 재산손상은 보상되지만, 홍수위험은 열거위험이 아니므로 특약이 없는 한 홍수손상은 보상되지 않는다.

포괄위험 또는 전위험(全危險)보험증권(all-risk policy)에서는 보험증권에서 특별히 면책되는 위험이나 손해를 제외하고 모든 손해에 대하여 보험자가 책임을 부담한다. 따라서 어떤 손해든 보험증권에 특별히 면책위험이나 면책손해로 열거되어 있지 않으면, 보험자에 의해 보상된다. 예를 들어 자동차종합보험의 차량손해보험에서 한 마리의 말이 새로 칠한 자동차의 페인트를 혀로 핥아서 생긴 물질적 손상과 여러 마리의 곰들

(bears)이 열고 닫을 수 있는 자동차의 지붕을 뜯어낸 손상의 경우 그러한 손해가 보험증권에서 면책손해로 열거되어 있지 않으므로 보험자에 의해 보상될 것이다.

대부분의 생명보험증권은 우연한 사고에 기인하든 질병에 기인하든 관계없이 모든 원인에 의한 사망을 보장하는 포괄위험증권이다. 보장에서 제외되는 중요한 면책사항에는 계약체결 직후의 1년 또는 2년 이내(우리나라 생명보험표준약관의 경우)에 자살로 인한 사망의 경우와 일부 계약에서 전쟁으로 인한 사망(생명보험표준약관의 경우는 보험금의 감액 지급) 등이 있다.

3) 포괄위험증권의 장단점

열거위험보험증권(named-perils policy)과 포괄위험보험증권(all-risk policy)의 차이를 설명하면서 피보험자에 대한 유・불리를 논하는 교과서를 흔히 볼 수 있는데, 이에 대해 유・불리를 이론적으로 정확히 구분한다는 것은 실제 불가능하다고 생각된다. 왜냐하면 열거위험보험증권은 그 보상범위가 포괄위험보험증권의 보상범위보다 좁은 것은 사실이지만, 그 대신 보험료가 저렴하기 때문이다.

보험계약자 또는 피보험자의 입장에서 포괄위험보험증권은 다음과 같은 두 가지 중요한 장점을 가지고 있다. 첫째, 면책사항으로 열거되지 않으면 모든 것이 보장된다. 열거위험보험증권에서 보상될 수 없는 특별한 손해나 일반적으로 생각할 수 없는 이례적(異例的)인 손해들이 포괄보험증권에서는 보상될 수 있다.

둘째, 보다 많은 입증책임(onus or burden of proof)이 보험자에게 있다. 포괄위험보험증권은 특별히 열거된 면책손해만을 제외한 모든 손해에 대하여 보상한다고 약속하고 있다. 따라서 피보험자는 손해의 발생사실만을 입증하면 되고, 면책을 주장하기 위해서는 보험자가 그 손해가 열거된 면책손해 또는 면책위험으로 인한 손해라는 사실을 입증하여야 한다.

반면에 열거위험보험증권은 열거한 위험으로 인한 손해에 대하여 보상한다고 약속하는 것이므로, 보험자로부터 손해보상을 받기 위해서는 피보험자가 열거위험으로 인하여 손해가 발생하였다는 것을 입증해야 한다. 따라서 증인의 확보 또는 증거의 제출 등의 현실적인 어려움을 감안한 경우 입증책임의 측면만을 고려한다면, 포괄위험보험증권이 열거위험보험증권보다 피보험자에게 유리하다고 할 수 있다

6. 인과관계

1) 근인설(近因說)

영국과 독일의 해상보험법은 근인설을 채용하고 있다. 근인설은 「근인(近因)을 보고 원인(遠因)을 보지 말라」(causa proxima non remota spectatur)는 법언(法諺)에서와 같이 손해가 피보험위험에 근인한 경우에만 보험자가 보상한다는 취지의 견해이다[9]. 근인설은 「근인」(proximate cause)의 의미를 어떻게 해석하느냐에 따라 최후조건설, 최유력조건설 등이 있다.

(1) 최후조건설

영국과 독일에서 초기에 채택한 것으로 손해발생에 시간적으로 가장 가까운 원인(nearest cause in time)을 근인으로 해석하는 것이 최후조건설이다. 영국의 McArthur, Eldridge, H. Atkins 등의 학자들이 이 학설을 지지하여 「최후의 원인만을 보아야 하고, 그 이전의 원인을 보지 않아야 한다」고 주장하였다. 그러나 오늘날 이 개념은 비현실적인 것으로 판명되었고, 현재 어느 나라에서도 채용하지 않고 있다.

(2) 최유력조건설

최유력조건설은 1885年 독일의 Birkmeyer가 주창한 것으로 프랑스의 통설이다. 영국에서는 1918年 Ikaria호사건에서 Lord Show가 「진정한 근인은 효과에 있어서 근접한(proximate in efficiency) 원인」이라는 새로운 해석을 내림으로써 이 설을 채용하였다. 영국에서는 시간적 순서에 관계없이 결과(손해)를 발생시키는데 있어서 유력한(dominant), 직접적인(direct), 결정적인(determining), 효과적인(effective or efficient) 또는 지배적인(predominant) 원인 등을 근인으로 간주하고 있다. 최유력조건설의 결점은 「가장 유력한 원인」을 판정하는 표준이 「상식적인 표준(common-sense standard)에 의존하여 판단자의 주관에 따라 근인이 달리 결정될 수 있다는 것이다.

9) 영국의 1906년 해상보험법(MIA) 제55조 1항은 다음과 같이 근인설을 채용하고 있다. 「본법의 규정과 보험증권에 별도의 규정이 있는 경우를 제외하고, 보험자는 피보험위험에 근인한 모든 손해에 대하여 책임을 진다(the insurer is liable for any loss proximately caused by a peril insured against). 그러나 피보험위험에 근인하지 않는 모든 손해에 대하여는 책임을 지지 않는다.」

2) 상당인과관계설

상당인과관계설(相當因果關係說)은 적당조건설(適當條件說)이라고도 하는데, 독일의 Kries가 제창하였으며 그후 Rümelin, Trager 등에 의해 완성되었다. 이 학설은 일정한 사실이 어떤 결과를 발생하게 한 조건을 구성하는 경우, 실제 발생한 특정의 경우 뿐만 아니라 일상경험에서 판단하여 다른 일반적인 경우에도 동일한 결과를 발생시킬 것으로 인정되는 조건을 상당조건 또는 적당조건으로 간주하여, 그 적당조건만을 결과의 원인으로 한다는 설이다.

이 학설은 독일의 민법에서 손해배상책임에 관한 지배적인 견해이고, 육상보험의 영역에서도 학설 및 판례에서 지지를 얻고 있다. 우리나라와 일본의 보험학자들도 이 학설을 보험법상 통설로 인정하고 있다.

독일의 대법원(Reichsgericht)은 「어떤 조건은 인간의 경험상 그와 같은 종류의 결과를 발생시키는 객관적 가능성을 상당히 증가시킨 경우」를 상당조건이라고 하였다. 일본의 加藤田作은 「일반적으로 동일한 결과를 생기게 할 가능성이 있다고 인정될 때」에 상당인과관계를 인정하고 있으며, 今村 有는 「숫자적으로 말하면 50%를 초과하는 성격이 인과관계의 성격을 결정한다. 일반적・보편적으로 동일한 결과를 발생할 가능성이 필연적이거나 개연적인 경우 상당인과관계가 존재한다.」고 하였다.[10)]

7. 보험계약관계자 등의 용어 정의

1) 계약당사자

우리 상법에서는 보험계약자, 피보험자, 보험수익자의 개념을 명확히 구분하고 있다.

---

10) Kries는 「손해의 원인으로 인정되는 조건은 당해 손해를 일반적으로 발생시킨 것이라고 인정되는 조건뿐이다. 이 때문에 사건과 그 결과인 손해와의 관계는 「상당」한 것이어야 하고, 단순히 우연적인 관계이어서는 안된다」고 하였다. 여기에서 무엇을 「상당한 조건」으로 하느냐, 즉 「상당한」 또는 「적당한」의 기준을 무엇으로 하느냐가 문제가 된다. Trager는 「어떤 사실은 그것이 실제로 발생한 것과 유사한 종류의 결과를 발생시킬 객관적 가능성을 일반적으로 상당히 증가시킬 경우에는 그것이 상당조건이다」고 정의하였다. 그리고 Ritter는 손해발생의 객관적 가능성이 「어느정도 상당히」 있다면 상당조건이라 하였고, Lindenmaier도 「일반적・경험적으로 전행(前行) 사실이 후행(後行) 사실을 어느 정도 상당히 촉진한다면 충분하다」고 하였다. 일본의 木村榮一은 「아주 보잘 것 없을 정도가 아니라면」 또는 「가능성의 정도를 숫자로 표시하여 10%만 된다면」 상당원인이라고 하였다.

보험계약자는 보험자와 자기의 이름으로 보험계약을 맺은 계약당사자이다. 보험계약자의 자격에는 제한이 없으며, 자연인이든 법인이든 또는 1인이든 복수(複數)이든 관계없다. 보험계약의 체결권과 보험료지급의무, 고지의무가 있다. 보험가입자를 의미하는 영미법계의 보험증권소유자(policyowner, policyholder)에 가까운 개념이다.

피보험자(insured)는 손해보험과 생명보험에서 그 개념이 다르다. 손해보험에서 피보험자는 피보험이익의 주체로서 손해의 보상을 받을 권리를 가지는 자를 의미하고, 보험계약자와 피보험자(보험수익자)가 다른 경우에 자기를 위한 보험계약이라 하며, 다른 경우에는 타인을 위한 보험계약이라 한다.

인보험에서 피보험자는 보험사고의 대상 또는 객체가 되는 사람을 말하고, 생명과 신체에 관하여 보험에 가입된 자연인에 대하여는 일정한 제한이 있다. 보험계약자와 피보험자가 다른 타인의 생명보험의 경우에는 피보험자의 서면동의를 얻어야 하고, 15세미만자, 심신상실자 또는 심신박약자는 사망보험의 피보험자로 할 수 없다. 결과적으로 보험계약당사자는 보험계약자와 보험자이며, 피보험자와 보험수익자는 보험계약관계자의 지위를 갖는다.

보험수익자(beneficiary)는 보험금을 받을 수 있는 권리를 가진 자를 말한다. 우리 상법상 손해보험에서는 보험수익자라는 개념이 없으며 당연히 피보험자가 보험수익자가 된다. 생명보험에서는 피보험자의 사망으로 보험증권에 지정된 자가 보험급부(benefit)를 받기 때문에 보험수익자라는 별개의 개념이 필요하다.

2) 피보험자의 범위

보험계약에서는 일반적으로 보험증권상에 여러 가지로 피보험자(the insured)를 정의하고 있다. 보험계약서는 보험에 가입된 자, 즉 보험보호를 제공받는 자를 명시하여야 한다. 보험증권상의 피보험자로 명시될 수 있는 자는 보험의 종류에 따라 서로 다르다. 보험증권상에 피보험자로 명시될 수 있는 경우는 다음과 같다.

첫째, 특정한 1인의 자연인(one person)이 피보험자로 기재되는 경우이다. 예를 들어 대부분의 생명보험과 건강보험계약에서는 오직 1인의 자연인만이 보험증권상의 피보험자로 특별히 기재된다.

둘째, 보험증권에 기명피보험자(named insured)에 대한 명시적인 정의를 포함하는 경우이다. 기명피보험자는 보험증권의 계약명세서란에 기재된 자 또는 기재된 자들을 말하며, 보험증권에 대한 피보험이익을 가질 수 있는 자이지만 피보험자로서 명기되지 않은 자에 대한 상대적 개념이다.

예를 들어 미국의 개인자동차보험증권(personal auto policy)에서의 기명피보험자는 계약명세서란에 기재된 자와 동일한 세대의 거주자인 경우의 그 배우자를 포함하고 있다. 따라서 갑돌이는 그 보험증권상의 기명피보험자이고, 그의 부인도 그와 동일한 세대에 살고 있는 한 기명피보험자의 정의에 포함된다.

셋째, 보험증권에는 특별히 피보험자로 기재되어 있지는 않지만, 추가 피보험자(additional insureds)를 보장하는 경우이다. 예를 들어 우리나라의 개인용 자동차종합보험보통약관은 피보험자를 ① 보험증권에 기재된 피보험자(이하 "기명피보험자"라 합니다) ② 기명피보험자와 같이 살거나 살림을 같이 하는 친족으로서 피보험자동차를 사용 또는 관리중인 자 ③ 기명피보험자의 승낙을 얻어 피보험자동차를 사용 또는 관리중인 자 ④ 기명피보험자가 피보험자동차를 사용자의 업무에 사용하고 있는 때에 한하여 기명피보험자의 사용자로 정의하고 있다. 그리고 업무용 자동차종합보험보통약관은 개인용보통약관상의 네 가지 피보험자에 추가하여 ⑤ 전 각호의 피보험자를 위하여 피보험자동차를 운전 중인 자(운전보조자 포함)로 정의하고 있다.

3) 용어의 정의

일부 보험증권에서는 보험증권상 용어들이 정의되고 있다. 그러한 용어의 정의는 손해가 발생한 후 용어의 해석과 관련하여 피보험자와 보험자와의 분쟁을 방지하기 위한 것이다. 보험자는 보험증권이 작성될 때 의도하지 않았던 손해에 대하여 보험금을 지급하지 않도록 계약용어들을 명확히 기재하기를 원한다.

예를 들면 우리나라의 개인용자동차종합보험 보통약관상의 보상하지 아니하는 손해 중 「무면허운전」에 대하여 <용어풀이>에 의하면, 「이 약관에서 무면허운전이라 함은 도로교통법의 운전면허에 관한 규정에 위반하는 무면허 또는 무자격운전을 말하며, 운전면허의 효력이 정지 중에 있거나 운전의 금지 중에 있을 때에 운전하는 것을 포함합니다」고 정의하고 있다. 또한 같은 보통약관의 자손사고에 있어서 <용어풀이>에 의하면, 「이 약관에서 음주운전이라 함은 도로교통법에서 규정하고 있는 한계치 이상으로 술을 마시고 운전하는 것을 말합니다」고 정의하고 있다.

미국의 건강보험증권은 「완전한 신체장애」(total disability)에 대하여 「피보험자의 직업과 관련한 모든 의무에 대한 완전한 이행불능」 또는 「피보험자가 교육, 훈련, 또는 경험에 의해 적합하거나 적합하게 될 수 있는 어떠한 유급의 직업에의 완전한 채용불능」 등으로 정의하고 있다.

8. 면책사항

1) 면책사항의 분류

(1) 법정면책사항과 약정면책사항

이것은 면책사항을 규정하고 있는 소재에 따른 분류이다. 법률에서 규정하고 있는 면책사항이 법정면책사항(statutory exclusions)이고, 보험계약 또는 보험증권에서 특별히 정하고 있는 면책사항은 약정면책사항(contractual exclusions)이다.

약정면책사항을 규정하는 약관조항에는 ① 피보험자의 주의를 환기시키고 그 내용을 보다 명확히 하기 위하여 법정면책사항을 보험약관에 그대로 규정한 원용조항(援用條項) ② 원래의 법정면책사항을 변경하는 변경조항 ③ 법정면책사항인 아닌 특정사항을 새로 면책사항으로 규정하는 신설(보충)조항이 있다. 법정면책사항과 약정면책사항이 서로 모순되는 경우, 공서양속에 반하지 않는 한 약정면책사항이 우선하여 적용된다.

(2) 절대적 면책사항과 상대적 면책사항

법정면책사항이나 약정면책사항은 다시 그 적용의 강제성 또는 임의성의 여부에 따라서 절대적면책사항과 상대적면책사항으로 구분된다. 절대적면책사항은 어떠한 경우에도 보험자가 면책되는 사항을 의미하고, 어떠한 특약이나 추가보험료에 의해서도 보험자가 부담할 수 없는 면책사항이다. 주로 공서양속에 반하는 위험이나 손해가 이에 해당되고, 우리 상법은 보험계약자 또는 피보험자의 고의 또는 중대한 과실을 절대적 면책사항으로 규정하고, 영국의 해상보험법은 피보험자의 고의의 불법행위를 절대적 면책사항으로 규정하고 있다.

상대적 면책사항은 계약당사자 간에 별도의 특별한 약정이 없는 한 보험자가 면책되는 사항을 말한다. 즉 상대적 면책사항은 별도의 약정에 의하여 보험자가 손해보상의 책임을 부담하는 사항을 의미한다.

2) 면책사항의 주요한 유형

면채사항은 보험계약에 있어서 보험자와 피보험자에게 중요한 부분이다. 왜냐하면 손해사정과 관련한 분쟁은 대부분 발생 손해에 대한 면책사항의 적용여부와 직결되어 있기 때문이다. 이러한 면책사항에는 다음과 같은 세 가지의 주요한 형태가 있다.

① 면책위험 또는 손인(excluded perils)
② 면책손해(excluded losses)
③ 면책재산(excluded property)

(1) 면책위험 또는 손인(損因)

보험계약은 일부 위험 또는 손해원인을 제외시킬 수 있다. 이와 같은 형태의 면책사항의 예는 대부분의 보험증권에서 찾아볼 수 있다. 국문화재보험증권의 보통약관에서는 보험계약자, 피보험자(법인의 경우 그 이사 또는 기타 업무집행기관) 또는 이들의 법정대리인의 고의 또는 중과실, 피보험자에게 보험금을 받도록 하기 위한 피보험자와 세대를 같이하는 친족 및 고용인의 고의, 화재시의 분실 또는 도난, 보험의 목적의 발효, 자연발열 또는 자연발화, 파열 또는 폭발, 지진, 분화(噴火) 또는 전쟁, 혁명, 내란, 폭동, 소요, 기타 이들과 유사한 사태, 그리고 핵연료물질 또는 그 물질에 의해 오염된 물질의 방사성이나 폭발성 또는 기타 특성에 의한 사고(손해원인)를 면책사항(위험)으로 규정하고 있다.

또한 자동차종합보험약관상의 대인・대물배상보험도 화재보험과 같이 전쟁이나 혁명 등의 사태와 지진이나 분화, 태풍, 홍수 또는 이들과 유사한 천재지변 및 핵연료물질의 위험을 공통의 면책사유로 규정하고 있다.

(2) 면책손해

보험계약에서 일부 유형의 손해들이 또한 제외되는 경우가 있다. 자동차종합보험약관상의 대인・대물배상보험의 공통 면책사유로서 제3자와의 계약으로 늘어난 손해가 규정되어 있고, 대물배상의 면책사유로서 피보험자가 사용자의 업무에 종사하는 때 피보험자의 사용자가 소유・사용 또는 관리하는 재물에 생긴 손해, 피보험자동차에 싣고 있거나 운송중인 물품에 생긴 손해, 남의 서화, 골동품, 조각물 기타 미술품과 탑승자와 통행인의 의류나 소지품에 생긴 손해 등을 규정하고 있으며, 차량손해의 면책사유에는 타이어나 튜브에만 생긴 손해가 포함되어 있다.

해상적하보험에서 협회적하약관(분손보상), 즉 ICC(WA)의 경우 특정 면책비율 미만의 分損은 보험자의 보상책임에서 제외되고, 협회적하약관(단독해손면책), 즉 ICC(FPA)의 경우 선박의 좌초, 충돌, 화재에 기인하지 않은 단독해손(單獨海損)은 면책된다고 규정하고 있다.

(3) 면책재산

보험계약은 또한 일부 재산에 대한 보상책임을 제외하거나 보상책임을 제한할 수도 있다. 국문화재보험약관은 통화, 유가증권, 인지, 우표와 귀금속, 귀중품, 서화, 골동품 등은 보험증권에 기재하여야만 보험의 목적이 된다고 규정하고 있다. 그러나 우리나라에서 사용되는 영국의 F.O.C(F)의 제7조는 보험증권에 명시적으로 포함되지 않으면 면책되는 손해로서 금은괴, 보석, 미화 100달러를 넘는 골동품이나 미술품, 유가증권이나 지폐, 폭발물을 규정하고 있다.

또한 국내에서 사용되는 미국 New York의 표준화재보험증권(standard fire policy)은 7행부터 10행까지 「보험가입불가능 및 면책재산」 항목에서 계산서, 청구서, 통화, 날인증서, 차용증서, 유가증권 등을 면책재산으로 규정하고 있으며, 금은괴(金銀塊)나 필사본원고는 보험증권에 특별히 명기되지 않는 한 면책된다고 규정하고 있다.

3) 면책사항의 존재 이유

일반적으로 보험약관상의 면책사항이 필요한 이유는 다음과 같다.

① 보험불가능위험

② 이례적인 위험상황의 존재

③ 타보험계약에서 제공되는 보상범위

④ 도덕적 위험상황

⑤ 전형적인 피보험자에게 필요없는 보상범위

(1) 보험불가능위험

해당 위험 또는 손인(peril)이 민영보험자에 의해 보험불가능위험(unibsurable peril)으로 간주될 수 있기 때문에 면책사항이 필요하다. 특정 위험들은 보험가능위험의 요건들을 상당히 결여하고 있다. 측정 불가능한 대재난손해가 잠재되어 있을 수도 있고, 피보험자에 의해 직접 좌우될 수 있는 손해도 있으며, 우연한 사건으로 인한 손해가 아닌 예상되는 가치의 감소에 기인한 손해도 있다. 따라서 이들 손해들은 보험불가능하다.

예를 들어 대부분의 손해보험계약은 전쟁 또는 원자핵의 방사능위험을 면책하고 있으며, 감가상각과 자연소모 및 고유의 하자나 성질과 같은 재산의 예상되는 가치의 감소에 의한 손해도 면책되고 있다. 보험의 목적의 고유의 하자(瑕疵)나 성질은 과일이나 육류 등의 부패 또는 변질, 다이아몬드의 금이 가는 손해, 동물의 자연사(自然死), 의류나 서화 등의 변색 등과 같이 외부의 유형적인 원인 없이 발생하는 재산의 파괴 또는 손상을 의미한다.

(2) 이례적인 위험상황의 존재

또한 이례적인 위험상황(extraordinary hazards)의 존재 때문에 면책사항이 이용된다. 위험상황(hazard)이란 일정한 손인에 의하여 손해발생의 기회(또는 가능성)를 만들거나 증가시키는 상태를 의미한다. 그러한 위험상황의 이례적인 증가 때문에 특정한 손해가 제외될 수 있다.

보험은 손해의 결합(pooling of losses)을 기초로 하고 있다. 동일한 손해발생 성질을 갖고 있는 각 손해노출체(위험)들이 하나의 단체를 형성하고(grouped), 그 결과 손해들이 결합되고(pooled), 그 단체의 전체 구성원에게 분산된다(spread over the entire group). 그러한 과정에서 전체 손해가 보다 쉽게 예측된다. 결합기법은 장기적인 손해의 확률을 정확히 반영하는 보험료가 단체의 구성원인 각각의 손해노출단위에게 부과된다는 가정을 기초로 하고 있다.

그러나 그 단체 속에 이례적인 위험상황에 직면해 있는 손해노출체가 끼어든다면, 그 노출체에 부과된 보험료는 너무 낮은 보험료가 되어 결과적으로 보험자에게는 부적합한 보험료일 뿐 아니라 다른 손해노출체들에게는 불공평한 문제를 초래한다. 왜냐하면 그 단체의 다른 구성원들이 이례적으로 증가된 위험상황을 가지고 있는 손해노출체의 추가된 위험을 경제적으로 분담하는 부당한 결과를 초래하기 때문이다. 다시 말하면 보험이란 손해의 결합기법에 의해 실제 손해가 평균 손해로 대체되는 장치라고 할 수 있는데, 이례적인 손해노출상황의 존재는 평균 손해에 대한 정확한 예측을 어렵게 하기 때문이다.

예를 들면 개인용 자동차종합보험의 보험료는 자동차가 개인의 출퇴근이나 여가를 목적으로 사용된다는 가정을 기초로 있는데, 그 자동차가 영업용으로 사용된다면 사고 발생의 확율은 훨씬 높아질 것이다. 따라서 영업용 자동차에게 개인용 자동차와 동일한 보험료로서 보험보호를 제공한다면, 보험자에게는 부적합한 보험료가 되고 그들의 자동차를 영업용으로 사용하지 않는 다른 피보험자에게는 부당한 요율차별문제가 야기될 것이다. 이와 같은 문제를 피하기 위하여 개인용 자동차종합보험증권에서는 자동차를 영업용으로 운영한 경우에 기인한 손해가 특별히 면책된다. 이와 같이 면책은 이례적인 위험상황의 증가 때문에 필요하다.

(3) 타보험계약에서 제공되는 보상범위

면책사항은 또한 다른 계약에서 제공되는 보험보호 때문에 필요하다. 면책사항은 보상범위의 중복을 회피하고 저렴한 보험료로서 꼭 필요한 최선의 보상범위를 제공하기 위하여 보험증권의 보상범위를 한정하는데 이용된다. 두 가지 보험증권에서 동일한 손해를 보상하는 경우, 손해보상의 원리에 의해 피보험자는 그 손해에 대해 중복으로 보상받지 못한다.

따라서 피보험자의 입장에서는 불필요한 중복과 보험료의 이중부담이라는 결과만을 초래한다. 예를 들어 자동차종합보험에서 보상되는 자동차는 동산종합보험에서는 특별히 제외되고 있으며, 주택·상공종합보험보통약관에서도 자동차가 보험의 목적에서 제외되고 있다. 유리보험보통약관에서는 화재보험증권에서 보상되는 화재손해를 면책손해로 규정하고 있다.

(4) 도덕적 위험상황

일부 재산은 도덕적 위험상황 또는 손해금액의 측정 및 결정의 어려움 때문에 면책된다. 무제한으로 화폐금액이 보상되는 경우 사기의 클레임이 증가하고, 정확한 손해금액을 결정하는데 있어서 손해사정문제가 증가할 것이다. 따라서 도덕적 위험상황 때문에 면책사항이 이용된다.

우리나라에서 사용되는 화재보험보통약관에서는 「통화, 유가증권, 인지, 우표, 귀금속, 30만원 이상의 귀중품, 보석, 서화, 골동품 등」을 보험증권에 기재한 경우에만 보험의 목적으로 간주되고, 영국약관인 F.O.C(F)약관 제7조(보험증권에 명시적으로 기재되지 않는 한 면책되는 위험)에 「$100을 초과하는 금액의 골동품이나 미술품, 증권, 주화,

지폐, 수표」 등을 면책으로 규정하고 있다. 미국 뉴욕주의 표준화재보험증권은 보험불가능 면책재산(uninsurable and excepted property)으로「통화, 금전, 유가증권(currency, money, securities)」 등을 규정하고 있다. 도난보험보통약관에서도「증서, 장부, 훈장, 면허증」 등은 보험의 목적에서 제외되고,「화폐, 어음, 수표, 미술품, 골동품」 등 보통 가격을 정하기 어려운 물품은 다른 약정이 없으면 보험의 목적으로 할 수 없다고 규정하고 있다.

(5) 전형적인 피보험자에게 불필요한 보상범위

면책사항은 전형적인 피보험자가 필요로 하지 않는 보상범위를 제외시키기 위하여 이용된다. 특정한 위험은 위험단체의 구성원인 다수의 피보험자에게 공통으로 적용되지 않을 수 있다. 이 경우 피보험자들은 그들에게 불필요한 보상범위에 대하여 보험료를 지급하도록 강요받아서는 안된다.

예를 들어 동산종합보험에서 보상하는 동산(보험의 목적)의 범위에 항공기를 포함시키는 것은 헬리콥터와 같은 자신의 항공기를 소유하고 있지 않으면서도 그에 상당한 높은 보험료를 지불하여야 하는 다수의 피보험자에게는 매우 부당한 결과가 될 것이다. 따라서 항공기에 대한 보상범위가 전형적인 피보험자에게 불필요하기 때문에 항공기는 동산종합보험에서 특별히 면책되고 있다.

9. 보험조건과 기타 계약규정

1) 보험조건

보험증권에서 또다른 중요한 부분이 보험조건이다. 보험조건(conditions)이란 이행하여야 할 보험자의 약속을 제한하거나 수정하는 보험증권 규정을 말한다. 보험조건들은 계약당사자의 의무를 열거하고 있다. 실제에 있어서 보험증권의 보험조건에서는 보험금을 받기 위하여 피보험자가 이행하여야 할 의무를 부과하고 있다. 만약 보험계약자 또는 피보험자에 의해 보험조건이 이행되지 않으면, 보험자는 그의 의무이행에 대한 책임을 면할 수 있다.

일부 보험증권은「보험조건」(Conditions)항목에 보험조건들을 열거하고 있으나, 다른 보험증권들은 보험약관에 규정하기도 한다. 보험조건들이 어디에 규정되든 관계없이 이행되어야 하고, 이행되지 않으면 보험자는 보험금의 지급을 거절할 수 있다. 보험계약에서 공통적인 보험조건으로는 손해발생 후의 재산의 보전과 보호 의무, 손해의 입증서류를 보험회사에 제출하여야 할 의무, 손해배상책임소송의 경우 보험회사에 협조하여야 할 의무 등이 있다. 중요한 몇 가지 보험조건의 예를 다음에서 살펴보기로 한다.

2) 손해의 통지 및 입증

모든 보험증권은 피보험사건, 사고, 또는 손해가 발생한 때 보험자에게 통지할 것을 요구하고 있다. 통지가 접수되어야 하는 기한과 통지하는 방법은 보험계약의 종류에 따라 다양하다. 우리나라 생명보험표준약관은 보험수익자는 보험금 지급사유가 발생하였을 때에는 지체 없이 이를 회사에 알려야 하고(제12조), 회사는 사고증명서(사망진단서, 장애진단서 등)와 보험증권 등의 서류를 접수한 때에는 그 서류를 접수한 날로부터 3일 이내에 보험금 또는 해약환급금을 지급한다(제17조 1항)고 규정하고 있다.

미국의 경우 전형적인 생명보험증권은 피보험자의 사망에 대한 증명서를 접수한 때 보험금이 지급된다고 규정하고 있으며, 건강보험증권도 손해의 서면증명서가 회사에 제출되어야 한다고 규정하고 있다.

화재보험보통약관에서도 보험의 목적에 손해가 생긴 경우 보험계약자 또는 피보험자는 지체 없이 이를 회사에 알리고, 화재증명서(이를 얻기 어려울 때는 인근 주민의 확인서)와 그 밖에 필요한 증거자료를 빠른 시일 안에 제출하여야 한다(제10조 1항)고 규정하고 있다. 미국의 가계종합보험증권은 회사 또는 대리점에 지체없는 통지와 60일 내 손해증명서의 제출을 피보험자 의무의 하나로서 열거하고 있으며, 개인자동차보험증권은 「우리 회사는 사고 또는 손해가 어떻게, 언제, 어디에서 발생했는지를 지체 없이 통지받아야 한다」고 규정하고 있다.

보험조건상에 통지방법에 대하여 아무런 규정이 없는 경우에는 서면이든, 구두(口頭)이든, 전화이든 관계없지만, 보험약관상에 서면통지를 규정하고 있는 경우에는 반드시 서면으로 통지하여야 한다.

이와 같이 보험조건에서 신속한 통지를 요구하는 이유는 손해의 정확한 조사확인, 손해의 확대방지, 손해를 발생시킨 자에 대한 배상청구권의 보전조치, 보험금지급의무의 유무와 그 범위 파악 및 공정한 보험금의 신속한 지급을 도모하기 위한 것이다. 또한 손해의 증거자료의 제출은 보험회사에 보상책임이 있는 손해사실의 입증과 피보험자의 보험금 청구액의 제시에 그 이유가 있다.

3) 보장의 정지

보험자들이 회피하고자 하는 일부 위험(risks)이나 위험스러운 상황이 존재하기 때문에, 많은 보험증권들은 특별히 명시한 행위, 조건 또는 주변상황들의 출현에 의해 보장을 정지(停止)하거나 보험자가 일시적으로 보상책임을 면한다고 규정하고 있다. 이 증권규정의 효과는 보험계약이 취소되거나 무효가 되는 경우와 동일하지만, 그 효과가 일시적이다.

보장의 정지(suspension of coverage)의 원인이 더이상 존재하지 않을 때에, 보장은 다시 회복된다. 이와 같이 보험자가 예상한 것을 초과하여 위험상황(hazard)이 증가한 때에 보장을 정지시킨다는 보험증권 규정을 통상적으로 「동안」조항("while" clause)이라고 부른다. 즉 보험자로 하여금 위험을 통제관리할 수 있도록 하는 이 약관조항에 의하면 위험상황이 증가된 기간 「동안」에만 보장이 일시 정지되고, 위험상황이 원상으로 감소된 때에는 보장이 다시 회복된다.

대부분의 생명보험증권은 「동안」조항이라고 하는 정지조건을 포함하고 있지 않다. 그러나 미국의 일부 생명보험과 건강보험증권은 전쟁기간에 군대복무 중에 있는 자들에 대해 보장을 정지하는 특별약관조항을 포함하고 있다. 전쟁이 끝나거나 피보험자가 더 이상 군대복무중에 있지 않을 때에는, 그 정지가 종료되고 보장이 다시 회복된다.

미국의 개인자동차보험증권은 피보험자의 차량손해에 대하여 보장의 정지와 관련한 면책사항을 가지고 있다. 즉 비용분담자동차푸울(share-the-expense car pool)로 사용되는 경우를 제외하고, 「요금을 받고 사람(들)이나 물건을 운송하기 위해 피보험자동차가 사용되는 동안」 그 자동차의 손해에 대해 보험자는 보험금을 지급하지 않는다고 규정하고 있다.

우리나라 개인용자동차종합보험 보통약관은 차량손해는 물론 배상책임과 자손사고에 있어서도 보상하지 아니하는 손해(즉 면책손해)에 「요금이나 대가를 목적으로 계속적 또는 반복적으로 피보험자동차를 사용하거나 대여한 때에 생긴 사고로 인한 손해」[11]를 포함하고 있다.

---

11) 이 경우에도 다만 1개월이상의 기간을 정한 임대차계약에 의하여 임차인이 피보험자동차를 전속

한편, 보험증권에는 「만약」 어떤 조건들이 나타나면 보험증권을 무효로 한다는 규정을 포함하고 있으며, 이를 「만약」조항("if" clause)이라고 부른다. 이 경우에 보장을 회복하기 위해서는 새로운 보험증권이 필요하게 된다.

「만약」조항의 전형적인 예는 미국의 표준화재보험증권상의 사기와 은폐조항이다. 이 조항은 「만약」 손해발생의 전후를 불문하고 피보험자가 중요한 사실에 대해 고의적으로 은폐하거나 부실 표시하는 경우에는 보험증권이 무효가 된다고 규정하고 있다. 이외에도 보험증권에는 보장에서 제외(면책)되는 특정한 위험상황을 명시하는 경우도 있다.

4) 기타 계약규정

보험증권은 모든 보험계약에 공통되는 여러 가지 기타 규정을 포함하고 있다. 이들 규정은 피보험자와 보험자 사이의 관계 및 제3자에 대한 보험자의 관계와 책임, 그리고 보험계약조건을 이행하기 위한 실제상의 절차 등을 설정하고 있다. 예를 들어 손해보험에 공통적인 규정들은 해약, 대위, 손해가 발생한 경우의 필요조건, 보험증권의 양도 및 타보험규정 등이다. 생명보험과 건강보험에 공통적인 규정에는 보험료납입유예기간(grace period), 실효계약의 복원 등이 있다.

제3절

보험금의 제한에 관한 보험증권 규정

1. 소손해공제(자기부담)조항

1) 소손해공제(자기부담)조항의 의의

소손해공제(자기부담)조항(deductible clauses)은 보험자가 보험계약의 조건에 의해

적으로 사용하는 경우는 제외한다.

보험금을 지급하기 전에 손해의 일부를 반드시 피보험자가 부담하도록 약정하는 계약 규정이다. 손해보험과 건강보험에서 공통적인 보험증권 규정으로, 손해보험 중에서도 화재보험이나 해상보험, 기타 특종보험 등 재산보험과 자동차종합보험 중 차량보험 및 건강(상해)보험에 주로 적용된다.

소손해공제조항은 생명보험에서는 이용되지 않는다. 왜냐하면 피보험자의 사망은 항상 전손이며, 소손해공제는 곧 보험금액을 감액하는 결과만을 가져오기 때문이다. 또한 소손해공제조항은 대인배상책임보험에는 널리 사용되지 않는다.

왜냐하면 보험자는 아무리 적은 클레임의 경우에도 법률상의 소송에 대한 방어비용을 부담하고 있으며, 클레임에 대한 최종적인 보상책임을 최소화하기 위하여 보험자는 아주 적은 손해금액에도 관여하기를 원하고 있기 때문이다. 또한 제3자 배상책임보험에서 소액의 소손해공제로부터 얻을 수 있는 보험료의 절감액이 상대적으로 적기 때문이다.

소손해공제조항은 일부 계약에서는 의무적으로, 또 일부 계약에서는 선택적으로 적용되기도 한다. 그러나 의무적이든 선택적이든, 피보험자는 흔히 소손해공제금액에 대한 선택권을 가지고 있다.

2) 소손해공제조항의 목적

소손해공제조항은 다음과 같은 중요한 목적을 가지고 있다.

① 소액의 클레임 배제
② 보험료의 절감
③ 도덕적 위험상황과 정신적 위험상황의 감소

(1) 소액의 클레임 배제

소손해공제조항은 그것을 처리하는데 상대적으로 비용이 많이 소요되는 수많은 소액 클레임을 배제시키기 위하여 이용된다. 예를 들면 보험자는 30,000원의 클레임을 정산하고 처리하기 위하여 손해조사비용과 정산비용 등으로 50,000원 이상의 비용을 지출하지 않으면 안되는 경우도 있다. 소손해공제조항으로 소액 클레임을 제외시킴으로써 보험자의 손해사정비용들이 절감된다.

이와 같이 자주 발생하는 소액 손해들을 제외시키는 소손해공제조항은 건전한 위험관리와 보험이론을 기초로 하고 있다. 보험이란 개인이나 기업의 소득에 의해 경제적 불안정을 위협받지 않고 충분히 처리할 수 있는 소액의 손해들을 처리하는데 적절한 방법이 아니다.

따라서 피보험자의 위험관리 측면에서는 손해발생의 빈도가 낮고 심도가 높은 위험에 대하여 보험자에 대한 위험의 전가기법을 이용하는 동시에, 빈도가 높고 심도가 낮은 손해에 대하여 위험의 보유기법을 사용할 수 있는 장치가 소손해공제조항이라고 할 수 있다.

(2) 보험료의 절감

소손해공제조항은 보험료를 절감하기 위하여 이용된다. 클레임의 처리비용이 상대적으로 높은 수많은 소액 클레임을 제외함으로써 소손해공제조항은 보험료를 감소시켜 주는 결과를 가져온다. 소액의 손해들이 제외되기 때문에 수입보험료 중에서 보다 많은 부분이 손해가 발생한 경우 심각한 경제적 불안정을 초래할 수 있는 대형 손해를 위하여 사용될 수 있다.

위험관리와 보험이론에서 살펴본 바와 같이 보험은 손해발생빈도가 낮고 심도가 높은 대재난손해를 처리하기 위해 이용되어야 하는데, 소손해공제조항이 적용되는 경우 이러한 대재난손해에 대한 보험을 보다 저렴한 보험료로서 이용할 수 있다.

소형 손해보다는 대형 손해를 처리하기 위해 보험료를 사용하는 이와 같은 개념을 보통 「대형손해의 원칙」(large-loss principle)이라고 부른다. 소손해공제조항의 목적은 개인이나 기업을 재정적으로 파멸시킬 수 있는 대형손해를 보상받기 위한 것이며, 개인이나 기업의 소득으로 처리할 수 있는 소형 손해를 제외시키기 위한 것이다.

(3) 도덕적 위험상황과 정신적 위험상황의 감소

소손해공제조항은 도덕적 및 정신적 위험상황을 감소시키기 위해 이용된다. 일부 부정직한 피보험자는 보험으로 이득을 얻기 위해 고의로 손해를 일으키는 경우도 있다. 그러나 소손해공제조항이 있으면 일정 금액까지는 피보험자가 부담하여야 하고, 그것을 초과하는 경우에도 그 금액을 공제하고 보험자가 지급하기 때문에 피보험자는 손해의 발생으로 이득을 얻을 수 없다. 따라서 소손해공제조항은 도덕적 위험상황을 감소시킨다.

또한 소손해공제조항은 보험의 존재 때문에 손해의 확율을 증가시키는 정신적 위험 상황인 부주의(carelessness)를 감소시킨다. 왜냐하면 소손해공제조항에 의해 피보험자도 손해의 일부를 부담하는 공동보험자의 입장에 있으므로 그 자신의 재산의 보전과 손해의 방지에 보다 더 주의를 기울일 수 있기 때문이다. 그 결과 손해방지가 보다 촉진될 수 있고, 그에 따른 손해실적이 보험요율에 반영되고 있다.

3) 소손해공제의 종류

소액손해를 배제하기 위한 소손해공제조항하에서 이용되는 소손해공제의 종류는 다음과 같다.

① 직접 소손해공제(straight deductible)
② 누계액 소손해공제(aggregate deductible) 및 캘린더년도 소손해공제(calendar year deductible)
③ 프랜차이즈 소손해공제(franchise deductible)
④ 소멸형 소손해공제(dissapearing deductible)
⑤ 누적형 참여성 소손해공제(cumulative and participating deductible)
⑥ 보험금지급 대기기간(waiting periods)

(1) 직접 소손해공제(straight deductible)

직접 소손해공제(straight deductible)는 보험자가 보험금을 지급하기 전에 보험증권에 기재된 일정금액 또는 보험가액의 일정 비율에 해당되는 금액을 피보험자가 먼저 부담하여야 하고, 피보험자의 그러한 부담금액을 초과한 금액만을 보험자가 보험금으로 지급하는 것을 의미한다. 다시 말하면 보험자에게 보상책임이 있는 손해액이 보험증권에 약정한 공제금액을 초과한 경우에 한하여 그 손해액에서 그러한 공제금액을 공제한 후 보험금으로 지급하는 것을 말한다.

예를 들면 100,000원의 소손해공제로 자동차종합(차량손해)보험에 가입된 피보험자의 자동차가 철문과의 접촉사고로 250,000원의 손상을 입었다면, 보험자는 150,000원(250,000-100,000원)을 보험금으로 지급하고, 피보험자는 100.000원을 부담하여야 한다. 물론 140,000원의 손상을 입은 경우 보험자의 보상책임은 없다.

직접소손해공제는 각각의 매손해마다 적용된다. 직접 소손해공제는 손해보험에서 가장 일반적인 소손해공제의 형태로서 자동차종합보험의 차량손해보험과 선박보험 등에서 많이 사용되고 있다. 미국의 주요한 의료 및 병원보험과 같은 건강보험증권에는 $200에서 $500까지의 소손해공제가 사용되고 있다.

일부 직접소손해공제는 일정 금액이 사용되지 않고, 보험가액의 일정 비율이 적용되기도 한다. 항공기기체보험(aviation hull insurance)에는 화재나 도난으로 인한 손해를 제외한 모든 손해에 적용되는 항공기의 협정보험가액의 2.5%에서 10%까지의 소손해공제가 일반적이다. 지진보험(earthquake insurance)은 대부분 재산의 실제 현금가액의 2%에 해당하는 소손해공제조항을 가지고 있다.

(2) **누계액 소손해공제**(aggregate deductible)

누계액소손해공제(aggregate deductible)는 당해 년도의 보상손해액이 보험증권에 정한 공제금액에 미달한 때 보험자는 전혀 보상책임을 지지 않으나, 손해액의 누계액이 소손해공제금액을 초과한 경우 처음 한번만 그러한 공제금액을 공제하고 보험금을 지급하며, 그 년도중 이후의 모든 손해액에 대하여는 전액 지급하는 것을 의미한다.

예를 들어 재산보험계약이 캘린더 년도 중 $1,000의 누계액소손해공제를 약정한 경우, 1월에 $600의 손해가 발생하였다면 보험자는 아무 것도 보상하지 않지만, 2월에 $1,500의 손해가 발생하였다면 보험자는 $1,100($600+$1,500-$1,000)을 지급한다. 이때에 해당 년도의 $1,000의 누계액소손해공제가 충족되었기 때문에, 5월에 $800의 손해가 발생하고 다시 7월에 $3,000의 손해가 발생한 경우에도 각각 모든 손해액이 공제없이 전액 지급된다.

캘린더년도 소손해공제(calendar-year deductible)는 미국의 건강보험증권에서 흔히 사용되는 누계액소손해공제의 또다른 형태의 하나이다. 해당 캘린더년도 중 의료비가 집계되고 공제금액을 일단 초과한 경우 보험자는 계약에서 약속한 급부금을 지급하여야 한다. 당해년도 중 공제금액이 한번 적용된 후에는 피보험자에게 추가적인 소손해공제는 적용되지 않는다.

(3) **프랜차이즈 소손해공제**(franchise deductible)

프랜차이즈 소손해공제(franchise deductible)는 주로 해상적하보험에서 사용되는데,

일반적으로 일정 비율로 표시되어 면책율 소손해공제로도 부르지만 예외적으로 일정 금액으로 표시되기도 한다.

프랜차이즈 소손해공제는 손해가 보험금액의 일정 비율에 해당되는 금액 또는 일정 금액에 미달한 경우 보험자에게 보상책임이 없다는 것은 직접소손해공제와 같지만, 직접소손해공제와 다른 점은 그러한 공제금액을 초과한 경우 공제없이 손해 전액이 보험금으로 지급된다는 것이다.

예를 들면 보험가액이 $100,000인 선적화물이 3%의 면책율(franchise)로 적하보험에 가입한 경우, $3,000($100,000의 3%) 미만의 손해가 발생하면 보험자는 보상책임이 없지만, $10,000의 화물손해가 발생하면 보험자는 $10,000의 손해 전액을 보상한다. 이 경우 직접소손해공제에서는 $3,000의 공제금액을 공제하고 $7,000($10,000-$3,000)만을 지급한다.

적하보험에서 적용되는 면책비율은 화물의 성질과 보험증권의 조건에 따라 다양하지만, 우연한 외부의 사고에 의한 손해가 아닌 통상의 손해(ordinary loss)를 제외하기 위하여 소금이나 쌀, 보리 등의 곡물류에 일반적으로 1%에서 3%까지의 면책율을 적용하고 있다.

(4) **소멸형 소손해공제**(dissapearing deductible)

소멸형 소손해공제(dissapearing deductible)는 직접소손해공제와 면책율소손해공제를 결합한 형태의 소손해공제이다. 전형적인 소멸형 소손해공제조항은 소손해공제의 적용에 관한 최저액($500)과 최고액($5,000)을 정하여 최저액 미만의 손해는 보험자에게 보상책임이 없으며, 손해가 최고액을 초과한 경우 손해액 전액을 보험자가 지급하고, 최저액과 최고액 사이에 해당되는 손해에 대하여는 보험계약에 따라서 최저액을 초과하는 금액(즉 손해액에서 최저액을 공제한 금액)의 110% 또는 125%를 보상한다고 규정하고 있다.

예를 들어 상기 예에서 110%로 약정한 경우 $1,000의 손해가 발생하였다면, 보험자는 $550 (($1,000-$500) x 1.1)를 지급하고, $2,000의 손해의 경우 $1,650 (($2,000 - 500) x 1.1), $3,000의 손해의 경우 $2,750 (($3,000-$500) x 1.1), $4,000의 손해의 경우 $3,850 (($4,000-$500) x 1.1), $5,000의 손해의 경우 $4,950 (($5,000-500) x 1.1)를 지급한다.

따라서 실제 공제금액은 손해액이 $1,000에서 $5,000로 증가함에 따라 $450($1,000-$550), $350($2,000-$1,650), $250($3,000-$2,750), $150($4,000- $3,850), $50($5,0000-$4,950)로 감소하고, 손해가 $5,000를 약간 초과하는 때 소손해공제액이 소멸되는 결과를 가져온다.

소멸형 소손해공제는 현재 널리 사용되고 있지 않으며, 미국에서 화재 및 부가위험에 의한 재산의 직접손상을 보상하는 보험계약에 제한적으로 사용되고 기업휴지(또는 소득)보험에는 사용되지 않는다.

(5) 누적형 참여성 소손해공제

누적형 참여성소손해공제(cumulative and participating deductible)조항은 50-50소손해공제조항이라고도 하는데, 이 조항에 의하면 피보험자는 표준보험료의 50%를 지불하고 손해액이 지불한 보험료금액에 미달한 경우 보험자는 보상책임이 없으며, 손해액의 누적액이 그러한 보험료액에 해당될 때 나머지 50%에 해당하는 보험료를 추가로 지급하고, 이 때부터 보험기간 중의 모든 미래손해에 대하여 보험자가 손해액 전액을 보상한다는 보험증권 규정을 말한다.

이것은 피보험자의 누적손해가 이미 지불한 보험료와 같게 된 이후부터의 손해액이 전액 지급되기 때문에 엄격한 의미에서 소손해공제가 아니다. 그러나 기지불 보험료에 해당되는 손해액에 대하여 보험금이 지급되지 않는다는 점에서 일종의 소손해공제로 간주한 것이다. 이 공제방법은 때때로 유리보험(grass insurance)에서 사용된다.

(6) 보험금지급 대기기간 또는 배제기간

소손해공제는 일부 보험증권에서는 보험금지급 대기기간(waiting periods) 또는 배제기간(elimination period)으로 표현되기도 한다. 보험금지급 대기기간조항은 보험증권에서 정한 손해가 발생한 경우 발생한 날부터 보험금을 지급하지 않고, 일정한 기간이 경과한 후부터 보험금을 지급한다고 규정한 보험증권의 조항을 의미한다. 이와 같이 보험금의 지급이 배제되는 일정 기간이 대기기간 또는 배제기간이다.

대기기간은 계속되는 병원비용이나 근로소득의 상실손해와 같이 상당한 기간을 초과하여 발생하는 단일 손해에 적용하기에 적절한 소손해공제이다. 대기기간은 주로 건강보험(health insurance)과 장애소득보험계약(disability-income contract)에서 사용되고,

질병보험증권(sickness policy)에서 일반적으로 적용되고 있다.

일부 보험계약에서는 상해를 입은 첫날부터 장애소득급부를 지급하기도 하지만, 질병의 경우 대부분 배제기간을 규정하고 있다.

미국의 병원보험증권(hospital policy)은 보험급부금이 지급되기 전에 질병에 대해 3일의 배제기간을 적용하고 있으며, 일부 장애소득보험증권에서는 질병이 시작된 후 처음 14일까지 급부금을 지급하지 않는다. 또한 다른 장애소득보험의 배제기간은 7일, 30일, 60일, 90일, 또는 120일 등이 있다[12]. 배제기간 또는 대기기간이 길면 길수록 보험요율은 더욱 낮아져서 피보험자의 보험료는 절감된다.

근로자재해보상보험에서와 같이 손해(근로자의 장애)가 일정한 대기기간을 경과하여 계속되는 경우 보통의 배제기간 또는 대기기간과 달리 그러한 배제기간 중의 보험금까지도 소급해서 지급하는 소급형 대기기간(retroactive waiting period)도 있다. 소급형 대기기간은 일부 장애소득보험증권에서도 적용되고 있다.

2. 타보험조항

1) 타보험규정의 의의

타보험규정(other insurance provision)은 전형적으로 재산보험과 배상책임보험을 포함한 손해보험 및 건강보험(health insurance)에서 이용되고 있다. 이 규정은 둘 이상의 보험계약이 동일한 손해를 부담하는 경우에 적용된다.

타보험규정은 재산보험에 있어서 대부분 중복보험과 관계되는 것이지만, 배상책임보험과 건강보험에서는 보험가액의 개념이 존재할 수 없으므로 중복보험의 여부에 관계없이 둘 이상의 보험증권이 동일한 손해를 부담하는 경우 적용되는 규정이다.

2) 타보험규정의 목적

타보험규정의 목적은 보험으로 이익을 얻게 되어 손해보상원리가 침해되는 가능성을 감소시키기 위한 것이다. 즉 동일한 손해에 대하여 중복적인 보험금의 지급을 방지하기 위한 것이며, 피보험자가 동일한 손해에 대하여 둘 이상의 보험증권으로부터 보

12) 생명보험의 장애특약은 6개월의 대기기간을 적용하고 있다.

험금을 수금함으로써 이익을 얻는것을 방지하기 위한 것이다.

만약 피보험자가 동일한 손해에 대하여 여러 개의 보험계약을 체결하고 각각의 보험자(보험증권)로부터 손해액에 대한 보험금을 수취할 수 있다면, 보험으로 인하여 이익을 얻게 되고 이것은 결국 손해보상원리에 위배될 것이다. 그 결과 도덕적 위험상황은 매우 증가하게 될 것이다. 왜냐하면 일부 부정직한 피보험자는 중복적인 보험금을 수취할 목적으로 고의적으로 손해를 초래하게 될 것이기 때문이다.

타보험을 제한하는 이유를 요약하면 ① 손해로부터 이득 금지, ② 공공정책의 파기방지, ③ 손해보상원리의 실현, ④ 도덕적 위험상황의 유발방지, ⑤ 보험의 도박거래의 이용방지 등이다. 따라서 보험계약서에 타보험조항을 포함하지 않은 경우에도, 법원은 생명보험과 건강보험을 제외하고 중복적인 보험금의 수취를 허용하지 않을 것이다.

3) 타보험조항의 종류

대부분의 손해보험계약은 중복보험의 경우 피보험자가 손해발생으로 인하여 이익을 얻는것을 방지하기 위하여 타보험의 보상내용과 관련하여 각 보험자가 보상책임을 부담하는 방법과 보상범위를 규정하는 타보험조항(other insurance clause)을 포함하고 있다. 손해보험과 건강보험증권에서 적용되는 중요한 타보험조항은 다음과 같다.

① 비례책임조항(pro rata liability clause)
② 책임한도분담조항(contribution by limit of liability clause)
③ 균등액분담조항(contribution by equal shares clause)
④ 초과액타보험조항(excess other insurance clause)
⑤ 주보험초과액보험조항(primary and excess insurance clause)
⑥ 급부금상호조정조항(coordination-of-benefits clause)
⑦ 타보험금지조항(other insurance prohibited clause)

(1) 비례책임조항

비례책임조항(pro rata liability clause)은 둘 이상의 보험증권(보험계약)이 재산에 관한 동일한 피보험이익을 보장하는 경우 적용된다. 이 조항에 의한 각 보험자의 손해에 대한 분담액은 어떤 보험자로부터 보험금의 수취여부를 불문하고, 각 보험증권(보험자)

의 보험금액의 총보험금액의 비율에 따라 결정된다[13].

예를 들어 어떤 피보험자가 1,000만원짜리 보험의 목적에 대하여 A보험회사와 500만원의 보험금액으로, B보험회사와 700만원의 보험금액으로, C보험회사와 800만원의 보험금액으로 보험계약을 체결한 경우, 100만원의 손해가 발생하였다면 각 보험자는 다음과 같이 손해에 대한 자기의 비례부분만을 지급할 것이다.

A회사: 100만원 x 500/2,000 = 25만원
B회사: 100만원 x 700/2,000 = 35만원
C회사: 100만원 x 800/2,000 = 40만원
총보험금 : 100만원

따라서 해당 피보험자는 100만원의 손해에 대하여 A와 B 및 C회사로부터 각 100만원씩 총 300만원의 보험금을 수취하지 못하고, 실제 손해액인 100만원만을 수취하게 될 것이다. 여기에서 「보험금의 수취여부를 불문하고」라는 의미는, 예를 들어 A회사가 고지의무위반과 같은 어떤 이유로 그 손해에 대한 보상책임을 거절한 경우, 다른 보험회사인 B와 C회사는 A회사의 분담액(25만원)을 분담하지 않고 그들의 원래 비례분담액(B회사: 35만원, C회사:40만원)만을 지급한다는 것이다.

비례책임조항의 기본 목적은 손해보상원리를 실현시키고 보험으로부터 이익을 얻는 것을 방지하는 것이다. 앞의 예에서 만약 비례책임조항이 없다면, 피보험자는 각 보험자로부터 200만원씩을 수취할 것이고, 200만원의 손해에 대하여 총 600만원이 보험금을 받게 될 것이다. 그 결과 도덕적 위험상황은 심각할 정도로 증가할 것이다.

(2) 책임한도분담조항

책임한도분담조항(contribution by limit of liability clause)은 비례책임이 아니고 각

13) 미국의 가정종합보험증권(Homeowners Policy)는 타보험 또는 비례책임조항(pro rata liability clause)에서 「이 보험증권에서 보상책임이 있는 손해가 타보험에 의해 보상책임이 있는 경우, 이 보험증권하에서 적용되는 책임한도의 손해에 대해 보상책임이 있는 총보험금액에 대한 비례부분의 손해에 대해서만 지급한다」고 규정하고 있다. 같은 취지의 타보험규정인 경우에도 보험종목에 따라 약간의 표현상 차이를 보이고 있는데, 미국의 표준화재보험계약의 타보험조항은 「이 회사는 당해 위험에 대하여 재산에 가입되어 있는 전체 보험에 대한 이 보험증권에 가입된 금액의 비례부분보다 많은 손해액에 대하여 책임을 지지 않는다」고 규정하고 있다.

보험자의 책임한도를 기준으로 보험자들에게 피보험자의 손해를 분담한다고 규정하는 규정이다. 이를 독립책임액분담조항이라고도 한다. 이러한 형태의 타보험조항은 기관기계보험증권(boiler and machinery policy)에서 이용되고 있다. 이 조항에 의하면 각 보험자는 보험금액의 총보험금액에 대한 비율에 따라 손해를 분담하지 않고, 다른 보험증권이 없었다면 각 보험자가 보상책임을 부담하여야 할 금액의 그러한 보상책임금액의 합계에 대한 비율에 따라 손해를 분담한다.

예를 들어 동일한 피보험이익을 부담하는 두 가지의 보험증권중에서 A보험증권은 $20,000에 가입되고, B보험증권은 $80,000에 가입되어 있으며, $60,000의 손해가 발생하였다고 가정하자. 비례책임조항에 따르면 A증권은 $12,000($60,000 x 20,000/100,000)를 지급하고, B증권은 $48,000($60,000 x 80,000/100,000)를 지급하게 된다. 그러나 책임한도분담조항에 따르면, $60,000의 손해액에 대하여 A와 B증권에서는 다음과 같이 보험금을 지급할 것이다.

A증권 : 보험가입금액 $20,000
타보험이 없는 경우 보상책임한도 $20,000
B증권 : 보험가입금액 $80,000
타보험이 없는 경우 보상책임한도 $60,000
A증권 : 보험금 $60,000 × 20,000/80,000 = $15,000
B증권 : 보험금 $60,000 × 60,000/80,000 = $45,000
총보험금 : $60,000

(3) 균등액분담조항

균등액분담조항(contribution by equal shares clause)은 대부분 배상책임보험계약에서 이용되는 타보험규정이다. 이 조항에 의하면 각 보험자는 여러 보험증권중에서 가장 낮은 책임한도(보험금액)내에서 균등하게 분담하고, 총손해액이 지급될 때까지 나머지 보험회사들이 동일한 방법으로 균등하게 분담한다.

예를 들어 어떤 피보험자가 A보험회사와 100만원, B보험회사와 200만원, C보험회사와 300만원이 책임한도(보험금액)로 배상책임보험계약을 체결한 경우, 손해액이 60만원이라면 가장 낮은 책임한도인 A회사의 책임한도(100만원)내에서 A와 B 및 C회사는 균등하게 20만원씩을 지급할 것이다. 그러나 손해액이 500만원인 경우 각 보험회사는 얼마씩을 지급하여야 할 것인가가 문제이다.

이 경우 각 보험회사는 보험증권의 최저한도에 달할 때까지 균등한 금액을 지급하고, 나머지 손해액에 대하여는 책임한도가 남은 보험회사들은 각 보험회사가 자기의 보험증권 한도를 전부 지급할 때까지 또는 실제의 총 손해액이 지급될 때까지 계속해서 균등하게 분담한다. 그 결과 500만원의 실제 손해에 대하여 다음과 같이 A회사는 100만원, B회사는 200만원, C회사는 200만원을 지급하게 된다.

A회사 : 보험금액 100만원
균등액분담 100만원 보험금 100만원
B회사 : 보험금액 200만원
균등액분담 100만원 + 100만원 보험금 200만원
C회사 : 보험금액 300만원
균등액분담 100만원 + 100만원 보험금 200만원
총보험금 : 500만원

만약 실제 손해액이 600만원인 경우 A회사 100만원, B회사 200만원, C회사는 나머지 100만원을 추가하여 300만원을 지급할 것이다.

(4) 초과액타보험조항

초과액타보험조항(excess other insurance clause)은 또 다른 타보험규정으로서 해당 보험증권에 의해 규정된 보상범위는 실제 손해액에 대하여 일체의 수취 가능한 타보험에서 지급되는 손해액의 초과부분에 대해서만 적용된다고 규정하고 있는 조항이다.

우리나라에서 사용하는 영국해상보험증권의 타보험조항은 「피보험재산의 멸실, 손상이 발생한 때에 그 재산이 화재보험증권이나 타보험증권에 의해 가입되어 있는 경우, 또는 이 보험증권이 없었다면 그러한 보험증권에 가입된 것으로 되어 있는 경우, 이 보험은 그러한 재산의 멸실, 손상을 보상하지 않는다. 단, 이 보험이 성립되지 않았다면 화재 또는 타보험증권에서 지불되었을 금액을 초과하는 금액에 관하여 예외이다」고 규정하고 있다.

예를 들어 초과액타보험조항이 삽입된 적하해상보험에 $50,000의 보험금액으로 가입된 운송중의 피보험화물이 $30,000의 보세화물화재보험에 가입되어 있고, 보세창고에서 보관중 화재로 인해 $35,000의 손해가 발생한 경우, 화재보험자가 $30,000의 보험금을 지급하고 적하보험자는 손해액 중 나머지 초과액인 $5,000만을 지급하게 된다.

또한 미국의 상인재고품보험증권(mercantile open-stock policy)은 손해에 적용되어 보험금을 수취할 수 있는 일체의 다른 유효한 보험이 존재하는 경우 상인재고품보험증권은 오직 초과액보험으로서만 적용된다고 규정하고 있다. A라는 피보험자가 $40,000의 재고품도난보험증권에 가입되어 있고, $50,000의 도난손해를 입은 경우, 그 손해에 적용 가능한 다른 보험증권으로부터 $35,000의 보험금을 회수할 수 있다면 재고품도난보험자는 $15,000만을 지급하게 된다.

그러나 여기에서 문제가 되는 것은 동일한 피보험이익과 동일한 손해를 부담하는 복수의 보험증권과 관련하여 손해가 발생하고, 각각의 보험증권에 이와 같은 초과액타보험조항이 삽입되어 있는 경우의 손해분담방법이다. 이 경우 손해의 분담에 관한 보험자들 간의 약정이 없으면, 보험자들은 비례책임조항에서와 같이 각 보험자의 보험금액의 총 보험금액에 대한 비율에 따라 분담하여야 할 것이다.

(5) 주보험(主保險)초과액보험조항

주보험초과액보험조항(primary and excess insurance clause)은 초과액타보험규정의 다른 형태로서, 주보험자(primary insurer)가 우선 먼저 지급하고 초과액보험자(excess insurer)는 주보험증권의 보험증권한도가 소진된 후에만 보험금을 지급한다고 규정하는 타보험규정이다.

이 조항이 초과액타보험조항과 다른 것은 초과액타보험조항에 의하면 동조항이 삽입된 보험증권의 보험자가 초과액보험자의 지위를 갖는 반면, 주보험초과액보험조항에서는 주보험과 초과액보험이 시장의 관습이나 행정규칙에 의해 결정된다는 것이다.

예를 들면 미국의 자동차배상책임보험증권이 좋은 예가 될 수 있는데, 자동차보험증권상 신체상해배상책임에 대하여 1인당 $100,000의 금액으로 배상책임보험에 가입되어 있는 A라는 피보험자가 자동차를 임대(rent)하여 여행을 떠나고, 자동차렌트회사가 그 자동차에 대하여 1인당 $200,000의 신체상해배상책임한도로 배상책임보험에 가입되어 있다고 가정하자. A가 임대 자동차를 운전하는 중에 부주의로 타인에게 신체상해를 입힌 경우, 두 가지 보험증권이 모두 그 손해를 부담하게 된다.

미국에서 통상적인 원칙은 렌트된 자동차에 대한 배상책임보험이 주보험이며, 여타 보험은 초과액보험이다. 따라서 법원에서 A에게 $250,000의 손해배상금을 판결한 경우, 렌트회사의 보험자는 우선적으로 손해의 $200,000를 지급하고, A자신의 보험증권은 초과액보험으로서 A의 보험자는 손해액중 나머지 $50,000를 지급하게 된다.

(6) 급부금상호조정조항

급부금상호조정조항(coordination-of-benefits clause)은 미국의 단체건강보험(group health insurance)에서 사용하는 주보험타보험규정의 또다른 형태이다. 이 규정은 1인이 둘 이상의 단체건강보험플랜에 의해 보상받는 경우 초과보험과 급부금의 중복을 방지하기 위해 도입된 것이다. 미국의 대부분의 주(州)는 전국보험감독관협회(NAIC: National Association of Insurance Commissioners)이 최근 개발한 급부금상호조정규정을 채택하고 있다.

이 규정에 의하면 해당 근로자의 보장이 주보험이고, 다른 플랜은 초과액보험이다. 예를 들어 갑돌이와 갑순이 부부가 모두 직장생활을 하고 있으며, 부부중 각자는 상대방의 단체건강보험플랜상 부양가족으로서 보험에 가입되어 있다고 가정하자. 만약 갑돌이가 병원에 입원하여 의료비가 지출된 경우, 갑돌이의 보험증권이 주보험으로서 우선적으로 보험금을 지급하고 갑순이의 보험증권은 초과액보험으로서 적용된다. 그러나 어느 경우에도 두 보험증권에서 적정한 의료비의 100%를 초과하여 지급되지는 않는다.

자녀 등 부양가족들의 보장에 관하여는 NAIC원칙에 따르면, 해당년도 중 생일이 빠른 부모의 보험플랜이 주보험이다. 예를 들어 갑돌이의 생일이 1월 27일이고 갑순이의 생일은 2월 6일이며, 아들이 입원치료를 받은 경우, 갑돌이의 보험증권이 주보험이고 갑순이의 플랜은 초과액보험이다. 여기에서 연령은 문제가 되지 않고 생일이 빠른 자의 보험증권이 주보험이다. 생일을 기준으로 하는 원칙의 목적은 부양가족의 보장과 관련하여 성차별을 배제하기 위한 것이다. 부양자녀의 부모가 이혼하거나 별거 중에 있는 경우, 자녀의 양육권을 판결 받은 부모의 보험플랜이 주보험이며, 양육권이 없는 부모의 플랜은 초과액보험이다.

(7) 타보험금지조항

타보험금지조항(other insurance prohibited clause)은 단순히 동일한 종류의 일체의 타보험을 금지하는 조항이다. 이 경우 타보험의 구매는 담보의 위반(breach of warranty)이 될 것이다. 미국의 표준화재보험증권(SFP)은 「여기에 첨부된 특약(endorsement)에 의해 타보험이 금지되거나 또는 보험금액이 제한될 수 있다」고 규정하고 있다. 따라서 화재보험증권에 첨부되는 특약으로 피보험재산에 관한 타보험의 금지가 가능하다.

3. 공동보험조항

1) 공동보험조항의 의의

공동보험조항은 재산보험계약에서 공통적으로 자주 사용되는 약관조항이다. 재산보험증권에 삽입된 공동보험조항(coinsurance clause)은 피보험자가 손해발생 시 재산의 실제현금가액의 일정비율에 대하여 재산을 보험에 가입하도록 하는 증권규정이다. 다시 말하면 실제의 보험금액이 보험가액에 대한 일정비율(50%, 60%, 70%, 또는 80%)을 유지할 것을 조건으로 실손보상을 약정하는 약관조항이다. 만약 피보험자가 손해발생 시 공동보험의 요건을 충족시키지 못하는 경우 피보험자는 보험자와 공동보험자(coinsurer)로서 손해를 분담하여야 한다.

따라서 피보험자가 분손에 대하여 손해전액을 보상받기를 원하는 경우에는 공동보험요건이 충족되어야 한다. 그렇지 않으면 피보험자는 분손이 발생할 경우 불리하게 된다. 즉 손해발생 시 실제의 보험가입비율이 약정비율 이상인 경우에는 보험금액을 한도로 실손보상하지만, 약정비율 미만인 경우에는 보험금액을 한도로 실제 보험금액의 약정비율에 상당하는 금액에 대한 비율에 따라 보험금이 지급된다. 피보험손해에 대한 지급보험금을 결정하는데 사용되는 공동보험공식은 다음과 같다.

$$\text{지급보험금} = \frac{\text{실제 가입된 보험금액}}{\text{요구되는 보험금액(약정비율 x 보험가액)}} \times \text{손해액}$$

예를 들어 실제현금가액이 5억원인 건물을 소유주가 3억원에 대해서만 실제 보험에 가입하고, 해당 보험증권상에 80% 공통보험조항이 있는 경우 실제현금가액을 기초로 요구되는 보험금액은 4억원(5억원 x 80%)이다. 만약 1억원의 손해가 발생한 경우에는 오직 7,500만원(1억원 x 3억원/4억원)만이 보험금으로 지급된다. 피보험자가 실제 가입한 보험금액이 손해발생 시의 요구되는 보험금액의 3/4에 불과하기 때문에 손해액의 75%인 7,500만원의 보험금이 지급된다. 그리고 공동보험요건이 충족되지 못했기 때문에 피보험자는 나머지 2,500만원의 손해를 자신이 부담하여야 한다.

일부 재산보험계약에는 피보험자가 손해발생 시 실제현금가액의 일정 비율에 대하여 피보험재산을 보험에 가입하지 않고 있는 경우에 분손보험금을 제한하는 공동보험조항을 포함하고 있다. 대체가격보장(replacement cost coverage)에서는 그러한 일정 비율이 대체가격에 적용된다. 공동보험조항은 계약의 종류에 따라 선택적이거나 또는 필수적으로 사용된다. 우리나라의 국문화재보험보통약관 제13조(지급보험금의 계산)에서는 필수요건으로서 다음과 같이 정하고 있다[14].

※ 회사가 지급할 보험금은 아래에 따라 계산합니다.

① 보험금액이 보험가액의 80% 해당액과 같거나 이상(以上)일 때,
보험금액을 한도로 손해액 전액. 그러나 보험금액이 보험가액보다 많을 때에는 보험가액을 한도로 합니다.

② 보험금액이 보험가액의 80% 해당액보다 적을 때,

$$\text{손해액} \times \frac{\text{보험금액}}{\text{보험가액의 80\% 해당액}}$$

2) 공동보험의 목적

공동보험의 기본 목적은 보험요율의 공평성(equity in rating)을 달성하는데 있다. 재산보험에서 손해의 대부분은 분손이며 전손이 아니다. 그러나 모든 사람이 전손보다는 분손에 대해서만 보험에 가입한다면, 보험금액 100원에 대한 보험요율은 보다 인상되어야 한다. 이 결과는 자기의 재산에 대하여 전액을 보험에 가입하고자 원하는 피보험자에게는 불공평하게 된다.

---

14) 보험가입비율을 80%의 필수요건으로 고정하고 있는 주택화재보험이나 기타 상기손해보험과는 달리, 보험가입비율을 괄호안에 공란으로 하여 계약체결시 계약당사자간에 합의하여 약정하도록 하는 실손보상특별약관이 이용될 수 있다.

보험가액의 100%인 전액을 보험에 가입하는 경우를 예로 들어, 어느 도시에 건물가액이 각 1억원인 10,000채의 건물이 전체 1조원(1억원 × 10,000채)의 화재보험에 전액이 가입되어 있고, 손해액은 매년 2채의 전손 2억원(1억원 × 2채), 30채의 각 2천만원의 분손 6억원(2천만원 × 30채), 총계가 8억원이 발생한다고 가정하자. 이 경우 순보험요율(pure premium rate)은 보험금액 100원당 0,08원(8억원/1조원)이 된다.

그러나 위와 같은 상황에서 재산을 시가의 50%만 보험에 가입한다고 가정한 경우, 10,000채의 건물에 대하여 각 1억원의 보험가액중 50%인 5천만원만 화재보험에 가입하므로 전체 보험금액은 5,000억원이 된다. 그리고 동일한 손해가 발생한다고 가정하면 손해액은 매년 2채의 전손 1억원(5천만원 × 2채), 30채의 각 2천만원의 분손 6억원(2천만원 × 30채), 총계 7억원이 된다. 이 경우 순보험요율은 보험금액 100원당 0,14원(7억원/5천억원)이다.

상기의 예에서 보는 바와 같이 모든 피보험자가 분손에 대해서만 보험에 가입할 경우 순보험요율(보험회사의 사업비와 이윤에 해당되는 부분은 무시함)은 화재보험의 보험금액 100원당 0.08원에서 0.14원으로 인상된다. 이것은 자기의 건물을 적절한 가액으로 전액 가입하고자 하는 개인들에게는 불공평한 결과를 가져온다. 전체 가액에 대한 전부보험이 바람직한 경우 해당 개인들은 0.08원(또는 0.08%)의 보험요율 대신에 보다 높은 0.14원(또는 0.14%)의 보험요율이 적용된 보험료를 지급하여야 하기 때문에 불공평한 결과를 가져온다. 따라서 피보험자가 공동보험요건을 충족시킨 경우에는 보험요율의 할인혜택을 받게 되고, 보험자가 요구하는 보험금액에 대해 일부보험으로 가입한 자는 발생손해에 대하여 공동보험공식을 통하여 불리한 적용을 받게 된다.

공동보험에 대한 하나의 대안으로서 「등급별 보험요율」(graded rates)이 사용되기도 한다. 이 등급별 요율제도는 보험가액에 대한 보험금액이 증가함에 따라 요율의 할인혜택을 받는 제도로서 연동요율제도(sliding rate scale)라고도 한다. 그러나 이것은 요구되는 보험금액을 결정하기 위해서 각 재산의 정확한 평가를 필요로 한다. 또한 재산의 가액이 보험계약기간 중 큰 폭으로 변동될 경우에는 그러한 평가방법이 만족스럽지 못하게 된다. 이러한 이유 때문에 요율의 공평성을 위해서는 등급별 요율표보다는 오히려 공동보험공식이 이용되고 있다.

3) 공동보험의 문제점

보험증권에 공동보험조항이 있는 경우 몇 가지 실무상 문제점이 존재한다. 첫째, 인플레이션에 대하여 보험금액이 정기적으로 증액되지 않으면, 피보험자는 인플레이션의 결과로 공동보험의 불리한 적용을 받게된다. 처음에 보험계약을 체결할 때 피보험자는 공동보험조항을 준수할 수도 있지만, 급속한 가격인플레이션은 재산의 대체가격을 급격히 증가시킬 수도 있다. 그 결과 피보험자는 손해발생 시 요구보험금액을 유지하지 못하고 불리한 적용을 받을 수 있다. 따라서 공동보험조항이 있는 경우 피보험자는 공동보험요건이 충족되고 있는가를 결정하기 위해서 실제의 보험금액이 주기적으로 평가되어야 한다.

둘째, 피보험자는 보험계약기간 중 재산가액이 큰 폭으로 변동할 경우에 공동보험의 불리한 적용을 받을 수 있다. 예를 들어 선적화물이 예정 일자에 도착하지 못함으로써 재고품의 가액이 상당금액 인상되는 경우도 있으며, 이 경우 손해가 발생하면 피보험자는 불충분한 보험에 가입된 결과가 되어 공동보험의 불리한 적용을 피할 수 없다. 이러한 문제에 대한 해결책이 협정보험금액특약(agreed amount endorsement)이다. 이 협정보험금액특약은 실제 가입한 보험금액이 공동보험요건을 충족시킨다는 것을 보험자가 계약체결 시에 협정하는 특약이다. 또 하나의 해결책은 재산의 가액을 정기적으로 보험자에게 통지하는 가액통지증권양식(reporting form)이다.

셋째, 소액의 손해가 발생할 경우에 공동보험요건이 충족되어 있는가를 결정하기 위하여 실제의 재고품을 손상화물과 정상화물로 일일이 구분하여야 한다면, 피보험자는 금전적인 낭비를 초래할 수 있다. 이 경우에 사용되는 약관조항이 재고품권리포기조항(waiver of inventory clause)이며, 재고품권리포기조항에 의해 손해가 보험금액의 2% 이하일 경우 실제 재고품 중에서 정상화물을 구분해야 할 의무를 면제 받는다.

4. 비율참여조항

비율참여조항(percentage participation clause)은 건강보험계약에서 사용되는 공동보험의 한 형태로서, 대부분의 주요의료보험증권(major medical policy)에는 비율참여조항이 포함되어 있다. 비율참여조항은 피보험자가 소손해공제액(deductible)을 초과한 적격의료비 중에서 일정 비율을 지급하도록 규정한 약관조항이다. 전형적인 약관조항은 소손해공제액을 초과한 보장의료비의 20% 또는 25%를 피보험자가 지급할 것을 규정하고 있다.

예를 들어 어느 피보험자가 5만원의 소손해공제액과 80-20% 비율참여조항이 포함된 보험금액 500만원의 성인의료보험증권을 가지고 있으며, 50만원의 의료비가 발생하였다고 가정해보자. 보험자는 36만원(45만원 × 80%), 피보험자는 14만원(5만원 + 45만원 × 20%)을 부담할 것이다.

비율참여조항의 목적은 ① 보험료의 절감 ② 보험증권 급부금의 남용의 방지이다. 피보험자가 의료비의 일부를 분담하기 때문에, 보험료가 인하되고 불필요한 과잉진료가 억제되어 과도한 보험금의 지급이 방지된다. 또한 의사들과 의료서비스의 공급자들은, 환자가 의료비용의 일부를 분담하게 되면, 그들의 경비 청산에 많은 제한을 받으며 환자가 아주 비싼 의료시설을 이용하지 않는다고 주장하고 있다.

요약정리

1. 보험증권(insurance policy)은 보험계약이 기재된 증서로서, 보험계약의 성립과 그 내용을 증명하기 위하여 보험자가 보험계약자에게 발급하는 증거증권이다. 보험약관(insurance clauses)은 보험증권의 일부를 구성하는 것으로서 보험계약에서 보험자와 피보험자의 권리와 의무 및 계약의 이행에 따른 제반 조건과 절차를 규정하는 계약조항을 의미한다. 보험약관을 다수의 동질 위험단체에 대하여 적용될 수 있도록 정형화한 보통보험약관의 필요성(존재이유)은 ① 거래의 대량성 ② 계약관계의 전문성 및 기술성 ③ 보험의 단체성 등이다.

2. 특별보험약관은 원래의 계약규정을 추가하거나, 삭제하거나, 또는 수정하는 서면의 규정이다. 이의 형태로는 보험금액 또는 급부금을 증가시키거나 감소시키는 것과 새로운 위험(손인) 또는 손해에 대한 보장을 첨가시키는 것 등이 있다. 손해보험에서 사용하는 특별약관은 "endorsement" 이고, "rider" 는 생명보험과 건강보험의 특별약관이다.

3. 보험증권의 해석에 관한 일반원칙으로 중요한 것은 ① 계약당사자의 의사 우선의 원칙 ② 보험증권 전체로서 해석원칙 ③ 수기문언(手記文言) 우선의 원칙 ④ 통상적인 의미의 해석원칙 ⑤ 문맥(文脈)에 의한 특별한 의미의 해석원칙 ⑥ 합리적 해석(또는 기대)의 원칙 ⑦ 문서작성자 불이익의 원칙('contra proferentem' rule) 등이다. 특히 문서작성자 불이익의 원칙이 보험증권의 해석원칙에서 중요한 것은 여러 가지 다른 해석원칙과 증거들을 적용하여도 해석이 불분명한 경우에 한하여 최종적으로 적용되는 해석원칙이라는 점이다. 독일의 경우 보험약관의 해석에 의문이 있는 때에는 보험자의 부담으로 해석해야 한다는 불명확성의 원칙(Unklarheitenregeln)이 적용된다.

4. 보험계약을 분석하는 일반적인 목적은 특정한 사건이 보험증권에서 부담되는지, 그리고 부담된다면 어느 정도의 보장범위가 제공되는지, 즉 얼마의 금액이 보상되는지를 결정하기 위한 것이다. 보험증권으로부터 다음의 질문들에 대답함으로써 보험증권에서 제공되는 보험보호(보장범위)를 결정할 수 있다.
   ① 어떠한 위험(what perils)이 부담되는가?
   ② 어떠한 재산, 활동, 상황, 또는 배상책임의 원인(what property, activity, situation, or source of liability), 또는 누구의 생명이나 건강(whose life or health)이 부담되는가?
   ③ 어떠한 사람 또는 이익(what persons or interests)이 부담되는가?
   ④ 어떠한 형태의 손해(what kind of losses)가 부담되는가?
   ⑤ 어떠한 장소 또는 위치(what places or locations)가 부담되는가?
   ⑥ 어떠한 기간(what time period)이 부담되는가?
   ⑦ 어떠한 기타 약관조항들(what miscellaneous clauses)이 보장에 영향을 미치는가?
   ⑧ 보장금액(amount of coverage)은 얼마인가?

5. 보험증권은 일반적으로 다음과 같은 다섯 가지의 부분으로 구성되어 있다.

① 계약명세사항(declarations)
② 보험합의사항(insuring agreement)
③ 면책사항(exclusions)
④ 보험조건(conditions)
⑤ 기타 계약규정(miscellaneous provisions)

6. 계약명세사항(declarations)은 보험에 가입되는 재산 또는 생명에 관한 정보를 제공하는 일람표이며, 계약명세란에 포함된 정보는 언더라이팅과 요율산정 및 피보험재산과 생명의 확인·식별을 위해 이용된다. 보험합의사항(insuring agreement)은 보험자의 주요한 약속들을 요약하고 있는 부분으로, 여기에는 두 가지의 기본 형태, 즉 열거위험 또는 명기위험보장(named-perils coverage)과 포괄위험 또는 전위험(全危險)보장(all-risk coverage)이 있다.

7. 보험금액(sum insured; insured amount)은 피보험자가 보험에 실제 가입한 금액으로 보험자가 인수하기로 약정한 금액이다. 보험가액(insurable value)이란 피보험이익을 경제적으로 평가한 가액, 즉 보험계약의 목적을 금전으로 산정한 가액을 말한다. 따라서 보험금액은 보험자의 보험계약상 최고보상한도액이며, 보험가액은 보험사고의 발생에 의해 보험자가 피보험자에게 지급할 수 있는 법률상 최고보상한도액이다. 기평가보험증권의 경우를 제외하고, 보험금액과 보험가액은 고의 또는 시세의 변동에 따라 일치하지 않는 경우도 있다. 보험자의 책임과 손해사정방법은 보험금액과 보험가액과의 관계, 즉 ① 전부보험(full insurance) ② 일부보험(under insurance) ③ 초과보험(over insurance) ④ 중복보험(double insurance)의 경우에 차이가 있다.

8. 보험계약에서는 피보험자(the insured)를 정의하고 있다. 보험증권상에 명시될 수 있는 피보험자는 ① 특정한 1인의 자연인(one person)이 피보험자로 기재되는 경우, ② 보험증권에 기명피보험자(named insured)에 대한 명시적인 정의를 포함하는 경우, ③ 보험증권에는 피보험자로 기재되어 있지는 않지만, 추가 피보험자(additional insureds)를 보장하는 경우이다.

9. 면책사항에는 ① 면책위험 또는 손인(excluded perils) ② 면책손해(excluded losses) ③ 면책재산(excluded property) 등 세 가지의 주요한 형태가 있으며, 면책사항이 필요한 이유는 다음과 같다.

① 보험불가능위험
② 이례적인 위험상황의 존재
③ 타보험계약에서 제공되는 보장
④ 도덕적 위험상황
⑤ 전형적인 피보험자에게 필요없는 보장

10. 보험조건(conditions)이란 이행하여야 할 보험자의 약속을 제한하거나 수정하는 보험증권 규정을 말한다. 보험조건들은 계약당사자의 의무를 열거하고 있으나, 실제에 있어서는 보험금을 받기 위하여 피보험자가 이행하여야 할 의무를 부과하고 있다.

11. 소손해공제조항(deductible clauses)은 보험자가 보험계약의 조건에 의해 보험금을 지급하기 전에 손해의 일부를 반드시 피보험자가 부담하도록 약정하는 계약규정이다. 소손해공제조항이 사용되는 목적은 ① 소액의 클레임 배제 ② 보험료의 절감 ③ 도덕적 위험상황과 정신적 위험상황의 감소 등이다. 소손해공제의 종류에는 ① 직접 소손해공제 ② 누계액 소손해공제 ③ 프랜차이즈 소손해공제 ④ 소멸형 소손해공제 ⑤ 보험금지급 대기기간 ⑥ 누적형 참여성 소손해공제 등이 있다.

12. 타보험규정(other insurance provision)은 둘 이상의 보험계약이 동일한 손해를 부담하는 경우에 적용된다. 타보험규정의 목적은 보험으로부터 이익을 얻게 되어 손해보상원리가 침해되는 가능성을 감소시키기 위한 것이다. 중요한 타보험조항은 ① 비례책임조항 ② 책임한도분담조항 ③ 균등액분담조항 ④ 초과액타보험조항 ⑤ 주보험초과액보험조항 ⑥ 급부금상호조정조항 ⑦ 타보험금지조항 등이다.

13. 공동보험조항(coinsurance clause)은 피보험자가 손해발생 시 재산의 실제현금가액의 일정비율에 대하여 재산을 보험에 가입하도록 하는 증권규정이다. 만약 피보험자가 손해발생 시 공동보험의 요건을 충족시키지 못하는 경우 피보험자는 보험자와 공동보험자(coinsurer)로서 손해를 분담하여야 한다. 공동보험의 기본 목적은 보험요율의 공평성을 달성하는데 있다.

14. 비율참여조항(percentage participation clause)은 건강보험계약에서 사용되는 공동보험의 한 형태로서, 피보험자가 소손해공제액(deductible)을 초과한 적격의료비 중에서 일정 비율을 지급하도록 규정한 약관조항이다. 전형적인 약관조항은 소손해공제액을 초과한 보장의료비의 20% 또는 25%를 피보험자가 지급할 것을 규정하고 있다. 비율참여조항의 목적은 ① 보험료의 절감 ② 보험증권급부금의 남용의 방지이다.

주요 개념과 용어

1. 보험증권(insurance policy)
2. 보험계약서(insurance contract)
3. 보험약관(insurance clauses)
4. 특별보험약관("endorsement" 또는 "rider")
5. 합리적 기대의 원칙 (doctrine of reasonable expectation)
6. 문서작성자 불이익의 원칙 ('contra proferentem' rule)
7. 계약명세사항(declarations)
8. 보험합의사항(insuring agreement)
9. 면책사항(exclusions)
10. 보험조건(conditions)
11. 보험청약서(proposal forms or applications)
12. 임시보험계약서 또는 가계약서 (假契約書: binder)
13. 승인조건부 보험료영수증 (approval conditional premium receipt)
14. 보험인수가능조건부 보험료영수증 (insurability conditional premium receipt)
15. 임시계약보험료영수증 (binding premium receipt)
16. 보험기간 (term of insurance, period of coverage)
17. 보험계약기간(policy period)
18. 보험료기간
19. 보험금액(sum insured; insured amount)
20. 보험금(claim amount)
21. 보험가액(insurable value)
22. 전부보험(full insurance)
23. 일부보험(under insurance)
24. 초과보험(over insurance)
25. 중복보험(double insurance)
26. 공동보험(coinsurance)
27. 열거위험 또는 명기위험보험증권 (named-perils policy)
28. 포괄위험 또는 전위험(全危險)보험증권 (all-risk policy)
29. 인과관계(causation)
30. 근인설(近因說)
31. 상당인과관계설
32. 피보험자(the insured)와 기명피보험자 (named insured)
33. 보험증권소유자 (policyowner, policyholder)
34. 법정면책사항과 약정면책사항
35. 절대적면책사항과 상대적면책사항
36. 보장의 정지(suspension of coverage)
37. 「동안」조항("while" clause)
38. 「만약」조항("if" clause)
39. 소손해공제조항(deductible clauses)
40. 직접 소손해공제(straight deductible)
41. 누계액 소손해공제(aggregate deductible)
42. 프랜차이즈 소손해공제(franchise deductible)
43. 소멸형 소손해공제(dissapearing deductible)
44. 보험금지급 대기기간(waiting periods)
45. 누적형 참여성 소손해공제(cumulative and participating deductible)
46. 캘린더년도 소손해공제 (calendar-year deductible)

47. 대형손해의 원칙(large-loss principle)
48. 타보험규정(other insurance provision)
49. 비례책임조항(pro rata liability clause)
50. 책임한도분담조항(contribution by limit of liability clause)
51. 균등액분담조항 (contribution by equal shares clause)
52. 초과액타보험조항 (excess other insurance clause)
53. 주보험초과액보험조항 (primary and excess insurance clause)
54. 급부금상호조정조항 (coordination-of-benefits clause)
55. 타보험금지조항 (other insurance prohibited clause)
56. 공동보험조항(coinsurance clause)
57. 등급별 보험요율」(graded rates)
58. 보험요율의 공평성(equity in rating)
59. 비율참여조항 (percentage participation clause)

복습문제

1. 보험증권과 보험약관을 정의하고, 보통보험약관의 존재이유를 열거하시오.

2. 특별보험약관의 목적과 주요한 두 가지 유형을 기술하고, "endorsement" 과 "rider" 를 구별하시오. 그러한 특약이 본래의 보험증권 규정과 상충될 때 어떻게 문제를 해결합니까?

3. 보험증권의 해석에 관한 주요한 일반원칙을 열거하고, 합리적 기대의 원칙과 문서작성자 불이익의 원칙을 약술하시오. 특히 문서작성자 불이익의 원칙이 보험증권의 해석원칙에서 중요한 이유는 무엇입니까?

4. 보험계약을 분석하는 일반적인 목적과 체계적인 분석방법을 기술하시오.

5. 보험계약을 구성하는 기본적인 네 가지 부분을 열거하시오.

6. 보험기간과 보험계약기간을 정의하시오.

7. 열거위험 또는 명기위험보장(named-perils coverage)과 포괄위험 또는 전위험(全危險) 보장(all-risk coverage)의 차이점을 설명하시오.

8. 보험금액과 보험가액과의 관계를 ①전부보험 ②일부보험 ③초과보험 ④중복보험의 경우로 구분하여 설명하고, 보험자의 책임과 손해사정방법의 차이를 약술하시오.

9. 인과관계학설 중 근인설의 발전과정을 약술하시오.

10. 보험증권상의 피보험자가 될 수 있는 자는 누구입니까?

11. 보험계약에서 전형적으로 볼 수 있는 면책사항의 주요한 형태를 열거하고, 보험자가 면책사항을 사용하는 이유를 설명하라.

12. 보험조건(conditions)을 정의하고, 보험조건이 피보험자에게 중요한 이유를 설명하시오.

13. 소손해공제의 의의와 목적을 약술하고, 보험계약에서 사용되는 종류를 손해보험과 건강보험으로 구분하여 열거하시오.

14. 타보험규정의 목적을 기술하고, 중요한 타보험조항의 종류를 열거하고 그 종류별로 예를 약술하시오.

15. 공동보험의 기본 목적은 무엇입니까? 그리고 재산보험에서 공동보험조항이 어떻게 적용되는지를 설명하시오.

16. 비율참여조항의 목적과 전형적인 약관조항을 약술하시오.

Part Ⅳ

생명보험과 손해보험

- 제8장 생명보험
- 제9장 손해보험
- 제10장 사회보험

제8장 생명보험

학습 목표

제8장을 학습한 후 다음 질문에 명확히 대답할 수 있어야 한다.

1. 보험의 사회·경제적 효용에 추가하여 생명보험의 기능에 대해 설명하라.
2. 생명보험계약 당사자 및 관계자에 대해 설명하라.
3. 각종 분류기준에 따른 생명보험상품의 종류를 설명하라.
4. 정기보험과 종신보험에 대해 설명하라.
5. 보장성보험과 저축성보험에 대해 설명하라.
6. 생명보험의 주요 특약상품을 설명하라.
7. 유니버셜보험과 변액보험 및 변액유니버셜종신보험에 대해 설명하라.

제1절 생명보험의 기초이론

1. 생명보험의 주요 기능

보험의 주요한 사회·경제적 효용인 ① 손해의 보상 ② 불확실성의 감소 또는 걱정과 불안의 감소 ③ 투자자금의 재원 ④ 손해방지의 촉진 ⑤ 신용의 증대에 추가하여 생명보험은 다음과 같은 역할을 수행하고 있다.

① 가계 또는 기업의 안정성 확보 : 개인이나 기업의 인적위험에 따른 손실을 보험을 통해 보상받음으로써 재정적 안정을 확보할 수 있다.

② 저축 증대 : 순수보장성상품을 제외하고 대부분의 생명보험상품에는 저축요소가 포함되어 있으므로 개인의 저축을 증대시키는 결과를 가져오고 있다.

③ 안전한 고수익 투자 실현 : 현대사회의 투자수단은 매우 다양하고 복잡하며 투자에 대한 전문지식과 기술을 필요로 한다. 개인을 대신하여 전문기관투자가인 생명보험회사를 이용함으로써 안전하고 높은 수익을 실현할 수 있다.

④ 절약 촉진 : 생명보험은 저축의 대체수단이 아니고 위험보장을 위해 가입하는 것이다. 이때 지불되는 보험료는 소비지출의 억제를 통해 마련됨으로써 절약을 촉진하는 효과를 가져 온다.

⑤ 노후소득의 보장 : 생명보험은 일정한 시점부터 사망 시까지 생존해 있는 기간 동안 금전적인 보장을 제공한다. 특히 현대 고령화사회에 대비하여 노후의 소득 상실을 보장하는 연금보험이나 양로보험을 판매하고 있다.

⑥ 채권자로부터 보호 : 생명보험은 인적위험에 따른 금전적인 보장을 제공하는 수단으로 이용되고 있다. 그러나 피보험자의 사망 등 보험사고시 지급된 보험금을 채권자가 영수한다면, 생명보험에 가입한 의미가 없어진다. 이에 따라 대부분의 국가에서는 보험금에 대한 채권자의 권리행사를 일부 제한하고 있다.

2. 생명보험의 계약 관계자

생명보험의 계약은 보험계약자가 청약하고 보험회사가 이를 승낙함으로써 성립된다. 그러나 생명보험자체의 특수성 때문에 자발적인 청약을 기대하기 곤란하므로 보험회사는 생활설계사 등의 중개활동을 통해서 청약을 받는 것이다. 그러므로 보험설계사는 계약을 중개하는 사람일 뿐 계약관계자는 아니다. 보험계약관계자라고 하면 보험자, 보험계약자, 피보험자, 보험수익자를 말한다.

1) 보험자

생명보험계약의 당사자로서 계약대상이 되는 위험을 인수하고 보험사고가 발생하였을 때에 보험금의 지급의무를 지는 자를 보험자라고 한다. 생명보험업을 영위하고자 하는 자는 주식회사, 상호회사와 외국보험회사에 한하여 금융위원회의 허가를 받은 자로서 300억원(생명보험이나 연금보험의 하나만 영위하는 경우는 200억원) 이상의 자본금 또는 기금을 납입하여야 보험업을 개시할 수 있다.

또한 원칙적으로 보험업자가 타사업을 경영하는 것은 금지되며, 생명보험사업과 손해보험사업을 겸영하는 것도 금지되어 있다. 그러나 생명보험업 또는 손해보험업에 해당하는 보험종목의 전부에 관하여 허가를 받은 자는 제3보험업(상해보험, 질병보험, 간병보험)에 해당하는 보험종목에 관하여 허가를 받은 것으로 본다.

2) 보험계약자

생명보험계약의 당사자로서 보험자의 상대방이 되어 보험계약을 체결하고 보험료지급의무를 지는 자를 보험계약자라 한다. 보험계약자의 자격에 대하여는 별도의 제한이 없고 개인이든 법인이든 불문하고 또한 행위능력자 여부를 묻지 않는다. 그러나 미성년자가 보험계약자가 되어 생명보험계약을 체결하는 경우에는 부 또는 모 등의 법정대리인의 동의가 필요하다.(민법 제5조)

3) 피보험자

생명보험계약에 있어서는 그 사람의 생사가 보험사고로 되는 자를 피보험자라고 한다. 그리고 하나의 계약에 있어 피보험자는 반드시 1인이 아니라도 무방하다. 예를 들면 부부, 부자(父子), 공동사업자 등을 피보험자로 그 중 한사람이 사망했을 경우에 다른 사람이 보험금수취인이 되는 연생보험도 가능하다.

또한 피보험자를 반드시 특정할 필요는 없다. 관공서, 회사, 공장 기타의 단체가 보험계약자가 되어 일정기준에 적합한 범위 내의 불특정 다수인을 포괄적으로 피보험자로 하는 생명보험계약도 가능하며 이것을 단체생명보험이라고 한다.

또한 생명보험계약에 있어서의 피보험자는 보험계약자 자신이거나 또는 어떤 타인일 수도 있다. 보험계약자 자신이 피보험자가 되는 경우를 「자기의 생명보험계약」이라고 말하고, 보험계약자 이외의 자가 피보험자가 되는 경우를 「타인의 생명보험계약」이라고 한다.

15세미만 자, 심신박약자, 심신상실자를 피보험자로 하는 타인의 생명보험계약은 무효이다. 타인의 생명보험계약을 체결할 때에는 그 타인(피보험자)의 서면동의를 필요로 하며 보험수익자를 지정하거나 변경하는 경우에도 그 타인의 서면동의를 필요로 한다.

이와 같이 타인의 생명보험계약에 있어서 피보험자의 동의가 필요한 것은 타인의 사망에 대하여 도박행위를 하거나 또는 고의로 그 타인의 생명에 위해를 가하는 등 범죄를 유발할 위험이 있기 때문이다. 생명보험에 있어서 피보험이익(insurable interest)의 사상이 실정법 규범상에 나타나 있다고 할 수 있다.

4) 보험수익자

보험자와 보험계약자간에 성립한 보험계약에 의하여 보험사고가 발생한 경우에 보험금의 지급을 받는 자로 정한 자를 보험수익자라고 한다. 보험수익자가 될 수 있는 자에 대하여는 아무런 제한도 없고 개인이든 법인이든 또한 행위능력자 여부를 묻지 않는다. 보험금수익자는 보험계약자 자신일 수 있고 그 이외의 타인일 수도 있다.

보험계약자 자신이 보험수익자가 되는 경우를 「자기를 위한 생명보험계약」이라고 하고, 보험계약자 이외의 자가 보험금수익자가 되는 경우를 「타인을 위한 생명보험계약」이라고 한다.

제2절 생명보험상품의 종류

1. 생명보험상품의 개요

1) 위험보장수단으로서 생명보험

생명보험상품은 인간의 생사와 관련하여 발생할 수 있는 위험을 구체화하고 그 위험에 대해 보험금을 지급할 것을 조건으로 보험계약자에게 판매하는 일종의 서비스상품이다. 은행이 개개인의 저축액에 이자나 실적배당을 첨가하여 지급하는데 비해 생명보험은 보장과 저축을 겸비하여 보험사고시 약정한 보험금을 지급한다.

생명보험회사가 취급하는 보험은 민영보험이지만, 국민을 위험으로부터 보장하기 위해 사회보험에서도 생명보험의 원리를 이용하고 있다. 인간의 생사와 관련한 위험과 그에 대처하는 경제적 보장수단은 다음과 같다.

민영보험	위험	사회보험
생명보험	조기사망위험	산업재해보상보험
제3보험	건강상실위험	국민건강보험, 산재보험
연금보험	노령위험	국민연금
소득보장보험	실업위험	고용보험

2) 생명보험

생명보험(life insurance)은 두 가지의 중요한 위험, 즉 조기 사망과 고령의 위험에 대한 보험보호를 제공하는 보험이다. 생명보험에는 사망보험과 생존보험 및 양로보험(생사혼합보험)이 있다. 생명보험회사는 피보험자의 사망으로 재정적인 곤란에 직면할 보험수익자(beneficiary)에게 사망급부금(death benefit), 즉 사망보험금을 지급한다.

사망급부금으로는 피보험자의 소득수준 등을 감안하여 보험계약 체결 시 합의하여 약정한 보험금액을 보험금으로 지급한다. 미국의 경우 일반적으로 장례비를 부담하며 고인이 된 피보험자의 부양가족에게 정기적으로 소득보상금을 제공한다.

또한 생명보험회사는 고령에 따른 퇴직후의 소득보장에 대한 필요(need)를 충족시키기 위하여 기업연금과 개인연금을 판매하고 있다. 이외에도 교육보험과 일시금으로 보험금을 지급하는 저축기능을 갖춘 기타 생존보험 및 양로보험 등은 조기 사망과 고령으로 인한 경제적 불안정에 대하여 개인과 그 부양가족에게 보험보호를 제공한다.

우리 보험업법에 의하면 생명보험업의 보험종목은 생명보험과 연금보험(퇴직보험 포함) 등으로 구분하고 있다.

3) 제3보험

우리 보험업법에 의하면 생명보험업에 해당하는 보험종목의 전부에 관하여 허가를 받은 자는 제3보험업에 해당하는 보험종목에 관하여 허가를 받은 것으로 본다. 제3보험업의 보험종목에는 상해보험, 질병보험, 간병보험 등이 있다.

미국의 경우 상해 및 건강보험(accident and health insurance)은 단순히 건강보험으로도 부르는데, 미국위험보험학회의 보험용어위원회는 이를 「질병 또는 우연한 신체상해에 의한 손해에 대한 보험」으로 정의하고 있다. 손해는 질병 또는 상해에 기인한 임금의 손해일 수도 있고, 치료비나 입원비용, 투약비용 등의 의료비일 수도 있다.

또한 신체장애 기간 동안의 소득상실을 보장하는 신체장애소득보험 및 재해사망장애보험과 같이 질병이나 신체상해로 손해가 발생한 경우 일시금 또는 정기적인 보험금을 지급하는 형태의 보험도 건강보험에 해당된다.

2. 보험급부별 분류

생명보험의 종류는 기본적으로 보험금 지급사유에 따라 ① 사망보험과 ② 생존보험 ③ 생사혼합보험(양로보험)으로 분류된다. 생명보험회사에서 판매되고 있는 생명보험상품은 다양하지만 원래 생명보험은 사람의 사망 또는 생존을 조건으로 보험금을 지급하는 것이기 때문에 그 기본이 되는 것은 사망보험과 생존보험이다.

그와 같이 다양한 생명보험상품도 기본적으로 사망보험과 생존보험을 여러 가지 비율로 혼합하거나 또는 주계약에 각종 보장특약을 부가하여 다양하게 조립된 상품이 고객의 여러 가지 욕구에 부응하여 보급되고 있다.

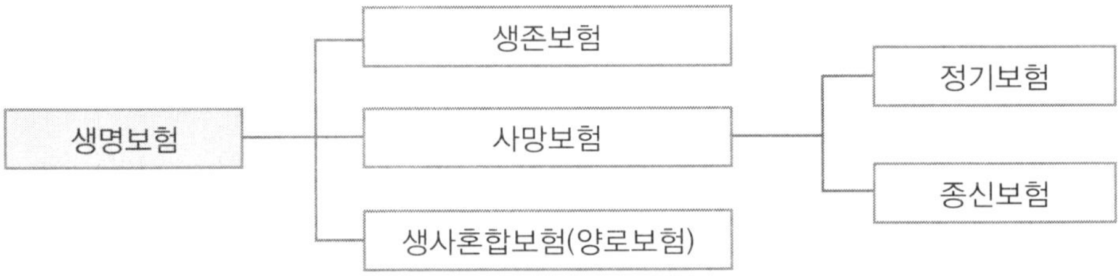

1) 사망보험

사망보험은 피보험자가 보험기간 중 사망한 때 또는 재해로 인한 장애상태가 된 때에 보험금이 지급되는 보험이다. 만약 피보험자가 보험기간 만기 시까지 생존한 경우에는 보험금을 지급하지 않는 것이 원칙이지만 실제에 있어서는 이미 납입한 보험료 전액을 지급하도록 대부분 설계되어 있다. 사망보험은 보험기간에 따라 크게 ① 정기보험과 ② 종신보험으로 구분할 수 있다.

(1) 정기보험

정기보험은 1년, 2년, 5년 또는 10년 등 보험기간을 미리 정하고, 그 기간 중 보험사고(피보험자의 사망)가 발생하여야만 보험금을 지급한다. 즉 정기보험은 보통 5년, 10년이라는 일정한 보험기간 내에 피보험자가 사망한 때에 한하여 사망보험금을 지급하는 보험이다.

제한된 일정한 기간 내 피보험자의 사망에 대해 보험금을 지급하는데 필요한 보험료를 납입하는 것이므로 보다 적은(저렴한) 보험료로서 고액의 보장을 받을 수 있다는 점이 특징이다. 따라서 경제력을 갖고 있는 가장(家長)의 조기사망 시 유족의 생활보장을 목적으로 하는 사람에게는 최적의 보험이다.

피보험자가 보험기간의 만료일까지 생존하고 있을 때에는 보험금은 지급되지 않고 계약은 소멸하게 된다. 그 결과 정기보험에는 보통 해약환급금이 없고 계약기간 만료 시에 계약이 소멸되어 보험금이 지급되지 않으므로 노후보장과 같은 저축 목적에는 적합하지 않다.

계약이 만기가 되었을 경우에는 계약을 갱신하여 다시 일정기간의 정기보험에 가입할 수도 있으나, 그런 경우에는 연령이 많아져서 보험료는 비싸지고 고령이 되면 보험료는 지급 불가능한 금액이 된다. 또한 고령이 되면 건강을 잃기 쉽고 그 때는 보험에 가입할 수 없게 되는 우려도 있다.

(2) 종신보험

종신보험은 피보험자의 일생을 통하여 피보험자가 사망한 때에 보험금을 지급하는 상품이다. 정기보험이 일정한 기간을 정하고 사망 시 보장하는 것에 비하여, 종신보험은 피보험자의 일생 중 언제 사망하여도 보험금이 지급된다. 이 보험의 특징은 보험기간 내 반드시 피보험자가 사망하므로 유족보장을 위한 상속자금으로 이용된다는 점이다.

이 보험은 보험료가 납입되는 한 피보험자의 평생에 걸쳐 계약을 유효하게 지속할 수 있다. 따라서 보험금을 보다 더 필요로 할 때, 즉 사망(보험금 지급사유 발생) 이전에 계약이 소멸되는 일은 없다. 또한 보험료는 계약기간을 통하여 일정액을 납입하면 된다.

종신보험은 보험금지급대상이 되는 보험사고가 피보험자의 사망이기 때문에 사망보험으로 분류되지만 그 보험기간은 정기보험과 달리 통상 100세까지 장기계약이기 때문에 고령이 됨에 따라 책임준비금이 증가하게 된다.

그러므로 보험계약자는 그 책임준비금을 계약도중에 저축으로 이용할 수 있다. 계약도중에 해약하여 이 해약환급금을 수령하거나 보험료의 납입을 중지하고 해약환급금을 이용하여 연장정기보험으로 변경하거나 기타 계약자대출제도와 보험료의 대체대출제도 등을 이용할 수 있다. 따라서 종신보험은 이와 같이 저축기능도 포함하고 있어 단순한 사망보장뿐 아니라 노후의 생활자금을 위한 노후보장수단으로 이용될 수 있다.

더구나 종신보험은 보험료의 납입기간에 따라 피보험자가 평생 동안 보험료를 납입하는 보통종신보험과 일정기간을 한정하여 보험료를 납입하는 일시종신보험이 있다. 종신보험은 보장기간이 피보험자의 일생에 걸친 것이기 때문에 퇴직 후 납입능력이 저하한다는 것도 고려할 수 있다. 그에 따라 보험료의 납입이 가능한 기간, 예를 들면 60세 - 65세까지 등의 기간을 한정하여 납입하는 유한납입종신보험이 도입된 것이다. 현재 60세 - 65세에 보험료의 납입을 완료하는 유한납입종신보험이 널리 이용되고 있다.

(3) 정기부 종신보험

이 보험은 종신보험에 정기보험을 조합하여 사망보장부분을 크게 한 보험이다. 피보험자가 보험기간 중에 사망했을 경우 종신보험부분의 몇 배의 사망보험금이 지급되는 것으로서, 정기보험부분은 대부분 보장기간을 가족의 부양기간에 맞추어 피보험자의 연령을 60세 또는 65세까지로 하고 있다. 이것은 종신보험이 갖는 가족보장기능과 저축기능에 정기보험이 갖는 가족보장기능을 조합하여 가족보장기능을 강화한 보험이다.

2) 생존보험

생존보험은 사망보험과는 반대로 피보험자가 일정한 보험기간 만료일까지 생존한 있을 경우에만 보험금이 지급되는 보험이다. 보험기간 중에 피보험자가 사망한 때에는 보험금은 지급되지 않는 것이 원칙이며 이것이 순수한 형태의 생존보험이다. 실제로는 생존보험이 단독계약으로서 판매되는 일은 없고 사망보장기능을 부가하여 판매되고 있다.

생존보험은 저축기능이 강한 상품으로 연금보험, 교육보험 등이 이에 해당되고, 생존 시 경제적 생활보장을 받을 수 있는 이점이 있다. 연금보험은 1980년대 이후 널리 보급되어 현재 가장 대표적인 보험상품이 되었다.

(1) 교육보험

교육보험의 취지는 자녀교육이 부모의 중대관심사가 되고 있는 오늘날 그 교육자금 등을 확실히 준비하기 위한 것으로, 부모가 사망하여도 그 자녀가 훌륭히 교육받을 수 있고, 또한 기타 결혼자금이나 독립자금 등의 준비를 할 수 있도록 하기 위한 것이다.

이 보험은 자녀를 피보험자로 하고 그 부양자(통상적으로 부모 중 1인)를 계약자로 하여 체결하는 보험으로, 그 구조는 자녀를 피보험자로 하는 생존보험과 부양자를 피보험자로 하는 정기보험을 조합한 특수한 형태의 연생보험이다. 연생보험이란 하나의 계약으로 복수의 피보험자를 보험의 대상으로 하는 보험을 말한다.

교육보험은 자녀의 입학이나 졸업의 연령 또는 결혼이나 독립 등의 연령에 맞추어서 18세, 22세 등을 계약의 만기로 하고 자녀가 만기까지 생존해 있을 때 자녀의 생존보험에 의해 보험금이 지급된다. 만약 계약자인 부양자가 사망한 때는 사망보험금이 그 이후의 보험료에 충당되기 때문에 보험료의 납입이 면제되고, 자녀가 만기까지 생존한 때에는 자녀의 생존보험에서 만기보험금을 수령할 수 있게 된다. 이 결과 부양자인 부모가 사망하여도 자녀를 훌륭히 교육시키고 결혼·독립시킬 수 있게 된다.

이 보험에서는 자녀가 고교입학의 연령에 도달하면 입학축하금이 지급되고, 자녀가 보험기간 중 사망한 때에는 그 때까지 납입되었던 보험료와 같은 금액 정도의 급부금이나 보험금이 지급되기도 하며, 계약자인 부양자가 사망한 때에는 입학금이나 교육연금의 특별급부금이 지급되기도 한다.

(2) 저축보험

이 보험은 3년, 5년, 10년 등 비교적 짧은 기간의 저축을 목적으로 하여 결혼이나 독립자금, 사업자금, 노후생존자금 등의 준비에 이용되는 것이다. 보통 생존보험에 재해사망보험을 조합하여 피보험자가 만기까지 생존해 있을 때는 만기보험금이 지급되고 보험기간 도중에 불의의 사고나 재해에 따른 사망 시 또는 법정·지정 전염병에 의한 사망 시는 사망보험금이 지급된다.

재해사망보험을 조합한 것이기 때문에 보통의 사망에 대하여는 보험금이 지급되지 않고, 이때까지 납입한 보험료상당액의 사망급부금이 지급되는 것이 대부분이다.

(3) 연금보험

연금보험은 안정된 노후생활을 위한 것으로, 그 구성은 생존보험의 만기보험금을 연금으로 지급하는 것이다. 계약 후 연금개시 때까지 보험료를 납입하고 연금지급을 위한 재원을 저축하여 연금개시 때의 생존자에 대하여 그 후 매년 소정금액의 연금을 지급하는 보험이다.

연금개시 전(보험료납입기간 중)에 피보험자가 사망했을 경우에는 납입된 보험료상당액의 사망급부금을 수령할 수 있는데, 보험료 납입기간 중 유족의 생활보장도 제공하는 연금보험에서는 보험금이나 유족연금을 수령할 수도 있다.

연금보험의 종류에는 연급지급기간에 따라 확정연금, 종신연금, 보증부종신연금 등이 있다.

① 확정연금 : 일정한 기간을 한정하고 그 기간 중 피보험자가 생존하거나 사망하거나 관계없이 확정적으로 연금을 지급하는 상품이다. 예를 들어 60세부터 연금을 지급받기로 약정한 경우 10년 또는 20년간의 일정기간 동안 피보험자의 생사에 관계없이 연금을 지급한다.

② 종신연금 : 피보험자가 사망할 때까지 매년 연금을 지급하는 연금보험이다.

③ 보증부 종신연금 : 연금을 받는 기간 중 일정기간 내에는 확정연금과 같이 피보험자의 생사에 관계없이 연금을 지급하고, 그 기간이 경과한 후에는 사망할(종신) 때까지 생존하는 동안 계속해서 연금을 지급하는 보증기간부 종신연금이다.

3) 생사혼합보험(양로보험)

사망보험과 생존보험은 사망과 생존이라는 두 가지의 상반된 보험사고 하나만을 보장하는 것이지만, 피보험자가 보험기간 중에 사망한 때에는 사망보험금을 지급하고 만기 시까지 생존하고 있을 때에는 약정한 만기보험금을 지급하는 보험이 생사혼합보험이다.

양로보험이라고 부르는 이 보험은 사망보장과 더불어 목돈마련을 위한 저축수단으로 많이 이용된다. 가족의 생활보장과 노후보장은 물론 결혼자금, 교육자금, 주택자금 등의 확보를 위해서도 도움이 된다.

이 보험의 수리적 구성은 보험기간과 보험금액이 동일한 사망보험과 생존보험을 서로 합친 것이지만, 실질적 내용에 있어서는 저축부분이 매년 증가하여 만기 시에 만기보험금에 도달하므로 체증하는 저축과 체감하는 정기보험을 서로 조합시킨 보험이다.

그러므로 사망 시 또는 만기 시의 어느 경우에도 동일한 보험금이 지급된다. 현재 판매되고 있는 많은 생명보험상품은 사망보험과 생존보험의 조합비율은 다르지만 넓은 의미의 생사혼합보험이라고 할 수 있다.

양로보험에 정기보험을 결합하여 사망보장부분을 크게 한 정기부 양로보험이 있다. 피보험자가 보험기간 중에 사망하였을 경우에 만기보험금의 몇배 또는 10배 이상의 고액 사망보험금이 지급된다.

사망보장에 대한 고액보험금의 필요성 증가에 부응하여 오늘날 가장 많이 이용되는 종류의 보험이다. 또한 재해에 의한 사망에 한하여 보험금이 지급되는 재해사망보험을 결합하여 고객의 니즈(needs)에 부응하고 보장기능을 확대한 소위 대형정기부 양로보험도 제공되고 있다.

3. 보험금 지급방법별 분류

보험사고가 발생하였을 때 보험금은 일시에 지급하는 것이 일반적이다. 그러나 연금보험의 경우에는 은퇴 후 노후생활자금을 보장하는 것이므로 지급기간을 선택할 수 있도록 다양화하고 있다

1) 일시지급형

생존보험금 중 만기형은 보험기간이 종료하면 일시에 보험금을 지급한다. 사망보험도 유족보장을 위해 보험사고 발생 시 일시에 지급하는 상품이다.

2) 연금지급형

연금보험은 보험료를 납입한 이후 연금을 받기로 약정한 날로부터 일정기간 또는 종신까지 연금을 지급하는 상품이다. 보험료를 납입하고 연금을 받기 전까지의 기간을 제1보험기간이라고 하며, 연금지급이 개시된 이후의 기간을 제2보험기간이라고 한다.

연금보험은 연금지급기간에 따라 확정연금, 종신연금으로 분류된다.

3) 분할지급의 선택

보험금은 일시금과 연금형태로 지급되지만 수익자의 사정을 고려하여 예외를 두고 있다. 표준사업방법서에는 일시금지급 이외에 4가지를 선택할 수 있도록 규정하고 있다.

① 일정금액으로 분할하여 지급하는 방법
② 일정기간 분할하여 지급하는 방법
③ 일정기간이 경과한 후 일시금으로 지급하는 방법
④ 일정기간 이자만 지급한 후 일시금으로 지급하는 방법

이러한 분할지급방법은 연금으로 지급받기로 확정한 경우를 제외한 사망보험금과 만기보험금 지급 시 보험수익자의 의사에 따라 선택할 수 있다. 다만 보험금액이 배당금을 포함하여 300만원 이상이어야 하며, 사망보험금은 10년간, 만기보험금은 2년간 분할지급 또는 거치시킬 수 있다. 이 경우 미지급된 금액에 대하여 그 기간 동안 예정이율 1%의 이자를 가산하여 지급한다.

4. 피보험자의 수(數)에 따른 분류

생명보험계약의 피보험자 수는 1인 또는 2인 이상일 경우도 있고, 개인 또는 단체일 경우도 있다.

1) 단생보험과 연생보험

단생보험은 피보험자가 본인 또는 타인의 경우 1인으로 한정된 상품을 말하며 대부분의 보험이 여기에 해당된다.

연생보험은 피보험자의 수가 2인 또는 3인 이상인 경우이다. 연금보험의 부부와 교육보험의 부모 및 자녀를 피보험자로 하는 상품이 여기에 해당된다. 연금보험(부부형)의 경우 본인을 주피보험자로 하고 배우자를 종피보험자로 하며, 교육보험의 경우에는

부모를 주피보험자로 자녀를 종피보험자로 한다.

2) 개인보험과 단체보험

생명보험계약에서 피보험자를 개인으로 국한하여 체결하는 상품이 개인보험이며, 일정한 조건을 구비한 피보험자의 집단을 하나의 보험계약으로 가입하는 보험은 단체보험이다. 단체보험에는 단체정기보험, 종업원퇴직적립보험 등이 있다.

5. 배당유무별 분류

생명보험은 예정이율을 사용하여 보험료를 산정하기 때문에 그 운영결과에 따라 이익이 발생하면 이를 배당금으로 계약자에게 돌려주기로 약속한 상품을 배당부(유배당)상품이라 한다. 그러나 보험료를 산출할 때 운영결과를 미리 예상하여 이를 보험료에 반영하고 배당을 하지 않는 상품은 무배당상품이라고 한다.

1) 배당부(유배당)보험

보험료를 결정하는 기초율인 예정사망율, 이율, 사업비율은 과거의 경험치와 미래의 변화를 예측하고 경영상 안정성을 감안하여 산출하기 때문에 실제 운영한 결과 이익이 발생하면 그 잉여금을 계약자배당금으로 돌려주기로 약속할 수 있다. 이러한 상품을 배당부(유배당)보험이라고 한다.

2) 무배당보험

무배당보험은 기초율 산정 시 실제의 사망율, 이율, 사업비율에 근접하여 보험료를 책정함으로써 배당을 하지 않는 상품이다. 무배당보험은 보험기간에 따라 예정이율을 달리 사용하고 있으며 배당부보험보다 높게 책정하고 있다.

보험기간이 긴 상품이 짧은 상품에 비해 비율을 낮게 책정하는 경우는 장래적으로 공금리를 비롯한 실제금리가 낮아질 것으로 예상되는 경우이다. 무배당상품의 판매결과 이익이 발생하면 회사의 수익이 되고 손실이 발생하면 회사가 이를 보전할 책임을 진다.

6. 건강진단 유무별 및 위험정도별 분류

1) 무진단보험과 유진단보험

생명보험계약을 체결할 때에는 피보험자의 건강상태를 확인하여 보험단체의 구성원 간에 동질의 위험이 존재하도록 하여야 한다. 이를 위해 위험선택을 하게 되는데 그 방법상 건강진단을 시행하는 계약과 계약자나 피보험자의 고지 내용만으로 선택하는 경우가 있다.

무진단보험은 보험계약 체결시 피보험자의 건강진단을 하지 않는 보험이다. 소액계약이나 재해보장, 질병보장, 저축성보험 등의 상품은 무진단보험으로 고지된 내용에 따라 위험선택을 한다.

건강진단(유진단)보험은 보험계약 체결시 피보험자의 건강을 보험의가 진단한 후 계약을 선택하는 보험이다. 고액 사망보장계약이 여기에 해당되며, 보장금액이 높고 연령이 많은 피보험자의 경우 건강진단을 통해 계약을 승낙한다.

2) 표준체보험과 표준미달체보험

생명보험회사는 원칙적으로 피보험자의 건강진단을 통해 건강한 표준체만을 가입시켜야 한다. 위험정도가 다른 피보험자가 동일한 보험료를 납입하고 동일한 보장을 받는다면 형평에 맞지 않는다. 보험회사가 표준으로 하는 건강조건을 갖지 못하는 허약한 자에게도 생명보험의 가입에 의한 보장이 부여되어야 하므로 표준미달체보험을 허용하고 있다.

표준체보험이란 생명보험회사가 정한 건강기준에 적합한 피보험자를 대상으로 하는 보험이다. 대개의 생명보험상품이 여기에 속한다.

표준미달체보험은 생명보험회사가 정한 건강기준에 미달하지만 일정한 조건을 갖추면 생명보험에 가입할 수 있도록 하는 보험이다. 표준미달체보험의 경우에는 건강상태의 정도에 따라 보험료를 추가로 부가시키거나 보험금액을 삭감하여 보험가입을 승낙한다.

피보험자의 건강상태가 보통생명보험의 가입이 인정되는 표준체의 사람보다도 나쁘고 위험도가 높을 경우 일정한 조건을 붙여서 가입을 인정하는 특약을 표준하체특약이라고 한다. 이 일정한 조건을 붙이는 것은 다른 건강한 가입자와의 공평성을 유지하기 위한 것이며, 가입 후 일정기간에 사망한 경우는 보험금을 삭감하여 지급한다든가 위험도에 따라서 보험료를 할증하여 징수하는 등의 방법으로 건강상태가 표준이하의 사람이라도 가입이 인정되는 제도이다.

7. 예정이율 적용방법에 따른 분류

1) 금리확정형 보험

최초 계약 시의 확정된 예정이율이 보험계약 종료 시까지 유지되는 보험이다.

2) 금리연동형 보험

기존 종신보험(금리확정형)의 금리 상승 시 반영이 불가능하다는 한계점을 극복하기 위하여 실세 금리를 적용하는 상품이다. 보험회사의 자산운용이익율, 시장금리 등에 따라 부리되는 이율의 변동에 따라 계약자 적립금도 변동되는 보험이다.

3) 실적배당형 보험

계약자가 납입한 보험료로 펀드를 조성하여 특별계정으로 운영하고, 운용실적에 따라 계약자에게 투자이익을 배분함으로써 보험기간 중에 보험금액, 해약환급금 등이 변동되는 보험이다.

8. 보장성 보험과 저축성 보험

생명보험상품은 상품의 성격과 고객의 보험가입 목적에 따라 보장성 보험과 저축성 보험으로 분류된다.

1) 보장성 보험

보험 본래의 기능인 각종 위험보장에 중점을 둔 보험으로서 적은 보험료 납입으로 보험기간 중의 사망이나 질병, 각종 재해 시 큰 보장을 받을 수 있는 상품이다. 종신보험,

암보험이나 질병보험, 상해보험, 장기간병보험 등이 보장성 보험의 대표적인 예이다.

보장성 보험은 생존 시 지급되는 급부금이 전혀 없는 순수보장성보험과 만기까지 생존할 경우 이미 납입한 보험료를 환급해주는 만기환급형보험으로 구분된다.

보험업감독규정에서 보장성보험이란 기준연령에서 생존 시 지급되는 급부금 합계액이 이미 납입한 보험료를 초과하지 않는 보험을 말한다. 보장성 보험의 경우 납입보험료에 대하여는 소득세 공제 혜택을 받는다.

① 종신보험 : 보장기간이 평생(종신)인 상품으로 보험대상자(피보험자)의 유가족을 위한 재정설계를 할 수 있는 보험이다.
② 질병보험 : 암, 성인질환 등의 각종 질병으로 인한 진단, 입원, 수술시 보험금을 지급하는 상품이다.
③ 장기간병보험 : 재해 또는 질병으로 항상 타인의 완전한 도움이 필요한 장기간병 상태가 되었을 때, 장기간병 비용을 보조하기 위한 상품이다.
④ 상해보험 : 교통재해 및 각종사고 발생 시 보험금을 지급하는 상품이다.
⑤ 어린이보험 : 자녀들의 종합적인 질병 및 재해 발생 시 보험금을 지급하는 상품이다.

2) 저축성 보험

보장성 보험을 제외한 보험으로서 위험보장 보다는 생존 시의 저축기능을 강화한 상품으로 중・단기간에 목돈을 마련하거나 노후를 대비하는 보험이다. 연금보험, 교육보험 및 각종 재테크형 보험 등과 같은 금리연동형상품이 대표적인 예이다.

① 연금보험 : 노후생활에 필요한 자금을 연금으로 지급하는 상품이며, 연금지급 개시 전에 사망보험금, 장해연금 등 다양한 보장설계가 가능한 상품이다.
② 저축보험 : 만기 시 목돈마련 및 재정설계에 따른 생활에 필요한 중도자금 마련을 위한 상품이다.
③ 교육보험 : 예기치 못한 부모의 경제력 상실 등에 대비하여 장래의 자녀교육에 필요한 학자금 마련을 위한 상품이다.

9. 생명보험계약의 특약

생명보험 계약체결 당사자인 보험회사와 보험계약자간에 보통보험약관의 내용과는 달리 특별한 계약조건을 설정하여 계약을 체결하는 경우가 있다. 이를 특약이라고 한다.

특약은 주계약인 생명보험계약에 부가하여 계약되는 특별한 보장조항이므로 단독의 보험계약은 아니다. 이 특약의 목적은 주계약의 급부내용을 확대 보충하든가, 보장범위를 확대하여 계약자의 다종다양한 욕구를 충족하기 위한 것이다. 이중 중요한 특약은 다음과 같다.

1) 재해할증특약, 상해특약, 재해입원특약

재해특약은 재해시의 경제적 손실 보장부분을 높여 추가로 부가하는 상품이다. 최근 교통사고 등의 재해가 늘어나면서 재해사망, 재해상해, 교통재해 등의 특약이 많이 판매되고 있다. 이들 특약은 모두 불의의 사고를 원인으로 하는 각종 보험사고에 대하여 특별급부금을 지급하는 특약이다.

재해할증특약은 피보험자가 불의의 사고로 사망하거나, 고도장해가 되거나 또는 법정・지정전염병으로 사망하였을 때 사망보험금이 지급된다.

상해특약은 재해와 법정・지정전염병으로 사망하였을 때 보험금이 지급되며, 불의의 사고 때문에 상해를 입고 180일 이내에 일정한 신체장애상태가 되었을 경우는 장해정도에 상응하여 장해급부금이 지급된다.

재해입원특약은 불의의 사고 때문에 5일 이상 입원했을 때 입원급부금이 지급된다. 이것들은 보험사고의 원인이 불의의 사고에 기인하는 경우, 보장범위를 확충하여 급부내용을 강화하는 대표적인 특약으로 오늘날 널리 이용되고 있다.

2) 질병입원특약, 성인병입원특약

질병특약은 각종 질병, 즉 암, 뇌졸증, 심근경색 등 성인병의 발생 시 치료비 등을 특별 보장하기 위한 상품으로, 최근 40-50대의 성인병 사망률이 높아지면서 활발하게 개발되고 있는 특약이다. 입원특약은 질병이나 재해로 인해 발생하는 입원비 능을 특별 보장하기 위한 상품으로 질병특약과 함께 널리 보급되고 있는 특약이다.

질병입원특약과 성인병입원특약은 질병보장에 관한 중요한 특약이며 질병에 따른 입원보장을 대상으로 하고 있다. 병원입원특약은 질병 때문에 계속하여 20일 이상 입원했을 때 입원급부금을 지급하는 것으로서 종류에 따라서는 재해나 질병 때문에 수술했을 때 수술급부금을 지급하는 것도 있다.

성인병입원특약은 암, 고혈압성질환, 심장질환, 뇌혈관질환, 당뇨병의 5대 질환으로 계속하여 20일 이상 입원했을 때 입원급부금이 지급되는 것으로서 수술했을 때에 수술급부금을 지급하는 것도 있다. 이와 같은 특약은 성인병에 대한 국민들의 경각심과 의료비와 입원비의 앙등으로 최근에 널리 보급되고 있다.

3) 기타 특약

생명보험상품에 사망보장의 조건을 추가하여 사망보험금을 높이는 정기특약상품이 있으며, 이 외에도 같은 직장이나 단체 등에서 개인보험 중 동일한 상품에 5인 이상이 가입하고 보험료를 급여에서 일괄 공제할 경우 보험료의 일부를 특별 할인하는 단체취급특약이 있다.

이미 체결된 계약의 내용을 전환할 필요가 있을 때의 계약전환특약, 피보험자가 6개월 이내에 사망할 것으로 진단되면 사망보험금의 50%이내에서 생전(生前)급부금을 지급하는 선지급서비스특약, 보험료 납입기간 중에 보험료를 추가 납입할 수 있는 보험료 추가납입 특약 등 다양한 특약이 개발되어 있다.

10. 생명보험상품의 트렌드 변화

1) 전통형(금리확정형) 상품의 단점과 유니버설보험의 도입

① 전통형 상품은 보험료가 정해지면 보험료가 고정되고 납입기간도 정해져 있기 때문에 보험계약기간 중 경제적으로 어려운 상황이 되면 실효나 소멸될 수 있다.

② 금리 측면에서는 가입 당시의 이율이 장기간 확정 적용됨에 따라 금리환경 변화에 효과적으로 대응할 수 없어, 금리상승기에는 계약자가, 금리하락기에는 보험사가 리스크에 노출되게 된다.

이러한 문제점을 해결하고 소비자의 니즈를 충족시키기 위해 다양한 종신보험상품이 개발되어 왔고, 대표적인 상품으로 유니버설보험과 금리측면에서는 금리연동형, 실적배당형(변액)보험 등이 있다.

2) 유니버설보험

하나의 보험 안에 보험요소와 투자요소를 분리하여 운용함으로써 보험계약자의 생활여건 변화로 인한 재정목적의 변화가 소화될 수 있도록 종신보험료를 보장 및 부가보험료 부분과 투자요소인 저축부분으로 분리하고 그 중 저축부분이 공시이율로 부리되는 상품이다.

유니버설보험의 특징은 보험계약자의 경제적 사정에 따라 계약을 유지·관리할 수 있도록 보험료 자유납입과 중도인출 기능을 부여하고 있다는 점이다.

① 보험료 자유납입 : 일정기간(의무납입기간) 보험료를 납입한 후에 보험계약자가 자금이 여의치 않을 때에는 잠시 보험료 납입을 생략할 수 있고 반대로 여유로울 때에는 추가납입이 가능하다.

② 중도인출 기능 : 저축부분인 해약환급금의 적립액은 일정범위 내에서 자유롭게 인출할 수 있을 뿐 아니라 사망보장에 필요한 자금이 저축부분에 남아있는 한 보험은 계속 유지된다.

3) 변액보험

보험계약자 자신을 인플레이션으로부터 지키기 위한 시도로 미국에서 연구되기 시작한 보험으로 납입보험료의 일부로 펀드를 조성하고, 그 펀드의 투자실적에 따라 투자이익을 배분함으로써 보험기간 중에 보험금액, 환급금 등이 변동(증감)하는 실적배당형 보험이다.

변액보험의 특징은 다음과 같다.

① 기존 종신보험(금리확정형)에 인플레이션 헷지 효과를 가미한 상품으로, 납입하는 보험료는 고정이지만 보험금은 변한다.

② 운용실적에 따라 보험금 및 해약환급금이 변동하고, 특별계정에 의한 자산운용이 이루어진다.

③ 보험 고유기능 보장을 위한 사망보험금에는 최저보증 기능이 있다.

④ 법규상 투자상품으로 간주하여 예금자보호법의 적용을 받지 않는다.

4) 변액유니버설종신보험

변액보험의 장점인 실적배당과 유니버설보험의 상품구조를 결합하여 만든 종합금융보험으로 자유로운 입출금이 가능할 뿐 아니라 상품구조가 단순하다는 장점이 있다.

변액유니버설종신보험의 특징은 다음과 같다.

① 자산운용과 관련한 다양한 고객 니즈를 반영함으로써 은행의 입출금 기능, 투신의 투자기능, 보험의 보장기능을 하나의 상품으로 제공한다.
② 펀드의 운용실적에 따라 보험급과 해약환급금이 변동한다.
③ 고객투자성향에 따른 다양한 펀드 선택 및 자산운용옵션을 제공한다.

제3절

생명보험의 주요상품 예시

1. 연금보험

1) 개인연금보험(세제지원상품)

노령화 현상이 빠르게 진전됨에 따라 정부에서는 개인이 자조노력에 의한 노후소득보장을 준비할 수 있도록 개인연금제도를 도입(조세감면규제법 개정 : '94.3)하였다. 개인연금은 일정요건을 갖춘 연금보험에 대하여 납입보험료에 대한 소득공제 및 연금수령액에 대한 이자소득 비과세 혜택을 주고 있다.

• 개인연금보험 가입조건 •

가입자 : 만 20세 이상의 국내거주자
보험료 납입기간 : 10년 이상
보험료 납입방법 : 월납, 3개월납
보험료 납입한도 : 월 100만원(3월납시 300만원) 이하
연금개시연령 : 만 55세이상
연금지급기간 : 5년 이상
연금지급형태 : 종신연금형, 확정연금형

(1) 금리연동형 : 노후적립연금보험(공동상품)

상품특징	기존의 노후복지연금보험에 세제혜택을 부여하여 상품화한 것으로서 적립금을 은행의 정기예금금리에 연동하여 부리하는 고수익성 금융상품이다.	
보험종류	종신연금형(개인형, 부부형),	확정연금형(5, 10, 15, 20년)
보험기간	종신(단, 확정연금형의 경우는 최종연금지급일까지)	
납입기간	10년이상	
납입한도	월 2만원 - 100만원(노후적립증액특약의 보험료 포함)	
가입연령	만20세 - 60세	
적용이율	① 적립부분에 대한 적용이율 : 5대 시중은행의 1년만기 정기예금평균 금리 × 125% ② 중도해약시 적용이율 3년미만 : 4% 5년미만 : 정기예금이율 8년미만 : 정기예금이율 x 110% 10년미만 : 정기예금이율 x 120%	

(2) 금리확정형 : 회사별로 다양한 상품이 판매되고 있다.

상품특징	연금계약이 장기간인 점을 감안할 때 향후 금리하락시 7.5%의 확정금리를 보장해 주며, 보험료 소득공제, 이자소득세 비과세 혜택을 받을 수 있다.
보험종류	1종(물가슬라이드형), 2종(정액체증형), 개인형, 부부형 55세, 57세, 60세, 65세형
보험기간	종신
납입기간	10년이상
납입한도	월1만원 - 100만원
가입연령	만20세 - 60세

2) 노후복지연금보험(공동상품)

상품특징	생명보험 수입보험료의 30% 정도를 차지하는 주력상품으로 적립금을 은행의 정기예금금리에 연동(정기예금+2%)하여 부리하는 고수익연금보험상품이며, 가입금액이 높을수록 수익율이 높아지는 특성이 있다.	
보험종류	1종(적립형)	2종(거치형)
보험기간	종신(단, 확정연금형의 경우는 최종연금지급일까지)	
납입기간	5년이상	일시납
납입한도	월5만원-100만원	100만원-5억원
가입연령	15세-55세	15세-62세
적용이율	① 적립부분에 대한 적용이율: 5대 시중은행의 1년만기 정기예금평균금리+2% ② 중도해약시 적용이율 1년미만: 7.5% 2년미만: 정기예금이율 3년미만: 정기예금이율+0.5% 4년미만: 정기예금이율+1.0% 5년미만: 정기예금이율+1.5%	① 적립부분에 대한 적용이율: 5대시중은행의 1년만기 정기예금평균금리+2% ② 중도해약시 적용이율 1년미만: 7.5% 2년미만: 정기예금이율 3년미만: 정기예금이율+1.0%

2. 질병보장보험

상품명	성인병보험	암보험	개호보험(수발보험)
상품특징	회사별로 3대성인병(암 뇌졸중 급성심근경색증 :30대이후 3대성인병으로 인한 사망율 36.3%)을 중점적으로 보장하는 보장성보험으로서, 활동기에 치명적인 3대성인병 발병시 치료비 보장 및 사망 시 고액의 보험금을 지급한다.	암진단 확정시 지급되는 일시금과 생활자금 및 입원 수술 통원 요양치료 등에 대한 급여금 지급 및 암으로 인한 사망 시 사망보험금까지 중점 보장하는 암치료 종합보장보험이며 선지급서비스특약 가입시 사망보험금이 선지급되는 보장성보험이다.	아직은 널리 보급되지 않고 있으나 노령화가 심화될수록 판매가 증가할 것이다. 활동기에는 3대성인병 및 재해를 보장해주며, 노년기에는 개호상태를 보장(수발필요상태가 180일 이상 지속된 경우 보험료납입면제 및 매년 일정금액을 지급)해주는 보장성보험이다.
보험종류			50, 55, 60, 65, 70세형
보험기간	10년만기, 15년만기, 20년만기	1종(순수보장형), 2종(만기환급형) 개인계약, 가족계약	종신
납입기간	10년납, 전기납	10년납, 전기납	일시납, 단기납(3,5,10년납), 전기납(50, 55, 60, 65, 70세납)
가입한도	500만원-6000만원	0.25구좌(500만원)-2.5구좌(5000만원)	500만원 - 3,000만원
가입연령	25세-50세	25세-50세	25 - 60세

3. 재해보장보험

상품명	재해보장보험	휴일재해보장보험
상품특징	고도의 산업화와 생활의 복잡화에 따른 다양한 형태의 위험증가에 대비한 상품으로 저렴한 보험료로 재해사망시 거액의 보장을 받을 수 있도록 설계된 무배당 재해중점 보장보험이다.	저렴한 보험료로 각종 재해사고시 고액의 사망보험금을 지급하며, 특히 토요일·공휴일 재해사고를 중점보장하는 1년만기 무배당 순수보장성 보험으로 가입연령층도 79세까지 폭이 넓다.
보험종류	개인계약, 부부계약, 3배보장, 4배보장, 5배보장	
보험기간	10년 만기, 20년 만기, 55세 만기, 60세 만기,	1년만기 자동갱신

납입기간	일시납, 5년납, 10년납, 전기납	
가입한도	500만원 - 5,000만원	100만원
가입연령	18세 - 50세	15 - 79세

4. 양로보험

상품명	비과세 가계저축보험 (공동상품-세제지원상품)	새가정복지보험(공동상품)
상품특징	저축증대를 목적으로 정부에서 한시적으로 이자소득세를 전액 감면해 주는 상품	대표적인 양로보험상품으로 위험보장과 함께 단기간 내에 높은 수익률을 보장해 주는 상품이며, 회사의 약관대출이율(약관대출이율-1%)에 따라 적립금을 부리하는 금융형상품이다.
보험종류	세제지원요건 · 가입대상: 1세대 1건 · 보험가입시한: 96.10.21-98.12.31 · 보험료납입방법: 월납, 3월납 · 보험료납입한도: 월100만원 (3월납의 경우 300만원)이하	1종: 주보험 + 암사망특약 2종: 주보험
보험기간	3년, 4년, 5년	1종: 3년, 5년, 7년, 10년 2종: 3년, 7년, 10년
납입기간	3년, 4년만기: 전기납 5년만기: 3년납, 전기납	전기납, 일시납
가입한도		1종: 50만원 - 1억원 2종: 50만원 - 2억5천만원
가입연령	15세 - 65세	15세 - 만기연령 70세까지
적용이율	① 적립부분에 대한 적용이율: 3년,4년만기: 5대시중은행 정기예금 x 120% 5년만기: 5대시중은행 정기예금 x 125% ② 중도해약시 적용이율 (3년만기의 경우) 1년미만: 적립부분의 6.5% 2년미만: 정기예금이율 x 90% 3년미만: 정기예금이율 x 105%	① 적립부분에 대한 적용이율: 약관대출이율 - 1% ① 중도해약시 적용이율 1년미만: 7.5% 2년미만: 약관대출이율 - 2.5% 3년미만: 약관대출이율 - 1.5%

5. 교육보험

상품특징	유치원부터 대학원까지의 교육자금을 지급하여 주는 자녀교육보장보험으로 부모 사망 시 사망보험금과 자녀 자립시까지의 교육자금이 고액 지급되고, 가입자녀가 18세이후 사망 시에는 주피보험자 연령 60세부터 매년 부양연금이 지급된다.
보험기간	가입자녀 27세 만기
납입기간	일시납, 3, 5, 7, 10년납
가입한도	0.5구좌(1,000만원) - 6구좌(12,000만원)
가입연령	주피보험자 15세 - 60세, 가입자녀 0세 - 15세

6. 단체보험

상품명	새단체정기보험 (공동상품) - 세제지원상품	종업원퇴직적립보험 (공동상품) - 세제지원상품
상품특징	종업원의 재직중 재해사고를 보장하는 대표적인 단체보장성보험으로 매년 자동 갱신되며, 기업이 종업원을 수익자로 하여 보험료를 부담하면 전액을 손비로 인정받으며, 종업원에게는 연 18만원까지 근로소득으로 간주하지 않는다. 이 상품은 기존의 단체정기보험에서 사업비를 낮추어 개발한 상품이다.	· 종업원의 퇴직시 퇴직금지급을 보장하는 보험으로 기업에서 납입하는 보험료에 대해 손금산입혜택을 부여하는 대표적인 단체보험상품이다. · 가입대상: 종업원이 16인 이상의 기업 또는 단체로서 5인이상 가입 - 보험계약자 : 기업 또는 단체 - 피보험자 : 종업원
보험종류	선택특약에 따라 A형, B형, C형으로 구분	
보험기간	1년만기 자동갱신	가입시부터 정년퇴직시까지
가입한도	주보험+재해사망특약(산재보상특약)+교통재해보장특약 → 100만원-2억5천만원	· 퇴직보험:퇴직급여 추계액 범위내 · 재해보장보험:1인당 300-500만원
가입연령	15세-70세	

7. 기타 신상품

상품명	사업비절감형 보험	부모보장상품
상품특징	사업비를 기존의 생명보험상품 수준보다 파격적으로 낮게 책정(신계약비 없음, 유지비 2.5%, 수금비 2.5%)하여 보험료를 대폭 낮춘 재해보장보험으로 토요일과 공휴일 사고시 평일보다 2배를 보장한다.	주피보험자를 자녀, 종피보험자를 부모로 설정하여 자녀사망 시 사망보장 및 부모에게 부양연금을 종신 지급함으로써 자녀의 부양책임을 보장해 주는 보험이다.
보험종류		60세, 65세, 70세형
보험기간	1년만기 자동갱신	종신
납입기간		5년납, 전기납(종피보험자 연령 60세, 65세, 70세납)
가입한도	1구좌(100만원)	0.5 - 5.0구좌
가입연령	15세-79세	· 주피보험자 : 15 - 45세 · 종피보험자 : 주피보험자 연령+18세 - 65세

요약정리

1. 보험의 주요한 사회 · 경제적 효용인 ① 손해의 보상 ② 불확실성의 감소 또는 걱정과 불안의 감소 ③ 투자자금의 재원 ④ 손해방지의 촉진 ⑤ 신용의 증대에 추가하여, 생명보험의 주요기능은 ① 가계 또는 기업의 안정성 확보 ② 저축 증대 ③ 안전한 고수익 투자 실현 ④ 절약 촉진 ⑤ 노후소득의 보장 ⑥ 채권자로부터 보호 등이 있다.

2. 보험자는 생명보험계약의 당사자로서, 계약대상이 되는 위험을 인수하고 보험사고가 발생하였을 때에 보험금의 지급의무를 지는 자이다.

3. 생명보험계약의 당사자로서 보험자의 상대방이 되어 보험계약을 체결하고 보험료지급의무를 지는 자를 보험계약자라 한다.

4. 생명보험계약에 있어서는 그 사람의 생사가 보험사고로 되는 자를 피보험자라고 한다. 또한 피보험자는 반드시 고정적일 필요가 없다. 관공서, 회사, 공장 기타의 단체가 보험계약자가 되어 일정기준에 적합한 범위내의 불특정 다수인을 포괄적으로 피보험자로 하는 생명보험계약도 가능하며, 이것을 단체생명보험이라고 한다.

5. 보험자와 보험계약자간에 성립한 보험계약에 의하여 보험사고가 발생한 경우에 보험금의 지급을 받는 자로 정한 자를 보험수익자라고 한다. 보험계약자 자신이 보험수익자가 되는 경우를 「자기를 위한 생명보험계약」이라고 하고, 보험계약자 이외의 자가 보험금수취인이 되는 경우를 「타인을 위한 생명보험계약」이라고 한다.

6. 관찰 대상의 숫자 또는 관찰 회수가 많아지면 많아질수록 보다 정확한 발생확률이 나타나는 것을 대수의 법칙이라 한다. 대수의 법칙이란 수학적 개념으로서 「어떤 사상(事象)이 발생하는 확률을 P라고 하고 n회의 시행중 그 사상이 발생하는 횟수가 r회라고 한다면 n의 횟수가 많아질수록 r/n은 P에 접근한다」는 것을 말한다. 대수의 법칙은 보험자가 미래의 손해발생을 보다 정확하게 예측하기 위해 사용되고, 공평한 자금 분담을 위해 적정한 보험요율을 산정하는데 필수적이다.

7. 생명보험(life insurance)은 두 가지의 중요한 위험, 즉 조기 사망과 고령의 위험에 대한 보험보호를 제공하는 보험이다. 생명보험회사는 피보험자의 사망으로 재정적인 곤란에 직면할 보험수익자(beneficiary)에게 사망급부금(death benefit), 즉 사망보험금을 지급한다.

8. 상해 및 건강보험(accident and health insurance)은 단순히 건강보험으로도 부르는데, 미국위험보험학회의 보험용어위원회는 이를 「질병 또는 우연한 신체상해에 의한 손해에 대한 보험」으로 정의하고 있다.

9. 생명보험의 종류는 기본적으로 보험금 지급사유에 따라 ①사망보험과 ②생존부험 및 ③생사혼합보험(양로보험)으로 분류된다.

10. 사망보험은 피보험자가 보험기간 중 사망한 때 또는 재해로 인한 장애상태가 된 때에 보험금이 지급되는 보험이다. 보험기간에 따라 크게 ① 정기보험과 ② 종신보험으로 구분할 수 있다.

11. 생존보험은 사망보험과는 반대는 피보험자가 일정한 보험기간 만료일까지 생존하고 있을 경우에 한하여 보험금이 지급되는 보험이다. 생존보험은 저축기능이 강한 상품으로 연금보험, 교육보험 등이 이에 해당되고, 생존 시 경제적 생활보장을 받을 수 있는 이점이 있다.

12. 연금보험의 종류에는 연금지급기간에 따라 확정연금, 종신연금, 보증부종신연금 등이 있다.

13. 단생보험은 피보험자가 본인 또는 타인의 경우 1인으로 한정된 상품을 말하며, 대부분의 보험이 여기에 해당된다. 연생보험은 피보험자의 수가 2인 또는 3인 이상인 경우이다. 연금보험의 부부와 교육보험의 부모 및 자녀를 피보험자로 하는 상품이 여기에 해당된다.

14. 생명보험계약에서 피보험자를 개인으로 국한하여 체결하는 상품이 개인보험이며, 일정한 조건을 구비한 피보험자의 집단을 하나의 보험계약으로 가입하는 보험은 단체보험이다.

15. 생명보험의 운영결과에 따라 이익이 발생하면 이를 배당금으로 계약자에게 돌려주기로 약속한 상품이 배당부(유배당)상품이고, 보험료를 산출할 때 운영결과를 미리 예상하여 이를 보험료에 반영하고 배당을 하지 않는 상품은 무배당상품이라고 한다.

16. 무진단보험은 보험계약 체결시 피보험자의 건강진단을 하지 않는 보험이며, 건강진단(유진단)보험은 보험계약 체결시 피보험자의 건강을 보험의가 진단한 후 계약을 선택하는 보험이다.

17. 예정이율 적용방법에 따른 분류로서 금리확정형 보험, 금리연동형 보험과 실적배당형 보험이 있다.

18. 생명보험상품은 상품의 성격과 고객의 보험가입 목적에 따라 보장성 보험과 저축성 보험으로 분류된다. 보장성보험이란 기준연령에서 생존 시 지급되는 급부금 합계액이 이미 납입한 보험료를 초과하지 않는 보험을 말한다. 보장성 보험의 경우 납입보험료에 대하여는 소득세 공제 혜택을 받는다. 저축성 보험은 보장성 보험을 제외한 보험으로서 위험보장 보다는 생존 시의 저축기능을 강화한 상품으로 중 · 단기간에 목돈을 마련하거나 노후를 대비하는 보험이다.

19. 재해특약은 재해시의 경제적 손실 보장부분을 높여 추가로 부가하는 상품이다. 최근 교통사고 등의 재해가 늘어나면서 재해사망, 재해상해, 교통재해 등의 특약이 많이 판매되고 있다.

20. 질병특약은 각종 질병, 즉 암, 뇌졸증, 심근경색 등 성인병의 발생 시 치료비 등을 특별 보장하기 위한 상품으로, 최근 40-50대의 성인병 사망율이 높아지면서 활발하게 개발되고 있는 특약이다. 입원특약, 질병입원특약과 성인병입원특약 등이 있다.

21. 전통형(금리확정형) 상품의 단점을 극복하고 소비자의 니즈를 충족시키기 위해 다양한 종신보험상품이 개발되어 왔고, 대표적인 상품으로 유니버설보험과 금리측면에서는 금리연동형, 실적배당형(변액)보험 등이 있다.

22. 유니버설보험의 특징은 보험계약자의 경제적 사정에 따라 계약을 유지 · 관리할 수 있도록 보험료 자유납입과 중도인출 기능을 부여하고 있다는 점이다.

23. 변액보험이란 납입보험료의 일부로 펀드를 조성하고 그 펀드의 투자실적에 따라 투자이익을 배분함으로써 보험기간 중에 보험금액, 환급금 등이 변동(증감)하는 실적배당형 보험이다.

24. 변액유니버설종신보험은 변액보험의 장점인 실적배당과 유니버설보험의 상품구조를 결합하여 만든 종합금융보험으로 자유로운 입출금이 가능할 뿐 아니라 상품구조가 단순하다는 장점이 있다. 자산운용과 관련한 다양한 고객 니즈를 반영함으로써 은행의 입출금 기능, 투신의 투자기능, 보험의 보장기능을 하나의 상품으로 제공한다.

주요 개념과 용어

1. 생명보험의 주요기능
2. 보험계약관계자
3. 보험자
4. 보험계약자
5. 피보험자
6. 보험수익자
7. 「자기의 생명보험계약」
8. 「타인의 생명보험계약」
9. 「자기를 위한 생명보험계약」
10. 「타인을 위한 생명보험계약」
11. 대수의 법칙
12. 사망보험
13. 생존보험
14. 양로보험(생사혼합보험)
15. 건강보험
16. 정기보험
17. 종신보험
18. 정기부종신보험
19. 교육보험
20. 저축보험
21. 연금보험
22. 확정연금
23. 종신연금
24. 보증부종신연금
25. 일시지급형 보험금
26. 연금지급형 보험금
27. 분할지급
28. 단생보험
29. 연생보험
30. 개인보험
31. 단체보험
32. 배당부(유배당)보험
33. 무배당보험
34. 무진단보험
35. 유진단보험
36. 표준체보험
37. 표준미달체보험
38. 금리확정형 보험
39. 금리연동형 보험
40. 실적배당형 보험
41. 보장성 보험
42. 저축성 보험
43. 재해할증특약
44.. 상해특약
45. 재해입원특약
46.재해특약
47. 질병입원특약
48. 성인병입원특약
49. 질병특약
50. 정기특약
51. 단체취급특약
52. 선지급서비스특약
53. 보험료 추가납입 특약
54. 개인연금보험(세제지원상품)

55. 노후적립연금보험
56. 노후복지연금보험
57. 질병보장보험
58. 성인병보험
59. 암보험
60. 개호보험(수발보험)
61. 재해보장보험
62. 휴일재해보장보험
63. 유니버설보험
64. 변액보험
65. 변액유니버설종신보험

복습문제

1. 보험의 사회·경제적 효용에 추가하여 생명보험의 주요 기능에 대해 설명하라.
2. 생명보험계약 당사자 및 관계자에 대해 설명하라.
3. 사망률과 생존률 및 평균여명을 포함하여 생명표와 사망표에 대해 설명하라.
4. 국민생명표와 경험생명표를 비교설명하라.
5. 생명보험료의 산정요소와 구성요소 및 산정방식에 대해 설명하라.
6. 보험급부에 따른 생명보험상품의 종류를 설명하라.
7. 연금지급기간에 따른 연금보험의 종류는?
8. 단생보험과 연생보험, 개인보험과 단체보험에 대해 설명하라.
9. 배당부(유배당)상품과 무배당상품을 설명하라.
10. 건강진단(유진단)보험과 무진단보험을 설명하라.
11. 생명보험계약의 재해특약과 질병특약을 설명하라.
12. 예정이율 적용방법에 따른 분류는?
13. 유니버설보험의 2가지 특징은?
14. 변액보험과 변액유니버설종신보험의 의의와 특징을 기술하라.
15. 생명보험회사가 판매하는 주요 보험상품을 간략하게 설명하라.

part Ⅳ. 생명보험과 손해보험

제9장 손해보험

학습 목표

제9장을 학습한 후 다음 질문에 명확히 대답할 수 있어야 한다.

1. 손해보험계약의 본질에 대해 설명하라.
2. 화재보험에서 화재의 정의와 보상손해에 대해 설명하라.
3. 해상보험이 다른 손해보험과 다른 특성을 설명하라.
4. 특종보험의 개념과 주요한 특종보험종목을 열거하라.
5. 우리나라 자동차보험의 종류와 보상범위를 설명하라.
6. 장기손해보험의 특징을 설명하고, 대표적인 보험종목을 열거하라.
7. 보증보험의 의의와 종류를 설명하라.

제1절 손해보험의 본질

1. 손해보험의 의의

우리 상법(제4편 보험편)은 보험을 손해보험과 인보험으로 구분하고 있다.[1] 영미계에서는 보험을 크게 생명보험(life insurance)과 건강보험(health insurance), 재산보험(property insurance)과 배상책임보험(casualty insurance)으로 분류하고 있다. 우리나라와 일본에서 부르고 있는 손해보험이란 용어는 재산보험과 배상책임보험의 특성인 손해보상계약(contract of indemnity)이라는 점을 그 명칭에 포함하고 있다.

---

1) 그러나 보험의 목적을 기준으로 인(사람)보험과 재산보험으로 구분하거나 또는 보험급부를 기준으로 손해보험과 정액보험으로 구분하는 것이 타당할 것이다.

손해보험의 본질은 손해보상의 원리에 있다. 손해보상의 원리는 손해보험의 보험자는 피보험자가 실제 입은 손해만을 보상한다는 것을 의미한다. 실손보상(實損補償)의 원리와 같은 말이며, 보험으로 이득을 얻어서는 안된다는 이득금지의 원칙과도 유사한 개념이다.

우리 상법상 규정하고 있는 손해보험계약은 당사자의 일방(보험계약자)이 약정한 보험료를 지급하고, 상대방(보험자)이 보험의 목적에 대하여 불확정한 사고(보험사고)로 인하여 발생할 피보험자의 재산상의 손해를 보상할 것을 약정함으로써 효력이 발생하는 보험계약을 말한다(제638조, 제665조).

손해보험계약은 피보험자의 재산상의 손해를 보상한다는 점에서 사람의 생명이나 신체에 생길 우연한 사고에 대비하는 인보험계약과 구별된다. 그러나 손해보험계약도 우연한 사고로 생길 재산상 손해를 보상하기 위해 보험자와 보험계약자 사이에 체결되는 인적계약(personal contract)이라는 점에서는 인보험계약과 동일하다.

2. 손해보험의 주요 기능

제4장에서 살펴본 보험의 주요한 사회・경제적 효용인 ① 손해의 보상 ② 불확실성의 감소 또는 걱정과 불안의 감소 ③ 투자자금의 재원 ④ 손해방지의 촉진 ⑤ 신용의 증대에 추가하여, 손해보험은 다음과 같은 역할을 수행하고 있다.

① 개인이나 가정 또는 기업의 안정성 확보: 손해보상이라는 보험의 효용에 따른 부수기능이라고 할 수 있다. 개인이나 기업의 재산상 손해는 물론 그들이 제3자에 대하여 부담하는 법률상 손해배상책임으로 인한 손해 및 재산손해의 결과로 발생하는 추기비용과 소득상실손해를 보상받음으로써 생활안정과 경영안정을 도모할 수 있다.

② 피해자 보호: 특히 배상책임보험의 보급으로 인해 가해자인 보험계약자는 물론 피해자에게도 구제기능이 제공되고 있다. 보험계약자에게 피해자에 대한 손해보상금을 지급함으로써 손해배상능력을 통해 피해자구제가 실현되고 있다. 또한 민법상 손해배상금을 받기 위해서는 가해자의 과실을 피해자가 입증하는 것이 원칙이지만, 피해자 보호를 위해 자동차보험이나 제조물배상책임보험 등에 무과실(no-fault)보험을 도입함으로써 피해자를 보호하고 있다. 피해자에게 보험회사에

대한 보험금 직접청구권을 인정하는 경우도 있다.

3. 손해보험의 분류

재산 및 배상책임보험산업, 즉 손해보험산업[2)]은 미국의 경우 여러 가지 주요한 보험 종목에 의해 다음과 같이 분류되고 있다.

가. 화재보험과 관련보험(fire insurance and allied lines)

나. 해상보험(marine insurance)

① 해양해상보험(ocean marine insurance)

② 내륙해상보험(inland marine insurance)

다 특종보험(casualty insurance)

① 자동차보험(automobile insurance)

② 일반배상책임보험(general liability insurance)

③ 도난보험(burglary and theft insurance)

④ 근로자재해보상보험(workers compensation insurance)

⑤ 유리보험(glass insurance)

⑥ 기관기계보험(boiler and machinery insurance)

⑦ 원자력보험(nuclear insurance)

⑧ 농작물우박보험(crop-hall insurance)

⑨ 건강보험(health insurance)

⑩ 기타 특종보험(other miscellaneous lines)

라. 종합보험(multiple-line insurance)

마. 신용본드 및 보증본드(fidelity and surety bonds)

한편, 우리나라 상법은 손해보험을 화재보험, 운송보험, 해상보험, 책임보험, 자동차 보험으로 구분하여 규정하고 있다.

---

2) 2008.6월말 현재 우리나라 손해보험시장은 10개 손해보험회사, 1개 보증보험회사, 1개 전업 재보험 회사, 3개 자동차보험전문통신판매회사 및 11개 외국손해보험회사 등 총 26개 회사로 구성되어 있다. 미국의 경우 State Farm, All-state, Travelers, Aetna Life and Casualty 등 유명한 대형회사를 포함하여 전체 약 6,000여개의 보험회사 중 약 3,300개의 재산 및 배상책임보험회사가 미국에서 손해보험사업을 영위하고 있다.

손해보험상품 중 우리나라 손해보험시장의 점유율 면에서는 가장 높은 자동차보험, 장기손해보험, 개인연금, 보증보험, 특종보험, 해상보험, 화재보험의 순위를 보이고 있다.

제2절

화재보험과 관련보험

1. 화재보험계약의 정의

화재보험계약이란 특정 재산(피보험재산)이 명시된 기간 내에 화재 또는 기타 보험사고에 의하여 손상을 입거나 파괴됨으로써 피보험자가 입을 수 있는 재정적 손해에 대하여 보험료라는 약인의 대가로서 보험자가 피보험자에게 보상할 것을 약속하는 계약이다.

화재보험(fire insurance)은 원래 화재, 낙뢰 또는 화재로 인해 구내(構內)로부터 피난 때문에 발생한 보험의 목적(부동산 및 동산)의 멸실, 손상(직접손해)을 보상한다. 그러나 화재나 낙뢰의 위험에 추가하여 파열이나 폭발, 태풍이나 홍수 등 풍수재(風水災) 관련위험, 우박, 도난 및 만행(vandalism) 등의 기타 보험사고도 추가보험료로써 특약에 의해 화재보험에 추가될 수 있다.

또한 화재로 인한 직접손해 때문에 사업이나 조업이 중단될 경우 그 결과로 발생하는 수익과 임대료의 상실손해 및 추가비용을 포함한 간접손해도 보상받을 수 있다.

2. 화재보험계약의 구성요소

1) 보험금액(sum insured)

보험자의 책임은 보험금액이라고 부르는 보험증권에 명시된(특정한) 금액으로 한정된다. 총 보험금액은 보험증권에서 보험자의 최대 보상책임액이다. 보험증권에 2개 이상의 물건이 포함되어 있는 경우 각 물건에 대한 보험자의 보상책임은 각 물건별 보험금액을 초과하지 아니한다.

각각의 보험금액은 별개의 보험이므로 손해발생의 경우 일부보험인 물건의 보험금액을 증액시키기 위하여 초과보험으로 가입된 다른 물건의 초과금액을 이전할 수 없다.

보험금액은 재산의 가액에 대한 보험자의 승인도 아니고, 보험증권에 별도의 규정이 없는 한 손해발생 시 보험자가 지급하기로 약속한 금액도 아니다. 보험금액은 단지 보험자의 보상책임한도에 불과하며 보험료계산의 기초이다. 따라서 피보험재산의 전체 가액에 일치되는 보험금액을 결정하는 것은 청약자의 책임이다.

2) 보험기간

보험증권은 재산이 특별히 명시된 기간 동안 보험에 가입된다고 규정하고 있다. 보험기간에 대한 법률상 한도는 없지만, 우리나라에서 사용되는 국문화재보험약관에서 보험기간의 시기는 초일의 오후 4시, 종기는 말일의 오후 4시로 규정하고 있다. 영문약관의 보험기간은 초일의 정오에서 말일의 정오까지로 되어 있다.

① 연간보험증권 : 보험증권은 보통 12개월에 대하여 발급되고 있으며 이 보험증권을 연간보험증권이라고 한다. 대부분의 영국회사들은 4분기별 첫날을 갱신일로 정하는 것이 관례이며, 이에 따라 어떤 보험증권의 처음 보험기간이 1년을 초과할 수 있지만 그러한 보험증권도 연간보험증권이라고 부른다.

② 단기보험증권 : 12개월 미만의 보험기간에 대하여 발급되는 보험증권을 말한다. 단기보험증권은 위험이 가장 높은 기간 동안에만 피보험자의 재산이나 상품을 보험에 가입시키려고 하는 역선택에 이용되는 경우도 있다. 따라서 보험자는 수확기 이후에 위험이 가장 높은 농산물의 보험에는 단기보험요율을 적용하지 않고, 12개월 또는 그 보다 짧은 기간의 보험에 대하여 연간보험료를 부과하고 있다. 단기보험증권이 가장 일반적으로 이용되는 경우는 건축 중인 빌딩, 창고에 보관 중인 화물, 부두나 보세창고에 있는 상품에 대한 보험 등이다.

③ 장기보험증권 : 보험기간이 2년 이상인 계약을 말하며, 보험료 전액이 사전에 납입되므로 보험기간에 따른 보험료의 할인이 관례적으로 허용되고 있다. 장기보험증권은 자영사업(Home business)에 대하여는 거의 발급되지 않으며, 보험자는 개인 주택과 같이 위험이 적은 물건에 국한하여 장기보험증권을 발급하는 경향이

있다.

3) 보험료 납입유예기간(days of grace)

연간보험증권의 경우 갱신일로부터 만 15일 이내에 보험료가 납입되면 보험보호가 계속하여 유효하게 유지되는 것으로 양해한다고 약정하는 것이 보험자의 관행이다. 그러한 15일이 보험료납입유예기간(days of grace)이다. 즉 다음 갱신일자로부터 일정기간 내에 보험료가 지급될 것을 전제로 그 기간 동안 보험료가 납입되지 않아도 보험자가 피보험위험으로 인한 손해에 대하여 보상책임을 부담하기로 약속한 기간을 말한다.

보험자가 보험료납입유예기간을 허용하는 이유는 ① 피보험자가 보험료를 지급할 수 있는 상당한 기간을 제공하고 ② 보다 긴 기간 동안 보험료의 납입기간을 연장함으로써 보험자의 내부조직(영업부서)이나 대리점에게 보험료 수금을 촉진하기 위한 것이다.

보험료납입유예기간은 보험계약의 자동 연장이 아니고, 피보험자가 갱신할 의사가 있는 경우에 한하여 허용되는 것으로 이해되고 있다. 따라서 원래는 갱신할 의사가 없었다는 것을 암시하는 피보험자의 어떠한 행위가 있으면 보험자는 납입유예기간 이전이라 할지라도 보험료의 수납을 거절할 수 있다.

로이즈보험증권에는 대부분 보험료납입유예기간에 관한 규정을 포함하고 있지만, 영국의 회사보험증권에는 이에 관해 거의 언급하고 있지 않다. 보험료납입유예기간은 보통 단기보험에는 허용되지 않는다.

3. 화재보험의 종류와 보상손해

1) 화재보험 보통약관의 종류

화재보험 보통약관에는 여러 종류가 있으나, 주로 사용되는 것은 국문약관으로 주택물건에 사용되는 주택화재보험 보통약관, 일반물건과 공장물건 및 창고물건에 사용되는 화재보험 보통약관이 있고, 영문약관으로는 F.O.C.(Foreign) Policy Form이 많이 사용된다.

2) 국문화재보험증권의 보상손해

① 화재(낙뢰 포함)로 인한 손해

② 소방손해

③ 피난손해(피난지에서의 5일 동안의 화재, 소방손해): 도난이나 분실로 인한 손해는 보상안함

④ 파열, 폭발 (주택화재보험보통약관에서만 부담하고, 일반화재보험에서는 「폭발손해특별약관」에 의해 부담함)

3) 영문화재보험증권(F.O.C.)의 부담위험

① 화재(Fire)

② 낙뢰(Lightning)

③ 내부 목적(for domestic purposes only)으로 사용된 보일러의 폭발

④ 가스작업장의 일부가 아닌 빌딩에서의 폭발, 내부 목적으로 사용된 가스 또는 빌딩의 조명이나 난방을 위해 사용된 가스의 폭발

4. 화재보험에서의 화재(fire)의 의미

화재보험에서의 화재(fire)는 사회 통념상의 화재에 해당되는 것으로 자연과학상의 화재에 대한 해석은 불필요하다.

① 독일의 화재보험보통약관(제1조 2항)에서는 「화재란 일정한 화상이 아닌 장소에서 발생한 불 또는 화상을 벗어난 불로서 스스로 확대할 수 있는 불(손해화)을 의미한다」고 규정하고 있다.

② 영국에서는 종래 화재(fire)를 통상의 용법에 따른 domestic fire(사용화)와 우발적으로 발생하는 fortuitous fire(우연화)로 구별하고, 특히 후자를 화재보험에서의 「화재」로 해석하여 왔으나 1941년 Harris v. Poland사건의 판결을 계기로 그 구별의 실효성이 없어졌다.

③ 미국에서는 Hostile fiire(적대적인 화재)와 Friendly fire(우애적인 화재)로 구별하여 전자를 화재로 간주하고 있다.

④ 우리나라의 경우 ① 장소 또는 시간의 우연성 ② 연소현상(불꽃이나 화염(flame)이 스스로 확대할 수 있는 상태 ③ 경제적 손해의 세 가지 요건을 갖춘 경우 화재로 간주하고 있다.

제3절 해상보험

1. 해상보험의 의의

해상보험(marine insurance)은 흔히 운송보험(transportation insurance)으로 부르기도 한다. 해상보험이 운송과 관련된 대부분의 순수위험으로 인한 운송 중 화물의 손상을 보상하기 때문이다.

해상보험은 항해사업에 수반되는 손해를 보상하는 보험으로서, 바다(海洋)에서의 위험뿐만 아니라 해상사업과 관련된 강이나 호수와 같은 내수(內水)의 위험과 내륙의 위험까지도 확장하여 보장할 수 있다. 즉 해륙혼합위험을 보장한다.

2. 해상보험의 특성

해상보험은 보험자가 해상위험으로 인하여 선박, 화물이나 기타 동산 등의 피보험재산에 발생하는 실제 손해를 피보험자에게 보상해 주는 손해보험의 일종이다. 따라서 해상보험은 손해보험의 일반적인 성질을 모두 가지고 있지만, 특히 일반 손해보험과 구별되는 다음과 같은 차이점이 있다.

① 국제성
② 기업보험시장의 중요성
③ 해상보험종사자의 전문성

④ 고지의무의 강조
⑤ 묵시담보의 역할 증대
⑥ 광범위한 피보험위험(보험사고)과 협정보험가액 및 소손해공제
⑦ 해상보험요율산정 시 보험자의 판단 의존
⑧ 보험증권과 보험요율에 대한 정부의 미규제

3. 해상보험의 국제성

해상보험은 그 전제가 되는 해상사업(무역과 해운) 자체가 국가간 국제무역을 배경으로 하고 있다. 해상보험은 다음과 같은 측면에서 국제성을 가지고 있다.

1) 국제무역종사자의 보호필요성 충족

해상보험은 국제무역을 이행하는데 있어서 상인과 선주를 보호하기 위해 발전하였다. 해상보험은 국제운송(해운), 국제금융(환)과 더불어 국제무역의 3대 지주의 역할을 담당하고 있다. 따라서 보험계약조건의 설계, 보험청약자에 대한 인수조건의 결정, 보험료의 산정 및 손해사정에 있어서 세계의 지형, 위험, 문화, 상관습 및 최근의 정치경제적 환경을 기초로 하지 않으면 아니 된다.

2) 영국의 1906년 해상보험법의 적용

해상보험은 국제적으로 영국의 1906년 해상보험법(MIA,1906)의 적용을 받는다. 국제무역과 불가분의 관계를 가지고 있는 해상보험은 한 국가의 법률이나 보험약관 등의 적용을 받는 화재보험이나 자동차보험과는 그 성격이 다르다. 따라서 선화증권통일조약 등과 같은 각종 국제규칙이나 국제조약이 해상보험에도 필요하다. 그러나 해상보험에서는 근대적인 해상보험제도를 도입한 바 있는 영국의 법과 관습이 그러한 역할을 훌륭히 수행하여 왔다.

우리나라를 포함하여 전 세계의 2/3국가가 영국의 해상보험증권양식과 보험약관을 사용하고 있으며, 그 약관에는 "이 보험은 영국의 법과 관습에 따른다"라고 규정한 준거법조항이 삽입되어 있다. 또한 정부의 인가를 받은 우리나라의 해상보험증권에는

"이 보험은 모든 클레임에 관한 보상책임과 정산에 관해서만 영국의 법과 관습에 따를 것을 합의한다"는 조항이 규정되어 있다. 이러한 준거법조항의 효력은 1977년 우리나라 대법원 판결에서도 확인된 바 있다.

1906년 해상보험법은 이 법의 제1부칙에 수록되어 있는 1779년 Lloyd's S.G. Policy에 관한 그동안의 수많은 판례들을 집대성하고 체계화하여 성문화된 법률이다.

3) 해상보험시장의 국제경쟁성

해상보험시장은 국내 보험자간의 경쟁은 물론 국제적인 경쟁시장이다. 무역조건에 따라 적하보험계약을 체결하는 국가가 다르고, 선박의 경우 편의국적선제도가 시행되고 있기 때문에 우리나라의 해상보험요율이 높은 경우에는 무역상대국이나 다른 국가에서 해상보험계약을 체결할 수 있다. 따라서 해상보험요율은 세계적으로 대부분 정부의 규제를 받지 않는 자유요율제도를 채용하고 있으며, 국내 보험회사들 사이에도 경쟁요율제도가 채용되고 있다.

4) 해외재보험에의 의존성

다른 손해보험보다도 해상보험은 해외재보험에 대한 의존성이 높다. 해상보험에 가입되는 많은 보험의 목적(선박과 화물)은 그 가액이 매우 크고 대부분 거대위험으로서 많은 국가의 보험자들에게 위험을 분산할 필요성이 있다. 특히 우리나라의 손해보험회사와 같이 인수능력이나 담보능력이 충분하지 못한 경우에는 해외재보험의 의존성이 다른 선진 보험국가에 비하여 높을 수밖에 없다. 따라서 선박보험의 경우 해외재보험의 확보 없이 위험을 인수할 수 없고, 해외재보험자의 구득요율이 대부분 적용되고 있다. 이와 같이 해상보험의 해외재보험을 통해서도 국제적인 보험거래가 활발히 이루어지고 있다.

4. 해상보험의 종류

해상보험은 모든 종류의 외항선박과 그 선박에 적재된 화물들에 대한 보험보호를 제공한다. 이에 해상보험은 선박의 손해를 보상하는 선박보험(hull insurance)과 해상운송

중인 화물의 손해를 보상하는 적하보험(cargo insurance)으로 구분된다. 선주나 용선자를 위한 별도의 운임보험(freight insurance)도 있다. 또한 선주와 화주의 법률상 배상책임을 보장하기 위한 보험계약이 체결될 수도 있다.

이외에도 안전해역에서 선박이 휴항하거나 준설선과 같이 한 장소에서 작업하는 경우에 사용되는 계선보험(port risks insurance)과 선박을 건조하기 시작할 때부터 건조작업을 마치고 시운전한 후 인도될 때까지 여러 가지 위험을 보장하는 건조보험(builders risks insurance) 등이 있다.

미국의 경우 해상보험을 해양해상보험(ocean marine insurance)과 내륙해상보험(inland marine insurance)으로 나누고 있다. 해양해상보험은 외항선박과 그 선박에 적재된 화물에 대한 보험보호를 제공하고, 내륙해상보험은 육상에서 운송중인 화물에 대한 보험보호를 제공한다. 내륙해상보험에는 수입화물, 수출화물, 국내운송화물, 운송시설(예 : 교량, 터널, 송유관 등)이 포함된다. 그리고 내륙해상보험에는 예술품, 보석 및 모피와 같은 동산을 보장하기도 한다.

우리나라에서는 외항운송에 관련된 육상운송중의 화물은 해상보험에서 보장하고, 무역과 관계없이 국내에서 육상 운송되는 화물은 별도의 운송보험이 이용된다. 이러한 운송보험은 해상보험분야로 취급하기 보다는 특종보험분야로 취급되고 있다.

제4절 특종보험

1. 특종보험의 의의

특종보험(casualty insurance)은 재해보험(災害保險) 또는 일본의 경우 신종보험(新種保險)이라고도 부른다. 이 보험은 성격상 다양하고 광범위한 보험 분야로서 화재, 해상 및 생명보험 등을 제외한 보험을 모두 특종보험으로 간주하고 있다.

손해보험의 역사를 살펴보면 외국이나 우리나라 모두 해상보험과 화재보험을 먼저 영위하고, 그 뒤에 각종 손해보험이 출현한 것을 알 수 있다. 우리나라에서도 오래 동안 화재보험과 해상보험 이외의 것을 총괄해서 「특종보험」이라 불러 왔으나, 최근에는 자동차보험의 시장점유율이 전체종목의 50%를 넘어서면서 자동차보험은 특종보험에서 제외하게 되었다. 미국에서 특종보험(casualty insurance)은 배상책임보험(liability insurance)을 의미하기도 한다.

특종보험은 법률상 구분에 따른 개념이나 학문상 구분에 따른 것이 아니고, 실무상 편의에 따라 도입된 개념이다. 따라서 특종보험은 여러 가지 내용과 성질의 것을 포함하고 있기 때문에 별개의 독립적인 보험으로 정의할 수는 없다. 우리나라에서 특종보험이란 실무상 개념으로 화재보험, 해상보험, 자동차보험, 장기손해보험, 보증보험에 속하지 않는 모든 손해보험을 총칭하는 개념이다. 특종보험은 재산보험, 배상책임보험, 상해보험 등 갖가지 보험종목을 총망라하고 있다.

2. 배상책임보험

1) 배상책임보험의 의의

현대사회에서는 사회가 발전함에 따라 각종 위험이 증대하였고, 권리의무의 의식도 높아가고 있기 때문에 배상수준도 점차 상승하고 있다. 따라서 개인이나 기업이 만일 타인을 사상케 하거나 재물을 손괴시켰을 경우에는 피해자에게 충분한 보상을 할 수 있는 자력을 확보해 두어야 할 필요가 있다.

배상책임보험은 피보험자가 보험기간 중 발생된 사고(피보험자의 과실 등)로 타인에게 손해를 입힘으로써 법률상 손해배상책임을 부담하게 될 때에 그러한 배상책임손해를 보상하는 보험이다.

(1) 책임의 범위

피보험자가 일정한 사유(사고의 원인에 따라 각각 특별약관에 정해져 있음)에 의하여 생긴 타인의 신체상해(상해와 질병을 포함하여 장해에 기인하는 사망을 포함함) 또는 타인의 재물을 손괴(멸살, 훼손, 오손)하는데 따른 법률상의 손해배상책임을 부담함으로써 입은 손해를 보상하는 보험이다. 한편 대인 · 대물 이외의 명예훼손이나 납기지

연 등의 손해는 대상이 되지 않는다.

(2) 손해의 범위

피보험자에 대하여 부담한 손해배상채무의 이행을 위해 지출한 손해배상금이나 현물보상(대체품)의 대금을 손해액으로 한다. 이 밖에 손해방지경감비용, 긴급조치를 위한 호송이나 응급조치비용, 보험회사가 지출동의를 한 비용, 배상책임에 관한 소송비용(보험회사의 동의를 얻어 지출한 소송, 중재, 화해, 조정에 소요된 비용으로 변호사 보수를 포함함) 및 보험회사가 직접 피해자와 절충하는 경우에 피보험자가 협력을 위해 지출한 비용도 인정하고 있다. 또한 배상책임의 승인이나 배상금액의 결정에는 보험회사의 동의가 필요하다.

(3) 배상책임 보상한도액

보험증권에 기재된 보상한도액이 보험자의 지급한도가 되지만, 소송비용 등은 이 한도를 초과하여 보상된다. 한도액의 설정은 특별약관에 따라 다르고, 통상적으로 대인과 대물별로 각각 1사고당 한도액을 정한다. 경우에 따라서는 1사고당 대인 또는 대물만의 한도액이나 보험기간 중의 총 보상한도액을 정하는 경우도 있다.

(4) 소손해공제와 면책사항

계약에 따라 소손해공제(deductible)의 공제금액이 통상 1사고당 일정 금액으로 설정되어 있으며, 손해보상액에서 이를 공제하고 지급한다.

면책사항은 계약형태별 특별약관에 별도로 규정되고 있으나 공통적인 면책사항은 다음과 같다.

① 보험계약자, 피보험자의 고의
② 전쟁, 혁명, 내란, 폭동, 소요 등
③ 지진, 분화, 홍수, 해일 등 천재지변
④ 원자력 위험에 의한 재해
⑤ 계약에 의해 가중된 책임
⑥ 공해물질의 배출, 누출, 일출

⑦ 피보험자가 소유 사용 관리하는 재물에 대한 손괴책임

⑧ 피보험자의 업무에 종사중인 피용자에 대한 배상책임 등

이밖에도 보험사고에 대한 통지의무, 손해방지의무, 각종의 보험회사에 대한 승낙을 청구하는 의무 등을 위반한 경우에는 보험금을 지급하지 않을 때도 있다.

2) 배상책임보험의 분류

(1) 일반배상책임보험과 전문직업인배상책임보험

일반배상책임보험(general liability insurance)은 개인의 경우 주택관리와 사생활과 관련하여 발생하는 사고로 인한 배상책임, 기업의 경우 전문 직업활동과 관련 없는 사무(기업)활동이나 사무(기업)활동시설과 관련하여 발생하는 사고로 인한 손해배상책임을 보장하는 보험이다.

전문직업인배상책임보험(professional liability insurance)은 회계사, 의사, 변호사, 건축사 등 전문 직업활동과 관련하여 발생하는 사고로 인한 손해배상책임을 보장하는 보험을 말한다.

(2) 임의배상책임보험과 의무배상책임보험

임의배상책임보험(voluntary liability insurance)은 피보험자가 자율수단으로서 임의로 가입하는 배상책임보험인 반면, 피해자보호를 목적으로 명시적인 법률규정에 따라 의무적으로 가입하여야 하는 의무배상책임보험(compulsory liability insurance)이 있다. 이에는 가스사고배상책임보험, 체육시설업자배상책임보험, 유・도선사업자배상책임보험, 원자력배상책임보험, 산업재해보상보험, 자동차손해배상책임보험 등이 있다.

(3) 개인배상책임보험과 영업배상책임보험

개인배상책임보험(personal liability insurance)은 개인의 주택관리와 사생활과 관련한 배상책임을 보장하는 보험이며, 영업배상책임보험(commercial liability insurance)은 사무활동이나 기업활동 및 그 시설과 관련하여 발생하는 손해배상책임을 보장하는 보험을 말한다.

(4) 사건발생기준배상책임보험과 배상청구기준배상책임보험

손해발생기준배상책임보험(occurrence-basis liability insurance)은 손해발생이 보험기간 중에 발생하는 것을 기준으로 보장하는 배상책임보험이다. 배상청구기준배상책임보험(claims-made liability insurance)은 피해자의 손해배상 청구가 보험기간 중에 처음으로 제기되는 것을 기준으로 보장하는 배상책임보험을 말한다. 일반배상책임보험은 손해발생기준인데 비하여, 전문직업인배상책임보험은 대체적으로 배상청구기준이다.

3) 배상책임보험상품의 종류

국문약관으로서 배상책임보통약관은 공장, 점포, 호텔 등 영업시설을 대상으로 하는 「영업배상책임보험 보통약관」이 있고, 가스업자에 대한 「가스사고배상책임보험 보통약관」, 선주의 배상책임을 부담하는 「선주배상책임보험 보통약관」, 그리고 운송업자의 책임을 대상으로 하는 「도로운송업자배상책임 보통약관」 등이 있다.

(1) 영업배상책임보험

영업배상책임보험은 배상책임보험의 기본약관으로서 다음과 같은 특별약관을 첨부하여 인수한다.

① 시설소유(관리)자 특별약관 : 피보험자가 소유・사용・관리하는 각종 시설(동산・부동산을 불문하고 빌딩, 백화점, 영화관, 상점, 사무소, 여관, 호텔이나 스키장의 리프트, 케이블카, 광고탑, 간판 등)이나 그 시설의 내외에서 이루어지는 통상의 업무수행에 기인한 배상책임을 대상으로 한다.

② 도급업자 특별약관 : 건축, 공사, 하역 등의 도급업자(하도급업자를 포함할 수 있다)를 피보험자로 하여 그 도급공사의 작업수행에 기인하여 생긴 손해 또는 작업수행을 위해 피보험자가 소유・사용・관리하는 시설에 기인하는 손해를 대상으로 하고 있다. 이 특별약관에서는 지하공사 등에 수반하는 토지의 침하, 융기, 진동, 붕괴, 지하수의 증감 등 지반변동에 의한 손해나 먼지, 소음에 기인하는 것 등을 특히 면책으로 하고 있다.

③ 생산물특별약관 : 음식물, 식료품, 약품, 화공품, 각종 기계기구, 연료의 제조업자, 판매업자 등의 생산물 또는 판매품이 원인이 되어 중독사고, 폭발사고 등을 일으

키거나, 토목업자나 건축업자 등이 완성 후 인도한 공사의 결과에 기인하여 보험기간 중에 대인·대물사고를 일으킨 때의 배상책임을 대상으로 한다. 이 특별약관에서는 작업 또는 생산물이 완성되고 인도된 후의 사고만이 대상이 되는 것이지, 인도전의 사고에 대해서는 담보하지 않는다.

최근 소비자운동이 고양되어 가는 추세 속에서 생산물이나 제조물의 결함에 대한 배상책임의 문제가 극히 중요시 되고 있어 생산물배상책임에 대한 기업의 관심도 점차 높아가고 있다.

④ 임대차특별약관 : 피보험자가 임차한 부동산에 대한 법률상의 배상책임을 부담하는 약관이다.

⑤ 차량정비업자특별약관 : 차량정비업자가 정비 업무를 수행하는 과정에서 생긴 우연한 사고에 의한 손해배상책임을 담보한다.

⑥주차장특별약관 : 피보험자가 소유, 사용, 관리하는 주차장시설에서 생긴 손해배상책임을 담보한다.

(2) 가스사고배상책임보험

이 보험은 가스제조업자, 가스판매업자, 가스용기제조업자 및 가스 대량사용자(고압가스 저장을 인가받은 자)의 과실로 가스의 폭발, 파열, 훼손, 오손 등의 사고로 인한 인명피해나 재산피해를 입힘으로써 법률상 배상하여야 할 책임 있는 손해를 보상하는 배상책임보험으로서 의무보험이다.

(3) 도로운송업자 배상책임보험

이 보험은 특정지역 내에서의 육상운송중의 수탁화물이 사고로 피해를 입음으로써 운송업자가 화주에게 배상하여야 할 책임 있는 손해를 보상하는 보험이다. 「구간운송특별약관」에 의하여 일정구간에서 발생한 사고만을 보상하는 경우도 있다.

3. 근로자재해보상책임보험

근로기준법에 의한 재해보상을 위해 정부에서 운영하는 산재보험에 대부분 가입하고 있기 때문에 민영보험에서는 산재보험의 대상에서 제외되는 해외건설공사 종사자와 원양선박 등의 선원을 주요 대상으로 하고 있다. 근로자의 인명피해에 대한 고용주의 최저한의 책임을 보장하는 보험은 공보험으로서 산업재해보상책임보험이 있고, 민영보험으로서는 국내근재보험과 해외근재보험 및 선원근재보험이 있다.

근로자재해보장책임보험 보통약관에 첨부하여 사용되는 기본적 특별약관에는 ① 재해보상책임특별약관, ② 산업재해보상책임보험 초과보장특별약관, ③ 사용자배상책임특별약관이 있다. 산재보험 등의 급여를 초과해서 사용자가 민사상의 손해배상책임을 부담하는 경우에는 「사용자배상책임특별약관」에 의해 이를 보상받을 수 있다.

특히 일반의 인신배상금액이 현저하게 고액화 추세에 있어 근로재해에 의한 보상금액도 높아가고 있는데, 정부의 산재보험만으로는 불충분한 경우도 있을 수 있기 때문에 이와 같은 특약이 보급되고 있다.

4. 동산종합보험

1) 동산종합보험의 의의

동산종합보험은 보험의 목적인 동산이 면책규정에서 규정하고 있는 경우를 제외하고 화재, 도난, 파손 등 모든 우연한 사고로 인한 손해를 보상하는 보험이다. 이 보험은 모든 형태의 위험을 보장하는 전위험보험증권(all risk policy)이다.

또한 다른 재산보험은 보험의 목적이 특정한 장소로 한정되는 데 비하여, 이 보험의 특징은 보험의 목적인 모든 동산의 보관, 사용, 이동 또는 운송 중 여부를 불문하고, 사고가 언제 어디서 발생하든 직접손해가 보상된다. 그러나 종합보험의 성격상 파손이나 폭발만의 담보 등으로 위험의 일부만 선택해서 계약할 수는 없다.

2) 면책사항

① 당사자 간의 특약으로도 보장할 수 없는 절대적 면책사항은 피보험자 등의 고의·중과실, 전쟁 기타의 사변, 공권력의 행사, 보험의 목적의 자연소모 또는 성질(녹, 곰팡이, 변질, 변색 등)에 의한 사고, 쥐나 벌레가 슬거나 먹어서 생긴 손해, 원자력 위험이나 보험의 목적에 가공(수리 제외)을 하는 경우 가공 착수 후에 내부적인 기계 자체 또는 조작 잘못으로 인하여 생긴 손해, 사기 또는 횡령으로 생

긴 손해, 망실(亡失) 또는 분실의 손해 등이다.

② 계약당사간의 특약으로 보장할 수 있는 상대적 면책사항으로는 보험의 목적의 수리, 청소 등의 작업 중에 작업상의 과실 또는 기술의 졸열로 생긴 손해 (그러나 결과로 생긴 화재손해는 보상함), 전기적 사고 또는 기계적 사고로 생긴 손해 등이다.

③ 액상물질의 누손, 관구류의 파손, 악기의 음색이나 음질의 변화 등 취급하는 보험의 목적에 따라서 수시로 면책사항이 정해지기도 한다.

3) 손해보상

손해의 보상은 손해가 발생한 때와 장소의 보험의 목적의 시가를 기준으로 산정하고, 일부보험의 경우 보험가입금액의 보험가액에 대한 비율에 의한 비례보상방식으로 산출한 보험금을 지급한다.

전손이면 보험가입금액 또는 시가의 어느 쪽이든 낮은 쪽의 금액을 지급하고, 수리가능한 분손의 경우에는 손해발생전의 상태로 회복하는데 필요한 수리비가 손해액이 된다. 한편 보험사고로 인한 사용불능 등의 간접손해는 보상하지 않는다.

한 질 또는 한 쌍, 1조, 1타 등으로 구성되는 재물의 손해에 있어서는 전체가치에 대한 영향도를 고려하여 손해액이 결정된다. 또 분손의 경우에 적용되는 피보험자의 자기부담액(소손해공제액)이 설정되기도 한다.

5. 도난보험

불법침입자에 의한 절도나 강도로 특정 건물 내에 수용 중인 보험의 목적인 동산이 도취(盜取)되거나 파손 도는 오손됨으로써 입은 직접손해를 보상하는 보험이다. 예외적으로 옥외위험을 보장하는 특약도 있다.

국문 도난보험약관상 면책손해는 ① 피보험자 측의 고의, 중과실에 의한 손해 ② 피보험자의 가족, 친족, 사용인, 동거인 등의 행위로 생긴 손해 ③ 지진, 풍수해, 화재, 폭발, 전쟁 등의 사변에 편승하여 생긴 손해 ④ 화재나 폭발시 도난손해 ⑤ 좀도둑 ⑥ 재고조사 시 발견된 손해 ⑦ 망실이나 분실 ⑧ 사기나 횡령 ⑨ 도난사고 후 30일 이내에 발견하지 못한 손해 ⑩ 건물을 72시간 이상 비워둔 동안에 생긴 손해 ⑪ 보험의 목적이 건물구내 보관 장소)밖에 있는 동안에 생긴 손해 등이다.

손해보상방법으로는 재산보험에 대한 일반원칙인 비례보상이 적용되며, 현물보상(수선, 가공 포함)도 할 수 있다. 또 분손의 경우에는 수리비용을 지급한다. 최근에는 각종 종합보험에 도난위험이 포함되고 있다.

6. 기계보험

1) 기계보험의 의의

기계보험(machinery insurance)은 소규모의 단일기계로부터 대규모의 화학공장이나 제철공장에 이르기까지 사업장(공장, 발전소, 호텔, 사무실, 건설현장, 하역현장 등)내에서 시운전이 성공적으로 끝나고 가동 가능한 상태로 있거나, 수리, 정비, 검사를 위해 가동중지, 분해, 임시가동 또는 동일사업장 구내에서 이동, 재조립 중에 있는 기계, 기계설비, 장치가 예측할 수 없는 돌발적인 사고를 발생한 물적 손해보상을 기본계약으로 하고, 그로 인한 영업손실(business interruption)과 주변의 재산 및 제3자에게 입힌 손해에 대한 배상책임손해의 보상을 선택계약으로 하는 보험이다.

2) 피보험위험과 면책위험

기계보험의 부담위험은 화재보험과 그 확장특약에 의한 부담위험을 제외하고 기계의 운전에 수반하여 생기는 기계특유의 위험을 보상하는 것을 목적으로 하고 있다. 즉 종업원 또는 제3자의 취급상의 졸열(拙劣)이나 악의 또는 과실, 전기적 사고, 설계, 주조, 본질의 결함, 제작 또는 조립의 결함, 원심력에 기인하는 파괴, 보일러 내의 물 부족, 낙뢰, 냉해, 물리적 원인에 의한 파열 또는 폭발 등의 우발적 사고 일체를 부담하고 있다.

그러나 면책위험은 ① 피보험자 또는 공장책임자의 고의·중과실, ② 보험계약 시 이미 존재하고 피보험자 등이 알고 있었던 결함 ③ 화재, 낙뢰, 도난, 화학적 폭발, ④ 홍수, 지진 ⑤ 전쟁, 변란, 폭동, 노동쟁의, 공권력의 행사 ⑥ 도난 ⑦ 원자력위험과 방사능위험 ⑧ 계속적인 운전의 결과로 발생하는 손해(예를 들면 자연마모, 공동현상, 부식, 침식, 물앙금, 녹 등) ⑨ 보험의 목적의 공급자, 시공업자, 수리업자 또는 제작자 등의 법률상 또는 계약상 책임을 부담하는 손해 등이다.

3) 손해의 보상

이 보험은 기계의 가동력 유지를 목적으로 하기 때문에 실손보상주의를 채택하고 있다. 따라서 보험의 목적과 동종 능력의 기계에 대한 신조달가액(운송비, 조립비, 관세 등 포함)을 보험가입금액으로 하고 보험가입금액이 신조달가액보다 적을 때에는 손해 발생 시 비례보상을 한다.

손해액은 보험의 목적을 손해발생 직전의 가동상태로 부활시키는데 필요한 수리비로서 수리에 의한 가액증가분의 공제는 없다. 만약 보험의 목적이 전괴되거나 수리비가 신조달가액에서 사용에 의한 감액을 공제한 가액(시가)을 초과한 경우에는 이 손해 발생 직전의 시가가 손해액(전손)이 된다. 보험금에는 손해발생 시에 소요된 손해발생 비용이 가산된다. 그리고 약정한 피보험자의 자기부담액(소손해공제액)을 공제하여 결정된다.

이 보험에는 다른 재산보험에서와 같이 기계보험의 보험사고에 의한 보험의 목적의 손해 때문에 영업이 중단되거나 저해된 경우에 생기는 상실이익과 특별비용의 손실을 보상하는 특약이 있다.

7. 건설공사보험

국문 건설공사보험 보통약관은 재산보험으로서 빌딩 등의 건설공사 중에 우연한 사고로 인한 손해를 보상하는「공사물건조항」과 책임보험으로서 공사에 기인해서 제3자의 신체 또는 재물에 손해를 입힘으로써 부담해야 할 손해배상책임을 담보하는「배상책임조항」으로 구성되어 있다.

1) 공사물건조항

공사물건조항은 건설공사의 목적물, 공사용 자재, 공사용 기계설비 및 공사용 가설물 등 공사에 관련되는 모든 물건을 보험의 목적으로 한다. 원칙적으로 공사를 착수한 때로부터 발주자에게 인도한 때 또는 완공예정 시 까지를 보험기간으로 한다. 공사완공

가격을 보험가입금액으로 하고, 이 금액은 보험금의 지급이 있어도 자동 복원하는 제도가 채용되고 있다.

이 보험은 보험약관상 면책으로 규정된 것을 제외하고, 건설공사현장에 있어서의 모든 우연한 사고에 의한 보험의 목적의 직접손해를 보상하는 전위험보험증권이다. 면책으로는 피보험자등의 고의나 중과실, 전쟁 기타의 사변, 지진, 분화, 원자력위험, 공사의 전부 또는 일부의 중지, 설계 또는 시공의 결함, 재고조사 중에 발견된 손실, 계약상의 불이행손실 등의 손해 등이다.

손해보상은 보험가입금액이 어떤 사정으로 인해 완공가격보다 부족한 경우에 한하여 비례보상의 계산에 의하여 1사고당 특정한 소손해공제액을 차감한 후 지급한다.

2) 배상책임조항

배상책임조항은 피보험자가 공사장에서 공사수행을 위해 소유, 사용, 관리하는 시설에 의하여 타인의 신체 또는 재물에 손해를 입힌 경우에 부담하여야 할 배상책임손해를 보상한다.

그러나 진동, 지지대의 철거나 약화로 인하여 발생한 손해(단 특약으로 보장 가능하고 영국식 약관에서는 보통약관상 부담위험임)에 대한 배상책임과 근재보험에서 보상되는 배상책임손해 등은 면책이다.

8. 조립보험

조립보험은 소규모의 기계나 장치의 조립에서부터 대규모 공장시설의 건설에 이르기까지 조립 및 설치공사물건의 공사착수시점부터 완공하여 시운전이 끝난 후 인도할 때까지의 기간 중 공사용 자재를 포함한 조립공사물건이 화재, 붕괴, 폭발, 수침 등의 각종 사고로 입은 직접손해를 보상함은 물론, 공사에 투입된 기계나 장비의 사고, 공사현장의 주변재산이 공사 중 사고로 입은 피해, 조립공사물건의 사고로 인한 잔존물 제거비용 및 공사와 관련하여 타인에게 인적 또는 물적 손해를 입힘으로써 배상하여야 할 책임손해를 포괄적으로 보상하는 일종의 종합보험이다.

기계, 설비 및 장치의 거치(据置)소립이나 공장, 교량, 탱크, 크레인, 철탑 등 철강구조물의 건설공사를 대상으로 당해 조직현장에 원자재 부품의 형태로 반입한 때(輸送用

具로부터 하역이 완료된 때)로부터 조립하여 시운전 또는 부하시험(負荷試驗) 종료후 발주자에게 인도된 때(중고품의 경우는 시운전 등이 개시된 때)까지의 사이에 공사관계자가 입은 예측할 수 없는 우발적인 사고로 인한 손해를 보상하는 것이다.

공사의 발주자(發注者), 제작자, 시공자(조립업자)중 누구나 보험계약자가 될 수 있으며, 목적물의 소유권이나 위험부담의 관계에 따라 발주자에서 하도급업자까지의 공사관계자 모두 피보험자로서 계약할 수 있다.

조립보험도 건설공사보험과 같이 면책위험을 제외하고 모든 위험을 부담하는 전위험보험증권이다. 그러나 인수대상에서 공사물건의 토목공사 비중이 50% 이상인 때에는 건설공사보험의 인수대상이고, 절반 이하인 때에는 조립보험의 인수대상이라는 점에 차이가 있을 뿐이다.

따라서 건설공사보험과 조립보험은 보험약관과 요율체계, 보통약관의 구성내용 및 특별약관의 종류가 일부 조건을 제외하고 매우 유사하다.

9. 상해보험

1) 상해보험의 개요

이 보험은 피보험자가 급격하고도 우연한 외래의 사고로 신체에 상해를 입은 경우, 그 직접적인 결과로 180일 이내에 사망하거나 후유장해가 생긴 경우 또는 의사의 치료를 요하고 생활기능이나 업무능력에 지장이 생긴 경우에 각각 소정의 보험금을 지급하는 보험이다.

상해에는 만성적인 중독증상에 의한 신체의 장해는 포함되지 않으나, 익사(溺死), 질식사(窒息死), 추락사(墜落死) 등 상처가 개재(介在)되지 아니한 즉사도 포함된다. 또 급성중독사(세균성식중독은 제외)도 보통약관으로 보장하고 있다.

상해보험보통약관을 기준으로 각종 특약이나 변형상품이 만들어지고 있으나, 약관상 면책이 되는 것은 ① 보험계약자 피보험자의 고의 ② 보험수익자의 고의(사망보험금수익자가 두 사람일 때에는 다른 사람이 수취할 금액은 보상) ③ 피보험자의 자해, 자살, 자살미수 또는 폭력행위 ④ 피보험자의 무면허운전 또는 음주운전 ⑤ 뇌질환, 질병, 심신상실 ⑥ 임신, 출산, 유산 또는 외과적 수술, 기타 의료처치 ⑦ 형의 집행 ⑧ 지진, 분화, 해일, 또는 이와 비슷한 천재지변 ⑨ 의수(義手), 의안(義眼), 의치적 수술 기타 의료조치 ⑩ 군인으로 군업무 수행 중 입은 상해 ⑪ 전쟁, 혁명, 내란, 폭동, 소요 등 ⑫ 원자력 상해 등이다. 한편 면책약관은 보험의 종류에 따라 다소의 차이가 있다.

2) 상해보험의 지급보험금

상해보험에서 보상하는 보험금은 다음과 같다.

① 사망보험금: 상해사고의 직접적인 결과로 180일 이내에 사망한 경우 보험금액 전액을 지정 보험수익자 또는 법정상속인에게 지급한다.

② 후유장해보험금: 상해사고의 직접적인 결과로 180일 이내에 신체의 일부를 잃었거나 그 기능에 중대한 장해를 영구히 남긴 경우 그 부위, 정도에 따라 보험가입금액의 정해진 비율(3%-100%)을 피보험자에게 지급한다. 하나의 사고로 사망보험금과 후유장해보험금을 중복 지급하여야 할 경우에는 보험가입금액을 한도로 그 합계액을 지급한다.

③ 의료보험금: 상해사고의 직접적인 결과로 의사의 치료를 필요로 할 때에 의료보험 가입금액 한도로 의료실비를 지급한다. 그러나 어떠한 경우에도 피해일로부터 180일을 넘을 수 없다.

한편, 상해보험의 보험금은 다른 급여(의료보험, 산재보험, 배상책임보험, 생명보험 등)와 관계없이 지급되고, 보험회사는 보험금을 지급하여도 가해자에 대한 배상청구권을 대위 취득할 수 없다. 그러나 실비를 지급하는 의료보험금에 있어서 다른 동종의 상해보험계약(상해보험, 학생안전보험, 해외여행보험 등)이 있는 경우에는 각각의 보험계약에 대해 다른 계약이 없는 것으로 산출한 보상책임액의 합계액이 의료실비를 초과하였을 경우 각 비율에 따라 부담한다.

3) 상해보험의 종류와 내용

(1) 상해보험보통약관

상해보험의 가장 기본이 되는 형태의 보험으로 가정, 직장, 보행 중, 여행 중 등 모든 면에서 일상적인 사고에 의한 상해를 부담한다. 보험금의 지급은 사망, 후유장해, 의료보험금에 추가하여 특약으로 휴업보상금과 입원비보상도 부담한다.

전술한 면책사항 이외에도 ① 전문 등반, 글라이더조정, 스카이다이빙, 행글라이더 등 위험한 운동 ② 모타 보트, 자동차 또는 오토바이에 의한 경기, 시범 또는 시운전 ③ 노선항공기 이외의 항공기 조종 중에는 할증보험료를 지급하지 않는 한 부담하지 않는다.

(2) 교통상해만의 보장 특별약관

국내에서 피보험자가 ① 운행 중의 기차, 전차, 자동차, 항공기, 선박, 엘리베이터 등의 교통수단 간의 충돌, 접촉, 화재, 폭발 또는 이러한 교통수단과 피보험자와의 충돌, 접촉 등의 교통사고에 의한 상해 ② 이러한 교통수단에 탑승 중 또는 승강장 구내에 있어서의 상해 ③ 도로 통행 중 피보험자가 모든 교통수단으로부터 입은 긴급하고 우연한 상해를 부담한다.

면책사항은 보통약관 면책사항에 추가하여, 직무로 선박에 탑승하는 동안과 직무로 하역작업에 종사 중 입은 상해도 면책이다.

(3) 국내여행상해보장 특별약관

국내에서 여행하기 위해 주거지를 출발한 때로부터 도착할 때까지 여행도중의 상해위험을 부담하는 것이다. 보험기간은 첫날의 오후 4시부터 마직막 날의 오후 4시. 단 보험증권에 기재된 시각이 우선한다.

(4) 해외여행보험

해외여행을 위해 주거지를 출발한 때로부터 도착할 때까지의 위험을 부담한다. 상해에 의한 사망, 후유장해 및 의료비보상에 대한 보험금지급방법은 동일하나, 상해가 원인이 되어 입원치료가 필요한 경우 부득이한 사정에 따라 호텔에 투숙하여 의사의 치료를 받는 동안의 호텔객실료 및 긴급 이송비를 포함한다. 이밖에 수하물 등 휴대품의 손해, 제3자에 대한 손해배상금도 특약으로 보상한다. 면책사항은 보통약관내용 중 천재지변과 군업무수행 중 상해는 보상한다.

(5) 학생안전보험

교육법이 정하는 중학생 이상의 학교에 재학하는 학생(피보험자)을 대상으로 한다.

보험금의 지급방법도 보통상해보험과 동일하다. 한편 특약으로는 피보험자의 부양자(보험증권에 기재된 자)가 상해사고로 사망하거나 후유장해 등급표상의 50%이상 장해에 해당하게 된 경우에 졸업할 때까지 피보험자의 학비보조금을 지급하는 「학비담보특별약관」도 있다.

(6) 기타의 상해보험

이외에도 보통손해보험과 배상책임보험을 포괄하는 「낚시보험」「스포츠단체상해보험」 등이 있다.

10. 항공보험

항공보험은 대형 제트여객기에서 단발소형기나 헬리콥터 또는 비행정, 수상기(水上機), 글라이더 등을 대상으로 그 비행위험(滑走危險 포함)과 지상위험을 부담하고, 기체와 운송화물에 대한 재산보험, 승객이나 제3자 또는 취급화물에 대한 배상책임보험, 탑승자에 대한 상해보험이 있으며, 기간계약의 비행 중이나 제조 중 위험만을 부담하는 계약도 있다.

1) 기체보험

충돌, 추락, 불시착, 폭발, 침몰을 비롯하여 지진, 풍수재, 도난 등 모든 우연한 사고에 의한 항공기 자체(표준 기기 등 장비품 포함)의 손해를 포괄적으로 보상한다. 항공기가 행방불명이 되어 비행개시일로부터 60일이 경과하여도 소식을 알 수 없을 때에도 부담한다.

면책사유로는 피보험자 측의 악의, 법령위반, 자연소모, 기계적 고장에 기인하는 손해, 전쟁, 폭동, 노동분쟁, 원자력재해 등의 위험, 항공기의 사용목적이나 지리적 제한의 위반, 기명조종사 이외의 조종 중, 기록, 경쟁, 곡예비행 등 이상위험을 포함한 비행 중의 손해나 담보(warranty)위반 등이 있다.

통상 기체의 보험가액은 계약 시 평가되는 협정보험가액이며, 전손의 경우를 제외하고 손해액의 일부를 피보험자부담으로 하는 면책금액(excess: 비행, 지상위험별)을 설정하고 있다.

2) 제3자 배상책임보험

항공기의 우연한 사고에 의하여 기체 외에 제3자의 생명이나 신체를 해치거나 또는 재물에 손해를 입힌 때에 피보험자(항공기 운영자 및 조종사)가 부담하는 법률상의 손해배상책임을 부담하는 것으로써 손해배상금 외에 소송비용도 보상한다. 보험가입금액으로 대인 1인당 / 1사고당, 대물 1사고당 보상한도액을 각각 정하고 있다.

3) 승객배상책임보험

항공기의 우연한 사고로 항공기에 탑승 중 또는 승강 중에 있는 승객의 생명이나 신체를 해치고 또는 항공기에 의하여 수송 또는 하역중의 수탁화물이나 승객의 의류, 수하물, 휴대품에 대한 배상책임을 담보하는 것으로 배상금 외에 소송비용도 담보하고 있다.

승객배상은 여객운송약관이나「바르샤바약관」등으로 규제되고 있다. 또한 1좌석당, 1사고당 보상한도를 정하고 원칙적으로 전 좌석에 대해 부보한다.

4) 화물배상책임보험

화물운송약관에 따라 피보험자가 우연한 사고에 의하여 수탁화물의 손해에 대해 부담하는 배상책임을 부담하는 보험으로서, 화물의 연착이나 취급과정에 의한 손해도 보상하고 있다.

화물의 가액은 신고가액에 따르고, 무신고일 때는 1kg당 US$20(국제운송의 기준)을 한도로 배상금을 정하고 있다.

5) 기타 항공관련보험

① 탑승자 상해보험 : 항공기의 지정석에 탑승하는 불특정 무기명의 대상자를 자동적으로 피보험자로 하는 상해보험이다.
② 항공화물운송보험 : 원칙적으로 전위험(all risk)조건으로 인수한다. 항공기에 의한 운송과 그 전후에 부수하는 육상운송중의 위험을 포괄하여 부담하는 운송보험이다. 항공화물에 대한 이와 같은 보험은 해상적하보험 또는 운송보험으로도 취

급되고 있다.

③ 수색구조비보험 : 항공기가 우연한 사고를 당함으로써 필요하게 된 수색구조비, 손해방지비용, 잔해운반제거비용 등을 보상하는 것으로 기체보험과는 별도로 특별히 가입한다.

④ 관리자배상책임보험 : 항공기와 그 부품이 정비나 수리목적을 위해 피보험자(항공기 정비수리업자)의 관리 하에 있는 동안에 생긴 우연한 손해에 대해 피보험자가 부담하는 배상책임을 부담하는 것이다.

11. 종합보험

종합보험(multiple-line insurance)은 재산보험과 배상책임보험을 하나의 계약에 포함시킨 보험이다. 미국의 경우 1940년대 종합보험법이 통과되기 이전에는 보험사업은 엄격하게 단일 종목만을 취급하였다. 즉 화재보험회사는 특종보험을 인수할 수 없었고, 특종보험회사는 화재보험을 인수할 수 없었다. 1940년대 이후 미국의 모든 주(州)들은 여러 가지 형태의 종합보험법을 제정하여 보험회사들이 하나의 계약으로 화재보험과 특종보험을 인수할 수 있게 되었다.

예를 들어 전형적인 가계종합보험(homeowners policy)은 화재보험과 기타 손인 및 배상책임보험을 하나의 보험계약에 결합한 보험이며, 기타 여러 가지 기업종합보험(commercial multiple-line policy) 등이 현재 이용되고 있다.

우리나라의 경우 화재, 폭발, 파열, 도난으로 인한 재산손해, 가족이 화재, 폭발, 파열, 도난, 연탄가스중독, 교통사고로 인한 신체상해, 주택의 소유, 사용, 관리에 기인한 배상책임손해를 포함하는 가정생활보험과 이와 유사한 보험상품으로서 기타 주택상공종합보험, 가정종합보험, 가정안심보험 등이 있다.

이 외에도 숙박업자종합보험, 요식업자종합보험, 유아교육기관종합보험, 교육기관종합보험, 금융기관종합보험, 레저보험으로서 낚시보험, 테니스보험, 골프보험, 스키보험 등이 있다.

제5절

자동차보험

1. 자동차보험의 의의

자동차보험(automobile insurance)은 자동차의 소유, 사용 또는 관리하는 과정에서 발생하는 여러 가지 손해를 보상하는 보험의 총칭이다. 자동차보험은 자동차의 관리운영상 피보험자의 과실로 인해 발생하는 제3자의 피해(신체상해와 재산손상)에 대한 법률상 손해배상금을 보상하는 자동차배상책임보험(automobile liability insurance), 피보험자동차 자체의 손상을 보상하는 차량손해보험(physical damage coverage), 피보험자의 상해에 대한 치료비를 지급하는 의료비보험(medical payments insurance), 무보험운전자(uninsured motorist)에 대한 보험보호를 제공한다.

우리나라의 자동차종합보험은 배상책임보험을 대인(對人)배상책임과 대물(貸物)배상책임으로 나누고, 자기차량손해와 의료비보험에 해당되는 자기신체사고, 무보험자동차에 의한 상해 등 다섯 가지 보장범위를 제공하고 있다.

2. 자동차보험의 종류

1) 자동차손해배상책임보험(대인배상 Ⅰ)

자동차의 운행으로 타인의 생명 또는 신체를 사상(死傷)케 함으로써 법률상 손해배상책임을 부담하게 되는 피보험자의 손해를 보상하는 보험으로 자동차손해배상보장법에 의한 강제보험이다. 동법과 동법시행령에서 정하는 피해자 1인당 보험금액(법정 보상한도액)은 다음과 같다.

① 사망 : 1억원

② 부상 : 2,000만원

③ 후유장해 : 1억원

2) 개인용자동차보험

개인이 소유한 자가용승용차만을 가입대상으로 피보험자가 피보험자동차를 소유, 사용·관리하는 동안에 생긴 자동차사고로 입은 다음과 같은 손해를 보상하는 종합보험으로서 임의보험이다.

① 대인배상(대인배상Ⅱ) : 자동차의 소유자가 자동차를 소유, 사용, 관리하는 동안에 발생하는 사고로 인하여 타인의 생명이나 신체를 사상케 함으로써 법률상 손해배상책임을 부담하는 경우 대인배상Ⅰ을 초과하는 손해를 보상하는 보험종목으로, 보상한도는 법률상 손해배상액과 필요 타당한 비용이다.

② 대물배상 : 자동차의 소유자가 자동차를 소유·사용·관리하는 동안에 발생하는 사고로 인하여 타인의 재물에 손해를 입혀 법률상 손해배상책임을 부담함으로써 피보험자가 입은 손해를 보상하는 보험종목으로, 보상한도는 1,000만원(의무보험), 2,000만원, 3,000만원, 5,000만원, 1억원 등 보험가입금액에 따른다.

③ 자기신체사고 : 자동차를 소유·사용·관리하는 동안에 발생하는 우연한 자동차사고로 인하여 피보험자 자신이 죽거나 다친 경우의 손해(의료비)를 보상하는 보험종목으로, 보상한도는 보험가입금액에 따른다.

④ 무보험자동차에 의한 상해 : 무보험자동차에 의해 생긴 사고로 피보험자가 죽거나 다쳤을 때, 그 손해에 대한 배상의무자가 있을 경우 보상하는 보험종목으로 보상한도는 피보험자 1인당 2억원이다.

⑤ 자기차량손해 : 자동차를 소유·사용·관리하는 동안에 발생하는 우연한 자동차사고로 인하여 피보험자동차에 생긴 손해를 보험가입금액 한도 내에서 보상하는 보험종목이다.

3) 업무용자동차보험

개인 및 개인사업자가 소유한 자가용승용차를 제외한 모든 비사업용 자동차와 건설기계를 가입대상으로 하여 피보험자동차를 소유·사용·관리하는 동안에 생긴 자동차사고로 입은 피보험자의 손해를 보상하는 보험이다. 보상하는 범위는 개인용자동차보험과 동일하다.

4) 영업용자동차보험

모든 사업용 자동차 및 건설기계를 가입대상으로 하고, 보상범위는 무보험자동차에 의한 상해가 제외되는 것을 제외하고 업무용자동차보험과 동일하다.

5) 운전자보험

자동차운전면허 또는 건설기계 조종면허를 소지한 사람을 대상으로 하는 보험으로 자동차의 운행 중 생긴 우연한 사고로 남을 죽게 하거나 다치게 함으로써 운전자가 입게 되는 손해와 운전자 자신이 죽거나 다침으로써 생긴 손해를 보상하는 보험이다.

보상내용은 운전자가 구속 또는 입원 시 가족의 생계비와 판결에 의한 벌금, 방어비용을 보상하고, 운전자 자신의 사망이나 신체장애 시 일정금액의 사망보험금 및 후유장해보험금을 지급한다. 특약가입 시 운전자 자신이 부상한 때의 의료비를 보상한다.

6) 외화표시자동차보험

외국인 또는 외국기관 소유 자동차나 외국군부대(주한미군당국)에 용역이나 납품을 위해 출입하는 자동차를 대상으로 하는 보험으로, 보험금액과 보험료가 외화로 표시된다.

보상내용은 ① 신체상해배상책임 ② 재물손해배상책임 ③ 차량손해: 포괄손해, 충돌손해 ④ 의료비 등이다.

7) 자동차취급업자종합보험

자동차소유자 이외의 자동차탁송업자, 자동차판매업자, 자동차정비업자 등 자동차를 취급하는 것을 업으로 하는 자가 자동차를 취급하는 과정에서 생기는 자동차사고로 입게 되는 손해를 보상하는 보험이다.

제6절
장기손해보험

1. 장기손해보험의 특징

장기손해보험은 일반손해보험과 같이 보험료가 소비지출로 끝나는 것이 아니고, 보험계약이 만기가 되는 경우 납입한 보험료를 되돌려 받을 수 있어 보장과 저축을 겸한 대중성보험이다. 장기손해보험의 부문별 특징은 다음과 같다.

① 보험의 대상 : 이 보험은 대중성보험이기 때문에 화재보험계통에서는 주택물건과 일반물건 등이 주축이 되고 있으며, 손해보험계통에서는 일반 상해보험을 주요대상으로 하고 있다.

② 보험기간 : 일반적으로 손해보험은 그 기간이 통상 1년인데 비해, 장기손해보험은 3년, 5년 또는 10년의 장기간으로 약정되고 있다.

③ 보험료의 납입방법 : 장기손해보험에서는 만기환급금의 재원이 되는 저축보험료 부분이 있어 보험료 절대금액이 높다. 따라서 보험료의 납입도 보험계약자의 편의에 따라 연납, 6월납, 3월납 및 월납방법이 있다.

④ 보험료의 납입유예기간 : 장기손해보험은 장기계약을 유지하여야 한다는 특징이 있다. 이를 위해 보험료를 납입할 날짜에 납입을 하지 못하는 경우 보험료를 납입하여야 할 날짜가 속하는 달의 다음 달 끝 날까지 납입유예기간을 두고 있다. 따라서 보험료를 납입하지 못한 경우에도 이 기간 내의 사고이면 보상이 된다.

⑤ 보험가입금액의 자동복원 : 장기손해보험은 손해사고가 발생하더라도 보험금지급액이 보험가입금액(초과보험일 경우에는 보험가액한도)의 80% 이하일 경우에는 계약이 그대로 존속하게 되고, 보험가입금액도 감액이 되지 않는다. 이것을 자동복원제도라고 한다.

⑥ 부보비율조건부 실손보상계약 : 보험가입금액이 보험가액의 80% 해당액을 초과하거나 같을 때에는 보험가입금액을 한도로 손해액 전액을 지급한다.

⑦ 만기환급금 : 장기손해보험은 보험가입금액의 일정비율(보험가입금액의 10% 등)

이나 기납입보험료의 전액을 만기 시에 환급하게 되어 있어 보장과 저축을 겸한 일석이조의 효과가 있다는 특성이 있다.

⑧ 효력상실계약의 부활 : 보험계약이 효력상실(실효)이 된 후 1년 이내이면 그 기간에 대한 보험료와 소정의 이자를 지급하면 계약이 부활된다. 이와 같은 제도는 장기손해보험의 계약유지를 위한 것으로써 효력상실로 인한 보험계약자의 손실을 감소시키려는데 있다.

2. 장기손해보험의 종류

장기손해보험도 시장규모의 확대에 따라 상품이 다양화되고 있으나 기본적으로 다음의 세 가지 종류에서 분화된 것이므로, 대표적인 장기화재보험, 장기손해보험, 장기종합보험에 대해서만 언급하기로 한다.

1) 장기화재보험

장기화재보험은 일반화재보험의 주택물건, 일반물건 및 공장물건을 장기보험으로 만든 것이다. 그 가운데서 주택물건의 경우에는 파열 폭발의 손해까지 담보하고 있으며 인수제한물건으로서는 통화, 유가증권, 인지, 우표 등과 특수물건(화재로 인한 손해보상과 보험가입에 관한 법률에 의해 보험가입이 강제되는 물건)등이 있으며 재보험특약에 의해 제한이 되는 물건(위험도가 특히 높은 물건으로 특약서에 명시한 물건)등이 있다.

담보위험은 일반화재보험과 같으며 만기환급금은 계약의 종류에 따라 보험가입금액의 10%, 20%해당액과 연납 1회 보험료 해당액 등으로 되어 있다.

2) 장기상해보험

장기상해보험은 보통상해보험을 저축성상품화한 것으로서 보험기간이 10년만기계약인 경우에 중도환급금도 지급하는 특성과 보험가입금액이 매년 10%씩 자동증액이 되는 장점이 있다.

부담위험은 보통상해보험의 경우와 동일하며, 만기환급금은 3년 만기의 경우 보험가입금액의 10%이고, 5년 만기의 경우는 기납임보험료의 전액, 10년 만기도 기납입보험료의 전액으로 되어 있다. 지급보험금은 보통약관에서는 사망보험금과 후유장해보험금만 해당이 되고, 의료부담금은 의료비담보특별약관이 첨부된 경우에만 해당이 된다.

3) 장기종합보험

장기종합보험은 일반화재보험의 주택물건과 일반물건을 주요대상으로 하고, 도난손해 외에 파열・폭발손해와 특약으로 상해위험도 부담하는 종합보험의 성격을 지닌 장기손해보험이다. 또한 주택의 소유・사용・관리에 따른 배상책임위험도 특약으로 인수하고 있다.

제7절 보증보험

보증보험은 보험의 기능을 취하면서 실질적으로는 보증기능을 수행하는 제도이다. 보증보험은 다른 보험과 달리 보험계약자의 채무이행을 보험사고로 하기 때문에 고의・중과실에 의한 경우도 부담되고, 신의성실이 중요한 요소이다. 따라서 보증보험의 인수에는 충분한 조사가 필요하고, 보험금 지급 후에도 계약자에 대한 구상권의 행사가 전제되고 있다. 이 보험은 서울보증보험(주)에서 판매하고 있다.

1. 신원보증보험

이 보험은 종업원의 불성실행위로 입은 기업의 손실을 부담하는 것을 주목적으로 한 것이다. 즉 피보증인(종업원)이 피보험자(사용자)를 위해 그 사무를 처리함에 있어서 또는 자기의 직무상 지위를 이용하여 단독이거나 제3자와 공모하여 절도, 강도, 사기, 횡령 또는 배임행위를 함으로써 피보험자가 손해를 입은 경우 그 직접손해를 부담하는 것이다.

이 보험의 대상으로서는 주로 종업원의 사용자가 된다. 이 보험은 신원보증법에 의하여 요구되는 고용관계에서 피용자의 행위로 인해 사용자가 입은 손해를 보상하기 위해 이용되고 있다. 그러나 사용자가 스스로 보험계약자로서 피용자의 행위로 입은 손해의 보상을 위해 보험계약을 체결한 때에는 그 보험은 신원보증보험으로서 자기를 위한 보험이 된다.

신원보증보험은 보험자와 보험계약자가 개별적으로 계약을 맺는 개별계약방식 이외에 일정한 수 이상의 종업원을 직위별로 계약하는 독립포괄계약방식을 선택할 수 있다.

2. 이행보증보험

이행보증보험은 보험계약자인 채무자가 피보험자인 채권자에게 계약상의 채무를 이행하지 않음으로써 입은 손해를 보험자가 보상하는 보험이다. 이행보증보험은 채무의 내용에 따라 입찰보증보험, 계약보증보험, 차액보증보험, 하자보증보험, 지급보증보험 등으로 나누고 있는데, 실손보상방식 외에도 정액보상특별약관을 첨부할 수 있다.

1) 입찰보증보험

입찰보증보험은 보험계약자인 응찰자(채무자)가 보험증권에 기재된 계약(주계약)을 위한 입찰에 응하여 낙찰되었음에도 불구하고 보험기간 안에 주계약을 체결하지 않거나 관계법령에서 정한 입찰보증금의 귀속사유가 발생함으로써 채권자인 피보험자가 입는 손해를 보상하는 보증보험이다.

2) 계약보증보험

계약보증보험은 채무자가 주계약에서 정한 채무를 이행하지 않음으로써 채권자가 입은 손해를 보험자가 보상하는 보증보험이다.

3) 차액보증보험

차액보증보험은 주계약이 예정가격 미만으로 낙찰이 되었음에도 채무자가 주계약을 이행하지 않을 경우에 그 예정가격과 낙찰금액과의 차액을 보험자가 채권자에게 보상하기로 하는 보증보험이다.

4) 하자보증보험

하자보증보험은 채무자가 도급계약 또는 매매계약에 대하여 준공검사 또는 검수를 받은 후, 하자담보책임기간 안에 발생한 하자에 대하여 그 보수 또는 보완청구를 받았음에도 불구하고 이를 이행하지 않음으로써 채권자가 입는 손해를 보상하기로 하는 보증보험이다.

5) 할부판매보증보험

할부판매보증보험은 물건의 할부판매에 있어서 매수인이 일정한 기간 안에 할부금 지급채무를 이행하지 않음으로써 매도인이 입은 손해를 보험자가 보상하는 보험이다. 오늘날 자동차 등 내구소비재가 양산되고 할부판매약관에 의한 거래가 일반화되면서 이 보험의 효용성도 높아지고 있다.

6) 지급계약보증보험

지급계약보증보험은 각종 금전지급계약상의 채무자가 채무를 이행하지 않음으로써 채권자가 입은 손해를 보상하는 보증보험이다. 즉 이 보험은 임대차계약에서의 임대료나 용역계약에서의 용역료의 지급과 같이 일정한 금전지급계약에서 채무자가 그 채무를 이행하지 않는 경우에 보험자가 그 금전의 지급을 보증하는 보험이다.

7) 사채보증보험

사채보증보험은 사채를 발행한 주식회사가 사채의 원금 또는 이자를 지급하지 않음으로써 사채권자가 입는 손해를 보험자가 보상하는 보증보험이다. 이것은 보증사채의 발행에 있어서 사채상환의 보증을 보험회사가 인수해서 보험의 방식을 취하고 있는 보증보험으로서 각 사채권에 그 사실을 기재하도록 하고 있다.

8) 납세보증보험

납세보증보험은 국세, 지방세, 관세 그 밖의 법률에서 규정하는 납세의 담보제공의무자가 그 납세의무를 기간 안에 이행하지 않음으로써 국가 또는 지방자치단체가 입는 손해를 보험자가 보상하는 보증보험이다. 이것은 보험계약자가 법률상 일정한 납세담보제공의무를 지는 경우(국세기본법 제29조, 관세법 제21조)에 세무당국 납세보증보험증권을 담보로 제공하고, 그 납기에 납세의무를 이행하지 않은 때에 보험자가 그 세금의 지급을 보증하는 보험이다.

9) 인허가보증보험

인허가보증보험은 출원자가 인가, 허가, 특허 면허 승인, 등록에 따른 조건을 이행하지 않음으로써 인허가자 또는 제3자가 입는 재산상의 손해를 보험자가 보상하는 보증보험이다.

가령 관세사등록을 하고 관세사업을 영위하는 자가 공과금을 납입하지 않거나 업무상의 과실로 제3자에게 손해를 입혔을 때에 그 변상업무를 이행하지 않음으로써 입은 세관이나 제3자의 손해를 보상한다. 또는 토석(土石) 채취허가를 받은 자가 토석채취를 한 후 복구하지 않음으로써 생긴 손해와 같이 인허가에 따르는 조건을 이행하지 않는 경우의 손해보상을 보험자가 보증하는 보험이다.

요약정리

1. 우리 상법상 손해보험계약은 당사자의 일방(보험계약자)이 약정한 보험료를 지급하고, 상대방(보험자)이 보험의 목적에 대하여 불확정한 사고(보험사고)로 인하여 발생할 피보험자의 재산상의 손해를 보상할 것을 약정함으로써 효력이 발생하는 보험계약을 말한다(제638조, 제665조).

2. 손해보험은 보험의 주요한 사회・경제적 효용에 추가하여 ① 개인이나 각정 또는 기업의 안정성 확보 ② 피해자 보호의 기능이 있다.

3. 보험료 납입유예기간(days of grace)이란 다음 갱신일자로부터 일정기간 내에 보험료가 지급될 것을 전제로 그 기간 동안 보험료가 납입되지 않아도 보험자가 피보험위험으로 인한 손해에 대하여 보상책임을 부담하기로 약속한 기간을 말한다.

4. 국문화재보험증권의 보상손해는 ① 화재(낙뢰 포함)로 인한 손해 ② 소방손해 ③ 피난손해(피난지에서의 5일 동안의 화재, 소방손해) ④ 파열, 폭발(주택화재보험보통약관에서만 부담하고, 일반화재보험에서는 「폭발손해특별약관」에 의해 부담함) 등이다.

5. 우리나라의 경우 화재의 정의에 대하여 ① 장소 또는 시간의 우연성 ② 연소현상(불꽃이나 화염(flame)이 스스로 확대할 수 있는 상태 ③ 경제적 손해의 세 가지 요건을 갖춘 경우 화재로 간주하고 있다.

6. 해상보험의 특성 중 국제성이 강조되는 이유는 ① 국제무역종사자의 보호필요성 충족 ② 영국의 1906년 해상보험법의 적용 ③ 해상보험시장의 국제경쟁성 ④ 해외재보험에의 의존성 등이다.

7. 특종보험은 법률상 구분에 따른 개념이나 학문상 구분에 따른 것이 아니고, 실무상 편의에 따라 도입된 개념이다. 우리나라에서 특종보험이란 화재보험, 해상보험, 자동차보험, 장기손해보험, 보증보험에 속하지 않는 모든 손해보험을 총칭하는 개념이다.

8. 일반배상책임보험(general liability insurance)은 개인의 경우 주택관리와 사생활과 관련하여 발생하는 사고로 인한 배상책임, 기업의 경우 전문 직업 활동과 관련 없는 사무(기업)활동이나 사무(기업)활동시설과 관련하여 발생하는 사고로 인한 손해배상책임을 보장하는 보험이다.

9. 전문직업인배상책임보험(professional liability insurance)은 회계사, 의사, 변호사, 건축사 등 전문 직업활동과 관련하여 발생하는 사고로 인한 손해배상책임을 보장하는 보험을 말한다.

10. 개인배상책임보험(personal liability insurance)은 개인의 주택관리와 사생활과 관련한 배상책임을 보장하는 보험인데 비해, 영업배상책임보험(commercial liability insurance)은 사무활동이나 기업활동 및 그 시설과 관련하여 발생하는 손해배상책임을 보장하는 보험을 말한다.

11. 손해발생기준배상책임보험(occurrence-basis liability insurance)은 손해발생이 보험기간 중에 발

생하는 것을 기준으로 보장하는 배상책임보험이며, 배상청구기준배상책임보험(claims-made liability insurance)은 피해자의 손해배상 청구가 보험기간 중에 처음으로 제기되는 것을 기준으로 보장하는 배상책임보험을 말한다. 일반배상책임보험은 손해발생기준인데 비하여, 전문직업인배상책임보험은 대체적으로 배상청구기준이다.

12. 가스사고배상책임보험은 가스제조업자, 가스판매업자, 가스용기제조업자 및 가스 대량사용자(고압가스 저장을 인가받은 자)의 과실로 가스의 폭발, 파열, 훼손, 오손 등의 사고로 인한 인명피해나 재산피해를 입힘으로써 법률상 배상하여야 할 책임있는 손해를 보상하는 의무보험이다.

13. 상해보험은 피보험자가 급격하고도 우연한 외래의 사고로 신체에 상해를 입은 경우, 그 직접적인 결과로 180일 이내에 사망하거나 후유장해가 생긴 경우 또는 의사의 치료를 요하고 생활기능이나 업무능력에 지장이 생긴 경우에 각각 소정의 보험금을 지급하는 보험이다.

14. 종합보험(multiple-line insurance)은 재산보험과 배상책임보험을 하나의 계약에 포함시킨 보험이다. 가정생활보험과 이와 유사한 보험상품으로서 기타 주택상공종합보험, 가정종합보험, 가정안심보험 등이 있다.

15. 자동차보험(automobile insurance)은 자동차의 소유, 사용 또는 관리하는 과정에서 발생하는 여러 가지 손해를 보상하는 보험의 총칭이다. 우리나라의 자동차종합보험은 대인배상책임과 대물배상책임으로 나누고, 자기차량손해와 자기신체사고, 무보험자동차에 의한 상해 등 다섯 가지 보장범위를 제공하고 있다. 가입대상에 따라 자동차손해배상책임보험, 개인용자동차보험, 업무용자동차보험, 영업용자동차보험, 운전자보험, 외화표시자동차보험, 자동차취급업자종합보험 등이 판매되고 있다.

15. 자동차손해배상책임보험(대인배상Ⅰ)이란 자동차의 운행으로 타인의 생명 또는 신체를 사상(死傷)케 함으로써 법률상 손해배상책임을 부담하게 되는 피보험자의 손해를 보상하는 보험으로 자동차손해배상보장법에 의한 강제보험이다.

20. 장기손해보험은 일반 손해보험의 성격에 추가하여, 보험계약 만기 시 납입한 보험료를 환급받으므로 보장과 저축을 겸한 대중성보험이다. 대표적으로 장기화재보험, 장기손해보험, 장기종합보험 등이 있다.

21. 보증보험은 보험의 기능을 취하면서 실질적으로는 보증기능을 수행하는 제도로서, 우리나라에서 판매되는 상품은 크게 신원보증보험과 이행보증보험으로 구분되고, 이행보증보험은 채무의 내용에 따라 입찰보증보험, 계약보증보험, 차액보증보험, 하자보증보험, 지급보증보험 등이 있다.

주요 개념과 용어

1. 손해보상계약(contract of indemnity)
2. 손해보상의 원리(principle of indemnity)
3. 실손보상의 원리
4. 이득금지의 원칙
5. 손해보험의 보험료(premium)
6. 보험요율(rate)
7. 연간보험증권
8. 단기보험증권
9. 장기보험증권
10. 보험료 납입유예기간(days of grace)
11. 선박보험(hull insurance)
12. 적하보험(cargo insurance)
13. 운임보험(freight insurance)
14. 계선보험(port risks insurance)
15. 건조보험(builders risks insurance)
16. 해양해상보험(ocean marine insurance)
17. 내륙해상보험(inland marine insurance)
18. 특종보험(casualty insurance)
19. 배상책임보험(liability insurance)
20. 일반배상책임보험 (general liability insurance)
21. 전문직업인배상책임보험 (profrssional liability insurance)
22. 임의배상책임보험 (voluntary liability insurance)
23. 의무배상책임보험 (compulsory liability insurance)
24. 개인배상책임보험 (personal liability insurance)
25. 영업배상책임보험 (commercial liability insurance)
26. 손해발생기준배상책임보험 (occurrence-basis liability insurance)
27. 배상청구기준배상책임보험 (claims-made liability insurance)
28. 영업배상책임보험
29. 시설소유(관리)자 특별약관
30. 도급업자 특별약관
31. 생산물특별약관
32. 임대차특별약관
33. 차량정비업자특별약관
34. 주차장특별약관
35. 가스사고배상책임보험
36. 도로운송업자 배상책임보험
37. 근로자재해보장책임보험
38. 동산종합보험
39. 도난보험
40. 기계보험(machinery insurance)
41. 건설공사보험
42. 조립보험
43. 상해보험
44. 상해보험보통약관
45. 교통상해만의 특약약관
46. 국내여행상해특별약관
47. 해외여행보험
48. 학생안전보험
49. 항공보험

50. 항공기 기체보험
51. 제3자 배상책임보험
52. 승객배상책임보험
53. 화물배상책임보험
54. 탑승자 상해보험
55. 항공화물운송보험
56. 수색구조비보험
57. 관리자배상책임보험
58. 종합보험(multiple-line insurance)
59.가계종합보험(homeowners policy)
60. 기업종합보험
(commercial multiple-line policy)
61. 가정생활보험
62. 주택상공종합보험
63. 가정종합보험
64. 가정안심보험
65. 자동차보험(automobile insurance)
66. 자동차배상책임보험
(automobile liability insurance)
67. 차량손해보험(physical damage coverage)
68. 의료비보험(medical payments insurance)
69. 무보험운전자(uninsured motorist)
70. 대인(對人)배상책임
71. 대물(貸物)배상책임
72. 자기차량손해
73. 자기신체사고
74. 무보험자동차에 의한 상해
75. 자동차손해배상책임보험
76. 개인용자동차보험
77. 업무용자동차보험
78. 영업용자동차보험
79. 운전자보험
80. 외화표시자동차보험
81. 자동차취급업자종합보험
82. 장기손해보험
83. 보험가입금액의 자동복원
84. 부보비율조건부 실손보상계약
85. 만기환급금
86. 효력상실계약의 부활
87. 장기화재보험
88. 장기손해보험
89. 장기종합보험
90. 보증보험
91. 신원보증보험
92. 이행보증보험
93. 입찰보증보험
94. 계약보증보험
95. 차액보증보험
96. 하자보증보험
97. 지급보증보험
98. 할부판매보증보험
99. 지급계약보증보험
100. 사채보증보험
101. 납세보증보험
102. 인허가보증보험

복습문제

1. 보험의 효용을 포함한 손해보험계약의 주요 기능에 대해 설명하라.

3. 화재보험국문약관의 종류와 보상범위를 기술하고, 영문약관과 비교하라.

4. 우리나라 화재보험에서 화재의 구성요건을 기술하라.

5. 해상보험이 일반 손해보험과 다른 특성을 열거하고, 국제성에 대해 설명하라.

6. 특종보험의 개념을 설명하고, 주요한 특종보험종목을 열거하라.

7. 일반배상책임보험과 전문직업인배상책임보험을 설명하라.

8. 사건발생기준과 배상청구기준 배상책임보험을 비교설명하라.

9. 생산물(제조물)배상책임보험에 대해 설명하라.

10. 근로자재해보장책임보험, 동산종합보험, 도난보험, 기계보험에 대해 각각 약술하라.

11. 건설공사보험과 조립보험을 비교설명하라.

12. 상해보험에서 지급하는 보험금을 설명하라.

13. 항공보험의 종류 기술하라.

14. 우리나라 자동차보험의 종류와 보상범위를 설명하라.

15. 장기손해보험의 특징을 설명하고, 대표적인 보험종목을 열거하라.

16. 보증보험의 의의와 종류를 설명하라.

제10장 사회보험

학습목표

제10장을 학습한 후 다음 질문에 명확히 대답할 수 있어야 한다.

1. 주요한 공보험의 종류를 약술하고, 특히 사회보험을 설명하라.
2. 사회보험과 사보험의 유사성과 차이점을 설명하라.
3. 우리나라의 사회보장체계를 설명하라.
4. 건강보험의 요양급여체계를 설명하라.
5. 국민연금의 특징을 기술하라.
6. 타 사회보험과 다른 산재보험의 특성과 산재보험급여의 종류와 내용을 설명하라.
7. 고용보험급여를 사업주지원제도와 근로자지원제도로 구분·설명하라.

제1절 사보험과 사회보험

공보험은 국가 또는 공공단체가 영위하는 보험으로서 국영보험과 공영보험으로 분류하기도 하지만, 일반적으로 공보험을 사회경제적 측면에서 국가정책상 가장 중요한 위치와 역할을 담당하고 있는 사회보험과 기타 공보험으로 분류할 수 있다. 학자에 따라서는 보험을 크게 사보험과 사회보험으로 구분하기도 한다.

1. 사보험과 사회보험의 특성

사보험(私保險)은 대부분 임의보험이지만 모든 임의보험이 사보험은 아니다. 우체국예금보험과 같은 일부 임의보험은 정부에 의해 제공되기 때문이다. 사보험의 특성은 보통 임의보험으로서 위험전가가 통상적으로 계약에 의해 이루어진다는 점이다.

사회보험은 강제보험으로 보험급부가 법률에 의해 결정되고 사회적 적정성(social adequacy)이 가장 강조되는 보험이다. 사회보험의 목적은 근본위험으로 간주되는 여러 가지 위험상황에 대한 보장을 사회의 구성원에게 제공하는 것이며, 가능한 한 피보험자가 사회적 부담이 되지 않도록 보장하는 것이다.

2. 사회보험의 본질

1) 근본위험과 소득의 재분배

사회보험은 여러 가지 중요한 관점에서 사보험과 다르다. 사회보험의 경우 위험의 전가와 분담 및 감소를 위해 보험메커니즘을 이용하고 있으나 사회적 목적을 달성하기 위하여 기초적인 보험원리를 제한하여 적용하고 있다.

사회보험은 스스로 처리할 수 없는 근본위험들(fundamental risks)에 직면하고 있는 사회 구성원의 일부가 존재한다는 개념을 기초로 성립된다. 근본위험은 그 원천과 결과가 개인적인 사건에 의하여 발생하는 것이 아니고 대부분 개인들이 통제·관리할 수 없는 경제·사회적 및 정치적 현상에 기인하여 발생하는 단체위험이기 때문이다.

그러한 위험으로 인한 잠재적 손해가 발생한 경우 그들에게 감당할 수 없는 부담이 되어 결국 적절한 최저생활수준을 유지할 수 없게 된다. 사회보험의 기본 목적 중의 하나는 개인적으로 그러한 근본위험들에 대처할 수 없는 사람들을 위한 소득의 재분배이다.

2) 경제적 보장과 최저생활보장

자본주의사회에서는 우리 자신들의 경제적 안전보장을 위해 스스로 위험에 대비해야 하지만, 여러 가지 이유 때문에 합리적인 수준의 경제적 보장에 이르지 못하거나 개인 스스로의 노력에 의해서도 극히 일부분만 달성할 수 있는 상황이 수없이 존재한다. 그러한 상황에서 기본적인 경제보장을 제공하기 위해 최저임금제도와 사회보험과 같은 정부프로그램이 확립되어 왔다.

이들 프로그램들은 개인들이 그들 스스로의 노력을 통해 합리적인 수준의 생활에 대비할 수 없는 경우 사회가 가능한 한 그러한 수준의 생활을 보장해주어야 한다는 가정에 따르고 있다. 적절한 최저생활수준을 스스로 확보할 수 없는 사람들의 경제적 보장 문제를 해결하기 위해 도입된 제도가 사회보험과 사회복지제도를 포함하는 사회보장 제도이다.

3) 공적 부조와 사회보험

사회보험과 함께 사회보장제도의 2대 지주를 형성하고 있는 공적 부조(public assistance)는 국가가 저소득층 또는 자력으로 생계를 영위할 수 없는 자들에게 정부의 재정자금으로 금전적 혜택을 제공하는 최저한도의 생활보장제도이다.

사회보험은 일정 시점에서 적정한 생활수준을 유지하고 있는 모든 사람들이 보험기금에 정기적으로 분담금을 갹출하고, 정상소득이 중단된 사람(피보험자)들에게 그들의 현실적인 경제적 필요(need)에 관계없이 그 기금으로부터 최저소득이 지급되는 보험이다.

공적 부조와 사회보험의 차이점은 첫째, 공적 부조가 국가재정을 통하여 이루어지고 납세자의 부담에 의하여 비납세자의 생활을 보장하는데 반하여, 사회보험은 근본위험에 대한 경제적 보장을 위해 보험원리를 도입하여 필요한 재원을 국가가 아닌 수혜자인 국민이 직접 부담하는 제도라는 점이다.

둘째, 공적 부조가 원칙적으로 필요성이 입증된 사람들에 한하여 생활자금이 지급되고 그 지급한도도 최저의 필요범위에 국한되는데 비하여, 사회보험은 보험료 갹출 등의 자격요건을 구비한 사람들에게 하나의 권리 또는 반대급부로서 급부금을 지급한다는 점이다.

3. 사회보험의 정의

사회보험의 정의는 그 성격상 다양할 수밖에 없다. 미국위험보험학회의 보험용어위원회에서 결정한 사회보험의 정의는 아래와 같다.

사회보험은 하나의 조직체, 통상적으로 정부 조직체에 대한 위험의 전가에 의한 위험의 결합을 위한 장치로서, 아래의 모든 조건하에서 미리 지정한 손해의 발생 시 보험에 가입된 사람들(피보험자)에게 금전적인 급부 또는 서비스급부를 제공하도록 법률에 의해 요구되는 장치이다.

① 실질적으로 모든 경우에 보험보장이 법률에 의해 강제된다.
② 급부에 대한 적격요건은 사실상 청구권자 또는 청구권자의 부양자에 의해 그 프로그램에 기여한 분담금에 좌우된다. 즉 부양관계가 입증되어야 할 필요는 있지만 개인들이 부적절한 재정상태에 있음을 입증해야 할 요건은 없다.
③ 급부금의 결정방법은 법률에 규정된다.
④ 모든 개인들에 대한 급부금은 개인들에 의해 납부된 분담금과 직접적인 관련이 없으며, 그 대신 저소득계층이나 부양가족이 많은 사람들과 같은 일부 그룹에 속하는 사람들에게 유리하도록 소득을 재분배한다.
⑤ 급부금을 재정적으로 관리하기 위한 제도(plan)로서 장기간을 고려하여 적절하도록 설계된 일정한 제도가 있다.
⑥ 경비는 통상적으로 보험에 가입된 사람들, 그들의 고용주들 또는 그들 모두(兩者)가 납부한 분담금에 의해 주로 사용된다.
⑦ 제도는 정부에 의해 운영되거나 최소한 정부의 감독을 받는다.
⑧ 제도는 오직 현재나 과거의 공무원만을 위해 정부에 의해 도입되지 않는다.

이와 같은 정의를 기초로 한 경우 우리나라에서는 국민연금보험, 건강보험, 산업재해보상보험 및 고용보험 등이 사회보험에 속한다.[1)]

4. 사회보험과 사보험의 비교

사회보험은 많은 관점에서 사보험과 다르지만, 가장 근본적인 차이점은 전술한 바와 같은 사회보험의 목적, 즉 사회구성원에게 최저수준의 생활을 보장하는데 있다. 사회보험과 사보험의 상관성과 차이점은 각국의 제도와 발전과정에 따라 다르나, 일반적으로 사회보험과 사보험의 유사성 및 차이점을 요약하면 다음과 같다.

1) 미국의 경우 고령・유족・신체장애보험(OASDI), 건강보험제도(Medicare), 실업보상보험(Unemlpoyment Compensation Insurance), 근로자보상보험(Workers' Compensation Insurance), 일시장애의무보험(Compulsory Temporary Disability Insurance), 철도원퇴직제도(The Railroad Retirement System), 철도원실업・철도원일시장애보험(Railroad Unemlpoyment and Railroad Temporary Disability Insurance) 등이 사회보험으로 간주된다.

1) 사회보험과 사보험의 유사성

① 위험전가와 위험의 결합(pooling)을 기초로 한다.
② 부담위험, 급부, 재정에 관한 모든 조건을 명확하게 규정한다.
③ 급부자격과 급부금액에 대한 정확한 수리적 계산을 필요로 한다.
④ 프로그램의 운영경비를 위해 충분한 분담금과 보험료지급을 필요로 한다.
⑤ 실제 입증된 욕구(need)를 기초로 하지 않고, 사전에 결정된 급부를 제공한다.
⑥ 경제적 보장을 제공함으로써 사회 전체에 유익을 제공한다.

2) 사회보험과 사보험의 차이점

사회보험	사보험
① 강제가입 ② 최저수준의 생계보장 또는 기본적 건강보장 보험보호대상: 질병, 분만, 산재, 노령, 실업, 폐질에 국한 ③ 사회적 적정성(복지 요소) 강조 ④ 개정 가능한 법률에 규정된 급부 (제정법상 권리) ⑤ 정부독점 ⑥ 비용 예측 곤란 ⑦ 신규 가입자에게 강제 분담금 갹출과 프로그램이 영구적이므로 완전한 기금적립 불필요 ⑧ 언더라이팅 불필요 ⑨ 목적과 결과에 관한 의견차이가 큼 ⑩ 일반적으로 정부책임에 의한 투자 ⑪ 인플레이션에 대한 세금공제 이용	① 임의가입 ② 개인적 필요와 지불능력에 따른 (고액) 금액 보상 보험보호대상: 발생위험률을 알 수 있는 모든 위험 ③ 개인적 공평성(보험 요소) 강조 ④ 계약에 의해 확정된 급부 (계약상 권리) ⑤ 경쟁 ⑥ 비용이 보다 쉽게 예측 가능 ⑦ 신규 가입자의 분담금에 의존하지 않고, 대부분 완전한 기금적립을 기초로 운영됨 ⑧ 개인 또는 단체 언더라이팅 필요 ⑨ 목적과 결과에 대한 의견의 통일 ⑩ 주로 사적(私的) 경로를 통한 투자 ⑪ 인플레이션에 큰 약점이 있음

5. 우리나라의 사회보장제도와 사회보험

1) 사회보장체계

우리나라의 사회보장체계는 특정 동종집단의 연대성을 기초로 조직・운영하는 사회보험제도, 국가의 연대성의 원리를 기초로 하는 공적부조제도, 국민의 정상적인 사회생활을 위해 제공되는 사회복지서비스제도 및 관련복지제도로 구성되어 있다.

〈그림 10-1〉 우리나라의 사회보장체계

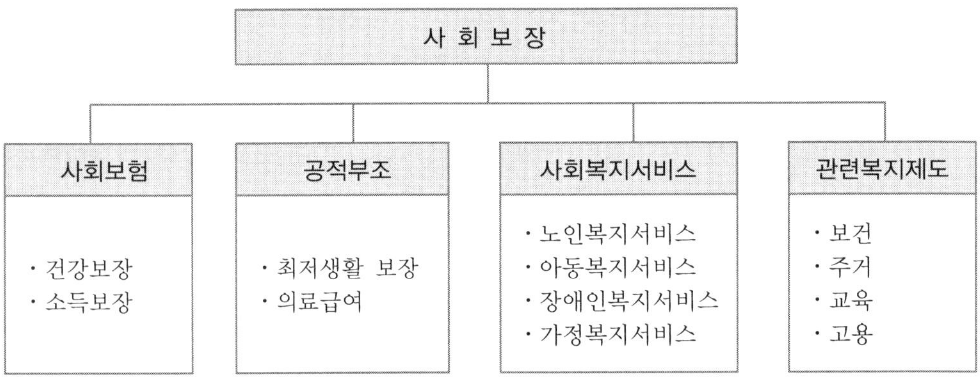

사회보험은 국민에게 발생하는 사회적 위험을 보험방식에 의하여 대처함으로써 국민건강과 소득을 보장하는 제도이며, 국가가 법에 의해 가입을 의무화하고 있다.

공공부조제도는 국가 또는 지방자치단체의 책임으로 국민의 최저생활을 보장하고 자립을 지원하는 제도이다.

이외에 국가·지방자치단체 및 민간부문의 도움을 필요로 하는 모든 국민에게 상담·자활·직업소개 및 지도·사회복지시설 이용 등을 제공하여 정상적인 사회생활이 가능하도록 지원하는 사회복지서비스제도와 보건, 주거, 교육, 고용 등의 분야에서 인간다운 생활이 보장될 수 있도록 지원하는 각종 관련복지제도가 있다.

2) 사회보험제도

질병, 장애, 노령, 사망, 실업 등 사회적 위험에 대처하는 사회안전망으로서 소득과 의료, 재활, 고용기회를 보장하기 위해서 국가가 법에 의해 4대 사회보험 가입을 의무화하고 있다. 우리나라 사회보험의 종류와 관리운영현황은 다음 <표 10-1>에서와 같다.

〈표 10-1〉 4대 사회보험의 종류 및 관리운영 현황

구분	건강보험	국민연금	산재보험	고용보험
관장부처	보건복지가족부		노 동 부	
근거법	국민건강보험법	국민연금법	산업재해보상보험법	고용보험법
시행일	'77.7.1	'88.1.1	'64.7.1	'95.7.1
집행기구	국민건강보험공단	국민연금공단	근로복지공단	노동부
보장내용	건강보장 건강증진	소득보장	건강보장 소득보장	소득보장
관리대상	전 국민	5인 이상 근로자 18-65세 자영자	상시 1인이상 근로자	

※ 고용보험의 경우 사업장관리, 보험료는 근로복지공단에서 업무수행

제2절 건강보험

1. 건강보장의 정의와 유형

사회보장은 크게 소득보장과 건강보장으로 구분되는데 건강보장(medical security)은 개인의 능력으로 해결할 수 없는 의료문제를 사회적 연대책임으로 해결하고자 하는 것이다.

건강보장제도는 국민의 건강권을 보호하기 위하여 요구되는 필요한 보건의료서비스를 국가나 사회가 제공하는 제도적 장치로서 건강보장제도는 건강보험, 의료급여, 산재보험을 포괄하고 있다. 우리나라에서 실시하고 있는 건강보장의 유형은 다음 <표 10-2>에서와 같다.

〈표 10-2〉 우리나라 건강보장의 유형

구분	건강보험	의료급여	산업재해(공상)	자동차보험
기본 성격	질병 및 부상 치료, 분만, 사망관련 보험급여	일정수준 이하의 저소득층에게 모든 질병이나 부상에 의료혜택 부여	업무상 재해보상, 재해예방, 재활 및 각종 복지사업	인적·물적 피해를 약관이 정한 바에 따라 보상(대인배상, 대물배상)
관리대상	전 국민	의료급여대상자	산재보험가입자	자동차보험가입자
보험료 부담주체	사업주, 근로자, 정부, 세대원	정부	사업주	가입자
보험료 부과기준	임금, 재산, 소득 등	-	임금, 업종	급여 내용 및 위험정도
급여내용	요양급여, 건강검진, 요양비, 장제비, 본인부담금보상금, 장애인보장구,본인부담금환급금 등	의료급여, 요양비, 건강검진 등	요양급여, 휴업급여, 장해급여, 간병급여, 유족급여, 장의비, 상병보상연금	사망(위자료,장례비,상실수익액),후유장해(위자료,상실수익액),부상(위자료,휴업손해,치료관계비 등)
급여제한	범죄행위로 인하여 사고를 유발했을 때 및 다른 법령에 의하여 급여를 받게 되는 자	다른법령에 의하여 국가로부터 보호를 받고 있는 경우 기타 의료보험법 제8조 제2항의 규정에 의한 의료보호기준에서 정하는 진료 가해자가 있어 진료비 보상이 가능한 경우	-업무상 부상 또는 질병의 치료목적이 아닌 진료 또는 투약, 상급병실 사용료 차액, 지정진료료, 국민건강보험법의 규정에서 정하지 않은 요양급여	자동차사고와 인과관계가 없는 상병, 지정진료료, 상급병실료 차액, 의료기관의 퇴원 또는 전원 지시에 불응하는 경우
수가	의료보험수가	의료보험수가	의료보험수가 (할증)	의료보험수가 (할증)
진료기관	모든 요양기관 (단, 의료전달체계가 있음)	진료권별로 순차적으로 진료	산재보험 의료기관 지정	본인이 희망하는 의료기관
본인부담	입원 20% 외래 : 요양기관종별로 틀림	1종 : 무료 2종 입원 : 20% 외래 : 포괄수가 (방문당) 약국 : 처방전당 일정금액	없음	없음 보험회사의 지불보증만으로 진료 단, 가해자나 피해자가 진료비를 지불한 경우 영수증을 제출하여 환불
진료비 심사	건강보험심사평가원	건강보험심사평가원	근로복지공단	자체단독, 자체심사, 외부심사
진료비 지급	국민건강보험공단	지방자치단체	근로복지공단	보험회사

2. 우리나라의 건강보험 개요

1) 목적

국민의 질병·부상에 대한 예방·진단·치료·재활과 출산·사망 및 건강증진에 대하여 보험급여를 실시함으로써 국민보건 향상 및 사회보장 증진을 목적으로 한다.

2) 근거법령체계

〈그림 10-2〉 우리나라 사회보장체계의 근거법령체계

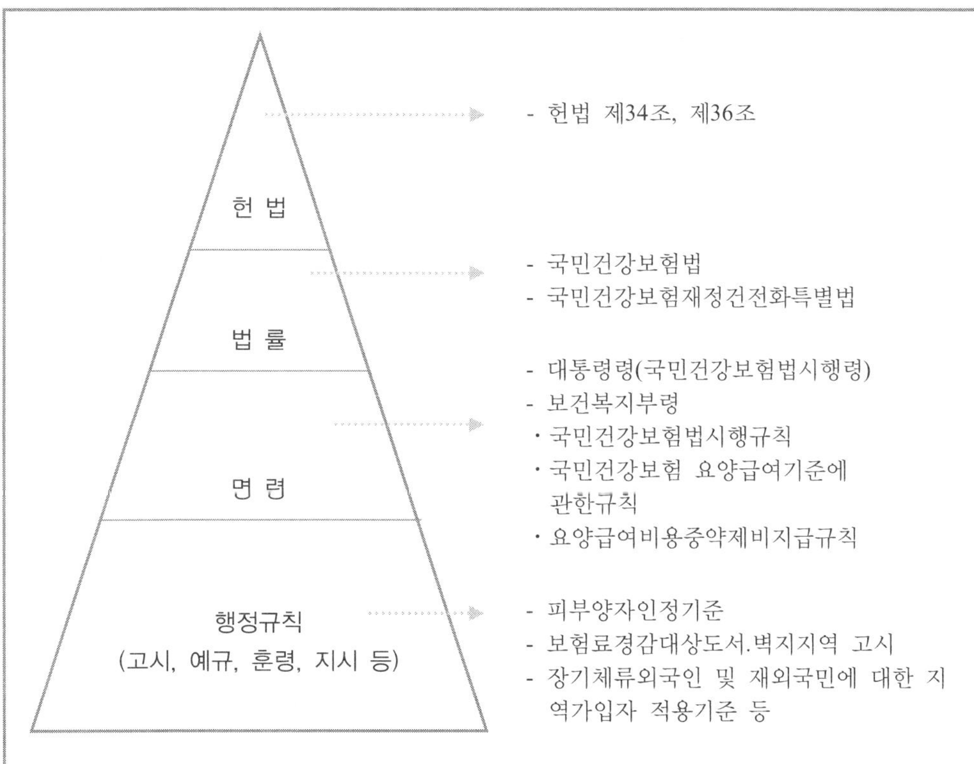

헌법 제34조 및 36조에서 국민의 인간다운 생활을 할 권리와 이를 실현하기 위한 국가의 사회보장·사회복지증진에 노력할 의무 및 국민의 보건에 관한 국가의 보호를 규정하고 있다.

국민건강보험법을 제정하여 건강보장제도를 시행하고 있는데, 국민건강보험법에서 건강보험제도에 관한 국민의 수급권 등 권리보장, 적용대상 및 보험료 부담 의무 등을 규정하고 있다. 한편, 국가에서는 생활유지능력이 없거나 생활이 어려운 국민을 대상으로 "의료급여법"에 의한 의료보호제도를 실시하고 있다.

3) 건강보험의 기능

건강보험의 기능은 다음과 같이 요약할 수 있다.

① 사회 연대성 제고
② 소득재분배 기능의 수행
③ 건강 · 사회보장 증진

4) 건강보험의 특성

① 강제적용 : 법률에 의한 강제가입
② 단기보험 : 1년 단위 재정수지 상등(회계연도를 기준으로 수입과 지출을 예정하여 보험료 계산), 지급기간 단기
③ 부담능력에 따른 보험료 차등 부담
④ 보험급여의 균등한 수혜
⑤ 보험료 부담 · 징수의 강제성

5) 건강보험의 연혁

(1) **임의보험사업기**(1963-1977)

- 1963.12.16. 국가재건최고회의에서 의료보험법 제정
- 1970. 8. 7. 의료보험법 개정(법률 제2228호)

(2) 피용자 의료보험의 단계적 실시

- 1977. 7. 1. 500인 이상 사업장 의료보험 실시
- 1979. 1. 1. 공 · 교 의료보험의 실시

- 1979. 7. 1. 300인이상 사업장 의료보험 당연적용
- 1981. 1. 1. 100인이상 사업장 의료보험 당연적용(16인 이상 사업장 임의가입)

(3) 자영자 의료보험의 부분적 실시

- 1981. 7. 1. 지역의료보험 1차 시범사업 실시(홍천, 옥구, 군위)
- 1981.12. 1. 직종의료보험조합 발족(문화예술인, 이미용)
- 1982. 7. 1. 지역의료보험 제2차 시범사업(강화, 보은, 목포)

(4) 전국민 의료보험의 달성

- 1988. 1. 1. 농・어촌 지역의료보험 전국 확대 실시
- 1989. 7. 1. 도시지역의료보험 전국적 실시

(5) 의료보험 통합기(1998-현재)

- 1998.10. 1. 1차 의료보험 통합(공무원 및 사립학교 교직원의료보험 및 227개 지역의료보험 통합)→ 국민의료보험관리공단 업무개시
- 2000. 7. 1. 의료보험 완전 통합(국민의료보험관리공단과 139개 직장조합)→ 국민건강보험관리공단 및 건강보험심사평가원 업무 개시
- 2001. 7. 1. 5인 미만 사업장 근로자 직장가입자 편입
- 2002. 1.19. 국민건강보험재정건전화특별법 제정
- 2003. 7. 1. 지역・직장재정 통합 운영

과거 의료보험법 체계에서는 소득형태 및 파악률, 의료이용률 등이 유사한 집단별로 다수 보험자를 구성하여 독립채산방식에 의하여 자치적으로 운영하였으나, 새로 제정된 국민건강보험법(1999. 2. 8. 제정) 체계에서는 적용대상자를 단일보험자(국민건강보험공단)로 통합 운영하고 있다.

〈그림 10-3〉 건강보험제도 연혁표

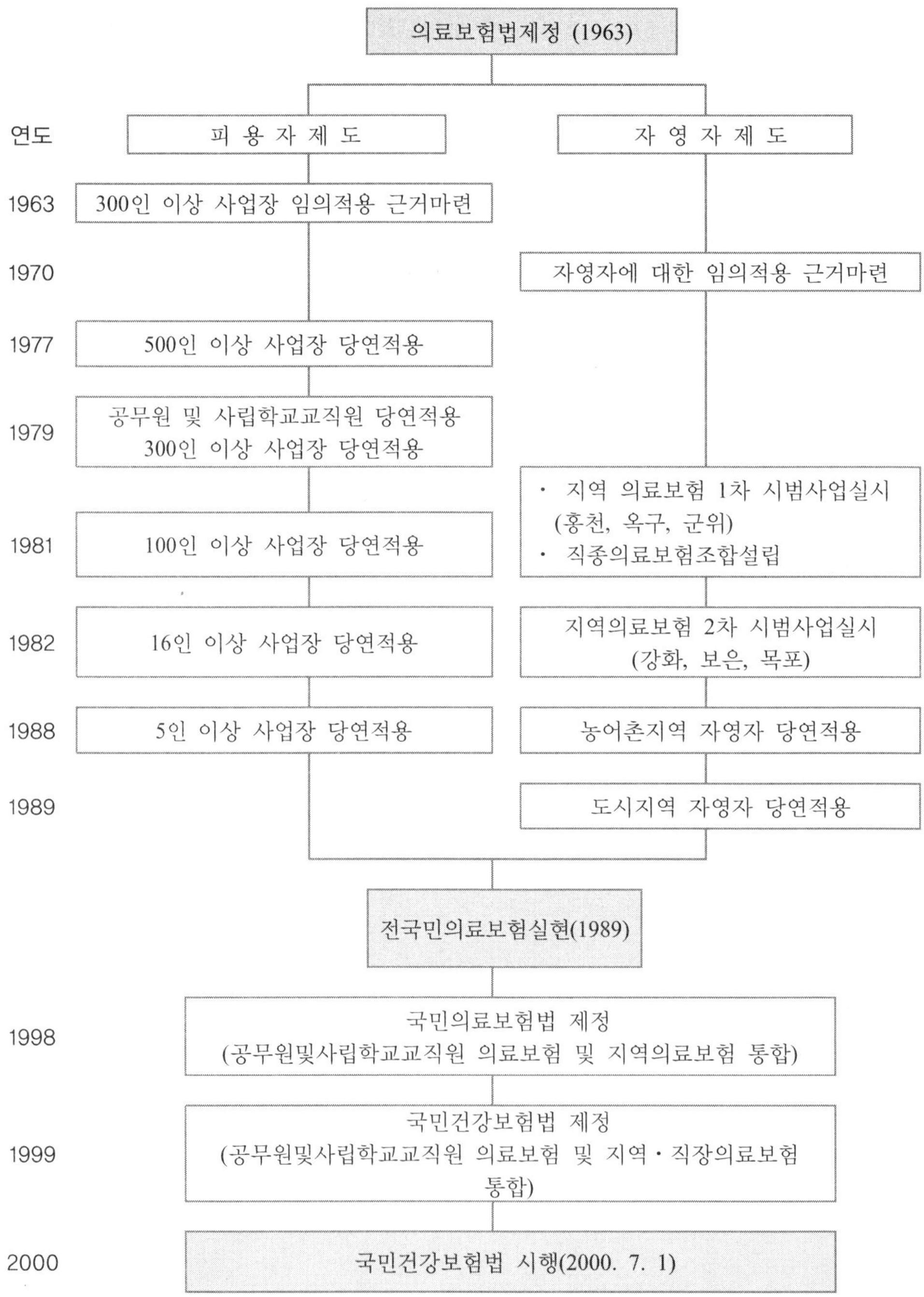

6) 건강보험 주요 재원

우리나라 건강보험의 주요 재원으로는 납부의무자인 가입자 또는 사용자로부터 징수하는 갹출금(보험료)(가입자 · 사용자 · 국가 및 지방자치단체로부터 징수)과 건강증진기금지원금 등이 있다.

지역가입자에 대한 보험급여비용과 지역가입자의 건강보험사업에 대한 운영비의 100분의 10에 상당하는 금액을 국민건강증진법에 의하여 국민건강증진기금에서 국민건강보험공단에 지원하고 있으며, 이 지원금은 직장, 지역의 65세이상 노인에 대한 보험급여비용에 사용된다.

국민건강증진법 제23조 제1항에 의거 2002. 2. 1.부터 담배에 대하여 궐련 20개비당 150원의 국민건강증진부담금을 부과하여 보험재정으로 사용토록 하였다.

한편, 국가가 지역가입자의 보험료 일부를 부담할 수 있도록 하고 있으며, 2006. 12. 31.까지 한시적으로 시행중인「국민건강보험재정건전화특별법」제15조(보험재정에 대한 정부지원)의 규정에 따라 지역가입자에 대한 보험급여비용과 지역가입자의 건강보험사업에 대한 운영비의 100분의 40에 상당하는 금액을 국고에서 공단에 지원한 바 있다.

7) 건강보험 관련 당사자

건강보험법에 의하여 국가를 대신하여 건강보험사업을 수행하는 주체는 국민건강보험공단, 심사평가원, 요양기관이라 할 수 있다.

(1) 국민건강보험공단(보험자)

가입자와 피부양자의 자격관리, 보험료 부과 · 징수, 가입자의 건강증진업무 추진, 의료서비스 가격을 요양기관과 계약으로 정하는 등 보험재정 관리 및 포괄적 국민건강보장 주체로서의 역할을 담당한다.

(2) 건강보험심사평가원(심사 · 평가기구)

요양기관이 제공한 의료서비스와 서비스비용의 적정성을 객관적으로 공정하게 심사 · 평가하여 공단이 지급할 비용을 확정한다.

〈그림 10-4〉 건강보험 관련 당사자 및 운영체계

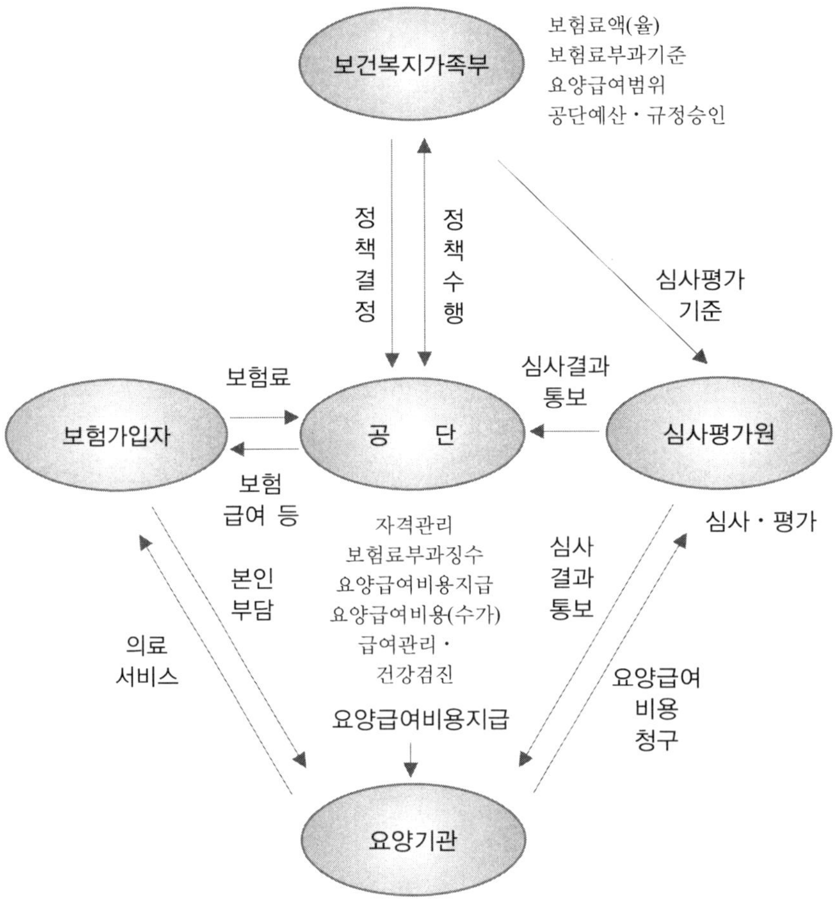

(3) 요양기관

가입자에 대한 의료서비스를 제공하고, 서비스 비용은 공단과 계약으로 정하며, 계약 미체결 시 보건복지가족부장관이 정한다. 보험자가 일방적으로 요양기관을 지정하는 방식으로부터 요양기관의 범위 및 종류를 구체적으로 법에 규정하는 당연 요양기관제도로 전환하였다.

그러나 피보험자 및 피부양자의 질병. 부상 또는 출산 시에 요양급여를 행하는 기관으로서, 보건복지가족부장관이 공익 또는 국가 시책상 의료기관으로 적합하지 아니하다고 인정되는 의료기관 등(대통령령이 정하는 의료기관 등)은 제외된다. 요양기관의 종류는 다음과 같다.

① 의료법에 의하여 개설된 의료기관
② 약사법에 의하여 등록된 약국
③ 지역보건법에 의한 보건소·보건의료원 및 보건지소
④ 농어촌 등 보건의료를 위한 특별조치법에 의하여 설치된 보건진료소

3. 건강보험제도 주요내용

1) 가입자

(1) 가입자 적용체계

〈그림 10-5〉 건강보험 가입자 적용체계

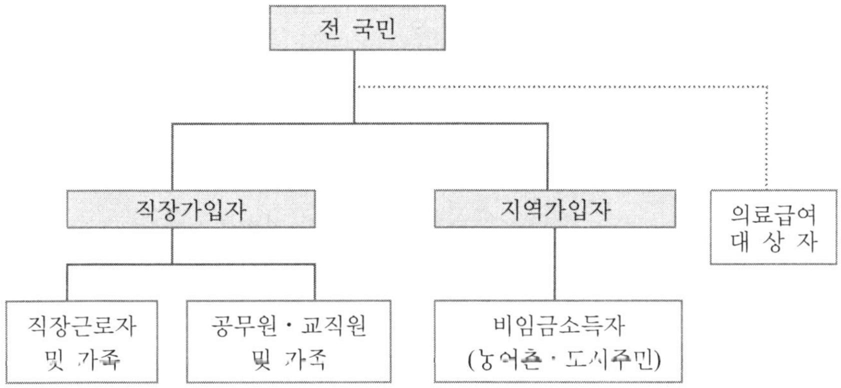

(2) 가입자의 범위

가입대상자는 직장가입자와 지역가입자로 구분된다. 직장가입자는 상시 1인 이상의 근로자를 사용하는 사업장에 고용된 근로자와 그 사용자를 말한다. 직장가입자에는 피부양자 자격이 존재한다.

① 국내 거주 국민 중 의료급여대상자를 제외한 전부
② 국민건강보험법령에 정한 취득요건을 갖춘 외국인 및 국내거소신고를 필한 재외국민 중 공단에 건강보험 적용을 신청한 자
　㉮ 직장가입자 : 근로자, 사용주, 공무원·교직원 및 그 부양가족

㉯ 지역가입자 : 직장가입자를 제외한 도・농(都・農) 지역주민

(3) 적용 제외자

① 의료급여법에 따라 의료급여를 받는 자
② 독립유공자예우에관한법률 및 국가유공자등예우및지원에관한법률에 의하여 의료보호를 받는 자

(4) 피부양자

직장가입자에 의하여 주로 생계를 유지하는 자로서 보수 또는 소득이 없는 자로 다음 사항에 해당하는 자를 말함.

① 직장가입자의 배우자
② 직장가입자의 직계존속(배우자의 직계존속 포함)
③ 직장가입자의 직계비속(배우자의 직계비속 포함) 및 그 배우자
④ 직장가입자의 형제・자매

2) 보험료

(1) 보험료 부과 · 징수

〈표 10-3〉 보험료 부과 · 징수

구분	직장	공무원 · 교직원	지역
건강 보험료	보수월액×보험료율(5.08%)	표준보수월액×보험료율	세대당=부과표준소득(적용점수)×적용점수당 금액(123.6원)
부담 주체	근로자 50% 사용자 50%	공무원 : ・공무원,정부 각 50% 사립학교교직원 : ・교직원50% ・학교경영자 30% ・국가・지방자치단체 20%	세대 구성원인 지역 가입자
징수방법	사용자가 원천징수 납부	기관장 등이 원천징수 납부	월별고지, 개별납부
납기일	익월 10일	익월 10일	익월 10일

직장가입자의 경우 2006. 12월 이전에는 표준보수월액에 보험요율을 곱하여 결정하였으나, 그 이후에는 보수월액에 보험요율을 곱하여 건강보험료를 결정한다. 여기서 보수월액은 직장가입자가 당해연도에 받은 보수총액을 근무월수로 나눈 금액을 말한다.

직장가입자의 보수월액이 28만원 미만은 28만원(하한선)을 적용하고, 월보수액이 6,579만원 초과는 6,579만원(상한선)이 적용된다.

지역가입자의 보험료는 가입자의 소득, 재산(전월세, 자동차 포함), 생활수준 및 경제활동 참가율을 참작하여 정한 부과요소별 점수를 합산한 보험료부과점수에 점수당 금액을 곱하여 보험료 산정 후 경감율 등을 적용하여 세대 단위로 부과한다. 소득, 재산(전월세, 자동차 포함), 세대원의 성 · 연령 소득금액과 연 500만원을 기준으로 부과요소를 달리 적용한다.

① 소득금액 500만원초과 세대: 부과요소별 점수[소득 + 재산(전월세 포함) + 자동차]를 합산한 보험료부과점수 × 점수당 금액(148.9원)

② 소득금액 500만원이하 세대: 부과요소별 점수[생활수준(재산 · 자동차 등) 및 경제활동참가율(성 · 연령) + 재산(전월세 포함) + 자동차]를 합산한 보험료부과점수 × 148.9원(점수당 금액)

(2) 보험료 경감

① 농어촌지역 거주자(의료이용 접근도 감안) 및 저소득 취약계층
- 도서 · 벽지: 50%
- 농 · 어촌: 22%
- 생활 곤란 세대: 10-30%
- 재해세대: 30-50% … 피해정도에 따라 3-6개월까지

② 65세 이상 노인, 등록 장애인 세대
- 장애인 등급 등에 따라 최고 30%까지 감면

3) 보험급여의 종류

가입자 및 피부양자의 질병 · 부상에 대한 예방 · 진단 · 치료 · 재활과 출산 · 사망 및 건강증진에 대하여 법령이 정하는 바에 따라 공단이 현물 또는 현금 형태로 제공한다.

〈그림 10-6〉 건강보험의 보험급여체계

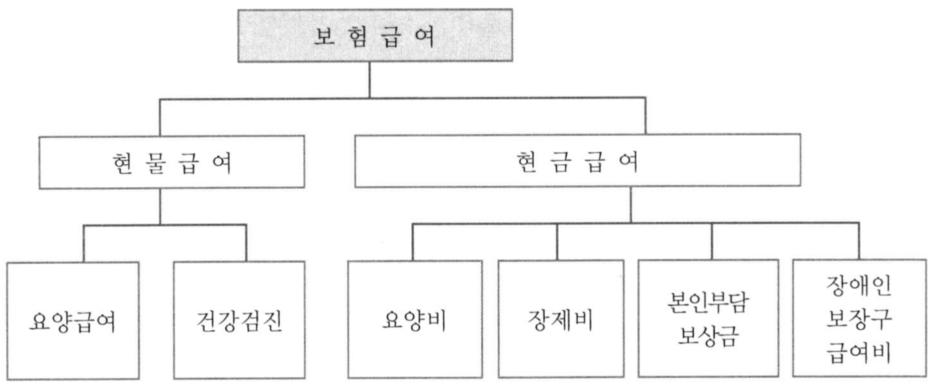

(1) 요양급여(현물급여)

가입자 및 피부양자의 질병·부상·출산 등에 대한 요양급여로서 진찰·검사, 약제·치료재료의 지급, 처치·수술·기타의 치료, 예방·재활, 입원·간호·이송 등이 포함된다.(국민건강보험법 제39조)

(2) 건강검진(현물급여)

건강검진을 현물급여의 일종으로 제공하는 목적은 정확한 건강검진을 통하여 질병의 조기발견으로 가입자의 건강유지를 도모하고, 공단에서는 질병의 조기발견을 통한 조기치료로 재정지출을 최소화하기 위한 것이다.

건강검진을 실시하는 대상, 실시주기, 검진항목 및 바용부담은 다음과 같다.

① 지역세대주, 직장가입자, 만 40세 이상의 피부양자 및 세대원

② 당해 연도 검진 대상자 중 희망자 대상으로 특정 암 검사 실시

㉮ 위암 및 대장암 : 만40세 이상의 대상자

㉯ 유방암 : 만 40세 이상 여성 대상자

㉰ 간암 : 2차 검진 결과 간장질환 유 질환자

③ 실시주기

㉮ 사무직근로자, 지역가입자, 직장피부양자 : 2년마다 1회

㉯ 사무직근로자를 제외한 직장가입자 : 1년 1회

④ 검진항목

㉮ 1차 검진 : 기본진찰, 소변, 혈액, 흉부방사선검사 등 23개 항목

㉯ 2차 검진 : 폐결핵, 고혈압, 간장, 당뇨질환 등 28개 항목

⑤ 비용부담

㉮ 건강검진(1차 및 2차 검진비용) : 전액 공단 부담

㉯ 특정 암 검사 : 공단과 수검자가 각각 50%씩 부담

(3) 현금급여의 종류와 내용

급여종류	급여 내용
요양비 (출산비포함)	가입자 또는 피부양자가 긴급, 기타 부득이한 사유로 인하여 요양기관에서 제외되는 의료기관 등에서 질병, 부상, 출산 등에 대하여 요양을 받거나 출산을 한 경우 지급 ① 요양비: 요양급여에 상당하는 금액 ② 출산비: 첫째 자녀 76,400원, 둘째 이후 자녀 71,000원
장제비	가입자 또는 피부양자가 사망한 경우에 그 장제를 행한 자에게 지급 => 지급금액: 250,000원
본인 부담액 보상금	병·의원에서 진료 받고 납부한 법정 본인부담금이 매30일에 120만원을 초과한 경우, 그 초과금액의 50%를 보상
장애인 보장구 급여비	장애인 복지법에 의하여 등록한 장애인 가입자 및 피부양자에게는 보장구에 대하여 보험급여 실시 · 보장구 구입금액이 유형별 기준액 이내: 실구입액의 80% · 보장구 구입금액이 유형별 기준액 초과: 기준액의 80%
보험급여 (본인 부담액 상한제)	본인부담액상한제 · 고액·중증 질환자의 진료비 부담으로 인한 가계의 경제적 부담을 경감하기 위하여 6월간 보험적용 본인부담금이 300만원을 초과한 경우 그 초과한 금액을 공단이 부담함으로써 건강보험 본연의 보장성을 확보하고 가계안정을 도모하는 제도임

(4) 진료비 본인 일부 부담제

진료비 부담액 중 지정 진료비, 상급병실 차액, 식대, 초음파, MRI, 치과 보철비용, 스케일링, 한방첩약 등 보험급여가 되지 않는 항목을 제외한 보험급여가 적용되는 항목에 대하여 본인부담액이 다음과 같이 적용된다.

① 입원 : 20%

② 외래 : 요양기관 종별에 따라 차등 부담

4. 이의신청 및 심사청구

1) 이의신청

공단 및 심사평가원의 처분에 이의가 있는 자는 공단 및 심사평가원에 이의신청을 할 수 있다. 특히 심사평가원의 처분에 공단도 이의신청을 할 수 있도록 하여 심사기구의 독립 취지를 반영하고 있다. 이의신청은 처분이 있은 날로부터 90일 이내에 하여야 하며, 이의신청위원회는 이의신청을 받은 날로부터 60일 이내에 그 결정을 해야 한다.

2) 심사청구

공단 및 심사평가원의 이의신청에 대한 결정에 불복이 있는 자는 보건복지가족부에 설치된 건강보험분쟁조정위원회에 심사청구를 할 수 있다. 심사청구는 처분이 있은 날로부터 90일 이내에 하여야 하며, 건강보험분쟁조정위원회는 심사청구를 받은 날로부터 60일 이내에 그 결정을 해야 한다.

3) 행정소송

공단 및 심사평가원의 처분은 공법(행정법)상의 처분임을 분명히 하고 그 소송도 행정소송 대상임을 규정하였으며, 국민이 신속히 권리구제를 받을 수 있도록 기존의 행정심판전치주의를 폐지하였다.

공단 및 심사평가원의 처분에 불복이 있는 자는 이의신청이나 심사청구를 거치지 않고 직접 행정소송을 제기할 수 있으며, 이의신청의 결정 또는 심사결정을 받은 단계에서도 직접 행정소송을 제기할 수 있다.

5. 요양급여비용의 심사

요양급여비용심사는 관계법령에서 정한 기준과 원칙에 근거하여 의학적으로 보편타당하고 경제적으로는 비용효과적인 방법으로 요양급여가 행하여졌는지 여부를 공정하고 객관·타당하게 심사하는 것이다.

그러한 심사를 통하여 과잉진료 서비스로 인한 과다진료의 억제와 부당한 진료비용의 지급을 방지하고 사회보험제도 내에서의 건강보장 취지에 합당한 적정 진료를 유도하며, 요양급여에 대한 사회적 책임과 자율적인 적정진료를 실제화하여 보험재정의 사회적 공동비용에 대한 연대책임감을 인식하게 함을 목적으로 한다.

6. 가입자 지원 사업

건강보험 통합 이후 공단은 보험자 본연의 역할을 다하기 위하여 보험자 기능을 지속적으로 강화・재편하는 노력을 기울여 왔다. 이는 보험자의 주 기능을 종래의 보험자 중심(부과・징수・급여)에서 건강증진과 질병 예방, 의료・건강정보의 제공, 고충처리, 질병관리 지원, 적정의료지원, 의료소비자 고충상담 등 가입자 중심으로 전환하는 작업이 현재 실시 중에 있거나 추진을 준비 중에 있다. 향후 가입자지원 사업이 공단의 핵심 사업으로 강화될 것이라고 한다.

제3절 국민연금

1. 국민연금의 의의

1) 사회보장제도와 국민연금

질병・노령・장애・빈곤 등의 문제는 산업화 이전의 사회에서도 물론 존재하였다. 다만 이 시기의 위험은 사회 구조적인 성격을 띤 것이 아니라 개인의 위험차원에서 머물러 있어 개인이나 가족의 책임아래 해결하였다. 그러나 산업사회로 넘어오면서 환경오염, 산업재해, 실직 등 스스로의 힘만으로는 해결할 수 없는 각종 사회적 위험에 노출되고 부양 공동제 역할을 해오던 대가족 제도의 해체로 노인부양 문제는 개인 차원을 넘어서 국가개입의 필요성이 요구되는 사회적 문제로 대두되었다.

이에 따라 각종 사회적 위험으로부터 모든 국민을 보호하고 빈곤을 해소하며 국민생활의 질을 향상시키기 위해 제도적 장치를 국가적으로 마련하였는데 이것이 바로 사회보장제도이다.

우리나라에서 시행되고 있는 대표적인 사회보장제도는 국민들이 노령, 장애, 사망 등으로 소득활동을 할 수 없을 때 기본적인 생활이 가능하도록 연금을 지급하는 국민연금제도를 비롯하여 건강보험, 산재보험, 고용보험 등 사회보험과 생활보호, 의료보호 등 공적 부조, 그리고 사회복지서비스 등이 있다.

1970년까지만 해도 구호사업 및 구빈정책 위주였던 우리나라의 사회보장제도는 70년대 후반에 실시되었던 의료보험이나 1988년 실시된 국민연금제도로 인해 1980년대 이후부터 그 틀을 갖추기 시작했다고 볼 수 있다.

사회 보장 (광의)	사회보장 (협의)	사회보험 : 연금보험, 건강보험, 산재보험, 고용보험
		공적 부조 : 생활보호, 의료보호, 재해보호
		사회복지서비스 (노인·부녀자·아동·장애자복지 등)
	관련제도	주택 및 생활환경, 지역사회개발, 공중보건 및 의료
		영양, 교육, 인구 및 고용대책, 인구조절계획

이 중 국민연금은 국가가 보험의 원리를 도입하여 만든 사회보험의 일종으로 가입자, 사용자 및 국가로부터 일정액의 보험료를 받고 이를 재원으로 노령으로 인한 근로소득 상실을 보전하기 위한 노령연금, 주 소득자의 사망에 따른 소득상실을 보전하기 위한 유족연금, 질병 또는 사고로 인한 장기근로능력 상실에 따른 소득상실을 보전하기 위한 장애연금 등을 지급함으로써 국민의 생활안정과 복지증진을 도모하는 사회보장제도의 하나이다.

2) 국민연금의 필요성

(1) 노인인구의 급속한 증가

생활수준의 향상과 의료기술의 발달로 평균수명이 늘어나고 출산율 감소로 인해 우리나라는 매우 빠른 속도로 노령화가 진행되고 있다. 65세 이상 노령인구비율이 2000년 7.2%로 고령화사회(UN 기준 : 7%)에 진입한 후 2019년과 2026년에는 각각 고령사회(UN 기준 : 14%)와 초고령사회(UN기준 : 20%)로 진입할 것으로 예상되고 있다. 특히 고령화사회→고령사회→초고령사회로의 이행기간이 각각 19년과 7년에 불과해 세계에서 유사한 사례를 찾아볼 수 없을 정도로 빠르게 진행되고 있다.

〈표 10-4〉 고령화사회에서 초고령사회로의 전환기간

구분	프랑스	독일	미국	일본	우리나라
고령사회(A)	115년	40년	71년	24년	19년
초고령사회(B)	41년	40년	15년	12년	7년

자료 : http://www.nps.or.kr/jsppage/info/easy/easy_01_0102.jsp
A : 고령화사회(노인인구 비율 7%)에서 고령사회(노인인구 비율 14%)로 진입하는데 걸린 기간
B : 고령사회에서 초고령사회(노인인구 비율 20%)로 진입하는데 걸린 기간

(2) 출산율의 급속한 저하

고령화사회의 조기진입은 평균수명은 늘어난 반면 신생아 출산율이 빠른 속도로 줄어들기 때문이다. 저출산고령사회위원회 자료에 따르면 1980년 2.83명이던 한국의 출산율은 2005년에 1.08명으로 떨어져 세계에서 가장 낮을 뿐 아니라, 최근 30년 동안 선진국 인구 통계상 최저 수준이다.

고령화 사회의 진입은 부양해야 할 노령인구가 증가한다는 것을 의미하는데 2002년 현재 생산가능 인구 9명이 1명의 노인을 부양하고 있지만 2019년에는 5명이 1명을 부양해야 하는 실정이다.

(3) 부모 모시는 가정 감소

과거에는 평균수명이 짧고 노년인구의 수가 적어 노인은 농경사회 지혜의 원천으로, 대가족 제도의 어른으로 존경의 대상이었다. 그러나 오늘날에는 노년인구가 많아지고 산업화 사회, 핵가족 제도의 영향으로 노인을 존경의 대상으로 보다는 부양의 대상으로 부담스럽게 생각하는 시각이 더 커지고 있다.

통계청 조사에 따르면 노인들에게 경제적인 어려움이 가장 큰 문제로 나타나고 있으나 가족구조, 부양의식 변화 등으로 인해 사적부양의 역할은 축소되고 있다. 따라서 젊고 소득활동 능력이 있을 때 체계적으로 자신의 노후를 준비해야 하며 이러한 맥락에서 대표적인 공적부양제도인 국민연금이 더욱 중요한 역할을 담당할 것이다.

(4) 미래준비 의식 미흡

가난한 사람은 "지금 먹고 살기도 힘든데 무슨 노후 준비냐?"며 노후준비를 하지 않게 되고, 젊은 사람들은 "20, 30년 후의 노후준비를 왜 벌써부터 하느냐?"며 노후준비를 미루고 있다. 대한상공회의소가 서울지역 직장인을 대상으로 한 노후대책 실태조사에 따르면 노후 걱정을 많이 하면서도 노후를 준비하는 직장인은 10명 중 3명에 불과한 것으로 나타났다.

금융소득이나 퇴직금만으로는 노후생활이 어렵고 개인연금제도 또한 대다수가 중도해지하는 등 노후보장수단으로는 한계가 있기 때문에 노후빈곤문제는 앞으로 심각한 사회문제로 대두될 것이다.

(5) 증가하는 사회적 위험에 대비하는 생계대책 필요

사고나 질병은 누구에게나 예고 없이 다가온다. 특히 현대사회는 도시화, 산업화로 인해 교통사고나 산업재해 등 각종 사고의 위험이 크게 증가하고 있어 이러한 위험에 대한 대책 마련이 시급하다. 이러한 위험을 개인 또는 가족 스스로 해결하기에는 어려움이 많기 때문에 국가가 나서서 사회구성원 간의 공동체적 연대와 세대 간의 부양시스템에 기초를 둔 국민연금제도를 도입하게 되었다.

2. 국민연금의 도입과 발전

1) 도입준비단계(1973년 국민복지연금법 제정)

1960년대 추진된 경제개발계획으로 산업화, 도시화, 핵가족화, 노령화가 빠른 속도로 진행되고, 이로 인해 발생된 사회문제의 해결방안으로 1973년 국민복지연금법이 제정·공포되었다. 그러나 1973년 발생한 석유파동의 영향에 의한 경제 불황으로 1974년 1월부터 시행 예정이었던 국민연금제도를 무기한 연기하게 된다.

이후 제6차 경제사회발전 5개년 계획이 실행되고 이 기간 동안 경제가 다시 발전하여 국민부담 능력이 크게 향상됨으로써 국민연금제도 실시를 위한 제반 여건이 성숙되었다.

2) 도입 · 실시단계(1986년 국민연금법 개정과 1988년 제도시행)

노동시장 확대와 계속적인 출생률 저하 등으로 국민연금 제도에 대한 필요성이 증가되면서 1986년부터 종전의 국민복지연금제도를 수정 · 보완하여 1988년 1월부터 국민연금제도를 시행하게 되었다.

이러한 국민연금제도는 기금운용 등 효율적 관리운영을 위해 1987년 9월에 독립기관으로 국민연금공단을 설립하였으며, 우선적으로 10인 이상 사업장에 근무하는 18세 이상 60세 미만의 근로자 및 사업주를 대상으로 실시하였다.

3) 확대단계

1988년 10인 이상 사업장을 중심으로 추진되었던 국민연금제도는 1992년 소득보장 혜택이 더욱 절실한 5인 이상 사업장으로 당연적용대상을 확대하였고, 1995년에는 신경제 5개년 계획 및 WTO 체제하의 농어촌 발전대책의 일환으로 농어촌지역에까지 국민연금제도를 확대하였으며, 1999년 4월 도시지역에까지 국민연금제도를 실시함으로써 전국민 연금시대가 열렸다. 2000년 7월 농어촌지역 특례노령연금을 지급하였고, 2001년 11월 텔레서비스 시스템을 전국으로 확대 운영하였으며, 2003년 7월 근로자 1인 이상 사업장으로 사업장 적용범위를 확대하였다.

3. 국민연금의 특징

1) 모든 국민의 강제가입

국민연금은 "나" 혼자서 대비하기 어려운 생활의 위험을 모든 국민이 연대하여 공동으로 대처하는 "우리"를 위한 제도로 모든 국민이 가입대상이다.

국민연금뿐만 아니라 건강보험 등 대부분의 사회보험제도는 강제가입을 채택하고 있다. 강제적용을 하지 않는다면 국민연금에 가입하지 않거나 보험료를 납부하지 않을 수 있다. 즉 가난한 사람은 '당장의 생활이 어려워 노후준비를 할 수 없다', 부유한 사람 또한 '별도의 노후준비가 필요 없다'고 가입을 기피하고, 젊은 층의 경우는 '먼 훗날의 노후를 굳이 지금부터 준비할 필요가 있느냐' 등으로 가입하지 않을 수 있다.

가입을 기피하는 사람이 많을수록 노년빈곤층이 많아지고 사회문제화될 경우 결국 국가는 빈곤해소를 위해 조세 등을 통해 해결해야 하다. 이렇게 되면 성실하게 노후를 준비한 사람은 자신의 노후는 물론 노후를 준비하지 못한 사람에 대한 보장을 책임지는 이중부담을 해야 하기 때문에 소득활동을 하는 사람은 누구나 의무적으로 가입하도록 하는 것이다.

2) 소득재분배로 사회통합에 기여

국민연금은 동일한 세대내의 고소득계층에서 저소득계층으로 소득이 재분배되는"세대내 소득재분배"기능과 미래세대가 현재의 노인세대를 지원하는"세대 간 소득재분배"기능이 동시에 포함되어 있다.

(1) 세대내 소득재분배

"부자"가 "가난한 사람"을 도와주는 세대내 소득재분배 기능은 국민연금의 급여산식에서 가입자 전체의 평균소득을 포함시켜 실현되고 있다. 간단하게 설명하면 "저소득계층"의 경우 전체가입자의 평균소득이 자신의 소득보다 높기 때문에 더 많은 연금을 받는데 비해 "고소득 계층"은 전체가입자의 평균소득이 자신의 소득보다 낮기 때문에 저소득층에 비해 상대적으로 연금혜택이 적은 것이다.

국민연금은 납입한 보험료 대비, 수급하는 연금급여가 저소득층이 훨씬 높아 소득격차를 줄임으로써 사회통합에 기여한다.

(2) 세대간 소득재분배

"미래세대"가 현재의 "노인세대"를 지원하는 세대 간 소득재분배 기능은 국민연금제도 도입초기단계 가입자의 제도순응성을 높이기 위해 도입하였다. 미래세대는 자신의 노후만 준비하면 되지만 국민연금 초기가입자의 경우 자신의 노후는 물론 부모 부양이라는 이중부담을 지고 있어 이들의 부담을 완화하기 위해 낮은 보험료에서 출발, 단계적으로 보험료를 높여가도록 한 것이다.

우리보다 연금제도를 먼저 시행한 외국의 경우에도 초기가입자의 부담을 완화하기 위해 낮은 보험료에서 출발하여 경제발전 정도, 부담능력, 연금재정상태 등을 종합적으로 고려해 연금보험료를 높여가고 있다.(미국 2% →12.4%, 독일 5% →19.1%)

국민연금은 제도도입 초기 가입자가 연금제도가 성숙한 이후의 자식세대에 비해 수익비가 높게 설계되어 있으므로 현재의 가입세대는 미래세대로부터 일정한 소득지원을 받는 세대 간 소득재분배의 순기능을 가지고 있다.

(3) 국가의 연금지급 보장

국민연금은 국가가 최종적으로 지급을 보장하기 때문에 국가가 존속하는 한 반드시 지급된다. 설령 적립된 기금이 모두 소진된다 하더라도 그 해 연금지급에 필요한 재원을 그 해에 걷어 지급하는 이른바 부과방식으로 전환해서라도 연금을 지급한다.

우리보다 먼저 국민연금과 같은 공적연금제도를 시행한 선진복지국가들도 초기에는 기금을 적립하여 운영하다가 연금제도가 성숙되면서 부과방식으로 변경했다.

현재 전 세계적으로 공적연금제도를 실시하고 있는 나라는 170여 개국에 달하지만 연금지급을 중단한 예는 한 곳도 없다. 심지어 최악의 경제상황에 직면했던 80년대 남미 국가들과 90년대의 옛 공산주의 국가에서도 연금지급을 중단한 사례는 없다.

(4) 노령연금 외에 장애, 유족연금 등 다양한 혜택

장애연금은 가입 중에 발생한 질병이나 부상으로 완치 후에도 장애가 남았을 경우 장애정도(1~4급)에 따라 자신과 가족의 생활을 보장하기 위해 장애가 존속하는 한 지급한다.

유족연금은 국민연금에 가입하고 있거나 연금을 받고 있던 사람이 사망하면 그 사람에 의해 생계를 유지하던 유족에게 가입기간에 따라 기본연금액의 일정률을 지급하여 유족들의 생활을 돕기 위한 연금이다.

(5) 전국소비자물가변동율에 따른 연금액의 조정

국민연금은 물가가 오르더라도 실질가치가 항상 보장된다. 처음 연금을 지급할 때는 과거 보험료 납부소득에 연도별 재평가율을 적용하여 현재가치로 재평가하여 계산하다. 예를 들어 1988년도 100만원 소득으로 국민연금에 가입되었다면 이를 2007년 현재가치로 재평가하면 약 430만원의 소득액으로 인정, 국민연금을 계산한다.

또 연금지급 중에도 전국소비자물가변동율에 따라 금액이 조정된다. 물가가 매년 3%p씩 오른다고 가정하면 2007년 1월에 40만원의 연금을 받을 경우 20년 뒤에는 약

72만2천원으로 인상된다.

4. 국민연금에의 가입

1) 가입유형

국민연금의 가입형태는 크게 사업장과 가입자로 나누어지고, 국민연금가입자는 가입종별에 따라 사업장가입자, 지역가입자, 임의가입자, 임의계속가입자로 구분하고 있다.

(1) 사업장가입자

국민연금에 가입된 사업장의 18세 이상 60세 미만의 사용자 및 근로자로서 국민연금에 가입된 자를 말하다. 1인 이상의 근로자를 사용하는 사업장 또는 주한외국기관으로서 1인 이상의 대한민국 국민인 근로자를 사용하는 사업장에서 근무하는 18세 이상 60세 미만의 사용자와 근로자는 당연히 사업장가입자가 된다. 따라서 지역가입자가 사업장에 취업하면 자동적으로 사업장가입자가 되고 지역가입자 자격은 상실된다.

(2) 지역가입자

국내에 거주하는 18세 이상 60세 미만의 국민으로서 사업장가입자가 아닌 사람은 당연히 지역가입자가 된다. 다만, 다른 공적연금에서 퇴직연금(일시금), 장애연금을 받는 퇴직연금 등 수급권자, 국민기초생활보장법에 의한 수급자, 소득활동에 종사하지 않는 사업장가입자 등의 배우자 및 보험료를 납부한 사실이 없고 소득활동에 종사하지 않는 27세 미만인 자는 지역가입자가 될 수 없다.

(3) 임의가입자

사업장가입자와 지역가입자가 될 수 없는 사람도 60세 이전에 본인의 희망에 의해 가입신청을 하면 임의가입자가 될 수 있다. 즉, 다른 공적연금에서 퇴직연금(일시금), 장애연금을 받는 퇴직연금 등 수급권자, 국민기초생활보장법에 의한 수급자, 소득활동에 종사하지 않는 사업장가입자 등의 배우자 및 보험료를 납부한 사실이 없고 소득활동에 종사하지 않는 27세 미만인 자라도 가입을 희망하는 경우 임의가입자가 될 수 있다.

(4) 임의계속가입자

가입기간이 20년 미만인 가입자가 60세 도달로 국민연금 가입자 자격을 상실하였으나, 가입기간이 부족하여 연금을 받지 못하거나 가입기간을 연장하여 더 많은 연금을 받고자 원할 경우는 65세에 달할 때까지 신청에 의하여 임의계속가입자가 될 수 있다.

2) 외국인가입자

우리나라에 거주하고 있는 외국인은 내국인과 동등하게 국민연금에 가입해야 하다. 즉, 18세 이상 60세 미만의 외국인이 국민연금에 가입된 사업장에 근무하면 사업장가입자가 되고, 그 외의 외국인은 지역가입자가 된다.

(1) 가입대상

① 외국인 사업장가입자 : 국민연금 적용사업장에 종사하는 18세 이상 60세 미만의 외국인인 사용자 또는 근로자.

② 외국인 지역가입자 : 국내에 거주하는 18세 이상 60세 미만의 외국인으로서 사업장가입자가 아닌 자.

(2) 가입대상 제외자

① 연수생(연수취업은 가입대상), 유학생, 외교관 등 법령에 의해 국민연금 의무가입을 제외한 경우

② 국민연금과 같은 성격의 연금제도에서 대한민국 국민을 의무적으로 가입시키지 않는 나라의 국민 : 해당 외국인의 본국법이 국민연금법에 의한 "국민연금에 상응하는 연금(국민연금과 같은 성격의 연금제도로서 사회경제적 위험분담형태의 소득보장제도)"에 관하여 대한민국 국민에게 적용되지 않는 경우

③ 우리나라와 사회보장협정을 맺은 나라에서 우리나라로 파견된 근로자가 본국의 가입증명서를 제출할 경우.

(3) 외국인가입자에 대한 연금급여

외국인도 우리 국민과 동일하게 노령연금, 유족연금, 장애연금을 수급할 수 있는 요

건에 해당되는 경우 국민연금법상의 연금급여를 모두 지급받을 수 있다.

사회보장협정이나 상호주의가 적용되지 않은 국가의 외국인가입자에게는 본국귀환 시 반환일시금을 지급하지 않았으나, E-8(연수취업), E-9(비전문취업), H-2(방문취업)에 해당하는 체류자격으로 국민연금에 가입한 외국인의 경우 2007년 5월 11일부터 반환일시금을 지급한다.

여기에서 상호주의란 협정을 맺은 국가의 국민에 대해서는 연금 수급권 취득, 급여 지급 등 법령을 적용함에 있어 자국민과 동등한 대우를 해주는 것을 말하다.

(4) 반환일시금 지급

① 그 외국인의 본국법에서 대한민국 국민에게 대한민국 반환일시금제도에 상응하는 급여를 지급하는 경우

② 대한민국과 외국인의 본국 간에 반환일시금 지급에 관한 사회보장협정이 체결된 경우

③ 최소가입기간 충족여부와 상관없이 E-8(연수취업), E-9(비전문취업), H-2(방문취업)에 해당하는 체류자격으로 국민연금에 가입한 외국인이 본국에 귀환하는 경우 (이미 본국으로 귀환한 외국인도 포함)

5. 연금의 특징과 종류

1) 급여의 특징

① 연금액의 실질가치 보장 : 연금을 받는 동안 매년 전국소비자물가변동율을 반영하여 연금액을 조정함으로써 물가가 인상되더라도 항상 연금액의 실질가치가 보장된다.

② 소득보장 : 소득능력이 상실되거나 감퇴된 경우에 본인 또는 유족에게 기본적인 생활을 할 수 있도록 연금형태의 급여를 제공하는 소득보장제도이다.

③ 국가의 지급보장 : 국가가 운영하고 지급을 보장하는 가장 안전한 노후준비수단이다.

④ 가입기간 추가 인정(크레딧)제도 운영 : 출산 및 군복무[2]에 대해 연금 가입기간을 추가 인정해주는 크레딧제도를 통해 노령연금수급기회를 확대하고 있다.

⑤ 지급된 급여에 압류 금지: 수급권자에게 지급된 급여로서 120만원 이하의 금액에 대해서는 압류하지 못하도록 하여 연금을 통한 기본적인 생활을 보장하고 있다.(2008.1.1. 시행)

2) 연금의 종류

급여의 종류는 노령연금(분할연금), 장애연금, 유족연금, 반환일시금, 사망일시금이 있다.

〈표 10-5〉 급여의 종류

연금 급여 (매월 지급)		일시금 급여	
노령연금	노후 소득보장을 위한 급여 - 국민연금의 기초가 되는 급여	반환일시금	연금을 받지 못하거나 더 이상 가입할 수 없는 경우 청산적 성격으로 지급하는 급여
장애연금	장애로 인한 소득감소에 대비한 급여	사망일시금	유족연금 또는 반환일시금을 받지 못할 경우 장제보조적·보상적 성격으로 지급하는 급여
유족연금	가입자의 사망으로 인한 유족의 생계보호를 위한 급여		

6. 기초노령연금제도의 도입

1) 지급 대상

2008년 65세 이상 전체 노인의 60%(301만 명), 2009년 70%(363만 명)가 수급하게 된다.

2) 급여수준

국민연금가입자 전체 평균소득월액(A값)의 5%(2008년 84천원), 2028년까지 A값의 10%로 단계적 인상하되 구체적인 시기와 방법은 국회 내 연금제도 개선위원회를 설치

2) 2008.1.1. 이후 2자녀 이상 출산 시 가입기간을 추가로 인정하고 해당기간의 소득은 평균소득월액(A값)의 전액을 인정하고, 2008.1.1. 이후 병역의무를 이행한 자에게 6개월의 가입기간을 추가로 인정하고 해당기간의 소득은 평균소득월액(A값)의 1/2을 인정함.

하여 논의할 예정이다.

3) 재원부담

기초지자체별 노인인구 비율 및 재정자립도 기준, 40-90% 범위 내 국고는 차등 보조한다.

4) 대상자 선정기준

2008년도는 노인의 소득·재산(금융재산 포함), 자동차 등을 소득으로 환산하여(연 5%) 전체 노인의 60%에 해당하는 금액을 기준금액으로 선정한다. 노인 단독 월소득액 인정액[3] 40만원(재산만 있을 경우 9,600만원), 노인부부 64만원(재산만 있을 경우 15,360만원)으로 한다.

제4절 산업재해보상보험

1. 우리나라 산업재해보상보험의 개요

1) 산업재해보상보험의 의의

산업재해보상보험(이하 산재보험이라 함)은 공업화가 진전되면서 급격히 증가하는 산업재해 근로자를 보호하기 위하여 1964년에 도입된 우리나라 최초의 사회보험제도이다.

초기의 산업재해는 건설현장과 위험한 기계 기구를 설치, 사용하는 사업장에서 주로

3) 소득인정액- 월소득에 재산을 소득으로 환산한 월액을 합산한 금액임.

발생하였으나 산업사회의 현대화, 고도화, 정보화 등으로 재해 발생 원인도 신종 직업병과 과로, 스트레스 등에 기인한 재해가 급격히 증가하고 있다.

산업재해로부터 근로자를 보호하기 위해서는 산업재해 자체를 예방하는 것이 가장 바람직한 것이나 이미 발생한 산업재해로 인하여 부상 또는 사망한 경우에 그 피해근로자나 가족을 보호 내지 보상해 주기 위한 산재보험이 중요한 의미를 지닌다고 할 수 있다.

산재보험은 산재근로자와 그 가족의 생활을 보장하기 위하여 국가가 책임을 지는 의무보험으로 원래 사용자의 근로기준법상 재해보상책임을 보장하기 위하여 국가가 사업주로부터 소정의 보험료를 징수하여 그 기금(재원)으로 사업주를 대신하여 산재근로자에게 보상을 해주는 제도이다.

2) 산재보험의 특성

타 사회보험과 다른 산재보험의 특성은 다음과 같다.

① 근로자의 업무상 재해에 대하여 사용자에게는 고의・과실의 유무를 불문하는 무과실 책임주의이다.
② 보험 사업에 소요되는 재원인 보험료는 원칙적으로 사업주가 전액 부담한다.
③ 산재보험급여는 재해발생에 따른 손해전체를 보상하는 것이 아니라 평균임금을 기초로 하는 정률보상방식으로 행한다.
④ 자진신고 및 자진납부를 원칙으로 하고 있다.
⑤ 재해보상과 관련되는 이의신청을 신속히 하기 위하여 심사 및 재심사청구제도를 운영한다.
⑥ 타 사회보험과는 달리 산재보험은 사업장 중심의 관리가 이루어진다.

3) 적용확대 과정

산재보험제도가 처음 시행된 1964년에는 상시근로자 500인 이상을 고용하는 대규모의 광업 및 제조업 부문에만 적용하고 「근로기준법」에 규정한 재해 보상을 행하였다. 그 후 산재보험 적용범위가 점차 확대되어 2000.7월부터는 근로자 1인 이상을 고용하는 사업장의 근로자에게까지 적용이 확대되었다.

2005. 1월부터는 고용보험 및 산업재해보상보험의 보험료를 통합징수하기 위한 「고용보험 및 산업재해보상보험의 보험료 징수 등에 관한 법률」이 제정되어 시행되고 있다.

1964년 최초로 산재보험이 우리나라에 도입된 이후 적용확대과정을 살펴보면 다음과 같다.

① 1965년도에 상시근로자 200인 이상의 전기가스업과 운수보관업을
② 1969년도에는 건설업, 서비스업, 수도위생시설업, 통신업을 추가하였고
③ 1989년도에는「근로기준법」의 적용을 받는 사업에서 모든 사업 또는 사업장에 적용하도록 법을 개정하고
④ 1991년도에는 상시근로자 5인 이상(정확히는 1976년부터)의 농업, 임업, 어업, 수렵업, 도・소매업, 부동산 및 사업서비스업, 개인서비스업까지 확대되었고
⑤ 1998.7.1부터는 금융・보험업이 추가되었으며
⑥ 2000.7.1부터 1인 이상 사업장으로 확대되었고,
⑦ 2005.1.1부터 건설업 등 면허를 가진 건설업자 등이 행하는 모든 건설공사와 법인이 행하는 농업・임업(벌목업 제외), 어업・수렵업 중 근로자 1인 이상을 고용하는 사업은 당연적용대상으로 확대됨.

1992년에는 금융 및 보험업, 기타의 각종 사업 중 교육서비스업, 보건 및 사회복지사업, 연구 및 개발업 등이 적용에서 제외되는 업종이 되었다.

4) 산재・고용보험사업 수행체계

산재・고용보험의 보험관계는 관리 주체인 노동부장관과 산업재해보상보험업무와 고용보험 업무를 실제로 담당하는 일선 집행기관인 근로복지공단 및 고용지원센터, 산재・고용보험법에 규정하고 있는 보험료납부 등 제반의무를 이행하는 보험가입자, 그리고 보험급여를 받을 권리가 있는 수급권자의 관계로 기본구조를 형성하고 있다.

이를 도식화하면 다음과 같다.

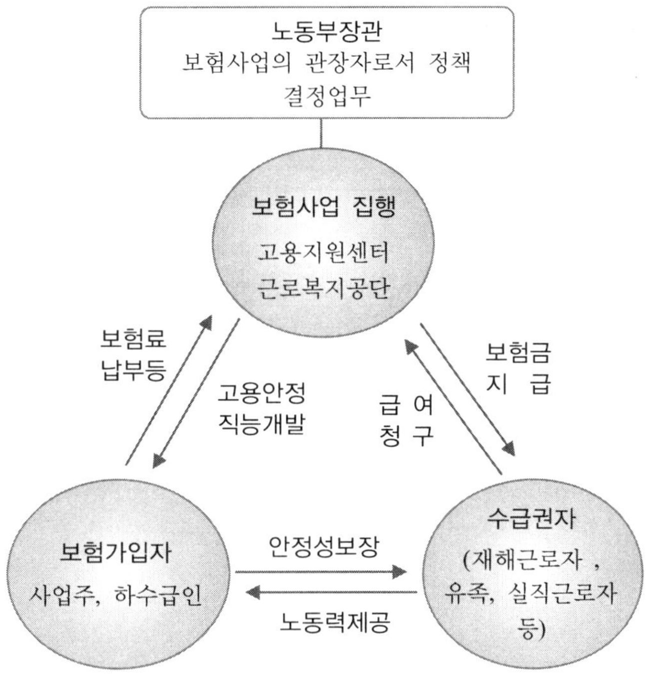

2. 보험료

1) 재원

산재보험의 재원은 기본적으로 보험가입자인 사업주가 납부하는 보험료로 충당한다. 보험료 전액을 사업주가 부담하는 것은 고용한 근로자가 업무상 재해를 입은 경우 사업주의 무과실책임을 인정하여 보상함으로써 재해근로자를 보호하고 사업주가 근로기준법에 의한 재해보상책임을 면함은 물론 민법 기타 법령에 의한 손해배상책임의 전부 또는 일부를 면제함으로써 사업주의 위험부담을 분산시키기 때문이다.

사회보험이라는 성격 때문에 '89년에는 국가가 예산의 범위 안에서 산재보험사업의 사무집행비를 일반회계에서 부담하도록(의무부담제)하였다.

산재보험은 전년도 근로자 기준으로 개산보험료를 납입한 후 다음해에 확정보험료로 정산하는 제도를 가지고 있다.

2) 업종별 보험요율

보험료는 사업장별로 그 사업장의 임금총액에 해당 보험료율을 곱하여 산정하는데, 보험료율은 재해율이 유사한 사업의 종류별로 과거 3년 동안의 재해율과 보험급여에 필요한 금액을 기초로 하여 노동부장관이 결정・고시하고 있다. 보험료율은 다음과 같이 결정한다.

> 보험료율(100%) = 순보험료율(85%) + 부가보험료율(15%)
>
> * 순보험료율 = 보험급여지급률 + 추가증가지출률

보험급여지급률이란 매년 9월 30일 현재를 기준으로 지난 3년 동안 임금총액에 대한 보험급여 총액의 비율을 말하며, 추가증가지출률은 그 해에 지급될 것으로 예상되는 임금총액에 대하여 연금이나 급여개선 등으로 그 해에 추가로 지급될 보험급여액을 고려하여 조정한 비율을 말한다.

하나의 사업 또는 사업장에 대하여 하나의 보험료율이 적용되고, 동일한 사업장 내에서 보험료율이 다른 두 가지 이상의 사업을 하고 있을 때에는 첫째, 근로자수가 많은 사업 둘째, 임금 총액이 많은 사업 셋째, 매출액이 많은 사업의 순서에 따라 비중이 큰 사업의 보험료율을 적용한다.

3) 개별실적요율

보험료율은 사업종류별로 적용한다. 그러나 동일한 사업종류에 속하더라도 재해가 많은 사업장이 있고 재해가 적은 사업장도 있는데, 이러한 재해율에 관계없이 동일한 보험료율을 일률적으로 적용한다면 재해가 적은 사업장의 사업주는 불만을 갖게 되고 재해가 높은 사업장의 사업주는 적극적으로 재해를 줄이려는 노력을 하도록 유도할 수 없다.

이러한 점을 고려하여 1969년부터 개별 사업장의 재해율에 따라 보험료율을 30% 범위 내에서 증가 또는 경감시켜 주는 개별실적요율제도를 도입・시행한 이후 그 범위를 점차 확대하였고 '97년 8월부터 그 범위를 ±50%로 확대하여 사업주가 재해예방 노력을 적극적으로 하도록 하였다.

개별실적요율 = 해당사업종류의 일반요율 ±
(해당사업종류의 일반요율×수지율에 의한 증감비율)

수지율이라 함은 과거 3년 동안 보험급여 총액을 보험료 총액으로 나눈 비율을 말한다.

3. 보험급여의 종류와 내용

1) 산재보험급여의 의의

산업재해보상보험법의 적용을 받는 사업 또는 사업장 소속 근로자가 업무상 사유로 인하여 부상・질병・장해 또는 사망한 경우에 이를 회복시키거나 소득을 보장하고 그 가족의 생활 보호를 위하여 지급되는 급여를 말한다.

2) 보험급여의 종류

① 요양급여 : 업무상 재해로 요양기간이 4일이상인 경우 국민건강보험 진료수가 범위 내에서 요양비 전액
② 휴업급여 : 요양으로 취업하지 못한 기간 1일에 대하여 평균임금의 70%상당액
③ 상병보상연금 : 당해 부상 또는 질병이 2년이 경과되어도 치유되지 않고 폐질등급 1~3급에 해당하는 장기 환자에 대하여 휴업급여 대신에 보다 높은 수준의 보험급여 지급
④ 장해급여 : 업무상 재해의 치유 후 당해 재해와 상당 인과관계가 있는 장해가 남게 되는 경우 그 장해정도에 따라 지급
⑤ 간병급여 : 요양급여를 받은 자가 치유 후 의학적으로 상시 또는 수시로 간병이 필요하여 실제로 간병을 받는 자에게 지급
⑥ 유족급여 : 업무상 재해로 사망하거나 사망의 추정 시 그 유족의 생활보장을 위하여 지급
⑦ 장의비 : 장제실행에 소요된 비용 지급

3) 요양급여

(1) 의 의

근로자가 업무상 부상 또는 질병에 걸렸을 경우 치유될 때까지 공단이 설치한 보험시설 또는 지정 의료기관에서 요양을 직접 행하게 하는 현물급여이다.

다만, 비지정의료기관에서 요양을 받은 경우나 산재환자가 자비로 실시한 요양 등 부득이한 경우에는 요양비를 지급한다.

(2)「산재보험법」상 요양급여의 범위

요양급여의 종류로는 ① 진찰 ② 약제 또는 진료재료와 의지 기타 보철구의 지급 ③ 처치·수술 기타의 치료 ④ 의료시설에의 수용 ⑤ 간병 ⑥ 이송 ⑦ 기타 노동부령이 정하는 사항 등이 있다.

(3) 지급요건

① 「산업재해보상보험법」이 적용되는 사업장의 근로자일 것
② 업무상 사유에 의한 부상 또는 질병에 걸렸을 것
③ 당해 부상 또는 질병이 4일 이상의 요양기간을 요할 것

4) 휴업급여

(1) 취 지

휴업급여는 업무상 재해를 당하거나 업무상 질병에 걸린 근로자가 요양으로 인하여 취업하지 못한 기간에 대하여 피재근로자와 그 가족의 생활보호를 위하여 지급하는 보험급여이다.

(2) 지급요건

① 업무상 부상 또는 질병으로 인한 요양 중일 것 : 요양에는 입원, 통원, 재가요양을 포함하고, 의사 등의 진료 또는 지도를 받고 있는 것으로 근로자의 임의적인 요양은 배제된다.

② 4일 이상의 취업 불능기간일 것 : 취업불능기간이란 요양으로 근로를 제공할 수 없었기 때문에 임금을 받지 못한 기간을 말하며, 취업하지 못한 기간이 4일 미만인 경우 근로기준법에 의한 재해보상책임에 의거 사업주가 휴업보상을 실시한다.
③ 임금을 받지 못할 것.

(3) 금액산정

휴업급여액은 요양기간 중 취업하지 못한 기간에 대하여 1일 평균임금의 70%를 산정하여 지급한다. 최저임금액을 적용하고, 산정된 휴업급여액(평균임금×0.7)이 최저임금액에 미달하는 경우 최저임금액을 1일 휴업급여 지급액으로 한다.

5) 장해급여

업무상 재해를 당한 근로자가 요양 후 치유되었으나 정신적 또는 신체적 결손이 남게 되는 경우 그 장해로 인한 노동력손실전보를 위하여 지급되는 보험급여이다.

지급요건으로는 ① 업무상재해로 인한 부상 또는 질병의 치유 후 신체에 장해가 잔존할 것 ② 장해가 당해 업무상 부상 또는 질병과 상당인과관계가 있을 것 등이다.

여기에서 치유란 부상 또는 질병에 대해 더 이상 치료를 해도 효과를 기대할 수 없거나 그 증상이 고정된 상태에 이르게 된 것을 말한다. 장해란 부상 또는 질병이 치유되었으나 신체에 영구적인 정신적, 육체적 훼손으로 노동력이 손실되거나 감소된 상태를 말한다.

6) 간병급여

요양을 종결한 산재근로자가 치유 후 의학적으로 상시 또는 수시로 간병이 필요하여 실제로 간병을 받는 자에게 보험급여로서 간병급여를 지급하여 주는 제도이다. 간병급여의 적용대상과 종류는 다음과 같다.

(1) 상시간병급여

① 신경계통 기능 또는 정신기능 장해가 제1급인 자
② 흉복부장기의 기능장해가 제1급인 자

③ 두 눈, 두 팔, 두 다리의 장해등급이 제1급이면서 다른 부위 제7급 이상의 장해가 있는 자

(2) 수시간병급여

① 신경계통의 기능 또는 정신기능 장해가 장해등급 제2급에 해당하는 자
② 흉복부장기기능의 장해가 장해등급 제2급에 해당하는 자
③ 상시 간병대상자 이외의 장해등급 제1급에 해당하는 장해가 있는 자 (조정장해 1급포함)
④ 두 눈, 두 팔 또는 두 다리의 장해가 장해등급 제2급에 해당하는 장해와 함께 그 외의 부위에 장해등급 제7급 이상에 해당하는 장해가 있는 자
⑤ 두 손의 손가락을 모두 잃어 혼자의 힘으로 식사를 할 수 없는 자로서 수시 간병을 받아야 하는 자

간병급여 지급대상자가 무료요양소 등에 입소하여 간병비용을 지출하지 아니하거나 실제 간병비용으로 지급한 금액이 간병급여액에 미달하는 경우에는 간병급여를 지급하지 아니하거나 실제 지출된 간병비용만 지급한다.

7) 유족급여

근로자가 업무상 사유로 사망 시 또는 사망으로 추정되는 경우 그에 의하여 부양되고 있던 유족들의 생활보장을 위하여 지급되는 보험급여이다.

업무상 사망 또는 사망으로 추정되는 경우에 지급요건이 발생한다. 사망으로 추정되는 자는 사고가 발생한 날 또는 행방불명된 날에 사망한 것으로 추정한다.

유족보상연금액은 기본금액과 가산금액을 합산한 금액이다.

> 유족보상연금액 =
> 기본금액(47%) + 가산금액(수급자격자 당 5%로 최대 20%)

기본금액은 급여기초연액(평균임금 * 365일)의 100분의 47에 상당하는 금액이며, 가산금액이란 유족보상연금수급자격자 1인당 급여기초연액의 100분의 5에 상당하는 금액의 합산액으로 최대 4인까지 20%을 인정한다. 연금수급권자가 원하는 경우에는 유

족일시금(평균임금의 1300일분 상당)의 50%를 일시금으로 지급하고 유족보상연금은 50%를 감액하여 지급한다. 유족급여는 유족보상연금으로 지급함이 원칙이나 근로자 사망 당시 연금수급자격자가 없는 경우 또는 연금수급권자가 외국에 거주하는 경우에는 유족보상일시금으로 지급할 수 있다.

8) 상병보상연금

요양개시 후 2년이 경과하여도 치유되지 아니하고 요양이 장기화됨에 따라 해당 피해근로자와 그 가족의 생활안정을 도모하기 위하여 휴업급여 대신에 보상수준을 향상시켜 지급하게 되는 보험급여이다.

지급요건은 당해 부상 또는 질병이 2년이 경과되어도 치유되지 않았을 것(장해등급 제1급~3급 수급자의 재요양시에는 요양 개시 후 2년이 경과된 것으로 본다)과 부상 또는 질병의 정도가 폐질등급 제1~3급에 해당할 것 등이다.

상병보상연금은 폐질등급 제1급의 경우 평균임금의 329일분이고, 2급은 평균임금의 291일분, 3급은 평균임금의 257일분이다.

9) 장의비

장의비는 업무상 재해로 사망한 경우에 지급하되, 그 장제를 행하는 자에게 지급한다. 법제정 당시에는 평균임금의 90일분이었으나 1989.6.1.부터 평균임금의 120일분으로 인상하였고, 1999년 산재보험법 개정으로 최고·최저금액을 설정하여 120일분의 최고금액을 초과하는 경우 최고금액으로, 120일분이 최저금액에 미달하는 경우에는 최저금액을 지급하고 있다.

10) 상병·유족 특별급여

1970년에 산재보험법을 개정하여 보험가입자의 고의 또는 중대한 과실로 인한 업무상 재해로 근로자가 사망한 경우로써 보험가입자인 사업주와 합의가 이루어진 경우 수급권자인 유족이 보험가입자에 대한 민법상 손해배상청구를 포기하는 대신 산재보험급여를 받을 때 유족급여 외의 평균임금의 1,000일분을 유족특별급여로 더 지급받을 수 있도록 하였다. 유족특별급여를 지급받게 되면 유족과 보험가입자인 사업주 사이에 민사소송법에 의한 재판상의 화해가 이루어진 것으로 간주하였다.

1982년 산재보험법을 개정하여 종전에는 보험가입자의 '고의 또는 중과실'을 요건으로 유족 특별급여를 지급하던 것을, '고의 또는 과실'로 인해 사망한 경우로 요건을 변경하였다. 상병 1-3급의 중상병이 발생한 경우에도 유족특별급여와 같이 상병특별급여를 지급할 수 있도록 하였으며, 특별급여액의 수준도 라이프니쯔계수를 적용한 민사배상액 수준으로 높여 소송을 하지 않고도 민사상 손해배상문제가 신속히 해결되도록 하였다.

11) 최고보상기준, 최저보상기준, 최저임금

사회보험급여는 사회적 최저기준을 보장하면서 재해발생 이전의 임금이 일정수준을 초과할 경우에는 그 보장 수준을 제한하여 사회적 형평성과 소득재분배 기능을 수행하는 것이 일반적 경향이다.

그러나 산재보험의 경우 최고한도가 없이 재해를 입은 근로자 간의 평균임금 격차가 클 경우 지급받는 보험급여의 격차도 커서 사회보험으로서의 역할에 한계가 있었다. 이러한 수급자 간의 형평성을 제고하기 위해 2000년 7월 1일부터 최고보상기준을 설정·운영하고 있다.

보험급여 중 휴업급여·상병급여·유족급여·상병보상연금·장의비 등은 산재근로자의 평균임금에 법에서 정한 급여지급일수를 곱한 금액을 지급하는데, 저임금 근로자는 본인의 평균임금으로 계산하여 보험급여를 지급받을 경우 보험급여액이 너무 적어 적정한 보호가 이루어지지 못하는 경우가 발생하게 된다.

이러한 저임금 근로자에 대한 보상금을 일정수준 이상으로 유지해 주기 위해 '77년부터 최저보상기준제도를 도입·시행하고 있다. 2000.7월부터 평균임금이 최저임금액보다 적을 때에는 최저임금액을 1일당 휴업급여액으로 지급하고 있다.

12) 임금변동 순응율제

보험급여는 산재근로자가 업무상 재해를 입기 직전 3개월 동안 지급받았거나 지급받을 임금을 토대로 계산한 평균임금을 기준으로 지급하는데, 보험급여를 장기간 지급받는 수급권자는 최초에 산정한 평균임금에 따라 보험급여를 지급하면 현재의 임금과 상당한 차이가 나게 된다.

따라서 업무상 재해를 입지 않고 계속 근무하였을 경우 받을 수 있는 임금수준을 보전해 주기 위해 1977년 산재보험법을 개정하여 일정한 기준에 따라서 모든 보험급여에 평균임금을 인상해 주는 임금변동 순응율제를 도입하여 시행하고 있다.

피재근로자와 동일 사업장의 동일 직종 근로자의 통상임금이 5%를 초과하여 변동된 때에는 피재근로자의 평균임금을 개정하여 이를 보험급여 산정의 기초로 한다.

제5절 고용보험

1. 고용보험의 개요

1) 의의

고용보험은 실직근로자에게 실업급여를 지급하는 전통적 의미의 실업보험사업 외에 산업구조조정의 촉진, 실업예방, 고용촉진, 근로자의 생애 직업능력개발 등을 위한 고용안정 · 직업능력개발사업을 상호 연계하여 실시하는 사회보장제도이며, 동시에 국가가 고용정책을 수행하기 위하여 보험의 원리와 방식을 도입하여 법률에 의하여 보험의 가입과 보험료의 납부가 강제되고 실업이라는 보험사고에 대하여 근로자와 사업주를 지원하는 공적인 사회보험제도이다.

2) 고용보험의 적용확대 과정

① 1995. 7월 고용보험의 도입 당시에는 상시근로자 30인 이상 사업장(고용안정 · 직업능력개발사업은 70인 이상)부터 적용함

② IMF관리체제 이후 실업이 급증함에 따라 1998. 1월부터는 10인 이상, 1998. 3월

부터는 5인 이상 사업장으로 의무가입대상 사업장이 단계적으로 확대됨

③ 1998. 10월부터는 상시근로자 4인 이하의 농업 · 임업 · 수렵업 등 일부 업종을 제외하고 근로자를 1인 이상 고용하는 전사업장으로 확대됨

④ 2002. 12월부터는 농업 · 임업 · 어업 및 수렵업 중 근로자를 1인 이상 고용하는 법인까지 그 적용범위가 확대됨

⑤ 2005. 1월부터는 고용보험 및 산업재해보상보험의 보험료를 통합징수하기 위한 「고용보험 및 산업재해보상보험의 보험료 징수 등에 관한 법률」이 제정되어 시행되고 있음.

〈표 10-6〉 사업별 · 규모별 고용보험 적용확대 과정

구분	'95. 7. 1~	'98. 1. 1	'98. 3. 1	'98. 7. 1	'98.10.1 이후
실업급여	30인 이상	10인 이상	5인 이상	5인 이상	1인 이상
고용안정사업	70인 이상	50인 이상	50인 이상	5인 이상	1인 이상
직업능력개발사업	70인 이상	50인 이상	50인 이상	5인 이상	1인 이상

2. 보험관계의 적용

1) 적용대상

산재 · 고용보험의 적용대상은 근로자를 사용하는 모든 사업이며 적용단위는 사업 또는 사업장이다. 여기에서 "사업"이란 어떤 목적을 위하여 업(業)으로 행하여지는 계속적, 사회적, 경제적 활동 단위로서 그 목적은 영리성 여부와는 관계가 없다. "사업장"이란 사업이 행하여지고 있는 사람과 물건이 존재하는 장소적 범위를 중심으로 본 개념이다.

2) 당연적용사업

당연적용사업이라 함은 사업이 개시되어 적용요건을 충족하게 되었을 때 사업주의 의사와는 관계없이 자동적으로 보험관계가 성립하는 사업을 말하는 것으로 적용제외 사업을 제외한 근로자를 1인 이상 사용하는 모든 사업 또는 사업장은 당연적용대상에 해당된다.

3) 임의적용사업

임의적용 사업이라 함은 「산업재해보상보험법」 및 「고용보험법」의 당연적용 대상사업이 아닌 사업으로서 보험가입여부가 사업주의 자유의사에 일임되어 있는 사업을 말한다.

산재·고용보험 적용제외 사업의 사업주는 근로복지공단의 승인을 얻어 보험에 가입할 수 있다. 다만, 고용보험의 경우는 근로자(적용제외 근로자 제외) 과반수이상의 동의를 얻어 임의 가입할 수 있다.

3. 보험가입자

1) 당연적용사업

산재보험은 사업주만 보험가입자가 되나 고용보험은 사업주와 근로자 모두가 보험가입자가 된다. 사업주란 법인의 경우 법인 그 자체를, 개인사업체인 경우는 자연인인 대표자를 말한다.

당연적용사업의 사업주는 자신의 가입의사와는 관계없이 당연히 보험가입자가 되며, 보험료의 신고·납부의무가 주어지게 되고, 사업의 규모가 크거나 지역적으로 광범위하게 걸쳐 있어 자신이 직접 각종 신고·보고의무를 행하기 어려운 때에는 대리인을 선임하여 대신하게 할 수 있다.

2) 임의가입사업

임의가입사업의 경우에도 보험가입자는 당연적용사업과 동일하며, 근로복지공단의 승인을 얻으면 보험가입자가 될 수 있다.

3) 수차의 도급사업

건설업에 있어서 민법에 의한 도급계약 형식으로 수차의 하도급이 이루어지는 경우 원칙적으로 원수급인이 보험가입자가 된다. 다만, 원수급인이 서면계약으로 하수급인에게 보험료의 납부를 인수하게 하는 경우에는 원수급인의 신청에 의하여 근로복지공단의 승인을 얻은 때에 그 하수급인을 보험가입자로 본다.

또한 국내 건설사가 국내에 소재하지 않는 외국건설사로부터 하도급을 받아 시행하는 경우에는 그 최초 하수급인을 보험가입자로 본다.(2007.3.29. 이후 최초로 외국의 사업주와 하도급계약을 체결하는 사업주부터 적용)

4. 보험료

보험료라 함은 건강보험사업에 소요되는 비용을 충당하기 위하여 보험가입자로부터 징수하는 금원을 말한다.

산재보험료의 경우에는 사업주가 전액을 부담하지만, 고용보험료의 경우 실업급여에 관한 보험료는 사업주와 근로자가 보험료의 1/2를 각각 부담하고 고용안정・직업능력개발사업에 관하여는 사업주가 전액을 부담한다.

보험료의 산정기간은 계속사업장의 경우 매 보험연도 1월 1일부터 12월 31일까지, 연도 중 성립사업장은 보험관계성립일부터 12월 31일까지, 연도 중 소멸사업장은 보험년도 1월 1일부터 사업폐지・종료일까지, 연도 중 성립・소멸사업장의 경우에는 보험관계성립일부터 사업폐지・종료일까지이다.

보험료(부담금)의 산정기초가 되는 임금총액이라 함은 사업주가 보험년도(건설공사기간) 중에 「근로기준법」(제2조제1항제5호)에 따라 임금을 지급 또는 지급하기로 결정한 총액을 말한다. 「근로기준법」에 따른 임금총액이라 함은 사용자가 근로의 대상으로 근로자에게 임금, 봉급, 기타 여하한 명칭으로든지 지급하는 일체의 금품을 말하는 것이므로 임금이외의 현물(급식, 정기승차권 등)로 지급되는 임금도 포함된다.

그러나 결혼축하금이나 조의금, 재해위문금, 휴업보상금, 실비변상으로 지급되는 것(예 : 작업용품대, 작업상 제공하는 피복비, 출장여비)과 작업상 필수적으로 지급되는 현물급여(예 : 작업복, 작업화 등)와 퇴직금 등은 임금총액에 산입되지 않는다.

5. 고용보험 급여

고용보험급여는 크게 사업주 지원제도와 근로자 지원제도로 구분된다.

1) 사업주 지원제도

(1) 고용창출 지원사업

① 중소기업 근로시간 단축지원금 : 주 40시간 근무제를 조기에 정착시키고 이로 인한 기업의 부담을 완화하기 위해 조기에 근로시간을 단축하고 근로자를 신규 채용하는 중소기업을 지원한다.(고용보험시행령 제12조)

② 교대제 전환지원금: 교대제를 새로이 실시하거나 교대제를 실시하고 있는 사업주가 조를 늘려 교대제를 전환하는 경우에 (교대제전환후 월평균근로자수-전환전 월평균근로자수) × 분기당 180만원을 지급한다.

③ 중소기업 고용환경개선지원금 : 중소기업으로 제조업 및 지식기반서비스업(부가통신업, 정보처리 및 기타 컴퓨터운영관련업, 자연과학 연구개발업, 엔지니어링 서비스업, 전문 디자인업 등)을 영위하는 사업주에게 투자금액의 50%(최대 3,000만원)와 증가된 근로자수 1인당 120만원(최대 30명) 1회 지급한다.

④ 중소기업 전문인력활용장려금 : 중소기업의 고용기회 확대와 경쟁력 제고를 위하여 신규로 전문인력을 채용하거나 대기업으로부터 전문인력을 지원받아 사용하는 사업주에게 채용일로부터 1년간 지원한다.

⑤ 중소기업 신규업종진출지원금 : 제조업 또는 일부 지식기반서비스업(부가통신업, 정보처리 및 기타 컴퓨터운영관련업, 자연과학 연구개발업, 엔지니어링 서비스업, 전문 디자인업 등)을 영위하는 중소기업에 대하여 증가된 근로자 1인당 분기 180만원(기업단 30명한도)을 지급한다.(신규업종 진출 후 1년간 지원)

(2) 고용조정 지원사업

① 고용유지 지원금 : 생산량감소, 재고량증가 등으로 고용조정이 불가피하게 된 사업주가 근로자를 감원하지 않고 휴업, 훈련, 휴직, 인력재배치 등 고용유지조치를 근로자의 「계속고용」을 유지하는 사업주에게 휴업수당, 임금 및 훈련비를 지원하여 사업주의 경영부담을 완화하고 근로자의 실직을 예방하는 지원금이다.

② 전직지원 장려금 : 기업의 구조조정으로 퇴직이 예상되는 근로자를 대상으로 전직에 필요한 각종상담, 구인창업 등에 관한 고용정보제공, 취업알선, 교육 훈련, 이들 서비스 제공을 위한 인력지원 등을 통해 이직 근로자의 신속한 재취업을 지원하는 제도이다.

(3) 고용촉진 지원사업

① 고령자 고용촉진 장려금 : 능력이나 건강으로 보아 한창 일할 때임에도 불구하고 취업 또는 직업전환의 기회를 갖지 못하는 고령자를 일정수준이상 고용하거나 정년퇴직이후 계속 고용, 정년을 연장하여 계속 고용하는 사업주에 대해서 고령자 고용촉진 장려금을 지원한다.

② 신규 고용촉진 장려금 : 노동시장의 통상적인 조건하에서 취업이 어려운 고령자, 청년실업자, 장기구직자, 여성 등 취약계층을 채용하는 사업주에게 장려금을 지원한다.

③ 중장년 훈련수료자 채용장려금 : 중소업체의 인력난을 해소하고 취업에 애로를 겪는 40세 이상자의 신속한 재취업을 지원하기 위해 노동부 장관이 지정한 직업훈련과정(1월 이상의 훈련과정에 한함)을 수료한 40세 이상인 근로자를 채용한 사업주에 대해서 중장년훈련수료자 채용장려금을 지원한다.

④ 육아휴직장려금(대체인력채용장려금) : 육아휴직을 부여하는 사업주에게는 육아휴직 근로자 1인당 월 20만원을 지급하고, 대체인력채용장려금으로 대체인력 1인당 월 20-30만원을 지급한다. 우선지원대상기업에게 30만원, 대규모기업에게 20만원을 지급한다.

(4) 고용촉진지원시설사업

① 직장보육시설 보육교사 등 임금지원 : 사업주가 단독 또는 공동으로 사업장의 근로자를 위하여 직장보육시설을 설치・운영하는 경우 보육교사·취사부 및 직장보육시설의 장에 대하여 1인당 월 80만원 지급(고용보험 피보험자가 아닌 자의 자녀가 있는 경우 감액)한다.

② 직장보육시설 설치비 융자/지원 : 직장보육시설을 임차・매입 설치하거나 운영중인 시설을 개보수 하는 사업주 또는 사업주단체에게는 연1-2%로 5억원까지 융자가 가능하며 융자금은 5년 거치 5년 균등분할 상환하게 된다.

(5) 건설근로자 고용안정사업

① 퇴직공제부금의 지원 : 건설근로자 퇴직공제제도는 건설일용근로자에게 퇴직금 성격인 퇴직공제금을 지급하기 위하여 '98.1월부터 시행된 제도로 건설업을 행하

는 사업주가 건설근로자퇴직공제회와 건설근로자를 피공제자로 하는 공제계약을 체결한 후 공제부금을 납부하면 근로자가 건설업을 퇴직하는 등의 경우에 적립된 공제부금에 소정의 이자를 합하여 퇴직공제금을 지급한다.

② 건설근로자 고용안정 지원금 : 건설현장별로 고용관리 책임자를 지정·신고하고 건설(일용) 근로자에 대한 고용보험 사무처리(피보험자 관리)를 한 사업주에게 피보험자 관리실적에 따라 차등지원한다.

2) 근로자지원제도

(1) 실업급여

실업급여는 실직 전 18개월 중 180일 이상 고용보험에 가입한 근로자가 회사의 폐업·도산, 경영상 해고, 권고사직, 계약만료, 정년퇴직 등을 당하거나 기타 부득이한 사유로 이직한 경우에는 실업급여가 지급된다.

그러나 직장을 정당한 사유 없이 전직, 자영업 등을 위하여 스스로 그만두었거나 중대한 잘못으로 형법이나 직무관련 법규위반 등으로 금고이상의 형을 받아 해고된 경우 등에는 실업급여를 받을 수 없다.

실업급여는 이직한 다음날로부터 12개월이 지나면 지급되지 아니하므로 실직 시에는 지체 없이 거주지 관할 고용지원센터를 방문하여 수급자격 인정신청 및 구직등록을 하여야 한다. 실업급여를 수급자격자가 지정된 실업인정 일에 고용지원센터에 출석하여 실업상태에서 적극적인 재취업노력 사실을 신고하여 실업인정을 받을 경우 지급된다.

다만, 지정된 실업인정 일에 정당한 이유 없이 출석하지 않을 경우에는 받을 수 있는 소정급여일수(90-240일)에서 자동적으로 소멸되므로 꼭 지정된 실업인정 일에 출석하여야 한다.

가. 구직급여

실직자의 연령과 보험가입기간에 따라 90-240일 동안 실직 전 받던 임금의 50%를 지급한다. 1일 구직급여 최고액은 40,000원, 최저액은 최저임금법상 시간급 최저임금액의 90%를 지급한다.

한편, 실업의 급증으로 고용사정이 극히 악화된 경우 노동부장관이 지정한 기간 내에서 구직급여일액의 70%를 60일까지 연장지급하는 특별연장급여제도가 있다.

〈표 10-7〉 가입기간별 · 연령별 지급일수

피보험기간 / 연령	1년 미만	1-3년	3-5년	5-10년	10년 이상
30세미만	90일	90일	120일	150일	180일
30세이상~50세미만	90일	120일	150일	180일	210일
50세 이상 및 장애인	90일	150일	180일	210일	240일

직업안정기관의 직업소개에 3회 이상 응하였으나 취업되지 못하고, 부양가족 중 18세미만이나 65세 이상자, 장애인 또는 1월 이상 치료를 요하는 환자가 있고, 급여기초일액이 5만원 이하이며 본인 및 배우자의 재산이 노동부장관이 고시하는 기준이하인 경우 등 취직이 극히 곤란하고 생계 지원이 필요한 수급자로서 본인이 신청하여 연장결정된 경우 구직급여의 70%를 60일까지 연장 지급하는 개별연장급여가 있다.

지방노동관서의 직업능력개발훈련지시에 의하여 훈련을 수강하는 경우 훈련기간 동안 구직급여의 70%를 2년 범위 내에서 연장지급이 가능하다.(최근 1년간 직업능력개발훈련을 받은 경우는 제외함) 훈련연장급여가 있다.

수급자격자가 수급기간 중 질병 · 부상 또는 출산으로 7일이상 취업이 불가능한 경우에 구직급여에 갈음하여 상병급여를 지급할 수 있다. 상병급여는 구직급여에 갈음하여 지급되므로 그 금액은 구직급여와 같고 구직급여의 미지급한도 내에서 지급될 수 있으며 상병급여를 지급한 경우에는 구직급여를 지급한 것으로 간주한다.

나. 취업촉진수당

① 조기재취업수당 : 소정급여일수의 일부를 남기고 6개월 이상 고용이 확실시 되는 안정된 직장에 조기 재취업한 경우, 잔여 급여일수에 따라 1/3, 1/2의 일시금을 지급한다.

② 직업능력개발수당 : 지방노동관서장 지시에 응하여 훈련을 받을 때에는 1일 5천원을 지원한다.

③ 광역구직활동비 : 지방노동관서장의 소개로 50Km이상 떨어진 회사에 구직활동을 한 경우 수급자격자의 거주지로부터 방문하는 사업장까지의 정상적인 경로에 따라 계산한 운임과 숙박이 필요하다고 인정되는 숙박비를 지급한다.

④ 이주비 : 취직이나 지방노동관서장이 지시한 훈련을 받기 위해 주거를 이전하는

경우에 이주비를 국가공무원 국내여비규정의 이전비 정액표에 의하여 지급한다.

(2) 실직근로자 지원제도

가. 실업자재취업훈련 지원

고용보험 적용사업장에서 이직한 고용보험 피보험자였던 자가 직업능력개발훈련시설, 고등교육법에 의한 학교, 기타 지방노동관서의 장이 인정하는 시설 또는 기관에서 재취직에 필요한 기능, 기술습득을 위한 1월 이상 1년 이하의 과정으로 총 훈련 시간이 60시간 이상의 훈련을 받는 경우에 교통비, 식비, 기숙사비 등을 지급한다.

나. 취업알선 등

고용보험 적용사업장에서 실직한 피보험자가 거주지 관할 고용지원센터를 방문하여 구직을 원할 경우 적성검사 등 직업상담과 취업알선을 지원한다.

다. 실직자 창업지원사업

장기실업가(구직등록 후 6개월 이상 실업상태에 있는 자)로서 고용보험 피보험자였던 장기실업자중 담보・보증능력이 부족하고 가구의 주 소득원인 자로 창업을 희망하는 경우 : 최고 7천만 원 범위 내에서 공단이 직접 점포를 임차하여 지원한다.

(3) 재직 근로자 지원제도

가. 근로자수강지원금 지원

비자발적 사유로 이직예정인 피보험자, 40세 이상 피보험자, 상시 사용하는 근로자수가 300인 미만인 사업장에 고용된 자, 근로계약기간이 1년 이하인 자, 근로기준법 제21조의 규정에 의한 단시간 근로자 또는 파견근로자보호등에 관한 법률에 의한 파견근로자, 일용근로자, 고용보험 임의가입 자영업자가 노동부장관의 승인을 받은 과정(일반과정, 외국어과정) 또는 노동부장관이 고시하는 정보화기초과정을 수료하고, 소정출석일수(시간)의 80%이상을 출석하였으며, 자비로 훈련수강비용을 부담한 경우에는 연간 100만원 한도 내에서 지불한 수강비용의 50%~100%를 지원한다.

나. 근로자 학자금대부

고용보험 피보험자로서 전문대학이상 학교에 입학하거나 재학 중인 자에게 연 1%(신용보증), 연 1.5%(일반대출) 조건으로 학자금을 대부한다.

제6절 우리나라 노인장기요양보험제도

1. 제도의 개요

1) 의의와 도입배경

노인장기요양보험제도는 고령이나 노인성 질병 등의 사유로 일상생활을 혼자서 수행하기 어려운 노인 등에게 신체활동 또는 가사활동 등을 지원하여 노후생활의 안정을 도모하고 그 가족의 부담을 덜어주기 위한 사회보험제도로 정의된다.

2007년에 노인장기요양보험법이 국회를 통과한 후 시행령 및 시행규칙의 제정, 장기요양위원회에서 수가 및 보험요율 결정, 장기요양인정신청 접수 및 판정조사를 거쳐 2008년 7월부터 보험료 고지 및 급여의 개시가 이루어졌다.

① 01. 8월 대통령경축사에서 노인요양제도 도입 제시
② 02년 대통령 공약사항으로 노인요양보장제도 도입 포함
③ 03. 3월 「공적노인요양보장추진기획단」을 설치 · 운영하여 노인요양보장제도기본골격(안)마련
④ 04. 3월 - 05. 1월 「공적노인요양보장제도 실행위원회」를 구성 · 운영하여 노인요양보장제도 기본요강을 마련하여 건의
⑤ 05. 7월 노인요양보장제도 1차 시범사업 실시
⑥ 06. 2월 정부입법 국회제출
⑦ 07. 2월 국회 보건복지상임위원회 통과
⑧ 07. 4월 국회 본회의 통과

⑨ 07. 4월 「노인장기요양보험법」 공포
⑩ 07. 6월 1차 시행령 및 시행규칙 입법 예고

2) 제도의 필요성

본 제도의 필요성은 급속하게 진행되는 고령화에 대비, 공적노인요양보장체계를 확립하여 국민의 노후불안 해소 및 노인가정의 부담경감 도모에 있다.

제도가 도입되면 다음과 같은 효용이 있다.

첫째, 노인의 삶의 질이 크게 향상될 것으로 보인다. 비전문적 가족요양에서 계획적인 전문적인 요양, 간호 서비스가 제공되어 신체기능 호전, 사망률 감소가 가능할 것이다.

둘째, 가족의 부양부담 경감 시설 및 재가급여비용 절감이 가능하다. 셋째, 여성 등 비공식적 수발자의 경제활동 증가가 가능하다.

넷째, 사회서비스 일자리가 확대된다. 2010년 장기요양관리요원 3,800명, 요양보호사 5만2천명 등 고용창출이 가능하다.

다섯째, 고령친화산업 및 지역경제 활성화가 가능하다. 복지용구, 재활용품 산업의 활성화 및 지역요양시설의 확대가 기대된다.

여섯째, 노인의료비 사용의 효율화가 가능하다. 급성기병상에서 요양병원으로, 요양병원에서 요양시설로 저비용의 개호가 가능하게 된다.

2. 제도의 기본구조

1) 신청 대상

65세 이상 노인 및 65세 미만 노인성 질병을 가진 자

2) 급여 종류

① 재가급여 : 방문요양, 방문목욕, 방문간호, 주・야간보호, 단기보호, 복지용구 대여 등
② 시설급여 : 노인요양시설, 노인요양공동생활가정에서 전문요양서비스 이용
③ 특별현금급여 : 도서벽지 지역 등 요양시설이 없어 불가피하게 가족 등으로부터

요양을 받을 경우 지원되는 현금급여 등

3) 재원조달

노인장기요양보험에 필요한 재원은 장기요양보험료+국가지원+본인일부부담으로 구성된다. 장기요양보험료는 건강보험료액에 장기요양보험요율을 곱하여 산정하며, 장기요양위원회의 심의를 거쳐 대통령으로 정한다.

국가지원으로 보험료예상수입액의 20%+의료급여수급권자 장기요양급여 비용을 국가와 지자체가 부담한다.

본인도 일부 부담한다. 시설급여는 20%, 재가급여는 15%를 본인이 부담하고, 의료급여수급권자인 소득・재산이 일정금액 이하인 저소득층은 각각 1/2로 경감(시설 : 10%, 재가 : 7.5%)받으며, 국민기초생활수급노인은 무료이다.

4) 서비스 이용체계

〈표 10-8〉 노인장기요양보험의 서비스 이용 체계

서비스 신청	65세 이상 노인 또는 65세 미만 노인성 질환자가 공단에 의사소견서를 첨부하여 장기요양인정 신청 * 신청자 : 본인, 가족이나 친족, 사회복지전담공무원(본인이나 가족 등의 동의 필요), 시장・군수・구청장이 지정하는 자
방문 조사	공단 소속직원(사회복지사, 간호사)은 신청인의 심신상태 등을 조사
등급 판정	공단은 조사결과서, 의사소견서 등을 등급판정위원회에 제출 등급판정위원회는 대통령령이 정하는 등급판정기준에 따라 장기요양급여를 받을 자로 판정 * 신청서를 제출한 날로부터 30일 이내에 판정 완료, 다만 정밀조사가 필요한 경우 등 부득이한 경우 연장가능
장기요양인정서 및 표준장기요양 이용계획서 통보	장기요양등급, 장기요양급여의 종류 및 내용이 담긴 장기요양인정서와 적절한 서비스 내용, 횟수, 비용 등을 담은 표준장기요양이용계획서 송부 * 장기요양인정유효기간 : 최소 1년 이상 * 장기요양인정의 갱신 신청, 장기요양등급 등의 변경신청, 이의신청 절차 있음
장기요양급여의 시작	장기요양인정서가 도달한 날부터 장기요양급여 시작 * 다만, 돌볼 가족이 없는 경우 등은 신청서를 제출한 날부터 장기요양급여를 받을 수 있음
장기요양기관 정보의 안내	장기요양기관은 수급자가 장기요양급여를 쉽게 선택하도록 건물, 시설, 설비 등의 사진 및 현황 자료 등을 공단이 운영하는 인터넷에 게시

3. 노인성질병의 범위

노인장기요양보험법 제2조(정의)에는 65세 이상의 노인 또는 65세 미만의 치매 · 뇌혈관성 질환 등 대통령령이 정하는 노인성 질병을 가진 자로 하고 있다. 치매, 뇌혈관성질환, 파킨스병 및 관련 질환의 3가지가 노인에게 흔히 발생하면서 거동불편을 초래하는 1차적 원인질환으로서 심사평가원, 의사협회 및 한의사협회의 의견수렴 결과 모두 우선순위 3가지 속에 포함된다.

4. 관리운영체계

1) 관리운영

(1) 보험료의 징수

국민건강보험료와 구분하여 통합 징수하되, 각각의 독립회계로 관리한다.

장기요양보험료 = 건강보험료액 × 장기요양보험요율

장애인 등에 대해서는 장기요양보험료 감면(세부내용 시행령 규정)

(2) 장기요양위원회 운영

① 장기요양보험요율

② 가족요양비, 특례요양비 및 요양병원간병비 지급기준

③ 재가 및 시설 급여비용 등 심의

④ 보건복지가족부 차관을 위원장으로 부위원장 1인을 포함한 16인 이상 22인 이하의 위원

⑤ 근로자, 사용자 시민, 노인 단체, 농어업인 단체 또는 자영자단체 대표

⑥ 장기요양기관 또는 의료계 대표

⑦ 대통령령이 정하는 관계 중앙행정기관의 고위공무원단 소속 공무원

⑧ 장기요양에 관한 학계 또는 연구계 대표, 공단이사장 추천자

(3) 시군구의 역할

① 장기요양등급판정위원회위원장 위촉, 위원7인추천

② 장기요양기관지정 및 취소 , 영업정지 및 폐쇄 명령
③ 장기요양급여 관련 자료의 제출 요청 및 관계서류 검사
④ 장기요양기관 확충, 설립 지원
⑤ 장기요양 예방사업
⑥ 관할지역 거주자에 대한 장기요양 인정 등 대리 신청 (사회복지전담공무원)
⑦ 의료급여수급권자 장기요양 급여비용·관리운영비용 일부 지원
⑧ 5년 단위로 장기요양기본계획에 따른 세부 시행계획 수립·시행

5. 건강보험과 노인장기요양보험과의 비교

다음 쪽의 <표 10-9>와 같다.

〈표 10-9〉 건강보험과 노인장기요양보험과의 비교[4)]

구분	건강보험	노인장기요양보험
대상	전국민(의료급여대상자제외) 질병, 부상이 있는 자에 대한 의료서비스가 목적	65세이상 노인 및 65세 미만 노인성 질환을 가진 자 신체활동과 일상 가사지원 목적
적용 연도	1977년 7월부터 500인 이상 사업장의 근로자를 대상으로 강제적인 의료보험제도가 도입되어 시행	2008년 7월 1일 예정
보험료 산정	직장가입자보험료는 표준보수월액에 일정한 요율을 곱하여 산정(표준보수월액×보험요율) 지역가입자보험료는 소득, 재산 자동차, 생활수준, 경제활동 참가율 등을 고려한 부과표준소득점수에 점수당 금액을 곱하여 산정	국민건강보험료액에 장기요양보험요율을 곱하여 산정 예) 근로자로 월급여가 100만원인 경우 건강보험료액=100만원×건강보험요율(10%) 장기요양보험료액=10만원×노인장기요양보험요율
서비스 종류	현물급여/ 요양급여비 건강진단비/ 현금급여 요양비/ 장제비 등	현물급여/ 재가급여 시설급여/ 특별현금급여 가족요양비/ 특례요양비 요양병원 간병비
서비스 한도	의학적으로 질병이나 부상의 치료 종료시까지	월한도액 범위내에서 서비스
서비스 제공	의사의 판단에 따라 의료서비스 실시	수발등급판정을 인정받은 자
정부 지원	정부는 매년 예산의 범위안에서 당해 연도 보험료 예상수입액의 100분의 14에 상당하는 금액을 지원 공단은 '국민건강증진법'이 정하는 바에 따라 동법에 따른 국민건강증진기금에서 자금을 지원받음 보험료 예상수입의 6%	정부지원은 매년 장기요양보험료 예상수입액의 100분의 20을 공단에 지원

4) 건강보험은 강제적용인 반면에 노인장기요양보험은 수발신청에 의한 등급별 판정자만이 서비스를 받을 수 있음. 따라서 건강보험과 노인장기요양보험을 동시에 적용받을 수 있음.

요약정리

1. 사회보험은 강제보험으로서 보험급부가 법률에 의해 결정되고 사회적 적정성(social adequacy)이 가장 강조되는 보험이다. 사회보험의 목적은 근본위험으로 간주되는 여러 가지 위험상황에 대한 보장을 사회의 구성원에게 제공하는 것이며, 사회보험의 기본 목적중의 하나는 개인적으로 그러한 근본위험들에 대처할 수 없는 사람들을 위한 소득의 재분배이다.

2. 사회보험과 함께 사회보장제도의 2대 지주를 형성하고 있는 공적 부조(public assistance)는 국가가 저소득층 또는 자력으로 생계를 영위할 수 없는 자들에게 정부의 재정자금으로 금전적 혜택을 제공하는 최저한도의 생활보장제도이다.

3. 건강보험의 기능은 ① 사회 연대성 제고 ② 소득재분배 기능의 수행 ③ 건강 · 사회보장 증진 등이며, 건강보험의 특성으로는 ① 강제적용 : 법률에 의한 강제가입 ② 단기보험 : 1년 단위 재정수지 상등(회계연도를 기준으로 수입과 지출을 예정하여 보험료 계산), 지급기간 단기 ③ 부담능력에 따른 보험료 차등 부담 ④ 보험급여의 균등한 수혜 ⑤ 보험료 부담 · 징수의 강제성 등이 있다.

4. 국민연금의 필요성은 (1) 노인인구의 급속한 증가 (2) 출산율의 급속한 저하 (3) 부모 모시는 가정 감소 (4) 미래준비 의식 미흡 (5) 증가하는 사회적 위험에 대비하는 생계대책 필요성 때문이다.

5. 타 사회보험과 다른 산재보험의 특성은 다음과 같다.
   ① 근로자의 업무상 재해에 대하여 사용자에게는 고의 • 과실의 유무를 불문하는 무과실 책임주의이다.
   ② 보험 사업에 소요되는 재원인 보험료는 원칙적으로 사업주가 전액 부담한다.
   ③ 산재보험급여는 재해발생에 따른 손해전체를 보상하는 것이 아니라 평균임금을 기초로 하는 정률보상방식으로 행한다.
   ④ 자진신고 및 자진납부를 원칙으로 하고 있다.
   ⑤ 재해보상과 관련되는 이의신청을 신속히 하기 위하여 심사 및 재심사청구제도를 운영한다.
   ⑥ 타 사회보험과는 달리 산재보험은 사업장 중심의 관리가 이루어진다.

6. 산재보험급여의 종류는 ① 요양급여 ② 휴업급여 ③ 상병보상연금 ④ 장해급여 ⑤ 간병급여 ⑥ 유족급여 등이 있다.

주요 개념과 용어

1. 사회보험(social insurance)
2. 공적 부조(public assistance)
3. 사회보장제도
4. 사회보장체계
5. 건강보장(medical security)
6. 국민건강보험법
7.국민건강보험공단
8. 근로복지공단
9. 건강보험심사평가원
10. 요양기관
11. 요양급여
12. 건강검진
13. 국민연금
14. 건강보험
15. 산재보험
16. 고용보험
17. 소득재분배
18.노령연금
19. 장애연금
20. 유족연금
21. 반환일시금
22. 기초노령연금제도
23. 산업재해보상보험
24. 산재보험
25. 산재보험급여
26. 요양급여
27. 휴업급여
28. 상병보상연금
29. 장해급여
30. 간병급여
31. 유족급여
32. 고용보험
33. 당연적용사업
34. 임의가입사업
35. 사업주 지원제도
36. 고용창출 지원사업
37. 고용조정 지원사업
38. 고용촉진 지원사업
39. 고용촉진지원시설사업
40. 근로자지원제도
41. 실업급여
42. 취업촉진수당
43. 실직근로자 지원제도
44. 노인장기요양보험제도

복습문제

1. 사회보험의 본질과 사회보험의 정의를 설명하라.

2. 사회보장제도에서 공적 부조와 사회보험의 차이를 비교 설명하라.

3. 사회보험과 사보험의 유사성과 차이점을 설명하라.

4. 우리나라의 사회보장체계를 설명하라.

5. 건강보험의 기능과 특성은?

6. 건강보험의 가입자 범위와 적용제외자에 대하여 기술하라.

7. 국민연금이 필요하게 된 이유를 기술하라.

8. 산재보험급여의 종류와 그 내용에 관하여 설명하라.

9. 산재보험료와 고용보험료의 보험료 부담에 관하여 비교 설명하라.

10. 노인장기요양보험제도의 신청대상과 급여의 종류를 설명하라.

참고문헌

■ 국내도서

구하서, 「보험학요론」, 법문사, 1981.

김동훈, 「보험론」, 학현사, 1998.

김용하, 「사회보험론」, 문영사, 2008.

대한손해보험협회, 「보험의 이론과 실제」(교사대상 세미나 교재), 1987.9.

방갑수, 「최신보험학」, 박영사, 1987.

보험감독원, 「손해보험상품편람」, 1990.4.

----------, 「한국보험시장의 구조」, 1992.

보험경영연구회, 「보험론」, 문영사, 2003.

손주찬, 상법(하), 박영사, 1993.

송일, "학문으로서의 위험관리의 위상", 「위험관리학회지」 창간호, 한국위험관리학회, 1990, 12.

양승규, 보험계약법, 보험감독원 보험연수원, 1993.

양승규, 보험법, 삼지원, 1987.

이경룡, 「보험학원론」, 영지문화사, 2002.

이재복, 「적하보험약관론」, 보험감독원 보험연수원, 1991.

이재복, 「미국 보험회사의 파산과 지불능력규제」, 보험개발원(조사연구자료 97-1), 1997.3.

----------, "국제선박보험약관(International Hull Clauses)의 도입과 주요특징에 관한 고찰 - 국제선박보험약관(2003년)과 협회기간약관(1983년)과의 비교분석을 중심으로 -", 「보험개발연구」 제53호-3, 보험개발원 보험연구소, 2008.3.

----------, "해상보험계약상 보험료 미지급과 보험자의 보상책임", 「보험개발연구」 제38호, 보험개발원 보험연구소, 2003.5.

정희철, 상법학원론(하),박영사, 1983.

최기원, 상법학신론(하), 박영사, 1986.

한동호, 「보험학」, 박영사, 1983.

허　연, 「생활과 보험」, 문영사, 2000.

■ 국외도서

葛城照三,"海上保險法における因果關係說として損害割當說を提唱する", 「損害保險研究」 第42巻 第2號, 損害保險事業研究所, 1980.

龜井利明,「危險管理論」, 東京: 中央經濟社, 1984.
木村榮一,「ロイズ保險證劵生成史」, 東京: 海文堂, 1979.
瀬戸彌三次, 損害保險契約の學ひら, 白桃書房, 1964.
Athearn, James L. and S. Travis Pritchett, *Risk and Insurance*, 5th ed., Minnesota: West Publishing Co., 1984.
Bickelhaupt, David L., *General Insurance*, 10th ed., Illinois: Richard D.Irwin, Inc., 1979.
Black, Kenneth, Jr. and Harold D. Skipper, Jr., *Life Insurance*, 12th ed., NJ: Prentice-Hall, Inc., 1994.
Brown, R. H., *Analysis of Marine Insurance Clauses - Book one, the Institute Cargo Clauses*(1982), London: Witherby & Co.Ltd., 1982.
Carter, R. L., *Economic and Insurance*, 2nd ed., Stockport: PH Press Ltd., 1979.
Crane, Frederick G., *Insurance: Principles and Practices*, 2nd ed., New York: John Wiley & Sons, Inc., 1984.
Denenberg, Herbert S., Robert D. Eilers, Joseph J. Mclone, and Robert A. Zeltan, *Risk and Insurance*, 2nd ed., N.Y.: Prentice-Hall, Inc.,1964.
Dobbin, John F., *Insurance Law*, St. Paul, Minn.: West Publishing Co., 1981.
Dorfman, Mark S., *Introduction to Risk Management and Insurance*, 9th ed., New Jersey: Pearson Prentice Hall, 2007.
Greene, Mark R., *Risk Aversion, Insurance*, and the Future, Indiana, the Graduate School of Business, Division of Research, Indiana University, 1971.
Greene, Mark R., *Risk and Insurance*, 4th ed., South-western Publishing Co., 1977
Greene, Mark R., James S. Trieschmann, and Sandra G. Gustavson, *Risk & Insurance*, 8th ed., Ohio: South-Western Publishing Co., 1992.
Head, George L. and Stephen Horn Ⅱ, *Essentials of the Risk Management Process* , vol Ⅰ, Pennsylvania, insurance institute of Ameraca, 1985.
Huebner, S. S., Kenneth Black, Jr., and Robert S. Cline, *Property and Liability Insurance*, 2nd ed., New Jersey: Prentice-Hall, Inc., 1976.
Ivamy, E.R., Hardy, *Marine Insurance*, 4th ed., London ,Butterworths, 1985.
----------, *General Principles of Insurance Law*, 4th ed., London: Butterworths, 1979.
Kimball, Spencer L., *The Regulation of Insurance, Insurance, Government, and Social Policy: Studies in Insurance Regulation* (Edited by Spencer L. Kimball and Herbert S. Denenberg), The S.S. Huebner Foundation For Insurance Education, 1969.

Lambeth, R.J., *Templeman on Marine Insurance*, 6th ed., Pitman Publishing Ltd., 1986.

Launie, J.J., J. Finley Lee, and Norman A. Baglini, *Principles of Property and Liability Underwriting*, 2nd ed., Pennsylvania: Insurance Institute of America, 1981.

McDowell, Banks, *Deregulation and Competition in the Insurance Industry*, New York: Quorum Books, 1989.

Mehr, Robert I. and Emerson Cammack, *Principle of Insurance*, 7th ed., Illinois: Richard D. Irwin, Inc., 1980.

Merkin, Robert M. and Andrew McGee, *Insurance Contract Law* (Issue 1), London: Kluwer Publishing Ltd., 1988.

OECD, *Insurance Solvency Supervision*, Organisation for Economic Co-operation and Development, 1995

Parkington, Michael, Anthony O'Dowd, Nicholas Legh-Jones and Andrew Longmore, *MacGillivray & Parkington on Insurance Law*, 7th ed., London: Sweet & Maxwell, 1981.

Patterson, Edwin W., *Essentials of Insurance Law*, New York: McGraw-Hill Book Co., 1985.

Prahl, Robert J., *Introduction to Claims*, 1st ed., Pennsylvania: Insurance Institute of America, 1988.

Rejda, George E., *Principle of Risk Management and Insurance*, 10th ed., Pearson Education, Inc., 2008.,

----------, *Principle of Insurance*, 3rd ed., Illinois: Scott, Foresman and Co, 1989.

----------, *Social Insurance and Economic Security*, New Jersey: Prentice-Hall, Inc., 1976.

Schmit, Joan T., "A New View of the Requisites of Insurability", *The Journal of Risk and Insurance*, Vol.LIII, No.2, June, 1986.

Smith, T. R. and H. W. Francis, *Fire Insurance: Theory & Practice*, 4th ed., London: Stone & Cox Ltd., 1960.

Stewart Economics, Inc., *Managing Insurer Insolvency*, The National Association of Insurance Brokers, Nov. 1988.

The Insurance Information Source, *Best's Insolvency Study: Property/Casualty Insurers* 1969-1990 (A. M. Best Company Special Report), June 1991.

United States General Accounting Office, *Insurer Failures: Property/Casualty Insurer Insolvencies and State Guaranty Funds*, July 1987.

Vaughan, Emmett J., *Fundamentals of Risk and Insurance*, 6th ed., New York: John Wiley & Sons, Inc., 1992.

Werbel, Bernard G., *WERBEL'S General Insurance : PRIMER,* New York: Werbel Publishing Co., Inc., 1986.

William H. Rodda, James S. Trieschmann, and Bob A. Hedges, *Commercial Property Risk Management and Insurance* Vol. I, Pennsylvania: American Institute for Property and Liability Underwriters, 1978.

Williams, C. Arthur Jr. and Richard M. Heins, *Risk Management and Insurance*, 6th ed., New York : McGraw-Hill Book Co., 1989.

✤ 저자소개 ✤

✣ 이 재 복

성균관대학교 영어영문학과 졸업
인도 봄베이의 The College of Insurance의 General Insurance과정 수료
미국 The College of Insurance의 Diploma in Risk and Insurance과정(81-82) 수료
성균관대학교 경영대학원 보험학과 경영학석사
성균관대학교 대학원 무역경영전공 경제학박사
미국 Georgia State University의 위험관리보험학과 객원교수(94-96)
코리안리(전 대한재보험공사) 근무(76-78)
금융감독원(전 보험감독원) 근무(78-90)
제2종(해상보험) 손해사정사 자격취득(84)
손해사정사 제1차, 2차 자격시험(손해사정이론 등) 출제위원(87-03)
보험감독원 보험분쟁조정위원회 전문위원(90-96)
보험개발원 보험연구소 연구자문위원(99-01)
국립목포대학교 기획연구처장(98-00)
국립목포대학교 금융보험학과장, 금융보험학전공 주임교수, 경영학부장 역임

현) 국립목포대학교 경영학부 금융보험학전공 교수
한국무역상무학회 부회장
한국보험학회 차기 회장
금융위원회 보험조사협의회 위원
금융감독원 금융분쟁조정위원회 위원

주요 저서

손해사정이론(두양사, 08)
자동차보험론(두양사, 08, 공저)
위험과 보험(전남대학교출판부, 06)
경제생활과 보험(전남대학교출판부, 97)
영국해상보험법(보험연수원, 96, 공저)
적하보험약관론(보험연수원, 05)
손해사정론(보험연수원, 05)
선박보험약관론(보험연수원, 99))
해상보험 손해사정론(보험연수원, 03)
해상보험 손해사정이론(형설출판사, 98)
해상보험이론(형설출판사, 99)
미국 보험회사의 파산과 지불능력규제(조사연구자료 96-5)(보험개발원, 97)
미국 건강보험제도와 개혁논쟁에 관한 연구(조사연구자료 No.39)(보험개발원, 95)

인 지

보험학원론

초　판 1쇄 인쇄 — 2008년 9월 20일
초　판 1쇄 발행 — 2008년 9월 25일

지은이 — 이 재 복

펴낸이 — 전 두 표
펴낸데 — 도서출판 **두남**
서울시 강동구 성내 1동 455-12 두남빌딩
신고 : 제25100-1988-9호
(구 제2-624호, 1988. 7. 21)
TEL : 478-2066 / 2067 / 2311
FAX : 478-2068
E-mail : dunam1@unitel.co.kr
http://www.dunam.co.kr
http://두남.kr, 두남.com, 대학교재.net

정가 29,000원

ISBN 978-89-8404-976-5 93320